2010年3月7日，广西金嗓子集团董事长江佩珍（左前一）光荣出席在北京人民大会堂隆重召开的纪念“三八”国际劳动妇女节100周年大会，并受到胡锦涛总书记（前右一）等党和国家领导人的亲切接见

年来，用于公益事业累计6000多万元。为此，集团先后荣获广西民族团结进步先进集体、尊师重教先进单位、关爱妇女健康促进社会进步奖、构建和谐社会关注未成人成长奖，扶持女童入学利国利民利家奖、抗震救灾爱心奉献奖、防治非典奉献爱心奖等荣誉。

集团董事长、总经理江佩珍自1959年参加工作，1965年走上领导岗位，创业50周年，历尽艰辛，展现新时代创业者的风范和光辉。2008年总经理江佩珍参加奥运火炬接力传递活动，2009年出席建国60周年大庆阅兵观礼。先后两次荣获全国五一劳动奖章，被授予第五届中国十大女杰、全国三八红旗手标兵、中国改革开放30年百名女性新闻人物、全国星火企业家、全国十五大杰出创业女性、中国十大最具影响力的华商女企业家、全国医药系统劳动模范、享受国务院特殊津贴专家、广西有突出贡献科技人员等荣誉称号。

凝聚产生力量，创新铸造辉煌。展望未来，集团将继续推进“同心同德、艰苦奋斗、二次创业、再铸辉煌”的十六字战略方针，做百年企业树百年品牌，造福人类。

2004年5月，董事长江佩珍（中）向阿联酋商业部长阿布社拉（左一）和中国驻迪拜总领事杨伟国（左二）介绍金嗓子企业概况

董事长江佩珍（前右一）向柳州市三江县同乐归亚小学学生送温暖

2008年6月，董事长江佩珍（前右一）作为中国奥运火炬手参加广西南宁站火炬接力传递

广西地图院编制　　桂S(2012)41号　　2012年7月

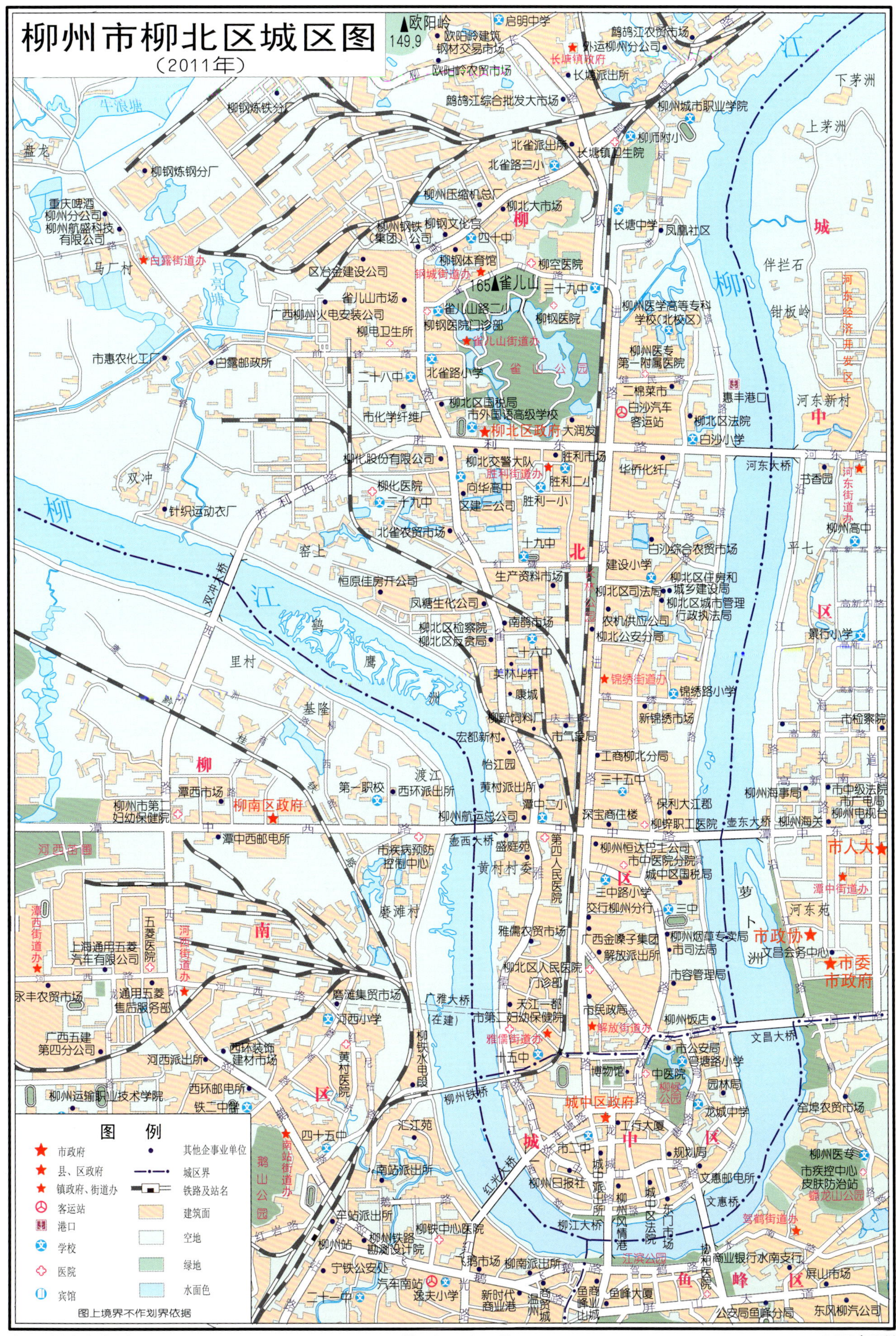

广西地图院编制 桂S（2012）41号 2012年7月

数字柳北
SHUZI LIUBEI 2010

行政区域面积　320.89 平方公里
城区面积　25.6 平方公里
镇　3 个
街道　7 个（涉农街道 2 个）
常住人口　42.8 万人
少数民族人口　12.24 万人
壮族人口　10 万人
人口自然增长率　4.96‰
河流年径量　436.8 亿立方米
土地面积　3.17 万公顷
耕地面积　8976.97 公顷，
林地面积　1.06 万公顷
森林面积　8399.58 公顷
新增绿地面积　49.5 万平米
城区绿化覆盖率　26%
境内公路里程　28 公里
内河航道里程　75 公里
发现矿种　9 种

地区生产总值　119.67 亿元
第一产业增加值　5.57 亿元
第二产业增加值　71.18 亿元
第三产业增加值　42.92 亿元
工业总产值　209.4 亿元
规模以上工业产值　179.3 亿元
规模以上工业企业　154 户
产值超亿元企业　37 户
第三产营业收入　408.77 亿元
城区批发企业　581 个
亿元市场　8 个
招商引进项目　91 个
利用外资　4830.6 万美元
社会消费品零售总额　90.36 亿元
全社会固定资产投资完成额　57.11 亿元
财政收入　19.53 亿元
财政支出　19.51 亿元
一般预算收入　5.55 亿元

一般预算支出 5.55 亿元
工业化率 59%
城镇化率 86.4%
农田有效灌溉面积 3498.9 公顷
农业机械总动力 8.5 万千瓦
粮食作物播种面积 3251 公顷
粮食总产量 1.73 万吨
糖蔗总产量 30.52 万吨
蔬菜总产量 13.45 万吨
水果总产量 2.38 万吨
肉类总产量 1.22 万吨
水产品总产量 7344 吨
禽蛋总产量 2233 吨
奶类总产量 2913 吨
蜂蜜总产量 121 吨
蚕茧总产量 187 吨
农林牧渔业总产值 9.29 亿元
城镇新增就业 1.07 万人

城镇登记失业率 4.5%
在岗职工年平均工资 4.13 万元
城镇居民人均可支配收入 18505 元
农村居民人均纯收入 6618.47 元
个体工商户 8263 户
私营企业 1929 户
高等学校 3 所
市属中等职业学校 6 所
普通中学 18 所
小学 58 所
各类幼儿园 51 所
医院（含卫生机构） 62 个
医疗诊所 121 个
医院病床 717 张
城区图书室 10 个
农家书屋 36 个
广播覆盖率 96%
电视覆盖率 95%

风采柳北

FENGCAI LIUBEI

城区荣誉

- 全国老龄工作先进单位
- 全国第三批养老服务示范活动示范单位
- 全国人口和计划生育系统先进集体
- 全国科普惠农兴村先进集体
- 广西平安县（区）
- 广西未成年人思想道德建设工作先进县区
- 广西招商引资项目大兑现示范县（区）
- 广西工业企业联网直报先进组织单位
- 广西价格举报工作先进单位
- 广西侨务工作先进单位
- 广西实施高校毕业生“三支一扶”计划先进单位

在建的广雅大桥 李 萍 摄

2009 年 4 月 19 日，中央政治局常委、国务院副总理李克强（前排右二）到柳北区改制企业职工危旧房改造现场视察　　赖德勇　摄

2009 年 4 月 20 日，中央政治局常委、国务院副总理李克强（前排右二）到柳北区宏力社区卫生服务中心视察，并与就诊病人亲切交谈

柳北区卫生局提供

领导视察

2010年10月29日，国务院侨务办公室副主任马儒沛（前排左五）到柳北区胜利东社区视察社区侨务工作　赖德勇　摄

2010年11月23日，自治区党委副书记陈际瓦（前左三）到柳北区青茅花卉基地调研　赖德勇　摄

2010年11月19日，自治区副主席陈章良（左三）到柳北区青茅花卉基地调研　赖德勇　摄

2010 年 7 月 9 日，全国人大代表、自治区人大常委会副主任吴恒（左四）到柳北区工业园调研后与柳北区领导合影　　李 萍 摄

2010 年 1 月 16 日，自治区人口和计划生育考核组慰问柳北区农村独生子女户　　赖德勇 摄

2010 年 2 月 3 日，自治区精神文明建设办公室主任韦守德（前排左一）到柳北区沙塘镇江湾村调研　　赖德勇 摄

2010 年 8 月 23 日，自治区人口和计划生育委员会主任黄丹（左一）到柳北区沙塘镇江湾村计划生育服务站调研　　赖德勇 摄

2010 年 12 月 27 日，自治区档案局局长黄明初（左三）率领检查组对柳北区晋升国家二级档案馆进行考评　　李 萍 摄

2010 年 2 月 11 日，柳州市林业局花卉示范基地在柳北区长塘镇青茅花卉基地揭牌

2010 年 2 月 9 日，柳州市首家以销售名特优新无公害农副产品金臣专营超市在柳北区北站路农贸市场开业

2010 年 6 月 3 日，柳州市十大农业工程之一沙塘片区现代农业科技示范园在沙塘农都三合花卉基地签约开工

2010 年 10 月 26 日，柳州市发展特色农业暨秋冬季农业开发现场会在柳北区召开，市领导苏海棠（左一）、张纪中（左三）等代表参观柳北区青茅花卉基地

2010 年 3 月 30 日，柳州市金百汇激光技术有限责任公司白露激光工业园竣工典礼举行

2010 年 5 月 19 日，柳北区在柳州 · 深圳投资说明会上成功签约项目 6 个，总投资 9.12 亿元　　朱慧芬　摄

2010 年 5 月 29 日，柳北区四套班子领导黄涛（左三）、樊华（左二）、孙黎明（左一）、潘加波（右一）深入白露工业园区调研　　罗小龙　摄

2010 年 6 月 4 日，广西首家快客便利店在柳北区雅儒社区开业　　樊　华　摄

2010 年 8 月 24 日，国腾购物广场 · 大润发柳北店在柳北区胜利路开业

（本版照片除署名外均为赖德勇摄）

2010年12月18日，柳北区开展百名医生下社区服务周活动　　赖德勇　摄

2010年1月31日，住在柳北区改制企业危旧房的职工到“金茂园”选房　　赖德勇　摄

2010年5月28日上午，柳北区首个未成年人校外活动场所在沙塘镇杨柳村揭牌　　罗小龙　摄

2010年8月12日，柳北区举行“希望工程“圆梦大学对口帮扶仪式　　赖德勇　摄

2010年1月8日，柳州市首家村级公共服务中心——柳北区石碑坪镇下陶村公共服务中心落成揭牌

2010年10月29日，柳北区第一个街道政务服务中心——雀儿山街道办事处政务服务中心揭牌

2010年1月20日，柳州市"百万空巢老人关爱志愿服务活动"启动仪式在柳北区钢城街道元宝社区举行

2010年2月5日，柳北区首次举行政法系统迎春文艺晚会

（本版照片均为赖德勇摄）

农业精品

沙塘镇上垌村种植的香米

沙塘镇杨柳村套种的生姜芋头　朱慧芬　摄

沙塘镇洛沙村培植的食用菌

广西天爱公司饲养的荷斯坦奶牛　李萍　摄

长塘镇梳庄村饲养的香鸡　李　萍　摄

长塘镇大塘村林下饲养的肉鸭　姜鸿翔　摄

沙塘镇上垌村饲养的朗德鹅　陆成春　摄

石碑坪镇新南屯种植的“美人指”葡萄

沙塘镇江湾村饲养的南非黑豚鼠

石碑坪镇大滩村种植的滑皮金桔

沙塘镇江湾村种植的高产油茶林

长塘镇青茅村种植的兰花　　朱慧芬　摄

（本版照片除署名外均由农业与水利局提供）

团结奋进的柳

①

②

北区领导班子

① 中共柳北区第九届委员会常务委员合影（左起）：陈树春、刘伯臣、庞智勇、胡建军、程方晓、郑艺萍、周思泉、李梅、陈悦、韦芃、唐伟、李丹、陈自贵

② 中共柳北区委书记周思泉（前排左五）、区长李梅（前排左四）与中共柳北区纪律检查委员会书记唐伟（右四）及纪委委员合影

③ 柳北区四套班子领导合影：区委书记周思泉（右二）、人大常委会主任方向民（右一）、区长李梅（左二）、政协主席潘加波（左一）

④ 柳北区第十一届人大常委会领导班子合影：主任方向民（左三）、副主任林敏（右二）、毛先发（左二）、丁湘陵（右一）、邓柳忠（左一）

⑤ 柳北区人民政府领导班子合影：区长李梅（左四），常务副区长程方晓（右三）、副区长胡建军（左三）、仲军（左二）、曹玉虎（左一）、肖尉阳（右二）、刘健玲（右一）

⑥ 柳北区第八届政协委员会领导班子合影：主席潘加波（左三），副主席覃德勤（右二）、莫江涛（左二）、杨宁（右一）周安乐（左一）

柳　北　区　工　会

①

柳北区工会成立于1981年。2010年柳北区工会有专职工会干部3人，在职人员6人，建立工会组织400个，其中镇、街道联合工会10个，党政机关工会组织3个，国有企业工会组织1个，事业单位工会组织46个，会员总数3.5万人，占柳北区属企事业单位职工总数93%。2011年末，柳北区工管理各级工会组织2120家，工会会员6.3万人，实现“哪里有职工，哪里就要建立工会组织”的目标，一大批职工（包括农民工、劳务派遣工在内的劳动者）加入到工会组织中来。

柳北区不断加强工会组织建设，各级工会组织在维护职工权益，促进职工队伍和谐稳定发挥积极作用。柳北区工会推进厂务公开管理，不断完善职工代表大会制度，拓宽职工参与民主管理渠道，机关和企事业单位推行厂务公开民主管理制度达

②

③

④

⑤

100%，组建非公有制企业工会组织达 85%；不断加强职工素质建设，设有工会职工创业就业技能培训基地 1 个、农民工技能培训学校 3 个、“职工书屋”26 个、“职工之家”32 个。柳北区工会及各基层工会举办工会干部及职工代表培训班 16 期，培训工会干部、职工代表 1300 多人；参加自治区、柳州市工会组织的各类培训 8 期 26 人（次）。举办农民工种植技术培训班、法律法规培训等各种培训班经验交流会 18 期，培训职工、农民工 2200 多人次。加强职工权益保护，受理职工来电、来信和来访 16 人次，参与柳州市职工危旧房集中改造协调会 4 次，使 2000 多户改制企业职工顺利落户安置。职工医疗得到保障，全年完成职工医疗互助保障卡 7334 份，被柳州市总工会评为职工医疗互助保障工作先进单位特等奖。年内，柳北区工会获自治区推动厂务公开民主管理工作先进单位，自治区工会系统“五五”普法工作先进单位称号。

① 柳北区人大常委会副主任、区工会主席林敏
② 柳北区党委、政府领导和工会新一届领导班子合影
③ 自治区总工会副主席梁建强（前右一）到胜利街道工会调研
④ 柳北区工会领导班子研究工会工作
⑤ 柳北区工会职工创业就业培训基地挂牌
⑥ 柳北区工会开展为农民工“送清凉、送健康、关爱劳动者活动”
⑦ 柳北区人大常委会副主任、区工会主席林敏（左三）慰问困难群众
⑧ 柳北区工会举行送温暖工程启动仪式
⑨ 柳北区工会举行“金秋助学”救助金发放仪式

⑥

⑦

⑧

⑨

HSAE 柳州航盛科技有限公司

柳州航盛科技有限公司成立于1999年10月20日，是深圳航盛集团在柳州投资的控股子公司。公司位于广西柳州市白露工业园区，占地面积1.6万平方米，现有员工425人，其中工程技术研发人员85人，注册资金2000万元人民币。公司于2005年9月顺利通过ISO/TS16949国际汽车行业质量管理体系认证。公司一直致力于深耕经济型汽车电子市场，产品包括：车载视听娱乐系统、行驶监控组合仪表系统、车身控制集成系统，已经形成了适应和开拓国内汽车配套市场的产供销一体化能力。公司与上汽通用五菱（SGMW）、东风柳汽（DFM）、一汽柳特（FAW）、柳州五菱（LZWL）以及工程机械等国内多家汽车生产厂建立了长期友好、稳定的战略合作关系。

2010年10月11日，公司获得国家高新技术企业称号；2011年5月，公司技术中心被认定为柳州市企业技术中心；2011年10月，公司技术中心被认定为自治区企业技术中心，并被评为广西千家中小企业成长工程示范单位。

公司秉承“让消费者更喜爱汽车”的企业使命，遵循“科学管理、精益制造、超值服务、顾客满意”的质量方针，本着“低成本、高性能、快速反应”的客户服务宗旨，以优质的产品满足顾客的需求，以优质的服务超越顾客的期望。

① 柳州航盛科技有限公司领导班子成员合影
② 2月14日，自治区发改委总经济师李彦平（前排右二）到公司参观
③ 8月25日，柳北区委书记黄涛（前排左一）到公司调研
④ 柳州航盛科技有限公司大门
⑤ 员工在认真安装产品
⑥ 公司技术中心被认定为自治区级企业技术中心

①

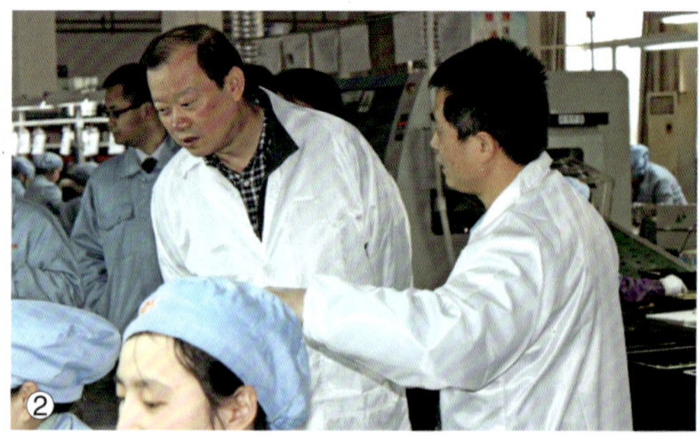
②

③

④

⑤

⑥

重庆啤酒集团柳州啤酒有限责任公司

重庆啤酒集团柳州啤酒有限责任公司是重庆啤酒集团投资2.5亿元于2004年8月31日在柳州市柳北区白露工业园成立的公司。公司占地面积10万平方米，有员工240人，其中中高级专业技术人员占35%。公司以啤酒为主业，致力于啤酒、饮料以及相关产品的生产和研发。公司一期工程年生产能力10万吨已投入运行，二期工程年生产能力将达到20万吨，啤酒年生产能力突破280万吨，在全国啤酒行业中，跻身“中国十大啤酒集团”前列。

公司拥有“金山城”、“银山城”、“山城冰爽”等品牌啤酒系列产品，新研发的“山城金樽”、“头道麦汁”等高端产品，以其口味纯正、淡爽（醇厚）、包装美观大方、风味保鲜稳定、符合消费时尚等特点，赢得消费者的青睐与信任。

公司先后于2006年、2009年、2010年、2011年分别获得柳州市柳北区“诚信纳税户”、柳州市中小企业安全生产信用程度评估“A级企业”、柳北区经济发展“十佳优秀企业”、柳州市工业和信息化委员会组织的“柳州市中小企业精益管理竞赛”一等奖等称号。

① 总经理彭何联
② 2007年10月8日，柳州市市长陈刚（右一）到公司调研
③ 2011年11月5日，柳北区区长李梅（右一）、常务副区长程方晓（左一）到公司调研
④ 公司啤酒生产线
⑤ 公司新研发的山城金樽啤酒
⑥ 公司大门

广西糖网食糖批发市场有限责任公司

广西糖网食糖批发市场有限责任公司（简称广西糖网）自2003年5月成立至20011年，连续8年成为国内最大的食糖现货批发市场，是全国食糖信息中心、交易定价中心和物流配送中心。是中国市场学会商品批发市场发展委员会常务理事单位、中国糖协常务理事单位、广西糖协常务理事单位。

广西糖网创建独具特色的“电子商务＋物流配送”现代市场模式，实现“网上交易，就近提货”，打破时空界限，缩短流通环节，将食糖流通周期缩短6天，吨糖流通成本降低15元，每年为企业节省近1亿元的购销成本；拥有客户2000多家，包含全国80%以上的食糖工商企业，每年承载着全国30%食糖的购销和流通任务，是“全国食糖现货产销桥梁”。

2007年10月，时任国务院副总理的曾培炎视察广西糖网时说：“这是一种全新的现代化流通模式，要继续探索发展下去”，对公司的诚信经营和创新规范给予充分肯定。同年广西糖网荣获“全国商务系统先进集体”称号。

2009年12月，《国务院关于进一步促进广西经济社会发展的若干意见》明确要“加快建设大型工业品、粮食和农副产品批发市场和专业市场，进一步完善柳州食糖现货交易市场”。首次在国家战略层面明确要完善广西糖网食糖批发市场。2010年国家工信部对广西糖网在两化融合领域的突出成绩给予充分肯定，广西糖网荣获“2010中国两化融合50佳企业”称号。2011年公司率先获得国家鼓励类产业认定并荣获国家科技部认定的第一批现代服务业创新发展示范企业。同时作为全国两化融合优秀典型之一，广西糖网成为广西百家信息化示范企业。

广西糖网奉行公开、公平、公正的服务宗旨，做好交易的组织者、裁判员和服务员。严格控制交易风险，连续8年实现合同履约率100%，是业界熟知的中国百家诚信建设示范市场。

① 2011年2月28日，柳北区委书记黄涛（右一）、区长孙黎明（右三）与荣获柳北区“十佳优秀企业”广西糖网董事长胡诗科（中）合影

② 公司总经理李伟春在柳北区2011年度经济工作表彰会上发言

③ 2007年10月，国务院副总理曾培炎视察广西糖网（第一排左起：前自治区主席陆兵、前广西糖网总经理吴卫南、国务院副总理曾培炎、前自治区党委书记刘奇葆、前柳州市委书记蒋济雄）

④ 公司荣获“柳北区2011年度经济发展突出贡献企业”，总经理李伟春（前右四）领取宝骏630汽车钥匙模型

⑤ 广西糖网食糖批发市场大厅

⑥ 公司荣获全国商务系统先进集体荣誉证书

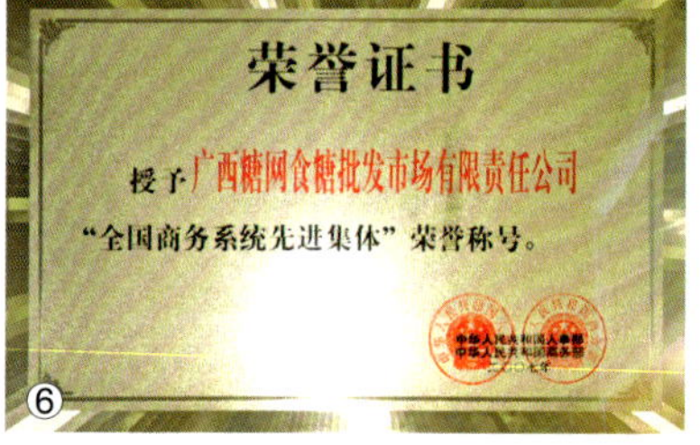
荣誉证书

授予广西糖网食糖批发市场有限责任公司

“全国商务系统先进集体”荣誉称号。

柳州市柳北兴林竹木加工基地有限责任公司

柳州市柳北兴林竹木加工基地有限责任公司成立于2003年5月，地处柳州市柳北区柳长路209国道及城区北面内环道上，是一家集木材加工、仓储、销售与服务为一体的多功能专业市场，也是柳州市规模最大的综合竹木批发市场。主要经营竹木制品的批发、零售和大型竹木加工制造，以及生产各类建筑材料、建筑模板等。公司占地面积26.67万平方米，市场年销售额达8亿元，实现利税8000多万元，市场内有约100多家企业，解决就业4000多人。公司制定一系列规章制度，并按公司化进行规范化管理和运作。

公司的建成进一步规范柳州市原有零散的竹木市场，增大竹木加工市场规模、增强市场竞争力，形成市场专业化，品种规格多样化，经营秩序规范化，带动柳北区劳务、运输、装卸等相关产业的发展。

① 公司总经理唐文兵

② 公司总经理唐文兵（左三）与柳北区党政领导一起研究市场发展规划

③ 工作人员为客户办理业务

④ 模板加工车间

⑤ 加工好的建筑模板

广西建工集团第三建筑工程

广西建工集团第三建筑工程有限责任公司成立于1966年1月，是中国500强企业——广西建工集团的全资子公司（国有独资企业），注册资本21178.66万元。

公司具有房屋建筑工程施工总承包壹级、市政公用工程施工总承包壹级和地基与基础工程以及土石方、建筑装修装饰、建筑幕墙、钢结构等工程和附着升降脚手架、机电设备安装专业承包壹级和消防设施工程、起重设备安装工程专业承包贰级资质以及对外承包工程、外派劳务人员资格。有员工1510人，其中具有高、中级职称的各类经济和工程技术人员428人，国家一级注册建造师56人，二级注册建造师227人，国家注册造价工程师、国家注册安全工程师等执业资格人员8人。

2003年公司通过ISO9001质量管理体系、ISO14001环境管理体系和OHSAS18001职业健康安全管理体系3项认证。公司先后获得中国建筑工程鲁班奖2项、全国建筑工程装饰奖3项、省部级工程质量奖41项、省部级科技示范工程3项。同时，荣获全国优秀施工企业、全国工程建设质量管理优秀企业、全国建筑安全生产先进集体、全国施工企业设备管理优秀单位、全国建筑业先进企业、AAA级中国质量信用企业、全国工程建设QC小组活动优秀企业、广西建筑业先进施工企业、银行信用等级AAA级企业、自治区文明单位、自治区和谐企业等荣誉。

公司先后承建80年代西南第一楼柳州宾馆；90年代柳州第一楼柳州通讯指挥中心，以及南宁市国土交易综合楼、南宁市金湖广场、柳州市人民广场、百色起义纪念馆、柳州盛天龙湾高层住宅小区、玉柴铸造中心厂房、柳州市官塘路网大学路

①

④

⑤

有限责任公司

等一批质量优、具有社会影响力的建筑工程。

公司形成以广西为中心，华南、西南地区为经营战略的经营格局。2011 年实现营业收入 34 亿元，实现税金 1.35 亿元。公司以“做优项目，做强分公司，做大企业品牌”三层定位为指引，向“十二五”末营业收入百亿元目标奋进。

① 自治区政协副主席、自治区总工会主席李达球（左三）在柳州市总工会主席林桂平（右二）等领导的陪同下到公司调研并参加公司十六届二次职工代表大会

② 公司承建的柳州市人民广场全貌

③ 公司承建的柳州工贸大厦（柳州宾馆），建筑面积 48697 平方米，高 109 米，共 30 层，为上世纪 80 年代西南第一楼

④ 公司承建的柳州盛天龙湾项目是柳州市东大门第一个最大的品质楼盘，获评自治区安全文明工地、“龙城杯”奖等荣誉

⑤ 公司承建的南宁市国土交易综合楼工程，荣获“2010~2011 年度中国建设工程鲁班奖”、“全国建筑工程装饰奖”、“广西优质工程”、“广西用户满意工程”、自治区安全文明工地等荣誉

⑥ 公司承建的富士康南宁科技园高新园区十号钢结构厂房工程，总建筑面积 3.2 万平方米，分 6 个单体工程，其中 2 个单体工程为两层钢结构

⑦ 公司承建的柳州市东城·印象中心工程，总建筑面积 12.01 万平方米，含 1 栋 3 层商业楼和 5 栋高层商住楼，最高 44 层。获 2009 年全国 AAA 级安全文明标准化诚信工地称号

⑧ 公司承建的柳州市人民检察院综合办公楼，获全国建筑施工安全文明工地称号

⑨ 公司演出的《奋发有为的建筑工人》节目获广西建工集团职工文艺汇演一等奖

②

③

⑥

⑦

⑧

⑨

广西柳州黄村国家粮食储备库

广西柳州黄村国家粮食储备库位于柳州市庆丰路4号，前身为柳州市黄村粮库，创建于1956年，是柳州市属最大的一家集仓储、贸易、中转为一体的国有粮食收储企业，库区占地面积11.3万平方米，现有仓房34间，总仓容达数万吨，铁路专线直达库区。

广西柳州黄村国家粮食储备库坚持以人为本，求真务实，开拓创新，坚持“科技兴储，以储兴库”的发展战略，走储贸结合的道路，应用储粮新技术，提高科学储粮水平。在全面实施仓储精细化管理的同时，坚持依法经营、诚信经营，为调节粮食丰歉余缺、调控粮食市场、保障军需民食、应付重大事件等方面发挥了十分重要的作用。多次荣获中储粮总公司广西分公司、自治区粮食局及柳州市粮食局授予的先进单位称号。

① 团结务实的领导班子
② 自治区粮食局处长罗大宁（左二）到粮库检查工作
③ 自治区粮食局副局长杨斌（右一）到粮库视察工作
④ 广西柳州黄村国家粮食储备库办公楼
⑤ 黄村国家粮食储备库
⑥ 粮食堆放库

广西冶金建设公司

广西壮族自治区冶金建设公司成立于1958年，是一家集工程施工总承包、房地产开发、物资贸易、建筑设备租赁、商品砼生产、检验检测、玻璃加工、劳务输出、物业经营及管理等为一体的现代化大型国有综合性施工企业。

公司是国有独资企业，注册资金3.5亿元，净资产2亿元，为工程建设企业社会信用评价“AAA”级企业，连续16年被评为“守合同、重信用”企业，银行授信额度10亿元以上。

公司拥有房屋建筑工程、施工总机电安装工程、冶炼工程、市政公用工程4个施工总承包一级；钢结构、装饰装修、地基与基础、金属门窗、土石方工程5个专业承包一级；电力工程、化工石油工程、矿山工程3个施工总承包二级；消防设施、建筑幕墙、起重机械、爆破与拆除4个专业承包二级资质以及Ⅰ、Ⅱ类压力容器设计与制造、锅炉安装、起重机械安装、压力管道（GC2、GB1）安装等特种专业许可证资格。公司还具有国际工程承包、进出口企业和国际工程劳务输出资格。

公司实行三级管理模式，各层级之间保持严格、到位、有效的管理和沟通配合。公司建立与国际标准相接轨的质量、环境、职业健康安全管理标准体系，并通过ISO9001、ISO14001和GB/T28001管理体系认证。

公司有员工3500多人，其中各类专业技术、经济管理人员1200多人，高、中级职称人员360多人，一级注册建造师70多人，二级注册建造师300多人，注册造价工程师12人，注册安全工程师25人。公司拥有各类大、中型设备2100多台（套），总功率2.6万千瓦。

公司设有二级分公司40多家，经营区域覆盖广西所有地市，进入广东、上海、湖南、四川、江西、重庆、云南、贵州、河北等省市建筑市场，年经营规模在100亿元以上，形成较强的区域竞争优势和综合竞争实力。

作为广西工业最早的建设者，公司在50年的发展历史中，承建大批国家、省、市重点工程和标志性工程，涉及化工、冶金、机械、电子、轻纺、能源、交通、建材、体育、文教、军工、金融、房地产等各个领域，创造一大批精品优质工程。公司先后获省部级工程质量奖50多项，获省部级以上荣誉称号80多项，连续多年被评为全国建筑业优秀施工企业、全国工程建设质量管理优秀企业、广西建筑行业先进企业、广西建筑装饰行业先进企业、广西安全生产管理先进企业、广西质量管理先进企业、广西绿色施工企业、广西诚信施工企业、广西优秀企业、广西优秀劳动关系和谐企业等称号。2010年获中国建筑业最具成长性百强企业”。

① 公司总经理戴敏
② 房屋建筑工程（柳州市康馨茗园小区）
③ 商住楼工程（柳州市宏祥园）
④ 装饰装修（柳州党校第一报告厅）
⑤ 市政工程（柳州市潭中高架桥匝道）

广西柳州裕田机械有限责任公司

广西柳州裕田机械有限责任公司是依托柳州市裕龙模具冲压件制造厂于2005年成立并发展起来的。公司位于柳州市马厂路1号（柳北区白露工业园内），是一家具有法人资格、独立核算的中型企业。公司有职工700余人，其中工程技术人员50人，各类专业管理人员100人。拥有计算机设计开发平台，利用UG进行工艺数模补充、CAM编程，采用AUTOFORM、FASTFORM等软件进行冲压成型有限元分析、板件展料等先进技术，缩短模具的开发周期。产品开发全部应用计算机设计、制造、分析系统（CAD/CAM/CAE），科研技术力量雄厚。

公司专业生产挖掘机覆盖件、驾驶室、配重、行走架，装载机前车架、动臂、拉杆及其他配件等产品，年产结构件2万吨，各种驾驶室6000多台，年产值近4亿元。公司正在进行二期厂房建设，建成后将新增厂房面积2.2万平方米，新增销售收入1.5亿元。

公司秉承“质量第一，精益求精”的质量理念，以优质的产品，精湛的技术，赢得“柳工集团”、“玉柴”等大型企业的信赖，企业的业绩连年上升，多次被主机厂评为“优秀外协厂家”，“A级供应商”。2008年成为柳工战略合作供应方，在同行业中有着良好的声誉和较大的市场份额。

公司在加强硬件设施投资的同时，投入巨资引进台湾、日本模具设计、生产和管理技术。拥有大型加工中心、数控激光切割机、数控等离子切割机、焊接机器人、数控线切割机、数控卧式镗床、数显卧式双面镗铣床、800T闭式双点压力机、1300T双动油压机、500T油压机、悬链通过式抛丸机、数控折弯机、平面磨床、立式车床等设备，是柳工挖掘机、柳工安徽蚌埠起重机有限公司、玉柴重工配套产品生产厂家。

① 公司董事长罗继才
② 2007年10月9日，柳州市市长陈刚（左三）视察柳北区裕田机械有限责任公司
③ 柳北区委书记黄涛（右三）、区人大常委会主任樊华（右一）、区长孙黎明（左二）、区政协主席潘加波（左一）到公司调研
④ 公司办公大楼
⑤ 挖掘机操纵室

柳州市永益机械制造有限公司

柳州市永益机械制造有限公司成立于2005年4月26日，是一家民营科技企业、国家高新技术企业。公司位于柳州市马厂路1-6号、广西A类工业园区——白露工业园内。公司有员工85人，其中工程技术人员和管理人员15人。公司占地面积6871平方米，建筑面积3934.6平方米，注册资金1000万元，总资产1427.3万元，拥有金属切削、铆焊、起重设备100多台。公司以冶金专用设备及其配件制造为主导，依托柳州钢铁集团公司的优势，本着“诚信、优质、高效”的服务宗旨，扎实打造“永益”品牌。2005年公司通过ISO9001:2000国际质量标准认证。2011年公司生产总值达到1753.4万元，工业增加值332.3万元，上缴税费总额127.5万元。

公司生产的产品主要有短应力线轧机、弹性塑胶减震缓冲器、系列齿式联轴器、系列弹性联轴器、系列鼓形齿联轴器、冶金机械配件等，为柳州钢铁、贵港钢铁、新余钢铁、西宁特钢、攀枝花钢铁等国内著名钢铁企业生产配套短应力线轧机、弹性塑胶减震缓冲器、系列齿式联轴器、系列弹性联轴器、系列鼓形齿联轴器、冶金机械配件。2005年7月，公司自主开发弹性塑胶减震缓冲器被认定为广西高新技术产品，2007年被评为柳州市科技进步三等奖。公司研发的短应力线轧机拥有3项专利、1项科技成果，填补广西在该制造领域的空白。公司2006年被认定为广西高新技术企业，2009年7月24日，公司被认定为国家高新技术企业，2010年获得国家科技型中小企业技术创新基金资助。

① 公司董事长陈玉昆
② 党支部书记杨哨山（左一）与员工交流
③ 永益机械公司办公大楼
④⑤ 短应力线轧机
⑥ 公司主导产品销往柳钢、包钢、攀钢、西宁特钢、新余等国内重点钢铁企业

柳州蔚翔汽车部件有限公司

① 公司总经理张见强
② 公司办公大楼
③ 生产设备
④ 工人在安装产品
⑤ 汽车排气管
⑥ 汽车注塑件成品库
⑦ 质量检验员检验出厂的产品

柳州蔚翔汽车部件有限公司是杭州萧山蔚翔胶制品有限公司于2006年投资2000万元在柳州市柳北白露工业区建设的一个分公司。占地面积2.3万平方米，建筑面积1.5万平方米，年生产注塑机总量6万吨，年产值5000万以上。

2010年，柳州蔚翔汽车部件有限公司与上汽通用五菱汽车股份有限公司、柳州五菱汽车联合发展公司、柳州五菱汽车工业有限公司等企业通力合作，推动柳州汽车行业的发展。公司承接柳州五菱柳机动力有限公司开发的富家佳手扶式插秧机全套吹塑、注塑件生产。该插秧机通过自治区农业机械化管理局组织检测工作组的鉴定，产品的可靠性、安全防护、安全使用性、噪声、主要零部件制造质量、操纵调节机构、插秧深度、漏秧率、秧伤率和漂秧率、插秧效率和油耗等22项经济技术指标均符合设计要求。为拓展项目长期发展，公司新建造1500平米插秧机装配楼，新增TDB-50A；TDB-25A 6000N注塑机等一批专用设备。投入200万元与柳机共同开发种类模具30余套，生产插秧机4000台/套，二型插秧机投入试生产，为促进广西经济和柳州的农业机械化发展作出努力。

柳州市桂新商品混凝土有限责任公司

柳州市桂新商品混凝土有限责任公司成立于 2003 年 11 月 13 日，注册资金 1630 万元，是隶属柳州钢铁(集团)公司非钢实业总公司的一家有限责任公司。公司有员工 80 多人，高、中级职称人员达 30%。

公司拥有较为雄厚的生产设备，主营强度等级 C60 及以下的预拌商品混凝土的生产及销售，年生产能力达 40 万立方米，其中全自动生产的 HZS120 搅拌楼成套设备两套、搅拌运输车 20 余辆、泵车和装载机若干。配备专业的混凝土试验室，可进行水泥等原材料检测试验，混凝土配合比试验及混凝土抗压强度、抗渗、抗折等性能试验。

公司成立以来，本着立足柳钢，服务柳钢的经营策略，致力于柳钢技术改造工程项目的商品混凝土供应，先后为热轧板带厂、150 吨转炉、360 万吨球团生产线、4 万立方米制氧机组等大型工程提供周到服务。2009 年以来，面对商品混凝土行业严峻的市场形势，公司深入推行“再次创业，优质增效”，成功实现战略转型，建设了马厂桥、胜利小区危旧房改造、绕城高速公路、双拥大桥水下桩等样板工程。

质量是企业的生命，也是明日的市场。公司积极引进先进技术、设备及管理思路，推行全面质量管理，从研发、生产、检测至施工的每一个环节，以最专业的精神站在客户的立场上考虑产品供应和服务。

① 公司董事长蒋宇平
② 桂新公司全貌
③ 桂新工程展示：强实水泥厂
④ 桂新工程展示：柳钢宾馆
⑤ 桂新工程展示：中方 · 胜利小区
⑥ 桂新工程展示：兴佳山水福第商品房楼盘

广西腾安投资

①

广西腾安投资集团有限公司是一家集汽配、物流、商贸、房地产为一体的多元化控股集团企业。旗下拥有柳州市天颐汽车零部件有限公司、柳州市腾安贸易有限责任公司、广西柳州腾安房地产开发有限责任公司、广西柳州讯达房地产开发有限责任公司、玉林雄杰贸易公司、柳江天隆贸易有限公司、柳州双雄商标印刷有限公司等多家子公司。2007 年至 2010 年公司每年上缴千万元的税收，4 年缴税额 5000 万元，连续 4 年评为优秀纳税企业。公司创业以来获得多项荣誉：2008 年被评为柳北区优秀纳税企业，2009 年被评为柳州市“双爱双评”先进单位；2011 年荣获柳州市劳动关系和谐单位称号。2010 年 10 月收购一汽柳特天颐汽配公司，11 月收购周农汽配公司，更名为广西天重机械科技有限公司，成为汽配行业中扩张最为迅速、生产效益较好的企业之一。天颐汽配公司 2 年生产车厢 6669 个、大梁 6780 个。天重机械公司主要生产甘蔗木材抓斗机、固定装载机 600 多台，荣获广西科委授予的科技奖。

广西腾安投资集团有限公司执行局主席陶文安是一个睿智、远见卓识的领导者，他带领腾安人通过一系列实业化运作，使企

②

③

④

⑤

集团有限公司

业从无到有、从小到大，多业并举，成就今天的腾安集团。陶文安一直怀着一颗感恩的心，崇尚“企业唯有益于社会，才有其存在的价值”的理念，热心社会公益事业，各项捐资、捐助社会资金累计100多万元。陶文安还担任广西柳州市第十三届人大代表、柳北区第十一届人大代表、柳江县第八届政协常委、柳北区工商联合会副主席、柳州客家商会常务副会长、柳江县房协会长等社会职务。曾获“全国优秀民营企业家”、“广西第二届优秀社会主义建设者”、“柳北区十大经济人物”、“关爱员工的优秀经营者”等荣誉称号。

公司秉承“精细管理，开拓创新，和谐文化，高效运营”的经营理念，不仅将客户当作重要资源，同时也将员工当作重要资源，尊重人、关心人、理解人，处处以员工的利益为重。公司13年的发展路程经历无数的风雨，积淀“敬业奉献、执着进取、诚信责任、合作创新”等企业精神和企业文化。通过组织年会、庆典、竞赛、培训等方式，将这些企业精神和企业文化进行宣传倡导，激励着腾安人更加努力前进，创造更辉煌的业绩。

① 公司董事长陶文安
② 柳州天颐汽车零部件有限公司全貌
③ 天颐汽车零部件生产车间
④ 天颐公司生产车箱产品
⑤ 多功能液压回转抓斗系统
⑥ 腾安世纪城·金碧苑三期开盘
⑦ 腾安贸易运输车队
⑧ 城北尚都开盘现场
⑨ 腾安公司年会员工合影
⑩ 腾安公司篮球队队员合影
⑪ 柳北文化商业广场

⑥

⑦

⑧

⑨

⑩

⑪

广西柳州物资储运贸易总公司

GUANGXI LIUZHOU MATERIALS WAREHOUSING AND CONVEYING TRADE GENERAL COMPANY

广西柳州物资储运贸易总公司是广西物资集团有限责任公司的直属全资子公司。公司位于广西柳州市红碑路6号，占地面积28.27万平方米，拥有2条铁路专用线（有效长度2380米，可同时停放170个车皮），货场面积10万平方米，拥有各种专业机械设备30台，专线及机械设备年吞吐能力300多万吨。拥有红卫生产资料批发大市场和新风装饰材料市场两大专业市场，主要从事仓储管理、物资装卸、铁路运输、剪切加工、物业租赁、物流配送、信息服务、金融质押等现代物流业务。公司内部管理体系通过IS09001：2000认证，是AAA级物流企业，是柳州市生产资料重点批发市场。红卫生产资料批发大市场年贸易额150多亿元，市场汇集柳钢、攀钢、武钢、鞍钢、湘钢、宝钢、涟钢、新钢等10多家全国各地大中型钢厂产品及200多家中高端建材品牌代理商；市场内拥有钢材剪切开平、钢材拉伸拔直、平板弯卷、钢材切割、彩瓦加工等各种钢材加工生产线，能满足客户对钢材深加工生产的不同需要，逐步成为广西区内乃至西南最大的钢材加工生产基地；公司还开展仓单质押金融服务业务，年质押业务金额10亿多元；公司依照现代物流发展的基本理念，构筑现代物流服务平台，初步形成仓储管理、物业租赁、装卸服务、联合运输、材料加工、金融质押、物流配送、信息服务等多功能的流通服务体系，成为立足柳州、服务广西、幅射西南周边省区，具有重要影响的仓储型现代物流企业。

① 柳州红卫生产资料批发市场全景图
② 钢材存放仓库
③ 40吨行吊
④ 调装钢材
⑤ 公司铁路专用列车

柳州市源恒贸易有限公司

柳州市源恒贸易有限公司位于柳州市西江路25号西江批发城2号楼第五层527室，创始于2005年5月，是一家主营五金交电、建筑材料、普通劳保用品、有色金属、橡胶制品、机械电子产品及配件、电线、通讯光缆、电器成套设备、建筑机械材料的大型物资贸易有限公司，是武钢、新余钢、柳钢等系列钢材直接销售单位、是外资企业吉凯恩车轮（柳州）有限公司、中船西江造船有限公司、广西中烟公司、柳州第二空压机械股份有限公司、桂中公路局所属加工厂所用钢材的直接供应商。同时兼挂柳州市紫龙商务信息有限公司和柳州市万月贸易有限公司。2005~2010年，公司为国内外和区内各大中型企业提供优质价廉的各种钢材及电器成套设备和机械产品配件，赢得客户的好评，创造良好的信誉和质量保证。市源恒贸易有限公司总经理江波还是中国致公党柳州市委员会委员、柳北区第八届政协委员、柳州市青年企业家协会理事、柳州市江氏宗亲联谊会常务副会长。他率领公司员工热心公益事业，扶贫济困，服务社会。2010年，江波分别荣获柳州市“首届十大慈善人物”、柳州市第二届“十大创业之星”和柳州市“十大新闻人物”提名奖，柳州市“爱心人士”等多项荣誉称号。

① 公司总经理江波

② 2009年5月，在柳州市团委组织的老团干联谊会上公司总经理江波（左一）与柳州市副市长焦耀光（右一）合影

③ 2011年9月17日，公司总经理江波（左六）与参加柳北区政协第八届一次会议的政协委员合影

④ 总经理江波（右）与广西金嗓子集团董事长江佩珍（左）合影

⑤ 公司总经理江波（前排左三）参加柳北区政协委员视察企业后合影

柳州市第四人民医院

柳州市第四人民医院位于柳州市潭中中路131号，创建于1952年，是一所集医疗、教学、科研、急救、康复和防保为一体的二级综合医院。有职工287人，其中高级职称10人，中级职称95人。设临床医技科室22个，编制床位102张。是中国残联专项彩票公益金贫困肢体残疾儿童矫治手术定点医院、柳州市白内障手术复明治疗站、柳州市“120”急救中心第一批定点医院、医保中心、新农合医疗定点医院、爱婴医院。医院技术实力雄厚，医疗设备先进。开展“二级”医院技术项目达109项，“120”急救24小时提供医疗救护。拥有双排螺旋CT、科尼卡数字化多功能x线诊断系统（CR）、DR、日本东芝彩超、复式脉冲碎石机、全自动生化分析仪、心电综合分析系统、动态血压分析系统、电子胃镜等40余台医疗设备。医院固定资产总额5000万元。医院技术实力雄厚，具有脑、胸、腹及骨科、泌尿、妇科、产科难度较大的手术和一般常规手术，对心血管、神经内科、呼吸、内分泌、血液、消化、儿科等危急重症有较高的诊治水平。

1999年医院开始社区卫生上门服务；2000年通过国家二级乙等医院分级管理达标；2005年首次进行对口支援；2006年、2010年分别派出1名医生参加广西援外医疗队；2007年承办柳州市人民政府“阳光计划”项目，免费为500名肢残青少年实施矫治手术。医院分别获得“柳州市卫生系统行风建设先进单位”、“自治区残疾人康复工作先进集体”等称号。

位于柳州市河西小区新医院正在建设之中。占地面积1.03万平方米，医疗综合楼建筑规划为15层，总建筑面积3.64万平方米，床位350张，总投资1.2亿元。

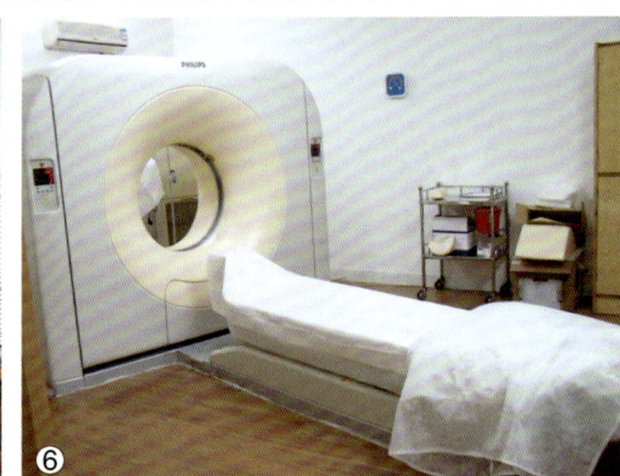

① 柳州市第四人民医院大门
② 国家卫生部书记张茅（右一）到医院视察
③ 自治区党委书记郭声琨（左三）、柳州市委书记陈刚（左四）、市长郑俊康（左二）到医院视察
④ 柳州市副市长崔惠柳（左二）到医院视察
⑤ 院领导班子研究工作：书记郭海（右一）、院长于向前（左二）、副院长梁宏勇（左一）
⑥ 医院拥有飞利浦多排螺旋CT机

柳州医学高等专科学校第一附属医院

柳州医学高等专科学校第一附属医院（简称柳州医专一附院）位于广西柳州市跃进路124号。自1975年重建以来，经过30多年的努力，发展成为一所环境幽雅、空气清新、集医疗、预防保健、康复、科研、教学为一体，自治区卫生厅直属的一所国家三级甲等综合医院，服务范围覆盖以柳州市为中心的整个桂中地区。

医院占地面积9万平方米，建筑面积6万多平方米，编制病床628张，有职工758人，其中卫生技术人员647人，卫技人员中高级技术职称75人。医院设有2个门诊部，18个临床病区和一个口腔中心；配置全兼容全数字化血管造影系统、核磁共振、美国GE16排CT、美国GE-DR650、美国GE全数字化乳腺机、美国贝克曼AU2700全自动生化分析仪、全数字化彩色多谱勒超声诊断仪、人工心肺机、全套肿瘤放疗等先进齐全的诊断、治疗和教学设备；设立神经内科、外科，呼吸内科，肿瘤科（内、外科及放疗），骨伤整形外科，妇产科，泌尿外科，内分泌科，口腔医学中心等多个重点学科。开展体外循环心内直视手术、巨大肝癌切除术、唇腭裂序列治疗、皮瓣整复等高难度手术和心血管介入、经皮肾镜等多种微创手术。近年来获自治区以及卫生厅科技进步奖17项。

医院先后荣获国家级“爱婴医院”、自治区文明医院、自治区文明单位等称号，成为广西全科医学教育临床技能培训基地、自治区乡镇卫生院卫生人才培训基地。

① 自治区卫生厅副厅长尤剑鹏（左二）到医院视察
② 柳州医专一附院院长谢苇（右一）在门诊进行行政查房
③ 柳州医专一附院“十二五”规划示意图
④ 美国GE大C臂设备
⑤ 医院拥有美国GE全数字化乳腺机
⑥ 美国GE16排CT设备

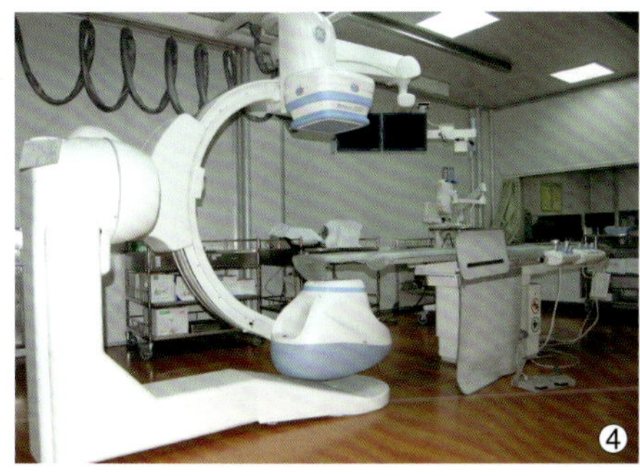

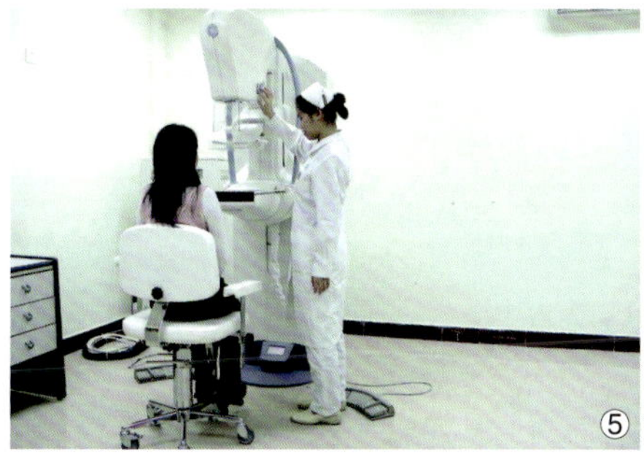

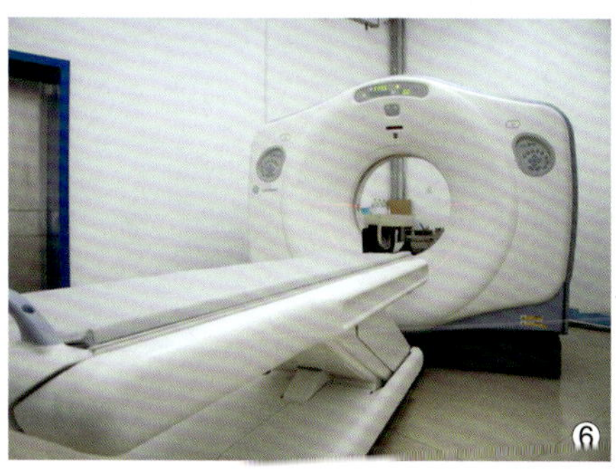

柳州市游泳协会

柳州市游泳协会于2003年1月29日成立至2010年，已发展游泳分会有21个，会员1800人，会员中有：公务员、工人、农民、退休职工，参与人员广泛，活动常年不断。推动柳州市游泳事业蓬勃发展。

游泳协会依靠政府及社会力量，组织各种大型活动和比赛，年年元宵节组织千人横渡柳江活动，成为柳州市每年的传统体育节目。新华社曾对柳州元宵渡江活动做了专题报道并在网上发通稿，取得较好的社会影响力。协会还分别与企业联合举办“柳工杯”和“柳钢杯”千人渡江活动，提高了企业知名度，增强全民健身游泳锻炼意识；开展保护环境“爱我母亲河”的宣传，使得柳州的山更青、水更秀。利用游泳比赛平台开展对外交流，增进友谊，协会每年都组织泳友参加港、澳及全国性群众业余重大游泳比赛。先后组织60余人参加澳门“黑沙杯”和参加澳门游泳总会成立50周年庆典活动，参加南湾湖公开水域比赛，柳州代表队获得女子第一名。先后2次参加黑龙江“中国格达奇第二届和第四届国际冬泳邀请赛”、组织100多人参加梧州市第二届“两广”跨省畅游西江、参加“千岛湖啤酒杯”第十一届全国公开水域赛、组织召开首届全国漂流柳江活动，来自广东省、贵州省、湖南省以及自治区内的南宁、梧州、百色等10多个城市的泳协代表队参加漂流，增进省与省之间，市与市之间游泳协会的友谊。

① 柳州市游泳协会会长林义坤
② 柳北区第七届政协委员贸易工作组委员合影
③ 协会会长林义坤与台湾游泳协会总会长杨火生合影
④ 2011年柳州市游泳协会领导班子在年会上的合影
⑤ 柳州市冬泳协会主席林义坤率队参加三门峡横渡“母亲河”活动，领奖后与原河南省委书记、原中纪委第一副书记侯宗宾（右三）及三门峡市市委书记杨树平（左四）在主席台上合影
⑥ 协会会长林义坤与世界蹼泳冠军阳玉琼（左一）、广西泳协主席周民霖（左二）、桂林市副市长林观华（左三）、广西泳协副秘书长莫燕华（右二）、桂林泳协主席邓胜弟（右一）合影
⑦ 组织柳州市游泳爱好者畅游柳江

柳北年鉴

LIUBEI YEARBOOK

2011

中共柳州市柳北区委员会
柳州市柳北区人民政府 主办

《柳北年鉴》编纂委员会 编

广西人民出版社

柳北年鉴·2011

主　　办　中共柳州市柳北区委员会、柳州市柳北区人民政府
承　　办　柳州市柳北区地方志编纂委员会
编　　辑　《柳北年鉴》编辑部
地　　址　广西柳州市胜利路 12-8 号
邮　　编　545002
电　　话　(0772)2810586
电子邮箱　LBQDZB@163.COM
出版发行　广西人民出版社
社　　址　广西南宁市桂春路 6 号
邮　　编　530028
网　　址　http://www.gxpph.cn
装帧设计　南宁佳彩广告设计有限公司
印　　刷　深圳市佳信达印务有限公司
开　　本　889 毫米 × 1194 毫米　1/16
印　　张　25.25
字　　数　920 千字
版　　次　2012 年 7 月　第 1 版
印　　次　2012 年 7 月　第 1 次印刷
书　　号　ISBN 978-7-219-07965-2/Z·269
定　　价　160.00 元

编辑说明

一、《柳北年鉴·2011》卷是由中共柳州市柳北区委员会、柳州市柳北区人民政府主办的第一部综合性年鉴，是系统记述柳北区自然、政治、经济、文化、社会等方面情况的年度资料性文献，旨在为各级领导决策提供可靠的参考依据，为社会各界和海外人士了解和研究柳北区提供最新信息，为续修编纂地方志积累历史资料。

二、经中共柳州市柳北区委员会、柳北区人民政府研究决定，从2011年起，由柳北区地方志编纂委员会办公室负责《柳北年鉴》的编纂工作，每年编辑出版一卷。

三、《柳北年鉴·2011》卷记载的是2010年发生的事情，本年鉴基本内容分为综合情况、动态信息、辅助资料三大部分。综合情况部分设特载、特辑、概况3个专栏。动态信息部分设党政机关、民主党派·工商联、人民团体、政法、军事、工业、农林牧渔业、商贸·物流·旅游、资源·建设·环保、交通·邮政业、信息业、财政·税收、银行·保险·证券、经济管理与监督、人力资源与社会保障、教育·科技、文化·卫生·体育、社会生活、镇街概况、人物等20个部类。辅助资料有大事记、调研报告、文件选编、统计资料、附录、索引、图片专辑7个专栏。概况及动态信息各部类的内容均作条目化处理，以方便读者检索。部类和条目之间均设有分目层次。党政机关、政法、农林牧渔业、商贸·物流·旅游、资源·建设·环保、交通·邮政业、教育·科技、文化·卫生·体育等部类的分目下面还设次分目层次。年鉴内容层次的设置，大体上按科学分类和社会分工相结合的原则归类和排列，机构、企事业单位等排序和层次一般不表示其地位和规模。

四、本年鉴采用的文稿均由柳北区各部门、辖区各有关单位编写组提供，并经供稿单位领导审核。撰稿人在各分目文尾署名，个别条目作者不属该分目的另属，编辑工作由《柳北年鉴》编纂委员会编辑部完成，部分条目由编辑部按提供的材料增设。

五、本年鉴凡涉及柳北区国民经济和社会发展全局性数据以柳北区统计局提供的统计数据为准；统计局未作统计的，由各业务部门提供，少数资料来源和统计口径不尽一致，数值也不尽相同。

六、为便于读者查阅，本年鉴配备双重检索系统，卷首设中文目录和英文目录，卷末设有索引。

七、本年鉴是柳州市柳北区人民政府自2009年9月出版发行《柳州市柳北区志》（1991～2005）后，编辑出版的首部年鉴，本年鉴图片专辑采用的照片不受时间限制。

八、本年鉴在编辑过程中，得到柳北区各部门、辖区各有关单位的大力支持，在此一并致谢。由于编辑水平有限，难免有错漏之处，恳请读者批评指正。

序

中共柳北区委书记

柳北区人民政府区长

柳北区第一部反映2010年经济建设和社会事业发展新成就、新变化、新经验、新问题及重大事件的地方综合性资料工具书——《柳北年鉴·2011》卷公开出版发行了。值此机会，谨向全体编辑人员，关心和支持这项工作的专家、学者以及社会各界人士致以衷心的祝贺和诚挚的谢意。

柳北区是柳州市四城区中人口较多、地域较广的一个城区，是柳州市工业和农业大区，辖区的经济、政治、文化和社会发展对柳州市的发展起着重要作用。2010年在中共柳州市委员会、柳州市人民政府的直接领导下，中共柳北区委、柳北区人民政府率领辖区42.8万人民，坚持以邓小平理论和“三个代表”重要思想为指导，以科学发展观统领经济社会发展全局，努力贯彻中共十七大精神，抢抓机遇、与时俱进、务实创新，紧紧围绕柳州市“工业强市、富民兴柳”总体发展思路和“三个同步”发展理念，在推进建设“工业柳北、商贸柳北、物流柳北、生态柳北、宜居柳北”的进程中，取得显著成绩，辖区农业稳步发展，工业经济快速增长，商贸物流业形成规模，城乡面貌日新月异，人民生活步入小康，社会和谐平安稳定，科技教育、文化体育、医疗卫生、社会保险和社会保障、双拥工作和文明建设等各项事业硕果累累。编辑一部城区年鉴，将这些成绩载入史册，照往将来，发扬光大，这是历史的要求，时代的需要，也是辖区人民的愿望。

2010年是柳北区“十一五”规划目标全部提前和超额实现的一年。三次产业发展有了历史性突破，迈上“六个百亿”新台阶！地区生产总值119亿元，工业总产值率先在柳州市四城区中突破209亿元大关，规模以上工业产值179.3亿元，园区工业产值117.36亿元，第三产营业收入突破400亿元，其中批发业营业额突破280亿元，跻身广西十大百亿园区行列，成为柳州市工业实力最雄厚和贸易业、批发业和住宿餐饮业实力最强城区。柳北区分别荣获全国老龄工作先进单位、全国第三批养老服务示范活动示范单位、全国人口和计划生育系统先进集体、广西未成年人思想道德建设工作先进县区、广西平安县(区)、广西工业企业联网直报先进组织单位、广西价格举报工作先进单位、广西侨务工作先进单位、广西实施高校毕业生‘三支一扶’计划先进单位等称号。

编辑年鉴是建设文化柳北的重要组成部分。2009年9月23日柳北区人民政府在柳州市率先完成第二轮城区志编纂《柳州市柳北区志》(1990～2005年)后，于2011年4月13日正式启动《柳北年鉴·2011》卷编辑工作，成立以区委书记和区长亲自挂帅的《柳北年鉴》编纂委员会，下设《柳北年鉴》编辑部，并要求各镇、街道办事处、直属机关各部门以及辖区各有关单位成立年鉴编写小组，组织人力负责收集资料和撰写初稿，各单位领导亲自审稿后交由年鉴编辑部总纂成书，最后经广西人民出版社审查后公开出版发行，可谓众手成书，资料权威可靠。这是一部如实记载柳北区经济和社会事业发展进程的百科全书，是柳北区精神文明建设和文化建设的又一新成果。

第一部《柳北年鉴·2011》卷，是以马列主义、毛泽东思想、邓小平理论和“三个代表”重要思想为指导，如实记述2010年柳北区在经济、政治、文化等社会各项事业所取得新成就和战胜各种困难所经历的艰难过程，让人们比较清楚了解柳北区整个社会发展过程，以史为鉴，推动整个社会向前健康发展。它的公开出版发行不仅为领导决策和社会咨询提供及时可靠的信息服务，为社会各界、海外人士了解、研究柳北区提供较全面的资料，同时也为今后修志积累宝贵的史料，具有“存史、资治、教化”作用。

但愿《柳北年鉴》成为社会各界人士了解柳北、熟识柳北、关注柳北的一把钥匙。我们欢迎港澳台同胞，海外侨胞，国际友人及全国各地客商前来柳北考察咨询、观光旅游、探亲访友、投资创业、经商办厂等，共同创造柳北美好的未来。

《柳北年鉴》编纂委员会

《柳北年鉴》编辑部

《柳北年鉴》编辑（编写）组

（按文稿刊出先后排列）

中共柳北区委员会办公室

刘伯臣　黄宗德　李蓓　韦艺

柳北区人大常委会办公室

毛先发　邓柳忠　李萍　莫灿锋

柳北区人民政府办公室

王定超　吴松栖　丁静

政协柳北区委员会办公室

潘加波　张远才　胡容华

柳北区统计局

胡道周　吕萍　韦莹俏

柳北区发展改革和经济局

黄志江　吴德泉

柳北区地方志编纂办公室

李萍　陈素琴　符巧玲　王小月

柳州市国土资源局柳北分局

宋为国　梁绍军　杨庆萍　常长平　蒋海民

柳州市气象局

刘梅

自治区水文水资源局柳州分局

陆立登　曾兴建

柳州市旅游局

冯文健

中共柳北区委组织部

庞智勇　黄定万　钟茂玲

柳北区法制办公室

肖荣江　何卉　李遵法

中共柳北区农村基层党组织建设办公室

谭海平　蓝师优

中共柳北区委精神文明建设办公室

刘继芳　周何玲

中共柳北区委统战部

李丹　熊优生　蒋志涵

柳北区环境保护局

赵毅　卢晓君

柳北区企业党的工作委员会

李岸忆　邓丽娜　欧凌

柳北区企业离休干部服务管理中心

舒小马　苗皓婵

柳北区老龄工作委员会

陈晓容　林惠群

中共柳北区委宣传部

朱慧芬　赖德勇　罗小龙

中共柳北区委、柳北区人民政府信访局

韦政辉　黄忠生　陈刚

中共柳北区直属机关工作委员会

盛明　赵鑫华

柳北区机构编制办公室

邓凯红　韦冬

柳北区政务中心

覃剑峰　林晓华

柳北区机关后勤服务中心

莫国忠

柳北区招标采购办公室

银秀鸾　莫韦萍

中共柳北区纪律检查委员会、柳北区监察局

倪曲波　廖小春　赵麒麟　麦方成

柳北区绩效办公室

倪曲波　毛湘波

柳北区民政局

邓毅松　史东升　丁雯娟

中国国民党革命委员会柳州市委员会

付建文　范盛任

中国民主同盟柳州市委员会

丁昌东　钟思萍

中国民主建国会柳州市委员会

吴华　周国云

中国民主促进会柳州市委员会

崔惠柳　冯姗

中国农工民主党柳州市委员会

柳元　黄裕金

中国致公党柳州市委员会

张万华　许明生

九三学社柳州市委员会

韦秋利　马立克

柳北区工商业联合会

熊优生　蒋志涵

柳北区工会

林敏　韦佳佳　王淑珍

共青团柳北区委员会

王琦鑫　李斯雅

柳北区妇女联合会

梁红英　　姚　林

柳北区科学技术协会

卓世楼　　梁志华

柳北区残疾人联合会

叶景锋　　吴先永　　麦建益

柳北区红十字会

冯思荣　　刘　洋　　张　宏

柳北区关心下一代工作委员会

刘乐生　　林惠群

柳北区民族事务局

韦丽华

中共柳北区委政法委员会、综合治理办公室

周万台　　石大刚

柳北区人民法院

覃　轲　　覃宝希　　段建军　　蒙炳铭

柳北区人民检察院

毛德宁　　丁剑平　　覃　帅　　黎　莉

柳州市公安局柳北分局

仲　军　　胡仁北　　苏格云

柳州市公安交警支队柳北大队

宁宏东　　黄　柳　　吴英姿　　吴筠娜

柳州市公安局柳北消防大队

周　颖　　成　袁　　杨忠春

柳北区司法局

陈丽娜　　蒋　石　　吕　娟

柳州市军分区

黄　胜

武警柳州市消防支队

苏立涛

中国人民解放军柳北区人民武装部

马依庚　　马桂亮

柳北区人民防空办公室

陈　杰

柳北区农业与水利局

李信荣　　范柳光　　冯伟文

柳北区林业局

谢鹏程　　陆宁平　　陈耀林

柳州市鹧鸪江园艺场

苏天举　　覃　健　　李　琳

柳州绿达实业有限责任公司

吴望财

柳北区水产畜牧兽医局

黎文柳　　赵卫红　　张薇薇

柳北区农业综合开发办公室

蔡建军　　刘向军

柳北区新农村建设工作领导小组办公室

吕荣光　　韦欣荣　　蒙华俊

柳北区扶贫开发办公室

苏金章

柳州农业科学研究所

周　颀　　兰生葵

柳北区商务局

周克勤　　汤晓然

柳北区招商促进局

李　艳　　吕明莉　　黎佐妮

柳州市规划局柳北分局

谢　平　　叶胜国

柳北区住房和城乡建设局

廖庆帽　　刘银习　　王小明　　李　娟

柳北区城市管理行政执法局

董学堂　　廖其安　　曲　莹　　朱华重

柳北区征地拆迁办公室

杨建华　　莫柳宁　　韦芳艳

柳北区“城乡清洁工程”管理委员会办公室

玉济训

柳北区环境卫生管理所

朱立新　　叶长海

柳北区园林绿化管理所

刘　明　　窦　鹰

柳州火车北站

张忠勇　　戴　轶

柳州白沙客运站

程　华　　吴凤媛

柳州市第二运输责任有限公司

王继雄　　陈　琪

柳州市市政设施维护管理处

周　鹏　　林秋洁

柳州市交通运输局

周浪峰

柳州恒达巴士股份有限公司

狄俊煜　　罗　辉　　黎天碧

柳州市润达出租汽车有限责任公司

刘　宁　　梁胜德　　李德海

柳州市邮政局

张　丽　　蔡柳丽

柳北区信息化管理办公室

徐仕林　　蔡　文

中国电信股份有限公司柳州柳北区分公司

郑　波　　莫　丹　　李　娟

中国移动通信集团广西有限公司柳州市柳北区域营销中心

古明秋　　姚素静　　陈　茜

中国联通柳州分公司

杜　华　　唐艳萍

柳州市工商行政管理局柳北分局

方永强　　吕　玉　　钟　媚

柳北区物价局

王　珺　　许　凤

柳北区审计局

韦丽霞　　谢文鸣　　梅　筠

柳北区安全生产监督管理局

李进华　　黎　玲

柳北区财政局

钟庆林　　宋子骁　　黄柳静

柳北区国家税务局

韦国湘　　陈艳红　　罗方龙

柳北区地方税务局

叶振辉　　张香建　　李文新　　陆　葵

中国人民银行柳州市中心支行

陈　杰　　何祖雪　　韦　敏

柳州银行股份有限公司柳北支行

李峥嵘　　李可帅　　杨　婧

中国农业银行柳州分行

杨启文

中国银行股份有限公司柳州分行

庞宇军　　毕闻世　　刘精锐

中国工商银行股份有限公司柳州分行

唐专红　　贾可莹

中国建设银行股份有限公司柳州分行

陈大为　　姚宏峰

交通银行股份有限公司柳州分行

黄柳顺　　仇海建

中国邮政储蓄银行有限责任公司柳州市分行

曾乐军　　黄　烜

柳州市区农村信用合作联社

龚志创　　文　勇

中国人民财产保险股份有限公司柳州分公司

邓超佳　　廖　艳

中国人寿保险股份有限公司柳州分公司

郑秋霞　　陆　艳

中国太平洋保险股份有限公司柳州分公司

覃继业　　王　勤

国海证券股份有限公司柳州北站路证券营业部

赵程艳

柳北区人力资源和社会保障局

吴德忠　　李满姣　　蒙玉园　　何　浪

柳北区劳动保护中心

何柳萍　　苏　炜

柳北区劳动监察大队

区　扬　　韦尚钧

柳北区教育局

衣　弘　　黄　迪　　白克荣　　霍　军

广西生态工程职业技术学院

谭玉禄

柳州师范高等专科学校

陆文清

柳州市外国语高级中学

蔡云慧　　张诗雅

柳北区科学技术局

卓世楼　　梁志华　　付　娟

柳北区文化和体育局

王继萍　　罗敏杰　　刘婧婧　　韦创勋

柳州市图书馆

江世忠　　曾　琪　　覃方舟

柳北区档案局

汪　鹂　　王杰蓉

柳州市档案局

罗方贵　　吴爱玲

柳北区卫生局

冯思荣　　刘　洋　　贺欢欢　　汪武莉

柳北区人口和计划生育局

张丽红　　邹骞慧　　石晓萍

柳北区石碑坪镇人民政府

段晓雪　　杨红波　　兰焕勇

柳北区沙塘镇人民政府

朱四平　　熊　艳　　滕　亮　　陶好云

柳北区长塘镇人民政府

柏宁辉　　梁融静　　杨　莉　　韦　锋

柳北区洛埠镇人民政府

蒋米雪　　石艳艳

柳北区解放街道办事处

郑　旭　　朱润群　　韦　勇

柳北区雅儒街道办事处

曹　敏　　叶　青　　李春仁

柳北区胜利街道办事处

李　翔　　谢胜昌　　覃菊艳

柳北区雀儿山街道办事处

黄瑞汉　　吴　倩　　李　琦

柳北区锦绣街道办事处

邓祖艳　　龙丽佳

柳北区钢城街道办事处

蓝新红　　覃光荣　　黄　茜

柳北区白露街道办事处

余洪灏　　宁世林　　尹光亮　　朱云姣

目　　录

民主党派·工商联

人民团体

政　法

军 事

工 业

农林牧渔业

商贸·物流·旅游

资源·建设·环保

交通·邮政业

信　息　业

财　政·税　收

银行·保险·证券

经济管理与监督

人力资源与社会保障

教　育·科　技

文化·卫生·体育

社会生活

镇街概况

人　物

大　事　记

调 研 报 告

文 件 选 编

统计资料

附　录

索　引

图片专辑

Contents

SPECIAL PUBLICATION

REFERENCE ISSUE

GENERAL INTRODUCTION

PARTIES AND GOVERNMENT ORGANIZATIONS

DEMOCRATIC PARTIES AND ASSOCIATION OF INDUSTRY AND COMMERCE

PEOPLE'S ORGANIZATIONS

POLITICS AND LAW

MILITARY AFFAIRS

INDUSTRY

AGRICULTURE,FORESTRY, ANIMAL HUSBANDRY AND FISHERIES

COMMERCE, LOGISTICS, TOURISM

RESOURCES, CONSTRUCTION AND ENVIRONMENTAL PROTECTION

TRANSPOTATION AND POSTAL SERVICE

INFORMATION INDUSTRY

FINANCE AND TAXATION

BANKING, INSURANCE INDUSTRY AND NEGOTIABLE SECURITIES

ECONOMIC MANAGEMENT AND SUPERVISION

HUMAN RESOURCES AND SOCIAL SECURITY

EDUCATION AND SCIENCE

CULTURE, HEALTH AND SPORTS

SOCIAL LIFE

GENERAL INTRODUCTION OF SUBDISTRICTS AND TOWNS

FIGURES

MEMORABILIA

SURVEY REPORTS

DOCUMENTS COMPILED

STATISTICAL INFORMATION

APPENDICES

INDEX

特　　载

实现良好开局　建设美好柳北
谱写科学发展新篇章

——2011年1月10日在中共柳北区第八届委员会第十二次全体(扩大)会议上

中共柳北区委书记　黄　涛

同志们:

现在,我代表中共柳北区委常委会向全会作报告。

这次全会,是在柳北区第十一个五年规划胜利结束、第十二个五年规划刚刚开启的关键时刻召开的一次重要会议。开好这次全会,对于我们适应国内外形势新变化,顺应各族人民过上更好生活新期待,科学谋划并组织实施第十二个五年规划,具有重要意义。全会的主题是:高举中国特色社会主义伟大旗帜,以邓小平理论和“三个代表”重要思想为指导,深入贯彻落实科学发展观,全面贯彻党的十七大、十七届五中全会和中央经济工作会议精神,贯彻落实自治区党委九届十三次全会和市委十届十四次全会精神,总结2010年工作,审议《中共柳北区委员会关于制定柳北区国民经济和社会发展第十二个五年规划的建议(讨论稿)》,部署2011年工作,团结和带领全区广大党员、干部、群众,以科学发展为主题,以加快转变经济发展方式为主线,推动柳北经济社会又好又快发展,提高党建科学化水平,努力实现“十二五”时期的良好开局,谱写柳北科学发展、人民生活幸福新篇章。

2010年工作回顾

2010年,我们深入贯彻落实科学发展观,在市委、市政府的坚强领导下,团结和带领城区广大党员、干部、群众,紧紧围绕自治区“继续保增长、保民生、保稳定,保持和扩大经济社会发展良好势头”的总体目标、开展“工作落实年”活动的部署和柳州市“三十字方针”、大力开展“七个年”活动的部署,坚持打造“五个柳北”的总体发展思路,聚精会神搞建设,一心一意谋发展,齐心协力抓落实,开创了建设柳州科学发展试验区、城乡统筹发展先行区和率先建成西江经济带综合经济实力最强城区的新局面,经济建设大幅度超额完成任务,政治建设、文化建设、社会建设和生态文明建设都取得重要进展,党的建设进一步加强,为“十一五”规划画上圆满的句号。据初步统计,全年完成地区生产总值118亿元,同比增长39%,是“十五”末2005年21.04亿元的5.63倍,是“十一五”末目标40亿元的2.95倍;农业总产值8.37亿元,同比增长10.3%,是2005年4.68亿元的1.8倍,是“十一五”末目标9.22亿元的14.70%;工业总产值达206.2亿元,同比增长54.8%,是2005年25.93亿元的7.95倍,是“十一五”末目标的4倍多;三产营业收入达400亿元,同比增长26.4%,是2005年87亿元的4.6倍,比“十一五”末目标翻了一番;财政收入达17.12亿元,同比增长35.34%,是2005年5.34亿元的3.21倍,是“十一五”末目标的1.7倍。农民人均纯收入6284元,同比增长10%,是2005年的1.85倍;城镇居民人均可支配收入18399元,同比增长10%,是2005年的2倍。城镇化率达86.4%。

一、推动经济发展，我们实现了新跨越

2010年，我们坚持发展是硬道理，全力以赴抓好发展这个我们党执政兴国的第一要务，发展速度和发展质量均创历史最好水平，从2009年抗击国际金融危机取得“两个百亿”的骄人成绩，即工业总产值突破百亿元大关、三产营业收入突破三百亿元大关，到2010年收获“六个百亿”的累累硕果，即地区生产总值、园区工业产值、规模以上工业产值均突破百亿元大关、工业总产值和批发业营业额突破200亿元大关、三产营业收入突破400亿元大关，工业总产值和规模以上工业产值在广西各县(区)中均排名第一，实现了新的飞跃。

(一)工业经济奏响华彩乐章。工业园区出现重点有突破、整体有提升、拉动有力量的喜人局面。从2005年建设白露工业园区以来，经过5年奋斗，工业园区实现从小到大、由慢到快、企业从分散布局向园区集中的转变。柳北工业园区于2009年被确认为自治区A类工业园区。白露工业园区已开发到第四期，宝钢、武钢、浙亚、航盛、重啤等30多家名优企业落户园区；小企业孵化园基本建成，有10家企业进驻；强实、金鹏、台泥等一批循环经济项目，使重化工业“三废”得到有效利用。立宇、华纺等10个项目确定进驻沙塘工业园区，全市轻纺服装工业区已现雏形。鸕鹚江钢铁深加工及物流产业园建设顺利推进。石碑坪工业园区已启动规划编制工作。园区工业持续快速发展，全年完成园区工业产值达117.36亿元，同比增长35.9%以上，跻身广西十大百亿园区行列。

服务工业企业水平有了新提高。加强对规模以上工业企业经济运行的监测，促进企业提高生产经营的质量和效益，做大工业经济总量。加大协调服务力度，为20多家企业申报各类财政扶持资金超过1600万元，及时、有效解决企业在生产经营、项目用地等方面遇到的困难和问题。循环经济产业区成为广西第二个循环经济示范园区。

工业企业规模化、集约化经营水平进一步提高。全年规模以上工业产值达179.3亿元，同比增长61%以上，是“十五”末2005年17.05亿元的10.5倍。规模以上企业达154家，比2005年增加104家，比2009年增加31家；其中年产值亿元以上企业37家，比2009年增加10家。转变工业经济发展方式取得新成效，大部分落后的生产方式方法已淘汰，企业能耗进一步降低，企业管理水平和质量安全水平得到新提升。初步形成钢铁深加工、汽车和工程机械配件加工、循环经济、纺织服装加工和木材加工等主导产业。

(二)第三产业收获丰硕成果。三产服务业呈现格局大气、品质提升、总量扩大的良好态势。重大商贸项目国腾购物广场(大润发)、亿森汽贸园、柳北文化商业广场等项目建成开业，地王财富中心、保利大江郡、钢铁深加工及物流产业园、桂中海迅柳北物流基地、柳北大市场等项目建设扎实推进，提升了城区的商贸品质。生产性服务业快速发展，依托柳钢、柳化、医药公司、广西糖网等大型企业，大力发展钢材、医药和食糖等批发业，共有批发业企业581家，年营业额超过284亿元；市场交易活跃，有年交易额亿元以上市场8家，是全市亿元市场数量最多的城区。消费性服务业发展提速，开业仅4个月的大润发超市成为亿元商场；社会消费品零售总额上升；从事住宿和餐饮经营业的企业和个体户有1405家。兴建北雀民生夜市、服务便民微型商店，民生经济有长足发展。在反映城区第三产业现状和水平的指标中，批发业营业额、贸易业营业额、住宿餐饮业营业额等10项指标排名第一，家电下乡销售额及补贴数、零售业营业额2项指标排名第二。

(三)“三农”工作取得明显成效。一是特色农业发展势头良好，在全市农业现场会上得到高度评价。深入实施“十大农业精品项目”，以优质稻米、优质葡萄、滑皮金桔为代表的特色种植业，以花卉产业项目和优质油茶项目为代表的特色林业，以PIC祖代种猪、朗德鹅、金臣鸭以及龟鳖、豚鼠为代表的特色养殖业快速发展。建立以龙头企业和农民专业合作社为单位的农业生产模式和农业生态循环模式，转变农业发展方式迈出新步伐。二是水稻、蔬菜、甘蔗、生猪等传统产业稳步发展；植树造林取得新成绩，生态环境进一步改善，集体林权制度改革有序推进。三是投入4600多万元，实施水利、道路建设和农业产业等项目，农业基础设施进一步加强。社会主义新农村建设取得新进展。启动城中村改造和农村土地增减挂钩试点工作。

(四)投资拉动保持强劲势头。一是招商引资成绩显著。引进项目91个，内资到位资金80亿元，同比增长33.3%，完成全年任务的133.3%；外资到位资金4830.6万美元，完成全年任务的102.8%。招商引资质量提升，引进了保利、武钢、中国有色矿业等处于行业龙头地位的中央企业，以及大润发、美铟、双胞胎集团、浙江亚太集团、宝马利汽车空调等知名企业集团。二是固定资产投资高速增长，全年达58亿元，同比增长98%，完成全年任务的128.9%。投资结构进一步优化，主要投向基础设施和技术更新改造两个方面，其中技术更新改造超过40亿元。三是52个重点项目建设进展顺利，既拉动当前发展，又增强发展后劲。

二、着力改善民生，我们迈上了新台阶

我们坚持统筹兼顾这个科学发展观的根本方法，在牢牢扭住经济建设这个中心的同时，协调推进文化建设、社会建设和生态文明建设，促进经济社会又好又快发展。

(一)推动文化发展繁荣。坚持社会主义先进文化前进方向，深入学习实践社会主义核心价值体系，增强社会主义意识形态的吸引力和凝聚力。加强精神文明建设，参加柳州市迎接创建全国文明城市检查得到高度评价；做好青少年思想道德教育工作，获广西未成年人思想道德建设先进县区。实施“文化六进”工程，发展体育事业，丰富城乡居民的业余生活。加强对外宣传，树立柳北新形象。

（二）**促进社会事业进步**。一是优先发展教育、科技事业。巩固"两基"成果，扩大优质教育规模，推动义务教育进一步向均衡化方向发展、学前教育向普及化方向发展，成为国家教师教育创新西南实验区和自治区第一批基础教育教师素质提升综合改革实验项目实验区，教育教学水平有了新的提高，中考成绩连续8年名列全市前茅。围绕经济发展和改善民生积极申报和组织实施科技项目，进一步加强科技培训和科普工作。二是加强卫生和计生工作。新型农村合作医疗筹资任务全面完成，参合率达93.44%，基本医疗和基本公共卫生服务工作扎实推进，公共卫生管理能力进一步增强。人口计生工作在做好经常性工作的基础上，以创建国家计划生育优质服务先进单位为目标，创新思路，扎实工作，全面完成年度各项指标任务，获全国人口和计划生育系统先进集体。三是统计、老龄、民族、人防和地方志等各项工作取得新的进步。城区档案馆成功晋级，成为广西各县区第四、柳州市唯一的国家二级馆。获自治区价格举报先进单位。

（三）**提升改善民生水平**。千方百计扩大就业。据统计，城镇新增就业1.07万人，完成全年任务的108%；下岗失业人员再就业4222人，完成全年任务的132%；就业困难人员再就业1257人，完成全年任务的131%；"零就业家庭数"实现动态清零；技能培训人数2070人，完成全年任务的106%；创业培训人数615人，完成全年任务的137%；城镇登记失业率控制在4.5%以内。切实做好社会保障工作。城乡低保应保尽保，在全市率先推行低保申请"居民代表评议制度"，城市低保金人均补差177元，高于全市人均补差150元的标准；农村低保金人均补差75元，高于全市人均补差50元的标准。及时足额发放廉租房补贴、五保户供养金、医疗救助金和残疾人生活补助金。推进残疾人就业和解困工作，发展残疾人事业。推进"社区居家养老"工作，获全国老龄工作先进单位、全国第三批养老服务示范活动示范单位。扩大养老、失业、医疗、工伤、生育、社会保障覆盖面。做好救灾救济工作，进一步提高救助水平。

（四）**加强城乡建设管理**。扎实推进改制企业职工危旧房改造、"温馨工程"、小街小巷维修改造工程、"城乡风貌改造"工程和小城镇基础设施建设，提升城市品位。加强城市管理，抓好市容市貌专项整治和长效管理工作，致力于绿化、净化和亮化，创造舒适优美、生活有序的环境。加强环境保护工作，落实节能减排措施，强化环境专项整治，加强环境执法。坚持"有情、用心、创新、依法、坚决"的10字工作法，征地面积224.56万平方米，拆迁24万平方米，为40多个项目和产业发展提供保障。

（五）**维护社会和谐稳定**。一是深入化解社会矛盾纠纷。深入开展"书记大接访"活动，进一步加强和改进信访工作，努力构建人民调解、行政调解和司法调解相结合的"大调解"格局，努力把矛盾纠纷化解在基层。加强法制宣传教育，顺利完成"五五"普法任务，深入推进依法治区。二是促进社会管理创新。以改善服务为重点，健全基层社会管理体制，加强村委会、社区居委会等基层群众自治组织建设。深入开展平安创建活动，加强社会治安综合治理，健全治安防控体系，荣获"自治区平安县(区)"称号。三是推进公正廉洁执法，切实提高执法公信力。四是加强安全生产监督和管理，有效降低事故发生，保障人民生命财产安全。

三、坚持党建引领，我们开创了新局面

我们按照市委开展"党建引领提升年"活动的要求，以深入实施"十大党建工程"为总抓手，进一步加强和改进新形势下党的建设，努力把党的政治优势转化为引领和推动经济社会又好又快发展的强大动力。

（一）**全面完成深入学习实践科学发展观活动任务，推动科学发展上水平**。一方面，认真总结第二批学习实践活动的做法和经验，切实做好整改落实工作，在建立健全有利于科学发展的体制机制上下工夫。巩固和扩大学习实践活动的成果，推动科学发展上水平。另一方面，坚持加强领导、突出特色，推动第三批学习实践活动有序开展、扎实推进，顺利完成各项任务，达到预期目的。得到上级充分肯定，并在全市作了经验交流。

（二）**学习型党组织建设取得重要进展**。一是加强党委(党工委)中心组理论学习，努力建设学习型领导班子。区委中心组集中学习的次数由过去的每年4次增加到全年的12次，600多人次参加了学习，区委中心组

2月24日，柳北区荣获2009年广西人口和计划生育工作先进奖、广西计划生育优质服务先进单位称号　　赖德勇　摄

被市委评为先进县(区)中心组。各镇党委、各街道党工委共开展中心组集中学习60次。二是加强对党员干部的学习培训。举办专题理论讲座8个,举办公文写作、突发性事件应对等业务知识培训9场次。征集到干部的理论研究文章70多篇和"金点子"近100条。组织党员、干部到高校、党校参加各类能力提升培训班学习。三是选派有关人员参加自治区和柳州市举办的各类学习活动。

(三)扎实开展"创先争优"活动,加强基层党组织建设。一是广泛开展农村党员学习培训活动和"四议两公开"活动,抓好"农事村办"试点工作,加强农村基层党组织建设。二是加强社区党务工作者队伍和党员活动阵地建设,健全社区党组织经费保障机制,促进社区党建工作提高到一个新水平。自治区党委副书记陈际瓦同志对胜利西社区以党建为龙头带动各项工作给予高度评价,要求在全广西推广。三是在企业党组织开展"科学发展先锋行"和"党员示范岗"主题实践活动,努力扩大非公企业党建工作覆盖面,进一步加强企业党建工作。

(四)扩大干部工作民主,提高选人用人公信度。2010年6月,拿出3名正科级职位在全区范围进行初始提名,有361人次参加推荐提名,经严格考核后,由区委全委会票决产生拟任人选并由有关机关任命。9月,拿出16个副科级岗位在全区开展竞争上岗。10月至12月,率先在全市开展乡镇党委书记"公推直选"试点工作,取得圆满成功。参加自治区"公选千人计划"取得好成绩,1名镇党委书记被提拔到自治区直属机关任副处级职务,2名副科级干部被提拔到兄弟市任副处级职务,2名村、社区党组织书记被提拔到镇、街道领导班子中,2名专业干部被提拔到兄弟县任副科级职务。认真开展"一报告两评议"工作,2009年以来干部选拔任用工作总体满意率达97.87%,在全市六县四城区排名第一。

(五)提高执政能力,发挥领导核心作用。区委坚持总揽全局、协调各方,完善领导制度,发挥领导核心作用。加强对同级各种组织和辖区各级党组织的领导,保证党的路线方针政策和区委决策部署的贯彻落实。支持人大及其常委会充分发挥地方国家权力机关的作用,支持政府依法行政,支持政协推进政治协商、民主监督、参政议政,支持司法机关公正司法。加强党的群众工作,充分发挥工会、共青团、妇联、工商联等人民团体的职能作用。经济统战、文化统战、和谐统战工作取得新进展。国防后备力量建设、武装、"双拥"工作进一步加强,在争创自治区"双拥"模范城区"八连冠"中,取得参评单位最高分的优异成绩。辖区各级党组织的作用得到充分发挥。

(六)加强作风建设。一是认真贯彻自治区和柳州市的部署,自觉践行"六戒"——戒空、戒虚、戒假、戒骄、戒懒、戒奢,以重要会议的贯彻、重点工作的落实和重大问题的解决为主线,扎实开展"工作落实年"活动,切实提高执行力,确保各项工作的顺利推进。如继续对重点项目的实施实行风险抵押责任制,使投资规模和建设进度都得到保证。二是坚持和完善区四套班子联系镇、街道以及领导干部和机关部门联系村、社区和基层单位的制度,大力改进文风会风,促进领导干部把时间和精力主要用于调查研究和解决实际问题上。三是扎实推进领导干部廉洁自律工作,加强审计监督,教育和引导领导干部公正用权、依法用权、为民用权、廉洁用权。加强部门和行业作风建设,坚决纠正损害群众的不正之风。从规范村级财务管理入手,把党风廉政建设延伸到最基层。

一年来,城区各项建设在开拓奋进中取得了新成就,各级党组织及广大党员干部在锐意进取中树立了新形象,各项工作在攻坚克难中展现了新亮点。这是上级党委坚强领导、社会各界大力支持、城区上下共同奋斗的结果。在此,我代表区委常委会向全区广大党员、干部、群众和社会各界表示衷心感谢,并致以崇高的敬意!

在充分肯定成绩的同时,我们要清醒地看到:城区经济发展仍然受到土地、资金、人才和不可预见因素的制约,壮大经济总量、转变经济发展方式的任务艰巨;城乡二元结构还比较明显;改善民生的任务繁重;不稳定因素依然存在;有利于科学发展的体制机制还不够健全;干部队伍建设和

4月9日,柳北区召开实施"广西公开选拔、选聘干部千人计划"工作动员大会
赖德勇　摄

作风建设仍有薄弱环节，等等。对这些问题，务必高度重视，采取有效措施，切实加以解决。

2011 年工作任务

2011 年是中国共产党成立 90 周年，也是“十二五”时期开局之年，做好 2011 年的工作具有十分重要的意义。“十二五”时期，我们面临难得的发展机遇，处于加快发展的“黄金期”：国际环境总体上有利于我国和平发展；我国发展仍处于大有可为的重要战略机遇期，完全有条件推动经济社会发展和综合国力再上新台阶；自治区围绕实现“富民强桂”新跨越，认真贯彻《国务院关于进一步促进广西经济社会发展的若干意见》，深入实施西部大开发战略，构建“两区一带”尤其是“西江经济带”区域发展新格局，加快建设区域性现代商贸物流基地、先进制造业基地、特色农业基地和信息交流中心，构建国际区域合作新高地，打造我国沿海经济发展新一极；柳州市坚持“三个同步”发展理念，实施“二次创业、升级转型，聚集人气、做大城市，建设更加美好的柳州”战略，大力实施“七大升级规划”，努力建设先进制造业基地、现代商贸物流中心、具有国际水平的广西汽车城、国内综合交通运输枢纽、西江经济带龙头城市，建设工业名城、历史名城、文化名城和旅游名城，把柳州建设成为以工业为主、全面发展的超大城市；经过多年发展，城区已经形成符合科学发展观要求的“打造‘五个柳北’”的总体发展思路，确立了建设柳州科学发展试验区、城乡统筹发展先行区和率先建成西江经济带综合经济实力最强城区的目标，社会生产力快速发展，综合实力大幅提升，人民生活质量显著提高，社会大局稳定，人民群众建设更加美好柳北的热情空前高涨。这些都为我们做好 2011 年的工作、实现“十二五”的良好开局提供有利条件。同时必须清醒地看到，2011 年乃至整个“十二五”时期，我们在前进中还存在诸多不可回避的困难和问题，主要表现在：工业经济总量还不够大，商贸物流发展还不够快，发展方式粗放、自主创新能力不强，基础设施支撑能力不足等状况还没有根本改变，制约科学发展的体制机制障碍依然较多，调整经济结构的任务异常繁重；农村基础设施还比较薄弱，农业产业化程度不高，城乡居民收入差距还比较大；社会保障体系仍需完善，就业形势比较严峻，社会矛盾依然较多，民生改善任务艰巨。我们要科学判断和准确把握发展趋势，充分利用各种有利条件，加快解决突出矛盾和问题，不失时机地推动经济社会发展再上新台阶，不断满足人民过上更好生活的新期待。

2011 年，柳北区经济社会发展的总体要求是：高举中国特色社会主义伟大旗帜，以邓小平理论和“三个代表”重要思想为指导，深入贯彻落实科学发展观，全面贯彻党的十七大、十七届五中全会和中央经济工作会议精神，贯彻落实自治区党委九届十三次全会和市委十届十四次全会精神，以科学发展为主题，以加快转变经济发展方式为主线，进一步打牢发展基础，做大经济总量，做优做强产业，扩张城区规模，打造美好生态，提高党建科学化水平，努力实现“十二五”时期的良好开局，谱写柳北科学发展、人民生活幸福的新篇章。

经济社会发展的主要预期目标是：地区生产总值 135 亿元，同比增长 15%；农业总产值 9 亿元，同比增长 8%；工业总产值 240 亿元，同比增长 20%；三产营业收入 480 亿元，同比增长 20%以上；财政收入 18.5 亿元，同比增长 15.62%；固定资产投资同比增长 20%；农民人均纯收入和城镇居民人均可支配收入同比分别增长 10%、11%；城镇登记失业率和人口自然增长率控制在上级下达的指标以内。

经济社会发展的主要工作目标是：地区生产总值 145 亿元，同比增长 18%以上；工业总产值 260 亿元，同比增长 30%以上；三产营业收入 500 亿元，同比增长 25%以上；财政收入 20.5 亿元，同比增长 20%以上。

一、加快发展步伐，提高发展质量

我们要处理好转变与发展的关系，在发展中促转变，在转变中谋发展。促转变，要坚持好字当头、快在其中，为长期平稳较快发展提供支撑。谋发展，要坚持科学发展的第一要义，以科学的方式推动发展。加快转变经济发展方式，是经济增长、持续发展中的转变，也是调整结构、有促有控、调优调强的发展。我们要使经济增长真正建立在优化结构、提高效益、降低消耗、保护环境、改善民生的基础上，努力实现全面协调可持续发展。

（一）做强做优工业经济。加快推进工业园区建设。白露工业园区要完成柳电蒸汽接入园区、三期路网建设、主干道绿化和人行道砖铺装，启动四期路网建设、白露大道建设和休闲娱乐项目建设，加快推进白露片区防洪堤工程前期工作，启动青茅、黄土片区城市规划编制，沿北外环路扩张白露工业园区。沙塘工业园区要完善基础设施，启动标准厂房建设，启动二期路网建设、土地平整和杨柳路扩建工程，协调沙塘农场完善土地规划修编、启动园区建设，做好沙塘靶场土地置换的有关工作。鸪鸪江钢铁深加工及物流产业园要完成一期工程建设，市场竣工运营，加快推进园区路网等基础设施建设。积极协调绿达公司推进石碑坪工业园区建设。继续实行重大项目建设责任制，加快推进入园项目建设，力争入驻工业园区的项目全部启动建设，力争大部分项目竣工投产。

做好工业经济运行监控和服务工作。继续落实目标考核责任制，把任务分解到各单位。积极策划、申报自治区重大项目，努力为企业争取各类财政扶持资金，推进企业项目建设和技术改造。加大融资贷款力度，缓解企业资金困难。

努力改造提升制造业。抢抓柳州市建设具有国际水平的广西柳州汽车城、推动以柳钢为龙头的冶金产业优化调整产品结构、推进工程机械产业提升产能、打造化工产业集群、推进“柳州制造”向“柳州创造”进而向“柳州智造”转变等机遇,加快结构调整步伐。要优化产业结构、产品结构和企业组织结构,淘汰落后产能,支持企业技术改造,增强新产品开发能力和品牌创建能力,全面提升制造业的水平和竞争力,促进制造业由大变强。

(二)加快发展第三产业。要把推动服务业发展作为产业结构优化升级的战略重点,把发展服务业与扩大城乡居民消费有机结合起来,与扩大就业紧密结合起来,使服务业发展迈上一个新台阶。一是要大力推进三产重大项目建设。继续做好地王财富中心、保利大江郡、桂中海迅物流柳北基地、柳北大市场等重大项目的跟踪服务工作。积极做好解放汽车4S店、大众汽车4S店、白沙片商业开发、河北新村旧城改造和柳北综合商厦等重大项目的前期工作。努力做好国腾购物广场、冠亚尚城国际、汇金国际的二次招商工作。二是要把重点放在壮大、提升生产性服务业并推动一、二产业升级上,继续做大做强钢材、食糖、医药、家电等批发贸易业,大力推进大型专业市场的布局工作。在209国道沿线筹建大型木材加工市场、大型水果综合批发市场及相关商业配套设施,做好项目立项、落地等工作。做好青茅花卉交易市场的项目选址和对外招商,争取年内完成项目用地收储。三是要深入实施“家电下乡”、柳北民生夜市街、微型超市进社区等民生改善工程。四是要继续做好集贸市场改造升级、北站市场日常管理、“放心肉”监管、推进“阳光早餐”工程等日常工作。

(三)扎实推进“三农”工作。一是要继续加大投入,抓好农田水利、人畜饮水、水库除险加固、村屯道路和新农村风貌改造等基础设施建设,进一步改善农村的生产、生活条件。二是要继续深入实施以花卉产业项目、万亩生态葡萄园、优质稻米、畜牧水产养殖、观光休闲为代表的“十大农业精品工程”,大力发展特色农业,加快农业产业结构调整步伐,促进农业向规模化、优质化、产业化发展,千方百计增加农民收入。三是要做好现有龙头企业和农民专业合作社的扶持工作,引进农产品加工企业,引导农民成立新的专业合作经济组织,以产业化经营推进现代农业。四是要扎实推进社会主义新农村建设,逐步改善农村生产、生活条件和整体面貌。大力发展农村公共事业,逐步建立覆盖城乡的公共服务体系。加快扶贫开发工作,增强贫困村屯自我发展的能力。加强培训,提高农民的素质。五是要贯彻市委关于“加快沙塘至沙埔城市道路建设,实现柳北城镇带建设的新突破”的要求,促进城镇化发展。

(四)加大招商引资力度。第一,要围绕工业园区、物流商贸、特色农业等产业,努力把资源优势转化为经济优势,采取多种形式开展招商引资活动。要在招大引强上下功夫,力争在引进央企、大型企业集团乃至跨国公司等方面实现新突破,促进一批综合效益好、科技含量高、带动能力强的大型产业项目落地。第二,要做好招商引资大兑现工作,督促投资商兑现投资,政府兑现承诺,提升项目服务水平。紧盯投资意向项目,促其尽快建成、投产。第三,要进一步搞好项目库建设,促进招商引资工作可持续发展。

二、努力改善民生,促进社会和谐

坚持以人为本,把改善民生、造福百姓作为一切工作的出发点和落脚点,建设健全全民共享改革发展成果的社会发展机制,协调推进经济发展和社会建设,促进社会和谐稳定与全面进步,增强经济社会全面发展能力,不断提高人民生活水平和质量。

(一)加强和改进宣传思想文化工作。进一步加强思想道德建设和精神文明创建工作,增强先进文化的凝聚力和吸引力,努力在打造学习创新品牌、宣传思想品牌、文明创建品牌、209国道文明长廊建设品牌、未成年人思想道德建设品牌以及和谐建设品牌上取得新成效。大力发展文化体育事业。净化社会文化环境。

(二)大力发展社会事业。一是要深入实施“科教兴区”战略。优先发展教育事业,促进义务教育均衡发展,加快发展学前教育,进一步提升基础教育工作水平和教育教学质量。以迎接2009~2010年全国科技进步考核工作为契机,进一步做好科技、科普工作。二是积极做好卫生与人口计生工作。发展卫生事业,按照保基本、强基层、建机制的要求,深化医药卫生体制改革,逐步把基本医疗卫生制度作为公共产品向全民提供。进一步打好基础,抓好奖扶惠民,搞好优质服务,加大人口文化建设和流动人口服务管理力度,进一步提高人口计生工作水平。三是要继续全面协调推进统计、审计、老龄、人防、档案、物价、地方志等社会事业。

(三)进一步保障和改善民生。首先,要认真贯彻积极的就业政策,千方百计扩大就业,大力推进全民创业。创新招聘会方式,提高达成就业意向率。技能培训要向“订单式”发展,提高就业率。因地制宜开展创业培训,扶持自主创业人员,努力实现以创业带动就业。做好公益性岗位招聘工作。做好劳动监察执法工作,维护劳动者合法权益。其次,要进一步做好社会保障工作。建立与经济增长相适应的城乡最低生活保障标准动态调整机制,在经济发展的基础上逐步提高最低生活保障标准。加快建立覆盖城乡居民的养老保险体系。继续完善基本医疗、失业、工伤、生育保险制度,努力扩大失业保险覆盖范围,在继续抓好国有与集体企业参保的基础上,尽快探索把失业保险扩大到非公有制经济从业人员、灵活就业人员、失地农民和农民工等对象上来。再次,要进一步做好价格调控监督工作,稳定市场物价,切实保障群众基本生活。

（四）搞好城乡建设管理。深入贯彻市委建设“柳北城镇带”的部署，继续实施“城乡风貌”改造工程，编制和完善镇区规划，加强小街巷基础设施建设，打造特色街巷，推进危旧房改造工程，进一步提升城市品位和形象。进一步强化市容环境整治和城乡环境卫生长效管理，深入实施“城乡清洁工程”。深入开展各项整治活动，提高城管执法水平。加强环境保护，抓好节能减排工作，加强环境综合治理，查处环境违法行为。进一步做好征地拆迁工作，进一步提升服务市重点工程、城乡建设和经济发展的土地保障能力。

（五）维护社会和谐稳定。一是要加强对影响社会稳定因素的研判，建立重大项目社会风险评估机制，用群众工作统揽信访工作，加强调解工作，健全调处机制，深入推进社会矛盾化解工作。二是要促进社会管理创新。加快向服务型政府转变，履行好政府社会管理和公共服务职责。加强社会管理能力建设，推动社会管理的中心下移，发挥群众组织和社会组织的作用，增强公民意识，推行公共治理，形成社会管理和服务合力。健全社会应急管理体制，按照预防与应急并重、常态与非常态结合的原则，有效处置自然灾害、事故灾难、公共卫生、社会安全等突发公共事件。三是要深入推进公正廉洁执法工作。四是要抓好安全生产，坚决遏制重特大事故发生。

三、加强执政能力和先进性建设，提高党建科学化水平

深入实施“十大党建工程”，以党的执政能力建设和先进性建设为主线，加强和改进新形势下党的建设，不断提高党的建设科学化水平，为推动柳北经济社会又好又快发展提供坚实的政治和组织保证。

（一）加强理论武装，推进学习型党组织建设。高标准、高质量地搞好党委（党工委）中心组学习，强化示范带动。以高举旗帜、坚定信念、践行宗旨为根本，加强领导班子思想政治建设，增强班子成员顾全大局、团结协作的自觉性，提高运用科学发展观干事创业水平。加强领导班子和领导干部领导能力培养，贯彻发展是硬道理、稳定是硬任务的战略思想，重点提高谋划发展、统筹发展、优化发展、推动发展的本领和群众工作、公共服务、社会管理、维护稳定的本领，注重增强新形势下依法办事能力和应急管理、舆论引导、新兴媒体运用、做好民族宗教工作等方面能力，切实抓好发展这个第一要务、履行好维护稳定这个第一责任。

注重改革与创新，探索新的形式载体吸引和激励党员干部学习。要打造便捷多样的学习平台，为基层党员干部学习提供便利。要探索生动有效的学习方式，增强学习实效。要拓展个性化的学习空间，让党员干部在学习内容、方式、时间上有更多的选择。

（二）加强领导班子建设。以换届选举为契机，进一步加强领导班子建设。首先，要做好区、镇、村和社区三级党组织换届选举工作，按照政治上强、具有领导科学发展能力、能够驾驭全局、善于抓班子带队伍、民主作风好、清正廉洁的要求，选好配强党政正职领导干部；优化领导班子配备，形成班子成员年龄、经历、专长、性格互补的合理结构，增强班子整体功能和合力。同时，要加强对城区、镇两级人大、政协、村委会和社区居委会换届选举工作的领导。

（三）完善领导体制，发展社会主义民主政治。坚持党的领导、人民当家做主和依法治国有机统一，支持区人大及其常委会依法行使职权。支持政府依法行政。进一步完善政治协商的内容、形式和程序，发挥人民政协协调关系、汇聚力量，建言献策、服务大局的作用。支持司法机关公正司法。加强和改进党的群众工作，充分发挥工会、共青团、妇联和工商联等人民团体联系和服务群众的作用。坚持党管武装，进一步提高国防后备力量建设、武装、“双拥”工作水平。加强统战、民族、宗教和侨务工作，为改革、发展增添新动力。

（四）抓基层打基础，夯实党执政的组织基础。积极推进基层党建工作创新，着力增强基层党组织的创造力、凝聚力、战斗力，加强党建带工建、团建、妇建及工商联工作，切实把基层党组织建设成为推动科学发展的组织者、推动者、实践者。扎实推进创先争优活动，充分发挥基层党组织的战斗堡垒作用和共产党员的先锋模范作用。进一步加强干部队伍和人才队伍建设。

（五）进一步加强党风建设，以优良的党风促政风带民风。坚持求真务实。践行“六戒”，扎实开展“工作落实年”活动。一是对上级重要会议和决策部署要吃透精神，主动与上级部门对接，善于在大局下谋划和推动工作。二是要全力推进重点工作和重大项目，确保工作任务如期完成，力争提前完成、超额完成。三是要抓好重大问题的解决，为改革和发展创造良好环境。

密切联系群众。坚持从群众中来、到群众中去，深入做好组织群众、宣传群众、教育群众工作，虚心向群众学习，热心为群众服务，诚心受群众监督。坚持问政于民、问需于民、问计于民，作决策、定措施充分考虑群众利益和承受能力，统筹协调各方面利益关系，切实办好顺民意、解民忧、惠民生的实事。健全联系群众制度，创新联系群众方式，深入基层调查研究，深入了解民情，充分反映民意，广泛集中民智切实珍惜民力。

加强党风廉政建设。要始终与人民群众同甘共苦、为人民利益不懈奋斗，严格执行财经制度和经济工作纪律，把有限资金和资源更多用在发展经济、改善民生上。强化监督，建立健全决策权、执行权、监督权既相互制约又相互协调的权力结构和运行机制。坚持标本兼治、综合治理、惩防并举、注重预防的方针，进一步加强党风廉政建设，整体推进反腐倡廉各项工作。

柳北区人大常委会工作报告（摘要）

（2011年1月13日在柳北区第十届人民代表大会第六次会议上）

柳北区人大常委会主任　樊　华

2010年的主要工作回顾

2010年，柳北区人大常委会在中共柳北区委的领导和市人大常委会的指导下，深入贯彻落实科学发展观，坚持以经济建设为中心，围绕区委提出的“打造‘五个柳北’，推进城乡统筹发展，率先建成西江经济带综合经济实力最强城区”战略任务，以人为本，切实履行宪法和法律赋予的职责，较好地完成柳北区十届人大五次会议确定的各项任务，为城区经济社会发展和民主政治建设作出积极的贡献。

2010年，柳北区人大常委会组织召开代表大会1次，常委会会议9次，主任会议11次，作出决议和决定18项，听取审议“一府两院”专项工作报告16项，督促办理代表建议46件，依法任免国家机关工作人员32人，补选市人大代表2人，较好发挥地方国家权力机关的职能作用。

一、围绕发展，依法监督，推动经济社会科学发展

2010年，柳北区人大常委会根据区委的总体工作部署，围绕率先建成西江经济带综合经济实力最强城区的目标，着力谋划发展，服务发展，全力推进柳北区经济社会又好又快发展。

加强对重大事项的审议。常委会作出批准柳北区人民政府提出的2009年本级财政决算的决议和批准柳北区人民政府2010年财政预算调整方案的决定，要求柳北区人民政府依法治税，加强税源建设，强化资金规范管理，完善财政审计监督机制，充分发挥专项资金的效能，确保城区经济社会各项事业稳定发展。

加强对经济运行的监督。柳北区人大常委会听取审议柳北区人民政府关于上半年经济运行情况和财政预算执行情况的报告，建议城区政府加快农业专业化的发展，加大基础水利设施建设的投入，加快招商引资步伐，推动三大园区的建设，做大、做强商贸物流经济，加大税源培养，强化税收征管，为实现区委提出的战略目标打下良好的基础。2010年，常委会组织代表对城区白露工业园和柳州市地王财富广场等重大经济项目建设开展视察活动，听取审议城区政府关于重大经济项目完成情况的报告，针对城区重大经济项目协调工作跟不上、综合型管理人才缺乏、项目结构不尽合理等问题，建议城区政府以党的十七届五中全会提出的“十二五”规划为指导，用科学发展观统领全局，做好重大经济项目结构调整工作，结合柳州市的政策和产业导向，制定柳北区重大项目发展计划，重点发展税源项目。落实督办制度和责任制度，加强工业园区和项目人员的配备，加强与上级和相关部门的协调、沟通，解决城区重大项目建设所面临的资金、人才、基础设施建设等瓶颈问题，推动城区经济工作全面发展。

加强执法检查。柳北区人大常委会积极推动有关法律法规在城区的贯彻实施，为城区经济升级转型提供有力的法制保障。听取审议城区政府贯彻执行《中华人民共和国环境保护法》情况的报告，建议城区政府加强全民环保意识教育，加大环境保护工作的资金投入，提高环保队伍素质，加大执法力度，严格控制环境污染源头，积极发展区域循环经济，推动“生态柳北”建设。

加强司法监督。柳北区人大常委会听取和审议柳北区人民法院关于非诉行政执行案件工作情况的报告，要求城区人民法院围绕“为大局服务、为人民司法”的工作主题，健全依法办案工作制度，完善执行工作措施，加强积案要案清理，在保障行政机关的依法行政和维护行政相对人合法权益方面发挥积极作用，促进社会和谐稳定。同时组织代表开展旁听法院庭审活动，有效提升法官判案的公正性。听取和审议柳北区人民检察院关于刑事审判法律监督工作及专项检查活动的报告，要求城区人民检察院强化监督意识，增强做好刑事审判法律监督工作的责任感和使命感。突出监督重点，全面提高刑事审判法律监督的质量和效率。加强制度建设，不断完善刑事审判法律监督协调机制。多方并举，促进检察官队伍整体素质不断提高，切实维护司法公

正和法制统一，为促进城区经济社会全面协调可持续发展发挥重要作用。

二、以人为本，关注民生，推动经济社会和谐发展

柳北区人大常委会坚持围绕群众关心的热点、难点问题，依法监督“一府两院”工作，切实维护人民群众的合法权益，促进城区社会稳定，推动城区经济社会各项工作协调发展。

持续关注“三农”工作。建设社会主义新农村，是解决“三农”问题，促进社会和谐的重大举措。柳北区人大常委会听取和审议柳北区人民政府关于林业改革工作情况的报告，针对林改工作发展不平衡、林权纠纷多、档案管理不规范、群众思想不到位等问题，建议城区政府加强宣传教育力度，不断完善档案资料，多方协调解决林权纠纷，集中力量攻克林改难点，扎实推进林权改革工作。听取和审议城区政府关于动物防疫工作进展情况的报告，针对水产畜牧兽医基础薄弱、管理体制不顺、群众防疫意识不高、动物防疫机构不齐全、防疫员素质偏低等问题，建议城区政府逐步加大动物疫病防控的投入，理顺动物疫病防控机构配置，抓紧防疫员的培养，加强宣传教育，提高农民对动物疫病防控工作的认识，加强对农村动物分散养殖的管理，降低动物发病率，预防疫病的发生和扩散。2010年，柳北区人大常委会继续组织代表对农村人畜饮水工程进行视察，并听取城区政府关于农村人畜饮水工程进展情况的汇报，针对农村人畜饮水工程建设中存在的项目协调不到位、项目实施周期过长、群众积极性不高、项目使用管理不善等问题，建议城区政府采取项目激励措施，加强对农民群众的宣传教育，全面实行责任制，完善对项目的使用和管理机制，切实将民生工程办实办好。

持续关注社会事业进步。社会各项事业的均衡发展，是维护社会稳定、和谐的保障。柳北区人大常委会听取和审议城区政府关于人民调解工作情况的报告，建议建立完善人民调解工作的领导体制、工作格局和组织网络体系，全面提高人民调解员队伍素质，建立完善人民调解工作保障机制，充分调动调解人员的工作积极性，有效发挥人民调解工作在维护社会稳定工作中的重要作用。听取和审议城区政府关于开展居家养老工作情况的报告，建议加大政府投入，夯实服务基础；强化宣传教育，扩大社会参与；规范公共服务，提升照护水平；整合服务资源，促进部门共建；推动机制创新，保障持续发展。努力培育和形成具有柳北特色的居家养老模式。听取和审议城区政府关于辖区学校教育资源整合工作情况的报告，建议加大教育投入力度、合理配置教育资源、加强师资队伍建设、全面实施素质教育，真正把城区中小学教育资源整合工作引向深入。

持续畅通群众合法诉求渠道。坚持把信访工作作为密切联系群众的一项重要的基础性工作来抓，进一步畅通信访渠道，坚持参加领导干部公开大接访和下访活动，现场解答涉法问题，鼓励群众依法维护自身合法权益。2010年共接待来信来访25件次，均按有关法律法规和政策规定进行认真转办、交办、督办，一批信访问题得到解决，有效化解社会矛盾，维护社会稳定，促进社会和谐。

三、依法行使选举和人事任免权，保障国家机关工作正常运转

坚持党管干部和依法行使任免权相一致的原则，严格按照法定职权和法定程序做好选举和任免工作，加强柳北区政权建设和国家机关的组织建设。依法任免国家机关工作人员32人，补选市人大代表2人。在人事任免工作中，柳北区人大常委会坚持和完善任前法律知识考试、供职表态、常委会组成人员提问、颁发任命书等制度，增强了任命干部的法律意识和公仆意识，切实提高国家机关工作人员依法行政、公正司法、勤政廉政的意识。

8月23日，柳北区人大、政府领导检查大润发开业前筹备情况　　李　萍　摄

四、充分发挥代表作用，增强代表工作实效

加强代表培训工作。举办柳北区十届人大代表和联络员培训班，对《中华人民共和国选举法》、《中华人民共和国代表法》进行辅导讲座，增强代表的履职意识，进一步提高代表履职能力和联络员服务代表工作水平。

加强对代表活动的组织和指导。在柳北区十届人大五次会议期间，引导代表依法行使审议权、建议权、表决权、选举权等各项职权，使会议取得圆满成功。闭会期间，坚持邀请代表列席常委会会议制度,扩大常委会讨论、决定有关事项的民主基础;围绕常委会会议的议题、柳北区的中心工作和群众普遍关注的问题，组织部分代表开展会前视察和专题视察活动16次，为开好会议和促进有关工作打下良好基础。受市人大委托，组织市人大柳北团代表针对人民群众普遍关心的柳北区工业园区建设情况、“沙塘农都”创业园项目开发情况、城中村改造工程情况、农村水利基础设施建设情况开展视察,根据代表对视察情况的意见、建议向市人大提交相关视察情况汇报，强化市人大对柳北区各项建设的关注力度。此外,还及时向代表寄发常委会公报、《柳北人大通讯》、《广西人大》等资料,让代表了解城区人大及各地市人大活动动态,为代表知政、参政、议政创造条件。

认真督办代表议案和建议。柳北区人大常委会将人大代表在城区十届人大五次会议上提出的事关大局、事关长远、事关人民群众利益的46件建议作为办理工作的重点，加大督办力度，召开议案领衔人座谈会2次，了解代表对“一府两院”办理议案、意见、建议情况的意见,及时将代表意见反馈“一府两院”,督促政府逐项落实。经过各方面努力,46件建议已全部依法答复，一些涉及群众切身利益的问题得到较好解决，其中已被城区政府采纳实施的21件，占45.7%,列入规划逐步实施的9件,占19.5%,暂时不能解决或超出本级政府权限的16件,占34.8%。其中苏彦玲等10位代表提出的《关于解决学校聘请保序员费用的建议》,经城区政府研究同意,2010年5月，已安排500万元专款用于为学校聘请保安、购买单警装备、安装报警系统、完善交通标识等。目前,柳北区各中小学、幼儿园的保安及设备已配备到位，广大师生安全进一步有了保障。同时常委会继续加强对农村人畜饮水工程议案的跟踪督办。2010年，柳北区人民政府共投资1786万元，建成人畜饮水工程37处,解决22011人的饮水困难。

1月13日,柳北区召开第十届人民代表大会第六次会议　　李萍摄

五、加强自身建设,不断提高两级人大履职水平

柳北区人大常委会坚决贯彻落实自治区党委、市委、柳北区委有关进一步加强和改进人大工作的精神，不断加强城区、镇两级人大及其常委会和人大机关的自身建设,提高常委会和各级人大机关干部队伍的综合素质，提升以科学发展观统领人大工作的能力。

加强思想政治和业务学习。深入学习党的十七大和十七届四中、五中全会精神,继续深入学习《中华人民共和国监督法》及自治区党委《关于进一步加强和改进人大工作的决定》和市委、柳北区委《关于进一步加强和改进人大工作的意见》,有计划组织常委会组成人员和人大机关工作人员参加各级人大系统组织的培训班、研修班及市党校学习,进一步提高人大干部的综合理论知识素养和业务知识水平，增强城区人大常委会及人大机关干部依法履职能力。

加强人大机关工作作风建设。深化学习科学发展观活动，强化对机关工作人员的思想教育、业务培训和管理工作,转变工作作风,提高服务意识,坚持求真务实,以“走出办公室,走进第一线”的方式,深入基层,了解民意。2010年，柳北区人大常委会组成人员及机关干部参加各种视察活动16次,深入开展各项工作检查和调查,为城区经济社会各项事业发展提出合理化建议。

加强对各镇人大工作的指导。柳北区人大常委会领导经常深入四个镇听取各镇人大工作汇报，并应邀出席各镇人大代表会议,给予工作上的指导。为提高镇人大主席、副主席的履职能力，常委会主动邀请各镇人大领导列席城区人大常委会会议,参加人大常委会组织的各种视察活动、培训活动和各种对外的人大工作交流学习考察活动，为各镇人大提供丰富的学习交流机会,不断提高各镇人大履职水平。

加强与各县(市)区人大的交流学习。2010年，柳北区人大常委会组织参加广西城区人大工作研讨会第二十三次会议、桂中十六县区人大主任联席会第三十次、三十一次、三十二次会议、柳州市县区人大教科文卫委工作联席会、法工(内司)委工作联席会,就人大监督工作、自身建设、制度建设和信访工作开展经验交流;走访了金城江城区、靖西县人大、大新县人大等单位,就新形势下如何加强和改进人大工作进行学习交流,不断吸收新知识、新经验、新方法,立足区情,改进和创新人大工作机制、工作方法,推动城区人大工作上新台阶。

积极完成区委布置的各项工作任务。柳北区人大常委会围绕区委中心工作，努力完成区委部署的各项工作任务。主动协助区委召开人大工作会议。协助区委起草召开大会方案，负责编撰大会材料汇编及会场签到等后勤工作，确保会议顺利召开并圆满结束。加强对挂点镇村林改工作的指导。深化集体林权制度改革，是党中央和国务院富农的一项重大战略决策。柳北区人大党组将林改工作摆上议事日程，多次召开主任会进行工作研究与部署，组织班子及部门领导加强林改政策知识的学习，深入挂点镇村开展林改工作的调研，多次参加镇、村林改工作会，了解各村林改工作进展情况和存在问题，加强林改政策的宣传，并耐心地向村民解释政策，做思想工作，大力推进林改工作。加强汛期防汛防灾工作。班子领导与部门领导深入长塘镇，巡查挂点水库，做好水库监控和排险工作，确保挂点水库安全度汛。关注所挂点重大项目的进展。参加重大项目汇报会和推进会，了解各项工作的进展情况，加强对项目的督查和协调工作，确保项目按时按质完成工程进度。加强对拆迁工作的指导。区人大常委会班子挂点6个拆迁项目，在工作之余，通过及时了解拆迁工作进度及存在的问题，派出城区人大代表出席市拆迁办拆迁听证会，为拆迁工作提出可行性意见，力争将矛盾减到最小，避免过激行为的发生，促进拆迁工作平稳开展。

2011年主要工作任务

2011年，是实施“十二五”规划的开局之年，也是本届柳北区人大及其常委会任期届满的一年。柳北区人大常委会工作的总体要求是：坚持以邓小平理论和“三个代表”重要思想为指导，认真贯彻党的十七大和十七届五中全会精神，围绕区委八届十二次全会确定的发展战略目标，坚持以科学发展观统领人大工作，以人为本，关注民生，依法履职，服务大局，促进社会公平正义，推动柳北区经济社会各项事业全面协调可持续发展。根据这个总体要求，着重做好以下五个方面的工作：

一、依法行使重大事项决定权

紧紧围绕涉及我区改革、发展、稳定大局的重大问题、重大事项及群众普遍关注的热点、难点问题，依法进行讨论、决定。促进重大决策的民主化、科学化。组织代表深入实际开展调查研究，了解真实情况，有效地把贯彻党的决策、主张与人民群众的根本利益统一起来。

二、依法行使监督职权

加强专项工作监督。继续加强对“一府两院”各项专项工作的监督，2010年计划听取和审议的主要议题是：1.听取审议2011年上半年经济运行情况及财政预算执行情况的报告；2.审查批准柳北区人民政府关于2010年本级财政决算；3.听取审议柳北区人民政府关于2010年预算执行和其他财政收支的审计工作报告；4. 审议决定柳北区十届人大六次会议代表议案（建议）；5.听取审议柳北区人民政府关于农业产业结构调整情况的报告；6. 听取审议柳北区人民政府关于校园安全建设工作情况的报告；7. 审查批准柳北区人民政府关于2011年财政预算调整报告；8.听取审议柳北区人民政府关于重大经济项目完成情况的报告；9. 听取和审议柳北区人民法院关于实施量刑规范化建设工作情况的报告；10.听取审议柳北区人民检察院关于政法“三项”重点工作在检察院的实施情况报告。常委会主任会议拟安排听取柳北区农村人畜饮水工程进展情况汇报、城中村改造工作情况的汇报、科普工作情况汇报。

加强信访工作。积极参加柳北区领导班子“公开大接访”和“领导干部下访”活动。加大对信访案件的督办、查办力度，切实解决人民群众的热点、难点问题，为群众多办实事。

三、依法行使人事任免权

坚持党管干部和依法行使任免权相一致的原则，依法任免国家机关工作人员。坚持对拟任职人员实行任前法律知识考试、任前供职表态发言、提问、颁发任命书等制度，进一步促进人事任免工作的制度化、规范化和程序化。

四、加强和改进代表工作

进一步保障代表依法行使职权。坚持邀请代表列席常委会会议制度，完善联系代表制度，有计划邀请更多的代表参加常委会组织的执法检查、专题调研和工作视察等活动，进一步扩大代表对常委会活动的参与面；强化代表培训工作，积极开展形式多样、针对性强的培训，不断提高代表履职水平；加强对闭会期间代表小组活动的组织、服务和指导，组织代表参加旁听法院重大案件庭审活动，召开代表议案建议领衔人座谈会，进一步增强代表活动实效。

加强与镇人大的工作联系。通过法律监督和业务指导，以举办培训班、召开座谈会、组织学习考察等多种形式，提升镇人大的履职水平，促进镇人大工作有新的突破。

五、依法做好换届选举工作

2011年，市、县（区）和乡镇三级人大都要进行换届选举，柳北区人大常委会要把加强党的领导、充分发扬民主和严格依法办事统一起来，统筹兼顾，周密部署，精心组织实施，全面完成换届选举工作任务。一是加强对新修改的《中华人民共和国选举法》和《中华人民共和国代表法》的学习培训，深刻领会和掌握新精神。二是要依法任命柳北区选举委员会组成人员，加强对柳北区选举委员会的领导，确保本级人大换届选举工作取得圆满成功。三是要依法加强对乡镇选举委员会的领导，促进乡镇人大换届选举工作的顺利进行。四是要积极配合市人大常委会，做好市人大换届选举的有关工作。

柳北区人民政府工作报告(摘要)

(2011年1月12日在柳北区第十届人民代表大会第六次会议上)

柳北区人民政府区长　孙黎明

2010年工作回顾

2010年,在中共柳北区委的正确领导下,在柳北区人大、政协的监督指导下,围绕市委、市政府扎实推进"三个同步",全面实施"二次创业",大力开展"七个年"活动部署,以加快发展为主题,以项目建设为突破口,求真务实,开拓创新,全面超额完成柳北区十届人大五次会议确定的目标任务,为"十一五"画上圆满的句号。三次产业发展有了历史性突破,迈上"六个百亿"新台阶!初步统计,地区生产总值达到119.67亿元,年增长42.06%;规模以上工业产值达到179.3亿元,年增长61.32%;园区工业产值达到117.36亿元,年增长35.86%,跻身广西百亿园区行列;工业总产值率先在全市四城区中突破200亿元大关,实际达209.4亿元,年增长57.20%,成为工业实力最雄厚的城区;第三产营业收入突破400亿元,实际达408.8亿元,年增长28.32%,其中批发业销售额突破280亿元,是全市贸易业、批发业和住宿餐饮业实力最强的县区。招商引资成绩显著,引进项目91个,其中内资项目到位资金80亿元,增长33.3%,完成市下达任务的133.3%;外资项目到位资金4830.6万美元,完成市下达任务的102.8%。财政增收实现大跨越,实际达到17.12亿元,年增长35.34%,完成市下达任务的121.51%,创历年新高。全社会固定资产投资达到57亿元,年增长95.05%;农业总产值9.29亿元,年增长6.67%。农民人均纯收入6618元,年增长15.87%;城镇居民人均可支配收入18505元,年增长11%。城镇登记失业率为3.8%。人口自然增长率为4.52‰。市政府为民办20件实事中,涉及柳北区的项目全部完成。城区荣获全国人口和计划生育系统先进集体、全国老龄工作先进单位、第三批全国养老服务示范活动示范单位、广西未成年人思想道德建设工作先进县区、广西平安县(区)、广西工业企业联网直报先进组织单位、广西实施高校毕业生"三支一扶"计划先进单位、广西侨务工作先进单位、广西价格举报工作先进单位等称号。

"十一五"规划目标全部提前和超额实现。与2005年相比,地区生产总值增长5.6倍,年均增长41.58%;工业总产值增长8.1倍,年均增长51.86%;规模以上工业产值增长10.5倍,年均增长60.09%;三产营业收入增长4.7倍,年均增长36.25%;农业总产值增长2倍,年均增长14.70%;财政收入增长3.2倍,年均增长26.24%;城镇居民人均可支配收入增长1.8倍,年均增长12.11%;农民人均纯收入增长2倍,年均增长14.82%;城镇化率达到86.4%。可以说,过去的五年,是柳北区综合实力显著提升、经济实现跨越发展、社会事业全面进步、人民生活水平全面提高的五年,开创了柳北经济社会发展的崭新局面。

一、工业园区加快建设,工业经济率先突破

园区建设全面加快。城区工业实现从无到有、从小到大、从分散向集中的根本性转变。白露工业园逐渐发展成型,已开发三、四期工程,园区规模超过133.33公顷,其中循环经济产业园成为自治区循环经济产业示范园区。沙塘工业园全面展开建设,一期工程68.33公顷土地已完成平整,园区路网基本建成;二期工程启动规划建设工作。鹧鸪江钢铁深加工及物流产业园建设步伐加快,一期工程近66.67公顷土地完成平整,市场钢结构室内仓和园区香兰大道、香兰中路、钢城北路部分路段正在推进建设。

项目带动势头强劲。宝马利汽车空调、浙江亚太机电、万达方向机、宁波双林汽车内饰件等近20个项目强势入驻,柳州宝钢汽车钢材部件、裕田二期、"双胞胎"饲料、卓阳纺织等15个项目实现开(竣)工,以钢铁深加工、汽车和工程机械配件加工、循环经济、纺织服装加工、木材加工为主的行业架构初步形成。全年指导企业申报各类扶持资金突破1600万元,为历年之最。城区规模以上企业总量达到154家,其中亿元企业37家,建立起亿元企业集群,规模以上工业总产值占全部工业总产值的80%以上。

工业布局不断完善。"一横一纵四片区"发展格局进一步形成,鹧鸪江、白露、沙塘和石碑坪四大片区新增完善城市规划面积70.27平方千米,其中产业用地25.04平方千米,有力推动城市框架往北扩张。

二、商贸服务业加快发展,大商贸格局雏形初显

消费性服务业有大突破。城区商贸格局发生重大调整,一批上规模、影响大的商贸项目落户建设,呈现出消费性服

务业与生产性服务业齐头并进、快速发展的良好态势。国腾购物市场“大润发”超市建成开业，营业额累计约1.1亿元，成为亿元商场；广西地王财富中心项目一期商业中心、保利大江郡等重大项目开工建设；金惠、金大陆、汇丰等一批知名餐饮改造升级。

生产性服务业快速发展。钢材、食糖、医药等批发业蓬勃发展，城区批发企业达到581家。亿元市场数量由2005年的4家增至8家，成为四城区中亿元市场最多的城区。商贸业规模总量大幅攀升，贸易业销售额突破365亿元。桂中海迅柳北物流基地项目一期开工建设，鸬鹚江构建市级物流中心快速推进，209国道沿线专业市场规划布局工作全面铺开。

民生经济稳步发展。农贸市场升级改造步伐加快，柳北大市场改造项目完成过渡市场建设和市场建筑拆除工作，雅儒农贸市场改造项目主体工程封顶，北站市场局部改造升级项目完工。特色商业街区又添新亮点，北雀、雅儒民生夜市街初显规模。积极推进“家电下乡”、“汽车下乡”、“微型超市进社区”等工程，家电下乡销售额达4202.51万元；广西首家花都快客便利店率先在全市挂牌，辖区新建微型超市5家；君武森林公园晋升国家AAA级景区。切实抓好价格调控监管，市场供应和物价总水平保持稳定。

三、农业产业转型升级，现代农业特色凸显

“十大农业精品项目”顺利完成。青茅花卉基地项目建成2.1万平方米生产大棚及花卉展示厅，投产兰花超过100万株；千亩高产油茶示范基地建成，自治区油茶现场会在柳召开并到该基地参观；葡萄种植面积迅速扩大，增至200公顷；朗德鹅种鹅基地、广西标准化正康PIC祖代种猪场建成投产。石碑坪葡萄、滑皮金桔、温州蜜柑获农业部绿色食品认证，上垌大米获无公害食品认证。亚热带优质水果、花卉、优质稻米、养殖、生态休闲旅游五个产业带初见雏形，农业产业结构得到优化调整，特色农业逐渐向规模化、现代化、精品化方向发展，全市推进特色农业即秋冬种开发现场会在柳北区召开。

农业管理服务水平不断提升。在全市率先实行病死畜禽无害化处理补贴办法，重大动物疫病免疫密度达100%。兑现粮食直补222万元，大规模开展绿色证书培训、农民实用技术培训1.56万人次，33家农民专业合作社发展壮大。“十一五”期累计整合各类资金1.62亿元，实施农业基础设施建设、产业发展和培训项目230项，是“十五”期的14倍。

新农村建设及集体林权制度改革取得阶段性成果。27个村屯规划通过评审，成功打造2个市级“十大美丽乡村”，新增2个村级公共服务中心试点、5个农事村办一站式平台试点。顺利完成30个村的集体林权制度改革工作，年度发证11.3万亩，完成市下达任务的102.7%；实现林业产业总产值23.5亿元(包括林业一、二、三产)，居广西各县区前茅。

四、城乡建设力度加大，城市管理水平不断提升

“城乡风貌改造”高标准完成。投入资金922万元，对北环高速公路沿线500米可视范围内的房屋实施立面改造，改造总面积20.4万平方米，776户房屋面貌焕然一新。同步实施农村危房改造83户、城市小街巷改造4条，景观路改造成为全市小街巷改造示范样板。

“城乡清洁工程”深入实施。城市管理从突击型向长效型转变，执法管理效能不断提高。“两违”治理卓有成效，查处“两违”案件324起，拆除违法建筑面积9.6万平方米，违法占地、违法建设势头得到遏制。环卫设施日趋完善，在26个偏远村屯增建生活垃圾池，清运垃圾12万余吨。

重点项目征地拆迁加快推进。完成湘桂线铁路、香兰大道等42个项目的征地拆迁工作，征地面积224.56万平方米，拆迁面积24.46万平方米。危旧房改造工作取得阶段性突破，胜利小区、“和兴园”等项目已签约3650户、交房3321套，北站路、八一路“温馨工程”项目拆迁工作稳步推进。白沙村、马厂村城中村改造工作取得阶段性进展。

生态建设不断加强。国家森林城市、国家环保模范城市创建工作扎实开展，新增绿地面积1.73万平方米，春季义务植树任务完成率达116.86%；率先实行排污许可制度，节能减排目标任务全面完成。

五、社会民生持续改善，社会保持和谐稳定

促进就业工作进一步加强。积极开展“春风行动”、再就业援助月、“送政策、送服务、送岗位、送技术”的再就业“四送”活动，为劳动就业对象提供“一对一”服务和“一站式”服务，全年举办专场招聘会6场，提供用工岗位7998个，开展技能和创业培训2569人，城镇新增就业1.07万人，“零就业家庭”

6月26日，柳州市委常委、宣传部部长、副市长张虹(左一)到柳北区看望锦绣社区老党员　赖德勇　摄

数实现动态清零。大力开展劳动监察专项行动和“春暖行动”进企业活动，以胜利、雀儿山街道为试点推行劳动保障监察两网化管理，在区内划分管理网格45个，辖区劳动争议案件按期结案率达100%。

社会保障水平进一步提高。切实做好低保救助、救灾救济、残疾人帮扶等工作，在全市率先实行低保申请“居民代表评议制度”，全年累计发放各类救助保障资金1117.45万元7.46万人次、残疾人特困补助金128.3万元0.12万人次、抚恤金388.86万元1.05万人次，慰问金38.3万元，城镇居民医保新增参保人数18.75万人。全面推进“居家养老”工作，养老机构实现社区全覆盖，为首批城市“三无”（无劳动能力，无生活来源，无法主动膳养、抚养、持养人）的老人发放消费券和安装居家养老“呼救通”，胜利街道宏力社区卫生服务中心夕阳红医疗康复护理院被评为自治区敬老模范单位，柳北区婚姻登记处、沙塘镇敬老院被评为全国行风示范单位。扎实推进“和谐社区”建设，15个社区均建立“一站式”平台。积极开展沿209国道双拥共建和“十进军营”活动，实现“自治区双拥模范城（区）八连冠”。

社会稳定基础进一步夯实。深入开展法制宣传教育，城区通过自治区“五五”普法检查验收，石碑坪村等6个村获得自治区、柳州市“民主法治示范村”称号。以“人民调解加强年”活动为契机，深入开展“大排查、大接访、大调解、大防控”活动，书记、区长大接访工作形成常态化，“村级接访”活动扎实推进，法律援助和信访救助工作不断加强，全年接待群众来信26件，来访201批472人次；调解民间纠纷1341件，调解成功率达98%；调解“三大纠纷”（土地纠纷、山林纠纷和水利纠纷）案件33件，调解率100%；办理法律援助案件84件92人次，为群众挽回经济损失40.39万元。继续推进社会治安综合治理和平安柳北建设，排查整治治安混乱地区及治安突出问题；投入500多万元建立专门的校园安全保卫队伍，学校周边安全环境得到改善。安全生产责任制层层落实，安全生产状况保持稳定好转，各类事故死亡人数同比下降5.55%。应急救援机制建立健全，在城区消防大队成立综合应急救援大队，在城区武装部建立应急保障分队，城区应急救援机制逐步健全，被评为广西平安县（区）。

六、经济社会协调发展，各项事业全面进步

科教事业迈上新台阶。以“科技活动周”、“十月科普大行动”为平台开展科普工作，成功申报市级以上科技项目11项，到位科技专项资金达385万元，较往年有大幅度增长。城区规模企业市航盛电子科技公司获得国家级高新技术企业认定，长塘镇得利良种猪养殖发展协会被评为全国科普惠农兴村计划先进集体，城区被评为广西农业产业（罗非鱼）科技重点示范县（区）。坚持“均衡+特色”的教育发展理念，在巩固“两基”成果的基础上，进一步推进教育资源布局调整，完成三组学校合并工作，义务教育学校常规管理、学前教育管理工作双双取得好成绩，获得自治区的好评和示范推广。师资培训全面加强，教研水平稳步提升，中考成绩连续8年居全市第一，成功打造“立德树人”、“书法润校”、“3+1德育序列化”等一批教育品牌，城区成为国家教师教育创新西南实验区，率先进入自治区基础教师素质提升综合改革实验项目第一批实验区行列。

文化体育事业发展步伐加快。实施文化进社区、进农村、进企业、进军营、进学校、进机关“六进”工程，组织开展文化体育活动500多场，放映公益数字电影616场，放映场次居全市四城区第一；投资28万元建设的长塘镇综合文化站、沙塘镇上垌村等7个行政村的体育设施及沙塘镇下陶村、古木村的文化体育公共服务中心项目竣工并投入使用。文化资源共享工程县级支中心在柳州钢铁（集团）图书馆挂牌成立。切实做好工业遗产文物征集工作，收集工业文物信息972条、已捐实物320多件。城区档案馆晋升为国家二级馆，是柳州市各县区中唯一的国家二级馆。

医疗卫生、人口与计生工作取得较大突破。深化医药卫生体制改革，辖区14家基层医疗卫生机构实施国家基本药物制度，第一批医改试点单位全员竞聘上岗工作。年内，完成投资900.5万元，实施中央扩大内需镇级卫生院（卫生服务中心）建设项目3个。参加新型农村合作医疗的农民达到93.4%；降低孕妇死亡率和消除新生破伤风项目通过自治区评估。

创新开展“百名医师、千名青年志愿者服务团下社区”活动，基本医疗和基本公共卫生服务工作全面推进。食品安全工作得到加强。深化人口计生工作机制体制改革，“诚信计生”工作全面开展，24个村、社区达到计划生育“两无一提高”创建标准，“阳光计生”一站式服务平台成功搭建。“人口文化”建设异彩纷呈，创新打造江湾人口文化餐厅、园艺人口文化村、雀儿山人口文化公园、209国道人口文化宣传长廊品牌。“计卫联合”优质服务模式不断深化，沙塘等9家“计划生育家庭健康指导中心”成立，群众满意度不断提升。全年出生政策符合率达97.58%，高于责任指标2.58个百分点，兑现各级奖励扶助金232万元。第六次人口普查入户登记工作顺利完成。

此外，统计、人防、地志、法制、民族、外事侨务、妇女儿童等工作都取得新成绩。

七、政府建设不断加强，公共服务水平持续提升

民主监督工作有效开展。认真接受人大、政协监督，听取民主党派、工商联、无党派人士和人民团体的意见，有效促进政府工作，全年办理人大代表议案、建议和政协委员提案79件，办复率达100%。

财政资金使用进一步规范。黄村村集体资产产权制度改革、鸪鸪江村农村财务管理规范化建设列入自治区试点，综合治税工作步入广西先进行列。实施建设工程招标项目115个，节约资金954.33万元；实施政府采购161个，采购规模同比扩大43.75%，节约资金45.87万元；开展项目预算审核85项，节约资金61.20万元；进行政府投资项目审计

153 项，核减工程款 703.77 万元。建立三级纠风网络，纠风治乱工作有序推进。

政务管理服务水平有力提升。全面推行“一服务两公开”、“四议两公开”工作法，进一步做好政府政务信息公开工作，高标准、高投入建设区政务服务中心，城区档案文书资料查阅服务中心对外开放，雀儿山街道政务服务中心、协和社区便民服务站成立。“工作落实年”活动扎实开展，绩效考评工作体系和机制不断健全，绩效考评全面推开。

干部队伍素质不断提高。以“北雀放飞”学习节、“廉政文化六进”活动为载体，开展各类专题学习培训 25 场次，干部履职能力有较大提高。积极鼓励年轻干部参加自治区“公选千人计划”竞争，有 7 名同志分别提拔为处级、科级干部。

在充分肯定成绩的同时，我们也要清醒地认识到，柳北区经济社会发展仍存在不少困难和问题，集中表现在：经济结构性矛盾仍然比较突出，自主创新能力不够强；财政增收压力大，区域之间、城乡之间发展不平衡；农村基础设施相对薄弱，农业产业化水平不高，农民增收的长效机制还没有建立完善起来；就业形势比较严峻；高层次人才和技能型人才不能满足经济社会快速发展的需求；社会稳定和安全生产方面还有许多亟待解决的问题等等。对此，我们一定高度重视，认真对待，采取有力措施，切实加以解决。

2011 年工作总体要求与工作计划

2011 年，柳北区政府工作的总体要求是：以科学发展观为统领，解放思想，抢抓机遇，乘势而上，围绕市委、市政府“扎实推进‘三个同步’，深入实施‘二次创业、升级转型，聚集人气、做大城市，建设更加美好的柳州’”战略目标，更好地融入柳州“一小时经济圈”，按照“一圈（大柳北中心商务圈）、两轴（沿北外环路和 209 国道发展轴）、两带（精细观光农业带和生态休闲旅游带）、三片（长塘镇、沙塘镇、石碑坪镇）”的发展思路，强力推进“三大战略、四大工程”，全面提升“五个柳北”建设水平，在推动城区科学发展、和谐发展、全面发展上迈出更大的步伐。

2011 年，柳北区经济社会发展的主要预期目标是：地区生产总值 135 亿元，增长 15%；农业总产值 9 亿元，增长 8%；工业总产值 240 亿元，增长 20%；三产营业收入 480 亿元，增长 20%；财政收入 18.5 亿元，预算增长 15.62%；固定资产投资增长 20%以上；城镇居民人均可支配收入、农民人均纯收入分别增长 10%以上；城镇登记失业率控制在 4.5%以内，人口自然增长率控制在自治区下达的指标以内。

围绕上述目标，我们要重点抓好以下七个方面的工作：

一、实施园区经济发展战略，增强工业经济实力

坚持“存量改造提升、增量招大引强”，以园区建设带动产业集聚、以大项目建设带动产业升级，加快工业振兴改造。

加快推进园区建设。按照“一横一纵四片区”发展思路，遵循“产业引领、项目支撑、特色打造、集群发展”的原则，重点推进白露工业片区、沙塘工业片区、鹧鸪江工业物流片区、石碑坪工业片区开发建设，使之成为领跑工业经济发展的强大引擎和核心增长极。协调推进白露大道及片区路网建设，全力实施白露工业园四、五期工程；加快沙塘工业园一期工程发展成型，启动二期工程建设；加快完成香兰中路、香兰大道、钢城北路建设，协调推进鹧鸪江钢铁深加工及物流产业园一期工程，力争园区竣工开园；加强与自治区农垦局合作，协调石碑坪农场（绿达公司）推进石碑坪工业园启动建设。围绕园区平台，重点抓好汽车及工程机械配件、钢铁深加工、循环经济及轻纺服装加工等重大产业项目的引进和建设，推进园区经济加快发展，进一步增强园区经济主导地位。

大力扶持企业发展。实施企业成长工程，通过产业引导、资金扶持、技改提升等措施，促进企业生产上规模、产品上档次、管理上水平。力争 10 家以上企业获得各类财政扶持资金，辖区中小企业融资贷款额度超过 3 亿元。实现“5122”发展目标，即：全年发展 50 家亿元企业，工业园区总产值达到 150 亿元，规模以上工业总产值突破 200 亿元，城区工业总产值达到 240 亿元。

二、实施商贸品质升级战略，加快商贸服务业发展

坚持“抓好重大项目、培育特色街区、壮大专业市场、打造通道经济”，进一步调整优化商业布局，推进服务业规模化、品牌化发展。

提升城市商业品质。加快商贸经济转型升级步伐，以重大项目建设为突破口，全力做好地王财富广场商业中心、保利大江郡、柳北大市场项目的建设服务工作，协调开展国腾购物广场、冠亚尚城国际、汇金国际的二次招商工作，促进地王财富核心商务区的形成，扩大白沙品质商圈和胜利特色商圈规模，逐渐把柳北打造成为在全市有重要影响的购物消费中心。

完善综合物流布局。做大做强钢材、医药、家电等批发贸易业，推进桂中海迅柳北物流基地项目建设，启动红卫仓建材市场、钢材市场搬迁改造，布局城郊大型综合购物广场及奥特莱斯主题购物公园等辐射半径大的商业业态，着力将北外环经济带发展成为西南最为便捷、最大型的综合物流中心。强化 209 国道商贸带专业市场布局，兴建大型木材加工交易市场、农产品综合批发市场和长塘青茅花卉交易市场，加快以汽车 4S 店、汽车配件市场等与汽车产业相关的业态布局，进一步增强对柳州北部四县的辐射度和关联度。

大力发展民生经济。推进“两个一批”工程，即新建一批社区微型超市，新增一批“阳光早餐”摊点；重点抓好农贸市场改造升级工作；着力打造跃进路休闲娱乐酒吧街、雅儒路和北雀路民生夜市街，提升社区商业服务功能。加强价格市场监管，努力维护价格平稳。

三、实施现代农业发展战略，提高农民收入水平

坚持以工促农、以城带乡，巩固提升生态农业、特色农业、品牌农业，增强农业经济实力，解决农民出路问题。

大力实施农业“12346”工程。在做好万亩花卉基地、千亩葡萄产业园的基础上，完成6.67公顷四季山茶花示范点建设和高产油茶良种育苗基地年产200万株建设，修建种苗组培中心；朗德鹅种鹅基地实现年出栏鹅苗及商品鹅30万羽；围绕“菜篮子”工程建设，新增无公害蔬菜种植面积26.67公顷；农业基础设施建设项目投资在6000万元以上。

加快推进农业产业化进程。重视农民专业合作组织发展，加快土地流转步伐，以乳业、罗非鱼、木材加工为重点，大力推动农业从单一生产向农产品深加工、销售领域延伸，促进农业由追求数量增长向注重质量和效益的转变，全面提升农业综合效益。

积极培育农业示范户。加大技术指导、信息服务和资金扶持力度，培育一批新型农业示范户，充分发挥示范户的带动作用，引导农民扩大特色种、养殖规模，做大做强村集体经济，真正成为新农村建设的主体。

四、以柳北城镇带建设为重点，实施城乡建设工程

坚持改造与新建并举、软件与硬件齐抓、绿化亮化与美化净化同步，强力推进城镇化建设。

加大城市基础设施建设。完善城区道路交通网络，协助市政府做好沙塘至沙浦道路改造工程，加快新建白露大道，完善园区路网建设，加大城市半岛道路主要节点和瓶颈道路改造力度。协调完善白露、长塘、沙塘、石碑坪片区规划，推进以青茅花卉基地及周边村屯为重点的城乡风貌改造，打造具有文化内涵和产业依托的景观街区。加快胜利小区、“和兴园”二期等改制企业危旧房改造，同时启动危改扩面工程。完成北站路、八一路“温馨工程”项目拆迁安置工作。重点推进白沙片区和马厂村城中村改造，启动黄村村、鹧鸪江村、香兰村、白露村城中村改造。

提升城市管理水平。加大城市管理创新力度，以“数字化城管”中心为平台，结合城市管理网格化信息技术的开发，构建城管执法防控体系，加强对市政建设重点工程、城中村改造区域“两违”建筑的查处，以及对乱摆乱卖、马路市场、夜市等影响市容市貌行为的集中整治。抓好环卫改革试点工作，强化城乡结合部、城铁结合部、无物业管理居民小区的环境卫生整治工作，改建一批垃圾中转站，提高环卫保洁水平。

加强生态建设和保护。全面推进国家森林城市、国家环保模范城市创建工作，实施“绿满龙城”、“家园绿美”、“村屯绿美”系列工程，重点抓好北环高速路北段、长塘高速路口、209国道两旁、工业园区、校区以及镇、村(屯)造林绿化工作。加大污染源整治力度，抓好节能减排工作落实，建立健全环境保护的长效管理机制。

五、以构建和谐社会为根本，实施民生改善工程

坚持把改善民生作为一切工作的出发点和落脚点，千方百计改善民生、促进和谐，让人民群众分享更多的改革发展成果。

努力抓实就业工作。把就业工作摆在更加突出的位置，继续实施就业帮扶政策。开展就业援助，重点针对零就业家庭、残疾人、低保对象和就业困难的高校毕业生，开发公益性就业岗位，建立城乡一体的就业援助机制。因地制宜地对自主创业人员进行扶持引导，大力发展微型企业，以创业带动就业。打造人才培训基地品牌，以培训促进创业和就业。全面推进劳动监察“两网化”管理，打造统一规范、高效便捷的劳动保障监察执法信息和监控管理平台，形成覆盖城乡的劳动用工监控网，切实维护劳动者合法权益。

切实抓好社会保障工作。加大福利保障力度，以点带面开展城镇居民基本医疗保险工作“攻坚月”活动，使特殊人群参保率达100%，不断扩大职工养老、医疗、失业、工伤、生育等社会保险覆盖面，建立完善的城乡社会保障体系。积极实施救灾救济、贫困家庭医疗救助、最低生活保障补贴和廉租房建设等工作，着力解决困难人群生活问题。推进“和谐社区”建设，加大政府购买居家养老服务力度，扩大“呼救通”平台辐射范围；建立“日间照料”形式的残疾人“颐康苑”和14个残疾人康复训练室。继续抓好双拥优抚工作，为共建部队办实事、办好事，为优抚对象排忧解难。

认真抓牢维稳工作。启动“六五”普法和法治城区创建工作，探索法制教育与道德教育、法治文化与企业文化、校园文化、廉政文化有机结合的新途径。深入开展“大排查、大接访、大调处、大防控”活动，着力解决影响社会和谐稳定的源头性、根本性、基础性问题。积极实施法律援助、安置帮教，建立社区矫正移动信息管理系统平台，强化社区矫正工作。深入开展打黑除恶专项斗争，依法严厉打击各类刑事犯罪，增强人民群众的安全感，促进社会和谐稳定。强化安全生产执法，促进安全生产形势稳定好转。

六、以促进人的全面发展为目标，实施文化繁荣工程

着眼于提高人的文明素质，大力加强城区文化建设，营造良好的文化环境，打造健康的生活空间。

繁荣发展文化、体育事业。依托“全国文明城市”创建，提高城区文明程度。以第五届“北雀欢歌”文化艺术节为龙头，精心打造一批文化精品，提升城区整体文化软实力。深入推进“文化六进工程”，依托文化信息资源共享工程县级支中心平台，抓好优秀文化资源进社区、进农村、进企业、进军营、进学校、进机关。以龙卜村村级服务中心为重点，全面加强基层文化设施建设。认真做好农村电影放映工作，建立健全公益电影放映的社会公示制度，确保“一村一月一场”目标任务的完成。广泛开展群众体育活动，提高体育竞技水平，增强群众身体素质。

积极发展科教事业。认真做好2009~2010年全国科技进步考核及2011~2015年度全国科普示范城区创建工作，坚持以信息化带动工业化，用高新技术和先进适用技术改造提升传统产业。开展“教育提升年”活动，全面启动中小学布局调整工程和“学前教育三年行动计划”，完成1所以上乡镇寄宿制中心校集中办学试点和3所乡镇中心幼儿园项目选址工作，推进滨江路中学等一批市区新（扩）建学校（幼儿园）建设。扎实推进“两个试验区”建设，不断创新教育管理模式，实现“一校一特色”。完善教师培训机制，全面提高教学质量，缩小城乡教育差距，促进教育均衡发展。

加快发展医疗卫生、人口与计生事业。继续深化医药卫生体制改革，完成第一批医改试点单位的聘用合同签订、收支核定、财政工资绩效考核等工作。加快卫生院（卫生服务中心）改扩建，推进14个村卫生室标准化建设项目。探索建立城市支援农村卫生工作长效机制，全面提高基层医疗卫生队伍整体素质。扎实推进食品安全、初级卫生保健等工作，巩固和完善新型农村合作医疗制度，全力实施防治艾滋病攻坚工程。稳定适度低生育水平，营造良好的人口环境，促进人口长期均衡发展。开展计划生育综合改革，深化计划生育优质服务内涵，拓宽“计卫联合”服务范围；打造“诚信计生”工程，完善计划生育利益导向机制，不断提高人口与计生工作水平。全面推进人口信息化进程，实现计生、卫生、公安等部门人口信息共享，深化流动人口“一盘棋”管理模式，突破流动人口管理难和社会抚养费征收难等重点问题。

此外，认真做好法制、人防、武装、档案、民族、外事侨务、妇女儿童等工作。

七、以提高行政能力为突破口，实施阳光政务工程

坚持一切从人民的利益出发，认真履行政府职能，不断提高政府管理服务水平，努力建设人民满意的政府。

抓民主监督。严格按照法定权限和程序履行职责，自觉接受人大及其常委会的监督，政协和各民主党派、人民团体的监督，广大人民群众和舆论监督，全力打造“民主政府”。

抓平台服务。政务系统力争向镇、街道延伸，在50%的镇、街道建立政务服务中心，在50%的村、社区建立便民服务站，让居民享受“一站式”政务服务，努力提高办事效率和服务水平。认真实施《政府信息公开条例》，实现财政、编制等信息公开。加强统计管理，有效运用统计数据，为政府决策发展服务。

抓廉政建设。继续建立健全惩治和预防腐败体系，全面落实党风廉政建设责任制，强化审计监督和行政监察，确保行政权力依法、公正、有效运行。坚持标本兼治、纠建并举，深入开展损害群众利益不正之风专项治理，从源头上预防腐败。进一步推进开源节流工作，提高财政资金使用效率，打造节约型政府。

抓人才队伍。不断加强学习型政府建设，大力实施“学习创新工程”，持续开展“北雀放飞”学习节活动，提高干部的思想政治素质和能力素质，打造优秀的公务员队伍。深入推进机关行政效能建设，强化政务督查、效能监察和绩效考评，确保政令畅通和工作落实。认真做好县（区）、镇、村（社区）三级换届选举工作。

政协柳北区第七届委员会常委会工作报告（摘要）

（2011年1月12日在政协柳北区第七届委员会第六次会议上）

柳北区政协主席　潘加波

2010年工作回顾

2010年，是实施“十一五”规划的最后一年，在中共柳北区委的领导下，柳北区以邓小平理论和“三个代表”重要思想为指导，以科学发展观统领经济社会发展全局，坚持打造“五个柳北”总体发展思路，聚精会神搞建设，一心一意谋发展。经济建设大幅度超额完成任务，政治建设、文化建设、生态文明建设取得重要进展。柳北区政协常委会认真贯彻落实自治区党委、柳州市委关于进一步加强人民政协工作的意见精神，以深入开展“创先争优”、“工作落实年”活动为契机，创新履职形式，切实履行政协各项职能，不断提高履职实效。

一、围绕柳北区经济社会发展，增强履职实效

在的形势下，坚持党的领导，紧紧围绕中共柳区委、柳北区人民政府的中心工作，充分发挥政协人才荟萃、智力密集的优势，更好地服务柳北区经济社会发展，更好地帮助解决民生问题。

（一）参政议政　建言献策。2010年，柳北区政协常委会积极为委员提供参政议政的各种平台和载体。通过召开全体会议、常委会议、主席会议及社情民意反映座谈会等，围绕关系城区经济社会发展的重大问题和人民群众普遍关注的社会焦点引导委员参政议政。在柳北区政协七届五次全会期间，组织委员听取并讨论柳北区“一府两院”工作报告，邀请机关各部门、镇(街道)领导列席委员小组讨论会，围绕园区建设、征地拆迁、社会稳定、百姓就医出行、教育均衡发展等方面与委员进行交流，探讨柳北发展大计。区委、政府领导亲临讨论地点，认真听取委员讨论发言，并要求有关部门认真研究采纳，抓好落实。年中组织召开政协听证会，听取柳北区政府上半年经济运行情况及下半年工作计划。开展政协常委视察、委员视察活动，视察后委员们为柳北区发展积极建言献策。如建议发展各镇特色农业产业，提升工业园区、钢铁加工物流园区规模和等级等等。

(二)征集民意　关注民生。柳北区政协常委会始终坚持在履行职能中服务民生，在关注民生建设中促进社会和谐。一年来我们把反映社情民意作为推进民生工作的主要形式。一是不定期走访委员及委员单位，加强沟通与联系，重点收集社情民意，充分发挥政协各界别委员与群众联系密切的优势，及时把与百姓生活息息相关的热点、难点问题加以整理向市政协反映或交区政府相关部门处理。二是定期召开社情民意反映座谈会，向社情民意信息员收集各镇、街道百姓关注而目前未得以解决的热点难点特别是民生方面比较集中的问题。三是公开柳北区政协社情民意邮箱，随时收集来自各方的社情民意，广开社情民意收集渠道。四是及时向信息员反馈社情民意的办理落实情况。坚持做到有落实有反馈。五是对所收集的信息给予一定稿酬鼓励。一年来，柳北区政协常委会通过各种渠道收集到较有价值的社情民意23条，汇编《社情民意反映》3期，报送柳北区四家班子领导并向相关部门反映，大部分属柳北区职权范围内的问题得到落实和解决。2010年，柳北区政协的社情民意工作在全市政协社情民意工作会上作为经验进行交流，得到各方的认可和肯定。

12月1日，柳北区政协委员视察兰花基地　　覃德勤　摄

(三)专题调研　出谋划策。调查研究是政协重要的履职方式。柳北区政协常委会紧扣国计民生，集体协商确定把城区农田水利基本建设的情况及医疗卫生体制改革的现状作为2010年常委会调研课题。课题调研组委员分别围绕如何加强农村水利设施建设、医改后基层医疗机构如何更好地生存发展，深入田间地头、社区卫生医疗机构，听取管理方以及最基层群众、患者的意见，结合当前的政策，提出既有可操作性又有前瞻性的建议，形成《关于柳北区农田水利基本建设情况的调查报告》、《深化医疗卫生体制改革夯实医疗卫生服务基础》两个调研报告报送区委、政府，为区委、政府科学决策提供参考依据。

(四)民主监督　增强实效。近年来，征地拆迁力度不断加大，群众关注度不断提高，征地拆迁已成为影响社会稳定的重要因素。柳北区政协顺势而为，积极参与拆迁听证会，民主监督拆迁工作，共同维护社会和谐稳定。参加党政部门的行风评议会，民主监督各部门工作落实情况。组织召开工商行风评议座谈会，针对工商窗口服务、信息化管理、业务宣传、业主培训等工作提出中肯的意见和建议。此外还组织委员对机关工作进行绩效考评；组织委员对柳北公安分局进行行风评议；组织委员参加沙塘镇党委书记的公推直选，在参政中履行民主监督职能。

(五)提案办理　狠抓落实。撰写提案是政协委员履行职能的重要形式之一。柳北区政协七届五次全会以来收到委员提案33件，经过提案委研究决定，对《关于将37路公交线路终点站延伸至星艺社区的建议》等16件提案予以立案，将《对蟠龙山和驾鹤山灯光设计的几点建议》等17件提案作为“建议”送有关部门酌情处理。

柳北区政协常委会在继续抓好提案审查质量的同时，围绕自治区、柳州市有关“工作落实年”的文件精神，狠抓提案督办落实工作。一是采取提案交办“三对面”办法。即由政府部门、政协专委、政协委员代表三对面交办提案，做到提案办理前有协商，办理中有监督，办理后有落实反馈，有效解决提案办理落实问题。二是不断提高提案办理质量和速度。截至2010年11月，所有提案已办结并答复完毕，提案涉及的问题已经解决或者列入计划解决的占90%。这些成绩的取得是委员建言履职的有力证明，是政府大力支持政协工作的重要体现。

二、加强引导，发挥委员履职主体作用

每一个委员都有着巨大的能量，每一个委员代表的都是一个群体、一个阶层。柳北区的事业是柳北人共同的事业，唯有凝心聚力才能推动柳北区更好更快发展。作为政协组织，我们团结人，聚人气，强素质，求发展。

(一)抓好委员学习提高责任意识和使命意识。通过多种方式组织政协委员认真学习中共十七届五中全会精神、《国务院关于进一步促进

3 月 20 日，柳北区政协文史组委员视察洛埠镇百年历史老屋

廖凤生 摄

广西经济社会发展的若干意见》精神。进一步明确委员履职的方向和重点，增强委员有为才有位的责任意识和使命意识。2010 年根据工作需要，新增补政协委员 9 名。为使新增补委员尽快进入角色，常委会及时对他们进行履职培训，把学习理论知识、了解当前形势与研讨实际工作紧密结合起来，使大家进一步加深对人民政协性质、地位、作用的认识，明确政协委员的权利和义务，达到提高履职能力的目的。

(二)通过开展活动发挥委员履职主体作用。开展委员小组活动是委员履行职责发挥作用的平台。一年来，文史组委员到洛埠镇视察百年历史老屋，发掘辖区有价值的历史文化；城建环保组委员围绕创建"国家园林城市"视察我市的园林建设；经济组委员视察柳北辖区商住房在建项目；文教组委员到民办学校"方圆小学"开展送教活动……此外还组织全体委员分别视察柳北区花卉基地，白露大桥、北外环道路项目建设工地以及柳北区 8 大亿元市场之一——亿森二手车市场。通过视察，委员们了解到城区政府在推进经济建设、城市建设发展过程中遇到的困难和问题。委员们表示，要通过提案形式呼吁解决影响柳北区经济社会发展的突出问题。委员活动有效激发委员的履职热情，委员主体作用得到较好发挥。

委员们在履职过程中不忘回报社会，不少委员还自觉参加公益事业的捐助和帮困活动。据不完全统计，在"希望工程圆梦大学"助学捐款活动中，黄玉波、陶文安、仇建平委员每年帮扶 4000 元；占怀春、刘广民、刘心良、陈焰、吴开球、孔凡忠、覃立锋委员每年帮扶 2000 元。此外，李桂平、林小余两位委员各出资 5000 元赞助柳北区"翰墨·神韵"杯书法大赛，支持"书法润校"工作；部分委员踊跃为柳州市文庙重建工程捐款，其中孔凡忠委员捐款 1 万元，郭丽娜委员、黄吴楼委员、刘心良委员分别捐款 2000 元。陶文安、苏成、黄玉波、孔凡忠、刘健、覃立峰、陈瑛、赖房友、唐文兵、刘心良、黄恺、崔为公、占怀春、陈焰、王银才、莫铁林、林小余等委员为偏远地区捐款发展公益事业；刘心良、占怀春委员分别向广西红十字会捐款 1 万元、2000 元，帮助贫困山区弱势群体；黄恺委员捐款 3000 元帮助贫困大学生解决上学难困难；刘心良委员参加"思源感恩、扶贫济困"活动，捐款 6000 元帮扶"三老人员"等等。

三、服务大局，协助党委政府做好各项中心工作

柳北区政协常委会在履行好各项职能的同时，坚持围绕中心，服务大局，认真完成各项中心工作。政协领导班子和机关干部认真做好所联系系统(部门)和挂点镇(街道)中心工作，不定期到联系点指导、检查工作落实情况，并帮助协调解决工作中碰到的困难。在柳北区城市建设工作中，政协领导相应担任项目建设负责人，负责项目各阶段的协调工作，在履行民主监督职能的同时，协助区委、政府完成征地拆迁任务。在创建平安柳北建设活动中，政协领导积极参加各项维稳工作，进驻小村村处理村民集体上访事件，多次参加书记大接访活动。为协助做好第六次全国人口普查工作和"沙塘农都"项目，从政协专门抽出一名领导负责这两项工作。到市政协争取 20 万元资金帮扶柳北花卉基地，支持农业项目建设。组织机关干部和政协委员向旱情严重地区、玉树地震灾区捐款，共计捐款 11.55 万元。

四、坚持不懈，加强政协自身建设

(一)注重政协宣传工作和交流活动。柳北区政协常委会重视加强政协宣传工作，给每位政协委员赠阅《广西政协报》、《柳州政协》、《文史春秋》等报纸杂志。在市级以上媒体发表文章 15 篇，编发《柳北政协》简报 3 期，宣传政协工作动态，努力为政协工作营造良好的氛围。

在第二十二届国际科学与和平活动周中，协助农工党自治区委、农工党柳州市委在沙塘镇开展文化、科技、卫生"三下乡"活动；协助市政协在辖区开展交通、工业园区建设、发展特色农业等专项调研视察活动；积极参加四城区政协联谊活动；与贺州市八步区政协、梧州市长洲区政协、河池市环江县政协、来宾市武宣县政协及佛山市高明区政协等县区政协开展走访交流活动，相互交流工作经验，探讨履职新途径。一年来，柳北区政协常委会致力于建立更广泛的爱国统一战线，支持委员与港、澳、台之间的文化体育交流活动。

注重文化挖掘。柳北区政协常委会经过 3 年努力编印出版《柳北文史》第十七辑。该书收集了沙塘农都、柳北史料、城区变迁、轶闻掌故等历史资料达 15 万字，采集挖掘柳北辖区深厚的历史文化，丰富"文化柳北"内涵，发挥"存史、资治、教化"的作用。

(二)加强队伍建设，努力提高服务水平。以开展"创先争优"活动为契机，以建设"学习型、服务型、创新型、和谐

型”机关为目标,进一步加强和改进机关建设。注重抓好政协机关干部政治理论学习,组织参加柳北区各种政治理论知识讲座,组织相关人员参加市政协系统举办的业务培训班。切实抓好各项规章制度的完善和落实,进一步规范机关工作制度和工作程序。贯彻落实自治区党委、柳州市委关于进一步加强政协工作的意见精神,撤销专门委员会,新设经济科技联谊委员会、提案法制委员会、文史文教卫体委员会3个专门委员会,各专门委员会主任任命到位,城区政协工作力量得到加强。

在取得成绩的同时,我们还存在一些不足之处,如履职实效有待进一步提高,委员主体作用有待进一步发挥,自身建设有待进一步加强。这些问题,需要我们以务实的态度,以创新的精神,在今后的工作中不断加以改进。

2011年工作安排

一、进一步加强政策理论学习,切实提高履职水平

(一)认真学习党的十七届五中全会精神和国家“十二五”规划。中共十七届五中全会是在我国即将完成“十一五”规划,进入全面建设小康社会的关键时期召开的一次重要会议,为中国未来五年经济、社会和民生等方面的发展勾画出了新的蓝图。我们要通过学习,深刻领会中央关于国际国内形势的科学判断,牢牢把握“十二五”时期的发展主题、主线和目标任务,并自觉贯彻落实到各自的学习、工作和履职当中去。

(二)认真学习柳州市委十届十四次全会和柳北区委八届十二次全会精神。在全面了解柳州市、柳北区“十一五”时期取得辉煌成就的同时,深刻分析柳州市、柳北区加快发展面临的机遇和挑战,努力把握政协履职的方向和重点,充分发挥政协优势,积极创新履职方式和途径,进一步提高履职水平。把区委对政协工作的高度重视,把政府和各级各部门对政协工作的大力支持,转化为履行职能的动力,使政协工作不断跃上新台阶,为推进柳北区经济社会又好又快发展谋求更大作为。

二、认真贯彻落实自治区党委、柳州市委关于进一步加强人民政协工作意见精神,扎实履行政协职能

加强人民政协工作的制度化、规范化、程序化建设,切实把政治协商纳入决策程序,进一步完善民主监督机制,增强参政议政实效,是自治区党委、柳州市委关于进一步加强人民政协工作意见的主要精神。贯彻落实这一意见精神,是2011年常委会的一项重要工作,我们要坚持以科学发展观指导常委会工作,积极争取党委的支持,围绕促进柳北区经济社会发展,以创新不止的精神不断探索履职新途径,以求真务实的态度不断开创政协工作新局面。

(一)履行好政治协商职能。在开展好传统会议协商的同时,要积极搭建履职平台,为委员知情明政创造条件,把委员的思想统一到促进柳北区经济社会发展建设上来,使委员更加自觉地围绕柳北区发展思路、战略目标建睿智之言、献务实之策。做好决策前的专题协商工作,将“一府两院”工作报告、事关柳北区经济社会发展和人民群众切身利益的重大事项、重要决策列入协商议题。决策前组织召开委员座谈会、恳谈会,充分征求委员的意见和建议,使政治协商在广度和深度上得到拓展。

(二)要履行好民主监督职能。要根据新时期的需要,积极拓展履行民主监督新形式。把关注民生、保障民生、改善民生作为人民政协履行民主监督职能的一项重要内容。要加强反映社情民意平台建设,充分反映各界群众诉求,继续办好每季度一期的《社情民意反映》。加强提案的督办落实工作,要从注重“答复完毕”向强调“解决问题”转变,提高提案办理实效,努力促进提案提出的问题得到及时有效解决。组织委员参加相关单位行风评议活动,推荐委员担任辖区法院、检察院、公安分局监督员,监督民主法制建设。

(三)要积极创建委员建功立业平台,提升参政议政实效。围绕柳北区“十二五”规划的实施,精选调研课题,组织委员深入调研。积极开展对柳州市、柳北区重点项目视察活动。联系并组织委员深入社区、农村、单位开展帮扶、服务活动,发挥各界别委员特长优势,支持我区各项事业发展。组织委员开展访贫送温暖、捐资助学、支持公益事业、支援灾区等活动,在关注民生、服务群众中发挥作用。

三、加强政协自身建设,进一步提高工作水平

随着改革开放的深入推进、经济体制的深刻变革、思想观念的日益更新,加强政协自身建设是一件常抓常新的工作。区政协要进一步加强班子建设,不断提高领导能力和议政质量。要注意发挥政协各专门委员会的基础作用,组织好委员活动。要进一步加强机关建设,努力建设一支学习型、创新型、服务型干部队伍。

围绕柳州市实施“二次创业、升级转型、聚集人气、做大城市、建设更加美好的柳州”战略,以宽广的胸怀,积极探索政协凝聚人心广交朋友的新模式,凝聚发展力量,更好地为“五个柳北”建设服务。

四、精心组织,认真做好政协的换届工作

2011年,区政协将进行换届。政协换届工作,对于加强我区民主政治建设,促进政协事业发展,构建社会主义和谐社会,具有十分重要的意义。要全面总结本届政协工作的探索和创新,深入研究政协工作面临的新情况,把握新形势下政协工作规律,为下一届政协提供参考。要把政协换届工作作为全局工作中的一项重要任务来抓,正确处理好换届工作与其他工作的关系,合理安排,统筹兼顾。要切实做好委员推荐工作,真正把有较高的政治素养、有较强的参政议政能力、热爱政协事业、热心政协工作的各界人士协商到政协队伍中来。要更好地发挥政协机关的协调服务功能,确保换届各项准备工作顺利有序进行,确保全年各项任务圆满完成。

责任编辑:李　萍

特　　辑

“十一五”时期柳北区经济社会发展成就

“十一五”时期是柳北区极不平凡的五年。面对复杂多变的国内外发展环境，在柳州市委、市政府的正确领导下，中共柳北区委、柳北区人民政府坚持以邓小平理论和“三个代表”重要思想为指导，深入贯彻落实科学发展观，团结带领城区人民，紧紧抓住国家打造“西江经济带”和柳州市打造“一小时经济圈”和“两小时经济带”的历史机遇，深入实施“二次创业”，全力推进“工业柳北、商贸柳北、物流柳北、生态柳北、宜居柳北”建设，保持和扩大了经济社会平稳较快发展的良好势头，全面提前和超额完成“十一五”规划的主要目标任务，经济社会发展和人民生活水平迈上了新的台阶。

一、经济总量翻两番，综合实力明显提升

经济持续快速发展，年均增速进入全市前列，实现13个主要指标翻一番以上。地区生产总值从2005年的21.04亿元增加到2010年119.67亿元，年均增长41.58%；其中一产增加值从2005年的2.81亿元增加到2010年5.57亿元，年均增长14.66%；二产增加值从2005年的7.21亿元增加到2010年71.18亿元，年均增长58.08%；三产增加值从2005年的11.02亿元增加到2010年42.92亿元，年均增长31.25%。农业总产值从2005年的4.68亿元增加到2010年9.29亿元，年均增长14.70%；工业总产值从2005年的25.93亿元增加到2010年209.40亿元，年均增长51.86%；规模以上工业产值从2005年的17.05亿元增加到2010年179.30亿元，年均增长60.09%；三产营业收入从2005年的87.05亿元增加到2010年的408.77亿元，年均增长36.25%；财政收入从2005年的5.34亿元增加到2010年的17.12亿元，年均增长26.24%，5年累计财政收入达52.86亿元，是“十五”期间的3.21倍；全社会固定资产投资从2005年的4.5亿元增加到2010年57.11亿元，年均增长87.71%；城镇居民人均可支配收入从2005年的10451元增加到2010年18505元，年均增长12.11%；农民人均纯收入从2005年的3317元增加到2010年6618元，年均增长14.82%；城镇化率达到86.4%。

二、现代农业稳步推进，特色产业基本形成

农林渔牧业总产值稳步上升，从2005年的4.68亿元增至9.29亿元，增长近2倍。通过实施“农业十大精品”项目，水果、花卉、优质稻、蔬菜、城郊休闲、特色养殖等农业特

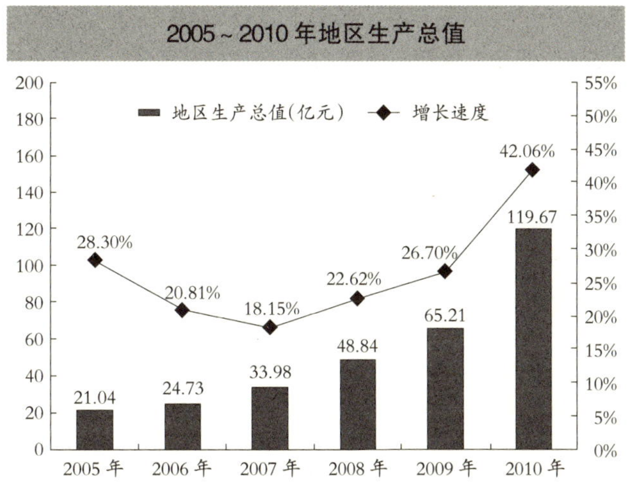

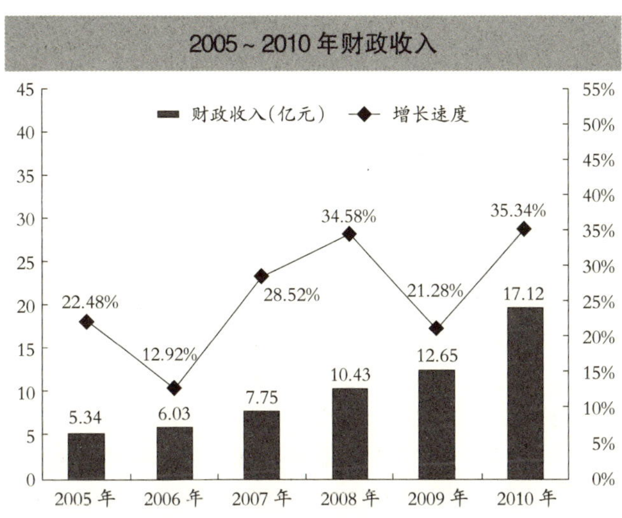

色产业带发展壮大，石碑坪葡萄、滑皮金桔、温州蜜柑等三项农产品获农业部绿色食品认证，沙塘上垌大米获无公害食品认证，长塘梳庄香鸡、洛沙食用菌等农产品逐渐在区域内形成知名品牌。拥有2.1万平方米生产大棚青茅花卉基地，投产种植兰花超过100万株的青茅花卉基地成为西江“黄金水道”花卉产业带示范区的龙头项目，千亩高产油茶示范基地建成，君武森林公园、江湾金鼎湾娱乐中心、绿缘山庄生态农业休闲观光旅游项目成为城郊型农业发展典型，建成广西乃至西南地区最大的朗德鹅种鹅基地，填补城区种鹅养殖“零”的突破，广西标准化正康PIC祖代种猪场建成投产，城区被列为自治区微生物发酵床零排放养殖技术示范基地建设区、自治区罗非鱼产业科技重点示范县(区)。农业资源和人文资源融合的现代农业科技示范园暨“沙塘农都”项目正式启动。农业产业化进程进一步加快，土地流转方式不断创新，全面实施集体林权制度改革，累计完成12万亩的林权发证任务。农业龙头企业和农民专业合作社不断壮大发展，2010年有农民专业合作社33家。柳北区与中央党校成功举办“社会主义新农村建设——柳北实践”论坛，新农村建设成果显著，江湾村、新南屯、青茅村成为自治区和柳州市社会主义新农村建设的样板。

三、工业发展势头强劲，引导作用日益增强

工业经济跨越式发展，工业总产值从2005年25.93亿元增至209.4亿元，增长8倍，成为柳州市第一个工业总产值超200亿元的城区。工业增加值增速突飞猛进，从2005年的7.21亿元增长至加71.18亿元，增长近10倍。规模以上工业经济迅猛发展，规模企业从2005年的50家发展到现在的154家，产值从17.05亿元增长至179.3亿元，增长10倍以上。城区工业实现从无到有、从小到大、从分散向集中的根本性转变。工业园区发展步入快车道，从2005年谋划工业园至今，已形成白露、沙塘、鹧鸪江三大工业集中区，具有区域特色的“一区多园”新格局基本形成，宝钢、武钢、台泥建材等43家企业相继落户三大工业园区，钢铁深加工、汽车零配件及机械加工、循环经济等主导产业发展迅猛，产业集聚效应显。柳北工业园区被列为自治区A类工业园区和自治区第一批重点产业园区，顺利跻身广西十大百亿园区行列。

四、服务业优势显现，商贸柳北渐入佳境

商贸营业收入大幅增长，从2005年87.05亿元增至408.8亿元，增长4.69倍。三中路电脑数码城、八一路家装橱柜、北站路轻纺家电特色街、跃进路美食一条街、沿209国道综合批发市场集群等商贸品牌街区、特色路网的培育打造，促使城区批发业、贸易业、住宿餐饮业快速发展，一批规模大、辐射强的商业带已逐步形成，柳北区成为亿元市场最多的城区。尤其是地王国际财富中心、保利地产、广西糖网、南城百货等强势项目的落户，提升了城区商贸的档次和活力，国腾购物广场的建成更是结束城区没有大型购物中心的历史。借助广西内河水运中心和“亿吨黄金水道”核心区域的区位优势规划建设的鹧鸪江钢铁深加工及物流产业园，已吸引中国外运柳州物流基地、桂中海迅物流基地、中百仓库等产业资源入驻，“物流柳北”的优势日益明显。“家电下乡”、“汽车下乡”、“万村千乡市场”工程全面实施，柳北大市场、广雅市场等集贸市场升级改造，商贸惠民成效明显。

五、基础设施不断完善，城镇化水平明显提高

城镇化建设加快，投资近亿元开展城乡风貌改造、农村危房改造、“穿衣戴帽”、“美化亮化”、小街巷改造等城镇基

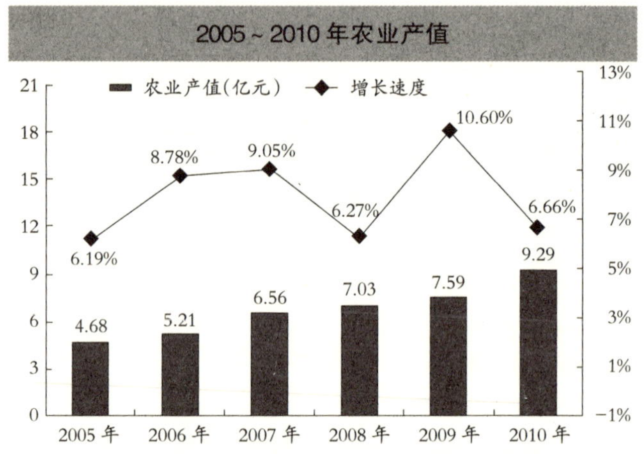

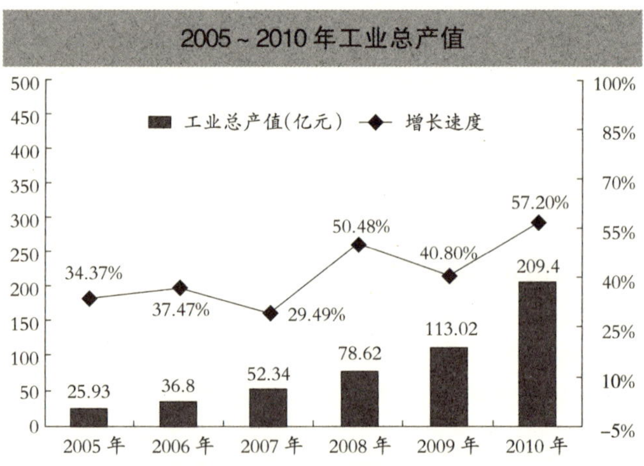

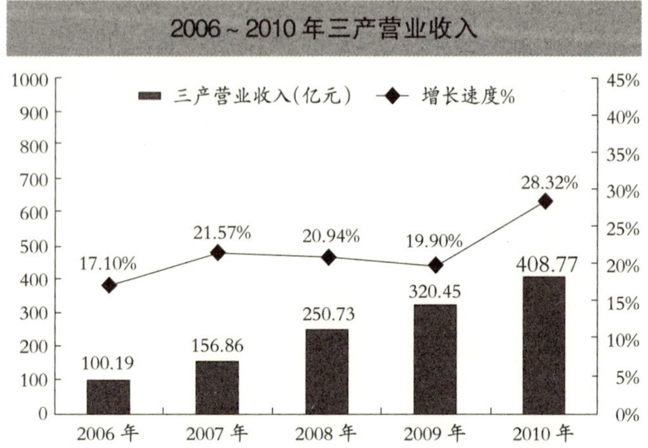

础设施建设；景观路改造成为全市小街巷改造成功样板；广雅大桥、白露大桥、鸪鸪江大桥、北外环高速路、广场路人民医院及周边旧城改造等城市基础设施建设项目征地拆迁全面完成。环境绿化成效明显，新增绿地面积49.5万平方米，城区绿化覆盖率达26%。白沙村、马厂村城中村改造被列入全市城中村改造试点；胜利小区、和兴园等改制企业职工危旧房改造项目稳步推进，城区面貌和困难职工住房条件得到改善。大力开展集贸市场整治和市容市貌整治，全面推进“数字化城管”建设，柳北区数字城管二级指挥中心实现与柳州市“数字化城管”中心同步运行，城市管理水平迈上新台阶。2009年国家批复柳州市土地利用总体规划已将柳北区经济社会发展需要扩展的片区和适合工业园区开发建设的片区纳入修编调整范围，新增规划建设预留用地约80平方公里，为柳北区向北拓展提供广阔的空间。

六、社会事业全面发展，人民生活明显提高

“十一五”期间，柳北区科技进步工作成效显著，获得专利授权23件，企业技术研究开发投入占研究开发投入的80%以上，初步构建区域科技创新和企业技术创新体系，柳北区荣获全国科技进步城区称号。教育事业成绩骄人，中考成绩连续8年居全市第一，“名师工程”、“青蓝班”等教师培训模式在广西推广，认真强化校园周边安全管理，148所学校教育资源得到整合，柳北区荣获广西中小学规范管理十佳县区、广西第一批“基础教育教师素质提升综合改革实验区”等荣誉称号，同时也是全市拥有自治区示范性幼儿园最多的城区。文化事业蓬勃发展，基层文化设施建设不断加强，“北雀欢歌”艺术节等文化艺术品牌影响力不断扩大，群众文化丰富多彩。民生改善效果明显，柳北区城镇居民人均可支配收入从2005年的10451元增至18505元，增长1.77倍；农民年人均纯收入从2005年的3317元增至6618元，增长2倍。城镇登记失业率控制在4.5%以内，年均新增城镇就业人口1.07万人，农村劳动力就业培训不断加强，劳动争议案件处理结案率达95%以上。城乡社会保障体系步健全，最低生活保障制度城乡覆盖；城乡医疗卫生服务体系和公共卫生应急体系进一步完善，城镇居民医疗保险工作全面展开，农村新型合作医疗保险参保率达93%。打造“社区居家养老”试点和社区“一站式”服务工作，在全市率先启动社区志愿者注册制度；笔架社区以圆桌会议为平台的社区居民自治新模式得到自治区领导的高度赞誉；协和社区荣获全国和谐社区建设示范单位称号。人口和计划生育工作不断加强，在广西率先探索人口计生“三方合作”管理模式，人口自然增长率控制在5‰以内，柳北区荣获2009年广西人口和计划生育工作先进奖、广西计划生育优质服务先进单位等称号。“五五普法”、“书记大接访”、“村级接访”等活动全面推进，安全生产形势较好，社会保持稳定，民族团结和睦，国防双拥工作、社会主义民主法制和精神文明建设均取得新成就。柳北区荣获自治区平安县（区）、建设平安广西活动先进县（市、区）等称号，连续7年荣获自治区双拥模范县（区）称号。

总的来说，“十一五”时期，是柳北区经济社会发展最好、质量效益最高、城乡面貌改变最大、人民得实惠最多的时期，是柳北区综合经济实力明显增强、经济实现跨越发展、工业产业集聚效应凸显、商贸布局鲜明功能完善、城镇化水平明显提高、社会事业全面发展、民生改善成效显著、人民生活水平全面提高的五年，开创了柳北区经济社会发展的崭新局面。

（柳北区统计局提供）

2006～2010年更新改造和基本建设投资

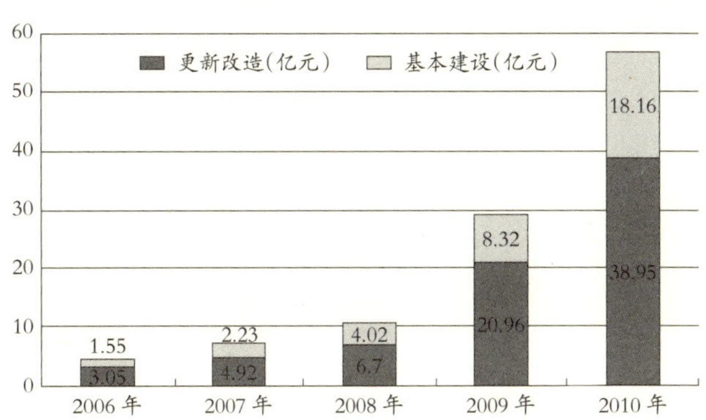

2005～2010年城镇居民人均可支配收入

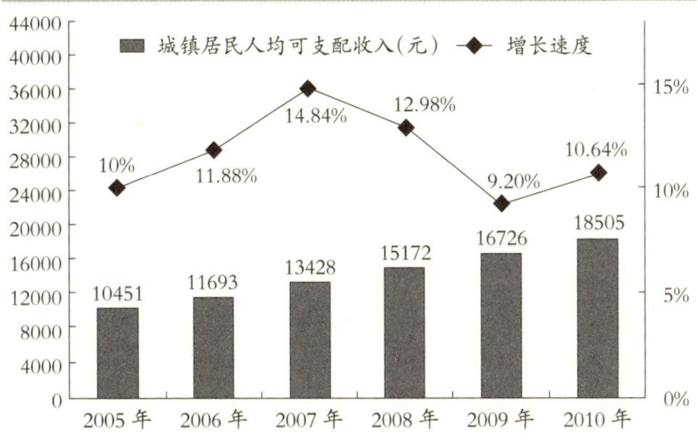

2005～2010年农村居民人均纯收入

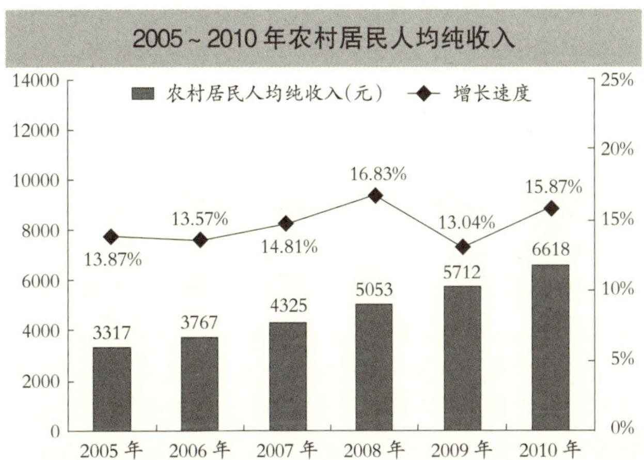

柳北区国民经济和社会发展第十二个五年规划纲要(节选)

第一章　总体要求和发展目标

“十二五”时期是柳北区巩固提升科学发展成果,加快推进发展方式转变，在新起点上跨越发展的大好时期,是柳北区全力打造“工业柳北、商贸柳北、物流柳北、生态柳北、宜居柳北”(以下简称“五个柳北”)的关键时期。

第一节　“十二五”时期经济社会发展的环境

当前和今后一个时期，柳北区面临重大发展机遇。和平、发展、合作仍然是时代主题,我国发展仍处于可以大有作为的重要战略机遇期。从广西发展看，在深入实施西部大开发战略的同时，国务院制定了《关于进一步促进广西经济社会发展的若干意见》,正式确立广西发展“两区一带”的区域发展总体布局,将“西江经济带”发展提升到了新高度，为广西特别是柳州市的新一轮发展提供重大机遇。从柳州市发展看,市委、市政府深入实施“二次创业”战略,努力实现“经济升级,城市转型”,大力推进“三年四千亿,工业再翻番”和“二产、三产同步发展、同步跨越”,全力打造“一小时经济圈”、“两小时经济带”和“柳北经济带、柳北城镇带”的城乡统筹发展新格局战略,为柳北区调整经济结构、实现全面发展提供保障。西外环路、北外环路、东外环路、南外环路的建设实施和相关产业的布局,有力推动快环经济圈建设，为柳北区沿北外环路、东外环路打造快环经济带提供坚实基础;广雅大桥及广雅下穿通道工程的实施,有助于地王财富广场核心商圈的加速形成。柳北区地处东西两城区之中,既是纽带,又是核心,河西汽车机械城和柳东汽车城的实施,将对城区汽车机械零部件和钢铁深加工产业产生强劲的辐射和带动作用。从柳北区资源要素看,土地利用总体规划调整新增约80平方公里建设预留用地,为城区向北拓展提供广阔的空间;白露工业园、沙塘工业园、鹧鸪江钢铁物流园、石碑坪工业园的扎实推进将极大提升城区的城市空间承载力；得天独厚的区位优势和公路、铁路、航运的交通优势,为城区发展工业、服务业提供强有力支撑。

同时,必须清醒地认识到,柳北区经济社会发展仍然面临严峻挑战。国际金融危机影响深远,我国发展中不平衡、不协调、不可持续问题依然突出,柳北区的经济结构仍不够合理,粗放型经济发展方式没有转变,自主创新能力不强,产业核心竞争力不强；资源环境约束加大，生产性服务业发展相对滞后，区域发展竞争加剧；人民群众日益增长的物质文化需要同落后的社会生产之间的矛盾没有改变。必须增强忧患意识和发展意识,主动适应环境变化,牢牢抢抓历史机遇，努力在新一轮竞争和发展中抢占先机、赢得主动,开创“十二五”时期柳北经济社会发展新局面。

第二节　总体要求

以邓小平理论和“三个代表”重要思想为指导,以科学发展观统领经济社会发展全局,加快转变经济发展方式,坚持“两业并举、全面发展”的总体思路,以经济发展为抓手,以生态保护为重点,以提高人民群众生活品质为核心,加快建设“五个柳北”全面提升城区竞争力,增强城区亲和力,塑造城区特色魅力,努力打造科学发展试验区、城乡统筹发展先行区和西江经济带综合经济实力最强城区。

第三节　主要目标

为实现建设西江经济带综合经济实力最强城区的发展目标,必须坚持以“夯实交通和流通优势,强化工业和服务业”两大原则为指导,提出经济发展、生态环境、文化进步、民生改善四个方面的主要目标。综合经济实力保持较快发展，地区生产总值年均增长18%、工业总产值年均增长23%、三产营业收入年均增长20%、财政收入年均增长15%,力争到2015年分别比2010年翻一番以上；农林渔牧总产值年均增长8%以上，三次产业比例调整为3∶59∶38左右,全社会固定资产投资年均增长20%以上,城镇化水平达到90%以上，城镇居民人均可支配收入年均增长10%以上,农民人均纯收入年均增长11%以上,力争2015年农民人均纯收入突破万元；城镇登记失业率控制在4.5%以内；万元生产总值能耗和主要污染物排放控制在柳州市下达指标内,单位GDP二氧化碳排放强度明显下降,森林覆盖率力争上升；社区文化中心和村级文化中心力争实现全覆盖。

为实现上述目标,今后五年要实施“建设‘五个柳北’,构建‘一圈(柳北中心商务圈)—两轴(沿北外环路和209国道发展轴)—两带（精细观光农业带和生态休闲旅游带)—三片(长塘、沙塘、石碑坪)’”的战略,在这个总体战略的引领下,着力构建“一横一纵四片区”现代工业发展格局、“一区带动、三圈提升、四极辐射”的现代服务业发展格局和以六大农业产业基地为核心的现代农业格局。

第二章　构筑大城区框架,统筹区域协调发展

进一步完善区域主体功能规划,合理配置生产要素,打造有层次的经济板块,形成布局合理、优势互补的区域城镇体系,全面融入柳州建设超大城市的战略。

第一节　明确主体功能区,优化城区空间开发格局

改造提升老城区,加快发展北片区,以优势带动、土地集约、区域协调、城乡统筹为空间开发原则,合理划分优化开发区域、重点开发区域、限制开发区域三类主体功能区,

实现空间节约集约健康发展。

第二节　优化提升中心区，增强中心辐射带动功能

大力开展中心区的空间布局优化调整，加快实施基础设施建设、旧城改造和城中村改造，建设旧城改造七大组团（八一路北站路商务组团、三中路IT商务办公组团、大白沙时尚商住组团、长林红碑路生态居住组团、胜利路商业组团、柳北特色生活商业组团、白露沿江高端居住组团），大力发展楼宇经济，培育教育、居住、商务、办公等主导功能，增强中心区的辐射带动作用。

中心区旧城改造七大组团

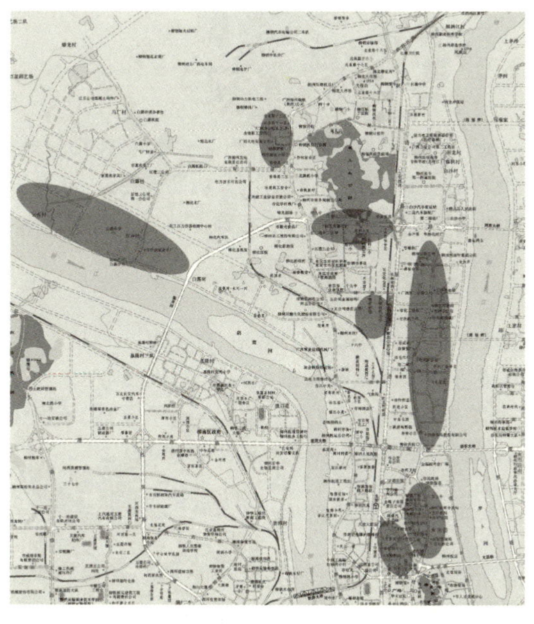

第三节　谋划战略发展轴，构建一横一纵产业集群

完善产业布局，构建"一横一纵"产业协同发展新格局，将209国道（沙塘—沙博道路）发展轴打造成轻工行业、大型交易市场、农业生态旅游发展的摇篮，将北外环路发展轴打造成发展配套制造业、生产性服务业，联接广西汽车城、河西汽车机械城的经济走廊。

第四节　加快推进城镇化，大力繁荣一新城二镇区

按照全区一盘棋的目标，通过工业引导、商贸支撑、农业协同发展，带动鹧鸪江新城建设和沙塘、石碑坪镇区快速繁荣，构筑由"中心城区、一新城、两镇区"组成的功能互补、特色鲜明的大柳北区。

第三章　强化资源要素支撑，重点推进基础设施建设

坚持基础设施一体化、产业布局一体化的总体思路，实施"高规划引导、大项目带动"战略，全面完善以交通、信息、环保等为重点的基础设施网络，为柳北区跨越式发展提供强有力支撑。

第一节　提升综合交通网络，建设区域性交通枢纽

加快"南网加密"和"交通北进"，重点建设城区进出口交通网络，推进港口与铁路多元化交通建设，高标准建设柳北经济带、柳北城镇带交通圈，构建城乡一体化交通网络结构，形成便捷通畅高效的区域现代化综合交通体系。

第二节　优化升级内部交通，完善干支线互联互通

进一步完善城区主、次干道、支路网设施，形成以三江—柳州高速、滨江西路延长线、东外环路为外围框架，以片区路网为基础，功能明确、级配合理的城市道路网络系统。

第三节　完善公用设施体系，强化基础性资源保障

加快信息网络建设，打造城乡共享的信息网络平台，提升社会信息化水平。加强能源设施建设，完善公共管线设施建设改造，促进城乡对要素资源的共建共享。加快清洁高效的能源供应体系建设，提高能源利用率。

第四章　优化调整产业结构，驱动工业强势引导

围绕"一横一纵四片区"发展思路，推动产业结构调整，加大项目建设力度，努力培育壮大四大主导产业，使城区工业资源配置进一步合理，产业结构进一步优化，竞争优势进一步明显，形成具有区域特色的工业发展新格局。力争2015年工业总产值达到600亿元以上。

第一节　优化工业产业布局，构建高端高质新格局

以新型工业化为方向，以四大工业园区为平台，加快产业结构优化升级，推进产业集群化，打造区域优势产业和区域品牌。以白露工业园为核心，重点发展汽车和工程机械配件、循环经济和非钢产业，打造柳北汽车和工程机械配件产业集中区。以沙塘工业园为核心，重点发展轻纺服装加工、农产品加工、汽车和工程机械配件加工产业，打造柳州市轻纺服装产业集中区。以鹧鸪江钢铁物流园为核心，重点发展钢材深加工、期货交易等综合钢铁物流和白糖、药品、农贸等大型商品物流，打造鹧鸪江物流集聚区。以石碑坪工业园为核心，重点发展竹木深加工产业，打造广西大型竹木加工交易区。

第二节　加快园区基础设施建设，打造五年六百亿热土

多渠道筹集建设资金，全面推进工业园区基础设施建设，统筹规划园区总体布局和中远期发展，集中建设公共服务设施和管理中心，全面建成设施完善、布局合理、产业结构优良的发展新区，实现园区开发由单一产业发展向整体片区建设转变。

第三节　强化发展优势产业，坚持产业龙头带动

依托柳州雄厚的汽车机械工业发展基础，接受东面"广

西汽车城”、西面“汽车机械城”的辐射，强化柳北汽车和工程机械配件产业发展。

第四节　重点培育特色产业，推动产业链纵深发展

依托柳州钢铁集团雄厚的钢铁工业基础，借助鹧鸪江片区的区位优势和交通优势，全力打造钢铁深加工产业集聚地、钢铁物流集散地和钢铁物流服务外包承接地。

第五节　扶持战略性新兴产业，提高自主创新能力

利用柳北工业区工业布局和区位优势，大力扶持战略性新兴产业，重点发展循环经济及非钢产业，打造广西大型循环经济产业集群。

第六节　优化发展传统轻工产业，发挥产业集聚效应

传承柳州市纺织行业发展积淀，优化发展城区传统优势产业，重点打造轻纺服装加工、竹木加工、农产品加工行业。

第五章　积极发展现代服务业，打造经济发展新引擎

围绕建设服务业最繁荣城区的目标，坚持传统服务业与现代服务业、生产性服务业与消费性服务业并重，构筑高增值、强辐射、广就业的现代服务业体系，增强城区人气、商气和财气，全面提升商贸发展品质。力争2015年三产营业收入突破1000亿元。

第一节　积极谋划服务业布局，着力构建一区三圈四极

优化调整服务业布局，构建“一区带动、三圈提升、四极辐射”的现代服务业发展格局，即重点建设广西地王财富中心—广场路—八一路—北站路围合中央商务区，规划打造服务业内圈、中圈、外圈，重点发展大白沙品质商圈、大胜利特色商圈、北外环经济带和209国道商贸带四辐射极。

第二节　大力发展生产性服务业，推进区域服务业跨越式发展

以物流服务业为重要支撑，以“制造服务业”为重要突破口，以园区商务生活配套为重要补充，构建区域生产性服务业体系。

第三节　重点主攻消费性服务业，推动柳北大发展大繁荣

以柳北四大商圈为核心，以发展中心高端商业为支撑，以建设大型商贸市场为主要发展方向，以加快农贸市场改造和社区商业网点建设为推手，以发展农业休闲旅游为亮点，努力建成区域消费性服务业中心。

第六章　加快发展现代农业，拉动农业产业齐头并进

坚持城乡统筹、全面推进、重点突破的原则，以“十大农业精品工程”为抓手，以新农村建设为载体，以增加农民收入为目标，着力构建和谐新农村，推动传统农业加速向“特色、高效、生态”的现代都市农业转变，力争2015年柳北区农业总产值达到12亿元以上，农业经济达到全市领先水平。

特色水果种植布局

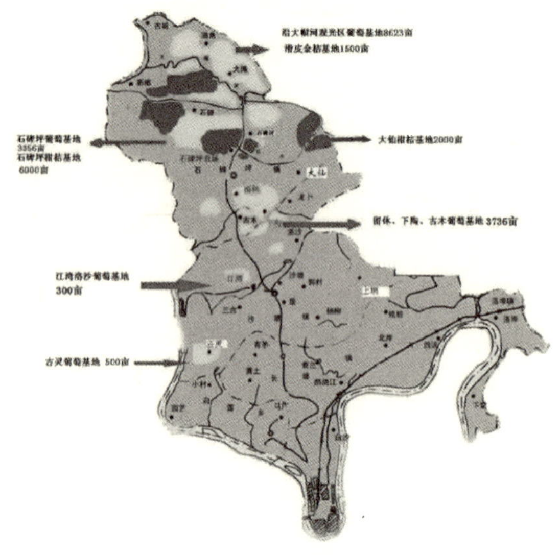

第一节　深化农业结构调整，夯实农业发展基础

通过建设花卉油茶生产基地、特色鲜果种植基地、优质粮食种植基地、设施精细蔬菜生产基地、名优水产养殖基地、家禽及经济动物养殖基地等六大农业基地，推动农业产业向组团式布局转变，加快农业规模化发展。

第二节　大力发展优势特色农业，积极推动农业产业化

通过推进万亩葡萄园、正康种猪养殖、朗德鹅养殖加工等重大项目建设，进一步做大做强高端花卉、名优水果、特色蔬菜、特种养殖等优势产业，推动优势产业形成生产、加工、销售、物流配送一条龙的效益农业新格局。通过市场引导、龙头带动、农民参与、科技服务、政策扶持，全面提高农业产业化水平。

第七章　深入推进节能减排，再创碧水蓝天宜居风貌

以持续改善生态环境为目标，深入推进节能减排，打造低耗高效的节约型增长模式；以冶金、电力、化工、建材等行业为重点，大力发展循环经济；按照盘活存量、合理控制增量、精选优选企业的思路，集约节约利用土地；发挥山水生态特色，建立“宜居生态圈”，再创上风上水地缘城区碧水蓝天宜居新风貌。力争2015年城区万元生产总值能耗和二氧化碳、化学需氧量排放总量控制在柳州市下达指标内，单位GDP二氧化碳排放强度比2010年明显下降。

第八章　重点保障改善民生，构建和谐安定柳北

坚持以人为本，牢固树立执政为民的理念，把保障和改善民生放在突出位置来抓，加快社会事业发展，不断完善社会保障体系，切实维护人民群众利益，改善人民生活水平，

着力构建和谐新柳北。

第一节 推进教育协调发展，有效促进教育公平

加大教育投入，保障公民依法享有受教育的权利。学前教育重点解决好规范发展和“入园难”问题，着力谋求多元化的发展模式。义务教育重点实现均衡发展，突出品牌化、特色化、规模化发展。以教育资源整合提升项目、教育管理提升项目、教学质量提升项目、“平安校园”提升项目为载体，促进教育事业全面协调发展。积极利用名校效应，推行名校发展集团化办学模式。努力扩大优质民办教育资源，着力打造民办教育品牌。到2015年，小学入学率达100%，辍学率控制在0.01%以内，初中入学率达100%，辍学率控制在0.5%以内，三类残疾适龄儿童少年入学率稳定在99%以上。

第二节 整合卫生计生资源，推进卫计一体化发展

继续深化医药卫生体制改革，到2015年，建立覆盖城乡居民较为完善的基本医疗卫生制度。加强公共卫生体系建设，逐步建立“三级综合医院—社区卫生服务中心—社区卫生服务站”互通互联的城市三级医疗卫生服务体系，完善农村三级公共卫生服务网络。加快推进农村新型合作医疗制度，到2015年，农民参合率稳定在95%以上。提高公共卫生应急能力和疫病防治能力，建立健全食品药品安全管理制度和责任体系。稳步推进诚信计生工作，新型家庭人口文化建设，加强稳定低生育水平的长效机制建设，加快人口信息化建设步伐，到2015年，城区人口自然增长率控制在8‰以内，保证群众基本享有优质的计划生育服务。

第三节 健全社会保障救助体系，千方百计扩大就业

积极扩大城镇基本养老、基本医疗、失业、工伤、生育保险的覆盖面，建立保障水平与经济社会发展水平和财政承受能力相适应的城乡最低生活保障标准自然增长机制，努力构建新型社会救助体系，切实解决低收入群众的困难问题。实施积极的就业政策，以培训促进就业，以创业促进就业。完善社会福利和公共服务体系，积极应对人口老龄化，逐步建全以居家养老为基础、社区养老服务为依托、机构养老为补充的社会化养老服务体系，培育发展老龄服务事业和产业；加大基层服务机构硬件设施建设力度，到2015年，老年人活动场所覆盖率达70%，新建残疾人社区康复站14个，新建和扩建社区服务中心10个，确保社区公共服务用房面积达120平方米。积极推进廉租房建设、改制企业职工危旧房集中区改造和城中村改造工程。

第四节 挖掘历史文化资源，发展繁荣特色文化

加强基层公共文化服务体系建设，着力构建布局合理、设施先进、上下联动、覆盖城区的三级公共文化服务体系。积极推进多元文化建设，广泛开展群众性文艺活动，满足人民群众日益增长的基本文化体育需求。加强历史人文遗迹保护和适度开发，打造城区历史文化和爱国主义教育基地。深入开展精神文明建设，着力提高市民文明素质和城区文明程度。加强科普知识宣传和普及，提高群众科学素养，形成全社会尊重科学、崇尚科学的良好氛围。

第五节 推进社会治安综合治理，形成有序的社会管理新格局

全面推进“法治柳北”和“六五”普法工作，积极营造良好的法治环境。扎实推进防控体系建设，加强社会治安综合治理和矛盾纠纷预防和调解，加强国防动员后备力量建设，认真做好市场价格行为监管，维护社会稳定大局，打造“平安柳北”。

第九章 推进高效诚信行政，加快建设服务型政府

加快政府职能转变，提高行政能力和管理水平。严格市场监管，推进公平准入，提升运用经济手段和法律手段调节经济活动的能力和水平。按照为民、务实、清廉的要求，认真推进政务信息公开，全力打造“阳光政府”。

加快电子政务建设，推进政务信息资源共享。建立覆盖全区的电子政务平台，网络建设延伸到各乡镇、街道、社区（村），逐步实现和完善政务标准化，建立相应的绩效考评机制，努力提高办事效率和服务水平，全力建设“高效政府”。

加强党风廉政建设，大力实施反腐倡廉工程。加强领导干部廉洁自律和严格管理，充分发挥党内监督、法律监督、民主监督、群众监督、舆论监督的作用，加大行政监察、审计监督力度，推进惩治和预防体系建设，从源头上预防腐败，全力打造“廉洁政府”。

第十章 关于“十二五”规划的实施机制建设

为全面实现《纲要》的目标任务，必须从制度、政策、人力、物力等方面为规划实施提供支持，创新规划的实施机制，加强监督评估，保障规划的有效实施。要完善规划体系，以规划纲要为指导，通过专项规划、片区规划、土地利用规划和年度发展计划的系统联动，形成层次分明、定位清晰、功能互补、统一衔接的规划体系。健全规划实施机制，建立“十二五”时期重大项目储备库，构建“规划编制—项目储备—项目实施”的发展机制。《纲要》初步筛选重大项目320个，总投资约1064.9亿元，在“十二五”期间投资约910.7亿元，占85.5%，为城区“十二五”发展提供强有力的项目支撑，建立健全规划协调机制，通过宣传，统一认识，通过目标细化，明确各部门责任，通过任务分解，逐年推进规划，通过评估，适时调整规划，保证柳北区国民经济和社会发展第十二个五年规划全面实施。

（李 萍 杨婷曲）

责任编辑：李 萍

概　　况

柳北区概貌

【历　史】　据《马平县》记载，隋开皇十一年(公元591)在柳北雀儿山附近设马平县治，至唐贞观十二年(638)治所迁今城中区。隋城前后历时47年，城废。据现有史料，历唐、宋、元、明、清以至民国，今柳北辖区分属于马平、柳城两县所辖乡镇的行政村。1912年，柳北大部分地区属马平县五都。1931年1月1日，马平县改称柳州县。1932年重新划区，县设中区于城厢，柳北大部分地区属柳州县中区广源乡。1937年4月，柳州县改称柳江县。1949年11月25日，柳江县解放，柳江县治所迁至拉堡镇。12月9日，设柳州市，属广西省人民政府地辖市。1950年3月，柳州市改为广西省辖市，成立柳州市屏山、柳东、柳西区人民政府，柳北辖区部分分属柳东、柳西区。1955年撤区，建立街道办事处，柳北辖区分属文惠街道办事处、中南街道办事处和郊区管辖。1958年8月31日，原柳城县沙塘、长塘、鹧鸪江、北岸、杨柳、东古灵、梳庄乡等7个半乡划归柳州市。同年9月25日成立柳北区公所，管辖新建工业区，包括沙塘乡、长塘乡、白露乡、黄村乡、鹧鸪江乡在内。1960年4月，撤销区公所和居委会，将城区和郊区合并，组成柳州市辖4个人民公社，雀儿山公社成立，柳北辖区大部分属雀儿山人民公社，一部分属城中人民公社文惠分社、东方红农业分社。1961年1日，柳州市改称广西壮族自治区辖市，同年12月21日，柳州市撤销雀儿山人民公社，柳北辖区大部分地区并入郊区，小部分并入城中区。1962年恢复居民委员会，柳北辖区部分划归向阳公社所属居委会。1963年12月5日，恢复雀儿山人民公社，辖柳北工业区全部地区。1968年柳州市成立城中区、鱼峰区、郊区3个革命委员会，柳北辖区分属城中、郊区革命委员会。1972年，城中、鱼峰2个革命委员会合并为柳州市城区革命委员会，下辖11个街道人民公社革命委员会，柳北辖区分属解放人民公社革命委员会和雀儿山人民公社革命委员会。1979年9月20日，中共柳州市委、市革委下文撤销11个街道人民公社革命委员会，决定恢复柳北区。9月28日，柳北区人民政府成立，辖原解放人民公社大部、雀儿山人民公社全部地区，柳北区为城区建制。柳北区进入民族团结进步、经济社会快速发展的历史时期。　　（陈素琴）

位于柳州市雀山公园内的雀儿山　　李　萍　摄

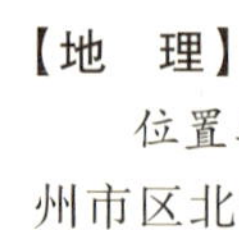

【地　理】

位置与面积　柳北区地处广西柳州市区北部，介于东经109°16′19″~109°22′30″，北纬24°19′18″~24°34′57″之间。1979年9月至2002年8月，柳北区东西面濒临柳江，南面与城中区毗邻，北面与市郊区长塘镇、白露乡接壤。城区面积24.45平方公里，行政区域面积48.46平方公里。2002年9月，柳州市行政区划调整后，柳北区东面与城中区隔江相望与鹿寨县接壤，南面与城中区毗邻，西面与柳南区、柳江县隔江相望，北面与柳城县接壤，城区面积25.60平方公里，行政区域土地总面积320.89平方公里。

地形地貌　柳北区地处桂中岩溶盆地中部，大部分位于柳江河谷级阶地上，部分位于与阶地同时形成的岩溶平原，南部为柳江河曲地块，地势较平坦，东面地形较低，北面和北西面相对较高，起伏较大。地域南北最长35公里，东西最宽26公里。最高的山峰是海拔342米的梳妆岭。其次有龙船山、石山、大田山、雀儿山、笔架山、骆背山等。由于柳江河水在城区东西南往北回，环抱壶城之腹，加上气候、岩性、构造的影响，形成河流阶段地貌和岩溶地貌叠加的特点，地貌以岩溶残蚀峰林平原和峰林丛洼地为主，地层为复于地表的第四系松散土类及土层下面的坚硬碳盐岩（包括白云岩和石灰岩石）岩层为沉积岩。土壤以红土、石灰土为主，耕作性土壤以旱作地和水稻土为主，其中旱作土占50%以上。（陈素琴）

柳州市气象局气象观测台　　李 萍 摄

【气候·水文】

气　候　柳北区属南亚热带季风与中亚热带交替的地理气候，气候温和，雨水丰，光照充足，夏季日照长，气温高、降水多，冬季日照短，天气干暖。2010年，柳北区气候变化特点为：热量条件正常，冬春偏暖，但有春寒；夏秋适宜，但初夏气温偏低，后有酷暑，秋季寒露风出现早；降水偏少，冬春连旱严重，历史罕见；光能条件正常，但冬春偏少。

2010年柳北区年平均气温20.1～21.2℃，较上年偏低0.4～0.8℃。年内各季气温与常年相比：冬季偏高，其余各季接近常年值，但各季均比上年偏低。年内各月平均气温与常年相比：4月、6月偏低，10月略偏低，其余略偏高到偏高。与上年相比：2月、4月、6月、8～10月气温偏低，其余略偏高到偏高。全年，柳北区最高气温≥35℃，高温日数为22天～48天，较常年偏多。年内极端最高气温38℃，年极端最低气温-2.0℃，12月17日出现在沙塘一带。年有霜日数1天～3天，较常年偏少。年内日平均气温≤8℃结束期在3月上旬中期。日平均气温≤12℃结束期出现在4月16日，是有记录以来出现最晚的“倒春寒”天气。

2010年柳北区平均年降水量1274.9毫米，较常年偏少1成，比上年偏多1～3成。从时间分布来看，各季与常年、上年相比：冬季、秋季偏多，春季、夏季偏少。各月降水与常年相比：2～3月、5月、7～8月、10～11月偏少，其余正常到偏多。1月下旬冷空气南下造成柳州降水量144.5毫米，出现大雨、暴雨天气过程，柳北区也不例外，冬季出现这样强的降水天气过程是历史少有的。汛期主要在4～9月，柳北区降水量945.2毫米，接近常年、上年值；雨日94～105天，比常年、上年偏多；大雨日数8～9天，与常年、上年相比，正常略偏少。降水主要集中在前汛期，前汛期柳北区降水量比常年偏少，但比上年偏多。前汛期雨日大部比常年、上年偏多。暴雨出现的总站（次）比常年略偏少，比上年偏多；大雨出现的总站（次）比常年、上年均偏少。后汛期降水量比常年、上年均偏少。雨日正常到偏多。暴雨出现的总站（次）比常年、上年偏少。大雨出现的总站（次）比常年、上年偏少。全年，柳北区降雨日数143～163天。年内一日最大降水量为78.3毫米，1月22日出现；年内暴雨日数4～5天，比常年偏少。年内，辖区最长连续无降水日数32～35天，出现在10月14日到11月17日。年内，辖区最长连续降水日数11～12天。

2010年柳北区年平均总日照时数1389小时，接近常年值，比上年偏少。从季节来看，各季大部均比常年、上年值偏少；从各月日照的分布来看，与常年相比：1月、4～6月、9月偏少，其余正常到偏多；与上年相比：1～6月、9月偏少，其余偏多。柳北区年总蒸发量1425.8毫米，比常年、上年值略偏少；年相对湿度72%～77%，比常年、上年值偏低；年雷暴日数52天，比常年偏少，比上年偏多。雾日数6～14天，年内，终霜未出现，初霜出现在12月17日。

主要气候事件　2010年是柳北区暴雨洪涝较少的一年，但却是干旱较为严重的一年，主要有低温冷害、雷暴及冬春连旱等气候事件，对工业、农业、林业、畜牧业、渔业生产、交通运输、教育、供电带来较大的影响，同时也影响人民的生命安全，给柳北区造成较大的经济损失。主要气候事件有2010年4月14日、15日、16日，柳州市各地出现日平均气温≤12℃且持续3天的“倒春寒”天气，这是有资料记录以来柳州市出现最晚的“倒春寒”天气，对辖区早稻播种育秧及各种旱作的出苗生长十分不利；12月中旬、下旬各地均出现一次霜冻天气，其中沙塘等地还出现冰冻天气，对辖区甘蔗的安全越冬十分不利。2010年5月27日17时左右，受高空500hPa西南气流及低层暖式切变线的影响，柳州市石碑坪镇老丰屯出现雷阵雨天气，6名在田间劳动的农民躲到土房中遭雷击，身亡2人，受伤4人。2010年2月1日至4月12日，柳北区降水量在42.1～45.6毫米之间，降水量之少，居历史同期第一位。比常年、上年同期偏少8成，出现大范围的冬春连旱。影响人、畜及生产用水，旱情十分严重。 （刘 梅）

水 文 2010年柳州市在柳北辖区设有雅儒水文报汛站1个，雨量报汛站1个。辖区的水流量测验由柳州水文站采用定点式声学多普勒流仪进行在线测流。2010年受高空槽和西南暖湿气团等强对流天气系统共同影响，柳北辖区范围内形成比较明显的降雨过程14次，其中造成较大洪水的强降雨过程4次，降雨主要集中在5月至7月。年降水量最高在1097.4毫米～3516.5毫米之间，年降水量最低在1000毫米～1200毫米之间，大范围的强降雨过程致使柳江连续出现两次较大洪水过程。

2010年柳北辖区境内水情与柳州市历年相比，属正常年份。辖区径流主要由降水形成，天然年径流的分布与降水量的分布基本一致，年径流深在500毫米～700毫米之间。径流量年内分配不均，汛期流量占年径流量的71.5%～90.8%之间，出现的时间主要在5月至8月。辖区内河流总体水质较好，除去粪大肠菌群，年平均水质达到或优于国家《地表水环境质量标准》GB3838-2002III类水质标准的河水占评价河长的94.6%。

【资源·矿产】

土地资源 2010年柳北区有土地面积3.17万公顷，其中耕地面积8976.97公顷，含水田面积2706.25公顷，林地面积1.06万公顷，其他（牧草地、交通用地、水域、未用地等）面积1.22万公顷。人均耕地面积0.021公顷。

矿产资源 2010年柳北区矿产资源分布面积广，储量丰富，已探明的矿产有煤、锰、石灰岩、黏土、砂岩、页岩、方解石、砂砾石9种，产地25处，开发利用前景广阔。地下矿藏多属石灰石、白云石等沉积矿，分布面积很广，笔架山已探明C1级储量石灰石273万吨。鹧鸪江一带地下储堆积锰矿，并有适合作建筑材料的页岩粘土。煤分布于沙塘至梳妆岭一带。锰分布于长塘、鹧鸪江园艺场一带，矿石贮存在平缓丘陵的红土层中，呈包状或层状产出，共有大小矿体10多个，矿石以软锰矿为主，次为硬锰矿，含锰矿率一般为12%～25%。水山锰矿床，矿体形状不规则，多呈包状或层状山坡分布，砂砾石分布于白露街道维义村鸥鹰洲柳江沙滩上，属现代河漫滩沉积，细砂均有民采或捞砂船采，砾石未被利用。洪水期采挖困难。

水资源 柳北区水源丰富，流经柳北区境域面积大于1万平方公里的河流有柳江河，100～1000平方公里的河流有3条，50～100平方公里的河流有2条，地下水源4处。地下水储存资源约0.15亿立方米，每日允许开采量9.25万立方米，水质良好。流经境内柳江水含沙量每立方米2.42公斤。鸥鹰洲、磨滩洲每年可取沙分别为1.5万立方米、1万立方米。有鹧鸪江、黄村2个沙场。水库有上漏水库、六会水库和大帽河水库。柳江是西江水系的一级支流，也是柳北区最大的过境河流，从石碑坪镇古城村白沙进入，经凤山再进入沙塘镇大村从北向南流，至白露街道苟冲折向东南，经鸥鹰洲后在其下游600米处转向南流。河流环绕市区后北流至长塘、鹧鸪江码头、龙壁山，再折向东流，至长塘镇夏家村折向东北至西流村，再折向东到洛埠镇再转向南流三门江。柳江流经柳北区域75公里，直线距离约29公里。最大流量2.15万立方米／秒，最小流量155立方米／秒，最大流速2.48米／秒，最小流速0.143米／秒。柳北区地下水的形成主要靠大气降水入渗补给，其次是灌溉回渗，废水入渗以及碎屑岩裂隙的侧向补给。柳北区地下水量丰富的地段主要分布在柳州钢铁（集团）公司的黑石塘一

柳北区白沙防洪堤 李 萍 摄

柳北区花果山生态园　　李 萍 摄

带，单井涌水量大于3500立方米/天。在沙塘镇的垦村，柳州威奇化工有限责任公司，广西柳州发电有限责任公司北—回龙村，柳州锌品股份有限公司以及原红星园艺场一带，单井涌水量1000~3500立方米/天，水量中等。除上述地段处，柳北辖区的白云岩一带水量中等，单井涌水量500~1000立方米/天。柳州钢铁(集团)公司位于南北向构造与近东西向构造的复合部位。由于应力集中，岩石破碎，有利于岩溶发育及地下水富集，特别在帽合断层与西流断层交会带附近，形成地下水强径流带，是可供集中开采的富水地段。沙塘、鹧鸪江大中型水源地，水源年龄多在10~30年，属新近补给地下水，水质属矿化度低，钙、镁组分丰富而钠低，硬度适中，水温22℃~24℃，是很好的生活用水及工业用水源。

动植物资源 2010年柳北区动物资源有338种，其中兽类27种，鸟类51种，两栖类9种，爬行类26种，鱼类113种，昆虫类100多种。属国家一级保护动物1种：蟒。国家二级保护动物22种，其中兽类：穿山甲、大(小)灵猫和麝；鸟类：雀鹰、燕隼、林隼、长耳草老鹰、草鸮、雁、小天鹅、草鸮、雕；两栖类：虎纹蛙；爬行类：蛤蚧、山瑞鳖；属广西重点保护动物59种。在127种淡水鱼类中，柳北区江河分布鱼类有113种，其中具有经济价值的鱼类有青、鲩(草)、鲢、鳙、鲤、鲫、鲮、鳊鲂、鳡、鲃、鲴、赤眼鳟、倒刺、白甲鱼、鲇、鳜、鳢、鳗鲡等。赤魟是国内唯一的淡水软骨鱼类，属广西特有品种，柳江河也有分布。主要昆虫、益虫有9目22科100多种。野生植物资源丰富，有150科1010种，主要有华南五针松、南方铁杉、红花木连长足石仙、大香荚兰、紫檀、花榈木、罗汉果、黄柏等，辖区森林面积8399.58公顷，新增绿地面积49.5万平方米，城区绿化覆盖率26%。

旅游资源 2010年柳北区有国家AAA级景区2家：柳北区花果山景区、柳州沙塘君武森林公园景区。全国工业旅游示范点1家：柳州钢铁(集团)公司。全国农业旅游示范点1家：柳北区花果山生态园。广西农业旅游示范点2家：柳州沙塘君武森林公园、柳州金鼎湾鱼乐中心。有广西级森林公园1处：柳州沙塘君武森林公园。宗教寺堂有位于北雀路的柳州基督教堂。近现代重要史迹及代表性建筑有位于沙塘镇的董必武题词碑亭、广西农事实验场旧址和广西畜牧学院旧地址。还有雀山公园、长林公园等。

【人 口】 1979年9月柳北区成立时总人口13.26万人。1982年据全国第三次人口普查统计，柳北区总人口10.49万人。1990年据全国第四次人口普查统计，柳北区总人口21.06万人。2000年据全国第五次人口普查统计，柳北区总人口29.45万人。2010年据全国第六次人口普查统计，柳北区常住总人口42.80万人（含洛埠镇6188人）。其中男性21.87万人，占总人口的51.1%；女性20.93万人，占总人口的48.9%，性别比104.5∶100，总人口自然增长率4.96‰，人口出生率8.5‰，人口死亡率3.5‰，人口自然增长率5‰。少数民族人口12.24万人。

【行政区划】 1979年9月28日成立柳北区，以地处柳州市北面而名。划为城区建制至今。1985年3月，设解放、黄村、胜利、雀儿山4个街道办事处，有居民委员会52个(其中驻辖区16个企业设22个)。2000年4月，黄村街道办事处改称雅儒街道办事处。2002年9月22日，柳州市撤销郊区，将原郊区管辖的石碑坪镇、沙塘镇、长塘镇、洛埠镇、黄村乡(乡机关及白沙、黄村、雅莲3个村)和白露乡划归柳北区管辖。柳北区辖4个镇2个乡、4个街道，37个行政村，41个社区。2005年7月，柳北区撤销黄村、白露2个乡，成立锦绣、白露，柳长、钢城4个街道办事处。年末，辖石碑坪、沙塘、长塘、洛埠4个镇，解放、雅儒、胜利、雀儿山、锦绣、白露、柳长、钢城8个街道37个行政村46个社区（含4个镇社区)。2009年5月，洛埠镇划拨柳东新区管辖。2010年柳北区辖石碑坪、沙塘、长塘3个镇和解放、雅儒、胜利、雀儿山、锦绣、白露、钢城7个街道，35个行政村、55个社区。

【区界位置】 1979年9月至2002年8月，柳北区区界东面以柳江河中心为界，从萝卜洲北端沿柳江河下游、凤凰岭北至柳州师范学校东面围墙；南面与城中区毗邻，由柳州地区行署北面、三中路南端，北站路南端，八一路南，沿广雅路、广雅路立交桥到柳江铁桥以北；西面从柳江铁桥南侧起，沿柳江上游经鹞鹰洲西，白露园艺场、柳北水厂，柳州发电有限责任公司、柳州钢铁（集团）公司西面；北面以柳州钢铁（集团）公司北面、鹧鸪江冷风库北、石油库北至柳江，柳州区域，市郊区黄村乡镶嵌其中，下辖52个居委会。管辖最远的地方为柳州钢铁（集团）公司屯秋铁矿区2个居委会，驻地在鹿寨县境内。这种城乡交织并与外县搭界“插花”现象，是柳北区行政区域和管理上的特点。2002年9月至今，柳州市撤销郊区并对行政区划调整。柳北区区界由南向北移，即把广场路西、八一路南、广雅路东向西至广雅立交桥、至柳州铁路桥北侧以南划给城中区管辖。将郊区管辖的石碑坪镇、沙塘镇、长塘镇、洛埠镇、黄村乡、白露乡划给柳北区管辖。区界线东面从广西柳江造纸厂东面向南，经蚂蝗、石冲至下窑与柳州市辖鹿寨县雒容镇、官塘开发区接壤，由下窑向南转北，经洛埠镇南侧沿柳江中心航道向南至文昌桥，境界线长35公里，其中陆地线长12公里。南面与城中区以友谊路中心线、解放北路北段中心线、广场路中心线、广雅路中心线至广雅立交桥、沿铁路南侧至柳州铁路桥北端为分界线，街道界线长3公里。西面从铁桥中点北侧沿柳江中心航道的北面，经鹞鹰洲西面、龙团、大岭东侧、341高地、398高地北侧、204高地西侧、新维西侧融江、园艺至古城，境界线长39公里，其中陆地线长11公里。东北面从古城向东，经泗角、小凤山、新中、马家、山背、上漏、上垌、石龙、梳妆岭北面、马鞍至洛埠，境界线长53公里。辖区方圆131公里，面积317.11平方公里。

【民 族】 2010年据全国第六次人口普查统计，柳北区有汉族人口30.57万人，占各民族人口的71.4%；少数民族人口12.24万人（其中壮族人口10万人），占总人口28.6%。柳北区是多民族聚居区，世居民族有汉族、壮族、回族、苗族、瑶族、侗族、满族、彝族、仫佬族、布依族、毛南族、蒙古族、高山族、土家族、水族、黎族、京族、白族、朝鲜族、藏族、仡佬族等32个。各族人民长期生活在一起，相互交往和融合，形成相同或相似的生活习惯。由于迁徙的历史原因，一些民族仍沿袭各自的独特风俗。

【语 言】 2010年柳北区有32个民族成分，辖区常住人口42.80万人，少数民族人口12.24万人，占总人口28.6%。辖区市民群众通用的交际语言主要是柳州官话，汉语普通话等。机关、学校、部分企事业单位及各单位举办大型活动时都是使用汉语普通话。少数民族语言和汉语其他方言在一定的区域使用。

【宗 教】 2010年柳北辖区宗教主要有基督教，设有柳州市基督教堂1个，认定教职牧师2人，传道员2人。注册登记的基督教聚会宗教活动点8个，分别是设在石碑坪镇、龙船山、长虹机器制造公司、沙塘镇、长塘镇、长塘镇北岸村、长塘镇香兰村、洛埠镇等处，有信教群众1845人，其中担任柳北区政协委员2人。 （李 萍）

【领导机构党派团体及镇街领导人】

中共柳州市柳北区委员会

书记：黄涛

副书记：覃友情（壮族）

常委：黄涛、孙黎明（女）、覃友情（壮族）、林敏、刘子林、屈金荣、莫江涛（壮族）、郑艺萍（女）、胡海兰（女）、杨建伟、陈锐、陈自贵（5月挂任）、陈树春（女，8月挂任）

副调研员：姚本强（6月退休）

办公室主任：杨建伟

组织部部长：郑艺萍（女）

宣传部部长：莫江涛（壮族）

统战部部长：屈金荣

政法委员会书记：胡海兰（女）

党委督查室主任：黄宗德

信访局（11月调整为柳北区委工作机构）局长：韦政辉（壮族）

保密办公室主任：张敏（女）

组织员办公室主任：高宇（1月任职）

基层办公室主任：黄定万（12月任职）

精神文明建设办公室主任：王祥智

维稳办公室主任：周万台

综合治理办公室主任：周其彦

610办公室主任：马耀军

直属机关工作委员会书记：盛明

企业党工委书记：李岸忆

机构编制办公室主任：吴德忠（任至5月）、邓凯红（女，5月任职）

柳州市柳北区人民代表大会常务委员会

主任：樊华（女，壮族）

副主任：毛先发、黄水华、梁天安、黄展图

调研员：谭桂森（12月退休）

副调研员：韦仕德（壮族，2月退休）、廖水英（女，4月退休）、熊乃良（10月退休）

办公室主任：韦佳佳（女，壮族）

财政经济工作委员会主任：艾小林（任至12月）、熊朝凯（12月任职）

代表联络工作委员会主任：张宁（女，任至12月）、黄天福（壮族，12月任职）

法制工作委员会主任：裴光福

教育科学文化卫生工作委员会主任：吴小燕（女，12月任职）

柳州市柳北区人民政府

区长：孙黎明（女）

副区长：刘子林、莫江涛（壮族）、梁光玉、程方晓、贺莹（女，任至1月）、苏庆（1月任职）、林祖敏（任至3月）、唐伟（3月任职）、陈自贵（6月挂任）、陈树春（女，8月挂任）、仲军（10月任职）

副调研员：严树林

区长助理：吴怀辉（7月挂任）、韦晓鲜（女，壮族，7月挂任）、曹玉虎（任至11月）

办公室主任：衣弘（女，任至12月）、王晓宏（12月任职）

民族事务局局长：韦丽华（女）

调解处理土地山林水利纠纷办公

室主任:周覃敏(壮族,任至11月)

法制办公室(6月调整为政府职能部门)主任:肖荣江

机关后勤服务中心主任:莫国忠

档案局(馆)局长:黄丽珍(女)

招标办公室主任:银秀鸾(女)

信息化管理办公室主任:徐仕林

地方志编纂办公室主任:李萍(女)

发展改革和经济局(6月前为发展经济局)局长:黄立平

物价局(5月前为物价所)局长:王珺(女)

商务局(6月前为贸易发展局)局长:周克勤

招商捉进局局长:李艳(女)

教育局党组书记:孔繁广;局长:苏敏(女,任至12月)、衣弘(女,12月任职)

科学技术局局长:卓世楼

民政局局长:刘伏奇

党组书记、拥军优属拥政爱民办公室主任:杨萍(女)

抗灾救灾领导小组办公室主任:史东升

老龄委办公室主任:陈晓容(女)

关心下一代工作委员会办公室主任:刘乐生

监察局局长:倪曲波

司法局局长:陈丽娜(女)

财政局局长:曹玉虎

会计核算中心主任:杨小桂(女)

农业综合开发办公室主任:蔡建军

人力资源和社会保障局(6月前为人事劳动和社会保障局)局长:吴德忠

劳动保障管理服务中心主任:陈贤东

农业与水利局党组书记:范柳光;局长:李信荣

扶贫开发领导小组办公室主任:苏金章

农业服务中心主任:区伟年

新农村建设办公室主任:吕荣光

林业局党组书记:梁建国(10月任职);局长:谢鹏程

水产畜牧兽医局党组书记:黄志良;局长:黎文柳(6月调整为政府职能部门)

住房和城乡建设局(6月前为建设局)党组书记:廖庆帽(壮族);局长:刘伟

人民防空办公室主任:陈杰(女)

征地拆迁办公室主任:邓毅松

城市管理行政执法局、市容管理局局长、城市管理行政执法大队大队长:李壬申(任至11月)、董学堂(11月任职);党组书记、教导员:谭导群

环境卫生管理所所长:朱立新

园林绿化管理所所长:刘明

文化和体育局局长:王继萍(女);新闻出版局局长:罗敏杰(9月任职)

卫生系统党工委书记:雷祥(任至11月)、冯思荣(女,12月任职);局长:冯思荣(女)

爱国卫生办公室主任:吴小燕(女,任至12月)、冯思荣(女,12月任职)

人口和计划生育局党组书记:张丽红(女,3月任职);局长:张丽红(女,任至9月)、王永(9月任职)

审计局局长:陆智文(女)

统计局局长:何杰(女)

环境保护局(12月调整为政府职能部门)局长:吴玉生

安全生产监督管理局局长:李进华

政协柳州市柳北区委员会

主席:潘加波(壮族)

副主席:覃德勤(壮族)、邓柳忠(女)、肖景铁、周安乐(兼职)

调研员:林杰党

副调研员:周尚达、杨德贵(2月退休)

办公室主任:张远才

专门委员会主任:熊优生(任至12月,机构随即撤销)

经济科技联谊委员会主任:李壬申(12月任职)

提案法制委员会主任:胡容华(女,12月任职)

文史文教卫体委员会主任:韦丽华(女,12月任职)

中共柳州市柳北区纪律检查委员会

书记:林敏

副书记:倪曲波、潘声菊(女)

信访室(举报中心主任):倪曲波(兼至12月)、谭雪琼(女,12月任职)

案件检查室主任:倪曲波(兼至10月)黄莎柳(女,10任职)

办公室主任:潘声菊(女,兼至10月)罗纯阳(10月任职)

党风廉政建设办公室主任:潘声菊(女,兼至10月)、赵麒麟(10月任职)

行政监察综合室主任:刘志斌(6月兼任)

柳北区人民法院

院长:黄武雄

副院长:程展华(女)、练志林、韦建(壮族)

柳北区人民检察院

院长:陈德忠

副检察长:肖琪、文代钊、李欣荣

中国人民解放军柳州市柳北区人民武装部

政委:冷宁

部长:陈锐

人民团体

柳北区工会主席:彭景忠

共青团柳北区委书记:张敏(女)

柳北区妇女联合会主席:丘文芳(女)

柳北区科学技术协会主席:卓世楼

柳北区残疾人联合会理事长:叶景峰

柳北区工商业联合会党组书记:梁建国(任至10月)、熊优生(10月任职);主席:黄玉波

柳北区红十字会会长:唐伟(兼)

柳北区关心下一代工作委员会主任:唐伟(兼)

石碑坪镇

书记:谢铸,镇长:覃艳梅(女),人大主席团主席:黄天福(任至12月)、林雄毅(12月任职)

沙塘镇

书记:黄良(任至9月)、刘茂平(12月任职),镇长:刘茂平,人大主席团主席:范雄辉

长塘镇

书记:梁东强,镇长:蒋家钰,人大主席团主席:蓝新红

解放街道办事处

书记:刘元标,主任:邓凯红(女,任至5月)、郑旭(9月任职)

雅儒街道办事处

书记:黄瑞汉,主任:王晓宏(任至11月)、曹敏(12月任职)

胜利街道办事处

书记:杨建华,主任:李翔

雀儿山街道办事处

书记:黄志良,主任:黄云波(女)

锦绣街道办事处

书记:董学堂(任至11月),王定超(11月任职),主任:韦俐冰(女)

白露街道办事处

书记:熊朝凯(任至11月)、周覃敏(11月任职),主任:邓毅松(任至5月)、余洪灏(9月任职)

钢城(柳长)街道办事处

书记:周彬,主任:金榀

(柳北区委组织部)

【柳北区主要联系单位领导人】

柳州市公安局柳北分局

局长:仲军

政委:胡仁北(女)

副局长:陈华明、胡新明、蒋必祥

柳州市公安局柳北交警大队

大队长:黄柳

副队长:彭志勇、樊福和、孙伟江

柳州市公安局柳北消防大队

大队长:张秋瑜

教导员:朱中华

柳州市国土局柳北分局

局长:宋卫国

柳州市规划局柳北分局

局长:谢平

柳州市国税局柳北分局

局长:韦国湘

柳州市地税局柳北分局

局长:叶振辉

柳州市工商局柳北分局

局长:方永强

柳州市道路运输管理处柳北稽查所

所长:武全胜

(编辑部)

经济和社会发展

【经济实现快速增长】 2010年柳北区实现地区生产总值119.67亿元,同比增长42.06%。从产业分类看,实现第一产业增加值5.57亿元,第二产业增加值71.18亿元,第三产业增加值42.92亿元,分别比上年增长6.7%、52.7%和32.5%。第三产营业收入突破408.77亿元,其中实现批发业销售额276.9亿元。招商引进项目91个,实际利用外资4830万美元。工业总产值突破200亿元大关,实际达209.4亿元,同比增长57.2%。财政总收入19.53亿元,创历年新高。其中一般预算收入5.55亿元,一般预算支出5.55亿元。社会消费品零售总额90.36亿元。城镇居民人均可支配收入18505元,人均消费性支出12229元。农村居民人均纯收入6618.47元,人均生活费支出4382.96元。“十一五”规划目标全部提前和超额实现。

【固定资产投资高速增长】 2010年柳北区完成全社会固定资产投资57.11亿元,同比增长95.05%。其中:基本建设投资完成18.16亿元,更新改造投资完成38.95亿元,分别比上年增长118.27%和80.7%。在建项目总数388个,比上年增加144个,同比增加59.0%。新增项目369个,继建项目19个,其中更新改造投资建设项目252个,占65.0%。

在全年完成基本建设投资18.16亿元中,工业基础设施完成14.0亿元,占全部基本建设投资的77.09%。其中工业园区完成4.2亿元,占整个工业基础设施投资30.0%。农村基础设施建设投资1.5亿元,教育事业投资1.1亿元,林业畜牧投资0.65亿元,医疗卫生事业投资0.53亿元,其他基础设施投资0.34亿元。第二产业投资

位于柳北区白沙路1号在建的保利大江郡　李萍 摄

完成43.55亿元,同比增长131.0%,投资规模增长快,对全社会投资拉动作用明显;第三产业投资完成12.15亿元,同比增长21.9%,实现平稳增长。国有及部分大型私营企业有部分建设资金来源于国内贷款,民间投资项目以企事业单位自筹为主,此类资金来源达98.9%,社会事务投资项目以国家预算内资金为主,其他资金来源不到1%。

【产业结构调整取得成效】 2010年柳北区三次产业结构由上年6.98∶43.34∶49.69调整4.6∶59.5∶35.9,工业化率达59%,工业化从初期迈入中期,城镇化率86.4%。

农业保持稳定发展 全年完成农林牧渔业总产值9.29亿元,居柳州市四城区首位。完成粮食、糖蔗、蔬菜、水果总产量分别为1.73万吨、30.52万吨、13.45万吨和2.38万吨。实现林业产业总产值23.5亿元(包括林业一、二、三产),居广西各县区前茅,完成30个村的集体林权制度改革工作,年度发证7533公顷,为柳州市下达任务的102.7%。肉类、水产品、禽蛋、奶类、蜂蜜、蚕茧总产量分别完成1.22万吨、7344吨、2233吨、2913吨、121吨和187吨。

特色农业初步显现 柳北区投资4610.2万元用于水利道路工程、扶贫基础设施、扶贫产品开发等50多个项目建设。在长塘镇青茅花卉基地建成2.1万平方米生产大棚及花卉展示厅,种植兰花100多万株;千亩高产油茶示范基地、朗德鹅种鹅基地及广西标准化正康PIC(鄂美猪种)祖代种猪场先后建成。新辟种植葡萄园200公顷。石碑坪镇生产的葡萄、滑皮金桔、温州蜜柑获得农业部绿色食品认证;沙塘镇生产的上垌大米获得自治区无公害食品认证。"十大农业精品项目"实施取得成效,亚热带优质水果、花卉、优质稻米、养殖、生态休闲旅游等5个产业带初步形成。

工业总产值超200亿元 全年工业总产值突破200亿元大关,实际达209.4亿元,同比增长57.20%,率先在柳州市四城区工业总产值中超200亿元大关,成为工业实力最雄厚的城区。年内,柳北区加大对工业重点项目建设,其中柳州宝钢汽车钢材部件、裕田二期、"双胞胎"饲料、卓阳纺织等15个在建工业项目加快推进,宝马利汽车空调、浙江亚太机电、万达方向机、宁波双林汽车内饰件等20个工业项目先后落户,以钢铁深加工、汽车和工程机械配件加工、循环经济、纺织服装加工、木材加工为主的行业架构初步形成。规模以上工业企业154家,产值超亿元企业37家。实现规模以上企业工业总产值179.3亿元,同比增长61.32%,占全部工业总产值的86.0%以上。企业申报各类扶持资金突破1600万元,为历年之最。

工业园区迈入百亿园行列 白露、沙塘、鹧鸪江和石碑坪4个工业片区共新增城市规划面积70.27平方公里,其中产业用地25.04平方公里,城市框架逐步往北扩张。白露工业园进入三、四期工程开发阶段,园区规模超过134公顷,其中循环经济产业园成为自治区循环经济产业示范园区。沙塘工业园全面展开建设,一期工程已完成土地平整68.68公顷,园区路网基本建成,二期工程启动。鹧鸪江钢铁深加工及物流产业园一期工程完成土地平整67公顷,市场钢结构室内仓和园区香兰大道、香兰中路、钢城北路等正抓紧施工。城区"一横一纵四片区"的工业布局初步形成,全年实现园区工业产值完成117.36亿元,比上年增长35.9%,迈入广西十大百亿园区行列。

商贸服务业加快发展 一批具有规模和影响力的商贸项目相继落户,国腾购物广场·大润发柳北分店建成开业,当年实现营业额1.1亿元;广西地王财富中心项目一期商业中心、保利大江郡等重大项目先后开工;金惠、金大陆、汇丰等一批知名餐饮完成改造升级;桂中海迅柳北物流基地项目一期开工建设,鹧鸪江构建市级物流中心快速推进,209国道沿线专业市场规划布局工作全面铺开。广西首家花都快客便利店率先在柳北区挂牌开业,特色商业街区和北雀、雅儒民生夜市街初显规模。农贸市场升级改造步伐加快,柳北大市场改造项目完成过渡市场建设和市场建筑拆除工作,雅儒农贸市场改造项目主体工程封顶,北站市场局部改造升级项目完工,随着市场基础设施建设快速推进,商贸业规模总量大幅攀升。辖区拥有钢材、食糖、医药等批发企业581家,亿元市场8家,新建微型超市5家,全年实现贸易业销售总额365亿元。

【社会事业协调发展】 2010年柳北区各项社会事业呈稳定、健康、协调、加快发展的良好态势。

科技工作有新成效 以"科技活动周"、"十月科普大行动"为平台,持续开展科普活动,申报市级以上科技项目获准11项,到位专项资金385万元。柳州市航盛电子科技公司获得国家级高新技术企业认定;长塘镇得利良种猪养殖发展协会被评为全国科普惠农兴村计划先进集体;柳北区被认定为自治区农业产业(罗非鱼)科技重点示范县(区)。

教育事业有特色 坚持"均衡+特色"的教育发展理念,在巩固"两基"成果的基础上,推进教育资源布局调整,实施雀儿山路第二小学与北雀路小学、北站路小学和三中路小学联合办学;市三十三中学附小从中学剥离并承担石碑坪中心校职责。完成本级"两费"投资1822.5万元,对33所学校进行基建维修和设备购置。义务教育学校常规管理、学前教育管理工作独显特色,被自治区教育厅作示范推广。中考成绩连续8年总分A+等人数在四城区中名列第一,其中全市全学科A+学生20人,柳北区占6人;全市中考总分A+1038人,柳北区占401人。柳北区成为国家教师教育创新西南实验区,被列入自治区基础教师素质提升综合改革实验项目第一批实验区行列。

6月15日，柳北区举行国家教师教育创新西南实验区授牌仪式　　赖德勇　摄

文化工程实施扎实　继续实施文化进社区、进农村、进企业、进军营、进学校、进机关“六进”工程。全年开展文化体育活动500多场，放映公益数字电影616场，放映场次居柳州市四城区第一；文化信息资源共享工程县级支中心在柳州钢铁（集团）公司图书馆挂牌成立。长塘镇综合文化站及沙塘镇下陶村、古木村的文体公共服务中心项目竣工，完善沙塘镇上垌村等7个行政村的体育设施。年内，柳北区档案馆晋升国家二级馆。

医药卫生体制改革　辖区14家基层医疗卫生机构实施国家基本药物制度，第一批8家医改试点单位全员竞聘上岗工作年内完成。投资900.5万元，实施中央扩大内需镇级卫生院（卫生服务中心）建设项目3个，参加新型农村合作医疗的农民达到93.44%。

人口和计划生育深化　开展创建国家计划生育优质服务先进单位和诚信计生工作，深化人口计划生育工作机制体制改革，有24个村、社区搭建“阳光计生”一站式服务平台，达到计划生育“两无一提高”创建标准。创新打造沙塘镇江湾村人口文化餐厅、白露街道园艺村人口文化村、市雀儿山公园人口文化、209国道人口文化宣传长廊品牌。抓好服务阵地，实行计划生育与卫生医疗机构联合的优质服务模式，沙塘镇等9家计划生育家庭健康指导中心挂牌成立。全年符合出生政策率97.58%，高于责任指标2.58个百分点，兑现各级奖励扶助金232万元。顺利完成全国第六次人口普查入户登记工作。

【城乡居民生活水平提高】　2010年柳北区继续努力保障和改善民生，人民群众生活水平进一步提高。城镇居民人均可支配收入18505元，农村居民人均纯收入6618.47元。先后完成湘桂线铁路、香兰大道等42个城建项目征地拆迁工作，征地面积225公顷，拆迁面积24.46万平方米。辖区改制企业危旧房改造工作取得阶段性突破，胜利小区、和兴园小区等项目签约住户3650户、交房3321套。北站路、八一路“温馨工程”项目拆迁工作以及白沙村、马厂村城中村改造工作稳步推进。投入资金922万元，对辖区北环高速公路沿线500米可视范围内的房屋实施立面改造，改造总面积20.4万平方米，776户房屋面貌焕然一新。新增城镇就业1.06万人，城镇登记失业率4.5%，实现“零就业家庭”数动态清零。社会保障和福利事业进一步发展，城镇居民新增参加医疗保险人员18.75万人。全年发放各类救助保障资金1117.45万元、残疾人特困补助金128.3万元、抚恤金388.86万元、慰问金38.3万元，累计受益8万人。年内，在15个社区均建立“一站式”服务平台，实现养老机构覆盖全社区。城市“三无”（无劳动能力，无生活来源，无法主动膳养、抚养、持养）老人均领取消费券并得到安装居家养老“呼救通”。

2月24日，柳北区荣获广西计划生育优质服务先进单位　　李　萍　摄

社会治安基础夯实　以“人民调解加强年”活动为契机，深入开展“大排查、大接访、大调解、大防控”活动，区委书记、区长接访工作形成常态化，“村级接访”活动扎实推进。全年接待群众来访201批472人次；调解民间纠纷1341件，调解“三大纠纷”（土地纠纷、山林纠纷和水利纠纷）案件33件；办理法律援助案件84件，为群众挽回经济损失40.39万元。开展法制宣传教育，通过自治区“五五”普法检查，石碑坪村等6个村荣获自治区、柳州市民主法治示范村。投入500多万元建立校园安保队伍，学校周边安全环境得到改善。层层落实安全生产责任制，各类事故死亡人数同比上年下降5.6%。在武警柳州市消防支队柳北消防大队成立综合应急救援大队，在柳北区人民武装部建立应急保障分队，城区应急救援机制步健全。

（李　萍）

政治文明建设

【中共党组织民主制度建设】　2010年中共柳北区委以落实党员知情权、参与权、选举权、监督权为重点，创新工作机制，健全党员民主权利保障机制，扎实推进党内民主建设，制定《中共柳北区委员会议事决策规则（草案）》、《中共柳北区常委会议事决策规则（草案）》，完善《中共柳北区常委扩大会议制度》。坚持和完善区四套班子联系镇、街道以及领导干部和机关部门联系村、社区和基层单位的制度。大力改进文风会风，促进领导干部把时间和精力主要用于调查研究和解决实际问题上。扎实推进领导干部廉洁自律工作。加强审计监督，教育和引导领导干部公正用权、依法用权、为民用权、廉洁用权。加强部门和行业作风建设，坚决纠正损害群众的不正之风。从规范村级财务管理入手，把党风廉政建设延伸到基层。扩大干部工作民主，提高选人用人公信度。年内，拿出3名正科级职位在城区范围进行初始提名，拿出16个副科级岗位在城区开展竞争上岗。率先在全市开展乡镇党委书记“公推直选”试点工作。组织实施“广西公开选拔选聘干部千人计划”工作取得好成绩，其中1名镇党委书记被提拔到自治区直属机关任副处级职务，2名副科级干部被提拔到兄弟市任副处级职务，2名村、社区党组织书记被提拔到镇、街道领导班子中，2名专业干部被提拔到兄弟县任副科级职务。认真开展“一报告两评议”工作，干部选拔任用工作总体满意率达97.87%，在柳州市六县四城区排名第一。

【民主法制建设】　2010年柳北区人大及其常委会积极推动国家有关法律法规在城区的贯彻实施，依法做出决议和决定18项；听取审议柳北区人民政府及柳北区人民法院、柳北区人民检察院专项工作报告16项；督促办理代表建议45件；依法任免国家机关工作人员32人，补选市人大代表2人，较好发挥地方国家权力机关的职能作用，为城区经济升级转型提供有力的法制保障。年内，柳北区政府法制办公室制定《柳北区政府信息公开工作年度报告制度》、《柳北区行政机关提供主动公开政府信息的工作制度》、《柳北区依法申请公开政府信息工作制度》、《柳北区政府信息发布协调制度》、《柳北区不予公开政府信息上报备案制度》、《柳北区行政机关澄清虚假或不完整信息工作制度》、《柳北区政府信息公开责任追究制度》、《柳北区政府信息公开保密审查制度》《柳北区政府信息公开考核制度》、《柳北区政府信息公开评议制度》等信息公开相关配套制度10项。审查规范性文件等法律文书40件，其中审理政府下发文件6件，修改合同、协议30件，其他信访、答复类4件。开发政府信息公开查阅系统，方便群众查阅政府信息公开内容。全年接到行政应诉案件6件，受理行政复议案件5件，办结5件，对辖区571份行政执法案卷进行评查，使政府民主法制工作走上正轨。

【民主党派和无党派人士参政议政】　2010年柳北区政协、工商联和社会团体等组织及各民主党派和无党派人士，通过参加区委、政府和政协召开的通报会、协商会、工作交流会和“两会”等形式，反映社情民意，建言献策，参

5月23日，柳北区司法局在社区开展法律咨询活动　赖德勇　摄

政议政。年内，政协通过协商和审议工作报告、提案和决议12项，提交调研报告2个，委员提案33件。组织部分政协委员、乡镇农业分管领导及农业方面的专家到石碑坪镇视察，建议大力推广农村种植产业化的意见得到采纳。参加党政部门的行风评议会，参加沙塘镇党委书记的公推直选，在参政议政中履行民主监督职能。参与对机关工作进行绩效考评，对柳北公安分局工作进行行风评议，参与柳北区政府拆迁听证会，组织召开工商行风评议座谈会，针对工商窗口服务、信息化管理、业务宣传、业主培训等工作提出中肯的意见和建议。

【政府职能转变】 2010年柳北区人民政府加快政府职能转变，强化政府社会管理和公共服务职能，建立健全公共安全、政务服务和社会应急等管理体制；组织开展柳北区政府机构改革。大力精简和规范行政审批、拓宽政务公开和政府信息公开渠道，全面推行“一服务两公开”、“四议两公开”工作法，建设政府政务服务中心，成立雀儿山街道政务服务中心、协和社区便民服务站，城区档案文书资料查阅服务中心对外开放。认真接受人大、政协监督，听取民主党派和无党派人士，工商联和人民团体的意见，有效促进政府工作。全年办理人大代表议案、建议和政协委员提案79件，办复率达100%。规范财政资金使用，将黄村村集体资产产权制度改革、鹧鸪江村农村财务管理规范化建设列入自治区试点，综合治税工作步入广西先进行列。年内，实施建设工程招标项目115个，节约资金954.33万元；实施政府采购161个，采购规模同比扩大43.75%，节约资金45.87万元；开展项目预算审核85项，节约资金61.20万元；进行政府投资项目审计153项，核减工程款703.77万元。建立三级纠风网络，纠风治乱工作有序推进。

【厂务公开民主管理】 2010年柳北区工会通过不断健全完善职工代表大会制度，推进厂务公开，拓宽职工民主管理、民主参与渠道，维护职工政治民主权益，机关和事业单位推行厂务公开民主管理制度达100%，已组建工会组织的非公有制企业推行厂务公开民主管理制度达85%以上。7月7日，召开柳北区2010年度推行厂务公开工作领导小组（扩大）会议暨经验交流会。10月，组织城区推行厂务公开工作领导小组组成4个督查考评巡视组，对辖区10个镇、街道办事处和18家企事业单位厂务公开工作进行检查。11月，柳州市非公有制企业推行厂务公开民主管理经验交流暨研讨会在柳北区召开，柳北区推行厂务公开工作领导小组、柳州市腾龙汽车配件制造有限责任公司在会上作了经验介绍。《广西工人报》、《柳州工人》等新闻媒体报道了柳北区推行厂务公开民主管理的经验和做法。12月，在南宁召开的自治区厂务公开民主管理经验交流暨表彰先进单位电视电话会上，柳北区工会获自治区推动厂务公开民主管理工作先进单位称号。

【农村基层政权建设】 2010年柳北区在石碑坪镇的下陶村、新南屯，沙塘镇的古灵村、长塘镇的北岸村，白露街道办事处的园艺村成立农事村办示范点，方便远郊村民办事。全年下拨经费166.2万元，建设和维修村委办公楼、村务公开栏、配置办公设施等。下拨专款314.26万元，为乡镇增加8个村官，为村委干部发放补贴经费159.53万元，绩效补贴费133.73万元，给35个行政村增加办公经费21万元。（李　萍）

精神文明建设

【思想道德建设】 2010年柳北区大力开展“精神文明建设提升年”活动，以建设社会主义核心价值体系为根本，扎实推进公民思想道德建设和未成年人思想道德建设，广泛开展群众性精神文明创建活动。一是大力倡导爱国主义、集体主义、社会主义荣辱观、弘扬以爱国主义为核心的民族精神和以改革创新为核心的时代精神，组织开展“我们的节日”系列活动，营造民族传统与当代精神和谐发展的文化环境。中秋节期间，组织开展“中秋佳节送温暖”、“社区邻里节”等传承中华优良美德活动。二是组织开展道

7月17日，柳北区委宣传部为文明村授匾　　赖德勇　摄

德模范学习宣传活动，树立良好的道德风尚。6月25日，广西“道德模范基层巡讲”活动柳州市报告会在柳北区行政中心会议室举行，柳州市委文明委员各成员单位、四个城区的机关干部、各街道办事处500多人聆听了报告。广西“道德模范基层巡讲”活动报告团6名成员是：全国见义勇为模范、广西财经学院学生谢芳秋；全国孝爱亲人模范、钦州市钦北区第三小学教师韩瑜；全国诚信守信模范、广西建工集团第一建筑工程有限责任公司第一分公司副经理牙高峰；全国道德模范提名奖获得者、柳州市汽车配件三厂销售科信息计划员袁茵；全国道德模范提名奖获得者、自治区孝老爱亲模范、柳州机车车辆厂工人李建珍；自治区敬业奉献模范、南宁市人民路段小学教师李祥军。同时柳北区各镇、街道通过学习道德模范事迹、进行道德模范宣讲20余次，营造人人学习道德模范，个个争当道德模范的社会氛围。三是以建立完善志愿服务体系为重点，健全志愿服务管理相关制度，把志愿服务活动纳入文明考核指标，推动志愿服务活动规范化、常态化，提升社会志愿服务工作水平。通过开展文明城区创建活动、“学雷锋”、“三下乡”等主题活动推进志愿服务活动。年内，柳州市百万空巢老人志愿者服务活动启动仪式在柳北区钢城街道元宝社区举行，推动辖区开展“关爱空巢老人志愿服务”活动，为空巢老人提供力所能及的关心帮助，在全辖区弘扬“老吾老以及人之老”的道德观念。持续开展“学雷锋”活动和文化、科技、医疗卫生“三下乡”活动，为基层办实事200余件，发放宣传资料3000份。

6月25日，广西“道德模范基层巡讲”报告团在柳北区巡讲　　　赖德勇　摄

【未成年人思想道德建设】 2010年柳北区继续有序开展未成年人思想道德建设和爱国主义主题教育。清明节期间，组织辖区中小学生开展“祭英烈、爱祖国”主题教育和网上祭英烈活动；组织开展第十七届“辉煌共和国”读书活动。加强未成年人校外活动场所建设。5月28日，在沙塘镇杨柳村创建柳北区第一所村级未成年人校外活动场所，为农村青少年提供舒适的校外活动环境。打造“立德树人”德育教育品牌，不断完善未成年人“三结合”教育网络体系建设，落实“特色办学、立德树人、道德实践、人本管理”的“四个举措”，推动未成年人思想道德建设工作呈现出蓬勃发展的良好局面。年内，柳北区被评为广西未成年人思想道德建设先进县区，成为柳州市获此殊荣的两个县区之一。坚持净化校园周边环境整治工作，加大“扫黄打非”和净化网络治理，协同市委宣传部对城区农村、城乡结合部、居民小区、学校等校园周边环境进行突击检查，查获并取缔无证经营“黑网吧”1间，没收电脑20多台。

11月11日，柳北区举行沿209国道文明长廊建设工作推进会暨柳州市地税局与下陶村培训基地揭牌仪式　　赖德勇　摄

【九大工程实施】 2010年柳北区在沿209国道柳州工业文明辐射长廊的8个示范村屯，统筹实施文明创建工程、旅游品牌创建工程、信息服务工程、文体设施完善工程、文化宣传工

程、农家书屋提升工程、未成年人活动场所建设工程、军民共建帮扶工程、企业帮扶工程等九大工程。重点抓好柳北区沿209国道柳州工业文明辐射长廊建设,协调驻地部队与沿线8个村屯结成帮扶共建对子,提升农村精神文明创建工作水平。举办创建文明城市知识竞赛、文化宣传、文艺演出和电影播放等活动,印发宣传资料10万多份,制作宣传画、横幅标语等1000余幅,宣传板报56块。

【和谐系列建设】 2010年柳北区贯彻落实自治区文明委和文明办公室提出的全面开展以"九大和谐建设"(和谐单位、和谐乡镇、和谐村屯、和谐街道、和谐社区、和谐家庭、和谐学校、和谐企业、和谐邻里)为主要内容的"和谐建设在基层"活动。积极开展自治区和谐系列创建活动,其中获自治区和谐街道4个,自治区和谐企业2个,自治区和谐单位、自治区和谐乡镇、自治区和谐社区(村屯)、自治区和谐邻里、自治区和谐家庭各1个。

【文明单位创建】 2010年柳北区推进"文明行业、文明单位、文明社区"创建活动,组织做好46家市级文明单位参与自治区第十三批"文明村镇、文明单位、军(警)民共建精神文明先进单位"的评选推荐工作。其中雀儿山街道、胜利街道、柳州市外国语高中、柳州市军队离休退休干部胜利休养所4家单位获自治区文明单位称号,沙塘镇获自治区文明村镇称号。发动辖区单位推荐78人参加"文明形象大使"推荐评选。举办"十大美丽乡村"展示活动,8个试点村屯有5个获柳州市"十大美丽乡村"称号。10月,柳州市第五届"十大美丽乡村"颁奖仪式在柳北区石碑坪大滩村举行,柳北区"生态柳北"乡村旅游品牌建设成就得到彰显。年内,获国家文明村1个,自治区文明村2个,柳州市文明村2个。

(周何玲)

生态文明建设

【"生态柳北"建设】 2010年柳北区委八届九次全会提出:以建设城乡统筹发展先行区为目标,启动城乡建设规划和产业发展规划编制工作,加快推进城乡经济社会发展一体化进程。进一步加强农业基础设施建设,做好优质葡萄产业基地、"中国'农都'沙塘农事博览园暨农业科技创业示范园"、农田水利十年规划编制三个项目的前期规划工作。建立以合作社为单位的现代农业生产模式和农业生态循环模式。全面实施以花卉基地项目为代表的特色养殖等"十大农业精品工程"。加快花卉产业区、城郊休闲观光农业区、亚热带水果产业区、优质特色稻米区和畜禽养殖区五大产业区建设步伐,促进农业产业化。全面推进集体林权制度改革,大力推进林业强区建设,深入实施退耕还林、城乡绿化和封山育林工程,大力提升林业产业,构建山川秀美的"生态柳北"环境体系,实现"生态得保护,农民得实惠"的目标。

【循环经济示范园建设】 2010年柳北区在加快工业园区建设的同时,加强节能降耗、节能技术改造,淘汰落后产能,加强循环经济项目示范建设,推行清洁生产为重点的措施,加快生态工业发展步伐。其中白露工业园循环经济产业园开发建设面积133.33公顷,建有柳州市中铨环保科技有限公司、柳州钢铁金色鹏实业总公司、柳州市锐立瑞环保科技股份有限公司、柳州市环源利环境资源技术开发有限公司、柳州市清宇环保产业开发有限责任公司等5家循环经济产业类企业,实现循环经济产值约18亿元。年内,柳北区工业园区列入自治区第三批循环经济产业示范园区行列。

【生态环境建设】 2010年柳北区长塘镇花卉种植基地建成投产,沙塘农都博览园、绿色农庄、花果山生态旅游等项目已规划建设,这些都对柳北区的生态环境建设及农村环境整治起到促进作用。年内,柳北区在辖区养殖业中加强推广生物发酵床养猪法,有16家大型养殖场采用生物发酵床养猪,实行零排放。启动农村环境保护小康计划,在有条件的村完成村级生活垃圾收集、转运站工作。要求农村新建住宅楼都要配套建设沼气池、化粪池,进行农村改灶、改

11月26日,柳北区农民新建住宅都要修建沼气池　　莫灿锋　摄

厕等工作。年内，柳北区农村农民使用沼气池 2435 户，使用卫生厕所 9822 户。

12 月 3 日，柳北区召开公共机构节能工作会议　　赖德勇　摄

【节能减排】 2010 年柳北区加大节能减排工作力度，推动工业、建筑、交通、公共机构等重点领域节能，淘汰落后产能，全面推进城镇污水垃圾处理设施建设，加强环境治理，节能减排成效明显。年内，柳北区成立由政府常务副区长担任组长，机关后勤服务中心、财政局、监察局、住房和城乡建设局等部门为成员的公共机构节能工作领导小组，制定《柳北区 2010 公共机构节能工作计划》，健全能耗统计和能耗公示制度，做好节能技术改造工作。出动检查人员 20 人次，检查位于乡镇、主要交通干线、风景区等敏感区紧急疏散域的胶合板厂、豆制品厂等企业 30 家，重点检查企业污染防治设施与生产装置是否配套，水、气、声、渣主要污染物是否超标排放，有无擅自拆除、闲置、关闭或违反操作规程使用防治设施，以及不按规程进行检查和维修，致使防治设施不能正常运行或处理效果不明显和无组织排放等现象。通过检查发现大部分企业均能按照国家有关环境保护法律规定严格管理，只有个别企业有所忽视。年内，柳北区重点耗能企业加快节能技改步伐，推动减排工作进行。其中柳州化工股份有限公司编制完成《柳州化工股份有限公司用醇烃化新工艺改造合成氨铜洗工段项目环境影响报告书（简本）》，初步估算项目技改后可节约蒸汽、节电、节冷冻量、节氨量和副产甲醇的产量，较技改前年节约标准煤 3.02 万吨，每年二氧化硫、二氧化碳和烟尘减排量分别为 230 吨、7.56 万吨和 45 吨。7 月，柳州钢铁（集团）公司启动实施“两年内拆除 4 座老高炉、淘汰 200 万吨炼铁产能”计划，至 9 月已拆除 4 座高炉，淘汰炼铁产能 200 万吨。完成广西方元发电有限责任公司 2 台 22 万千瓦烟气脱硫项目。关闭柳州锌品股份有限公司老厂区和柳州钢铁（集团）公司烧结机烟气脱硫工程。全年发放排污许可证企业 35 家，依法对 61 家工地、企业征收排污费 48.39 万元，完成任务的 105.5%，并足额将排污费上缴国库管理。

2010 年广西生态工程职业技术学院被自治区命名为绿色大学

【绿色学校和社区创建】 2010 年柳北区在辖区继续深入开展创建自治区和柳州市“绿色学校和绿色社区”活动。年内，广西生态工程职业技术学院被自治区命名为“绿色大学”称号。柳北区长虹社区、滨江世纪城小区被自治区命名为“绿色环保社区（小区）”称号。柳州钢铁（集团）公司高级技工学校被命名为柳州市“绿色学校”称号。年末，柳北区有自治区级“绿色环保社区（小区）”19 个；自治区级“绿色学校”12 所，其中自治区级“绿色大学”2 所；“绿色幼儿园”5 所，其中国家级 1 所、自治区级 1 所、市级 3 所。

（编辑部）

责任编辑：李　萍

党 政 机 关

中共柳州市柳北区委员会

【中共柳北区委机构概况】 1979年9月，成立中共柳北区委员会，设区委办公室、组织部、纪律检查委员会、宣传部、统战部、政法委、直属机关工委7个工作机构，有在职人员20人。1984年10月，区委纪律检查委员会上升为中共柳北区纪律检查委员会。2010年中共柳北区委员会（以下简称"柳北区委"）设区委办公室、组织部（企业离休干部管理中心）、宣传部、统战部、政法委、直属机关工委6个工作机构，在职人员63人。辖基层党委25个、党组10个、党工委13个，党组织883个，其中党总支部72个，党支部786个，党员总数1.92万人。

2010年柳北区委召开党委全会1次，常委会22次。党委中心组进行专题学习12次，研究贯彻落实科学发展观，推动城乡统筹，努力开创率先建成西江经济带综合经济实力最强城区。年内，柳北区荣获广西未成年人思想道德建设工作先进县（区）、柳州市机关绩效考核第一名。

重要会议

【中共柳北区委第八届九次全体（扩大）会】 2010年1月15日在柳北区行政中心大楼101会议召开。柳北区党委委员23人，候补委员5人出席，中共柳北区委纪律检查委员会和有关方面党员负责人列席。中共柳北区委常委会主持。柳北区委书记黄涛代表常委会作题为《推动科学发展，促进城乡统筹，努力开创率先建成西江经济带综合经济实力最强城区新局面》的工作报告，会议审议通过黄涛书记所作的工作报告。

1月15日，中共柳北区委员会第八届九次全体（扩大）会议召开　　赖德勇　摄

重要决策

【确定年度经济社会发展预期目标】 1月15日，柳北区委在八届九次全会提出：柳北区经济社会发展预期目标是地区生产总值73亿元，增长14%；农业总产值8.12亿元，增长8%；工业总产值135亿元，增长20%；三产营业收入370亿元，增长15.6%；财政收入13.93亿元，增长10%；固定资产投资同增长30%以上；农民人均纯收入和城镇居民人均可支配收入分别增长10%；城镇登记失业率和人口自然增长率控制在上级下达的指标以内。主要工作目标是：地区生产总值80亿元，增长24%；工业总产值150亿元，增长36.4%；三产营业收入400亿元，增长25%；财政收入15亿元，增长20%。

【加快工业园区发展进程】 1月15日，柳北区委在八届九次全会提出：强力推动"工业柳北"、"物流柳北"建设提速增效。着力完善"一纵一横三园区"的产业布局。"一纵"，即沿209国道加快推进非钢产业园、沙塘工业园区、石碑坪工业组团开发，构建"长塘—沙塘—石碑坪纵向工业走廊”。“一横”，即沿北外环路推进白露工业园区、鹧鸪江钢铁深加工及物流产业园区开发，构建“白露—长塘横向工业走廊”。“三园区”，即白露工业园区、沙塘工业园区、鹧鸪江钢铁深加工及物流产业园区。白露工业园区定位为打造汽车零配件及机械加工集中区和循环经济产业园，建设都市万亩工业区。沙塘工业园区定位为发展轻工产业。鹧鸪江钢铁深加工及物流产业园区的定位为打造多功能产业园区，成为广西规模最大的物流信息中心和现代综合性钢铁深加工及物流基地。根据以上产业布局，2010年重点抓好两个方面工作：一方面要加快工业强区进程，大幅度增强工业经济总量，推动结构优化升级。另一方面要充分发挥生产性服务业对先进制造业、现代农业的支撑服务功能，加快发展现代物流业。着力保持“商贸柳北”强劲发展势头。要按照打造特色沿江商业经济带的总体设想，完成白沙片区高档次、精品化、特色化的商贸业态规划。策划一批房地产商住项目，聚集人气，催旺商气。做好辖区工业企业“退二进三”、柳北文化商业广场二期和河北新村旧城改造等重点项目的前期工作。

3月23日，柳北区委、柳北区政府召开建设学习型党组织动员暨“十大党建工程”启动大会 赖德勇 摄

【建设城乡统筹先行区】 1月15日，柳北区委在八届九次全会提出：以建设城乡统筹发展先行区为目标，启动城乡建设规划和产业发展规划编制工作，加快推进城乡经济社会发展一体化进程。3月17日，柳北区在北雀路开展“和谐在基层，城乡统筹发展”服务活动，发放各类宣传资料2000余份，接受咨询服务对象500余人次。

【实施“十大农业精品项目”】 1月15日，柳北区委在八届九次全会提出：要做好优质葡萄产业基地、“中国‘农都’沙塘农事博览园暨农业科技创业示范园”、农田水利十年规划编制三个项目的前期规划工作。要建立以合作社为单位的现代农业生产模式和农业生态循环模式。要全面实施以花卉基地项目为代表的特色养殖等“十大农业精品项目”建设，加快花卉产业区、城郊休闲观光农业区、亚热带水果产业区、优质特色稻米区和畜禽养殖区五大产业区建设步伐，促进农业产业化发展。

【推进“生态柳北”建设】 1月15日，柳北区委在八届九次全会提出：深入实施退耕还林、城乡绿化和封山育林工程，构建山川秀美的生态环境体系，大力提升林业产业。全面推进集体林权制度改革，实现“生态得保护，农民得实惠”的目标。2月6日，为贯彻自治区市党委、自治区人民政府决定从1月8日至6月底，在全自治区开展“兴水利、大种树、优生态、强基础、惠民生、促发展”的主题活动柳北区委、柳北区政府召开林业工作会，部署2010年集体林权制度改革推进工作。2月25日，柳北区党政领导率机关、沙塘镇干部和三合村村民共500多人参加冬修水利活动，兴修水利1.5公里。3月12日，广西投资集团有限公司党委书记、董事长管跃庆率领公司职工95人，从南宁来到柳北区白露工业园区与柳北区干部一起参加义务植树活动，柳州市委常委、宣传部部长、副市长张虹参加植树活动。3月31日，驻地部队官兵与柳北区石碑坪镇政府干部及村民共300多人到石碑坪镇大仙村大帽河段水渠兴修水利2公里，有效灌溉农作物面积200公顷。6月8日，柳北区组织辖区各级文明单位干部群众参加柳州市“关爱母亲河，我们再行动”活动，集中清理二桥西到市航标站沿线河堤、壶西大桥、黄村桥头河堤的脏物。

【打造“宜居柳北”城区】 1月15日，柳北区委在八届九次全会提出：坚持以人为本，加快推进以改善民生为重点的社会建设，倾力打造宜居城区，推动建设和谐社会。加强精神文明建设，提升人文素质，大力发展社会事业，提升社会保障工作水平，加强城建城管和环境保护，维护社会和谐稳定。

【实施“十大党建工程”】 1月15日，柳北区委在八届九次全会提出：大力实施学习创新工程、党内民主工程、科学选人工程、人才聚集工程、能力提升工程、凝心聚力工程、强基固本工程、党员关爱工程、作风转变工程、反腐倡廉工程“十大党建工程”。3月23

日，柳北区委、柳北区政府召开建设学习型党组织动员暨“十大党建工程”启动大会。5月5日，柳北区委、柳北区政府召开2010年度一季度“十大党建工程“工作汇报会。

重要工作

【召开集体廉政谈话会】 1月6日，中共柳北区委书记黄涛主持召开集体廉政谈话会，与各镇、街道、机关部门党政领导20人进行集体廉政谈话，这是柳北区首次拉开2009年度党委与所分管单位、部门党政主要领导进行廉政集体谈话工作序幕。此次廉政谈话目的，主要是掌握谈话对象及其所在单位贯彻落实党的路线方针政策和区委、区政府的工作部署以及贯彻落实党风廉政建设责任制、执行民主集中制和廉洁自律等方面的情况，同时对一些苗头性、倾向性问题进行提醒和告诫。

【加强社会治安综合治理】 2月2日，柳北区召开调解处理工作总结会，总结交流2009年调处工作的成功经验及工作方法，研究部署2010年调处工作计划，强调要做好调解处理工作，必须有强烈的责任心，建立健全调处工作制度。10月25日，柳北区召开“大排查、大接访、大调解、大防控”活动动员会，传达贯彻柳州市有关会议精神，部署柳北区开展“大排查、大接访、大调解、大防控”活动工作。

【加强宣传、统战和政法工作】 3月1日，柳北区委召开宣传思想文化、统战和政法综治维稳工作会议。会议全面总结分析2009年各项工作任务情况和研究部署2010年各项任务。各镇、街道主要领导向区委、区政府递交签署的2010年综治工作和铁路护路工作目标管理责任状。

【加强党的建设和组织工作】 3月2日，柳北区委召开组织工作会议，传达自治区、柳州市组织工作会议和“党建引领提升年”启动暨“十大党建工程”汇报会精神，总结2009年组织工作，研究部署2010年组织工作任务。区委书记黄涛作了重要讲话。3月24日至25日，中共百色市右江区委副书记谭振宁率领该区组织部部长、民政局局长及部分街道和社区书记组成的考察团一行18人专程到柳北区考察社区党建工作。4月9日，柳北区委、柳北区政府召开“2010年公开选拔、选聘干部工作”动员大会，部署实施“广西公开选拔、选聘干部千人计划”工作。8月11日，柳北区举行“学习贯彻四项干部监督制度，提高选人用人公信度”知识竞赛，有5个队25名队员参赛。10月15日，柳北区召开乡镇党委书记公推直选试点工作动员大会，这是柳州市将乡镇党委书记职位进行公推直选的首次尝试。11月11日，柳北区召开柳州市首次公推直选乡镇党委书记推荐会，200多名副科级以上领导干部以无记名投票方式推荐出5名候选人直选沙塘镇党委书记一职。

【深入开展学习实践科学发展观】 3月10日，柳北区委召开深入学习实践科学发展观活动总结会，区委副书记、区人民政府区长、区学习实践活动领导小组副组长孙黎明作重要发言。会上，长塘镇、胜利街道、石碑坪村、白沙社区、胜利路第一小学、广西祥兴集团等6个单位作典型经验书面交流。柳州市人民防空办公室副主任、市学习实践活动第二巡回检查组组长刘冬生参加会议并讲话。

【举办第六届“北雀放飞”学习节活动】 3月23日至4月23日，柳北区委举行第六届“北雀放飞”学习节活动，内容有新闻写作、摄影技巧、国防教育、党风廉政教育、区委中心组集中学习等课题。学习节当天，柳北区委召开建设“学习型党组织”动员暨和“十大党建工程”启动大会，聘请柳州市委讲师团蓝绍才讲解《国务院关于进一步促进广西经济社会发展的若干意见》。会上，区委常委、纪委书记林敏和区委常委、统战部部长屈金荣分别就“北雀放飞”学习节和“十大党建工程”有关工作进行部署，区委副书记覃友情就开展好这两项工作提出要求。

【加强人口和计划生育工作】 3月26日，柳北区委、柳北区人民政府召开2010年人口和计划生育工作会议，总结2009年柳北区人口和计划生育工

8月25日，柳北区委召开柳北区人大工作会议　　李萍 摄

2月10日，柳州市委常委、组织部部长杜伟（中）到柳北区调研党委中心组学习情况　　赖德勇　摄

作，表彰先进单位43个，先进集体25个和先进个人23个，并兑现2009年计划生育工作目标管理责任制奖励，同时研究部署2010年人口和计划生育工作，与各单位签订2010年目标管理责任状。4月20日，柳北区委、柳北区政府召开人口文化建设暨计划生育宣传教育工作会议，提出建设人口文化，促进计划生育工作目标。5月8日，柳北区委、柳北区政府召开计划生育创造国家优质服务先进单位工作座谈会。

【召开人大工作会】 8月25日，柳北区委主持召开人大工作会议。会上柳北区人大常委会主任樊华向区委作题为《依靠党的领导，坚持以人为本，努力开创人大工作新局面》的第十届人大常委会任届工作汇报，中共沙塘镇委员会、长塘镇人大主席团、柳北区人民法院、柳北区农业水利局等4个部门负责人作典型发言。中共石碑坪镇委员会、中共长塘镇委员会、石碑坪、沙塘镇、洛埠镇等3个镇人大主席团，柳北区人民检察院及柳北区政府22个职能部门在会上作书面材料交流。中共柳北区委书记黄涛作题为《明确任务，努力开创柳北区人大工作新局面》的重要讲话。

【开展创先争优活动】 6月30日，柳北区召开庆祝中国共产党建国89周年暨创先争优表彰大会，表彰一批先进基层党组织、优秀共产党员、优秀党务工作者。9月2日，柳北区委召开党员创先争优活动座谈暨工作部署会，柳州市直机关工委副调研员、市创先争优活动办公室指导组副组长宁有德参加座谈会并作重要讲话。10月14日，柳北区召开机关党群系统共建创先争优工作会议，扎实推进“百日攻坚”行动的各项工作。

【学习贯彻党的十七届五中全会精神】 10月27日，柳北区委、柳北区政府召开学习贯彻党的十七届五中全会精神辅导讲座，提出要以党的十七届五中全会精神为指导，认真编制好柳北区“十二五”时期发展规划，实施“六大发展战略”，建设幸福文明和谐新柳北。

【开展“工作落实年”活动】 11月25日，柳北区委召开“工作落实年”活动阶段性工作点评暨重点工作任务推进会议，对城区“工作落实年”活动开展以来情况进行全面“回头看”，并制定整改措施，推进“工作落实年”活动开展。

【加强“两新”企业党建】 12月16日，柳北区委、柳北区政府召开向“两新”（新经济组织和新社会组织）企业派驻党建指导员大会，抽调532名党建指导员派驻到辖区851家“两新”企业加强党建工作指导，派驻时间从2010年12至2011年11月止。

【坚持党委中心组学习】 2010年中共柳北区常委会采取中心组和专题会议等形式，学习贯彻中共中央办公厅、中共中央组织部制定下发的关于《党政领导干部选拔任用工作责任追究办法（试行）》、《党政领导干部选拔任用工作有关事项报告办法（试行）》、《地方党委常委会向全委会报告干部选拔任用工作并接受民主评议办法（试行）》、《市县党委书记履行干部选拔任用工作职责离任检查办法（试行）》等“四项监督制度”。4月13日，柳北区委、柳北区政府举办《中国共产党党员领导干部廉洁从政若干准则》和中央十七届四中全会精神专题辅导讲座。举办党员领导干部反腐倡廉教育培训班，通过由柳北区党政主要领导公开授课和播放《广西基层干部违法违纪警示录》电视专题片等形式进行廉政教育。加强领导干部作风建设，深入贯彻落实科学发展观，为推动柳北区经济社会又好又快发展提供坚实的政治保障。　（编辑部）

组　　织

【组织机构概况】 1979年9月，设立中共柳北区委组织部，在职人员3人。有中国共产党基层党组织8个，其中党委1个，党支部7个，党员86人。1990年有基层党组织37个，其中党委2个，党组5个，党总支3个，党支部27个，党员297人。2001年6月至7月，中共柳北区委分别在解放、雅儒、胜利、雀儿山4个街道办事处成立党的工作委员会和纪律检查工作委员会。2002年9月，柳北区接受原郊区黄村乡、白露乡、石碑坪镇、沙塘镇、长塘镇、洛埠镇等6个乡镇党委及所属基层党组织，有基层党组织176个，其中党委9个、党组6个，党总支委员会2个，党支部159个，党员2688人。2010年中共柳北区委组织部有在职人员18人，设基层党组织883个，其中党委25个，党组织10个，党工委13个，党总支部72个，党支部786个，党员总数1.92万人，占辖区人口总数的4.7%。少数民族党员3978人，占党员总数的20.7%；女党员6663人，占34.7%；农村党员1417人，占7.4%；35岁以下党员2120人，占11.1%；具有大专以上学历的党员5939人，高中(含中专)文化程度的党员5131人，初中以下文化程度的党员8113人，分别占31%、占26.7%、占42.3%。全年发展党员164人，其中女党员98人，占发展党员总数的59.76%；少数民族党员47人，占28.7%；35岁以下党员103人，占62.8%；高中以上文化程度的党员29人，占17.7%。

【领导班子思想政治建设】 2010年柳北区委制定《中共柳北区委员会议事决策规则（草案）》、《中共柳北区常委会议事决策规则(草案)》，完善《中共柳北区常委扩大会议制度》。把“四项监督制度”《党政领导干部选拔任用工作责任追究办法（试行）》、《党政领导干部选拔任用工作有关事项报告办法（试行）》、《地方党委常委会向全委会报告干部选拔任用工作并接受民主评议办法（试行）》、《市县党委书记履行干部选拔作用工作职责离任检查办法（试行）》）列入干部主体培训班、专题谈心、谈话和班子民主生活会对照检查的重要内容。将《“四项监督制度”读本》，连同测试题和组织人事部门给领导干部的函，一同发放到四家领导班子及各镇、街道正职干部手上，督促他们认真学习并进行自我测试，做到融会贯通。并以区委、区政府名义草拟任免职及批复等文件32份；拟提拔干部人选考察41人；进行个别谈话考察985人次；拟写干部考察材料41份；提拔任用干部41人；调整交流干部74人(其中镇、街道交流到城区机关9人，城区机关交流到镇、街道2人，城区机关部门之间交流7人)；试用期满转正14人；晋级定职20人。

【创先争优活动深入开展】 2010年柳北区在各级党组织和党员中开展“强基础、树形象、促发展”主题实践活动，通过开展“党性提升年”、“组织创新年”、“亮牌示范岗”、“群众服务月”及“岗位先锋榜”等5项活动，各级党组织围绕“一个领域一个主题，一个行业一个特点”的目标，结合单位实际，精心设计以促进工作开展、党组织创先进、党员争优秀、群众得实惠为目标的活动载体，推动创先争优活动向纵深开展。有40家企业党组织设立“党员先锋岗(号)”。年内，评选表彰先进基层党组织50个，优秀共产党员125人，优秀党务工作者50人。表彰农村致富发展优秀党员10人，社区为民服务优秀党员10人，企业创业发展优秀党员10人。

11月11日，柳北区召开柳州市首个乡镇党委书记公推直选推荐大会

赖德勇　摄

【乡镇党委书记首次公推直选】 2010年10月至12月，柳州市委决定在柳北区开展乡镇党委书记“公推直选”试点工作，柳北区个人自荐11人次，处级领导干部推荐19人次，组织推荐31人次，“两代表一委员”联名推荐50余人次，党员联名推荐200余人次。经过公开报名推荐和资格审查，符合资格条件的人选19人。通过召开城区领导干部推荐大会，以无记名投票方式，确定候选人初步人选5人。组织3名村党支部书记参加自治区公选优秀村党支部书记到乡镇领导班子任职笔试，入围干部考察和体检2人，被录取担任镇领导班子成员职务1人；组织5名社区党支部书记参加自治区公选优秀社区党支部书记到街道领导班子任职笔试，被录取担任街道领导班子成员职务1人；组织2名镇党委书记参加公选担任自治区、市直属机关副处级领导职务笔试，被录取担任自治区机关单位副处级领导职务1人；组织12人参加广西面向全国公开选拔工业化、城镇化人才考试，被录取4人。

【干部队伍建设】 2010年柳北区制定并印发《柳北区选拔任用科级领导干部初始提名暂行办法》，创新干部选拔任用模式。6月下旬，拿出计划生育与人口局、解放街道办事处主任和白露街道办事处主任等3个正科职位在城区范围内实行初始提名，收到职位所在单位党组织推荐提名3人次、领导干部个人推荐提名62人次、干部群众推荐提名269人次、个人自荐23人次。按规定程序进行考察后，上报区委常委会进行票决，最终确定任职人选3人。柳北区还拿出16个空缺的副科领导岗位进行竞争上岗，有59人109人次报名(含交叉报名)。经过竞职演讲、结构优化和无领导小组面试、考察、票决程序后，16名优秀干部走上副科职领导工作岗位。年内，选派1名优秀年轻干部赴美国华盛顿大学攻读硕士学位；向市委组织部推荐2名乡镇正、副科级领导干部到市直机关经济部门挂职锻炼；选派5名年轻干部到机关信访办公室挂职；抽调4名年轻干部到机关城中村改造工作组办公室工作。加强对选调生的培养锻炼和跟踪调查工作，在柳北区20名选调生中，有1人被选派到市委组织部跟班学习，3人被选派到市直机关部门跟班学习。加强干部人才有关信息管理，在现有250多名副科以上干部信息基础上，更新和充实所管理干部人才信息。同时对档案室所存484卷干部个人档案进行整理，并按照城区档案室晋升国家二级验收标准对硬件设施进行相关改造。

7月12日，柳北区举办组织工作干部培训班　　赖德勇　摄

【干部廉政教育】 2010年柳北区出台《柳北区委常委与镇(街道)、领导廉政集体谈话制度》，区委领导对57名正科级党政领导干部进行集体廉政谈话。开展《廉政准则》主题辅导学习1场次，组织播放廉政教育专题片3次，观看党员干部1500人次。继续开展廉政文化“六进”活动，举办演讲比赛1次，出版反腐倡廉专栏10版。在各类媒体刊登廉政教育文章5篇，组织150名村、社区干部到露塘警示教育基地接受教育。

【干部理论培训】 2010年柳北区分别举办军转干部座谈会、选调生座谈会、组工干部座谈会、挂职干部座谈会4次，干部理论学习辅导讲座6期，选派4人次分别参加自治区党校2010年春季中青年干部培训班，自治区县处级领导干部进修班、自治区农业应对自然灾害专题培训班进行学习；51人次参加柳州市2010年县处级干部“增强科技人文素养提高工作科学化水平、区域经济发展与管理、改善民生保持和谐”等专题自选培训班，柳州市2010年中青年干部培训，柳州市乡镇党委书记、街道党工委书记“提升柳州科学发展水平”专题研讨班，柳州市少数民族干部培训班，柳州市优秀女干部培训班，柳州市新任科级公务员培训班，柳州市组工干部进修班进行学习。

【“十大党建工程”】 2010年柳北区以开展第六届“北雀放飞”学习节为载体，深入开展学习型党组织和学习型领导班子、学习型党员干部创建活动。各级党委(工委)开展中心组学习19次，举办专家理论报告会3场次，举办读书演讲比赛2场次。各镇、街道党委(工委)和各系统党工委结合单位和行业特点，创新多种形式开展学习，举办各种理论学习25场次。制定《中共柳北区委员会议事决策规则(草案)》、《中共柳北区常委会议事决策规则(草案)》，完善《中共柳北区常委扩大会议制度》。研究制定《柳北区人才队伍建设中长期规划纲要(2009～2020年)》、《柳北区营造人才工作良好氛围的若干规定》、《关于进一步推进义务教育均衡发展的意见(试行)》等制度；制定柳北区2010年党员干部大培训计划，开展公文写作、突发事件处置等培训6场次，受训党员干部1500人次。继续推行“一线工作法”，树立一切为了群众的发展理念，走访困难群众243户，企业96户，解决实际困难348个。

【企业党组织建设】 2010年柳北区有企业党组织70个，其中党委22个，党总支5个，党支部43个，党员总数3781人。柳北区企业党工委根据柳北区委提出的实施“十大党建工程”，开展“党建引领年”活动为契机，在企业党组织中实施“凝心聚力工程”和“党建品牌”创建活动，以特色创新为突破口，认真做好柳州市威奇化工公司党委、广西祥兴集团公司党委和晨华贸易公司党总支等3个企业“党建品牌”示范点创建工作，帮助企业党组织实现“五个好目标”(领导班子好、党员队伍好、工作机制好、工作业绩好、群众反映好）。根据不同类型的企业，建立“党员先锋号”、“党员先锋岗”、“党员责任区”等具有先进性和时代特征的党建品牌，把开展“党建品牌”创建活动与巩固先进性教育成果结合起来。6月30日《柳州日报》头版报道祥兴集团“抓党建，促发展，提升五级战斗力”的文章，高度评价柳北区以点带面做好非公企业党建工作的经验。

党员关爱工程活动 2010年柳北区企业党工委组织企业党组织参加柳州市委组织部举行的“党员关爱工程”活动，有4家企业捐款达1.20万元。柳北区企业党工委利用春节期间开展慰问特困党员和困难党员活动，慰问企业特困党员19人、困难党员44人和建国前老党员10人，走访慰问困难员工、困难党员1200人次，为维护企业职工思想稳定方面起到重要作用。

企业党员队伍建设 2010年柳北区企业党工委举办企业入党积极分子培训班1期，培养入党积极分子360人。全年发展企业新党员50人，转正20人。举办企业党务工作者培训班1期，培训企业党务工作者80人。培训内容主要围绕非公企业领导层党务工作者急需和必备的党务工作理论、党务业务知识和现实问题“如何做好非公企业党建工作”、“学习型党组织中领导的新角色”、“行动学习与团队建设”等专题进行。通过培训加深党务工作者对非公企业党建工作全面了解，增强他们做好公司党务工作的信心。

创先争优活动 2010年柳北区组织各企业党组织在开展纪念中国共产党建党89周年的基础上，在企业系统开展创先争优活动，成立柳北区企业创先争优活动领导机构，制定实施方案，先后开展形式多样、内容丰富评先评优活动，在70多个企业评出先进基层党组织15个，优秀共产党员30人，优秀党务工作者9人进行表彰。同时在企业系统评先的基础上，又评出先进基层党组织10个，优秀共产党员10人，二次创业优秀共产党员10人，优秀党务工作者4人，上报中共柳北区委表彰。

开展百日攻坚活动 2010年柳北区在企业党组织中开展百日攻坚活动，分别走访非公企业50家，为100%完成非公企业建立党组织打下良好的基础。经过2个多月的攻坚活动，新建独立党组织18个，柳北区“两新”党建组织达88个。

【社区和农村基层组织建设】 2010年柳北区向“两新”（新经济组织和新社会组织）组织派驻63名党建指导员，具体指导企业发展党员、组建党组织，城区非公企业党组织覆盖面达23%，超过全市平均水平。通过购建、租用、借用等形式，在55个社区设有党建活动场所，其中30个社区拥有自己产权的活动场所，确保社区党校教育和各种议事活动正常开展。从城区财政中拿出60多万元，通过向社会公开招考、择优录取等形式给55个社区配备1名专职党务工作者。实施社区党建示范点经费倾斜，每年对获评自治区级示范社区、市级示范社区的社区别分别给予3000元到10000元不等的经费支持。投入24万元，继续抓好农村党员远程教育，有55个社区和35个村建立党员远程教育示范点。在35个行政村全面推行“四议两公开”工作法。协调有关单位部门，筹集25多万元，建设村级办公楼1栋，篮球场1个。协调130多万元，在沙塘镇下陶村建成农村公共服务中心，方便村民办事。组织驻村指导员走访农户550多户，走访干部、党员、群众2348人次，接待群众来访300多人次。为行政村“两委”提出合理化建议60多条，为群众办好事和实事151件。参与有关矛盾纠纷调解处理75起，化解农村纠纷案件30多起。春节慰问党员750人，其中困难党员685人，新中国成立前入党的老党员65人，发放慰问金21多万元。为10名考上大学的困难党员子女发放助学补贴金4000元。年内，还成立25个课题调研组，分别由1名处级干部带队，深入基层开展调查研究1080人次，形成调研报告56篇。开展“金点子”问政于民征集活动，收到“金点子”65条。

（编辑部）

宣　传

【宣传机构概况】 1979年9月，设立中共柳北区委宣传部，在职人员2人。1996年2月，柳北区人民政府精神文明建设委员会办公室（简称文明办）

6月30日，柳北区宣传部人员深入社区进行新闻采访　　朱慧芬　摄

6月26日,中共柳州市委宣传部向锦绣社区赠送价值2700元图书

赖德勇　摄

与区委宣传部合署办公，在编人员6人。2010年中共柳北区委宣传部(精神文明建设委员会办公室)在职人员8人。

【理论宣传】 2010年柳北区建立以中共柳北区委中心组为龙头,各镇党委、各街道党工委为重点,机关各支部为基础的学习型党组织创建活动学习架构。通过对区委中心组理论学习的课题进行招标,选出理论水平较高,联系实际工作较强的干部进行授课。全年组织区委中心组集中学习12次,中心组成员撰写论文和学习体会72篇,在《柳州日报》论苑版发表理论文章2篇。柳北区委中心组获柳州市理论中心组评比一等奖。先后在2个街道党工委和2个镇党委进行学习创新型党组织创建试点,随后在城区全面推广。加大干部培训力度,以“北雀放飞”学习活动为载体加强干部理论学习,开展学习读书活动,邀请市委党校、市委讲师团的专家教授给区委中心组、全体党员干部做理论学习专题辅导8次,学习节期间,机关干部撰写学习体会和理论文章70多篇,提出“金点子”近100条。年内,获柳州市学习贯彻党的十七届四中全会精神理论征文活动优秀组织奖。

【舆论宣传】 2010年柳北区重点围绕开展“十大党建工程”活动、“北雀放飞”学习节、“七个提升年”推进、民生改善、新农村建设、园区建设等重大工作,做好舆论宣传和氛围的营造工作。协调新闻媒体集中版面、集中力量，全方位、多角度的宣传城区经济社会建设成就。全年在《广西日报》、《柳州日报》、《柳州晚报》、《南国今报》及柳州电视台、柳州新闻网等媒体刊登宣传报道1200多条。做好舆情信息上报工作,及时收集干部群众的思想动态，反映各阶层群体的想法、意见和要求。全年向柳州市委调研室上报舆情信息90多条,多条信息被中央宣传部和自治区党委宣传部采用,被评为中央宣传部好信息1条,获柳州市舆情信息工作二等奖。加强互联网网络宣传管理,做好新华网柳北区网页、市委宣传部宣传动态子网站的编审与更新,全年编发信息85条。

【对外宣传】 2010年柳北区协助中央电视台第七套《致富经》栏目组到柳北区长塘镇梳庄村拍摄新农村创业致富能手专题片(5月19日在中央电视台第七套《致富经》栏目播出),通过主持人的视野反映农民辛勤创业的动人事迹及柳北区新农村经济建设取得的成就。利用全市农业现场会在柳北区召开的时机，通过制作农业专题片、宣传手册等方式，向全市推介柳北区农业发展的成绩，取得良好社会效应。

【文艺宣传】 2010年柳北区结合“文化发展繁荣提升年”要求,举行“文化六进”(以进社区、进农村、进企业、进军营、进校园、进机关)工程启动仪式,6月26日,市委常委、宣传部部长、副市长张虹为柳北区锦绣街道锦绣社区成立的创先争优、繁荣文化.未成年人思想道德建设5个共建小组授旗，并赠送了书籍。从6月份起，双方围绕互联、互补、互动的工作目标,开展为期3年的党共建活动。通过整合城区各种文化资源，突出抓好节庆、广场、农村、社区等城乡群众文化。通过举办城区春节联欢晚会、元宵节花灯展，指导各镇、街道开展各类文体活动,以精彩的文体活动,丰富群众的文化生活，集中力量让辖区居民群众感受文化大繁荣、大发展带来的实惠。完善公共文化服务网络，继续做好文化信息资源共享工程、农村“文化惠民”电影工程和“农家书屋”工程建设。坚持“扫黄打非”和净化网络治理,协同柳州市委宣传部对城区农村、城乡结合部、居民小区、学校等周边环境进行突击检查,查获无证经营“黑网吧”1间,当场取缔该网吧并没收电脑20多台。组织校园检查非法书刊，净化未成年人的学习环境。年内，柳北区获全国“扫黄打非”工作先进集体和柳州市“庆六一、颂祖国、唱母亲”文艺汇演优秀组织奖。

【宣传文化干部队伍建设】 2010年柳北区加强基层新闻队伍的培训和建设,举办城区基层通讯员新闻写作和摄影技巧培训班，加强对通讯员业务能力的培训,提升基层新闻宣传的工作质量。做好社区新闻代言人的指导工作，全年社区新闻代言人在市级媒体发表新闻宣传报道300多篇。

(编辑部)

统一战线

【统一战线机构概况】 1984年11月，设立中共柳北区委统一战线工作部(简称柳北区委统战部)，在职人员2人。1992年11月26日，成立柳北区海外侨胞联合会，在柳北区委统战部挂牌。1995年6月29日，成立柳北区工商联合会，在柳北区委统战部挂牌。2010年中共柳北区委统战部(柳北区工商联合会)在职人员4人，主要承担党委的统一战线、民族、宗教、侨务、海外、对台工作，协助上级统战部门联系民主党派和无党派代表人士等工作。年内，柳北区委统战部获柳州市"十一五"期间统一战线招商引资先进单位。

【加强统战工作】 2010年3月1日，中共柳北区委召开宣传思想文化、统战和政法综治维稳工作会议。中共柳北区委常委、区委统战部部长屈金荣在会上总结2009年统战工作情况，部署2010年统战工作计划，各镇(街道)分管统战工作的领导及统战委员在会上相互交流经验，提出意见和建议，加强统战工作。

【非公有制党建工作】 2010年柳北区委统战部着力营造非公有制企业发展的良好环境，成立组织机构，制订工作方案，形成定期督导、每周例会、工作纪律等5项制度，组织召开非公有制经济组织创先争优活动动员部署会、工作推进会、调研座谈会，邀请柳州市委讲师团副团长周学军作题为《开展"创先争优"活动，提高党建引领水平，服务柳州发展》专题报告，帮助业主转变观念，强化支持党建意识。深入辖区60多家工商业联合会会员企业，参加内部调研走访30多次，召开企业座谈会40多次，组织企业党员提出合理化建议90多条，为群众和社会做好事、实事30多件。建立柳北区党政领导与非公有制企业联系情况表，选出20名正科级以上领导干部开展一对一联系企业活动。在非公有企业党组织培植创先争优示范点及先进典型2个，使非公有企业创先争优活动"创"有目标、"争"有榜样。10月15日，柳州市非公有制企业推行厂务公开民主管理工作交流暨研讨会在柳北区召开，各县(区)推行厂务公开工作领导小组负责人以及部分非公有制企业代表出席会议。11月2日，柳北区在市委党校举办企业党组织负责人培训班，来自辖区46名企业负责人参加培训，其中有96%以上的企业负责人来自民营非公企业。12月16日，柳北区在行政中心会议室召开向"两新"(新经济组织和新社会组织)企业派驻党建指导员大会，抽调532名党建指导员派驻到辖区851家非公有制新经济组织和新社会组织企业加强党建工作，派驻时间从2010年12至2011年11月。

1月14日，柳州市女企业家协会柳北分会正式成立　　赖德勇　摄

【文化统战】 2010年柳北区委统战部组织非公有制经济组织认真学习贯彻党的十七大、十七届五中全会精神，学习国务院《关于加强和改进新形势下工商联工作的意见》和自治区党委、市委统战会议精神，组织城区统一战线成员开展树立和践行社会主义核心价值体系学与行活动。柳北区委统战部、柳北区工商联还开展文化统战进社区、进企业、进农村、进教堂工程，以胜利东社区、北雀路基督教聚会点和石碑坪镇留休村为示范基地，创建统战工作新品牌。柳北区工商联会员企业——广西柳州腾安房地产开发有限公司董事长陶文安扶持石碑坪镇留休村建立葡萄园种植基地，成为柳北区统战文化进农村的示范点。8月13日，柳州市政协副主席、民盟市委主委梁樑，市政协副主席、民建市委主委吴华率市政协委员专家(农业)服务团到柳北区石碑坪镇石碑坪村新南屯葡萄示范基地，指导农民利用柳州市冬季比较温暖的气象条件，大力开发秋冬种，实现葡萄一年两收。组织开展"双百双千民生改善年"活动，帮助更多的农民工及失业人员解决就业问题；开展"百企连百村，服务新农村"活动，组织13家企业老板与柳北区11个行政村进行点对点帮扶，形成具体结对项目。12月，自治区党委统战部在柳州市召开"文化统战示范基地"创建活动现场会，柳北区胜利东社区侨联文艺队演出的节目得到自治区党委统战部赞扬和肯定。

【民主党派和无党派人士工作】 2010年柳北区委统战部组织柳北区商会民主党派会员开展迎春茶话会、迎国庆、庆中秋文艺表演等联谊活动3次。坚持为民主党派参政议政提供新平台。年内，柳北区民主党派人士中担任柳北区人大代表4人，柳北区政协委员7人。各民主党派成员中的人大代表、政协委员向各级人大、政协提交议案和提案20件，如《认真健全“工业反哺农业”的运行机制，充分发挥工业企业在共建社会主义新农村中的重要作用》提案，得到柳北区委、柳北区人民政府的重视并落实提案的办理。

【党外干部培训举荐】 2010年柳北区委统战部把加强党外干部队伍建设作为巩固和壮大统一战线的基地性工程，推进党外干部培养举荐使用工作。先后选派5名党外干部参加自治区党外正职干部合作共事专题研讨班，自治区党委统战部、广西社会主义学院举办的非公企业党建问题研讨班，广西社会主义学院统战干部培训班(二期)学习培训和考察活动，新提拔党外干部1人。组织会员到银川、西宁、太原等省外学习考察，接受革命传统教育。

【柳北区女企业家协会成立】 2010年1月14日成立，接受柳北区工商业联合会的业务指导和监督管理。柳州市春得意豆制品有限责任公司董事长黄钦玲担任协会会长，有女企业家会员58人。3月和5月，柳北区委统战部、柳北区工商联、柳北区女企业家协会分别在沙塘镇金鼎湾娱乐中心、柳州市儿童福利院开展“百年三八·快乐女人”、“六一”儿童节看望孤残儿童和教职工等庆祝慰问活动，为孤残儿童送上价值1.58万元的日用品及食品。9月，在沙塘镇花果山生态园景区开展“迎中秋·庆国庆”等100多人参加的联谊活动。年内，柳北区女企业家协会被柳州市妇女联合会授予“三八红旗先进集体”称号。

【海外联谊活动】 2010年7月，应台湾当地邀请，柳北区工商业联合会副主席李冰洁率领辖区工商联商会会员一行19人赴台湾进行交流访问，加强与台湾文化界的联系和交流，并同当地的知名人士进行座谈，促进两岸乡亲的感情联络。同年10月，在柳州市投资环境推介会上，柳北区工商联会员企业——柳州市物回再生资源有限责任公司与台中市仁人投资有限责任公司签订总投资1亿元人民币机电市场项目。柳北区委统战部还协助柳州市恒嘉房地产开发有限公司引进国腾购物广场·台湾大润发项目，合作项目资金420万美金，在柳北区胜利路建立柳州市商贸重点项目——国腾购物广场·大润发柳北分店，成为柳北区5个亿元大型商城之一。年内，国腾购物广场·大润发柳北分店实现营业额125万元。

(编辑部)

老干部工作

【老干部机构概况】 2010年柳北区设立企业离休干部管理中心和老龄委办公室2个老干部管理机构，在职人员10人。有离退休老干部270人，其中企业离休干部140人，机关和事业单位离退休干部133人。享受厅局级以上待遇干部1人，副厅局级以上干部2人，县处级干部129人，科级以上干部138人，离休干部平均年龄83岁。设企业离休干部党总支1个，党支部9个，有企业离休干部党员128人，其中：居住在异地离休干部13人，代管离休干部7人。设机关和事业单位党支部9个，有离退休干部党员142人。年内，企业离休干部逝世11人。

2010年柳北区企业离休干部管理中心和老龄委办公室2个老干部管理机构进一步落实中央、自治区、柳州市关于老干部工作的方针政策，深入调查研究，努力解决老干部工作中的重点和难点问题。年内，柳北区获全国老年工作先进单位、自治区老年工作先进单位等称号。

【老干部政治待遇稳定】 2010年柳北区企业离休干部管理中心和老龄委办公室坚持组织离退休老干部开展政治理论学习，通过宣讲会、报告会、情况通报会、支部学习会等形式，帮助老干部加强对党的十七大、十七届四中、五中全会精神及科学发展观的学习，加深对党中央的重大理论、重大战略思想和重大工作部署的理解和认识。采取通读原文、讨论、召开座谈会等形式，及时向离退休干部传

2月2日，柳北区四套班子领导慰问离休老干部　　赖德勇　摄

4月28日，柳北区首个企业离休老干部活动室在环宇社区建成　　赖德勇　摄

达中央、自治区、柳州市、城区的重要会议和重要文件精神；通报国际、国内形势和城区的中心工作、经济发展情况及招商引资、组织人事工作进展情况。坚持不懈地对离退休党员干部进行宗旨、理想、作风和党纪条规教育，采取上门传达文件精神、通报党组织活动情况等措施，加强与年高体弱、行动不便的党员老干部之间的联系。坚持每年为离退休干部订阅党报、党刊及老年报刊学习资料270多份。召开支部书记学习会5次、组织支部书记、副书记、委员参与学习和讨论科学发展观、党的十七大及十七届四中、五中全会精神和“中心”工作的开展，征求他们的意见和建议。

【老干部生活待遇落实】 2010年柳北区开展老干部“集中调研月”活动，形成一定的调研成果，帮助老干部解决一些实际问题；开展“我把孝心献给您”结对帮扶活动，结成帮扶对子10多个，深入街道社区，上门为老干部办实事、解难题，先后为60多名行动不便、空巢和孤寡老干部及遗孀送去价值8000多元的慰问品和慰问金。柳北区企业离休干部管理中心还补发2004年10月至2010年12月企业离休人员死亡一次性抚恤金20多万元，发放企业离休干部电话费5.21万元。为26位年满80周岁的企业老干部集中过生日，送蛋糕票及祝寿。年内，对在本市长期住院、长期在家卧病疗养的60%老干部进行走访慰问，对所有因病住院的离退休老干部和老党员，到医院看望和慰问。走访、慰问住院、病瘫在家不能自理的离退休老干部和生活有困难、去世的老干部家属185人次，发放慰问金1.2万元。每逢在春节、国庆、重阳节等重大节日，柳北区企业离休干部管理中心都组织企业离休老干部们吃团圆饭。柳北区老龄委办公室与柳北区四家班子主要领导开展走访慰问机关和企业离休老干部，给他们送去米、油及慰问金。对发生纠纷的离退休干部家庭，主动上门调解，及时化解矛盾，为老干部们排忧解难。

【老干部文体活动】 2010年在春节“国庆”、“重阳”等重大节日，柳北区组织离休老干部们开展各种有益身心健康的春游、秋游、观看城市建设、城区新变化等活动，组织机关离退休老同志开展各种丰富多彩的文体娱乐活动。每年做好机关离退休干部的身体体检工作，让老干部老有所乐、老有所养。

4月28日，柳北区企业离休老干部活动室管理中心在柳北区钢城街道办事处及环宇社区的大力帮助下，筹备资金1万多元，建成柳北区第一个企业离休老干部活动室，把老干部工作向社区延伸，使老干部能够就近学习、就近活动、就近发挥作用，就近得到关心照顾。　（编辑部）

信访工作

【信访机构概况】 1991年7月，成立

7月14日，柳北区召开“村级接访”动员培训大会　　赖德勇　摄

柳北区信访工作领导小组，领导和协调城区信访工作。1997年3月，成立柳北区信访工作委员会，办公室设在区委办公室。1999年3月，成立柳北区信访办公室，在区委办公室挂牌，有信访人员2人。2005年在城区人大、政府、政协设立信访室，在8个街道办事处、4个镇设有信访小组，有专兼职信访人员16人。2009年9月，成立柳北区信访及涉法涉诉救助资金管理使用领导小组，办公室设在信访办公室。2010年11月，撤销柳北区信访办公室，组建柳北区信访局，在职人员3人。

2010年柳北区信访局围绕区委、区政府中心工作，落实信访工作责任制和责任追究制，坚持"属地管理、分级负责，谁主管、谁负责，依法、及时、就地解决问题与疏导教育相结合"的原则，抓好《柳北区党政领导信访工作责任制(试行)》和《柳北区党政领导信访工作责任追究制(试行)》的落实，坚持区委书记公开大接访和领导接待群众来访日制度，明确党政主要领导作为信访工作的第一责任人，对本级、本部门的信访工作负总责，分管领导直接负责，其他班子成员各负其责抓好分管部门的信访工作，各级各部门共同参与，形成在党委和政府的统一领导，各级各部门齐抓共管，一级抓一级，层层抓落实的信访工作大格局。全年受理群众来信26件，已办结答复信件26件；接待群众来访201批472人次(其中书记公开大接访154批344人次)，已办结答复信件201件。另有市级以上督办案件27件，已办结答复案件27件，办结率100%。

【党政领导干部"大接访"】 2010年柳北区继续开展党政领导"大接访"活动，在城区、镇(街道)、村(社区)建立三级接访联动工作体制，形成区委领导直接接访、镇(街道)领导分级接访、机关干部进村(社区)入户调查接访的三级接访体系。完善包案机制，在已有包案制度基础上，对市委、市政府交办、督办的信访案件，以及影响社会稳定、有可能引发群体性事件的信访案件，迅速抽调人员成立包案小组，强化包案小组例会制度和信息情报报送制度。年内，有区委书记、区政府区长和各有关部门36名领导干部参加的"大接访"活动18次，接待来访群众154批344人次，解决信访突出问题7件，息诉罢访7件。

【信访涉法涉诉救助资金】 2010年柳北区信访局印发《柳北区信访及涉法涉诉救助资金管理使用办法》，解决一批"法度之外，情理之中"且信访人生活特别困难的特殊疑难信访个案，达到息诉罢访，案结事了的目的。年末使用信访及涉法涉诉救助资金50多万元。

【村级接访】 2010年柳北区为推动解决一批涉及土地承包、征地拆迁、村务管理、邻里纠纷等热点、难点问题，要求各级政府部门对待群众信访做到"小事不出村(社区)、中事不出镇(街道)、大事不出城区、矛盾不上交"的态度处理信访工作。年内，实现集体访、重复访、越级上访和非正常上访明显下降，信访秩序明显好转。从7月14日起，辖区3个镇35个行政村、7个街道55个社区坚持每月开展1次以上，以提升基层组织建设，增强基层组织管理、服务和发展整体水平搞好"村级接访"工作，全年接待来访群众520批1566人，解决信访问题272件。 (编辑部)

柳北区直属机关党的建设

【直属机关工作委员会机构概况】 1997年3月，设立柳北区直属机关工作委员会(简称柳北区机关工委)，为中共柳北区委派出机构和工作部门，在职人员3人，管理直属机关党支部10个，党员103人。2005年管理基层党组织33个，其中机关党总支部1个，党支部32个，党员454人。2010年柳北区机关工委在职人员3人，党工委委员11人。管理基层党组织32个，其中机关党组3个，党支部29个，党员486人。

【创新学习方式】 2010年柳北区直属机关工委围绕"学习创新、能力提升"的主题，着眼创建学习型机关、培育学习型干部目标，不断创新学习载体，丰富学习内容，把抓理论学习与服务和服从于区委、区政府中心工作，做好本职工作结合起来，提高机关党员干部的理论素养、履职能力和工作

4月2日，柳北区召开直属机关党的工作会议 赖德勇 摄

水平。年内，制定机关党建年度工作要点和阶段性学习计划，明确每季度学习教育内容和机关宣传教育载体，组织机关党支部（总支）书记对新修订的《机关基层组织工作条例》进行学习研讨，加强对机关党支部（总支）理论学习指导，营造良好的学习氛围。倡导“5+1”、“8+1”（5个工作日以外自学1天，8小时以外自学1小时）学习方式，在机关中组建32人的党建信息员队伍，定期向机关工委提供各党支部（总支）党建信息，加强机关党建工作交流。同时，柳北区机关工委组织机关各党支部（总支）党员干部参加“北雀放飞”学习节活动，引导广大党员干部围绕深入学习实践科学发展观、构建和谐新柳北、加强和改进机关党组织建设等主题，深入基层单位，深入服务对象，突出部门特点，开展调查研究，提出建议对策，形成学习体会和调研文章55篇、收集“百名党员献良策”和“最有价值的金点子”100多条，其中很多“良策”、“金点子”对柳北区经济社会发展具有积极的推动和指导作用。尤其是在柳北区举行的读书演讲比赛中，机关党支部推荐的选手全部囊括读书演讲比赛一、二、三等奖。

9月11～20日，柳北区37名中层正职以上领导干部赴浙江大学参加领导干部能力提升研修班学习　　赖德勇　摄

【机关党建工作】 2010年柳北区机关工委围绕“为城区工作大局服务、为完成机关中心任务服务、为基层和群众服务”工作宗旨，建立健全《柳北区直机关党建工作目标考核细则》、《柳北区直机关党建督查制度》及柳北区四套班子领导机关党建工作联系点、机关党工委委员联片负责和机关党支部（总支）工作台账机制，把党建各项目标分解细化到机关各党支部（总支），并统一印制下发基层党组织工作记录本，形成党建工作责任明确、逐级落实的工作格局。加大分类指导力度，加强督促检查考核，不断夯实机关党建的组织基础，推进机关党建工作的优化提升。同时，重视加强基层党务工作者的教育培训。年内，举办机关党支部组织委员和宣传委员培训班4期，参加培训委员70多人。

【“党员关爱工程”】 2010年柳北区机关工委发挥“12371”热线服务作用，加大对困难党员的帮扶救助力度。春节前夕，与机关团委走访慰问生活困难党员12人，慰问钱物折合人民币5700元。同时把党建工作与机关工会党建、妇联党建、团委党建工作相融合，支持机关工会工委、妇联工委和机关团支部开展一系列富有成效的活动。组织机关干部职工进行体能竞赛活动；组队参加柳北区机关文明礼仪比赛和红歌比赛；组织机关团员青年开展“五四文化系列活动”和赴融水进行联谊学习活动；组织召开军转干部座谈会2次；组织机关党支部书记到钦州市保税港区参观学习，取长补短。

【“能力提升工程”】 2010年柳北区机关工委负责牵头组织开展“能力提升工程”工作，这是实施柳北区委开展“十大党建工程”活动的重要组成部分，是以加强学习型党组织建设，开展理论学习“双提升”（提升政治意识和提升学习实践能力活动）为载体的工程。机关工委制定具体的实施方案和工程进度安排表，先后召开动员布置会3次，明确工作责任和任务。要求机关各党支部（总支）书记做好第一责任人，亲自抓部署、抓实施。机关工委还开展以标杆支部、党员标兵评选为主要内容的“旗帜工程”活动，建立健全党内创先争优机制，努力克服机关党建与业务工作“两张皮”的现象。开展党建工作板报系列评比活动，从5月开始，每月由3～5个支部分别出一期反映本部门中心工作业绩的党建板报，放置在机关行政中心三楼党建阵地进行展览宣传，年底由城区领导、机关工委委员和机关各党支部书记进行评选。年内，先后拟定“党员联系和服务群众现状调查”等课题4个，供机关工委委员、“能力提升工程”成员及机关各党支部委员、党员及办公室人员参考，加强机关党建工作调查研究，促进理论学习成果转化。

【勤政廉政建设】 2010年柳北区机关工委把培养机关干部严谨的工作作风，作为促进机关勤政廉政建设的突破口，制定《柳北区直属机关工作作风纪律检查办法》，并严格组织实施。先后组织机关工委委员对机关干部上下班情况进行4次全面检查，督促检查机关干部职工上班挂牌情况，对上班迟到和不挂牌的干部职工责令部门批评教育，对确有特殊原因不能按时上班的，要求所在部门出具证明。机关工委还注重平时不定期深入各部门查看机关工作人员上班在岗情况，巩固和深化机关作风和效能建设活动成果，规范机关干部的从政行为，提高干部为基层服务的能力和水平。

同时，柳北区机关工委还会同有关部门，以建设服务型、效率型、廉洁型、和谐型机关为目标，在机关党员干部中大力开展“三个零”活动（提升形象零投诉、改进作风零距离、廉洁勤政零违纪），努力倡导“四种风气”（大力倡导察实情、听民声的风气；大力倡导比实干、争一流的风气；大力倡导重节约、尚俭朴的风气；大力倡导讲道德、崇清廉的风气），引导机关党员干部树立公仆意识。年内，机关工委获自治区社会主义新农村建设工作先进后盾单位。

（编辑部）

机构编制

【机构编制概况】 2010年4月，成立柳北区机构编制办公室（简称编制办），在职人员2人，为中共柳北区委机构编制委员会常设办事机构。主要负责城区、镇、街道、党政群体机关（含党委、人大、政府、政协、法院、检察院机关，各民主党派、人民团体机关，政府驻外机构）和事业单位机构编制的日常管理工作。

【机构改革】 2010年柳北区新一轮机构改革方案获柳州市编制委员会办公室批准后，制定下发《中共柳北区委员会、柳北区人民政府关于柳北区人民政府机构改革的实施意见》和《中共柳北区委员会、柳北区人民政府关于柳北区人民政府机构设置的通知》。10月组织召开城区政府机构改革动员大会，会上宣读《关于“三定”（定编、定岗、定员）规定草拟中的有关问题的说明》，讲解机构改革工作的具体内容和程序及“三定”方案制定的工作步骤和具体要求。年末，柳北区调整行政编制15人，新增行政编制14人，其中领导干部调动任职5人，公开招录公务员5人，公开选拔2人，军转干部调入2人；行政编制减少26人，其中调出11人，退休14人，死亡1人。事业编制调整86人，新调进人员65人，其中公开招聘16人，区外调入3人，招聘应届大学生45人，退伍军人1人；事业减少82人，其中退休75人，辞职7人，死亡2人。

【基层医疗卫生机构改革】 2010年柳北区编制办根据《广西壮族自治区城市社区卫生服务机构设置和编制标准实施办法》和《广西壮族自治区乡镇卫生院机构编制管理暂行规定》，对柳北区基层医疗卫生机构进行摸底调查，按照编制总量不超过所属服务人口的1.2‰，汇总申报《柳北区基层医疗卫生机构设置和人员编制情况》；制定下发《柳北区解放街道社区卫生服务中心机构设置和人员编制方案》等3个社区卫生服务中心和5个镇卫生院机构设置和人员编制方案，为柳北区全面实施基层医疗卫生机构试点改革提供编制依据。

【机关机构设置和人员编制】 2010年柳北区编制办对柳北区人大、柳北区政协、中共柳北区纪检监察机关、柳北区人民检察院机构设置和编制情况进行调研，制定下发《关于柳北区人大常委会工作机构设置问题的通知》、《关于柳北区政协办事机构和专门委员会设置问题的通知》、《关于规范柳北区纪检监察机关机构和人员职级设置的通知》、《关于实行人民监督员制度试点在柳北区人民检察院增设内设机构有关事宜的通知》，《关于规范柳北区信访机构名称的通知》、分别在人大机构设办公室（对外挂信访办公室牌子）正科级综合办事机构1个，设民族法制工作委员会、财政经济工作委员会（负责财政经济、城乡建设、环境保护、农业和农村工作）、教育科学文化卫生工作委员会、代表联络工作委员会正科级工作委员会4个。在柳北区政协机关设置办公室正科级办事机构1个，提案法制委员会、经济科技联谊委员会、文史文教卫体委员会正科级专门委员会3个。在柳北区人民检察院设立人民监督员办公室。同时向柳州市编制委员会办公室申报新成立柳北区学生资助管理办公室、柳北区金融办公室、柳北区城市管理信息中心、柳北区街道综合事务管理服务中心、柳北区花卉管理

12月2日，柳北区召开医改工作汇报会　　赖德勇　摄

中心、柳北区计划生育协会。申报柳北区劳动保障管理服务中心加挂柳北区就业服务中心牌子,柳北区信访办公室更名为柳北区信访局,柳北区会计核算中心更名为国库集中支付中心,柳北区石碑坪镇、沙塘镇、长塘镇、洛埠镇4个渔牧兽医站更名为水产畜牧兽医站。按照属地管理原则,接收划转柳州市动物卫生监督所人员编制到柳北区动物卫生监督所,并承担柳北区中食有限责任公司柳北机械化屠宰厂的屠宰检疫职责。

【街道综合事务管理服务中心设置】 2010年柳北区根据柳州市编制委员会办公室《关于四城区各街道办事处设立综合事务管理服务中心的通知》,在7个街道办事处分别设立综合事务管理服务中心,为财政全额拨款事业单位,主要负责街道、农村的综治、维稳、信访管理、服务和宣传等工作。

【中小学教职工编制核定】 2010年柳北区根据柳州市编制委员会办公室重新核定柳北区中小学校教职员工事业编制,另核给柳北区中小学校教职员工机动编制用于解决中小学教师结构性短缺等问题。柳北区认真做好31所中小学2154名教职工核定编制工作。并配合城区人事和教育部门做好辖区市三十八中学、市十九中学、市育红中学、市三十三中学、市石碑坪中心校等学校的撤并工作。

【增加政法专项编制】 2010年柳北区根据自治区编制委员会办公室核拨检察院系统政法专项编制用于柳北区人民检察院2008~2009年政法院校招录培养体制改革试点中定向招录培养的工作人员。

【事业编制总量控制数调整】 2010年柳北区根据柳州市编制委员会办公室《关于调整柳北区事业编制总量控制数的通知》,增加柳北区跃进幼儿园编制,专门用于接收企业办社会职能人员。 (编辑部)

柳州市柳北区人民代表大会

【人大机构概况】 1980年8月,柳北区召开第三届人民代表大会,依法选举柳北区人民代表大会常务委员会,设办公室1个机构。1987年12月19日,设立财政经济,法制,教科文卫(教育、科技、文化、卫生)3个工作委员会由代表兼任。1990年12月,成立财经、法制、教科文卫工作委员会3个机构。1999年1月,柳北区人大常委会设办公室、财政经济工委,法制工委,教科文卫工作委员会等工作机构4个。2001年12月,机构改革,保留办公室,撤销3个工作委员会,新设综合工作委员会。2006年12月,保留办公室,撤销综合工作委员会,恢复财政经济,法制、代表联络3个工作委员会。2010年柳北区有本级人民代表大会1个,镇人民代表大会4个,各级人大代表470人。其中自治区级人大代表2人,市级人大代表59人,城区级人大代表183人,乡镇级人大代表226人。柳北区第十届人大常委会有组成人员18人,其中主任1人,副主任4人,委员13人。设办公室、财政经济工作委员会、法制工作委员会、教育科学文化卫生工作委员会和代表联络工作委员会等工作机构5个,在职人员22人。

2010年柳北区第十届人大常委会召开人民代表大会1次,常委会会议10次,主任会议11次,协助中共柳北区委召开人大工作会议1次。依法做出决议和决定18项;听取和审议柳北区人民政府、柳北区人民法院和柳北区人民检察院(简称"一府两院")专项工作报告16项;办理代表建议和意见47件;依法补选柳州市人大代表2人。

重要会议

【柳北区第十届人民代表大会第五次会议】 2010年1月19~20日在柳北区行政中心大楼召开,出席大会代表177人,列席人员59人。会议分别听取和审议柳北区人民政府区长孙黎明作的《柳北区人民政府工作报告》;柳北区财政局局长曹玉虎作的《关于对柳北区人民政府2009年财政预算执行情况和2010年财政预算(草案)的报告》。听取和审议柳北区人大常委会主任樊华作的《柳北区人大常

1月8日,柳北区召开第十届人民代表大会第五次会议 李 萍 摄

委会工作报告》；柳北区人民法院院长黄武雄作的《柳北区人民法院工作报告》；柳北区人民检察院检察长陈德忠作的《柳北区人民检察院工作报告》。会议批准以上各项报告并做出相应决议。会议期间收到10人以上代表联名提出的议案、建议、批评和意见47件。由柳北区人大常委会办事机构依法交由有关机关和部门研究办理，并在法律规定的时间内答复代表。

1月26日，柳北区召开第十届人大常委会第三十二次会议　　李　萍　摄

【柳北区第十届人大常委会会议】 2010年举行10次，即柳北区第十届人大常委会第三十次至三十九次。

第三十次会议　1月8日举行。会议审议通过关于召开柳北区第十届人民代表大会第五次会议有关事项，决定柳北区第十届人民代表大会第五次会议于2010年1月19～20日举行，表决通过有关人事任免事项3项。

第三十一次会议　1月12日举行。会议补选广西地王财富中心柳州分公司总经理林海为柳州市第十二届人民代表大会代表。

第三十二次会议　1月26日举行。会议根据柳北区人民政府区长孙黎明的提请，依法决定任命苏庆为柳北区人民政府副区长，免去贺莹（因工作调动）柳北区人民政府副区长的职务。

第三十三次会议　3月17日举行。会议听取和审议柳北区人民政府副区长梁光玉作的《柳北区人民政府关于人民调解工作情况的报告》和柳北区人大常委会法制工委主任委员裴光福作的《关于柳北区人民政府人民调解工作情况的视察报告》。听取和审议柳北区人大常委会各工作委员会关于柳北区十届人大五次会议代表提出的47件议案、建议、批评和意见的初审报告，其中议案16件，经审议这些议案均不够立案条件，决定全部作为建议、批评和意见处理。审议通过《柳北区人大常委会2010年工作要点》。并根据柳北区人民政府区长孙黎明的提请，依法决定任命唐伟为柳北区人民政府副区长，免去林祖敏（因工作调动）柳北区人民政府副区长职务。

第三十四次会议　4月14日举行。会议听取和审议柳北区水产畜牧兽医局局长黎文柳受政府委托作的《柳北区人民政府关于动物防疫工作情况的报告》和柳北区人大常委会财经工委主任科员李萍作的《关于柳北区人民政府动物防疫工作的视察报告》。并根据柳北区人民法院院长黄武雄提请，依法决定任命贺文等26名人民陪审员，任期时间为5年。

第三十五次会议　6月25日举行。会议听取和审议柳北区财政局局长曹玉虎受政府委托作的《关于柳北区人民政府2009年财政决算报告》，柳北区审计局局长陆智文作的《关于2009年度柳北区预算执行和其他财政收支的审计工作报告》和柳北区人大常委会财经工委主任委员艾小林作的《关于柳北区人民政府2009年财政决算的审查报告》。听取和审议柳北区人民政府副区长唐伟作的《柳北区人民政府关于开展居家养老工作情况的报告》和柳北区人大常委会法制工委主任委员裴光福作的《关于对柳北区人民政府开展居家养老工作的视察报告》。会议以表决方式通过《关于柳北区人民政府2009年财政决算》的决定，并根据柳北区人民政府区长孙黎明的提请，依法决定任命陈自贵挂任柳北区人民政府副区长（挂任期1年）等人事任免事项16项。

第三十六次会议　8月12日举行。会议听取和审议中共柳北区委常委、柳北区人民政府常务副区长刘子林作的《柳北区人民政府关于2010年上半年经济运行情况及下半年经济工作安排的报告》，柳北区财政局局长曹玉虎受政府委托作的《柳北区人民政府关于2010年上半年财政预算执行情况汇报》和柳北区人大常委会财经工委主任委员艾小林作的《关于柳北区2010年上半年经济运行及财政预算执行情况的视察报告》。听取和审议柳北区人民法院院长黄武雄作的《柳北区人民法院关于非诉行政案件执行工作的报告》和柳北区人大常委会法制工委主任委员裴光福作的题为《关于柳北区人民法院非诉行政案件执行工作的视察报告》。并根据柳北区人民政府区长孙黎明和柳北区人民法院院长黄武雄的提请，依法决定任命陈树春挂任柳北区人民政府副区长（挂任期2年）和段建军为柳北区人民法院审判员等人事任免事项2项。

第三十七次会议　9月16日举行。会议听取和审议中共柳北区委常委、区委宣传部部长、柳北区人民政府副区长莫江涛作的《关于辖区学校教育资源整合工作情况的报告》和柳北区人大常委会法制工委主任委员裴光福作的《关于柳北区人民政府开展中小学教育资源整合工作情况的视察报告》；听取和审议柳北区农业与水利局局长李信荣受政府委托作的《关于柳北区人畜饮水工程建设情况的报告》和柳北区人大常委会财经工委主任委员艾小林作的《关于对柳北区人民政府落实人畜饮水工程进展情况的视察报告》。并根据柳北区人民政府区长孙黎明提请，依法决定有关人事任免事项1项。

第三十八次会议　10月28日举行。会议听取和审查柳北区财政局局长曹玉虎受政府委托作的《柳北区人民政府关于提请2010年财政预算调整方案（草案）的报告》和柳北区人大常委会财经工委主任委员艾小林作的《关于对柳北区人民政府2010年财政预算调整方案的初审报告》；听取和审议中共柳北区委常委、区委宣传部部长、柳北区人民政府副区长莫江涛作的《柳北区人民政府贯彻实施〈中华人民共和国环境保护法〉的情况汇报》、《柳北区关于集体林权制度改革工作情况的报告》和柳北区人大常委会法制工委主任委员裴光福作的《关于柳北区人民政府贯彻执行〈环境保护法〉情况的视察报告》和柳北区人大常委会财经工委主任委员艾小林作的《关于对柳北区人民政府集体林权制度改革工作情况的视察报告》。并以表决方式通过《关于批准柳北区人民政府2010年财经预算调整方案》的决议，决定批准柳北区人民政府关于2010年财政预算调整方案（草案）的提请，财政总收入由年初预算的15.05亿元，调整为16.94亿元，财政总支出由年初预算的15.04亿元，调整为16.94亿元。其中，本级预算总收入由年初预算的4.03亿元，调整为5.11亿元，本级一般预算支出由年初预算的4.01亿元，调整为5.11亿元。会议根据柳北区人民政府区长孙黎明提请，依法决定任命仲军为柳北区人民政府副区长。

第三十九次会议　12月29日举行。会议听取和审议柳北区人民政府副区长程方晓作的《柳北区人民政府关于园区产值过百亿重大经济项目进展情况的汇报》和柳北区人大常委会财经工委主任委员艾小林作的《关于对柳北区人民政府2010年重大经济项目完成情况的视察报告》。听取和审议柳北区拆迁办公室副主任刘存存受政府委托作的《关于柳北区人民政府城中村改造情况的报告》和柳北区人大常委会代表联络工委主任委员张宁作的《关于柳北区人民政府开展城中村改造工作情况的视察报告》。听取和审议柳北区人大常委会副主任毛先发就柳北区十届人大六次会议召开的时间及建议议程进行说明。听取和审议柳北区人民检察院副检察长文代钊作的《关于刑事审判法律监督工作的专项检查活动实施情况的报告》和柳北区人大常委会法制工委主任委员裴光福作的《关于柳北区人民检察院开展刑事审判法律监督工作及专项检查活动的视察》。与会全体委员还向拟任职人员就任职情况、工作范围提出希望和要求，依法决定任命人事任免事项15项。依法补选柳州市副市长刘健生为市第十二届人民代表大会代表。

重要工作

【人大代表视察】　2010年柳北区人大常委会分别组织人大代表开展会前视察和专题调查活动16次。代表们分别围绕柳北区人民政府关于上半年经济运行情况和财政预算执行情况、林业改革工作、动物防疫工作、农村人畜饮水工程和贯彻执行《中华人民共和国环境保护法》情况、白露工业园区和广西地王财富广场等重大经济项目建设、城区法院及检察院的工作情况进行视察，并提出许多建设性建议和意见。同时受柳州市人大常委会委托，分别组织市人大柳北团代表围绕柳北区工业园区建设情况、沙塘“农都”创业园项目开发情况、城中村改造工程情况、农村水利基础设施建设等情况开展视察，并根据代表对视察情况提出的意见和建议向市人大提交相关视察情况汇报，强化市人大对柳北区各项建设的关注力度。

7月26日，柳北区人大代表视察重点项目——柳州宝钢汽车钢材部件有限公司　李萍　摄

【人大代表建议和意见办理】 2010年柳北区人大常委会对柳北区人大代表在第十届人大第五次会议上提出47件建议和意见作为办理工作重点,分别召开议案领衔人座谈会2次,了解代表对柳北区人民政府、柳北区人民法院和柳北区人民检察院(简称"一府两院")的办理建议和意见的情况,及时将代表意见反馈"一府两院",督促政府逐项落实。经各方面努力,47件建议和意见全部答复,其中被柳北区人民政府采纳实施21件,占44.68%,列入规划逐步实施9件,占19.1%,暂时不能解决或超出本级政府权限16件,占36.17%。如苏彦玲等10位代表提出的《关于解决学校聘请保序员费用的建议》,2010年5月,经柳北区政府研究同意,安排500万元专款为学校聘请保安、购买单警装备、安装报警系统、完善交通标识等。年内,城区各中小学、幼儿园的保安及设备配备到位,广大师生安全有了保障。加强对农村人畜饮水工程议案的跟踪督办,柳北区人民政府共投资1786万元,建成人畜饮水工程37处,解决2.20万人饮水困难。认真接待群众来信来访25件,并按有关法律法规和政策规定进行转办、交办和督办。

【代表培训】 2010年分别举办城区人大代表和联络员培训班各1期,有190多名代表和30多名联络员参加《中华人民共和国选举法》、《中华人民共和国代表法》等业务知识培训。

【交流学习】 2010年柳北区人大常委会分别组织人员及机关干部参加广西城区人大工作研讨会1次、桂中十六县区人大主任联席会3次,协助召开市县区人大教科文卫委工作联席会、法工(内司)委工作联席会各1次,走访广西金城江城区人大、靖西县人大、大新县人大等单位,进行交流学习。

【国家机关工作人员任免】 2010年柳北区人大常委会任免国家机关工作人员50人次,其中任职29人次,免职18人次,挂职2人次,辞职1人次;任免柳北区人大机关负责人11人次,柳北区人民政府提请任免的人员25人次,柳北区人民法院提请任免的人员14人次。 (李 萍)

柳北区第十届人大常委会任免国家机关工作人员名单(2010年)

时间	会议	任免	姓名	民族	职务
1月8日	柳北区人大常委会第30次会议	任命	莫灿锋	壮	柳北区人大常委会办公室副主任
		免去	代小燕	汉	柳北区人大常委会办公室副主任
		辞职	吴 倩	汉	柳北区人大常委会委员
1月12日	柳北区人大常委会第31次会议	补选	林 海	汉	柳州市第十二届人民代表大会代表
1月26日	柳北区人大常委会第32次会议	任命	苏 庆	汉	柳北区人民政府副区长
		免去	贺 莹	汉	柳北区人民政府副区长
3月17日	柳北区人大常委会第33次会议	任命	唐 伟	汉	柳北区人民政府副区长
		免去	林祖敏	汉	柳北区人民政府副区长
6月25日	柳北区人大常委会第35次会议	挂职	陈自贵	汉	柳北区人民政府副区长
		任命	黄立平	汉	柳北区发展改革和经济局局长
		任命	刘 伟	汉	柳北区住房和城乡建设局局长
		任命	吴德忠	汉	柳北区人力资源和社会保障局局长
		任命	周克勤	汉	柳北区商务局局长
		任命	黎文柳	汉	柳北区水产畜牧兽医局局长
		任命	肖荣江	汉	柳北区法制办公室主任
		免去	黄立平	汉	柳北区发展经济局局长
		免去	刘 伟	汉	柳北区建设局局长
		免去	吴德忠	汉	柳北区人事劳动和社会保障局局长
		免去	周克勤	汉	柳北区贸易发展局局长
		任命	韦国荣	壮	柳北区人民法院刑事审判庭庭长

续表

时间	会议	任免	姓名	民族	职务
6月25日	柳北区人大常委会第35次会议	任命	梁昱	汉	柳北区人民法院审判委员会委员、审判监督庭庭长
		任命	唐军	汉	柳北区人民法院行政审判庭庭长
		任命	钟莉	汉	柳北区人民法院行政审判庭副庭长
		任命	程刚	汉	柳北区人民法院民事审判一庭副庭长
		任命	刘俭	汉	柳北区人民法院执行庭副庭长
		任命	张桂媛	汉	柳北区人民法院审判员
		免去	韦国荣	壮	柳北区人民法院审判监督庭庭长
		免去	梁昱	汉	柳北区人民法院行政审判庭庭长
		免去	陆克荣	汉	柳北区人民法院刑事审判庭庭长
		免去	唐军	汉	柳北区人民法院行政审判庭副庭长
		免去	钟莉	汉	柳北区人民法院民事审判一庭副庭长
		免去	韦棋柱	壮	柳北区人民法院执行庭副庭长
8月12日	柳北区人大常委会第36次会议	挂职	陈树春	汉	柳北区人民政府副区长
		任命	段建军	汉	柳北区人民法院审判员
9月16日	柳北区人大常委会第37次会议	任命	王永	汉	柳北区人口和计划生育局局长
10月28日	柳北区人大常委会第38次会议	任命	仲军	汉	柳北区人民政府副区长
12月29日	柳北区人大常委会第39次会议	任命	熊朝凯	汉	柳北区人大常委会财经工委主任委员
		任命	吴小燕	汉	柳北区人大常委会教育科学文化工作委员会主任委员
		任命	韦佳佳	壮	柳北区人大常委会信访办公室主任(兼)
		任命	黄天福	壮	柳北区人大常委会代表联络工作委员会主任委员
		任命	裴光福	汉	柳北区人大常委会信访办公室副主任(兼)
		任命	刘竣红	汉	柳北区人大常委会信访办公室副主任
		免去	艾小林	汉	柳北区人大常委会财经工作委员会主任委员
		免去	张宁	汉	柳北区人大常委会代表联络工作委员会主任委员
		任命	王晓宏	汉	柳北区人民政府办公室主任
		任命	衣弘	汉	柳北区人民政府教育局局长
		任命	董学堂	汉	柳北区城市管理行政执法局局长
		任命	吴玉生	汉	柳北区环境保护局局长
		免去	李壬申	汉	柳北区城市管理行政执法局局长
		免去	衣弘	汉	柳北区人民政府办公室主任
		免去	苏敏	汉	柳北区教育局局长
		补选	刘健生	汉	柳州市第十二届人大代表

柳州市柳北区人民政府

【政府机构概况】 1979年9月28日，成立柳北区人民政府，设办公室、工业科、民政科、财务科、劳动科、文化教育科、卫生科、服务管理科和人民防空办公室等工作机构9个，有机关工作人员33人。1997年12，进行第一次机构改革，设工作机构20个，有机关工作人员136人。2001年12月，进行第二次机构改革，设工作机构24个，有机关人员112人。2002年9月，柳北区接收郊区政府机关及6个乡镇干部，有工作人员381人。2005年柳北区政府设工作机构19个，有机关工作人员268人。2010年柳北区人民政府设工作机构22个，有机关工作人员103人。年内，柳北区人民政府召开全体会议2次，常务委员会会议26次，做出重大决策19项。

重要会议

【政府全体会议】 2010年召开2次，即柳北区第十届人民政府第五次、六次全体扩大会议。

柳北区第十届人民政府第五次全体（扩大）会议 3月2日由柳北区人民政府区长孙黎明主持召开，柳北区政府各部门就2010年工作目标和措施进行汇报，中共柳北区委书记黄涛要求各部门负责人提高工作标准和工作效率，将各项工作落到实处，各项重点工程要注意形象提升。

柳北区第十届人民政府第六次全体会议 7月22日由柳北区人民政府区长孙黎明主持召开，总结上半年各项工作，通报实现地区生产总值55.2亿元、财政收入7.63亿元等各项指标完成“双过半”的情况，提出要继续做大做强工业经济、不断推动农业产业化、强化第三产业发展的要求。

【政府常务会议】 2010年召开26次，即柳北区第十届人民政府第一次至第二十六次常务会议，由柳北区人民政府区长孙黎明主持。

第一次常务会议 1月18日召开，研究决定将雀儿山街道环宇社区划归钢城街道管辖。

第二次常务会议 2月11日召开，讨论通过柳北区企业申报柳州市2009年企业技术改造奖、强优企业上台阶奖名单。

第三次常务会议 3月8日召开，讨论研究各镇、街道2009年度“二次创业”绩效考评事宜。

第四次常务会议 3月22日召开，审议并原则通过《柳北区安全生产监督管理责任暂行办法》、《目标管理考核实施暂行办法》。

第五次常务会议 4月1日召开，审议并原则通过《柳北区人民政府机构改革实施意见》。

第六次常务会议 4月19日召开，会议为发经局、林业局、教育局、建设局、审计局、新农办解决公务用车、办公场所、经费落实等问题。

第七次常务会议 4月25日召开，审议并原则通过《柳北区2010年度“二次创业”绩效考评工作方案》、《柳北区白沙村城中村综合改造方案》。

第八次常务会议 5月4日召开，研究决定成立市雀儿山路第二小学教育集团和市北站路小学教育集团。

第九次常务会议 5月17日召开，会议为民政局、司法局、档案局、卫生局、商务局、水产畜牧兽医局、教育局、财政局、解放街道、锦绣街道解决人事调配、公务用车等问题。

第十次常务会议 5月24日召开，会议为林业局、执法局、人口普查办公室、白露街道、雅儒街道解决人事调配、公务用车等问题。

第十一次常务会议 6月7日召开，审议并原则通过《柳北区行政审批系统建设方案》。

第十二次常务会议 6月21日召开，研究决定将市三十三中附小确定为石碑坪中心校。

第十三次常务会议 6月29日召开，讨论研究柳北区改制企业职工危旧房改造工程被拆迁子女入学安置问题。

第十四次常务会议 7月12日召开，讨论通过柳北区2010年度第一批科学研究与技术开发项目计划。

第十五次常务会议 8月2日召开，审议并原则通过《柳北区社区矫正工作实施方案》，研究决定以雀儿山街道、胜利街道协和社区为试点开展街道（社区）政务服务中心建设工作。

第十六次常务会议 8月16日召开，会议为科技局、农水局、人口普查办公室、扶贫办、石碑坪镇、雀儿山街道解决人事调配、经费落实等问题。

第十七次常务会议 8月27日召开，审议通过《柳北区2010年食品安全目标管理考评方案》。

第十八次常务会议 9月8日召开，审议并原则通过《2010年柳北区农村危房改造工程试点实施方案》、《柳北区新农村试点建设“三项会战”工程实施方案》。

第十九次常务会议 9月21日召开，研究讨论2010年小街小巷改造项目建设事宜。

第二十次常务会议 10月8日召开，审议并原则通过《柳北区建立乡镇（街道）政务服务中心、村（社区）便民服务站试点工作方案》。

第二十一次常务会议 10月25日召开，会议为企业党工委、住建局、卫生局、民政局、柳北国土分局、农发办解决人事调配、经费落实等问题。

第二十二次常务会议 11月6日召开，会议为区委组织部、人力资源和社会保障局、教育局、执法局、老龄委解决人事调配、公务用车、经费落实等问题。

第二十三次常务会议 11月15日召开，会议为农水局、教育局、解放街道、雅儒街道解决人事调配、经费落实等问题。

第二十四次常务会议　11月30日召开，研究通过柳北区第一批基层医疗卫生机构综合改革竞聘上岗人员名单。

第二十五次常务会议　12月13日召开，审议并原则通过《柳北区行政执法局机构设置人员调整方案》、《柳北区行政执法局中层领导竞聘上岗和执法人员"双向选择"实施方案（草案）》、《柳北区"十二五"时期中小学及学前教育布局调整方案》。

第二十六次常务会议　12月29日召开，审议并原则通过《柳北区机关退休人员返聘管理办法》、《柳北区政府投资项目建设工程管理办法》，决定组建柳北区控制和查处违法建设大队。　（吴松栖）

8月26日，金大陆海鲜世界易址重建开业典礼在辖区雅儒路东四巷6号举行

赖德勇　摄

重要政务

【打造工业强区】 1月19日，柳北区人民政府区长孙黎明在《政府工作报告》中指出：立足大柳北，构建大园区，实施大项目，培育大产业。优化调整现有产业布局，形成企业规模化、集群化、特色化的格局，着力打造"快速环路经济圈"，加快柳北工业园区经济带的发展。3月2日，柳北区政府召开全体工作会议，提出要从抓好重大项目、贴进项目、围绕项目做文章。3月11日，柳北区召开工业园区企业家座谈会，传达柳州市关于中小企业发展资金使用方案、专项资金申请程序、挖潜改造资金申请程序等精神，通过柳北区加快经济园区发展的工作目标。4月20日，柳北区召开第一季度经济运行分析会，分析柳北区以园区开发建设为重点，实施重点项目风险抵押、包干责任制，做好重大项目，加大企业报务力度，完成地区生产总值27亿元，工业总产值37亿元，其中工业园区完成产值25亿元，三产销售收入97亿元，实现"首季开门红"。5月13日由柳州市政府副市长焦耀光主持召开的全市加快推进鹧鸪江钢铁深加工及物流产业园项目工作协调会在柳北区行政中心召开。5月19日，柳北区赴广东参加2010年柳州·深圳投资说明会，成功签约项目6个，总投资达9.12亿元。5月25日，柳北区召开2010年重点项目建设工作会议，确定10项重点项目建设。6月3日，柳州市十大农业工程之一沙塘片区现代农业科技示范园建设在沙塘农都三合村花卉基地开工。7月22日，柳北区人民政府区长孙黎明在召开的政府全体会议上，总结上半年各项工作，通报实现地区生产总值55.12亿元，财政收入7.63亿元等各项指标完成"双过半"的情况，提出要继续做大做强工业经济，不断推动农业产业化，强化第三产业发展的要求。8月10日，柳州市重大项目开竣工庆典仪式在柳北辖区柳州港鹧鸪江作业区举行。开工建设的有柳州港鹧鸪江作业区改扩建工程，鹧鸪江港作业区一期规划建设1000吨级、远期2000吨级的泊位4个，设计年吞吐量达240万吨。竣工的有辖区柳州宝钢公司的汽车钢材加工配送中心项目。10月19～20日，柳北区随柳州市经贸代表团赴南宁参加中国—东盟商务与投资峰会，在柳州投资推介暨项目签约仪式上，与各参会企业达成投资意向项目9个，投资总额达53.84亿元，其中签约项目5个，投资总额达9.14亿元，其中外来投资800万美元。马来西亚力根集团在胜利路投资建设马来西亚特色美食城项目、山东省厚丰集团入驻白露工业园建设汽车散热器生产项目进入自治区层面主会场签约。10月27日，柳北区召开学习贯彻党的十七届五中全会精神辅导讲座，中共柳北区委、区政府提出：要以十七届五中全会精神为指导，认真编制好柳北区"十二五"发展规划，实施"六大发展战略"，建设幸福文明和谐新柳北。年末，柳北区工业总产值率先在柳州市四城区中突破200亿元，实际达209.4亿元。规模以上工业产值、工业园区产值分别达179亿元、117亿元。

【打造商贸富区】 1月3日，柳北区政府举行投资环境推介会，柳州市潮人商会、福建商会、温州商会等八大商会的企业家、各城区及柳东新区招商局局长参加推介会，目的是加强与各方交流和学习，突破各自为营的局面，通过多渠道的宣传推介，吸引更多投资商到柳北投资，提升柳北区招商引资质量和水平，助推经济加速发展。1月9日，柳州市首家以销售名特优新无公害农副产品为主的金臣超市在柳北区北站农贸市场设立。1月19日，柳北区人民政府区长孙黎明在

《政府工作报告》中指出:以培育商贸品牌街区、特色路网为突破口,盘活存量土地资源,加大商业开发力度,逐步在辖区内建设、发展一批规模大、辐射强的商业带。着力培育白沙路、跃进路、滨江东路三条特色商业街,以保利地产项目为龙头,以白沙村城中村改造为依托,营造白沙片区商贸新环境。利用柳州地王国际财富中心等优质项目招好商、招大商,扩大招商引资实效。依托便捷的交通运输网络,加快沿北外环路的产业布局,发展汽车、钢铁、食糖、竹木、农产品等专业物流,在鹧鸪江片区建设大型工业品、医药和农副产品批发市场和专业市场,打造形成区域性商贸物流中心。4月8日,由于胜利小区改造,柳北大市场过渡市场在胜利商贸市场内开业,设有门面和摊位400个,使胜利小区近5万多居民群众有了一个良好的购物环境。4月20日,柳州保利置业有限公司在柳北区白沙路1号成立,在建的柳州市“十大建设工程”之一柳州地王国际财富中心项目总投资约42亿元人民币,总建筑面积65万平方米,拟建融5A甲级写字楼、超五星级酒店、超级商务办公建筑集群于一体的西南第一大国际大厦城市综合体,其中,303米68层超高建筑将成为柳州的地标。6月4日,广西首家花都快客便利店在柳北区雅儒社区开业,这是柳北区首家引进中国连锁便利业态最具实力的公司在社区开办的第一家微型超市,为居民群众提供快客便利的“一站式”服务。8月24日,柳州市商贸重点项目国腾购物广场·大润发柳北分店在柳北区胜利路12-6号开业,该项目是柳北区着力发展5个亿元大型商城之一,开业当天购物人数2.5万人次,营业额达226万元,年末实现营业额1.1亿元。8月26日,金大陆海鲜世界易址重建开业典礼在辖区雅儒路东四巷6号举行,柳州市政府副市长陈杰出席庆典仪式。金大陆海鲜世界雅儒新店总投资4600万元,营业面积8000平方米,可同时容纳1500人用餐,解决500多人就业。11月26日,自治区统筹推进重大项目一桂中海迅柳北物流基地项目在柳北区鹧鸪江路开工建设。该项目规划总投资4.9亿元,总用地面积26.9万平方米,总建筑面积41万平方米。农贸市场升级改造步伐加快。年末,柳北区商贸业规模总量大幅攀升,拥有钢材、食糖、医药等批发企业581家,亿元市场8家,新建微型超市5家,商贸业规模总量大幅攀升,三产营业收入突破400亿元。

【打造农业精品区】 1月19日,柳北区人民政府区长孙黎明在《政府工作报告》中指出:加大城乡统筹发展力度,依托现有特色农业基础,走精品示范区发展道路,打响“农业十大精品”项目品牌,以“品牌富农”促进城区新农村建设,推进长塘、沙塘、石碑坪城镇带的发展。年内实施3个“千亩”工程,即大力推进青茅花卉基地项目建设,力争完成1000亩生产基地开发;培育石碑坪镇优质葡萄基地,新增种植面积1000亩以上;发展优质滑皮金桔1000亩以上,创建绿色食品品牌。依托“公司+专业合作社+基地+农户”等模式,引进发展朗德鹅示范养殖,扶持龙头加工企业,提高产品附加值,带动更多农户增收致富。3月24日,台湾天姿园艺和广东咏芳花苑两家公司与柳州市青茅花卉有限公司签订《柳北花卉基地承包经营合同书》,以生产经营国兰、蝴蝶兰等名贵兰花系列为主入驻柳北区青茅花卉基地示范园,使花卉基地的兰花生产示范面积达4.67公顷。3月31日,柳州市四城区农业科技计划项目策划构造调研座谈会在柳北区行政中心会议室召开。5月14日,自治区农业厅副厅长谢东率队来柳北区视察长塘镇青茅花卉基地花卉种植和运营情况。6月3日,柳州市十大农业工程之一沙塘片区现代农业科技示范园暨沙塘农都、三合村花卉基地开工,该基地总规划面积413.33公顷,将建成集产业研发、技术推广、规模生产、加工贸易、观光休闲为一体的高效农业区,成为沙塘片区现代农业科技示范园的一个示范区。7月30日,经自治区科技厅评审,柳北区罗非鱼产业获自治区第一批农业产业科技重点示范县。10月26日,柳州市发展特色农业暨秋冬季农业开发现场会在柳北区行政中心会议室召开,柳北区在会上作了经验发言。部署2010年全市特色农业暨秋冬种工作,签订秋冬种生产责任状。市领导苏海棠、张永刚等率市有关部委办局及各县区负责人参观柳北区石碑坪镇留休村凉亭屯葡萄基地与秋冬菜间套

3月24日,柳北区举行花卉基地招商签约仪式　　赖德勇　摄

种基地、沙塘镇上垌朗德鹅基地、长塘镇青茅花卉基地、鹧鸪江园艺场PIC祖代种猪场。11月16日，柳州市农业机械局2010年甘蔗分段式收割大行动培训演示会在柳北区石碑坪镇留休新东屯农业机械化示范田举行。11月19日，自治区副主席陈章良来柳北区就农业产业发展建设情况调研，鼓励柳州市要全力打造柳北现代“农都”。11月23日，自治区党委副书记陈际瓦来柳北区青茅花卉基地调研，考察长塘片区兰花生产示范园，了解园区发展规划，兰花的生产及销售情况。12月28日，柳北区石碑坪镇泗角村龙湾200亩连片大棚蔬菜基地破土动工，该基地总投资300多万元，建成后年可向市场提供无公害蔬菜2000吨以上，辐射带动周边村民种植蔬菜1000亩以上，年创经济效益500多万元。年末，柳北区完成农林牧渔业总产值9.29亿元，居柳州市四城区首位。特色农业初步显现，投资4610万元用于水利道路工程、扶贫基础设施、扶贫产品开发等50多个项目建设。在长塘镇青茅花卉基地建成2.1万平方米生产大棚及花卉展示厅，种植兰花100多万株；千亩高产油茶示范基地、朗德鹅种鹅基地及广西标准化正康PIC(鄂美猪种)祖代种猪场先后建成。新辟植葡萄园200公顷。石碑坪镇生产的葡萄、滑皮金桔、温州蜜柑获得农业部绿色食品认证；沙塘镇生产的上垌大米获得自治区无公害食品认证。“十大农业精品项目”实施取得成效，亚热带优质水果、花卉、优质稻米、养殖、生态休闲旅游等5个产业带初步形成。

5月10日，柳北区城乡风貌改造工程开工仪式在沙塘镇古灵村举行　赖德勇　摄

【打造城建示范区】 1月19日，柳北区人民政府区长孙黎明在《政府工作报告》中指出：依托经济的集聚、辐射和带动作用，着力改善城区的生产生活条件和环境面貌，提升发展水平和区位优势。实施城乡风貌改造一期工程，重点对外环高速两旁的建筑、绿地进行改造，力争把209国道列入改造范围，打造柳州“北大门”新形象，为城区产业发展和城市功能提档升级提供支持。1月1日至30日，柳北区部署开展“项目建设突击月”活动，共完成重点工程项目征地面积149.8公顷，拆迁面积8.75万平方米。4月25日召开，柳北区政府审议通过《柳北区白沙村城中村综合改造方案》。5月10日，柳北区在沙塘镇古灵村举行城乡风貌改造工程开工仪式，共投入资金922万元，对辖区北环高速公路沿线500米可视范围内的村屯房屋实施立面改造，改造总面积20.4万平方米，使776户农民房屋面貌焕然一新。7月26日，柳州市城乡风貌改造现场会在柳北区举行。与会人员实地考察柳北区长塘镇西流村大井屯城乡风貌改造情况，并听取相关成员单位和县区关于风貌改造进展的汇报，柳北区的城乡风貌改造工作得到柳州市领导的肯定。8月11日，柳州市重大项目“广雅路—八一路口改造工程”在柳北区八一路开工。9月8日，柳北区政府第十八次常务会议审议通过《柳北区农村危房改造工程试点实施方案》、《柳北区新农村试点建设“三项会战”工程实施方案》。9月21日，柳北区政府第十九次常务会议研究讨论2010年小街小巷改造项目建设事宜。11月17日，柳州市对柳北辖区广雅路口下穿通道工程开始全封闭施工。12月7日，柳北区白沙路、北站路两条示范路的门头(店面)招牌改造完毕。12月29日，柳北区政府第二十六次常务会议审议通过《柳北区机关退休人员返聘管理办法》、《柳北区政府投资项目建设工程管理办法》，决定组建柳北区控制和查处违法建设大队。年末，柳北区先后完成湘桂线铁路、香兰大道等42个城建项目征地拆迁工作，征地面积224.46万平方米，拆迁面积24.46万平方米。城区危旧房改造工作取得阶段性突破，胜利小区、和兴园小区等项目签约住户3650户、交房3321套。北站路、八一路“温馨工程”项目拆迁工作以及白沙村、马厂村城中村改造工作稳步推进。

【打造文化大区】 1月19日，柳北区人民政府区长孙黎明在《政府工作报告》中指出：充分整合辖区文化资源，深入实施文化进社区、进农村、进企业、进军营、进学校、进机关“六进”工程，大力弘扬先进文化，整体提升城区文化软实力。3月27日，柳北区与柳州市委宣传部、市文明办公室、市旅游局、市农业局联合主办主题为“新柳州、新农村、新体验”的“柳州市乡村旅游文化节”在柳北区沙塘镇君武森林公园启动。4 月 20 日，柳北区组织开展“我的书屋，我的家”农家书屋阅读讲演比赛主题活动，来自各镇、街道办事处的村（社区）图书管理员、党支部书记、教师、村民群众参加比赛。沙塘镇的谭群凤代表柳州市参加全国和自治区“我的书屋，我的家”农家书屋阅读讲演比赛主题活动讲演比赛，获全国比赛“最佳风采”奖。4 月 30 日，柳北区文化资源共享工程县级支中心在市北雀路 119 号柳州钢铁（集团）公司图书馆挂牌成立，使柳北辖区 42.8 万群众有了一个文化资源共享的环境。全年组织开展各项文化体育活动 500 多场，放映公益数字电影 616 场，放映场次居柳州市四城区第一，长塘镇综合文化站及沙塘镇下陶村、古木村的文体公共服务中心项目竣工，完善沙塘镇上垌村等 7 个行政村的体育设施。沙塘镇君武森林公园被评为国家 AAA 级旅游景区。做好工业遗产文物征集工作，收集工业文物信息 1054 条、已捐实物 320 多件。城区档案馆晋升国家二级馆。年内，柳北区获柳州市文化系统 2010 年重点工作目标管理考评一等奖、柳州市农村和社区电影公益放映工作先进城区一等奖。

【推进科技事业发展】 2 月 11 日，柳北区政府第二次常务会议讨论通过柳北区企业申报柳州市 2009 年企业技术改造奖、强优企业上台阶奖名单。7 月 12 日，柳北区政府第十三次常务会议审议通过 2010 年度第一批科学研究与技术开发项目计划。年内，以“科技活动周”、“十月科普大行动”为平台，持续开展科普活动。申报市级以上科技项目获准 11 项，到位专项资金 385 万元。柳州市航盛电子科技公司获得国家级高新技术企业认定，长塘镇得利良种猪养殖发展协会被评为全国科普惠农兴村计划先进集体；柳北区被认定为自治区农业产业（罗非鱼）科技重点示范县（区）。

【优化教育资源】 5 月 4 日，柳北区政府第八次常务会议决定成立市雀儿山路第二小学教育集团和市北站路小学教育集团，开展 6 个乡镇学校撤并和市区学校新建扩建工作。6 月 21 日，柳北区政府第十二次常务会议研究决定将市三十三中附小确定为石碑坪中心校。6 月 29 日，柳北区政府第十三次常务会议讨论研究柳北区改制企业职工危旧房改造工程被拆迁子女入学安置问题。12 月 13 日，柳北区政府第二十五次常务会议审议通过《柳北区“十二五”时期中小学及学前教育布局调整方案》。年内，完成本级“两费”投资 1822.5 万元，对 33 所学校进行基建维修和设备购置。全面提升教师综合素质，重点打造学校品牌建设工程，义务教育学校常规管理、学前教育管理工作独显特色，被自治区教育厅作示范推广。中考成绩连续 8 年总分 A+ 等人数在柳州市四城区中名列第一。柳北区成为国家教师教育创新西南实验区，被列入自治区基础教师素质提升综合改革实验项目第一批实验区行列。

【社会保障】 优先发展社会保障和福利事业，全年新增城镇就业 1.07 万人，城镇登记失业率 4.5%，实现“零就业家庭”数动态清零。城镇居民新增参加医疗保险人员 18.75 万人。全年发放各类救助保障资金 1117.45 万元、残疾人特困补助 128.3 万元、抚恤金 388.86 万元、慰问金 38.3 万元，累计受益 8 万人。狠抓农村民主管理，全面推广“四议两公开”工作法（“四议”即党支部会提议、“两委”会商议、党员大会审议、村民代表会议或村民会议决议；“两公开”即决议公开、实施结果公开），在村级设立农事服务中心，现场为农民群众办理各种事务。打造民主示范样板村 10 个，在 15 个社区建立“一站式”服务平台，实现养老机构覆盖社区 55 个。城市“三无”（无劳动能力，无生活来源，无法主动赡养、抚养、持养）老人均领取消费券并得到安装居家养老“呼救通”。

【夯实安全生产】 1 月 19 日，柳北区人民政府区长孙黎明在《政府工作报告》中指出：深化重点行业领域安全生产隐患排查治理，持续开展安全生产大检查，通过绩效评估、标准化、信用程度评估创建活动，规范安全生产行为，提高事故防御能力。3 月 22 日，柳北区政府第四次常务会议审议通过《柳北区安全生产监督管理责任暂行办法》、《柳北区安全生产目标管理考核实施暂行办法》。3 月 25 日，柳北区召开安全生产工作暨第一季度防范安全事故工作“安康杯”竞赛活动

2010 年柳北区组织电影队，为居民群众放映公益数字电影 600 多场　李　萍　摄

表彰大会。

【深化机构改革】 1月18日,柳北区政府第一次常务会议研究决定将雀儿山街道环宇社区划归钢城街道管辖。4月1日,政府第五次常务会议审议通过《柳北区人民政府机构改革实施意见》。8月27日,政府第十七次常务会议审议通过《柳北区2010年食品安全目标管理考评方案》。11月30日,政府第二十四次常务会议研究通过柳北区第一批24个基层医疗卫生机构综合改革竞聘上岗人员名单。12月2日,柳北区召开医改工作汇报会12月13日,政府第二十五次常务会议审议通过《柳北区行政执法局机构设置人员调整方案》、《柳北区行政执法局中层领导竞聘上岗和执法人员“双向选择”实施方案(草案)》。加强对村镇财政资金管理,黄村村集体资产进行产权制度改革、鹧鸪江村农村财务管理规范化建设列入自治区试点,综合治税工作步入广西先进行列。

【打造服务型政府】 1月19日,柳北区人民政府区长孙黎明在《政府工作报告》中指出:从转变政府公共服务职能入手,努力提高行政效率,打造效率政府、责任政府、法制政府、服务政府、阳光政府新形象,强化方便群众、主动服务的思想观念,严格落实首问责任制、限时办结制和责任追究制,坚持依法行政,加大政府信息公开力度,推行无纸化办公,提高政府的公信力。6月7日,政府第十一次常务会议审议通过《柳北区行政审批系统建设方案》。8月2日,政府第十五次常务会议研究决定以雀儿山街道、胜利街道协和社区为试点开展街道(社区)政务服务中心建设工作。10月8日,政府第二十次常务会议审议通过《柳北区建立乡镇(街道)政务服务中心、村(社区)便民服务站试点工作方案》。12月29日,政府第二十六次常务会议审议通过《柳北区机关退休人员返聘管理办法》、《柳北区政府投资项目建设工程管理办法》。

【维护社会稳定】 推进社会治安综合治理和维护稳定工作,不断深化和拓展平安创建内涵,继续实行领导干部包案责任制和开展公开大接访活动,全年调解民间纠纷成功率达90%以上,“三大纠纷”案件调结率达95%。8月2日,柳北区政府第十五次常务会议审议通过《柳北区社区矫正工作实施方案》。12月29日,政府第二十六次常务会议审议决定组建柳北区控制和查处违法建设大队。确保实现自治区党委、政府提出的2010年创建社会和谐稳定模范区目标任务。

【提升卫生、人口与计生服务水平】 深化“健康柳北行”活动内涵,组织开展健康快车进校园活动,以健康知识大讲堂、现场演示、心理卫生咨询、“小手拉大手”等多种形式,在10所学校普及急救常识和健康教育知识,辐射带动辖区学校、居民健康意识的整体提升。加强农村、社区公共卫生服务,扎实抓好地方病防治、食品安全等工作,确保完成中央扩大内需卫生院建设项目及社区卫生服务中心建设项目,农民参加新农村合作医疗保险参合率达90%以上。围绕四个老人、一对夫妇和一个小孩组成的“421”计划生育家庭,创新实施“计生常青树”工程,加大计卫联合力度,争创国家计划生育优质服务先进县区,认真抓好第六次全国人口普查工作。

【加强廉政建设】 牢固树立危机意识、大局意识和责任意识,不断完善绩效考评机制,把重点项目督查和重点工作绩效考评结合起来,形成长效管理机制,并向镇(街道)等基层一线延伸,以绩效考核促进公务员队伍能力建设,营造敢于创新、勇于创新、善于创新的工作氛围,提高政府的执行力。自觉接受城区人大及其常委会的法律监督,主动接受城区政协的民主监督,广泛听取民主党派和人民团体的意见。进一步健全惩治和预防腐败体系,认真落实党风廉政建设责任制,充分发挥监察、审计等部门的职能作用,对工程建设、招标采购进行监督,加强预算执行审计、重大建设项目审计、专项资金审计和领导干部责任审计,从源头上防治腐败。

(李　萍)

政务服务

【完善政务服务管理】 2010年柳北区推进政府管理创新,推行“一服务两公开”、“四议两公开”工作法,以“围绕发展、优化环境、服务发展”为目标,以“服务为民、便捷高效”为宗旨,完善政务服务工作机制,加强行政审批规范化管理,提高工作效率和服务质量,初步形成以政务服务中心为主要平台的政务服务运行机制。推进服务方式特色化,推行并联审批套餐式服务,保姆式服务,推进行政效能监察整体进入政务服务中心,前移监督关口到服务窗口,实施“阳光和效能重点建设岗位”试点工作,建立健全19项制度及窗口服务质量群众满意度评议表,用以规范政务服务日常管理,使政务服务中心工作做到事事有人管、时时有监控、工作有记录,推动政务服务工作顺利运转,审批服务规范进行。通过整合各种行政资源,建立和完善自治区、柳州市、城区三级网络,对外开放城区档案文书资料查阅服务中心。年内,落实网络体系配置和软硬件设备购置资金70多万元,在充分利用现有办公条件的前提下,建立既能利用各种网络支撑建设,又能保密信息的电子信息技术体系。全年办理审批服务事项5.69万件,按时结办率100%,办理时限提高65%,群众无投诉状况。 (林晓华)

【镇街政务服务中心成立】 2010年柳北区做好政府政务信息公开工作,高标准、高投入建设镇街政务服务中心。1月8日,柳州市、柳北区首个村级公共服务中心在石碑坪下陶村挂牌,在石碑坪镇下陶村和新南屯等5

个村推行“农事村办”一站式服务模式。10月29日，柳北区首个街道政务服务中心——雀儿山街道政务服务中心挂牌。12月14日，锦绣街道政务服务中心挂牌。（林晓华）

【机关事务管理】 2010年柳北区机关后勤服务中心有在职人员8人。主要负责政府的固定资产管理、物业管理、公共机构节能、会议保障、房屋、水电安装维修、车辆维修管理等工作。年内，制定和修订《柳北区固定资产出租管理办法》《柳北区固定资产管理办法》，规范政府固定资产管理。加强公共机构节能工作，成立由政府常务副区长担任组长，后勤服务中心、财政局、监察局、建设局等部门为成员的公共机构节能工作领导小组，制定《柳北区2010公共机构节能工作计划》，健全能耗统计和能耗公示制度，做好节能技术改造工作。投资100万元，新修停车棚3栋，停放车辆100辆，新修100平方米洗车池1个。有门面36间，车辆163辆。（莫国忠）

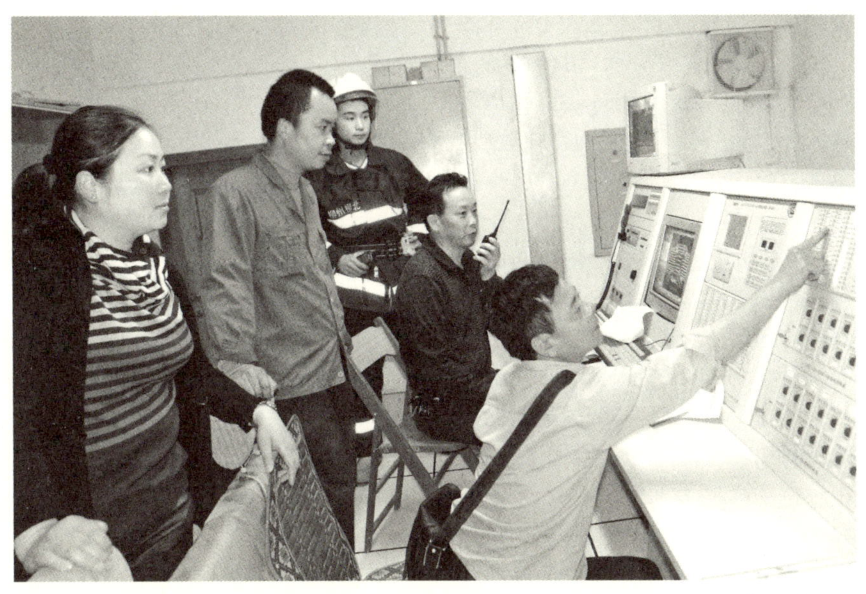

4月23日，机关后勤服务中心指挥机关干部开展消防演习　　李萍摄

接待工作

3月31日，柳州市四城区农业科技计划项目策划构造调研座谈会在柳北区召开。

5月6日，柳城县政府一行10人到柳北区工业园考察工业经济发展工作。

5月14日，自治区农业厅副厅长谢东率队到柳北区青茅花卉基地，视察花卉种植和运营情况。

6月18日，柳州市县区外事侨务工作会议在柳北区行政中心107会议室召开。

7月8日，全国人大代表、自治区人大常委会副主任吴恒率驻桂全国人大代表一行到柳北区视察调研工业园区建设情况。吴恒副主任对柳北区大力发展园区工业、以园区带动工业区建设，统筹城乡发展，努力建设科学发展先行区，率先建成西江经济带综合经济实力最强城区的工作给予肯定。

8月23日，自治区人口与计划生育工作委员会主任黄丹一行到柳北区沙塘镇江湾村视察计划生育工作。

10月28日，浙江省嘉兴市南湖区考察团一行21人来柳北区参观考察。

10月29日，国务院侨务办公室副主任马儒沛在自治区侨务办公室主任冯祖华的陪同下来到柳北区胜利东社区检查指导社区侨务工作，对柳北区社区侨务工作给予肯定。

11月19日，自治区副主席陈章良到柳北区调研农业产业发展建设情况，鼓励柳州市要全力打造柳北现代“农都”。

11月23日，自治区党委副书记陈际瓦到柳北区青茅花卉基地调研，考察长塘片区兰花生产示范园，了解园区发展规划，兰花的生产及销售情况。

11月25日，浙江商会副会长、上海伦达投资集团公司董事长吴良钢、亿游实业集团公司董事长沈国刚率考察团到柳北区考察房地产及物流项目。

12月28日，受国家档案局委托，自治区档案局局长黄明初率自治区档案局测评组，对柳北区晋升国家二级档案馆进行综合测评，柳北区档案馆成功晋升为国家二级档案馆。

（吴松栖）

招标采购

【招标机构概况】 2007年11月，成立柳北区招标采购办公室，是政府下属行政采购机构。2010年柳北区招标采购办公室有在职人员3人，主要承担政府办公用品、工程项目等招标投标采购工作。

【规范招投标管理】 2010年柳北区招标办公室遵循《2010～2011年柳州市政府集中采购目录及限额标准》、《关于2010～2011年度柳州市本级预算单位公务用车实行协议供货采购的通知》和《关于2010年市本级预算单位政府采购部分通用类货物协议供货采购的通知》等规范性文件，围绕“管办分离、政事分开、强化监管、透明高效，运转有序”的总体目标，不断完善采购规则，推进政府采购制度改革，使政府采购招投标工作走上制度化、规范化管理的轨道。在规范招投标管理工作中，通过规范招标代理机构、评标专家管理，建立诚信档案，严格招标文件备案管理、规范评标程序和评标办法，围绕加强投标管理，采取多家联合监管模式，由招标采购办联合城区监察局、财政局、审计局多部门进行监督，实行招投标项目公平化，节省资金投资，降低建设成本，提高项目经济效益。

【招标采购实施】 2010年柳北区实施政府采购项目161个，预算价格1649.58万元，采购价格1603.71万元，节约资金45.87万元。其中车辆协议采购价格902.92万元，通过招标采购项目13个，预算价格495.7万元，中标价460.27万元，节约资金35.43万元，节约率7.15%；通过协议供货和定点采购方式进行采购的预算价格258.02万元，实际采购价格240.52万元，节约资金17.50万元，节约率6.78%，与上年相比，采购规模扩大43.75%。

【工程招投标】 2010年柳北区招标办公室分别组织对城区建设局、教育局、新农村建设办公室、农业发展办公室、司法局、卫生局、农业水利局等部门的115个工程项目(标段)进行招标，招标预算控制总价5819.20万元，中标总报价4864.87万元，节约资金954.33万元，节约率16.40%。同时还对农业水利局、扶贫开发办公室的村屯道路建设工程、人饮工程等21个工程项目的议标进行监督。开展项目预算审核85项，审核资金407.97万元，节约资金61.20万元；审计政府投资项目153项，核减工程款703.77万元。

【专业知识学习】 2010年柳北区招标办公室举办城区首次工程项目管理专业知识培训，邀请专家来给城区建设工程管理办公室成员、城区机关有建设项目的单位项目管理人员、城区事业单位建设项目的现场管理人员和各学校工程项目管理人员执讲，通过培训提高城区建设项目单位管理人员的专业知识，促进施工项目管理的科学化、规范化和法制化。随着学校、乡镇办事处等基层使用财政性资金采购纳入政府采购范围，政府采购规模不断扩大，工作难度增加，组织辖区各中小学校等基层采购人员进行系统学习2次。 （李　萍）

5月28日，柳北区招标办公室人员审核工程预算　　李　萍　摄

中国人民政治协商会议柳州市柳北区委员会

【政协机构概况】 1984年10月，成立政协柳北区委员会(简称柳北区政协)，设立办公室1个工作机构。1990年1月增设经济委员会、科技教育文化体育卫生委员会、社会法制委员会3个工作机构。1997年3月，3个工作机构改称为经济科技委员会、教育文化体育卫生委员会和社会法制提案委员会。2001年12月至2002年1月，撤销经济科技委员会、教育文化体育卫生委员会和社会法制提案委员会3个工作机构，新设专门委员会。2010年12月，撤销专门委员会，保留办公室和新设经济科技联谊委员会、文史文化教育卫生体育委员会，提案法制委员会等4个工作机构，在职人员9人。

2010年柳北区设政协常务委员会组织机构1个，政协委员147人。柳北区政协常务委员会由主席、副主席、秘书长和常务委员会委员组成。第七届柳北区政协设主席1人，副主席4人(其中兼职副主席2人)，秘书长1人，常务委员会委员21人。年内，召开政协柳北区全体委员会会议1次，常务委员会会议5次。组织常委委员视察1次，委员视察12次，委员活动日1次，形成视察调研报告2份，增补委员9人。

重要会议

【柳北区政协七届五次会议】 2010年1月18～19日在柳北区行政中心大楼101会议室召开。应出席委员147人，实到委员116人。中共柳北区委书记黄涛在开幕会上作重要讲话。会议听取和审议柳北区政协主席潘加波代表常委会作的《政协柳州市柳北区第七届委员会常务委员会工作报告》，政协副主席覃德勤代表常委会作的《政协柳州市柳北区第七届委员会常务委员会关于柳北区政协七届四次会议以来提案工作情况的报告》。与会委员列席柳北区第十届人大六次会议，听取并讨论柳北区人民政府区长孙黎明作的《柳北区人民政府工作报告》、柳北区人民法院院长黄武雄作的《柳北区人民法院工作报告》、柳北区人民检察院检察长陈德忠作的《柳北区人民检察院工作报告》。会议期间收到委员提案33件，立案16件，建议和意见17件。会议经表决通过《政协柳州市柳北区第七届委员会第五次会议政治决议》,《政协柳州市柳北区第七届委员会第五次会议关于常务委员会工作报告的决议》,《政协柳州市柳北区第七届委员会第五次会议关于七届四次会议以来提案工作情况报告的决议》。

【柳北区政协常务委员会会议】 2010年召开5次，即第七届政协柳北区常务委员会第十六次至二十次会议，听取和审议通过常委会工作报告、提案报告、决议草案、建议和人事任免等事项12项。

第十六次会议　1月8日召开。柳北区政协主席潘加波主持会议。会议协商通过《政协柳州市柳北区第七届委员会常务委员会工作报告(讨论稿)》及报告人;《政协柳州市柳北区第七届委员会常务委员会关于区政协七届四次以来提案工作情况的报告(讨论稿)》及报告人;政协柳北区第七届委员会第五次会议召开的日期、会期,议程、日程(草案);政协柳北区第七届委员会第五次会议大会秘书长、副秘书长建议名单;政协柳北区第七届委员会第五次会议委员编组建议名单;政协柳北区第七届委员会第五次会议特邀领导、列席人员建议名单。决定将上述各项报告草案及建议名单提请政协柳北区第七届五次会议表决通过。

第十七次会议　1月19日召开。柳北区政协主席潘加波主持会议。会议协商通过《政协柳州市柳北区第七届委员会第五次会议政治决议(草案)》,《政协柳州市柳北区第七届委员会第五次会议关于常务委员会工作报告的决议(草案)》,《政协柳州市柳北区第七届委员会第五次会议关于七届四次会议以来提案工作情况报告的决议(草案)》。决定将上述各项决议、报告草案提请柳北区政协七届五次会议表决通过。

第十八次会议　4月15日召开。柳北区政协主席潘加波主持会议。会议学习传达全国两会精神,协商通过《政协柳州市柳北区第七届委员会常务委员会2010年工作要点(讨论稿),并决定把《柳北区农田水利基本建设的情况》及《柳北区医疗卫生体制改革的现状》作为2010年常委会调研课题。

第十九次会议　7月30日召开。柳北区政协主席潘加波主持会议。会议通报《柳北区人民政府2010年上半年工作情况及下半年工作计划》(书面);协商通过增补政协柳北区第七届委员会委员(建议名单)和《关于柳北区农田水利基本建设情况的调查报告》、《深化医疗卫生体制改革　夯实医疗卫生服务基础》2个常委会调研报告。同时增补政协委员9人。

第二十次会议　12月30日召开。柳北区政协主席潘加波主持会议。会议传达学习中共柳州市委十届十四次会议精神，通过有关人事任免事项。

1月19日,柳北区召开政协第七届委员会第五次会议　　李　萍　摄

重要工作

【政治协商】 2010年政协柳州市柳北区委员会通过政协全体会议、常务委员会会议等协商形式，协商、审议通过报告、提案和决议12项,其中《关于柳北区农田水利基本建设情况的调查报告》、《深化医疗卫生体制改革，夯实医疗卫生服务基础》2个常委会调研报告提交中共柳北区委、柳北区人民政府。年内，柳北区政协召开七届五次会议对“一府两院”工作报告及其他报告协商讨论，会议期间收到政协委员提交提案33件,经提案委员会审查,立案16件,其余17件作为建议和意见转有关部门酌情办理。柳北区政协还引导委员更好地为柳北区新农村建设服务，组织部分政协委员、乡镇农业分管领导及农业方面的专家到石碑坪镇视察,建议大力推广农村种植产业化，开创柳北区新农村建设新局面。

【民主监督】 2010年柳北区政协采取全体会议、常委会议、主席会议、委员视察、委员提案、社情民意信息、民主评议等形式,真实反映社情民意,提出批评建议。年内，柳北区政协参与柳北区政府拆迁听证会,民主监督拆迁工作，共同维护社会和谐稳定。参加党政部门的行风评议会,民主监督各部门工作落实情况。组织召开工商行风评议座谈会，针对工商窗口服务、信息化管理、业务宣传、业主培训等工作提出中肯的意见和建议。此外还组织委员对机关工作进行绩效考评，对柳北公安分局进行行风评议；组织委员参加沙塘镇党委书记的公推直选，在参政议政中履行民主监督职能。

委员视察　2010年柳北区政协组织委员小组开展视察活动12次，其中文史组委员到洛埠镇视察百年历史老屋，发掘辖区有价值的历史文化遗迹；城建环保组委员围绕创建“国家园林城市”视察柳州市的园林建设；经济组委员视察柳北辖区商住房在建项目；文教组委员到辖区市方圆民办小学开展送教活动。通过开展视察活动，委员们提出发展各镇特色农业产业，提升工业园区、钢铁加工物流园区规模等意见和建议20多条。同时，柳北区政协还认真落实《柳州市柳北区政协走访联系委员工作制度》、《政协柳州市柳北区委员会关于区政协委员参加会议活动规定》等规章制度，加强和规范委员管理工作。组织开展委员活动日，增进委员间的沟通与交流，为委员提供知情议政平台。全年编发《柳北政协》简报3期，开展委员走访活动，广泛征集社情民意，争取委员所在单位对委员履职及政协工作的支持。

社情民意反映　2010年，柳北区政协在3个镇和7个街道办事处聘任社情民意信息员10人，召开社情民意座谈会4次，收集社情民意信息23条，汇编《社情民意反映》3期，其中15条意见和建议得到中共柳北区委、柳北区政府及相关部门回复，如胜利小区治安环境得到整治；三中路第二机关幼儿园路巷车辆乱停放拥堵现状得到有效改善；钢城街道办事处笔架社区居民区内涝问题得到解决等。

【参政议政】　2010年，柳北区政协通过各种专题议政会、协商例会，政协委员参与政府相关部门组织的检查和视察等形式，围绕关系城区经济社会发展的重大问题和人民群众普遍关注的社会焦点引导委员参政议政。在柳北区政协七届五次全会期间，组织委员听取并讨论柳北区“一府两院”工作报告，邀请机关各部门、镇(街道)领导列席委员小组讨论会，围绕柳北区工业园区建设、征地拆迁、社会稳定、百姓就医出行、教育均衡发展等方面与委员进行交流，探讨柳北发展大计。年内，组织召开政协听证会，听取柳北区政府上半年经济运行情况及下半年工作计划。开展政协常委视察、委员视察活动，发动委员们为柳北区发展积极建言献策，其中《关于打造钢铁深加工工业园的建议》、《抓紧建设沙塘农业博物馆的建议》、《关于扶持柳北区中小企业发展的建议》、《关于强化长塘、沙塘两地经济发展的建议》等4个提案为中共柳北区委、柳北区人民政府提出“率先建成西江经济带综合经济实力最强城区”提供依据。

12月3日，柳北区组织政协委员视察在建的白露大桥　　李晓艳　摄

新农村建设　2010年，柳北区政协派出1名机关干部到白露街道园艺村担任新农村建设驻村指导员，指导该村开展林改工作，组织村民开展种养殖技术培训。政协机关支部还与村两委班子开展共建活动，为农村党员上党课，为农业项目建设牵线搭桥。在柳州市政协的大力支持下，帮扶长塘镇青茅花卉基地资金20万元，支持柳北区新农村建设。

加强村级卫生室建设　2010年柳北区政协组织政协委员到4个镇的村级卫生室进行视察，针对村级卫生室建设严重滞后、影响新型农村合作医疗制度健康发展的现状，向柳北区政府提出关于加大对村级卫生室基础设施及能力建设，加强村级卫生队伍建设，提高卫生服务水平，搞好配套改革工作，保障村级卫生室健康发展，为广大农民提供价廉、便捷的基本医疗卫生服务的建议。同时，针对药品实行‘零差价’销售后，乡镇卫生院的出路以及作为农村三级卫生医疗服务网‘网底’的村级卫生室，如何确保乡村医生来得了、留得住、用得上等问题，开展调查研究，提出许多有见地的意见和建议。

捐资助学　2010年，柳北区政协引导部分委员开展慈善捐助、扶贫助困，捐资助学活动，分别组织机关干部和政协委员踊跃向旱情严重地区、玉树地震灾区和“希望工程圆梦大学”助学等10多项活动捐献各类款项11.55万元。

【提案办理】　2010年，柳北区政协共收到委员提案33件，经审查后对《关于将37路公交线路终点站延伸至星艺社区的建议》等16件提案予以立案，将《对蟠龙山和驾鹤山灯光设计的几点建议》等17件提案作为建议和意见转送有关部门处理。33件提案中，城市建设与管理类11件，占33.3%；公共交通类7件，占21.1%；环境保护类2件，占6.1%；科教文卫类3件，占9.1%；综治类1件，占3%；农业农村建设类3件，占9.1%；社保福利类2件，占6.1%；社区管理类2件，占6.1%，其他类2件，占6.1%。年内，所有提案按规定全部办理完毕，其中，已经解决和基本解决的11件，占33.3%；需报上级部门立项或者列入规划逐步解决的12件，占36.4%；受客观条件限制暂时不能解决或作业务工作参考的6件，占18.2%；不属于城区办理范围的4件，占12.1%。提案办理满意和基本满意率达100%。

11月26日，柳北区政协召开《柳北文史》第17辑文稿评审会　　符巧玲　摄

【文史整理】 2010年柳北区政协常委会继续注重历史文化资源的挖掘和收集，从1986年开始收集和编辑柳北文史资料以来，已编辑出版《柳北文史》16辑。2007年3月开始，组织政协委员和文史专家经过3年时间的收集整理，于2010年12月整理编印《柳北文史》第17辑。《柳北文史》第17辑收集柳北史料、城区变迁、沙塘农都、铁闻掌故等历史资料30多篇达15万字，为采集挖掘柳北辖区深厚的历史文化资源，打造和丰富"文化柳北"内涵，发挥"存史、资政、育人"的作用。年内，柳北区政协分别在市级以上新闻媒体发表反映政协工作的新闻稿件15篇。

重大活动

【领导视察】 2010年8月26日，柳州市政协主席胡锦朝等一行到柳北区重点了解柳北区新农村建设情况。市政协领导一直非常关注柳北区新农村建设，多次组织市农业专家团到石碑坪镇葡萄基地进行优果高产技术指导，并下拨7万元资金扶持长塘镇青茅村文化活动中心建设。同时胡锦朝一行还视察位于市胜利路8月24日刚开业的柳州市最大超市国腾购物广场·大润发柳北分店，了解大润发柳北分店开业当天就接待顾客2.50万人次，实现营业收入226万元的情况后，胡锦朝赞扬柳北区为居民群众办了一件好事。11月7日，由农工党广西区委和农工党柳州市委联合举办的以"绿色、低碳、健康、和谐"为主题的第二十二届"国际科学与和平周"三下乡广西区活动在柳北区沙塘镇举行，自治区政协副主席、农工党广西区委主委彭钊、自治区人大常委会委员、教科文卫委员会副主任、农工党广西区委副主任江红兵参加了此次活动。柳州市各大医院的13位医学专家为当地群众开展多项诊疗服务和健康咨询，免费提供价值4000多元的常用药品，受到当地群众的欢迎。

【专题学习】 2010年2月，柳北区政协机关干部举行第一次专题学习活动，集中学习胡锦涛、温家宝、李长春等中央领导同志在《中共广西壮族自治区委员会关于2009年工作情况及2010年工作安排的报告》上做出的重要批示精神，并与学习贯彻中央十七届三中、四中全会精神和全面落实科学发展观相结合，围绕柳州市委提出的30字方针和"七个提升年"活动要求及柳北区委提出的"推动科学发展，促进城乡统筹，努力开创率先建成西江经济带综合经济实力最强城区新局面"的工作部署相结合，推动政协工作不断创新。3月25日，柳北区政协机关干部在柳州市委礼堂参加市政协举办的"传达学习全国人大、政协两会精神报告会"，听取自治区政协副主席彭钊作的报告。

【专题调研】 2010年9月，柳北区政协主席潘加波率领政协常委委员视察团，就"农村产业结构调整"等问题，到石碑坪镇开展专题调研，就如何加强对农村经济合作社的指导和管理，促进柳北区农业产业化调整等方面向区委、区政府提出相关意见和建议。

【新委员培训】 2010年柳北区政协新增补委员9人，为使新增补委员尽快进入角色，政协常委会对新委员进行履职培训，把学习理论知识、了解当前形势与研讨实际工作紧密结合起来，使新委员加深对人民政协性质、地位、作用的认识，明确政协委员的权利和义务。

【学习交流】 2010年协助柳州市政协在辖区开展交通、工业园区建设、发展特色农业等专项调研视察活动。参加柳州市四个城区政协联谊活动；与贺州市八步区政协、梧州市长洲区政协、河池市环江县政协、来宾市武宣县政协及广东省佛山市高明区政协等省外省内县区政协开展学习交流和走访活动，互相探讨履职新途径。政协常委会致力于建立更广泛的爱国统一战线，支持委员与港、澳、台之间开展文化体育交流活动。

（胡容华）

纪律检查和行政监察

【纪律检查和行政监察机构概况】 1979年9月，设立中共柳北区委纪律检查委员会，在职人员2人。1984年10月改称中共柳北区纪律检查委员会。1993年6月起中共柳北区纪律检查委员会和柳北区监察局合署办公，设办公室、纪律监察室、审理室3个工作机构。在职人员8人。2010年柳北区有纪检监察工作机构20个，其中有石碑坪镇、沙塘镇、长塘镇镇纪委3个；解放、雅儒、胜利、雀儿山、白露、锦绣、钢城街道办事处纪工委7个，直属机关系统纪工委6个，纪检组4个。专兼职纪检监察干部16人。机关内设办公室、党风室、案件检查室、信访室、行政效能监察室（机关效能投诉中心）5个定职定编职能科室。挂设宣教室、案件审理室、执法室、纠风办公室4个办公室，在职人员12人。

【中共柳北区第八届纪律检查委员会第五次全体会议】 2010年3月1日召开。出席会议的纪委委员16人，列席105人。柳北区纪委常务委员会主持会议，会议认真学习贯彻党的十七大、十七届三中全会、中央纪委十七届三次全会、自治区纪委九届八次全会和市纪委十届六次全会精神，总结2009年柳北区党风廉政建设和反腐败工作，研究部署2010年任务。全会审议通过中共柳北区纪委书记林敏作的《扎实推进党风廉政建设必反腐败斗争，为发展建设“五个柳北”提供坚强保证》的工作报告和《建立健全惩治和预防腐败体系2008～2012年工作规划》。中共柳北区区委书记黄涛、柳北区人民政府区长孙黎明出席全会并作重要讲话。中共柳北区委、柳北区人大常委会、柳北区人民政府和柳北区政协领导出席会议，有关方面的负责人100多人参加会议。

【领导干部廉洁自律】 2010年柳北区对各镇、街道办事处，区机关各单位贯彻落实廉洁自律有关规定的情况进行专项检查，对少数党员干部的违纪行为进行严肃查处。其中执行领导干部重大事项报告10项，基层领导干部述职述廉24人，对镇领导干部进行任期经济责任审计7人，领导干部任前廉政谈话68人。继续治理领导干部收受现金和有价证券、在住房上以权谋私以及配偶、子女违反规定经商办企业等突出问题，加大对节假日公务用车管理力度，严格执行节假日封车制度，指派监察局人员会同有关部门不定期到机关车库及相关地点进行检查，对车辆不按规定停放的发放通知书并要求车辆所在部门领导做出书面答复。

【党内监督】 2010年柳北区纪委监察机关开展制止党政干部公款出国（境）旅游专项工作和《领导干部职务任期暂行规定》等制度贯彻情况检查，加强对领导干部特别是主要领导干部的监督，加强对人财物管理使用、关键岗位的监督，加大对重大决策、重要干部任免、重大项目安排、大额度资金使用的监督检查。下发《柳北区委常委与分管的单位、部门党政主要领导廉政集体谈话制度的通知》，柳北区四套班子14名处级领导干部对所分管单位、部门党政领导干部进行廉政谈话90人次，16名镇、街道办事处党政一把手和所分管的干部进行廉政谈话205人次。6～7月，组成柳北区党风廉政建设责任制检查考核组，对城区党风廉政建设工作进行历年规模最大的检查。派出监督员全程参与监督柳北区公开选拔副科级领导干部和公开招考录用公务员工作，确保选人用人公开、公平、公正。

【纠正不正之风】 2010年柳北区纪检监察机关坚持把群众关心的热点难点问题作为工作重点，深化安农、安康、安心、安保、安教“安五工程”，把保障民生贯穿于各项纠风工作的始

3月1日，柳北区召开中国共产党柳北区第八届纪律检查委员会第五次全体（扩大）会议　　赖德勇　摄

终。一是重点督促有关部门做好"家电下乡"、"农机下乡"、"汽车摩托车下乡"工作；二是与城区林权制度改革督查组对各镇集体林权制度改革工作进行4次监督检查。三是规范农村公益事业建设一事一议筹资筹劳行为和村级财务。组织城区财政局、审计局、农水局等部门加强对2008年(村两委换届)以来的雅莲村、黄村村、白沙村、马厂村、白露村、香兰村、鹧鸪村等7个城中村财务进行审计，提出整改意见函8份，四是加强对新型农村合作医疗资金的拨付、使用、收支和补偿报销受益情况和对医疗卫生系统属中央扩大内需项目资金使用及项目进展情况的监督检查，发现各类问题18个，下发整改意见函4份。开展食品安全专项治理工作。五是参与城区教育局组织的春季学校开学收费检查，未发现有乱收费行为；对教育局近年收到的信访件进行全面检查，对处理信访件不规范等问题提出整改意见和建议；对教育系统4个行业协会的不规范情况提出整改意见。建立城区、镇(街道)、村(社区)三级纠风网络，在10个镇(街道)建立纠风工作组，配备人员105人，90个行政村和社区聘请纠风监督员125人，实现"城区有纠风办，镇(街道)有纠风工作组，村(社区)有纠风监督员"的工作格局。

1月4日，柳北区举办新提拔任用干部廉政培训班　　赖德勇　摄

【违纪案件查处】 2010年柳北区纪检监察机关与柳北区人民检察院联合办案，针对退耕还林等政策落实情况开展专项监察，通过深挖案件线索，广开案源渠道等有效措施，挖掘查办出石碑坪镇林业站违法发放林木采伐许可证和沙塘镇林业站违反退耕还林补偿政策，失职错误案件2起2人，挽回经济损失17.37万元。对辖区3个镇7个街道办事处及教育局、卫生局、农业水利局和民政局开展涉农专项资金检查，对扶贫资金、民政资金、重点工程建设、重大项目资金使用情况进行全程跟踪监督检查。年内，受理信访举报19件，其中查办信访案件2起，处理党员干部2人，信访监督3件，发放信访监督通知书3封，初核4件，转办7件，待办3件。

【党风廉政宣传教育】 2010年柳北区各基层党组织和纪检监察机关，继续完善《党风廉政建设责任制实施办法》，印发《2010年柳北区党风廉政建设工作要点》和《2010年柳北区反腐倡廉工程工作方案》，将城区党风廉政建设工作细化量化，把任务具体分解到各单位、部门和责任人。把党风廉政教育作为党建"反腐倡廉"工程的基本内容纳入对镇、街道、区直机关干部和村社区党员干部培训学习计划。坚持以领导干部为重点、以党委(党组)中心组为龙头、以廉政文化建设为重点，以整合宣教资源为抓手，把反腐倡廉教育同职业道德、社会公德、家庭美德和个人品德教育紧密结合起来，深入开展理想信念教育、权力观教育、党纪国法教育和案例警示教育。开展廉政文化和纠风宣传"六进"(进社区、进农村、进企业、进军营、进校园、进机关)活动，发放各种廉政纠风宣传资料5000多份，接受咨询调查300多人。以柳北区第六届"北雀放飞"学习节为契机，组织机关、镇、街道办事处讲授廉政党课37次，出廉政宣传板报66期，播放电教片56场次，组织观看反腐倡廉演出2场，巡回展出王瑛事迹画报和廉政漫画作品56张，培训党员干部1847人次。加强纪委监察机关人员培训学习，其中参加中央纪委监察部举办培训班6人，参加自治区纪委监察厅举办培训班7人，参加市纪委监察局举办培训班7人；举办本岗业务培训班1期，参加28人。加强纪检监察信息工作，上报信息7条，被自治区采用1条，新闻单位采用稿件6篇，编发廉政《工作简报》2期。

【派驻农村纪检监察员】 2011年6月至12月，柳北区率先在全市向辖区35个行政村派驻纪检监察员35人，这是柳州市首个向农村派驻纪检监察员的城区。派驻纪检监察员必须做到协助各镇党委、政府抓好行政村党风廉政建设和反腐败工作，依法依纪维护行政村"两委"的权威和正常的工作秩序。支持村推进村级民主选举、民主决策、民主管理和民主监督，支持和保障村民依法开展自治活动，维护全体村民的合法权益。监督村务公开工作，做到按时公开，按规定公开，全程监督村委为民办实事以及村委资金使用情况和村财务清算情况等。

【行政效能监察】 2010年1月12日，柳州市绩效办公室对柳北区2009年度重点工作指标完成情况进行考评，柳北区以96.16分的成绩荣获柳州市四城区第一名，获优秀等次。同时，柳北区2010年度绩效考评察访核验全部通过柳州市绩效考评管理信息平台完成。1月23日，柳北区首次采用多媒体课件考评2009年社区绩效工作，钢城街道元宝社区、胜利街道胜利西社区、东社区获前三名。

（编辑部）

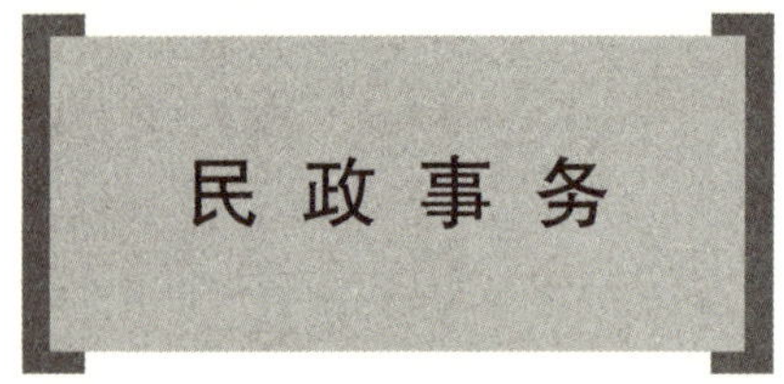

民政事务

【民政机构及工作概况】 1979年9月，设立柳北区民政科。1985年10月，改称柳北区民政局。1995年10月，柳北区拥军优属、拥政爱民工作办公室（简称双拥办）在民政局挂牌。1997年柳北区城市最低生活保障管理服务中心设在民政局；2002年12月，老龄工作委员会办公室和抗灾救灾领导小组办公室在民政局挂牌。2010年柳北区民政局（老龄工作委员会办公室）在职人员12人，下设镇、街道民政机构10个，民政工作人员10人，镇敬老院2个。各类定期抚恤、补助优抚对象593人，其中烈属、牺牲病故军人家属14人，革命伤残人员161人，在乡复员军人71人，其他优抚对象347人，全年优待烈军属210人。

2010年柳北区民政事业费支出2254万元，其中发放抚恤费366.7万元，民政管理事务费用支出218万元，其他用于民政支出61.9万元。年内，开展“和谐社区建设示范单位”和“村务公开民主管理示范单位”创建活动；建立居家养老社区试点55个，服务对象2.85万人。城区、镇（街道）、村（社区）三级民政业务信息网络系统正常运行。年末，柳北区获国家民政部授予第三批全国养老服务示范活动先进单位和全国老龄工作先进单位称号。

【救灾救济】

灾害救助　2010年柳北区春季旱灾受灾面积4140公顷，受灾人口2.8万人，缺粮情况严重。辖区有575户群众需口粮救济，其中低保户246户，一般户329户。全年发放救济粮11.65吨，折款3.5万元，救济411户次656人次。6月，石碑坪镇发生雷击事故，导致2人当场死亡，4人受伤，柳北区民政局先后两次下拨死亡抚慰金和救助金2.25万元。冬春生活救助灾民1610户2438人，发放冬令救助物资31万元。

抗旱救灾捐款　2010年4月2日，柳北区3个镇，7个街道办事处干部群众为融安县第一次抗旱救灾捐款6.8万元。4月15日，柳北区为融安县送去第二批抗旱救灾资金10万元及干部群众捐款2万多元。两次合计共为融安县抗旱救灾捐款20多万元。

地震灾害捐款　2010年4月14日，青海省玉树县发生7.1级地震，夺去2000多人的生命，90%以上建筑受到摧毁。玉树县灾情牵动柳北区干部群众的心。据不完全统计，4月19日～28日，柳北区机关和事业单位干部职工、企业职工、社区居民捐款34.34万元。

8月6日，柳州市委副书记苏海裳（右三）为柳北区胜利街道协和社区颁发全国和谐社区建设示范社区牌匾　　赖德勇　摄

【农村基层政权建设】 2010年柳北区加强农村基层政权建设，开展“村务公开民主管理示范单位”创建活动，为乡镇增加8个村官。在石碑坪镇的下陶村、新南屯、沙塘镇的古灵村、长塘镇的北岸村、白露街道办事处的园艺村成立5个农事村办一站式平台示范点，方便远郊村民办事。下拨166.2万元经费，建设和维修村委办公楼、村务公开栏、配置办公设施等。全年下拨村委干部补贴费和35个村办公经费314.26万元，其中给村委干部发放补贴经费159.53万元，绩效补贴费133.73万元，为35个行政村下拨办公经费21万元。

【社区建设】 2010年柳北区民政局根据《柳北区社区居民委员会绩效考评、社区工作人员实绩奖励补贴实施办法（暂行）》的通知》，在辖区范围内开展社区居民委员会绩效考评工作，分别评出一等奖14个，二等奖24个，三等奖17个。对483名社区工作人员，发放奖励补贴经费253.79万元。年内，开展“和谐社区建设示范单位”创建活动，8月6日，全国和谐社区建设示范社区授匾仪式在柳北区胜利街道协和社区举行，柳州市委副书记苏海裳为柳北区胜利街道协和社区进行授匾，并对社区干部坚持实事求是地反映社情民意，积极为辖区单位和居民办实事、办好事的精神给予充分肯定。同时富康社区、友谊社区、元宝社区

1月23日，柳北区四家班子领导慰问烈士家属　　赖德勇　摄

被命名为柳州市和谐社区建设示范社区称号。柳北区胜利街道协和社区被命名为全国防灾减灾示范社区称号。

【社会组织管理】 2010年柳北区有社会组织28个，其中社会团体4个，民办非企业单位24个。年内，柳北区民政局对4个社会团体和24个民办非企业单位进行年度检查，均达到合格。指导和推荐2个单位参加自治区先进社会组织评选，柳州市私立建新小学和柳州市柳北区香兰科技种养协会分别获自治区先进社会组织称号。

【优待抚恤】 从2010年1月1日起，柳州市卫生局将优抚对象的医疗保险和医疗补助审核、报销工作正式下放到城区管理。柳北区共为451人次各类优抚对象报销医疗保险、医疗补助和定额门诊补助25.6万元。10月1日，柳北区调整提高各类优抚对象的抚恤和生活补助标准，其中残疾军人的残疾抚恤金提高10%，“三属”（烈属、军属和牺牲病故军人家属）人员的定期抚恤金提高12%，红军失散人员定期补助每人每月增加65元，在乡老复员军人定期补助每人每月增加100元，带病回乡退伍军人定期补助每人每月增加56元，参战和参核退役人员定期补助每人每月增加70元。年内，柳北区为347名“三参”（参战退役人员、参加核实验退役人员）人员发放定期生活补助88.95万元（其中：提标补差11.52万元）；残疾军人的抚恤金在原标准的基础上提高15%，为161名在乡、在职残疾军人发放残疾抚恤金120.79万元（其中：提标补差11.06万元）；为95名六种重点优抚对象发放定期抚恤补助金50.96万元（其中：提标补差4.12万元）。为2名重度残疾军人发放护理费2.15万元。年内，柳北区民政局组织开展柳北区双拥共建活动，争取上级住房困难补助款10万元，分别下拨给20户重点优抚对象改建和维修住房；为6名在乡老复员军人，因公残疾军人解决住房难和医疗难等问题。为30多名户口在其他城区的优抚对象办理抚恤关系迁移手续，规范优抚对象档案管理，做到1人1档案。

【双拥工作】 2010年柳北区各级党政领导班子利用元旦、春节、八一等节庆，广泛开展多种形式的拥军慰问、走访活动，为驻地部队送去慰问金24.6万元，为驻地部队170名官兵颁发立功授奖奖金1.84万元。柳北区还拨出150万元专款为75140部队修建军用公路。3月23日，柳北区石碑坪镇遭遇百年不遇的严重旱情，驻军75140部队官兵与柳北区石碑坪镇泗角村村民100多人在泗角村竹围、泗角新、老三屯清除水渠淤泥1200米。3月31日，驻地75140、75103部队与石碑坪镇机关干部和村民300多人，到大帽河水渠大仙村段清理水渠3公里，有效灌溉面积66.67公顷；4月9日，公安柳北消防大队出动消防车，与驻地75140部队官兵60余人，到石碑坪镇大滩村车田屯为村民浇灌葡萄园地6.67公顷；75140部队还支援10个村柴油4吨，给村民抽水抗旱之用。5月13日，柳北区军民共建209国道文明长廊协议签字仪式在柳北区行政中心会议室举行，驻辖区75140部队、75103部队、95246部队、柳州预备役炮团、来宾市武警支队、武警柳州市消防支队、公安柳北消防大队的部队首长分别与柳北区的石碑坪村、下陶村、古木村、大滩村、三合村、杨柳村、江湾村、青茅村等8个行政村签字结为军民共建对子，签订《军民共建沿209国道工业文明辐射长廊协议书》。5月29日，柳北区在驻地部队举行“玫瑰之约进军营”交友相亲会，来自柳北区机关、企业和学校老师18名单身女青年与驻地部队青年官兵开展交友相亲活动。柳北区第四十中学每年还派出3～5名老师开展拥军支教，帮助军校考生进行为时1个月的军校考试复习。年内，柳北区顺利通过创建自治区双拥模范城（区）“八连冠”验收，柳北区民政局获柳州市双拥工作先进单位符号。

【军转干部安置】 2010年柳北区接收和安置军转干部3人，退伍军人2人。为521名企业军转干部申报并发放生活困难补助金181.52万元，为65名企业军转干部办理医疗和养老保险关系接续，采集992名企业军转干部信息。柳北区机关干部中有转业、退伍军人和军嫂91人，占柳北区干部职工人数24.9%。　　（丁雯娟）

责任编辑：李　萍

民主党派·工商联

中国国民党革命委员会柳州市委员会柳北基层组织

【概　况】 1987年10月，中国国民党革命委员会柳州市委员会在柳北设支部2个，每届任期5年。至2005年末有委员56人。2010年中国国民党革命委员会柳州市委员会在柳北辖区设立民革基层组织有柳北一支部，柳北二支部2个，党员56人，其中女党员19人，在机关工作6人，从事教育10人，从事法律2人；有研究生学历3人，大专以上学历49人；高级职称16人，中级职称37人。党员中有柳州市政协委员8人；柳北区人大代表2人；柳北区政协委员1人，占党员总数的19.42%。

【组织建设】 2010年民革柳州市柳北基层组织根据民革柳州市委的安排，进行基层组织换届工作，新选出民革柳北一支部和民革柳北二支部2个支部主委和副主委。年内，民革柳州市柳北支部获民革广西区委先进基层组织称号。党员覃家全、梁明志、高虹等3人获民革广西区委基层工作先进个人称号；党员高虹、陈洁获民革广西区委优秀女党员称号。

【思想建设】 2010年民革柳北基层组织各支部组织党员开展学习、树立和践行社会主义核心价值体系思想建设活动，并贯穿到宣传教育、组织建设、参政议政、民主监督等各项工作中。持续开展“心系民革，情暖党员”为主题的聚力活动，把握“做老一辈优良传统和高尚风范的传承者，做巩固和发展政治交接成果的实践者”的宣传主线，扎实有效开展政治交接教育实践活动。年内，民革柳北基层组织各支部主委和副主委在民革柳州市委组织下到北海市与地方民革组织交流学习党派工作经验。

【参政议政】 2010年民革柳北基层组织组织党员开展“一党员一建议一信息，一支部一提案一活动”。党员提出的议案和提案10余件，内容涉及工业、农业、城市建设、环保、教育、社会保障等方面。党员高虹撰写的《关于扶持下岗职工，加大小额贷款担保力度的建议》和《关于进一步加强我市返城农民工就业培训工作力度的建议》获柳州市政协优秀提案，党员陈洁被评为市政协“博客之星”。

【促进祖国统一工作】 2010年民革柳北基层组织注重利用党员中“三胞”关系（台胞、海外侨胞、港澳同胞）的优势，做好民革党员台属工作，扩大两岸民间交流与往来，鼓励民革党员通过探亲、访友，介绍大陆改革开放的真实情况，帮助台湾亲友进一步了解大陆，传达台湾人民真实的社情民意。收集和掌握来自各方面信息，通过沟通信息，加强联系，促进往来。参与对台招商引资活动。年内，民革柳北支部组织召开柳州经济建设与在柳台商产业发展座谈会。

【社会服务】 2010年民革柳北基层

2010年柳北支部被评为民革广西先进基层组织（左一）　　范盛任　摄

组织继续组织党员开展以社会主义新农村建设、“扶贫助学”为重点的社会服务工作。支部党员赵卫民出资40万元在融安县大良镇新和小学和良北村2个乡镇中心小学建立图书馆；党员赵卫民等人为青海玉树地震灾区组织赈灾捐助6.7万元；党员唐劲松利用专业所长为融安县干部做法律专题辅导。（范盛任）

中国民主同盟柳州市委员会柳北基层组织

【概　况】1980年10月，中国民主同盟柳州市委员会在柳北设直属支部9个。至2005年末有委员146人。2010年中国民主同盟柳州市委员会在柳北辖区设立民盟基层组织有广西生态工程职业技术学院支部、柳州城市职业学院支部、柳州畜牧兽医学校支部、医卫支部、柳州市第三中学支部、柳州市第五中学支部、文化支部、北雀支部、柳钢科技支部等直属支部9个，盟员147人，其中女盟员72人。盟员中从事教育工作，有大学以上学历103人，高级职称74人，中级职称65人。民盟成员中有各级人大代表和政协委员14人，其中自治区人大代表1人；自治区政协委员2人；柳州市政协委员6人；柳北区人大代表1人；柳北区政协副主席1人、柳北区政协常委1人、柳北区政协委员2人。

【组织建设】2010年9月，民盟柳州市柳北基层组织根据民盟柳州市委的安排，进行基层组织换届工作，新选出民盟柳北基层组织9个支部的新主委和副主委。年内，民盟广西生态工程学院支部、民盟柳州城市职业学院支部、民盟柳州畜牧兽医学校支部、民盟文化支部、民盟柳钢科技支部等5个支部分别获民盟柳州市委先进集体称号。民盟成员中荣获各种荣誉称号和奖励134人次。

【思想建设】2010年民盟柳北基层各支部组织党员开展树立和践行社会主义核心价值体系活动，按照“党派选点、党委支持、成员活动、知行合一”的原则，将思想政治教育、参政能力建设、社会服务、基层组织建设四方面工作紧密结合，践行社会主义核心价值体系。继续开展“政治交接教育实践活动”。

【参政议政】2010年民盟柳北基层各支部组织盟员开展“强参政能力，树民盟形象”活动，围绕柳北区党委、政府的中心工作和人民群众普遍关注的问题，认真开展调查研究，撰写提案和信息材料。其中民盟广西生态工程职业技术学院支部提出：“关于增加沙塘镇金融营业网点的建议”、“建议修建沙塘路口至柳州师专道路”、“关于因地适宜种植速生桉的建议”；民盟柳州畜牧兽医学校支部提出：“关于在柳北区胜利路西建造地下人行通道的建议”；民盟柳钢科技支部提出：“关于解决北雀路南段铁道口交通堵塞问题的建议”等建议均受到柳北区党委和政府的重视采纳。民盟柳北基层组织还结合“我为柳州科学发展献一策”活动，提出促进柳州市科学发展的意见和建议。其中盟员蒙智扉撰写的《关于营造柳江百龙文化景观之建言》；盟员陈铁生撰写的《关于开展柳州建城2120年等系列纪念活动的建议》；盟员黄荣华撰写的《关于加快推进我市茶叶精深加工的建议》；盟员韦仲烈撰写的《关于加强乡镇革命烈士墓（纪念碑）管理的建议》；盟员吴善才撰写的《关于加强对电动车管理的建议》；盟员覃玉凤撰写的《关于关爱农村留守儿童的几点建议》和《关于完善我市农村社会保障体系建设的建议》；盟员韩敏撰写的《关于在我市中小学开设自我救护课程的建议》；盟员凌肇付撰写的《关于调整、优化柳州市职业高中教育的建议》；盟员肖景铁撰写的《关于深化“城乡清洁工程”的建议》和《关于加强农村卫生服务网络建设的建议》等11条建议均被民盟柳州市委员会采用，并作为柳州市政协会议民盟集体提案得到民盟柳州市委的嘉奖。

（钟思萍）

中国民主建国会柳州市委员会柳北基层组织

【概　况】2000年12月，中国民主建国会柳州市委员会在柳北设总支1

7月8日，柳州市政协副主席、民建广西区委副主委、民建柳州市委主委吴华率《促进柳州市食品工业快速健康发展研究》课题组在广西凤糖集团调研　周国云　摄

个、支部3个。至2005年末有会员50人。2010年中国民主建国会柳州市委员会在柳北辖区设立民建基层组织有柳北总支委员会1个,下设财经支部、工商四支部和老年支部3个,会员66人,其中女会员25人,大学以上学历49人,占会员总数74%。会员中担任过柳州政协常委3人,柳州政协委员7人;担任柳北区政府领导1人。

【组织建设】 2010年民建柳北总支委员会组织各支部党员开展树立和践行社会主义核心价值体系教育活动;召开“学习孙起孟同志优秀品质”追思会,追思民建老一辈领导人的道德情操和高尚风范;开展纪念民建成立65周年系列活动,组织观看电视剧《黄培炎》,组织专题讨论和征文等活动。

【参政议政】 2010年民建柳北总支委员会组织成员收集和提交各种提案42件,其中《关于大力发展钢铁深加工产业的建议》和《关于尽快修复和拓宽马厂桥的建议》荣获柳北区政协优秀提案奖。此外,民建柳北总支还通过参加恳谈会、通报会、政协社情民意座谈会等各种渠道反映社情民意信息29篇,其中《物流费高的原因和解决对策》1篇信息被中央统战部采用;《关于尽快建立对餐厨垃圾进行集中处理机制的建议》等2篇信息被自治区党委统战部采用;被柳州市委、柳州市人民政府信息办公室采用信息25篇。

【社会服务】 2010年民建柳北总支委员会成员响应民建广西区委开展的“思源工程百色行”活动,发动全体成员捐资2万多元,支援百色老区家庭水柜项目;在柳州市遭遇20年一遇的洪涝灾害后,争取到一批价值2万余元农药、农具捐赠给灾区。

(周国云)

中国民主促进会柳州市委员会柳北基层组织

【概　况】 1986年,中国民主促进会柳州市委员会在柳北设支部6个。至2005年末有会员70人。2010年中国民主促进会柳州市委员会在柳北辖区设立民进基层组织有柳州城市职业学院支部、市第三中学支部、市第五中学支部、市外国语高级中学支部、市第十一中学支部、市第十九中学支部、小教支部、城建支部、柳北退休支部、医卫支部等基层支部10个,会员134人。其中女会员73人,会员中从事教育工作116人,从事新闻出版、文化、科技、经济、医卫工作和新阶层人士17人;大学以上学历63人,其中研究生10人;高级职称49人,中级职称69人。会员中有自治区政协委员1人;柳州市政协常委1人,柳州市政协委员4人;柳北区政协常委1人,柳北区政协委员4人。

【思想建设】 2010年民进柳北基层各支部组织会员把开展树立和践行社会主义核心价值体系教育活动与深入开展政治交接教育实践活动结合起来,通过举办座谈会、专题学习会、理论研究和征文比赛,进一步明确社会主义核心价值观,树立为民办好事办实事的思想。

【参政议政】 2010年在自治区、柳州市、柳北区各级政协会议上,民进柳北支部的各级委员加强参政议政能力建设,认真履行参政职责,提出关于加强文化、教育、旅游、工业生产等方面的提案,不少提案得到各级政府和有关部门的重视采纳。自治区第十届政协委员邓庭宣在自治区政协召开的十届三次会议上递交《关于重视乡村旅游项目规划指导的建议》和《关于旧房改造问题的建议》的2个提案,引起与会的自治区政协领导的高度重视并得到采纳。委员刘红南撰写《挖掘柳州“文化名城”内涵,提升我市城市品位》提案获得柳州市政协十届三次会议优秀提案奖,她在柳州市政协十届五次会议上提交的《关于改进学生“免费午餐”的几点建议》提案获得柳州市政府的采纳和实施。委员梁获姚向柳北区政协提交的《关于规范幼儿园管理,提升办园质量的建议》、《关于解决农村养老问题的建议》、《关于

11月6日,农工党柳北支部党员深入到柳江县百朋镇下伦屯进行农村环境卫生状况调研　　毛桂兰　摄

修改广西米粉生产标准的建议》、《关于开展工业旅游的建议》等多条提案也得到有关部门的重视采纳。

（冯　珊）

中国农工民主党柳州市委员会柳北基层组织

【概　况】 1984年，农工党柳州市委员会在柳北辖区设立柳州市人民医院总支部1个，医疗卫生联合支部、农业畜牧业支部2个。至2005年末，设总支1个，支部4个，有党员63人。2010年12月底止，中国农工民主党柳州市委员会在柳北辖区设立农工民主党基层组织有柳州市人民医院总支部1个，人民医院在职支部、退休支部、柳北医卫联合支部、柳北农牧支部。基层支部5个，党员62人。其中女党员38人，党员中从事医疗卫生工作50人，从事农业畜牧业12人；大学以上学历24人，其中研究生2人；高级职称23人，中级职称36人。党员中担任柳州市第九届和第十届政协委员5人，其中柳州市第九届和第十届政协常委2人；柳北区政协委员2人，其中常委1人。

【思想建设】 2010农工柳北基层各支部坚持每季度组织党员过组织生活，传达上级指示，学习各个时期的方针政策，围绕单位中心任务开展活动。组织党员坚持把思想建设作为政治交接和自身建设的核心，把树立和践行社会主义核心价值体系作为中国特色社会主义主题学习教育活动的深化和延伸，结合农工民主党成立80周年，组织开展系列纪念活动，增强全体党员发展中国特色社会主义的政治共识，组织党员学习中共中央总书记胡锦涛2月10日在党外人士迎春座谈会上的重要讲话精神和8月11日在北京举行的社会主义核心价值体系作为党员学习培训的重要内容。

【参政议政】 2010年农工党柳北基层各支部组织党员积极建言献策，反映社情民意，认真履行参政议政、民主监督的职能。农工党柳北基层组织党员中的市政协委员分别在市政协九届、十届委员会中撰写提案14件。市政协委员黎钢撰写的《关于清理整顿地下停车场、解决停车难的建议》、农工党柳州市委兼职副主委、市政协常委董志德撰写的《村民委员会应设一名信息员》等提案分别获市政协优秀提案奖，党员董志德还被评为柳州市第九批科技拔尖人才。

【社会服务】 2010年6月，农工党柳州市组织专家服务队到柳北区沙塘镇开展“中国环境与健康宣传周”三下乡活动。11月7日，由农工党广西区委和农工党柳州市委联合举办的以“绿色、低碳、健康、和蔼”为主题的第二十二届“国际科学与和平周”三下乡广西区活动在柳北区沙塘镇举行，自治区政协副主席、农工党广西区委彭钊和自治区人大常委会委员、教科文卫委员会副主任、农工党广西区委副主任江红兵参加此次活动。柳州市各大医院的13位医学专家为当地群众开展多项诊疗服务和健康咨询，举办农业科技讲座、医学讲座，免费提供价值4000多元的常用药品。（黄裕金）

中国致公党柳州市委员会柳北基层组织

【概　况】 1986年5月20日，中国致公党柳州市委员会设立柳钢支部1个，有党员15人。至2005末有党员26人。2010年中国致公党柳州市委员会在柳北辖区设立致公党基层组织有柳钢支部和华纺支部2个，党员35人。其中女党员14人，党员中从事经济、科技工作10人；大学以上学历12人，其中研究生1人；高级职称4人，中级职称8人。党员有柳州市政协常委1人、柳北区政协委员3人，其中柳北区政协常委2人。

【思想建设】 2010年致公党柳北基层组织柳钢、华纺2个支部组织党员开展“树立和践行社会主义核心价值体系”活动，组织开展学习辅导会、专题会和支部主委与支部成员、支部党员之间的学习交流活动，组织基层支部党员开展向身边的榜样学习活动，宣传市中兴日用化工厂长、城中支部党员张伟和市源恒贸易公司总经理、柳钢支部党员江波热心公益事业，服

3月15日，致公党柳钢支部组织党员进行学习　　李　萍　摄

务社会的经验和体会，把树立和践行社会主义核心价值体系与弘扬致公党致力为公、参政议政的优良传统结合起来。

【参政议政】 2010年致公党柳北基层组织柳钢、华纺2个支部始终紧紧围绕中共柳北区委、柳北区政府的中心工作和人民群众关心的热点问题，组织支部党员发挥优势，精选课题，开展调研。林贵安副主委带领课题调研组，深入有关职能部门及企业开展调研，主笔撰写的《关于建立柳州汽车零部件研发公共平台的研究》专题调研报告，获得柳州市各民主党派、工商联年度专题调研成果三等奖。华纺支部先后完成《关于切实改善解决我市农村困难归侨医疗等问题的建议》、《进一步改善我市留学回国人员工作环境的建议》等涉侨和留学人员的调研报告，提出许多与侨情相关提案、信息，通过建议、提案等各种途径积极呼吁，解决困难归侨有关问题，增强支部党员的参政意识，提高基层支部党员参政议政的整体水平。

【社会服务】 2010年致公党柳北基层组织2个支部利用逢年过节时间，走访慰问退休老同志、老党员以及生活有困难的党员，帮助他们解决生活中的实际问题，认真听取他们对支部工作的建议，保持致公党优良传统。同时，通过参加致公党市委每年组织的参观、学习、考察、游览和联谊活动，支部党员团结协作、共同努力，进一步增加对祖国的热爱，增强党员之间的感情交流，使党员感受到组织的温暖。 （许明生）

1月26日，柳州市政协副主席、九三学社柳州市委主委温其辉（右二）与柳北社委领导一同慰问马荣麟老主委 韦秋利 摄

九三学社柳州市委员会柳北基层组织

【概　况】 1986年，九三学社柳州市委员会在柳北辖区设立柳州钢铁（集团）公司支社、广西冶金建设公司支社、柳北支社等基层组织3个。至2005年末有社员77人。2010年九三学社柳州市委员会在柳北辖区设有柳州钢铁（集团）公司支社、广西冶金建设公司支社、柳北支社等基层组织3个，有社员82人。其中女社员31人，从事工程技术工作52人，从事其他工作30人，具有高级职称23人，中级职称59人。社员中担任过自治区政协委员1人；柳州市人大代表2人；柳州市政协副主席1人，柳州市政协委员2人，其中柳州市政协常委1人；柳北区政协委员2人，其中柳北区政协常委1人。

【组织建设】 2010年11月，九三学社柳北基层组织3个支社根据九三学社柳州市委的安排，进行基层组织换届工作，新选出柳州钢铁（集团）公司支社、广西冶金建设公司支社、柳北支社3个支社委员。同时根据九三学社组织工作精神，重点发展高素质、高学历、高职称优秀人才入社，分别发展李旭钦、王志安、黄寿昌、张少军、雷俊等5名新社员入社，使社员在年龄、学历、职称等方面结构趋于合理；同时关心社员的工作、生活，帮助他们解决实际困难，维护社员合法权益，增强组织凝聚力。

【思想建设】 2010年九三学社柳北基层组织各支社坚持每季度组织社员过组织生活，传达上级指示，学习各个时期的方针政策，围绕单位中心任务开展活动。组织社员开展树立和践行社会主义核心价值体系活动，响应九三学社广西区委和柳州市委号召，建立“两个基地”（政治交接教育实践基地和践行社会主义核心价值体系基地）。年内，组织社员撰写以“九三学社树立和践行社会主义核心价值体系”为主题论文，进一步学习领会社会主义核心价值体系，在各自工作岗位上努力工作。

【参政议政】 从2007年至2010年，九三学社柳北基层组织各支社社员积极参与九三学社广西区委、九三学社柳州市委部署的课题调研活动，撰写提案、议案及信息报道20篇。其中社员王永富撰写的《关于广西科技型中小型企业应对发展困境的策略建议》课题，被九三学社广西区委选用，作为2010年自治区政协第十届三次会议集体提案；撰写《关于加快北部湾广西沿海物流业发展的建议》课题，被九三学社广西区委选用，作为2011年自治区政协第十届四次会议集体提案；撰写《关于加快柳州市汽车物流业发展的对策建议》课题，被九三学社柳州市委选用，作为2010年柳州市政协会议集体提案；社员王永富作为政协柳州市第十一届委员会委员，社员潘云龙和张明轩作为政协柳北区第八届委员会委员撰写提案8篇，被柳州市政协和九三学社柳州市委员会采用信息报道稿件6篇。

【社会服务】 从2007年至2010年，九三学社柳北基层组织各支社社员参与社会服务活动12次，其中2010年6月，社员黄日保作为中国高级农业专家前往中非共和国执行中国商务部和农业部共同实施的《百名援非高级农业专家项目》任务，获中国商务部和农业部颁发的《百名援非高级农业专家项目》任务完成书；社员王永富和黄日保作为柳州市统一战线专家服务团成员，积极参加市统战部和九三学社柳州市委组织开展的农业科技咨询和法律咨询活动；社员陆成春和黄寿昌积极开展柳州市“三下乡”畜牧业和林业科技扶贫等活动。

九三学社柳北基层组织各支社领导班子热心带头参加社会服务活动，团结带领社员开展“爱学社、爱岗位、献良策、作贡献”活动20多次。组织社员制定学习活动的规章制度，明确建设目标；在参政议政方面体现物流业和中小企业特色成果。社员黄日保获2010年九三学社中央委员会授予的优秀社员称号。（马立克）

柳北区工商业联合会

【概　况】 1995年6月29日成立柳北区工商业联合会，有会员68人。2004年柳北区工商联先后在石碑坪镇、沙塘镇、长塘镇、白露乡、洛埠镇建立基层工商联组织5个，发展新会员142人。2005年有基层工商联组织5个，会员3512人。2010年柳北区工商联在职人员5人。有基层商会4个，其中有石碑坪镇、沙塘镇、长塘镇3个镇商会；白露街道办事处1个街道商会，会员总数469个，其中企业会员168个，团体会员1个，个人会员300个。会员中担任柳州市人大代表4人，柳北区人大代表5人；柳州市政协委员4人，柳北区政协常委委员9人，柳北区政协委员24人。年内，发展新会员43家，新成立柳北区女企业家协会。柳北区工商联获柳州市工商联系统2010年度先进单位称号；柳北区女企业家协会被柳州市妇女联合会授予2010年度“三八红旗”先进集体称号。

【工商联执委（扩大）工作会】 2010年5月13日召开，柳北区全体统战部干部、工商联全体执委、柳北区女企业家协会特邀会员单位代表42人参加会议。会议组织与会代表学习《中华全国工商业联合会章程》相关内容，通过《柳北区工商业联合会换届选举工作方案（草案）》。柳北区委常委、柳北区统战部部长屈金荣对柳北区第三届工商联换届选举工作作动员讲话。

【组织建设】 2010年柳北区工商联组织党组成员，工商联常委、执委及女企业家协会部分会员学习贯彻落实全国工商联《关于进一步加强县级工商联组织建设的意见》，深入开展“组织建设年”活动。柳北区第三届工商联届中调整，增补刘心良、梁怀海为柳北区第三届工商联副主席、常委；仇建平为柳北区工商联常委，同时免去吴伯敏、何祖贵柳北区第三届工商联副主席、常委职务。柳北区工商联第三届执委以上领导班子成员有38人，其中商会主席1人、副主席19人，秘书长1人，执委（不包括副主席）17人。11月23日，柳北区委统战部、工商联召开加强和改进工商联工作会议，讨论通过确定分管经济工作的柳北区政府副区长负责联系柳北区工商联工作，调整柳北区工商联党组班子成员，提出柳北区工商联换届后主席人选必须由非党人士担任建议。

【思想建设】 2010年4月，柳北区工商联组织13名民营企业家参加柳州市委组织部、市委统战部、市工商联举办的“柳州市民营企业家高级研修班”培训活动。5月，组织民营企业开展“信义兄弟”学习活动，倡导企业履行社会责任，号召城区非公经济人士

8月20日，柳州市非公企业指导组到柳北区检查工商联和非公企业工作

关丽莉　摄

4 月 23 日，柳北区工商联组织民营企业家向青海玉树地震灾区捐款　刘继芳　摄

学习“信义兄弟”诚信为本的品格。7 月和 11 月，分别组织民营企业家参加市工商联举办的内蒙古、美国学习考察活动。10 月组织民营企业参加“美丽有源·健康为本”女性健康保健知识讲座。11 月上旬组织辖区 20 多名民营企业家参加市工信委、市工商联联合举办的“柳州市工业经济发展高端论坛”讲座；组织工商联常委、执委到银川、青海等异地进行学习考察。11 月 29 日，柳北区工商联和柳州市湘籍商会联合举办培训讲座，特邀中国人民大学中国经济改革与发展研究院常务副院长、中国民营企业研究中心主任黄泰岩先生为 200 多名民营企业家作《当前经济形势分析与企业成长》专题演讲。

【参政议政】 2010 年柳北区工商联界别的政协委员和非公有制经济人士中的人大代表向城区人大会和政协会提交各类提案和建议案件 20 件。其中《关于开发石碑坪镇古城村白沙屯河岸休闲观光场所修建马路的问题》、《关于设立国学堂的提议》等提案得到相关部门重视；《关于潭中高架桥雅儒路口由西向东上桥两道拓宽或缩短的建议》得以市政府重视并实施解决。柳州市政协委员、柳北区政协常委、柳北区商会主席黄玉波等 17 名政协委员在柳州市政协第十届六次会议上提出的《关于把乡镇商会会长纳入乡镇干部教育培训计划的建议》，柳北区工商联接到建议后立即办理并答复。8 月，柳北区工商联配合城区政协做好届中委员增补工作，组织人员考察增补候选人 11 人，增补熊优生、梁鹰、钟道军、林义坤、牟宗昆、南燕涛、胡学琳、丘文芳、肖琪等 9 人为柳北区第七届政协委员。

【服务企业】 2010 年柳北区工商联组织会员企业参与柳州市“五一巾帼标兵岗”、“双爱双评”先进单位、“全市关爱员工的优秀经营者和全市热爱企业的优秀员工”以及柳北区“安康杯”等评选活动。广西柳州泰升航运有限责任公司、广西柳州威奇化工有限责任公司、柳州市中铨机械制造有限责任公司、柳州市雅维乳品有限责任公司等企业被推荐为柳州市“双爱双评”先进单位候选企业。年内，柳北区工商联协调解决柳州市春得意豆制品有限公司与员工的劳动合同争议；柳州腾安房地产开发公司土地使用权；柳州海润生工贸有限公司柳长加油站拆迁补偿；柳州市白露食品厂新建门面的办证；柳州市聚湖纯净水厂厂房扩建用地选址及由柳州市恒嘉房地产开发公司引进的大润发购物广场门前绿化带转移等问题。

【促进就业】 2010 年 5 月，柳北区委统战部和工商联组织柳州市钢都钢管有限责任公司、柳州市祥兴实业集团、柳州市聚湖纯净水厂、柳州市穗柳饼家实业有限责任公司等 11 家会员企业参加“柳州市民营企业招聘周”活动，为下岗人员提供就业岗位 30 多个，为安置大中专毕业生、下岗失业人员、农民工的同时解决部分企业用工难问题。

【扶贫济困】 2010 年柳北区工商联继续引导非公经济人士开展“希望工程圆梦大学”行动，组织 15 家结对企业为辖区考上大学的 11 名贫困学生捐赠第三学年的资助金 4.4 万元；发放原工商业者生活困难补助金 1.45 万元；为辖区 4 名贫困高中生捐款 2000 元；为西部抗旱地区捐款 1.19 万元；为青海玉树地震灾区捐款捐物 30.29 万元。继续开展“思源感恩·扶贫济困”行动，会员梁怀海、刘心良采取“一对一”的形式给 2 名“三老人员”（老革命、老党员、老模范），每人每年帮扶资金 6000 元；会员孔凡忠、郭丽娜、黄吴楼、刘心良、吕介武等人为柳州市重建文庙工程捐赠人民币 1.7 万元。5 月 26 日，柳北区工商联组织柳北区女企业家协会会员参加在市长塘中心校举行的长塘镇“留守儿童之家”授牌仪式，向市长塘中心校和 60 多名留守儿童捐赠价值 2000 多元的书包、水彩笔、文具盒等学习用品；柳北区女企业家协会会长黄钦玲向中心校留守儿童送去价值 200 多元 72 盒豆腐花；副会长陈焰捐赠价值 500 元饮料，协会理事蒋丽珍捐赠书籍 100 本。

（柳北区工商联）

责任编辑：李　萍

人 民 团 体

柳北区工会委员会

【工会组织及工作概况】 1981年5月成立柳北区工会委员会(简称柳北区工会),在职人员2人。建立工会组织16个,会员总数665人。1990年建立工会组织25个,会员总数964个。2000年建立工会组织133个,会员总数1120人。2005年设工会主席、副主席、女职工联合会专职干部3人,建立工会组织159个,其中党政机关工会组织3个,国有企业工会组织1个,事业单位工会组织46个(含学校),会员总数1.36万人,占区属企事业职工总数89.53%。2010年柳北区工会有专职工会干部3人,在职人员6人,建立工会组织400个,其中镇、街道联合工会组织10个,党政机关工会组织3个,国有企业工会组织1个,事业单位工会组织46个(含学校),会员总数3.5万人,占区属企事业职工总数93%。年内,柳北区工会获自治区工会系统"五五"普法工作先进单位称号。

【柳北区工会六届六次全委(扩大)会议】 2010年3月23日在广西柳州畜牧兽医学校召开。柳州市总工会副主席谢青、柳北区委副书记覃友情、柳北区工会六届委员会委员、经费审查委员会委员、女职工委员会委员、各镇、街道、行业(系统)工作干部,部分企业工会负责人80余人参加会议。柳北区工会主席彭景忠作题为《围绕中心,服务大局,扎实推进柳北区工会各项工作取得新发展》的工作报告,会议对荣获2009年度基层工会工作目标考核优胜的单位、工会组建工作先进单位、先进个人,职工医疗互助保障工作先进单位、先进个人,工会理论、新闻宣传、信息工作优秀组织单位等称号的基层工会组织及工会干部进行表彰。

【柳北区工会六届七次全委(扩大)会议】 2010年7月15日在胜利街道职工之家召开。柳北区委副书记覃友情、柳北区工会六届委员会委员、各镇、街道、行业(系统)工会主席、副主席参加会议。会上,胜利街道联合工会、长塘镇联合工会、石碑坪镇联合工会、柳北区教育工会分别作题为《围绕"六好"争创"示范",切实做好街道工会工作》、《推行区域性职代会制度促进工会活动创新发展》、《创新工会组建形式,大力发展农民工入会》、《职工医疗互助保险,构筑幸福和谐生活》的工作经验发言。

【柳北区工会女职工委员会三届六次全委(扩大)会议】 2010年7月22日在柳江县百朋镇下伦屯莲藕基地召开。柳北区各镇、街道、行业、企事业单位的工会女职工干部50余人参加。会上,学习传达全国总工会女职工委员会第五届二次会议精神及柳州市总工会女职工委员会第二届五次全委(扩大)会议精神,总结柳北区工会女职工委员会2010年上半年工作情况,部署下半年工作任务。

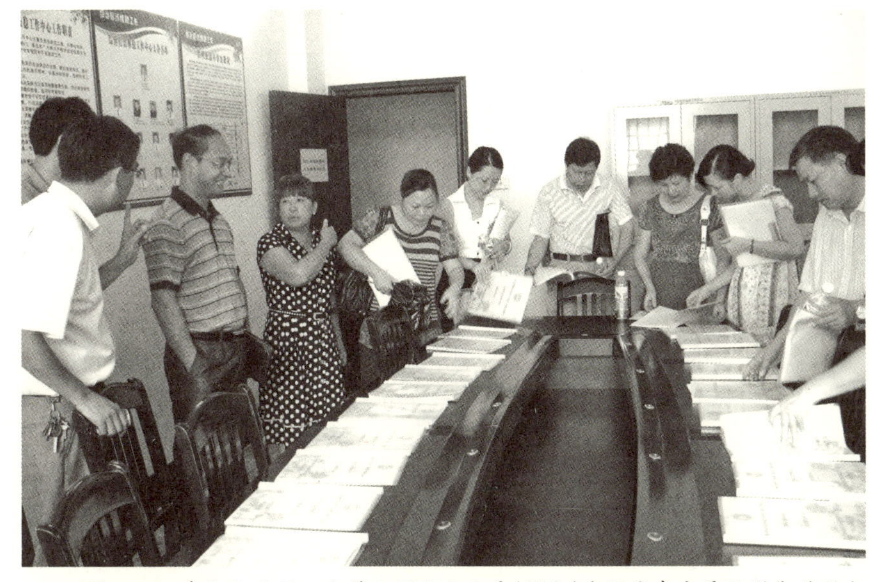

7月15日,参加柳北区工会第六届七次全委(扩大)会议代表查看胜利街道联合工会档案资料　周　熙　摄

【工会基层组织建设】 2010年柳北区工会集中100天开展“两新”(新经济组织和新社会组织)组织党建和工会组建工作，新建工会组织51个,发展会员5048人。通过开展规范化建设工会创建活动，长塘镇联合工会、胜利街道联合工会获柳州市规范化建设示范乡镇(街道)工会;解放街道联合工会、钢城街道联合工会获柳州市规范化建设合格乡镇(街道)工会;胜利西社区工会获柳州市规范建设合格村级(社区)工会。年内,开展辖区基层工会2009年度《拨缴工会经费审验证》年审工作，对柳北区财政划拨的16家直管单位及42所学校的工会经费收缴情况进行自审。组织辖区非公企业召开工会建会筹备金座谈会。对基层工会进行2009年目标责任考核;对白露、沙塘、长塘物流园等工业园区企业和原市弹簧厂等改制企业及镇、街道、社区、村级工会进行走访和调研活动,了解企业的生产经营情况,排查职工队伍不稳定因素。7月，与柳北区人力资源和社会保障局、劳动监察大队等部门组成联合调查小组，检查辖区柳州市回龙汽车配件厂、广西柳州钢都钢管有限公司、柳州市恒力传动轴厂等单位用工情况，了解职工思想动态和企业生产经营情况。8月,柳北区工会与柳州市企业家协会、柳北区有关部门在柳北区行政中心会议室,组织召开辖区30名企业管理人员参加的三方协调机制工作暨构建企业和谐劳动关系座谈会，会上,各企业管理人员对本单位执行《中华人民共和国劳动合同法》等法律法规情况进行交流。

【推进厂务公开民主管理】 2010年柳北区工会通过不断健全完善职工代表大会制度,推进厂务公开,拓宽职工民主管理、民主参与渠道，维护职工政治民主权益,机关和事业单位推行厂务公开民主管理制度达100%,已组建工会组织的非公有制企业推行厂务公开民主管理制度达85%以上。7月，柳北区召开2010年度推行厂务公开工作领导小组（扩大)会议暨经验交流会。8月27日,柳州市非公有制企业推行厂务公开民主管理经验交流暨研讨在柳北区召开,柳北区推行厂务公开工作领导小组、柳州市腾龙汽车配件制造有限责任公司在会上分别作了经验介绍，《广西工人报》、《柳州工人》等新闻媒体报道柳北区推行厂务公开民主管理的经验和做法。10月,组织城区推行厂务公开工作领导小组组成4个督查考评巡视组，对辖区10个镇、街道办事处和18家企事业单位厂务公开工作进行检查。12月,在南宁召开的自治区厂务公开民主管理经验交流暨表彰先进单位电视电话会上,柳北区工会获自治区推动厂务公开民主管理工作先进单位称号。

3月23日,广西工会职工就业培训基地在广西柳州畜牧兽医学校揭牌

赖德勇　摄

【职工素质建设】 2010年柳北区发挥工会“大学校”作用,设有工会职工创业就业技能培训基地1个、工会农民工技能培训学校3个、“职工书屋”26个、“职工之家”32个。3月23日，广西工会职工就业培训基地在辖区广西柳州畜牧兽医学校举行揭牌。年内，柳北区工会及各基层工会共举办工会干部及职工代表培训班16期,培训工会干部，职工代表1300多人;参加自治区、柳州市工会系统组织的各类培训学习8期26人(次)。与柳州市总工会联合举办劳动保护监督员培训班、企业工会工作条例培训班、非公企业推行工资集体协商工作辅导培训班、工会组建知识及工会经费(工会建会筹备金)辅导培训班、艾滋病防控知识培训班、女性保健知识讲座、农民工种植技术培训班、法律法规培训班等各种培训班、经验交流会18期，培训职工、农民工2200多人次。组织开展和参与全市元旦长跑、全市职工体育运动会、县区工会主席汽排球联谊赛、职工卡拉OK大赛、迎春文艺晚会、新春游园会、机关汽排球比赛等各类文体活动16场(次),参赛职工6000多人。

【职工权益保护】 2010年柳北区职工维权热线“2518785”受理职工来电、来信和来访16人次,反映的问题均得到妥善解决,职工满意率100%。柳北区工会参与柳州市改制企业职工危旧房集中改造协调会（柳北辖区)4次,防范选房签约中出现违规行为,保证2000多户辖区改制企业职工和拆迁户顺利落户安置。年内，柳北区工会参加各类安全生产事故调查、协调会23次;组织柳北区环卫所、雀儿山

1月11日，柳北区工会启动以“心系职工情　温暖进万家”为主题的送温暖工程

赖德勇　摄

街道等单位职工参加全市“百万职工文明交通宣传员行动”300人次；参与区委、区政府组织开展的“3.15维护消费者权益日”、“6.26国际禁毒日”、“12.4全国法制宣传日”等活动，向职工群众发放宣传500多份。

【职工医疗互助保障】 2010年4月，柳北区工会与柳州市总工会在市雀山公园西门举办“柳州市职工医疗互助保障宣传服务月活动启动仪式”。各县区工会干部及各级工会组织200余人参加启动仪式，通过文艺演出、知识抢答、现场咨询等形式，宣传职工参加医疗互助保障工作的意义，向现场群众发放宣传资料1000多份。年内，柳北区工会购买职工医疗互助保障卡7334份，被柳州市总工会评为职工医疗互助保障工作先进单位特等奖。

【劳动模范评选】 2010年柳北区工会发挥劳动模范模等先进人物示范、导向和激励作用，组织开展自治区、柳州市两级劳动模范评选活动，沙塘镇古灵村委副主任覃秀荣获广西劳动模范称号；柳北区环卫所班长何建军、广西柳州钢都钢管有限公司董事长黄吴楼、柳北区人民法院执行员韦雄文3人获柳州市劳动模范称号。4月29日，柳北区工会组织辖区34名劳动模范（或享受劳模待遇人员）与柳北区四套班子领导欢聚一堂，座谈和谋划柳北区经济发展大计。5月，柳北区工会安排34名劳动模范进行体检和外出疗养活动。

【劳动竞赛】 2010年柳北区工会分别开展“创造杯”、“安康杯”、“双爱双评”等多种形式劳动竞赛活动，评出“创造杯”劳动竞赛优胜企业15个和优胜单位5个；“安康杯”竞赛活动优胜企业26个、优胜班组8个和先进个人99人。其中柳州市雅维乳品有限责任公司雅维一厂（牛奶线）操作班获自治区“安康杯”竞赛活动优胜班组。6月11日，在柳州市召开的“双爱双评”表彰暨经验交流会上，柳北区获柳州市“双爱双评”先进单位7个；柳州市“关爱员工的优秀经营者”4个；柳州市“热爱企业的优秀员工”4人。通过开展“五一巾帼标兵岗”、“工人先锋号”等技能比赛活动，提高职工学习能力和技能水平。辖区内柳州市第三十九中学物理教研组等4个班组获柳州市“五一巾帼标兵岗”称号；苏美姣等4人获柳州市“五一巾帼标兵”；柳北区环卫所车队后装置班获柳州市“工人先锋号”先进称号。

【送温暖工程】 2010年柳北区工会下辖3个镇、7个街道的联合工会全部成立困难职工帮扶工作指导站。元旦、春节期间，柳北区工会启动以“心系职工情，温暖进万家”为主题的送温暖工程，各级工会走访慰问困难劳动模范、困难职工448户，筹措送温暖活动慰问金20.78万元。8月初，柳北区工会启动“送清凉、送健康、关爱劳动者”活动，给工作在第一线的职工发放清凉饮料、毛巾、香皂、花露水等慰问品价值2万余元。年内，开展金秋助学活动，为35位困难职工子女发放助学援助金4.2万元。

【宣传报道】 2010年柳北区工会在各级报刊、杂志及网站媒体上报道工会工作文章106篇。分别在国家级报刊发表论文3篇，消息1篇；自治区级报刊发表文章51篇；市级报刊发表文章32篇；城区级刊物发表文章19篇。其中《推进乡镇、街道工会规范化建设的实践与思考》、《浅谈建立城区关爱农民工（含进城务工人员）帮扶网络体系》2篇论文分别被《中国工人》出版社和《人民日报》出版社收入论文集。年内，柳北区工会获柳州市总工会新闻宣传优秀组织单位。

（编辑部）

共青团柳北区委员会

【共青团组织及工作概况】 1980年1月成立共青团柳北区委员会（简称柳北区团委），有团支部7个，共青团员48人。1990年柳北区团委有基层团支部8个，共青团员168人。2000年柳北区团委有基层团总支1个，团支部12个，共青团员209人。2002年9月，柳州市区划调整，柳北区团委接管市郊区石碑坪镇、沙塘镇、长塘镇、洛埠镇、黄村乡、白露乡等6个乡镇共青团组织及原柳州地区撤销后部分企业共青团组组织。分别建立柳州市伊豆保健中心、柳州市胜利幼儿园、柳州市绿影公司等非公有制经济组织团支部3个,有基层团总支6个,团支部23个,共青团员603人。2003~2004年,柳北区团委分别在解放、雅儒、胜利、雀儿山街道成立团工委4个,建立社区团支部37个,辖区建团率达100%。2005年柳北区团委有基层团组织54个,其中团工委4个,团总支7个,团支部109个,共青团员6015人。发展新团员1058人,有190名共青团员经团组织推荐加入中国共产党。2010年柳北区团委有基层团组织157个,其中基层团委3个,团工委7个,团支部147个,专职团干2人,共青团员2.45万人,占城区14~28周岁青年总数24.4%。发展新团员1365人,有66名共青团员经团组织推荐加入中国共产党。

2010年柳北区团围绕柳州团市委提出的以"科学发展,二次创业"的工作思路,开展"党建带团建提升年、青年就业创业提升年、青工技能提升年、青年文化建设提升年、青年人才培养提升年、青年协会组织建设提升年"活动,组织队伍参加"第17届柳州青年状元技术大赛、柳州青年创业方案设计大赛、柳州青年学生素质拓展计划"等重点工作。12月10日,共青团市委在柳北区举行柳州市青年大讲堂启动仪式,自治区党校教授陶建平、团市委全体机关干部,各县区团委书记、各直管基地单位团组织负责人以及团委委员近300人出席启动仪式。年内,柳北区团委分别获柳州市"五四"青年文化节工作支持奖、柳州市大学生志愿服务千村远程教育寒假行动"优秀组织实施县区"、柳州市"五四"青年文化节—青年歌手OK大赛优秀组织奖、柳州市青年志愿者行动组织奖等荣誉称号。

【基层团组织建设】 2010年柳北区团委发文确定各镇、街道3~4名兼职副书记负责团委工作,保证基层共青团工作的开展。先后走访白露工业园区的企业,进行非公企业建立团组织工作调查研究,通过下发建团操作流程、文件模板等措施布置非公企业建团工作。年末,非公经济组织企业建团数量增加,应建40家,已建19家,正在筹建21家。全年,组织各类团干培训班7期,参训120人次。

【"关爱明天,阳光行动"主题活动】 2010年11月27日,柳北区团委联合城区教育局、文明办、司法局、综治办、关工委等部门在柳北区北站三角地广场开展纪念"12.4"全国法制宣传十周年暨"关爱明天、阳光行动"主题活动,内容包括普法宣讲、普法体验、"学法、知法、守法、用法"绘画比赛、法律知识竞赛、"十大阳光少年"评比五大活动,柳州电视台对活动进行采访报道。

6月16日,柳北区北雀路第二小学少先队开展"十佳礼仪之星评选"活动

北雀路二小　提供

【少先队工作】 2010年2月8日,柳北区团委组织辖区中小学生150人参加由团市委组织的"保护母亲河"系列活动;4月17日,柳北区团委联合少先队辅导员协会、市胜利路第一小学、市胜利路第二小学和市第十九中学的师生500人手持康乃馨,参加柳州市青少年"康乃馨工程"启动仪式,少先队员通过向市民群众纠正乱扔垃圾、乱吐痰等不文明的行为,宣传柳北区"城乡清洁工程";在"六一"节和建队日期间,组织号召辖区中小学生开展"快乐儿童,快乐童年"、"我们在红旗下宣誓"主题活动。12月20日,柳北区组织40名少先队代表参加柳州市少年先锋队第四次代表大会。年内,柳北区团委组织辖区中小学生开展少先队"创先争优"评比活动,表彰优秀红旗大队23个,优秀大队辅导员23人,"十佳"少先队辅导员1人,"十佳"少先队员1人。

【关注留守儿童】 2010年5月26日,柳北区团委联合区委统战部、妇联、关工委、长塘镇党委、政府及柳北区女企业家协会等社会各界人士,在柳北区长塘镇中心校成立"留守儿童之家",组织学校老师与留守儿童结对子,"一对一"开展心理辅导等工作;春节前夕,联合机关工委为胜利东社区、胜利西社区及长塘镇香兰村5名家庭环境困难的大学生及留守儿童,送上助学金3000元。　(编辑部)

柳北区妇女联合会

【妇联组织及工作概况】 1980年5月成立柳北区妇女联合会(简称柳北区妇联),有专职人员1个。基层妇女委员会3个,基层妇女代表会41个。

5月26日，柳北区首个"留守儿童之家"在长塘镇中心小学挂牌　　刘继芳　摄

1990年柳北区妇联建立基层妇女委员会3个，基层妇女代表大会41个。2001年柳北区将41个居民委员会妇女代表会调整改选为36个社区妇女联合会。2002年9月柳北区妇联接管原市郊区石碑坪、沙塘、长塘、洛埠镇、黄村、白露乡镇妇联组织6个、村妇代会34个。2005年7月撤乡建街，黄村、白露2个乡妇联组织随之撤销。同年柳北区妇联在新成立的锦绣、白露、柳长街道办事处建立基层妇联执委会3个。2010年柳北区妇联机关在职人员3人，有基层妇联组织101个，其中有党政机关妇委会1个，镇妇联3个，街道妇联7个，村妇代会35个，社区妇联55个。设妇女维权服务站90个，家长学校31所。

2010年柳北区妇联分别获全国家庭教育工作先进集体、自治区"五好家庭"基层先进协调组织、柳州市维护妇女儿童权益工作先进单位、柳州市"春蕾计划"工作先进集体等荣誉称号。同时获全国妇联基层组织建设示范社区1个、自治区妇联基层组织建设示范街道2个、自治区妇联基层组织建设示范社区2个。

【妇女创业就业扶持】 2010年柳北区妇联继续加大对农村妇女发展生产的扶持力度，加强对基层妇女小额担保贴息信贷工作的引导，帮助妇女申贷创业就业资金，全年发放小额担保贴息信贷资金12万元，72名妇女获贷实现创业。结合小额担保贴息信贷款，加强妇女创业就业培训，全年举办各种技能培训班59期，培训妇女1772人；举办女性专场招聘活动19场，帮助600余名城镇妇女和女大学生实现就业与再就业。同时下拨6000元，建立留休村葡萄规模种植基地、梳庄村香鸡养殖基地2个"妇"字号创业示范基地；在石碑坪镇下陶村成立第一家"妇"字号合作社，引导农村妇女参与农业产业化和标准化生产，扶持更多妇女创业致富。

【"双学双比"和"巾帼建功"活动】 2010年柳北区妇联依托各村"妇女学校"和现代化远程教育基地，配合有关部门开展农业实用技术培训，举办与岗位需求相结合的职业技能和创业培训班12期，培训妇女132人。通过"巾帼文明岗"等活动，引导广大妇女岗位建功，岗位成才。全年创建巾帼文明岗17个，以"岗村结对"活动，促进城乡互动，进一步提升"巾帼文明岗"品牌效应。年内，柳北区获自治区城乡妇女岗位建功"双学双比"女能人1人，柳州市"三八"红旗手15人，柳州市"三八"红旗先进集体3个，柳州市种养能手5人，柳州市岗位建功先进工作者1人。辖区石碑坪镇下陶村和新南屯2个"巾帼示范村"、柳北区山顶绿野家禽养殖专业合作社示范基地被评为柳州市"巾帼示范基地"。

【妇女参与社会和谐建设】 2010年柳北区妇联以建设学习型家庭，提高家庭成员素质为目标，以和谐家庭创建促进社会和谐为重点，开展"孝老爱亲"、"恒爱行动"、"低碳家庭·时尚生

5月7日，柳北区妇联联合科协、环保局等部门举办柳北区"低碳家庭·时尚生活"科普宣传活动　　赖德勇　摄

活”、“百万妇女”文明交通宣传员行动、“美德在农家”、“五进家庭”等主题活动，举办百家宴、邻里节、读书节，推动文明和谐新风进家庭。5月7日，柳北区妇联联合科协、环保局等部门举办柳北区“低碳家庭·时尚生活”科普宣传活动，通过组织居民在横幅上签名承诺、知识抢答、发放环保袋、发放宣传资料等宣传活动，普及节能环保知识和方法。7月，全市“美德在农家”现场会在柳北区石碑坪镇新南屯召开。同时柳北区妇联还与城区禁毒办、司法局联合在辖区开展“不让毒品进我家”宣传活动进社区、进村屯活动，通过开展禁毒知识有奖答题、禁毒知识讲座、禁毒图片展览、入户宣传、志愿者帮教等各种宣传活动，让社会公众了解毒品基本知识及其危害。年内，柳北区获自治区“五好文明家庭”创建先进协调组织奖；自治区“五好文明家庭”2个；自治区“防艾滋病，健康进家庭”先进个人1人；柳州市“平安家庭”5户等荣誉称号。

【妇女儿童权益维护】 2010年柳北区妇联在“三八”妇女维权周活动期间，以“促进创业就业，维护妇女权益”为主题，在镇、街道办事处开展“四送”(送政策、送岗位、送法律知识、送维权服务)活动。3月7日，在北雀路柳北公安消防大队门前开展妇女儿童心理咨询、法律援助等宣传活动，加强社会对妇女儿童权益的关注，发放《中华人民共和国妇女权利保障法》、《中华人民共和国未成年人保护法》等法律法规宣传资料3000多份，接待咨询30多人次。同时联合司法局分别在农村和街道开设法律讲堂、播放法制电影，向村民发放法律知识读本，维权宣传单，预防和制止家庭暴力宣传手册，维权扑克牌等资料3000多份。5月，与人口和计划生育部门举办“生殖健康、优生优育知识”专题讲座进社区活动。年内，柳北区妇联联合城区卫生局对柳北区范围内的农村妇女免费进行乳腺癌和子宫癌体检，普及卫生知识，增强农村妇女的自我保护能力和防病治病意识。“六一”前夕，柳北区妇联组织柳北区女企业家协会会员到长塘镇留守儿童之家慰问62名留守儿童并送上节日礼物及2000元慰问金。全年，柳北区妇联接待妇女群众来电来访53起，答复满意率100%。（编辑部）

柳北区科学技术协会

【科协组织及工作概况】 1984年10月成立柳北区科学技术协会（简称柳北区科协）。1991年8月17日，召开柳北区科协第一次代表大会，出席大会会员50人。1995年2月28日，召开柳北区科协第二次代表大会，出席大会会员91人。1999年3月10日召开柳北区科协第三次代表大会，出席大会会员124人。2002年12月，成立柳北区科普工作领导小组，有科学协会和科普分会10个、科普小组60个。2010年5月12日，召开柳北区科协第四次代表大会，出席大会会员112人，选举卓世楼为柳北区科协第四届委员会主席。9月27日召开柳北区老科学技术工作者协会第一届会员大会，出席大会会员34人，选举蓝玉海为柳北区老科学技术工作者协会第一届会长，常务理事6人。1个月后因工作变动，改选林石安为会长。年末，有科协会员274人，科普志愿者1760人，县级科普讲师团1个，讲师团成员152人，广西科普示范区1个。其中机关科协1个，会员274人；老科学技术工作者协会1个，会员34人。农村专业协会7个，会员677户1118人。

【柳北区科学技术协会第四次代表大会】 2010年5月12日召开，来自城区各条科技战线的112名科技工作者代表以及市科协、市科技局、兄弟县区科协领导及柳北区人民团体和社会团体近20名特邀嘉宾出席会议。柳北区妇联主席丘文芳、柳南区科协主席孟丹妮分别代表城区人民团体和兄弟县区致贺词；柳州市科协主席麦亚强、柳北区委副书记、区长孙黎明在会上作重要讲话，柳北区人民政府副区长梁光玉宣读《关于表彰柳北区2005~2009年度科普工作先进集体和先进个人的决定》，并对长塘镇梳庄香鸡协会等5个先进集体和温永诚等5位先进个人进行颁奖。会议听取柳北区科技局局长卓世楼代表柳北区科协第三届委员会作的工作报告，选举产生柳

5月12日，召开柳北区科技第四次代表大会表彰科普先进工作者　赖德勇　摄

北区科协第四届委员会主席卓世楼，副主席韦艳霞、黄汉舟、何康、何传琛，委员17人。大会还通过关于聘请柳北区委副书记覃友情为柳北区科协名誉主席，聘请彭永雄等6名科协老常委为名誉顾问的决定。

【柳北区老科学技术工作者协会】 2010年9月27日成立，是以辖区离退休科技工作者为会员的群团组织，有会员34人。同日，召开柳北区老科学技术工作者协会第一届会员大会，选举蓝玉海为第一届会长。1个月后因工作变动，改选林石安为会长。

【科普活动】 2010年10月22日，柳州市十月科普大行动启动仪式在钢城街道元宝社区举行，期间开展青少年航模表演和社区文化表演，有奖问答等活动，元宝社区300多人参加。全年，柳北区投入科普经费37.9万元，组织各类科普活动40余次，参加人员1700人次。其中参加科技人员200人，举办专题讲座、技术培训19场，展出宣传板报103块，赠送科技书籍1600册，发放宣传资料7000份。在各镇(街道)、村(社区)、学校举办科技活动12次，参加人员1600人次。

【青少年科技素质教育】 2010年新建青少年工作室3个。实施未成年人科学素质行动计划，建立试点学校6所；开展“大手拉小手”、“科普活动进社区、关爱下一代”、“低碳家庭·时尚生活”等系列科普宣传活动。组织辖区学校开展“青少年科技创新大赛”，获“机器人比赛”优秀创新成果奖13人，获“机器人竞赛奖”6人，获“科学幻想绘画奖”56人。7月20日，柳北区组织学生开展“科普伴我健康成长”暑假夏令营活动。7月26日，在锦绣街道白沙社区举办青少年“科技节”，开展科普作文比赛，社区制作20米科普长廊供青少年们参观学习。11月17日，在市北站路小学举办“低碳，让生活更美好”为主题的科技展示活动，展示科普植物和实物模型。12月28日，市胜利路第一小学获中国少年科学院颁发的中国少年科学院科普教育示范基地称号。

【农村科技普及】 2010年柳北区科协和柳北区农业与水利局等部门实施农业“科技入户”工程、农业技术推广、农村信息服务体系建设、农民科技培训、“八桂先锋行”“五个一”等项目活动，共同举办农业实用技术培训班6期，培训人员350人，劳动力转移培训200人。实施“科普惠农兴村计划”，做好农村科普惠农服务工作，贴近农村生产实际，扎实开展科技咨询、技术培训、新品种推广、生产劳动技能掌握等。年内，柳州市得利良种猪发展养殖协会获全国科普惠农兴村计划先进集体号。广西霖翔农业发展有限公司养殖朗德鹅的陈淑珍获广西科技种养大王(能手)称号。(编辑部)

柳北区残疾人联合会

【残疾人组织及工作概况】 1980年12月10日召开柳北区第一届盲聋哑人员会议，成立柳州市盲聋哑人协会柳北区分会。1991年7月10日成立柳北区残疾人联合会（简称柳北区残联），下设残疾人康复工作办公室，在解放、黄村、胜利、雀儿山4个街道办事处设残疾人工作领导小组。2002年12月柳北区分别在石碑坪镇、沙塘镇、长塘镇、洛埠镇、黄村乡、白露乡6个乡镇和解放、雅儒、胜利、雀儿山4个街道办事处建立残联组织，在37个社区建立“一会两站”(即社区残疾人协会，社区残疾人康复站，社区志愿者助残联络站)。2005年柳北区残联有镇(街道)残联组织12个，社区残疾人协会42个，社区残疾人康复站42个，社区志愿者助残联络站42个，设有盲人、聋人、肢残人、智残亲友、精残亲友等柳北区残疾人专门协会5个。2010年柳北区残联有在职人员5人，设城区残联组织1个，镇(街道)残联11个，兼职理事长11个，残疾人专职委员54人。有盲人协会、聋人协会、肢残人协会、智力残疾人及亲友协会、精神残疾人及亲友协会5个；村委残协组织35个，社区残协组织55个。年内，柳北区各级残疾组织贯彻落实党中央、国务院和自治区、市党委、政府关于促进残疾人事业发展的有关政策、全力推进残疾人社会保障和服务体系建设，全面改善残疾人工作、学习、生活状况，优化残疾人平等参与

12月29日，柳北区举行香港萧旺、李满福、萧宝然慈善基金会轮椅捐赠仪式
吴先勇 摄

社会环境、解决残疾人民生问题，推进残疾人事业与经济社会协调发展。

【全国助残日柳北区活动】 2010年5月17日，在"全国第二十次助残日"活动期间，柳北区残工委成员单位围绕全国助残日"关爱帮扶农村贫困残疾人"的主题，开展多种形式的助残日活动，宣传《中华人民共和国义务教育法》、《中华人民共和国残疾人保障法》、《中华人民共和国残疾人教育条例》等法律法规及《国务院关于促进残疾人事业的发展意见》、《自治区党委政府关于促进残疾人事业的发展意见》文件精神，发放宣传资料2500多份，悬挂横额10条；慰问辖区特困残疾人25户，送去价值3750元慰问品；"六一"儿童节，给辖区残疾儿童、聋儿语培训班和特教学校的残疾学生送去蛋糕300份。

【残疾人文化周】 2010年8月16日至22日，柳北区残联与文体局围绕"绽放生活，共享阳光"为主题，开展残疾人文化周活动，以文化进社区、文化进校园、文化进农村的形式，组织文艺演出队分别来到石碑坪镇社区、下陶村、市三合小学开展文艺演出3场。组织电影队到沙塘镇江湾村、杨柳村，白露街道办事处园艺村，锦绣街道办事处白沙村放映数字电影8场，观看群众3500余人，其中残疾人600人。

【"党员扶残温暖同行"活动】 2010年柳北区残联以村(社区)党支部为单位，按照标准，对城区残疾人进行逐户、逐人筛选，每个村(社区)党支部物色1户以上有劳动能力和就业愿望较强，并且有可行性项目的贫困残疾人家庭进行扶持。全年开展"党员扶残温暖同行"活动，扶持贫困残疾人家庭69户，各村(社区)党支部和扶持的贫困残疾人家庭签订帮扶协议，每户获补助项目扶持资金1000元。元旦、春节期间，柳北区拨出专项慰问经费4.8万元，看望残疾人工作者和残疾职工，走访特困残疾人家庭和残疾人个体户；中秋节期间，柳北区残联购买月饼慰问特困残疾人及残疾人工作者280人。

【第二代《中华人民共和国残疾人证》核发】 2010年5月8日，柳北区启动全国第二代《中华人民共和国残疾人证》管理系统，开始换证工作。全年换发全国第二代《中华人民共和国残疾人证》7743本，残疾人持证率35.09%。

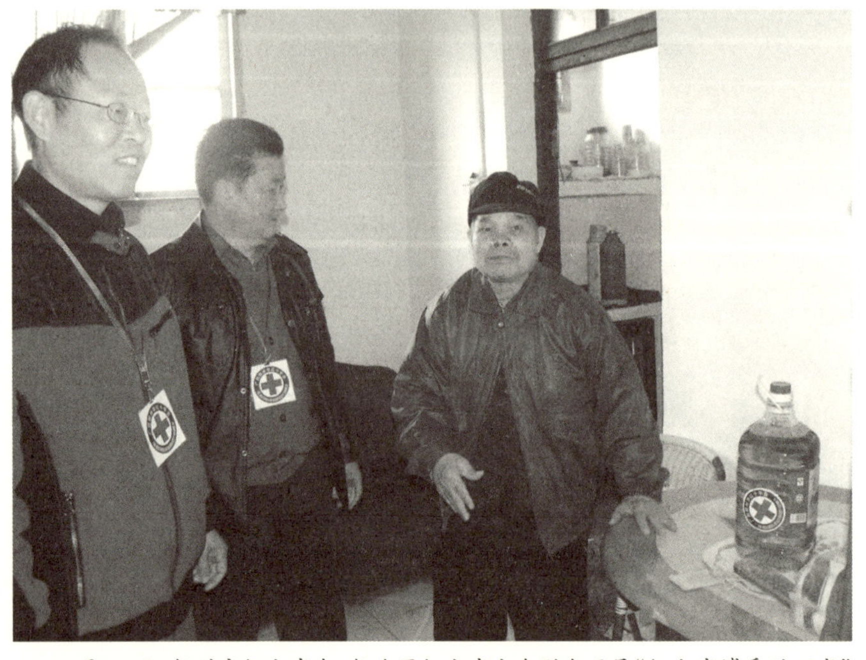

1月19日，柳州市红十字会、柳北区红十字分会联合开展"红十字博爱送万家"活动　　赖德勇　摄

【第二次全国残疾人小康进程监测抽样调查】 2010年4月1日至30日，柳北区开展第二次全国残疾人小康进程监测抽样调查工作，对4个监测点（含国家监测点2个）50户监测对象进行入户问卷调查。调查内容是从2009年3月31日至2010年3月31日期间，残疾人监测对象在生存状况、发展状况和环境状况三大部类13个方面的康复、维权、教育、就业、扶贫、社会保障和法律服务等情况进行抽样调查。　（编辑部）

柳北区红十字会

【红十字会组织及工作概况】 1985年12月12日，成立柳北区红十字会。2004年8月成立柳北区学校红十字会青少年工作委员会。2010年柳北区红十字会有兼职人员4人，有红十字会团体会员单位7个，分别是柳北区红十字会、石碑坪镇中心卫生院、沙塘镇卫生院、长塘镇卫生院、黄村卫生院、白露卫生院、柳北区医院，有红十字会员287人。

【"博爱送万家"活动】 2010年春节期间，柳北区红十字会开展"红十字博爱送万家"活动，慰问残疾、低保户、下岗职工等困难群众65人，发放温暖箱、棉衣、棉被等物资6437元。在第11个世界急救日和广西红十字会成立100周年纪念日期间，发动辖区各卫生院、社区卫生服务中心开展急救知识和红十字会活动知识义诊咨询3次，讲座8次，发放红十字会宣传资料6000余份，制作展出板报11版，以多种形式宣传急救知识技能和红十字会组织精神。11月5日，广西"体操王子"李宁及柳州光明行探访团到柳

州火车北站的“健康快车”,看望医务人员以及接受手术的贫困白内障患者,停靠在柳州火车北站的“健康快车”已为柳州市完成白内障手术360例。

【灾害救助】 2010年4月2日,柳北区在行政中心一楼大厅举行“送温暖、献爱心”为抗旱救灾捐款活动,柳北区3个镇,7个街道办事处干部群众为融安县第一次抗旱救灾捐款6.8万元。4月15日,柳北区为融安县送去第二批抗旱救灾资金10万元及干部群众捐款2万多元。两次合计为融安县抗旱救灾捐款20多万元。4月14日,青海省玉树县发生7.1级地震灾害,据不完全统计,4月19日~28日,柳北区机关和事业单位干部职工、企业职工、社区居民为灾区群众捐款34.34万元。 (编辑部)

9月3日,柳北区召开关心下一代工作表彰暨学习培训会 赖德勇 摄

柳北区关心下一代工作委员会

【关心下一代组织及工作概况】 2010年柳北区关心下一代工作委员(简称柳北区关工委),设镇、街道关工委组织11个;学校、社区、村委关工委小组124个;“留守儿童”活动场所1个;关工委艺术团7个,人员492人。有“五老”(老干部、老战士、老专家、老教师、老模范)3956人;“五老”网吧义务监督员35人;“五老”报告团1个,创建青少年活动场所2个,开展法制教育课18场(次),受教育青少年8856人(次)。

2010年柳北区各级关心下一代工作委员会组织深入开展关心下一代工作,以“五老”为主体,在辖区建立和充实“百老百题讲师团”、“文体活动指导团”和“帮教扶困关爱工作团”。在三江县召开的柳州市关工委理论研讨会上,柳北区有3位“五老”撰写的理论文章被评为二等奖。5月16日,柳北区关工委以庆祝中国关工委成立20周年为契机,组织88名“五老”文艺演员,在柳北区北站三角地公园大舞台联合举办鹿寨县关工委文艺团、柳北区关工委金秋艺术团“开拓创新”文艺联欢会,利用山歌、彩调等形式,编排文艺节目22个,宣传关心下一代工作的深远意义,观看观众700多人。9月3日,柳北区关工委召开2010年关心下一代工作表彰暨学习培训工作会议,会上表彰“五老”先进个人10人、优秀“五老”网吧义务监督员9人。年内,柳北区关工委被评为全国青少年普法教育先进单位。

【推进“心灵绿洲工程”】 2010年柳北区关工委结合学生在学习、生活存在的心理障碍,推进“心灵绿洲工程”活动的开展,利用学生暑假期间在沙塘镇杨柳村、三合村,长塘镇长塘村等举办“自信、自爱、自强、自力”的心理健康辅导活动,以手工、笔画、纸工的方式开展丰富多彩的“小学生心理健康教育”等系列活动,有1200多名小学生参加该系列活动。

【“净化文化环境”工程】 2010年6月5日,柳北区各级关工委组织在胜利广场开展“拒绝低俗,关爱孩子,绿色网吧、文化网吧”主题倡议书活动,创建并启动“净化文化环境”工程,聘请35位“五老”人员担任辖区文化市场义务监督员。6~8月,柳北区关工委组织开展净化社会文化环境专项整治行动,开展文化市场督查15场次,协助处理违规文化市场5场次。

【“关爱明天,阳光行动”启动】 2010年11月27日,柳北区关工委与城区有关部门在柳北区北站三角地公园举办“关爱明天、阳光行动”主题活动启动仪式,内容包括普法宣讲、普法体验、“学法、知法、守法、用法”绘画比赛、法律知识竞赛、“十大阳光少年”评比五大活动,柳州电视台对活动进行跟踪报道。12月3日,柳北区关工委配合锦绣街道司法所、团工委等部门在市锦绣路小学联合开展“关爱明天,阳光行动”——法律进校园主题活动。市锦绣路小学全体师生、街道等有关部门1000余人参加。评比表彰市锦绣路小学18个班级制作的法制宣传板报,发放宣传资料1200余份。

(林惠群)

责任编辑:李 萍

政　　法

人大法制建设

【执法检查】 2010年柳北区人大常委会积极推动国家有关法律法规在城区的贯彻实施，为城区经济升级转型提供有力的法制保障。年内，听取审议柳北区政府贯彻执行《中华人民共和国环境保护法》情况报告，建议政府加强全民环境保护意识教育，加大环境保护工作资金投入，提高环境保护队伍素质，加大执法力度，严格控制环境污染源头，积极发展区域循环经济，推动"生态柳北"建设。

【司法监督】 2010年柳北区人大常委会听取和审议柳北区人民法院关于非诉讼行政执行案件工作情况报告，要求人民法院围绕"为大局服务、为人民司法"的工作主题，健全依法办案工作制度，完善非诉讼行政执行工作措施，加强积案要案清理，在保障行政机关依法行政和维护行政相对人合法权益方面发挥积极作用，促进社会和谐稳定。同时组织代表开展旁听柳北区人民法院庭审活动，有效提升法官判案的公正性。听取和审议柳北区人民检察院关于刑事审判法律监督工作及专项检查活动的报告，要求城区人民检察院强化监督意识，增强做好刑事审判法律监督工作的责任感和使命感。突出监督重点，全面提高刑事审判法律监督的质量和效率。加强制度建设，不断完善刑事审判法律监督协调机制，多方并举，促进检察官队伍整体素质不断提高，切实维护司法公正和法制统一，为促进城区经济社会全面协调可持续发展发挥重要作用。

12月19日，柳北区人大代表旁听柳北区人民法院案件庭审　　莫灿锋　摄

【法律知识讲座】 2010年柳北区人大常委会举办学习《中华人民共和国选举法》、《中华人民共和国代表法》等法律知识讲座1期，城区人大常委会成员、人大机关全体工作人员及190多名新当选城区的人民代表参加讲座学习。年内，举办城区人大代表联络员业务知识培训班1期，30多名联络员参加业务培训。　(李　萍)

政府法制建设

【政府法制机构概况】 2004年3月成立柳北区行政复议办公室，为政府二层机构。2008年更名柳北区法制办公室。2010年6月柳北区法制办公室为政府职能部门，在职人员3人。年内，柳北区法制办公室获广西法制办公室集体三等功。

【规范性文件管理】 2010年柳北区法制办公室按照决策民主化、科学化和法制化的要求，加强政府规范性文件管理，规范行政权力运行。全年审查规范性文件等法律文书40件，其中审理政府下发文件6件，修改合同和

5月3日，柳北区法制办公室人员审查行政文件　　李萍 摄

协议30件，其他信访、答复类4件。年内，柳北区政府下发的规划性文件有《柳北区政府投资项目建设工程管理办法》、《柳北区城市管理行政执法局目标管理考核实施暂行办法》、《柳北区城市管理行政执法局中层干部竞聘上岗和执法队员"双向选择"实施方案》、《柳北区机关退休人员返聘管理办法》等4件。

【制定政府信息公开制度】 2010年柳北区法制办公室根据要求制定《柳北区政府信息公开工作年度报告制度》、《柳北区行政机关提供主动公开政府信息的工作制度》、《柳北区依法申请公开政府信息工作制度》、《柳北区政府信息发布协调制度》、《柳北区不予公开政府信息上报备案制度》、《柳北区行政机关澄清虚假或不完整信息工作制度》、《柳北区政府信息公开责任追究制度》、《柳北区政府信息公开保密审查制度》《柳北区政府信息公开考核制度》、《柳北区政府信息公开评议制度》等10项信息公开相关配套制度。协调开发政府信息公开查阅系统，在政府一楼政务服务大厅配置电子查询机2台，方便群众查阅政府信息公开内容。

【行政诉讼与复议】 2010年柳北区法制办公室接到行政应诉案件6件，受理案件中经法院终审维持4件，撤销1件，驳回原告起诉1件。受理行政复议案件5件，终止2件，撤销1件，维持1件，审理1件，其中对乡镇做出的"三大纠纷"裁决不服2件，不服柳北区地税分局下达的行政处罚通知1件，不服柳北区城市管理行政执法局下达处罚通知2件。

【行政执法案卷评查】 2010年7月，柳北区法制办公室开展案卷评查工作，通过自查、抽查方式，对辖区571份行政执法案卷进行评查，结果大部分执法单位案卷合格，案卷质量有所提高。　　（李尊法）

政法建设

【政法机构及工作概况】 1984年11月，设立柳北区委政法办公室。1985年4月，成立中共柳北区委政法委员会（简称区委政法委）。1998年3月，区委政法委、综治委改实职管理，两委办公室为内部工作部门。2001年3月，成立柳北区610办公室。2010年柳北区委政法委与综治委、610办公室合署办公，一套人马，三套牌子，在职人员7人。设有镇综治办公室3个，街道综治办公室7个，建立综治信访维稳中心10个，配备综治专职干部10人，兼职人员35人。有镇（街道）人民调解室10个，村（社区）人民调解所90个。人民调解委员会136个，人民调解员120人。设立基层综治协会90个，治保会90个，维稳信息员210人，建立城区社会治安巡防队1个，专职巡防员350人，义务治安巡防队70个，保安队员1147人。

【维护社会治安稳定】 2010年柳北区委政法委以深化推进社会矛盾化解、社会管理创新、公正廉洁执法三项工作为重点，开展创建社会和谐稳定模范区和平安柳州建设活动。建立健全城区维护社会稳定工作机制。抓好社会治安综合治理工作，组织开展辖区重点地区和突出问题排查整治，学校及周边社会治安综合治理整治等专项活动。开展"大排查、大接访、大调处、大防控"活动，不断探索社会矛盾化解工作新方法。率先在自治区公安系统成立柳北区首个网上作战大队和柳州市柳北区综合应急救援大队，承担辖区社会治安案件侦破和社会治安综合管理、自然灾害，建筑施工事故、道路交通事故、空难及生产安全事故，群众遇险等社会安全事件的抢险救援任务。年内，柳北区委政法委按照自治区、柳州市2008～2010年平安建设标准要求，开展平安建设工作审核评定，柳北区10个镇（街道）、90个村（社区）均达平安镇（街道）、平安村（社区）标准，达标率100%。柳北区连续3年获自治区平安先进县（区）称号。

【维护司法公正】 2010年柳北区委政法委加强执法监督，维护司法公正。认真开展为期两年的集中清理涉法涉诉信访积案和为期三年"百年案件评查"活动。年内，组织公安、法院、检察院机关开展评查案件113件，其中评出办案质量高、社会效果较好案件 13 件,做到公正执法。

【政法队伍建设】 2010 年柳北区委政法委加强政法干部队伍组织、思想、作风建设;加强教育、管理和监督;落实从优待警各项措施,新提拔政法部门领导干部 5 人。(编辑部)

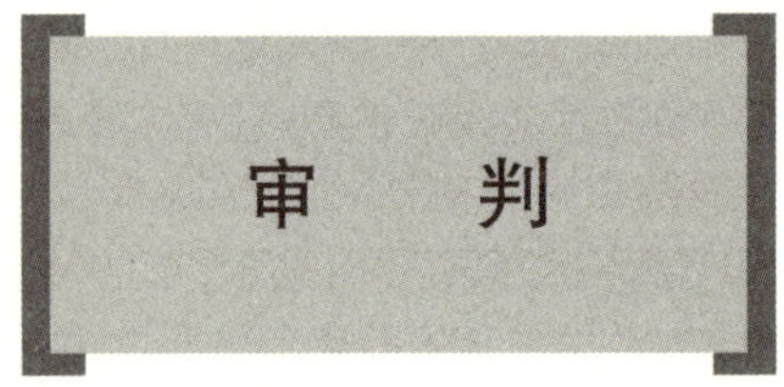

审 判

【审判机构及工作概况】 1980 年 6 月 1 日,成立柳北区人民法院,设办公室、刑事审判庭、民事审判庭 3 个工作机构,有法官及工作人员 13 人。1991 年柳北区人民法院设办公室、政工科、刑事审判庭、民事审判庭、经济审判庭、行政审判庭、少年审判庭、告诉申诉庭 8 个工作机构,有法官及工作人员 41 人。2002 年 9 月,柳州市郊区人民法院撤销后,沙塘人民法庭划归柳北区人民法院管理。2010 年柳北区人民法院设办公室、政工科、纪检组、监察室、立案庭、刑事审判庭、民事审判一庭、民事审判二庭、行政审判庭、审判监督庭、执行局、法警大队、沙塘人民法庭 13 个工作机构,有法官及工作人员 113 人。全年受理各类案件 4014 件(含一审、二审、再审、执行案、申诉、申请再审案、减刑、假释案),结案 3906 件,结案率 97.31%,结案标的金额 9657 万余元。其中诉讼案件 2850 件,审结 2781 件,审结率为 97.57%;执行案件 1164 件,执结 1125 件,执结率 96.65%。办公地址在柳州市回龙路 8 号。

刑事审判 贯彻宽严相济的刑事司法政策与“和谐司法理念”,推行量刑规范化,实现“严打”与“和谐”有机结合,依法审结各类杀人、故意伤害、抢劫、强奸、抢夺、盗窃等侵犯人身和财产的严重暴力犯罪及影响人民群众安全的多发性犯罪,为辖区营造和谐稳定的社会环境。全年受理一审刑事案件 333 件 541 人,其中未成年人案件 34 件 82 人,全部结案,审结率 100%。

民事审判 关注民生维权,化解民商纠纷,全年审理劳动争议案件及与人民群众生产生活、人身权利密切相关的债权债务纠纷、房地产纠纷、损害赔偿纠纷、婚姻家庭纠纷、继承纠纷等各类民事商事合同纠纷案件 2472 件,审结 2403 件,结案率 97.2%。

行政审判 坚持在合法范围内将审判工作前移,化被动执法为主动服务,积极协调官民关系,妥善化解行政争议,促进政府职能完善,监督、支持和指导行政机关依法行政,尊重和保障人权,维护和实现公民合法权利。全年受理一审行政纠纷案 45 件,全部结案,审结率 100%。

审判监督 利用局域网络强化审判管理机制,建立三级法院局域网,实行办案信息网上录入、网上管理、网上监督、网上考核,提高审判质量和效率。在法庭审判过程中所有电子笔录、音频、视频、电子证物等信息进行数字化编码处理,通过网络以多种视频应用形式展现庭审过程,改变传统庭审模式,实现公正与效率。及时办理各类案件的审查立案手续,立案及时率、准确率均达 100%,适用督促程序、催告程序和特别程序审理案件 27 件,办理诉讼保全 116 件;抓好立案调解,通过立案前调解工作,立案调解息诉 140 件。接待诉讼、非诉讼来访群众 305 人次,处理来信 89 件,清理信访积案 15 件,受理当事人申诉和本院决定再审案件 3 件并全部审结。在开展“百万案件评查”和“案件质量效率年”活动中,对 3490 件案件进行质量评查和归档。

案件执行 重视破解案件执行难问题,集中开展清理执行积案活动,会同公安、工商等部门,实行部门联动和地区联动,依法查处拒不执行、暴力抗拒执行等行为,力促当事人和解,促进执行工作良性循环。全年受理执行案件 1164 件,执结 1125 件,执结率 96.65%,执行和解结案 588 件,和解率 65%,执行结案率创历史新高,比上年同期提高 14.86%,达到自治区高级人民法院“无积案”和结案率达 90%的要求。

基层法院规范化 重视基层法庭规范化建设,针对辖区乡镇人口较多情况,把提高乡镇司法保障作为维护辖区稳定的基础,对照规范化建设标准,先后接受自治区高院和市中级法院规范化建设“回头看”验收。年内,沙塘人民法庭收案 582 件,审结 566 件,结案率 97.25%,其中以调解、撤诉方式结案 372 件,调撤率 65.72%。沙塘人民法庭连续 3 年获自治区法院

柳北区人民法院审判大楼　　李 萍 摄

4月9日，柳北区人大常委会任命新的人民陪审员　　李 萍 摄

系统规范化法庭。

法院队伍建设　通过开展“人民法官为人民”和“审判质量效率年”等主题活动，坚持人才兴院为本，提高法官队伍整体素质。层层落实党风廉政建设责任制，严格实行“一岗双责”、诫勉谈话制度、家属助廉制度等，多方位对审判活动进行全程监督，切实加强反腐倡廉建设，每位法院党组成员进行“法官论坛”讲座1次以上，邀请有关领导和专家客串“法官论坛”进行授课。通过走访群众，召开座谈会，设立电子邮箱和举报箱，公布热线电话和投诉电话等形式，查摆、找准法院工作存在的突出问题，重点解决司法不廉、司法不公问题。举办中层干部培训班，新录用法官培训班，组织法官参加各种业务学习培训。加强法院文化建设，建立“文化五室”（院史室、荣誉室、廉政文化室、图书阅览室和文体活动室），组织青年干警和书法爱好者参加各种文艺演出和书画摄影比赛，成立“法官业余摄影小组”，陶冶干警情操，提升法院文化底蕴和干警素质能力。接受新闻媒体监督，加大新闻宣传工作力，分别在《人民法院报》、《法治快报》等30多家新闻媒体，发表通讯报道、工作信息、调研论文390篇。年内，柳北区人民法院荣获自治区级先进集体1次，市级先进集体4次，城区级先进集体4次；荣获国家级先进个人1人次，自治区级先进个人6人次，市级先进个人奖励8人次。

【联动司法推动便民诉讼服务】 2010年柳北区人民法院转变观念，改进工作方法，全面加强审判执行工作，为城区经济发展提供能动司法服务。加大对下岗、失业、城市低保等群众的司法救助力度，为经济确有困难的15件案件当事人依法减、缓、免交诉讼费7.9万余元；为69名被告人指定辩护人，保障被告人依法行使辩护权。完成人民陪审员换届选任工作，提请柳北区人大常委会任命人民陪审员26人，全院有人民陪审员39人，扩大司法民主，全年所承办案件经由人民陪审员陪审达50%以上。建立便民利民“立案信访窗口”，设立诉讼服务大厅，融导诉区、安检区、当事人等候区和书写区、立案区、调解区、信访接待区为一体，为群众提供集导诉、立案、信访、立案调解、判后答疑等“一站式”便民诉讼服务。

【“案件调解年”活动】 2010年柳北区人民法院组织开展“案件调解年”活动”，全面贯彻“调解优先、调判结合”原则，把调解工作贯穿于立案、审判、执行各个环节，建立多元化纠纷解决机制，推进诉讼调解与人民调解、行政调解、商事调解、行业调解以及其他非诉讼纠纷解决方式的有机衔接。在公安柳北交警大队、虹桥社区、胜利东社区、钢城运输社区和长塘镇香兰村建立“法官联系点”，就交警大队的交通事故和社区、乡村的相邻关系纠纷、婚姻家庭纠纷等案件开展“巡回法庭”办案，指导人民调解工作，倡导调解结案，通过调解撤诉方式结案2014件，占结案数51.56%，促进辖区和谐稳定。　（编辑部）

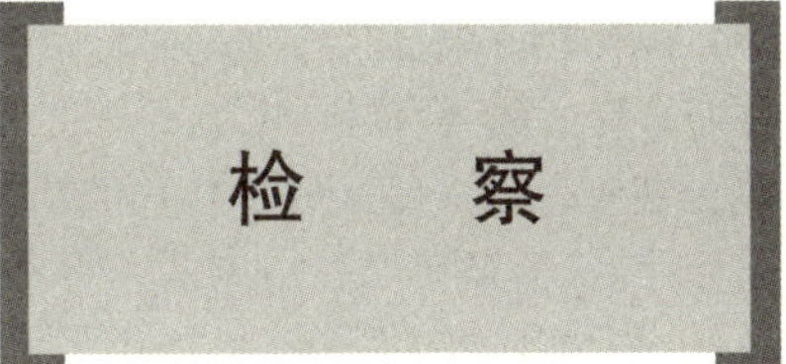

检　察

【检察机构及工作概况】 1980年1月，成立柳北区人民检察院，设办公室、刑事检察科2个工作机构，有检察工作人员7人。1991年柳北区人民检察院设政治协理员室、办公室、刑事检察科、经济检察科、法纪检察科5个工作机构，有检察工作人员25人。2005年柳北区人民检察院设政工科、办公室、侦查监督科、公诉科、反贪污贿赂局、反渎职侵权局、民事行政检察科和控告申诉检察科8个工作机构，有检察工作人员43人。2010年柳北区人民检察院设政工科、办公室、纪检监察室、侦查监督科、公诉科、反贪污贿赂局、反渎职侵权局、民事行政检察科、控告申诉检察科和法警大队10个工作机构，有检察工作人员46人。办公地址在柳州市北雀路34-1号。

职务犯罪查办　2010年柳北区人民检察院加大职务犯罪查处力度，全年受理贪污贿赂、挪用公款和渎职侵权等职务犯罪案件线索5件5人，受理初查渎职、侵权职务犯罪案件线索2件2人，立案查办贪污贿赂等职务犯罪案件3件3人。

严厉打击各种刑事犯罪　全年受理公安机关提请批准逮捕刑事犯罪案件368件528人,经审查,批准逮捕343件488人,不批捕31件47人,纠正漏捕2件2人。受理公安机关移送审查起诉案件414件657人,经审查,提起公诉347件549人,做出不起诉决定23件34人。落实宽严相济的刑事政策,努力减少社会对立面,通过改变公安机关定性案件7件14人、建议公安机关撤案4件8人及对可捕可不捕的案件坚决不捕等方式,快速化解社会矛盾,节约司法资源,提高诉讼效率,最大限度地增加和谐因素。

做好企业服务　针对辖区部分企业财物失窃严重等情况,先后派出干警到柳州钢铁(集团)公司动力分厂等单位进行法律宣传,与公安机关预审大队一起,走访辖区部分国有企业保卫部门,帮助他们找出制度及管理漏洞,提出针对性建议;同时针对辖区个别废旧收购店存在收购赃物的情况,建议公安机关对这些废旧收购店进行清查,使企业近期财物被盗、被侵占情况得到有效控制。

控告申诉检察　贯彻柳北区党委、区人民政府关于建设平安柳北的工作部署,结合检察机关职责,参加矛盾纠纷排查调处工作,全年接待处理群众来信来访20件133人,受理首次举报线索17件,其中控告案件6件,刑事申诉案4件,其他案件7件。对属检察机关管辖的案件,认真处理办结,息诉息访;对移送其他部门办理的案件,加强跟踪办理结果;对涉及影响社会和谐稳定的重大案件,检察长亲自督办,及时处理,把不稳定因素解决在基层,消除在萌芽状态。

职务犯罪预防　开展预防职务犯罪工作,向辖区税务、金融、企业、公安、法院、各镇政府等有关单位,发出《检察建议书》122份,深入单位进行回访座谈交换预防工作意见,及时了解和掌握被建议单位对检察建议书的采纳落实情况,保证检察建议发挥应有的作用。开展预防职务犯罪调查,结合排查出来的职务犯罪隐患,向各单位提出预防建议80份,清除职务犯罪隐患6项,撰写预防立项调查报告10份,有5份得到发案单位领导的重视和肯定。结合查办的职务犯罪案件以及初查案件线索,开展犯罪分析,分析发案原因,研究预防对策,向发案的银行、企业公司等9个单位部门发出检察建议书15份,在企业针对查处的案件及初查案件线索进行案件分析座谈会。加强行贿犯罪档案查询系统建设,开展行贿犯罪档案查询213次,在42个单位召开预防职务犯罪座谈会45次,进行法制教育和警示教育讲座3场,接待来访咨询51人次,对干部、群众提出的法律咨询均予以答复。通过上述各项预防工作的开展,使相关部门和单位的管理水平得到较好提高。

柳北区人民检察院办案大楼　　李　萍　摄

检察队伍建设　结合开展"恪守检察职业道德、促进公正廉政执法"主题实践活动,加强理想信念教育和廉洁守纪教育,把开展创建学习型党组织、学习型领导班子、学习型检察机关活动作为搞好队伍自身建设的重要任务来抓,加大资金投入,创新育才机制,做到不拘一格选人才,培养一支适应新时代要求、综合素质高的检察队伍。通过抓好在职学历教育,抓好岗位技能培训,提升干警整体素质;通过抓好"三子"(自己照镜子、同事扯袖子、组织亮牌子)教育活动和廉洁勤俭讲评活动,增强检察人员廉政执法的自律意识,改进执法作风,努力提升执法公信力。2010年,获自治区高级检察院工作先进个人3人,柳州市中级检察院工作先进个人8人。

【公正廉洁执法】　2010年柳北区人民检察院坚持监督立检,树立大局意识,重要工作和重大问题及时向地方党委和政府请示汇报,确保党的路线方针政策和国家法律法规在检察工作中得到正确贯彻和执行。坚持把人大、政协和社会各界的监督作为爱护和支持,作为加强和改进检察工作的动力,坚决执行人大及其常委会的决议,主动向人大及其常委会报告检察工作,加强与人大代表、政协委员的联系,拓宽接受人大、政协监督的有效途径,完善接受人大、政协监督的具体措施,建立健全经常化、规范化工作机制。深化检务公开,自觉接受外部监督,做好人民监督员工作。对外强化立案和侦查监督、审判监督,对应当立案而不立案的,依法监督侦查机关立案7件7人。受理不服民事、行政判决申诉案件17件,其中息诉13件,对认为确有错误的刑事裁判提请抗诉1件并得到自治区最高检察院支持。同时,对法院正确的判决和裁判,耐心向

10月15日，柳北区人民检察院向柳北区人大代表汇报检察工作　　李　萍　摄

申诉人解释法院判决的依据，努力做好息诉服判工作，维护司法权威。

【**检察信息化建设**】 2010年柳北区人民检察院加大检察院基础设施建设和经费保障投入，检务接待中心竣工，为群众提供现代化的检察服务环境。加强检察信息化建设，专门抽调办案业务骨干进行网上办案应用培训，率先实现网上办案。5月，柳州市检察技术工作暨信息化建设与应用现场会在此召开，干警集中演示案件管理系统的使用流程，受到新闻媒体的广泛报道。　　（编辑部）

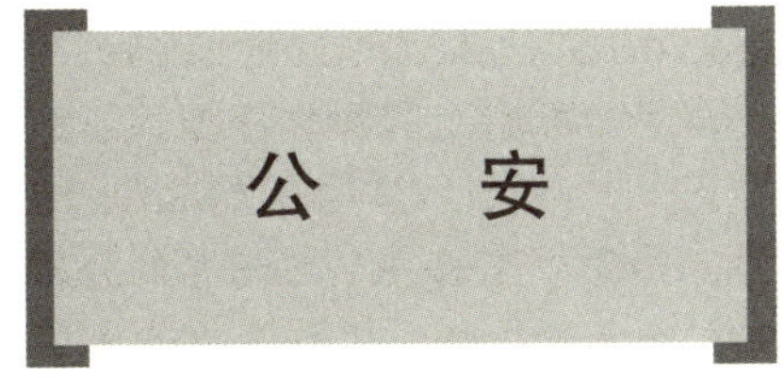

【**公安机构及工作概况**】 1980年2月，成立柳州市公安局柳北分局（简称柳北公安分局）。1991年1月，柳北公安分局设9个科、队室和4个街道派出所。2002年9月，行政区划调整后，原柳州郊区公安分局所属的石碑坪、沙塘、长塘、柳洛、柳长等5个基层派出所划归柳北公安分局管辖。2004年柳北公安分局增设柳北刑侦综合大队、解放责任区刑侦大队、雀儿山责任区刑侦大队、柳长责任区刑侦大队，分别承担各派出所辖区刑事侦查案件任务。2005年柳北公安分局设政工秘书科、纪律检查室、内保科、治安科、户政科、法制科，刑侦综合大队、国家保安大队及责任区刑侦大队9个机构，辖解放、雅儒、胜利、雀儿山、北雀、石碑坪、沙塘、长塘、柳洛、柳长10个基层派出所，在编干警305人。2010年柳北公安分局设13个大队(科、处、室）及9个基层派出所（柳洛派出所2009年划归柳东公安分局管辖)，民警307人。管辖城区行政区域面积317.11平方公里，其中城区面积25.6平方公里。年内，柳北公安分局获全国公安机关集中换发第二代居民身份证工作先进集体、自治区公安机关优秀公安局、自治区公安机关“深化开展一教育三整顿活动”先进单位、“两车”整治工作先进单位、争创2009～2010年度无违法违纪先进公安局等称号。办公地址在柳州市跃进路63号。

刑事侦查　2010年柳北公安分局开展打黑除恶、命案侦破、追逃，打击“两抢一盗”多发性侵财犯罪、打击拐卖妇女儿童犯罪等专项行动，全力侦办各种刑事案件，立案4658起，破案2504起，其中破案追赃231起，刑事拘留507人，逮捕543人，起诉610人。

命案侦破　2010年柳北公安分局立命案10件，破案10件，破案率100%；其中故意杀人案5件，伤害致死案5件。

治安管理　2010年柳北公安分局开展各项专项活动，强化社会面管控制和治安整治工作。1月10日至2月28日，开展“春雷行动”打击整治街面“两抢”犯罪和偷盗、扒盗违法犯罪专项行动，进行宣传活动158次，发放宣传资料1.78万份，出动警力1058人次，车辆725台辆，清查场所605个次，破获案件558起，其中刑事案件378件、治安案件180件，捣毁犯罪团伙9个。3月～12月，开展整治重点企业周边治安秩序专项行动，出动警力1874人次，车辆915台辆，清查辖区各重点企业周边中小旅馆478间次、废品收购点372个次、电子游戏室93间次、网吧706家次、歌舞娱乐场所248家次。调解治安纠纷396起，抓获各类违法嫌疑人431人、行政拘留188人、强戒7人、收教19人、劳教2人。开展整治治安秩序重点小区，出动警力1800人次，车辆910台辆，盘查清理出租房屋1276间次、中小旅馆229间次、空闲屋65间次、废品收购站点275个次、网吧329间次、歌舞娱乐场所300个次、洗浴休闲场所339间次，查处治安案件1385起。其中康城小区、胜利小区挂牌列为柳州市治安混乱小区后，经整改已通过柳州市委政法委、综治委的验收。5月，开展学校、幼儿园及周边治安综合整治百日行动，出动民警1.85万人次，巡防2.07万人次，车辆1.11万辆次，对167所学校及幼儿园进行巡守。开展肇事肇祸精神病人排查行动，排查疑似精神病人2137人，其中有精神病症状但未进行医疗诊断383人，录入公安部全国重性精神病人信息管理系统360人，曾经肇事肇祸精神病人9人。完成辖区91家旅馆和53家网吧的治安等级首次评定工作。其中A级旅馆2家、B级旅馆80家、C级旅馆9家；B级网吧49家，C级网吧4家。

户政管理　2010年柳北区有常

住人口42.8万人，家庭户人口39.66万人，登记暂住流动人口19.34万人，出租房3743户8886间。全年办理临时身份证5440人次。向市公安局、自治区公安厅上传第二代身份证合格制证信息14713条，(办证1307人/证)，16周岁以上首次申领第二代身份证5682人。居民身份证号码纠正188人。开展第六次全国人口普查户口整顿，核对辖区10.58万户33.49万人。

流动人口管理　2010年柳北公安分局加强辖区流动人口和出租房屋管理工作，全面建立"以证管人、以房管人、以业管人"的流动人口治安管理新模式。对流动人口管理按照"谁主管谁负责"的原则，实行分片包干，在各基层派出所建立流动人口管理站9个，由18名干警和80名协管员负责流动人口管理。全年登记暂住流动人口19.34万人，出租屋3743户8886间，签订治安管理责任状率100%，推进流动人口分级管理模式，其中A类2990户，占86%；B类456户，占13%；C类27户，占1%。每周对流动人口和出租房屋开展清查行动，通过清查，提供违法犯罪线索26条，破获刑事案件14起，查处治安案件163起，抓获网上逃犯22人。

维护社会稳定　2010年柳北公安分局围绕全国"两会"、上海世博会、广州亚运会、F1国际赛事、东盟博览会等重大会议和重大活动，开展安全保卫和维稳工作。全年收集各种情报信息256条，被上级部门采用211条。坚持做好事前和处置过程中情报信息收集，围绕重大活动排查不稳定因素110余条，对群体性事件进行预警49起；对企业改制人员等13个不稳定群体开展不稳定因素调查，做好58名重点人员的稳控工作。全年接待处理群众来信来访45件，办结45件，办结率100%。

公安队伍建设　2010年柳北公安分局先后开展学习实践科学发展观、"深化一教育三整顿"、警车及涉案车辆专项整治、涉案人员非正常死亡专项整治等系列教育活动，针对查摆剖析存在的问题进行整改。从加强教育、完善制度、加强监督、严肃查处、解决问题等5个方面着手，抓好基层领导班子建设、基层单位的执法规范化、内务管理规范化、民警行为规范化和队伍正规化建设。坚持抓好《内务条令》、"五条禁令"的落实，深入开展"大走访"爱民实践活动，为群体做好事115件，促进警民关系和谐发展。建立民警休假管理制度和民警个人休假档案，民警健康档案，实行民警健康信息动态管理，确保值班、加班民警得到补休，避免疲劳作战，民警休假率达100%。建立维护民警合法权益委员会，在接警值班室和户籍窗口等对外部门安装摄像机记录影音资料，对侵害民警正当执法权益的行为依法予以严惩。年内，受理侵权案件13起，依法处理侵权人员12人，其中行政处罚2人、批评教育20人，维护16名民警的合法权益。广泛开展争先创优和立功创模活动，及时表彰宣传先进典型，全年无违法违纪案件发生。

7月8日，柳北区召开第六次人口普查户口整顿培训会议　赖德勇　摄

【专项行动】

打击"两抢两盗"犯罪专项　2010年柳北公安分局继续执行柳州市公安局布置的对"两抢两盗"(抢劫、抢夺、入室盗窃、盗窃机动车和非机动车)多发性侵财犯罪的严打高压态势，集中力量破获盗抢案件1578件、打掉盗窃团伙24个，逮捕嫌疑人400人；退还被盗抢汽车数7辆，摩托车及电动车100辆，打掉黑恶势力犯罪团伙1个。

禁毒缉毒行动　2010年柳北公安分局落实柳州市出台的《2010—2012年禁毒人民战争实施方案》，开展禁毒缉毒行动，破获毒品刑事案件91件，其中重大案件13件，一般案件78件；抓获涉毒人员269人，其中逮捕83人，缴获毒品海洛因162.74克，氯胺酮(K粉)1703.86克，送强制隔离戒毒161人，办理社区戒毒217人，处理吸食新型毒品人员665人。查获治安案件273件，收缴排查化解矛盾纠纷107起。

治爆缉枪专项行动　2010年柳北公安分局开展治爆缉枪专项行动，检查涉爆、涉枪、涉毒等单位32家次，人员505人次，检查枪支弹药保险库/柜26个次。收缴各类枪械14支、1613发，炸药2.1公斤、雷管31枚。

【首个网上作战大队组建】　2010年8月，柳北区创建首个网上作战大队。该大队由柳北公安分局抽调民警6人，柳北区巡防队抽调16人组建，是自治区公安系统首个网上作战大队。

3月2日，自治区公安厅领导到柳北公安分局检查情报信息工作　　苏格云　摄

该大队将情报信息中心植入打防功能，确保研判与打击不脱节、不延时、不缺位，将网上作战大队打造成集服务、管理、实战并举的网上作战实体。年内，柳北区首个网上作战大队破获刑事案件9起，查处治安案件43起，捣毁赌博摊点37个，参与处置群体性事件11起，查扣涉案车辆7台、赌博机15台，抓获违法犯罪涉嫌人员321人。

【“大情报”系统建设】 2010年柳北公安分局明确“信息研判、指挥调度、视频监控、管理指导、网上考评”五位一体的工作职能，建立《情报信息终身责任制》、《信息采集工作激励奖惩制度》、《情报信息研判工作机制》、《情报信息处置反馈机制》等规范性文件，建立“大情报”系统建设，全年情报信息指挥中心收集人员信息线索2.52万条，案件资料1.99万份。运用大情报信息系统抓获网逃等各类人员230人，利用信息破获刑事案件2217起，破案率47.6%。发布指令信息28条、常量分析17条、案件高发路段情况15条、刑事案情通报16条、入室盗窃案件分析15条、专案分析2条、抢夺案件分析3条、常量分析9份。协助刑侦大队破获各类刑事案件65起，查处治安案件126起。实践中总结、探索出在逃人员二次研判法、重点人员筛查破案法、轨迹分析法、人员布控法、比对关联查证法等运用情报信息平台破案5大技战法，得到自治区公安厅情报信息中心高度肯定。年内，柳北公安分局采取向辖区群众发放警民联系卡，公开网上警务室网址等工作方法，促进警民良性互动，群众通过网上警务室留言371条、提供线索20条，回复率均达100%。

【执法场所标准化建设】 2010年，柳北公安分局按照自治区、市公安系统的要求推进执法场所标准化建设，对9个基层派出所、3个责任区刑侦大队统一实施硬件软件设施建设、功能分区和物理隔离设置建设、安全防范设施建设、声像监控系统建设、监管场所建设和涉案物品管理，保证执法安全，且所和队全部实时影像接入柳州市公安局执法监督中心以及分局法制科视频监督系统，实现对各办案单位执法行为的实时动态监督。组织多种形式的网上执法办案及网上执法考评与监督的学习培训、交流探讨，树立严格、公正、文明的执法理念。建立办案单位法制员、单位领导、法制科、分管局长、局长执法办案“五级把关制”，为每个执法单位和一线民警建立执法档案，做到一案一档，一人一档，案件审核率、准确率达100%。年内，受理各类刑事案件378件507人，呈捕367件533人，经检察院审理后批捕359件543人，批捕率达98.2%，移送起诉318起512人，移送起诉率达100%。通过预审深挖破获刑事案件211起，其中特大案件3起，重大案件104件，一般案件104起。获柳州市公安系统执法质量考评第一名，连续9年获市公安系统执法质量考评优秀等级。法制科获自治区公安系统执法示范单位称号。

【复合式调解平台建立】 2010年柳北公安分局建立四级联动“大调解”工作体系，一级调解室设在分局信访室，负责对各所队上报的重大、疑难矛盾纠纷进行协调处理；二级设在各刑侦大队和派出所，对符合调解的轻微刑事和治安案件及矛盾纠纷进行调处；三级设在警务室里，对一般治安案件和矛盾纠纷进行调处；四级由社区（驻村）民警深入辖区住户对简易矛盾纠纷进行现场调处。构建人民调解、公安调解、司法调解三方联调为基础的复合式调解平台。建立矛盾纠纷移送调处、联合调处、公开调处等工作机制，采取社区（村）人民调解委员会与警务室一体化运作、指派民警进驻乡镇（街道）调解中心等方式，实现“三联三调”的有力衔接、有序联动。探索建立《矛盾纠纷网上调解制度》、《信访事项网上回访反馈制度》、《柳北分局视频接访制度》等工作机制。全年参与化解社会矛盾纠纷1046起，矛盾纠纷调处成功率91.2%。通过网上派出所、网上警务室调解矛盾纠纷8起，办理网上信访案件6起。　（苏格云）

道路交通管理

【道路交通管理机构概况】 1987年6月，成立柳州市公安交通警察支队柳北大队（简称柳北公安交警大队），隶

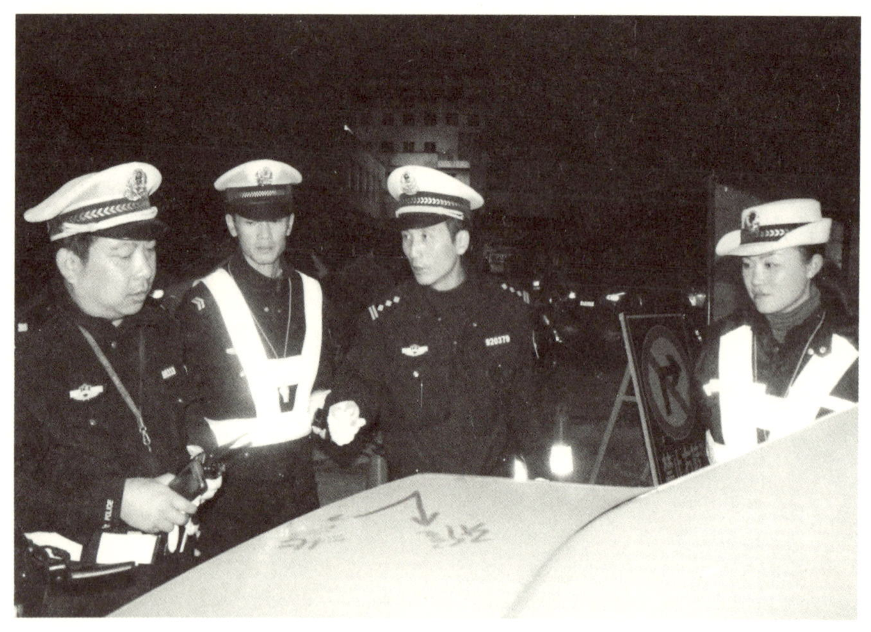

11月18日,柳北交警队员晚上巡视道路高峰交通秩序,现场指定分流举措
苏格云 提供

属柳州市公安局交通警察支队管理。2005年柳北公安交警大队设秩序中队、沙塘中队、内务中队、事故处理中队4个,有交通警察50人。2010年柳北公安交警大队设秩序中队、沙塘中队、内务中队、事故处理中队4个中队,有交通警察54人。全年处理道路交通事故2488起,辖区发生立案上报道路交通事故41起,造成死亡26人,受伤28人,直接经济损失4.89万元。其中发生交通肇事逃逸案件3起,造成死亡2起,重伤1起,通过排摸取证,全部破获。年内,未发生死亡3人以上的道路交通事故和特大道路交通事故。办公地址设在柳州市胜利路49号。

【道路交通秩序整治】 2010年柳北公安交警大队以辖区道路危险点段、209国道、城市主干道为重点,严查酒后驾车、超速行驶、货车超载等严重交通违法行为,重点消除违法停车等热点问题,查处道路交通违法行为3.84万起,其中酒后驾车166起(含醉酒45起)、超速7676起、无证驾驶161起,拘留55人,扣留驾证214本,暂扣机动车1609辆,暂扣非机动车1457辆。加强与政府相关部门的协作,开展“五车整治”专项行动,整顿辖区乱停乱放、违法揽客、占道经营等违反交通秩序行为,全年查处非法营运汽车55辆、二轮摩托车121辆、正三轮摩托车67辆、加装动力装置人力三轮车12辆、残疾车5辆。整治校园周边交通秩序,实地勘察辖区中学、小学、幼儿园125所,对25所中小学校在学校门前完善设置“一条斑马线、两块学校警告标志、两块限速牌”的交通安全设施。同时以“降事故,保安全、保畅通”为目标,加大校园周边维稳工作力度,在学生上学、放学时段,对校园周边路段加派警力巡逻监控。年内,开展二级以上道路交通安全保卫工作4次、三级以上道路交通安全保卫工作28次、其他相关道路交通安全保卫工作200余次。

【交通安全宣传】 2010年柳北公安交警大队开展“五进”(进农村、进社区、进学校、进企业、进家庭)交通安全宣传工作,在辖区公路收费站、车站等人流密集场所,以媒体报道、电台访谈、悬挂横幅标语展板、交通志愿者等形式,向群众宣传道路交通安全常识和法律法规。全年深入辖区学校131次、企业31家、社区56个、行政村41个;组织开展交通安全专题教育活动9次,发放、张贴、悬挂各类宣传资料8万余份,刊登、播放交通安全专题报道10次;受教育人数35万余人次。

【交通安全设施建设】 2010年公安柳北交警大队在辖区8条主要路段、10个重要路口增设禁停交通标志、提示标志牌70多块,增设交通信号灯2处、调整道路交通信号灯配时4处;施划汽车停车泊位12处、增设汽车停车

6月11日,柳北交警在胜利小区向群众宣传交通安全知识 赖德勇 摄

泊位60处、摩托车停车泊位95处，重新对自治区级交通事故安全隐患整改点段白沙码头的交通安全隐患进行排查并督促整改，整改后白沙码头通过自治区交通厅和安全监督局验收组的验收。同时按照市公安局交通警察支队的统一要求，投资100余万元维修改造办公大楼外墙，规划院内停车场地及绿地，拆除重建存在安全隐患的大门。投入资金18万元，将连接办公大楼大门的15间门面改为事故中队办公室，增设民警备勤室、事故调解室，物价评估室、询问室、档案查阅室、群众等候室并配备投影仪、档案柜等办公设备。

【公安交警队伍建设】 2010年公安柳北交警大队开展“一教育三整顿”活动和以人民警察核心价值观主题教育活动，按照公安队伍正规化建设要求从严治警，科学治警，健全事故处理民警岗位工作职责和各项管理制度，针对少数民警在处置轻微事故中出现的疏漏，制订《柳北交警大队处置轻微道路交通事故补充规定》，从110接处警的时间、程序、与相关部门的沟通程序到着装，作了详细规定。全年无违法违纪案件发生，未发生交通执法行政复议和行政诉讼案件，保持零有责投诉。年内，先后被评为自治区公安交警系统规范执法示范大队1次、交警规范执法示范中队1个、交警二等事故中队1个，交警规范执法示范岗2个，被评为柳州市公安交警系统先进集体和先进基层党支部。（吴筠娜）

公安消防管理

【公安消防机构概况】 1957年3月，成立柳州市消防支队。1959年9月，设立雀儿山消防中队，1964年改称柳北消防中队。1991～2004年，柳北公安消防中队隶属柳州市公安局消防支队管理。2005年8月1日，更名为柳州市公安柳北消防大队，管辖柳北消防中队，编入中国人民武装警察部队序列，隶属于柳州市公安局消防支队、武警柳州市消防支队双重领导。2010年柳北公安消防大队有官兵27人。年内，有57人次立功受奖，大队、中队连续3年被评为自治区和柳州市消防部队先进单位、自治区精神文明建设先进单位。办公地址在柳州市北雀路85号。

【消防隐患整治】 2010年柳北公安消防大队对辖区90家单位场所进行消防安全监督检查，发出限改文书77份，发现不安全消防隐患227处，发出复查意见书66份，整改隐患204处，审核验收单位消防安全场所24个，办理开业单位消防安全检查场所43个，行政处罚单位69个，处罚金额26.45万元，行政拘留1人。全年无行政复议和行政败诉案件发生，辖区未发生较大以上火灾事故。

【消防演练】 2010年柳北公安消防大队在辖区各单位开展实地应急疏散、消防演练、消防培训10场次，参与人员1000多人。年内，面向社会开放消防站，接待群众1200多人次。4月23日，柳北公安消防大队在柳北区行政中心大楼前开展消防、防震、防空紧急疏散演练。12月14日，柳北公安消防大队在柳北区为300多名干部职工进行消防安全知识讲座；12月23日，柳北公安消防大队在柳北区举行在校学生维权暨学校消防知识讲座，辖区100多个学校负责消防安全的分管领导和老师参加培训学习。

【灭火救援】 2010年柳北公安消防大队接到火警181起，出动消防警力184人次，出动消防车311辆次，抢救被困人员35人，疏散人员1062人，抢救财产价值87.3万元。成功参加“5.14裕龙仓库火灾”、“5.17龙船山商铺火灾”、“柳州7.5抗洪抢险救援”和“7.29”柳城县列车脱轨救援等大型火灾的扑救和抢险救援事故处置。年内，柳北公安消防大队派出10人到旱灾前线河池市等地进行1个多月的抗旱救灾工作；为柳州市辖区内送水37辆车次，约167吨水；4月9日，柳北公安消防大队派出1辆消防车和15名消防官兵与雀儿山街道办事处联合为石碑坪镇山庄100多亩干旱缺水的春播葡萄苗往返送水24吨，有效解除旱情危害。

【拥政爱民】 2010年柳北公安消防大队与柳北区共建单位开展各种警

4月23日，柳北公安消防大队在柳北区行政中心大楼前开展消防、防震、防空紧急疏散演练 李萍 摄

4月9日，柳北公安消防大队官兵为石碑坪镇6.67公顷干旱的葡萄园浇水

黄新梅 摄

民联谊活动6场次；开展消防宣传“六进”（进社区、进学校、进企业、进农村、进机关、进家庭）活动28场次，发放各种消防安全挂历、光碟、资料、手册等宣传物品1000多份，参与人员1.21万人次。 （柳北公安消防大队）

司法行政

【司法机构及工作概况】 1985年7月，成立柳北区司法局。1991年柳北区司法局内设办公室、法律宣传科、基层工作科3个科室，在职人员6人。2001年11月，柳北区司法局增设柳北区法律援助中心，有事业编制5人。2005年柳北区司法局设办公室、法律宣传科、基层工作科3个科室，在职人员5人。下设基层司法所12个，法律服务所7个，法律服务援助中心1个，有法律服务工作者56人。2010年柳北区司法局设办公室、法律宣传科、基层工作科3个科室，在职人员5人。下设基层司法所12个，法律服务所7个，法律服务援助中心1个，有法律服务工作者32人，人民调解委员会148个，人民调解员811人。年内，柳北区荣获自治区“五五”普法依法治理先进县（区）、自治区“五五”普法先进单位称号。办公地址在市跃进路100-2号白沙司法大楼。

2010年柳北区司法局采取墙报、板报、电视、广播、报纸、文艺演出、街头法制咨询等多种形式开展各类法制宣传教育活动60场次，设立法制宣传咨询点21个，为群众义务解答法律咨询100人次；组织司法业务骨干、普法讲师团成员、律师、法官深入辖区机关、企事业单位、学校、村屯和社区，开展法制大讲堂知识讲座20场，发放宣传资料1万份。发放《公民法律知识读本》1万册，法制宣传资料10万份、法制知识宣传扑克1.5万副、法制知识挂历5000本、展出法制宣传专栏、橱窗、板报126期。

基层司法行政建设 2010年柳北区司法局全面落实上级下达柳北区11个司法所国债项目建设，建成投入使用基层司法所7个，装修3个，寻求房源1个。柳北区还拨出专款24万元，为10个基层司法所配备电脑、打印机等办公用品，为石碑坪镇、沙塘镇、长塘镇、白露街道等4个司法所各配置专用车辆1部。并对各个基层司法所的基础设施、人员管理、教育培训、制度建设、档案管理等方面的规范化建设进行指导检查，促进基层司法所基础工作规范化。投入资金105.8万元，购置解放街道司法所办公用房，装修雅儒和锦绣2个街道司法所办公楼。年内，组织司法所参加全市样板司法所、十佳司法所、十佳司法所干警的创先争优活动，通过基层推荐、民主评议和审核，推荐白露、钢城两个街道办事处司法所为样板司法所，沙塘、石碑坪两个镇司法所为十佳司法所、曾爱红等2名干警为十佳司法所干警。开展“民主法治村（社区）”创建活

1月15日，柳北区司法局到沙塘镇开展“法制下乡”活动 张建威 摄

动，石碑坪镇石碑坪村荣获自治区第二批民主法治村，石碑坪镇下陶村、白露街道办事处马厂村、长塘镇青茅村、沙塘镇沙塘村、杨柳村等5个行政村荣获柳州市第三批民主法治村。

人民调解　2010年3月30日，柳州市在柳北区沙塘镇召开全市“人民调解加强年”活动启动仪式。柳北区以此为契机，召开工作会议，明确“派两员，强基础，解纠纷，促和谐”为柳北区开展“人民调解加强年”活动的主题，整合辖区法律服务资源，在辖区8个律师事务所聘任14名律师分别担任90个村(社区)的“两员”(法制宣传员、人民调解员)人选，协助和指导城区开展法制宣传教育和调解处理矛盾纠纷。建立4个村(社区)法官下基层联系点，警民联调室和交通事故纠纷调解室，指导基层司法所、基层人民调解委员会建立矛盾纠纷联防联调机制，努力把矛盾纠纷化解在基层。全年下拨各镇、街道人民调解委员会1095件人民调解案件补贴5.475万元。先后组织基层人民调解委员会分12批次参加自治区司法厅、市司法局和城区司法局举办的人民调解员培训班，对辖区580名人民调解员进行人民调解基本知识，矛盾纠纷调解技巧、档案管理及部分法律法规知识培训。年内，各级人民调解组织调处各类矛盾纠纷1341件，调解成功1316件，调处成功率98%。

【刑释解教人员安置帮教】 2010年柳北区司法局做好刑释解教人员的过渡性安置帮教工作，通过排查掌握101名刑释解教人员情况，逐人进行信息核对，梳理登记，建立帮教管理档案，实行台账式分类管理，建立完善城区、街道、镇安置帮教工作网络和教育网络，采取社会帮教和家庭帮教相结合，将每个帮教对象落实到具体责任人，从思想上正确引导，帮助他们解决实际问题，通过开展专项排查活动，接收各种矫正对象50人，其中缓刑26人，假释16人，监外执行4人，管制4人，重新犯罪率为零。

【社区矫正启动】 2010年柳北区司法局摸清辖区内社区矫正人员50人，制定社区矫正工作方案，柳北区人民检察院与7个街道办事处签订《社区矫正合作协议书》，干警与社区工作人员共同研究对矫正对象的帮教措施。组织10个基层司法所所长参加柳州市司法局举办的社区矫正工作业务知识培训班，学习掌握社区矫正的有关政策、操作流程、法规具体适用、心理危机干涉、台账建立、规范档案等业务知识，为全面启动社区矫正工作打下基础。

【法律服务】 2010年柳北辖区内有法律服务组织7个，从业人员32人，其中，镇和街道法律服务所7个，为政府、企事业单位、社会团体等担任法律顾问10人。年内，加强法律服务业执法检查，做好法律服务机构及执业律师、基层法律服务工作者年检注册工作。完成辖区6个法律服务机构年审注册登记工作，长塘、雀儿山、黄村3个法律服务所由事业单位法人改制为合伙制法律服务所，辖区7个法律服务所完成脱钩改制工作。组织律师12人次参与城区领导每月1次的信访接待日，全年安排律师参与区委、区政府大接访活动8批次，参与调解调结重大纠纷12件。为群众开展法律援助上门义务咨询201人，接待电话咨询388人次，办理法律援助案件77件，已办结65件，为民事案件当事人挽回经济损失12.31万元。

【“五五”普法通过检查验收】 2010年是“五五”普法检查验收年，柳北区组织辖区各镇、街道及各有关单位按验收标准做好“五五”普法总结及资料收集整理。“五五”普法期间，柳北区贯彻实施《2006～2010年柳北区法制宣传教育和依法治区工作规划》，深入开展全民法制宣传教育，广泛开展“法律六进”活动，扎实推进依法治理和法治城区、法治单位的创建活动，分别组织区委理论中心组集体学法20次，组织法律宣传咨询活动200多场、法制文艺演出130多场次、观看法制电影680场次，印发宣传资料5万多份；举办机关公务员各类法制讲座25期，基层党员干部法制教育培训班123期，受训人数6300人。辖区3.6万名干部职工参加“五五”普法年度普法考试，参考率和及格率均达100%。协调各类矛盾纠纷和信访突出问题5300多件，调解成功率达95%以上，妥善处置群体性事件40多件，没有因处理不及时造成矛盾激化引发重大群体性伤亡事件，没有集体进京非正常上访事件发生。辖区广大干部群众法律意识明显提高，社会管理法治化水平不断提升。2010年7～8月，柳北

6月26日，柳北区组织律师深入社区开展“关爱未成年人法律宣传月”活动

张建威　摄

区顺利通过自治区、柳州市"五五"普法检查验收。并荣获自治区"五五"普法依法治理先进县(区)称号,荣获自治区"五五"普法先进单位36个,自治区、柳州市"五五"普法先进个人85人。

【司法队伍建设】 2010年柳北区司法局组织行政系统干警参加科学发展观集中学习节活动,先后开展社会主义法治理念教育,职业道德教育、纪律作风教育和廉洁从政教育、"讲党性、重品行、作表率"等活动;组织学习《中国共产党党员领导干部廉洁从政若干准则》;开展深化绩效考评工作,推动效能建设制度化、规范化。全年,部门及系统人员没有出现一例违法违纪行为。 (蒋 石)

1月15日,柳北区司法局在沙塘镇为农民开展法律咨询活动 张建威 摄

社会治安综合治理

【社会治安综合治理机构及工作概况】 1991年3月成立柳北区社会治安综合治理委员会,在柳北区委政法委挂牌。1998年成立柳北区社会治安综合治理办公室,为实职工作部门。2010年柳北区抓好社会治安综合治理工作,组织开展辖区重点地区和突出问题排查整治,学校及周边社会治安综合治理整治等专项活动。开展"大排查、大接访、大调处、大防控"活动,不断探索社会矛盾化解工作新方法。率先在自治区公安系统成立柳北区首个网上作战大队和柳州市柳北区综合应急救援大队,承担辖区社会治安案件侦破和社会治安综合管理、自然灾害,建筑施工事故、道路交通事故、空难及生产安全事故,群众遇险等社会安全事件的抢险救援任务。年内,柳北区委政法委按照自治区、柳州市2008~2010年平安建设标准要求,开展平安建设工作审核评定,柳北区10个镇(街道)、90个村(社区)均达平安镇(街道)、平安村(社区)标准,达标率100%。

【社会治安综合治理基层基础建设】 2010年柳北区按照自治区和柳州市《关于建立乡镇(街道综治信访维稳中心的意见)》要求,加强镇(街道)综治信访维稳中心建设,在10个镇(街道)和90个村(社区)综治信访维稳工作中心(站),均建立"一个窗口服务群众、一个平台受理反馈、一个流程调解到底、一个机制监督落实"的运作方式和建立"六联"(社会治安联合防控、矛盾纠纷联合调解、重点工作联勤联动、突出问题联合服务管理)的工作机制,调整配备综治信访维稳工作中心人员210人。年内,柳北区投入综治保障经费22万元,为10个镇(街道)综治信访维稳中心配备电脑、打印机等办公用品,为4个司法所配备车辆。招聘20名应届大学生充实到镇(街道)综治信访维稳中心,加强社区矫正、人民调解和信访工作。全年辖区各镇(街道)、村(社区)综治信访维稳工作中心(站)接待群众来访1.63万人次,受理各类矛盾纠纷899宗,已调结855宗,调处成功率95%,使矛盾纠纷解决在基层。

【治安防控体系建设】 2010年柳北辖区有专职巡防队员350人,保安队员1147人,派驻点142个,看护点24个78人。在辖区55个社区全部建立社区警务室,农村乡镇建立独立农村警务室11个,社区、农村警务覆盖率达100%。着力构筑"天网"工程,加强社区、街面防控设施建设,从2008开始至2010年目止,柳北区投资700多万元,安装视频监控系统359套,摄像头1769个,报警器203台、探头3108个;设有监控室8个,指挥中心1个,监控员34人。年内,通过"天网"工程视频监控抓获各类违法人员185人,及时处置群体性事件7起,制止打架斗殴21起。

【应急处置机制建立】 2010年10月柳北区成立综合应急救援大队。该综合应急救援大队承担城区自然灾害,建筑施工事故、道路交通事故、空难及生产安全事故,群众遇险等社会安全事件的抢险救援任务。柳北区综合应急救援大队通过整合公安、消防、卫生、安全监察等相关力量,通过做好预案演练、理顺部门之间的协调联动,实现应对突发事件的快速反应,有效控制危机。

【社会矛盾排查化解】 2010年柳北区调整充实城区社会治安综合治理维护稳定工作领导小组成员,建立健全维稳工作信息收集、研究判断、整理和上报制度，畅通信息渠道，排查各种矛盾纠纷1090件，调解成功1081件，发放人民调解员补贴经费5.48万元(实行按件补贴，每调解一件纠纷补贴50元)。坚持开展区委书记公开大接访和领导接待群众来访154批344人次，已办结答复119件；辖区90个村(社区)每月坚持开展“村级接访”1次，接待来访群众2030批3165人次，解决信访问题97件。年内，辖区发生群体性事件28起，较上年减少18%；非正常上访530人次，较上年减少12%；刑释人员重新犯罪率控制在3%以内。设立柳北区信访救助资金，发放信访救助资金50多万元，解决历史遗留疑难案件5件。

【流动人口服务和管理】 2010年柳北区加强流动人口和出租房屋管理工作，全面建立“以证管人、以房管人、以业管人”的流动人口治安管理新模式。对流动人口管理按照“谁主管谁负责”的原则，实行分片包干，在各派出所建立流动人口管理站9个，由18名干警和80名协管员负责流动人口管理。全年登记暂住流动人口19.34万人，出租屋3743户8886间，加强流动人口和租赁房屋的管理工作，签订治安管理责任状率100%，推进流动人口分级管理模式，其中A类2990户占86%；B类456户占13%；C类27户占1%。每周还对流动人口和出租房屋开展清查行动，通过清查，提供违法犯罪线索26条，破获刑事案件14起，查处治安案件163起，抓获网上逃犯22人。

【刑释解教人员安置帮教】 2010年，柳北区加强对特殊人群的帮教管理工作，创新帮教机制，将辖区刑释解教人员、吸毒人员等纳入社区矫正范畴，努力发挥社区矫正在教育改造罪犯、预防重新犯罪方面的重要作用。柳北区人民检察院与7个街道办事处签订《社区矫正合作协议书》，干警与社区工作人员共同研究对矫正对象的帮教措施。年内，辖区有刑释解教人员101人，累计接收各种矫正对象50人，其中缓刑26人，假释16人，监外执行4人，管制4人，重新犯罪率为零。同时，对辖区精神病人进行摸底调查，查出患精神病人703人，其中低保精神病人195人，低收入家庭精神病人4人，普通家庭精神病人504人，对有暴力倾向的精神病人加强管制工作，市东环精神病医院收治辖区贫困家庭精神病人22人。

【铁路护路联防】 2010年柳北区所辖的湘桂铁路线全长16.5公里，涉及辖区1个镇，3个街道。针对铁路道口、耕牛上道、路外伤亡等容易引发铁路事故的问题，柳北区开展创建平安铁路示范区、铁路安全村、平安铁路示范路段活动，开展巡道巡逻及重点时段、重点路段的监控和管理，加强铁路护路宣传活动，提高群众爱路护路的意识。年内，经柳州市考核命名的铁路护路安全村(社区、学校)2个。

7月23日，柳北区召开第一次综治委全会 赖德勇 摄

【社会治安重点地区和突出问题排查整治】 2010年柳北区镇(街道)均成立社会治安重点地区排查整治工作领导小组，对排查存在的突出治安问题、群众反映强烈的10个社会治安重点小区(街巷、村、屯)，集中优势警力开展打击整治，排查流动人口6000多人，查处治安案件311起，破获刑事案件5起，抓获犯罪嫌疑人270人。年内，对被市综治委因突出社会治安问题通报警示的胜利小区，通过加大警力集中整治，开展针对性大清查、整治赌博等突出治安问题，打击违法犯罪活动。该小区年发生案件161起，比上年下降55%，治安案件发案106起，比上年下降52.6%，整治工作取得明显成果，通过了市综治办的考评验收。

【学校及周边社会治安综合治理】 2010年，柳北区开展集中整治辖区中小学校、幼儿园及周边社会治安综合治理环境活动，制定下发《柳北区2010年中小学、幼儿园安全及周边治安环境综合整治工作方案》和《柳北区2010年中小学、幼儿园安全及周边治安环境综合整治工作督查方案》；组织有关部门对辖区中小学校、幼儿园及周边社会治安综合治理环境进行排查和集中整治；柳北区投入500多万元，在辖区62所学校配备安全协管员145人，安装监控设备、完善校园周边道路警示标志。

(编辑部)

责任编辑：李 萍

军　　　事

军事组织

【军事组织概况】 2010年中共柳北区委、柳北区人民政府重视人民武装和国防后备力量建设，区委书记兼任柳北区人民武装部党委书记、第一书记，柳北区人民政府1名副区长分管军事工作。年内，柳北区人民武装部下设军事科、政工科、后勤科3个工作机构，有现役干部8人。设有镇、街道人民武装部11个，企事业单位人民武装部（保卫科）17个，有兼职武装干部29人。编组民兵营35个，基干民兵2187人。柳北区建立国防动员体系，开展多渠道的国防教育和民兵军事训练，支援国防建设和经济建设。

中共柳北区委、柳北区人民政府机关、企事业单位和驻地部队、人民武装警察、消防部队共同开展军民、警民共建和双拥活动，每年为部队输送兵员一批，柳北区连续8次被自治区党委、自治区人民政府、广西军区授予“双拥模范城区”荣誉称号。

柳北区人民武装部办公楼　　　　李　萍　摄

【驻地部队】 2010年驻防在柳北辖区军事组织及驻地部队分别有柳州军分区、柳州警备司令部、75100部队干休所、75103部队、75140部队、91436部队转运站、95246部队56分队、柳州预备役炮团、柳北区人民武装部等。

【武装警察】 2010年驻防在柳北辖区的武装警察部队有武警来宾市支队、武警柳州市支队第14中队、武警柳州市消防支队、武警柳州市消防支队柳北消防大队和柳北消防中队。

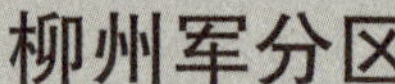

柳州军分区

【军分区概况】 1992年10月，经中央军委批准，柳州地、市军分区、柳州陆军预备役步兵师合并，成立新的柳州军分区，统辖柳州地、市的民兵和预备役部队工作，分挂“柳州军分区”和“柳州陆军预备役步兵师” 两块牌子。1998年10月成立柳州警备司令部，在柳州军分区挂牌。2010年，柳州军分区分挂柳州警务司令部牌子。驻地在柳北区三中路。

【军区部队思想政治建设】 2010年柳州军分区党委中心组带机关先后3次集中18天时间，完成学习型党组织5个专题学习。开展学习实践活动整改落实“回头看”。结合“两个经常性工作”（即经常性思想工作、经常性管理工作），采取领导授课、网上交流、观看红色题材影片等形式，深化当代革命军人核心价值观培育活动，增强官兵核心价值理念。推进学习型党组织建设和创先争优活动，以思想作风建设为重点，加大指导帮建团级单位党委和建设学习型效率型机关力度，抓好师团两级党委民主生活会和党员干部作风纪律教育整顿。每季度讲评干部1次。开展“学雷锋、学李向群、学英模”、“写调查报告、写典型经验材料、写新闻稿件”活动，组织业务培训3次，培训150多人。开展反腐倡廉和经常性警示教育，党员干部遵规守纪意识明显增强。开展“四反”(即反心战、反窃密、反渗透、反策反)和预防犯罪工作，抓好拒腐防变和政策纪律教育。年内，军分区没有发生政治性问题。

【军事工作】 2010年柳州军分区按照“班子会指挥、干部能打仗”的要求，开展实兵、实装、实弹、实打、实拉训练。先后完成民兵规范化训练试点，现役干部、专职武装干部、民兵和战士四级军事硬课目比武竞赛，专武干部集训，防空实兵实装拉动演练和实弹射击，民兵排实兵实弹综合演练，人武部首长机关带民兵分队应急行动演练，民兵抗洪抢险行动演练。民兵“四会”(即会讲、会做、会教、会做思想工作)教练员评比性会操，评出“优质课目”4个和“优秀教练员”10名、优胜单位3个、训练尖子53名。探索军地联合指挥行动的训练方法，军分区本级接受军区考核合格率100%、总评优秀，通过广西军区检验评估，具备军事斗争准备能力。

2010年军分区以提高应急应战能力为核心，科学编组作战力量，建立市级应急专业队伍7支，组建180人的民兵医疗救护大队，出台《柳州市国有企业民兵预备役工作规定》，完成新兵征集任务。

【从严治军】 2010年柳州军分区先后开展“安全宣传教育月”和“学法规、用法规、守法规”活动，召开“依法治军从严治军、防范重大安全事故暨人武部正规化建设”现场会，建立车辆数字化管理系统，安全隐患排查5次，警备执勤185次。全年，军分区官兵无一人违反政策纪律。

【后勤保障】 2010年柳州军分区抓好后勤规范化建设，美化分区营院，新建机关食堂，制定后勤管理规定7个，规范后勤机关和库室建设。9月，承办广西军区落实后勤法规专项整治现场会。推广公务卡支付结算、物资采购改革成果，所属团级单位行政消耗性开支同比下降25%，现金使用量减少66%，军分区本级和11个团级单位家底经费全部达标。做好军人保障卡的推广应用，发放Ⅰ型保障卡183张。完成住房清理工作，在职和离退休干部不合理住房腾退率100%。抓好民兵武器装备仓库规范化建设，完成武器装备数质量普查，军分区所属仓库规范化建设全部达标。完成4个品种、12个批(次)、35174发(件)共44.46吨报废弹药就地炸毁和集中调运任务，实现零伤亡、零事故、零差错。

【双拥共建工作】 2010年柳州军分区先后组织和协调部队和民兵1万多人(次)完成抗旱救灾、抗洪抢险、灭火救灾和维护社会稳定等任务。与贫困地区中小学开展捐资助学活动，捐款3万多元。组织和协调驻柳部队和民兵1600多人(次)参加植树造林、学雷锋、创建文明城市、争创“全国双拥模范城”等活动。 (黄　胜)

武警柳州市消防支队

【武警柳州市消防支队概况】 2010年武警柳州市消防支队抓好打造消防铁军和构筑防火墙工程，加强部队基础建设和队伍正规化管理，推进构建和谐警民关系建设等三项建设。社会火灾防控能力提升，火灾数据一升三降，未发生重大以上火灾事故。年内，获自治区打造消防铁军大比武团体总分第一名，集体荣立三等功1个，官兵荣立二等功5人，官兵荣立三等功24人，支队被授予自治区双拥工作模范单位。驻地在柳北区北站路1号。

【思想政治建设】 2010年武警柳州市消防支队坚持政治建警，举办政工培训，建立教育资源库，开辟网络课堂，开展消防战斗员、监督员、宣传员竞赛和创建“青年文明号”活动，落实“每日一谈”的谈心制度。投入46万元开展警营文化建设。年内，1个中队被评为自治区级“青年文明号”。

【队伍建设】 2010年武警柳州市消防支队重新修订车辆管理、已婚士官管理、全勤指挥部值班、干部绩效管理等10个管理制度，实施精细化管理。健全访察机制，实行实地、视频、电话访察，编写通报11期。对监管、服务、巡查等方面开展评比活动。加强安全防事故教育，举办训练、队伍、网络等安全培训班，支队、大队每季度，中队每月召开队伍管理形势分析会，突出抓好重点人员、执勤训练和行政车辆、“五条禁令”和网络管理等重点事故预防，全年无重特大安全责任事故。年内，武警柳州市消防支队制定大比武工作方案和集训计划，组织全员练兵，举办支队大比武竞赛。投入100多万元新建高空救援操、救助技术综合操、攀爬横渡等专业训练场和购置先进装备。9月，在自治区打造消防铁军大比武竞赛12个项目中，柳州市获400米疏散物资救人操、负重登高救人操、高空山岳救人操、初战快速出水控火操等4个项目第一名、3个第二名、4个第三名，获得大比武团体总分第一名。

【基础设施建设】 2010年柳州市投入本级消防经费1808.8万元，六县投入448万元，四城区投入181.42万元。壶西、静兰消防站进驻，鹿寨消防站置换搬迁工程竣工入驻，新兴消防站定址，集119指挥中心、消防训练基地、战勤保障基地、特勤二站为一体的消防中心建设获立项。投入86.5万元配套购买防护装备；投入95万元建设消防铁军训练设施和购置比赛器材；投入829.82万元采购攻坚组装备。利用奥地利政府贷款引进消防设备项目可研报告通过自治区发改委审批。信息化建设获财政立项，安排资金

位于柳州市北站路1号柳州市望火楼　　李　萍　摄

320万元。

【灭火救援】 2010年武警柳州市消防支队接警出动1399起，其中灭火162起，抢险救援1237起，出动车辆2443辆（次），出动警力12125人（次），抢救被困人员361人，疏散被困人员2766人，抢救财产价值3481.55万元。

应急救援队伍建设　2010年9月，柳州市成立综合应急救援支队，10个县区和阳和开发区成立综合应急救援大队。12月3日，市政府常务会议审议通过《柳州市综合应急救援队伍组建实施方案》，明确综合应急救援队伍经费保障、合同制消防员征招、培训和战勤保障基地建设保障，合同制消防员的征招工作取得进展。

战训基础建设　2010年武警柳州市消防支队开展大跨度大空间建筑灭火救援准备工作。针对支队现有装备状况，组织官兵分析国内外灭火救援战例，进行车辆装备性能的演练测试12次，实地演练20次，提高大跨度大空间建筑灭火救援能力。

【执法监督】 2010年柳州市发生火灾165起，死亡8人，受伤3人，直接财产损失613.81万元，火灾起数比上年上升16.20%，死亡人数比上年下降33.33%，受伤人数持平，直接财产损失下降71.23%。

构筑“防火墙”工程　2010年柳州市政府把构筑防火墙工程纳入政府工程，层层签订责任状，召开消防工作会议7次，印发消防工作文件7份，专项督查3次，落实各级政府“四个责任”。年内，开展建筑消防设施值班人员、派出所干警消防等业务培训，张贴悬挂消防安全知识和消防设施标识近10万块。开展建筑消防设施全面检测，推进派出所消防监督执法规范化示范单位创建工作。实施违法行为通报移送制度，查封和销毁假冒伪劣消防产品一批。

火灾隐患整治　2010年武警柳州市消防支队开展人员密集场所、高层地下建筑、建筑消防设施、学校消防安全、“三合一”（仓库、车间、员工）场所、工业园区以及商场市场等火灾隐患专项整治7次。市政府成立重大火灾隐患整治领导小组，对火灾隐患挂牌督办，新闻媒体跟踪报道。年内，检查单位6721家，发现隐患9034处，责令改正6955处。

执法规范化建设　2010年武警柳州市消防支队推出便民措施，简化审批手续，缩短审批时限，开辟绿色通道，对重点工程进行技术服务和跟踪指导，确保重点工程顺利实施。年内，市消防支队在全区执法规范化建设考核中获第一名，市消防支队和柳南、鱼峰两个大队分别被评为自治区级消防执法示范支队和大队。

村寨防火改造　2010年柳州市发生村寨火灾4起，死亡2人，直接财产损失163万元。火灾起数比上年下降55.5%，死亡人数下降66.6%，受伤人数下降100%，直接财产损失下降54.8%，未发生较大以上火灾事故。全年，柳州市政府召开村寨防火整治工作推进会3次，融水苗族自治县、三江侗族自治县政府成立村寨防火工作管理局，县财政每年下拨专项经费150万元，乡镇设立防火办，村级组建志愿消防队，建立村村联防、片区协作的农村消防机制。年内，柳州市列入村寨防火改造范围的967个村寨“四改”工程通过竣工验收。

【防火宣传】 2010年春节，武警柳州市消防支队发放“平安迎新年消防系我心”消防安全知识明信片5万份。“119”宣传周期间，武警柳州市消防支队借助短信、传媒、横幅、板报、资料、铁军表演等形式和载体开展宣传。全年给各级媒体发稿500多件，其中，中央电视台、中央电台播出消防新闻14条，中央级报刊发稿5篇，中国消防网、消防在线等国家消防媒体发稿406篇，自治区报刊、电视台发稿82篇，广西交通台连线消防新闻发稿38篇。

（苏立涛）

人民武装

【人民武装机构及工作概况】 1979年9月，成立柳北区人民武装部，正科级编制，有武装干部2人，受中共柳北区委员会、柳北区人民政府和柳州军分区双重领导。1984年撤销柳北区人民武装部。1986年4月，组建中国人民解放军柳北区人民武装部，副团级

4月21日，柳北区人民武装部开展民兵应急拉动演练　　赖德勇　摄

编制，部长、政治委员由广西军区任命。1986年6月至1996年3月，改称柳北区人民武装部，副处级编制，职能和领导体制不变。1996年4月1日，更名中国人民解放军柳北区人民武装部，隶属广西军区管理，是中共柳北区委员会军事部门兼柳北区人民政府兵役机关，正团级编制，下设军事科、政工科、后勤科3个工作机构，有武装干部10人，干部的调配、任免由军队主管。2010年柳北区人民武装部下设军事科、政工科、后勤科3个工作机构，有现役干部8人。设有镇、街道人民武装部11个，企事业单位人民武装部(保卫科)17个，有兼职武装干部29人。编组民兵营35个，基干民兵2187人。驻地在柳州市北雀路45号。

【基层武装部建设】 2010年柳北区人民武装部加强基层人民武装部和行政村民兵营基础设施建设。投资14万元，对辖区5个基层人民武装部基础设施进行改造，购买电脑8台，打印机8台，装修办公用房210平方米，制作标牌41个，配备各类训练器材教材320件套。同时柳北区人民武装部的基础设施建设基本完善，达到“三室”(办公室、情况研究室、国防教育室)和“六有”(有民兵营牌子、有办公室、有国防教育室、有民兵活动室、有图书室、有资料室)标准。

【民兵预备役战备训练】 2010年柳北区人民武装部突出抓好基干民兵队伍、民兵应急分队、民兵专业技术分队、民兵对口专业技术分队4支队伍建设，不断提高履行任务的能力，适应未来战争需要。4月21日，广西军区工作组考核柳北区人民武装部首长机关带领民兵应急独立连维稳演练，180名干部及民兵参加维稳演练，这是柳州市四个城区唯一接受广西军区工作组考核的城区。5月至6月，柳北区人民武装部从辖区各基层单位挑选3名专职武装干部和6名民兵进行集中强化训练，参加柳州军分区组织的硬科目比赛，取得个人总分和单项奖14个。年内，柳北区人民武装部先后完成专职武装干部、民兵渡河分队、民兵应急分队、民兵高炮分队的军事训练4次，参训人员1420人。

【民兵预备役装备管理】 2010年柳北区人民武装部按照年初预算和计划开支使用经费，落实联审会签制度。规范装备物资管理使用程序，制定车辆启封、物资运用、装备维护保养等相关规定，保持装备物资良好状态。

【兵员征集】 2010年柳北区人民武装部先后召开征兵工作领导小组会、征兵工作部署会和征兵宣传工作协调会，加强征兵工作组织领导。同时在北站路三角地小广场开展征兵宣传发动大会暨文艺汇演，观看群众730多人。辖区悬挂征兵宣传横幅83条，张贴标语3200条，发放宣传资料1万份，展出板报40幅，巡回宣传车5台次。针对兵检人员的变化及征兵体检、政审工作要求，分别举办征兵体检、政审工作培训班。辖区报名应征人数637人，其中外出返乡青年89人、预征对象288人、大中专院校学生

1月16日，柳北区春节拥军慰问团到在海地执行维和任务的柳州籍警察何义超家中进行慰问　　赖德勇　摄

260人。年内,完成兵员征集112人。

【人民武装拥政爱民】 2010年1月16日,柳北区党政领导慰问辖区参加维和工作的警察何义超家人。3月31日,柳北区人民武装部协调驻地75140、75103部队官兵200人,组织民兵120人到石碑坪镇大帽河段兴修水利2公里,清淤1000多个立方,有效灌溉农作物面积200公顷,缓解当地旱情。3月12日,组织50名民兵参加沙塘镇植树活动,植树200棵。4月,为柳州钢铁(集团)公司青年民兵之家赠送图书50册。5月13日,柳北区军民共建209国道文明长廊协议签字仪式在柳北区行政中心举行,柳北区人民武装部和驻辖区75140部队、75103部队、95246部队、柳州预备役炮团、来宾市武警支队、柳州市消防支队、柳北消防大队的部队首长分别与柳北区的石碑坪村、下陶村、古木村、大滩村、三合村、杨柳村、江湾村、青茅村等8个行政村签字结为军民共建对子。年内,柳北区人民武装部分别与辖区15个单位签定军民共建协议书,结成军民共建对子15个。在辖区镇、街道办事处、社区、村、企业单位和中小学设立国防教育展览室13个、国防教育宣传栏43块,宣传国防法规知识及国防建设先进事迹。(编辑部)

人民防空

【人防机构及工作概况】 1979年9月,成立柳北区人民防空办公室,在职人员3人。1997年3月,在柳北区建设环保局挂牌。2001年5月26日,实行柳北区人民政府和城区人民武装部双重领导,并接受柳州市人民防空办公室领导。2010年2月8日,因机构改革在柳北区住房和城乡建设局挂牌。年内,建立健全城区、街道和社区人民防空指挥机构7个,在《柳北区人民防空指挥部编制及职责》基础上,制订完善《柳北区、街道、社区人民防空指挥机构编制及职责》。

【人防工程设施建设】 2010年,柳北区人民防空办公室协助市人民防空办公室做好"结建"人防地下室相关工作,新增人防地下室8处。完善人民防空防洪预案,加强对辖区早期人防工事巡查,完成人防工程防汛工作。新增防空电声警报器6台,实地检查警报点4次,各警报点单位能妥善维护防空警报设施,保证警报设备无丢失、无损坏,运行正常。11月25日,配合市人民防空办公室通信站对警报器进行安全性检查,在全市进行防空警报试鸣,辖区防空警报音响覆盖率100%,鸣响率100%。

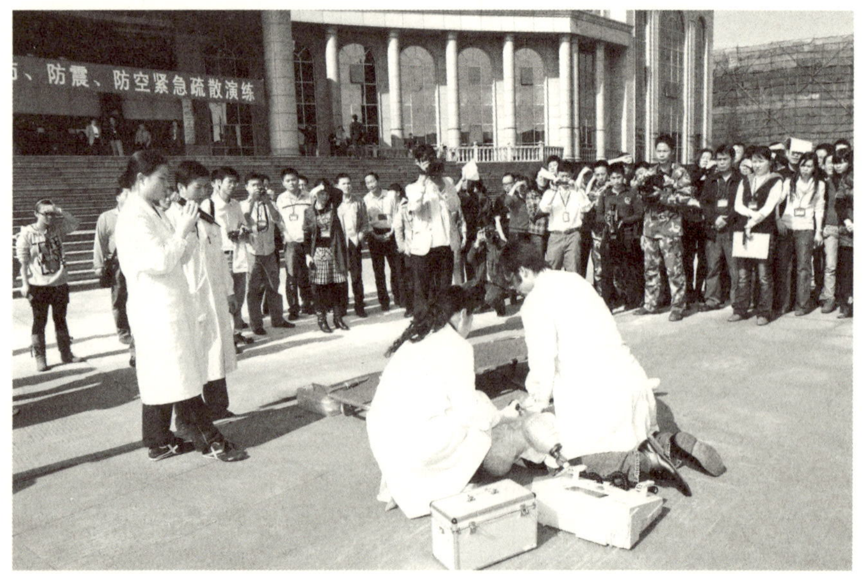

4月23日,柳北区政府在行政中心大楼首次举行机关防震、防空紧急疏散中的医疗救助　李萍　摄

【人防宣传教育】 2010年春节,柳北区人民防空办公室在石碑坪镇下陶村举办乡村文化节系列活动期间,展出人民防空宣传板报1幅、悬挂人民防空宣传挂图25幅,发放宣传资料600份,进行人民防空知识宣传。3月至4月,组织辖区各中小学校开展消防、防空、防震紧急疏散等活动,向辖区秋季初级中学新生发放人民防空知识教育教材4148册、向中学生发放宣传挂图15套,向学校和区教育局直管幼儿园发放《居民防空防灾应急手册》1000册。4月23日,柳北区政府在行政中心大楼首次举行机关消防、防震、防空紧急疏散演练,有280人参加演练。5月12日,在"全国防灾减灾日"活动期间,向机关干部职工、镇(街道)群众发放《关注人民防空建设平安广西》、《人民防空小知识》、《防震避震宣传手册》等宣传小册子6000多份和人民防空知识问题宣传单2000份。9月至10月,在辖区3个镇和7个街道开展人民防空集中宣传活动,悬挂横幅95幅,发放《人民防空法》、《居民防空防灾应急手册》、《防震避震宣传手册》等宣传资料3.17万张(册),组织文艺演出2场。11月25日,组织辖区各中小学校人民防空教育教师观摩和学习市第三十四中学及其附小600名学生开展疏散演练活动。年内,有15所初级中学的83个班开设人防知识教育课,参与学生4184人;被《广西人防》杂志采用《将人防宣传纳入乡村文化活动中》、《柳州市柳北区机关开展消防、防震、防空紧急疏散演练》、《双管齐下基层调研　切实开展基地建设》等新闻稿件3份。

(陈　杰)

责任编辑:李　萍

工　业

工业综述

【工业机构及工作概况】 1979年9月成立柳北区工业科。1984年9月设立柳北区经济办公室，工业科改称柳北区工业公司。1987年2月撤销工业公司，成立柳北区计划经济委员会。1997年2月更名为柳北区计划与经济局。2001年12月组建柳北区经济计划统计局。2003年8月设立柳北区经济贸易局。2004年7月更名为柳北区发展经济局。2010年6月改称柳北区发展改革和经济局，柳北区物价局在发展改革和经济局挂牌。2010年柳北区发展改革和经济局在职人员26人，内设局办公室、重大项目部、规划建设部、投融资部、土地规划部、经济运行部6个机构。

2010年是实施“十一五”规划的收官之年，柳北区以加快经济发展为主题，以项目建设为突破口，求真务实，开拓进取，加大招商引资力度、加快推进重大项目建设，先后引进一批重点工业项目，规模企业不断增多，一批骨干企业成为推进新型工业化、加快工业经济发展的生力军。三次产业发展有了历史性突破，迈上“六个百亿”新台阶，即地区生产总值、园区工业产值、规模以上工业产值均突破百亿元大关、工业总产值和批发业营业额突破200亿元大关、三产营业收入突破400亿元大关，工业总产值和规模以上工业产值在广西各县（区）中均排名第一，实现新的飞跃。

全年实现工业总产值209.4亿元，比上年增长57.20%；其中规模以上工业产值179.3亿元，比上年增长61.32%，占全部工业总产值比重的85.63%。园区工业产值117.36亿元，比上年增长35.90%，跻身广西十佳百亿园区行列，有效促进经济快速发展，超额完成各项经济指标，实现“十一五”规划各项目标。

2011年2月28日，柳北区召开2010年经济工作表彰会　　李　萍　摄

【工业总产值超200亿元】 2010年柳北区实施大项目、促进大投入、创新工作思路、加强工业重点项目建设，加快推进柳州宝钢汽车钢材部件、裕田二期、“双胞胎”饲料、卓阳纺织等15个在建工业项目，宝马利汽车空调、浙江亚太机电、万达方向机、宁波双林汽车内饰件等20个工业项目先后落户柳北区，以钢铁深加工、汽车和工程机械配件加工、循环经济、纺织服装加工、木材加工为主的行业架构初步形成。规模以上工业企业增至154家，其中产值超亿元企业37家。企业申报各类扶持资金突破1600万元，为历年之最。全年实现工业总产值率先在柳州市四城区中突破200亿元大关，实际达209.4亿元，比上年增长57.20%；工业增加值71.18亿元，增长52.7%；其中规模以上工业增加值61.86亿元，增长59.01%，三次产业结构分别由2005年13.3∶34.3∶52.4调整为2010年4.6∶59.5∶35.9；工业化率提高到59%；工业增加值占地区生产总值的比重达到59%；工业对经济增长的贡献率达79%。标志着柳北区工业化由初期阶段迈入中期阶段。

【规模以上工业企业发展迅猛】 2010年柳北区规模以上工业企业154家，

7月26日，柳州宝钢汽车钢材部件有限公司钢材成品区　　李萍 摄

比上年新增31家，新增31家规模以上企业全年完成工业产值49.62亿元，占规模以上工业产值27.67%，对拉动规模以上工业经济作用显著。在154家规模以上企业中，有重工业企业92家，主要产品有钢材、农用运输车、金属矿产品、水泥、建筑用砖、汽车零配件等；轻工业62家，主要产品有各种粗细棉纱、粮油、香料、啤酒等。其中产值超亿元的骨干企业37家，比上年增加10家，37家亿元企业主要分布在钢材加工、矿产加工、汽车配件加工、化工、饲料加工企业，全年实现产值139.65亿元，比上年增长71.08%，成为推动柳北区规模以上工业经济速猛发展的主力军。年内，柳北区实现规模以上工业产值179.3亿元，比上年增长61.32%，占全部工业总产值比重的85.63%，柳北区工业连续5年保持在柳州市四城区工业前列。

【企业项目资金申报】 2010年柳北区组织辖区20多家企业申报各项财政扶持资金，其中有16家企业获得国家、自治区和市级各类扶持资金1480万元。年末，各类扶持资金突破1600万元，创历年新高。其中获国家级扶持项目4个，资金610万元；自治区级扶持项目1个，资金70万元；市级技改类扶持项目5个，资金655万元；市级中小企业发展扶持类项目4个，资金120万元；其他类项目2个，资金25万元。项目成功申报，有效缓解企业资金困难状况，增强企业家扩大再生产的信心和决心。

【循环经济产业示范园建设】 2010年柳北区在加快工业发展的同时，完成《广西壮族自治区工业循环经济可持续发展试验区建设项目》和《柳州市工业循环经济科技创新服务平台建设项目》的相关前期申报工作，加大实施循环经济产业示范园建设，加快生态工业发展步伐。其中在白露工业园建设循环经济产业示范园开发面积133.33公顷，建有柳州市中铨环保科技有限公司、柳州市钢铁金鹏实业公司、柳州市锐立瑞环保科技股份有限公司、柳州市环源利环境资源技术开发有限公司、柳州市清宇环保产业开发有限责任公司等循环经济产业企业5家，实现循环经济产值约18亿元。8月，柳北区组织申报《柳州市工业循环经济试点示范园区》项目通过自治区专家评审，柳北区工业园区列入自治区第三批循环经济产业示范园区，成为广西第一个工业类循环经济示范园区。

【工业企业服务】 2010年柳北区建立规模以上工业企业情况动态资料台账，每月按期跟踪了解企业生产运行情况，加大规模以上工业企业的协调服务力度，加强与工商、环保、林业和质监等部门的沟通协调，做好企业调整规划工作，不断扩大工业经济总量。加大企业申请扶持资金和融资贷款力度，加强与国土、执法等部门的沟通协调，及时解决企业在生产经营、项目用地等方面遇到的困难和问题，为企业在柳北区发展营造良好的环境。

主要工业行业

【钢材深加工业】 2010年柳北区有规模以上钢材深加工业企业16家，是柳北区工业生产的支撑行业。受柳州钢铁(集团)公司等大企业生产发展影响，柳北区规模以上钢材深加工企业生产态势良好，全年钢材深加工企业实现工业总产值73.67亿元，比上年增长118.63%，实现利润2341万元，比上年下降18.86%，占规模以上工业产值的41.09%。

【汽配机械加工业】 2010年柳北区有规模以上汽配机械加工企业51家，受东风柳州汽车、上汽五菱汽车、柳州特种汽车三大整车制造企业的快速发展，以及国家实施的减免汽车购置税等优惠政策刺激，汽车产销两旺，带动柳北区汽车配件机械加工业的发展，全年汽车配件机械加工业实现工业产值26.93亿元，比上年增长33.05%，实现利润5282万元，比上年增长33.45%，占规模以上工业产值的15.02%。

【采矿业】 2010年柳北区有规模以上采矿业企业9家，采矿企业成功化解上年全球金融危机的影响，实现快速增长，全年采矿企业实现工业产值19.23亿元，比上年增长123%，实现利润2208万元，比上年增长424.47%，占规模以上工业产值的10.72%。

【木材加工业】 2010年柳北区有规模以上木材加工业企业16家，全年木材加工业实现工业产值8.06亿元，比上年增长132.12%，实现利润1501万元，比上年增长23.34%，占规模以上工业产值的5%。

【纺织业】 2010年柳北区有规模以上纺织业企业9家，全年纺织业实现工业产值3.75亿元，比上年增长68.14%，实现利润370万元，一改上年亏损的局面，比上年增长760.71%，占规模以上工业产值的2.10%。

柳北区主要工业行业经济指标完成情况（2010年）

行 业	主营业务收入（万元）			实现利润（万元）		
	2009年	2010年	%	2009年	2010年	%
采矿业9家	86071	192396	123	421	2208	424.47
农副食品、食品制造业9家	45107	52585	16.58	747	916	22.62
饮料制造业4家	9646	9001	-6.69	-152	79	151.97
纺织业9家	22292	37481	68.14	-56	370	760.71
木材加工业16家	34714	80577	132.12	1217	1501	23.34
纸制品业4家	3933	5534	40.71	217	224	3.23
石油加工业2家	60871	74502	22.39	1341	4707	251
化工制造业9家	51605	57345	11.12	13486	16298	20.85
塑料制品业2家	3470	3497	0.78	53	68	28.3
水泥制品业9家	30656	44914	46.51	3823	7680	100.88
钢材深加工业16家	336928	736617	118.63	2885	2341	-18.86
有色金属冶炼业6家	40162	58668	46.08	1048	3318	216.6
汽配机械加工业51家	202398	269296	33.05	3958	5282	33.45
航道运输业1家	2535	1785	-29.59	311	190	-38.91
循环经济加工业5家	80057	78439	-2.02	39116	30722	-21.46
电力生产业2家	8667	12181	40.55	4569	4745	3.85

工业园区建设

【工业园区建设概况】 从2005年启动建设白露工业园区以来，经过5年奋斗，柳北区工业园区实现从小到大、由慢到快、企业从分散布局向园区集中的转变。柳北工业园区于2009年被确认为自治区A类工业园区。2010年白露工业园区开发到第四期，宝钢、武钢、浙亚、航盛、重啤等30多家名优企业落户园区；小企业孵化园基本建成，有10家企业进驻；强实、金鹏、台泥等一批循环经济项目，使重化工业“三废”（废水、废气、固体废弃物）得到有效利用。立宇、华纺等10个项目进驻沙塘工业园区，全市轻纺服装工业区已现雏形。鹧鸪江钢铁深加工及物流产业园建设顺利推进。石碑坪工业园区已启动规划编制工作。工业园区出现重点有突破、整体有提升、拉动有力量持续快速发展的局面。

【工业园区迈入广西十佳百亿园】 2010年柳北区抓住柳州市城北路桥网建设的有利契机，加快推进白露、沙塘、鹧鸪江和石碑坪4大片区开发建设，4个工业片区新增城市规划面积70.27平方公里，其中产业用地面积25.04平方公里，城市框架逐步往北扩张。白露工业园进入三、四期工程开发阶段，园区规模超过134公顷，其中循环经济产业园成为自治区循环经济产业示范园区。沙塘工业园全面展开建设，一期工程完成土地平整面积68.68公顷，园区路网基本建成，二期工程启动。鹧鸪江钢铁深加工及物流产业园一期工程完成土地平整面积67公顷，市场钢结构室内仓和园区香兰大道、香兰中路、钢城北路等抓紧施工。城区“一横一纵四片区”的工业布局初步形成，全年工业园区入驻企业61家，实现园区工业产值117.36亿元，比上年增长35.86%，占规模以上工业总产值65.45%，工业增加值40.49亿元，税利10.2亿元，工业园区迈入广西十佳百亿园区行列。

重庆啤酒柳州公司生产厂区 李 萍 摄

【工业园区电网构建完成】 2010年柳北区工业园区电网构建工程初见成效，分别完成白露园区110千伏红星变电站、沙塘园区110千伏三合变电站、220千伏杨柳变电站，10千伏出线改造工程，选址完成110千伏香兰片变电站和鹧鸪江变电站项目。三大片区变电站的建设为柳北区未来5至

10年工业发展提供可靠的用电保障。

【工业园区片区规划调整】 2010年柳北区协调柳州市规划局、城市规划院等相关单位,调整片区的城市和城镇规划,为构建柳北区四大经济增长极——白露工业区、鹧鸪江新城、沙塘卫星城片区、石碑坪片区提供广阔空间。

白露片区　在原有1.9平方公里面积基础上扩展到13.13平方公里,北外环北面新规划区域面积10.15平方公里,整个片区沿北外环路两侧规划面积达23.28平方公里。白露片区将继续依托区位优势,大力发展汽车和工程机械配件加工、循环经济和非钢产业项目,打造汽车和工程机械配件加工集中区和广西最大的循环经济产业园。

鹧鸪江片区　在原有10.69平方公里面积基础上扩展到25.1平方公里,鹧鸪江北片区控制性详规进行较大调整,沿东外环两侧由物流—居住—工业—居住的格局,调整为居住—市场—老年休养—居住的格局;沿北外环北面的广西生态工程职业技术学院地块性质调整为商业与居住用地,为该地块完善商业配套提供有利条件。鹧鸪江片区将依托鹧鸪江码头、湘桂铁路专用线等交通资源优势,重点引进发展钢材深加工、期货交易、仓储配送、金属贸易等综合钢铁物流和白糖、药品、日用电器、生资等大型商品物流,打造成为广西规模最大的物流中心、现代综合性钢铁物流基地和新的综合型城区。

沙塘片区　在原有16平方公里面积基础上扩展到17平方公里,沙塘片区将重点发展轻纺服装、食品加工、农产品加工、木材加工等传统轻工产业和现代休闲观光农业、经济农业产业,通过布局调整、整合资源,加快提高核心竞争力,推动传统产业做优做强。

石碑坪片区　规划面积达10平方公里。主要沿石碑坪镇区北面安排产业用地,南面安排居住与商业用地。未来将借助自治区农垦系统的有利政策和沙塘—沙埔道路建设的有利契机,协调广西绿达公司推进农场土地开发,启动工业园区建设,布局木材交易市场,依托"前店后厂",转移近郊木材加工和家具制造企业,引进一批新企业,打造柳州近郊木材加工集中区。加强与长虹机械制造公司厂区合作,推动长虹民营工业发展。

柳北区工业园区一角　　李萍 摄

【园区重大项目建设用地】 2010年柳北区获中心城市用地指标268.65公顷,城镇批次用地指标63公顷,是获得用地指标最多的一年。全年落实产业用地指标79.41公顷,其中属自治区级重大项目建设3个,即年产20万套车用空调项目及100万套消声器和800万米焊管生产加工项目,落实用地面积37.41公顷,华纺15万锭产能项目,落实用地面积约42公顷用地,保证园区持续快速发展提供用地。

【园区闲置土地招商引资】 2010年柳北区围绕园区和镇街闲置土地招商引资,利用对接市内存量汽车零部件企业和"退城进园"转移企业,宣传推介柳北工业园区土地资源,加大项目引进。年内,柳州市五菱宝马利车用空调股份有限公司、柳州市浙亚底盘股份有限公司、浙江万达汽车方向机有限公司、柳州市川页投资股份公司、柳州市双林科技有限公司等一批大项目新增入驻白露工业园购地建厂;柳州市卓洋纺织股份有限公司、柳州市"双胞胎"饲料股份有限公司、柳州市丰洲新型建材有限公司等一批项目入驻沙塘工业园购地建厂。通过加大招商引资力度,确保"园区开发到哪里,项目就落户到哪里。"引进年产值超亿元的项目有柳州市金牛机械股份有限公司、柳州市四通钢圈股份有限公司等。一批区内外强优企业进驻,为柳北区经济总量的快速提升奠定坚实的基础。

【城区投融资平台搭建】 2010年柳北区产权过户工作基本完成,资产结构得到进一步优化。其中位于柳州市胜利路12-8号柳北区政府行政大楼、市八一路51号鑫雅居1-9号和2栋一层、市北站路东二巷34号两块土地的土地证和房产证已经过户到柳北区投资融资公司名下。市北雀路81号联华超市房产证过户到柳北区,土地总资产评估2.1亿元,资产的注入和优化是城区融资贷款的前提条件和基础,为工业园区建设筹措资金提供保障。

大型工业企业选介

【广西柳州钢铁(集团)公司】 位于柳州市北雀路117号。始建于1958年7

月，占地面积13平方公里，资产总额超过350亿元。是国家大型联合钢铁企业，以中厚板、棒材、高线、中型材、热轧带钢、冷轧带钢为主的、品种齐全的钢铁生产基地。有焦化、烧结、炼铁、炼钢、轧钢等12个主体生产厂和相应的辅助配套设施，具备1000万吨钢的综合生产能力，可生产中厚宽钢带、特厚板、厚板、中板、钢筋、棒材、线材、中小型型钢、冷轧薄宽钢带等九大系列数百种规格产品。2010年柳钢有在册职工约1.5万人，各类专业技术人员约5000人。年生产钢和钢材产量分别达到1003.7万吨和1046.6万吨，比上年增长29.9%，资产总额335亿元，主营业务收入473亿元，其中出口交货值15.5亿元。柳钢跻身中国千万吨钢企业行列。

位于鹿寨县雒容镇的柳州化学工业集团有限公司新厂区　　李　萍　摄

【柳州化学工业集团有限公司】 位于柳州市柳北区北雀路67号。1967年建成投产，占地135万平方米。是全国重点化肥骨干企业，也是广西最大的化肥生产企业之一。员工近4000人，其中专业技术人员880人。从事以煤化工为主线，涉及盐化工、硫化工、天然气化工、生物化工等几大领域。主要产品有合成氨、尿素、硝酸铵、浓硝酸、纯碱、双氧水、氯化铵、保险粉、烧碱、PVC、碳酸氢铵、工业甲醇、工业甲醛、硝酸钠、亚硝酸钠、硫酸钾、二氧化碳、过氧碳酸钠等40多个品种，产品远销东南亚、澳大利亚等国家和香港、澳门等地区。2010年，柳化集团正式接管广东中成化工有限公司，完成62%股权过户。完成以增资扩股方式引进境内战略投资者改制工作，6亿元境内战略投资资金全部到位。年内，柳化集团鹿寨化工园区一期建成投产，年产20万吨烧碱、20万吨聚乙烯(一期)等项目建成投产，完成六大生产基地布局，成为亚洲最大的保险粉和国内最大双氧水生产企业。2010年，柳化集团公司完成工业总产值(当年价)45.35亿元，比上年增长135.97%；主营业务收入49.43亿元，比上年增长149.3%；实现利税1.76亿元，比上年增长99%；利润总额805万元，比上年下降78.6%；完成出口交货值1.73亿元，比上年增长22.6%。

6月5日，柳北区领导走访广西金嗓子集团　　吕常云　摄

【广西金嗓子集团】 位于柳州市跃进路28号。始建于1956年3月，1998年经柳州市人民政府批准，由广西金嗓子制药厂和柳州市糖果二厂改制为广西金嗓子有限责任公司。2001年9月28日，注册成立广西金嗓子集团。是全国制药行业的优秀科技型企业、国家中成药生产企业50强，广西企业100强之一。公司主要产品有金嗓子喉片、银杏叶片、板蓝根颗粒、益母草颗粒、复方百部止咳颗粒、罗汉果玉竹颗粒、复方丹参片、消炎利胆片、前列舒贴等60多种，传统食品有老土司元春酒、花生牛轧糖、月饼、金银花饮品等10多种。其中，金嗓子喉片、无糖金嗓子喉宝被评为广西名牌产品，畅销全国，远销五大洲20多个国家和地区。2010年广西金嗓子集团完成工业总产值3.44亿元，比上年减少9.4%，主营业务收入5.23亿元，比上年增长3.5%；实现税利1.53亿元，比上年减少3%；利润总额9500万元，比上年增长0.2%。　　（吴德泉）

责任编辑：陈素琴

农林牧渔业

农　业

【农业与水利机构及工作概况】 2002年9月成立柳北区农业与水利局。2010年柳北区农业与水利局有机关编制5人，下设农业服务中心和扶贫办公室2个工作机构，有事业编制4人。辖区涉及农业的有石碑坪、沙塘、长塘3个镇（洛埠镇于2009年5月托管给柳东新区），白露、锦绣2个涉农街道办事处，行政村35个。农业人口6.05万人，劳动力人口3.9万人，其中从事农林牧渔业人员2.17万人。设立镇农业服务中心5个，设有柳化污水引灌工程管理所、大帽河水利工程管理所、崖头岭抽水机站、螺丝岭抽水机站、农业水利管理站等水利管理部门5个。有耕地面积8976.97公顷，其中水田面积2713.7万公顷。

【农业和农村经济持续发展】 2010年柳北区农业和农村经济经历特大干旱、严重洪涝灾害和复杂经济形势的严峻挑战，仍保持良好的发展态势。全年粮食种植面积3251公顷，总产量1.73万吨；油料种植面积438公顷，总产量1261吨；糖蔗种植面积3310公顷，总产量30.52万吨；蔬菜种植面积4357公顷，总产量13.45万吨；果园种植总面积1978公顷，水果总产量2.38万吨。畜牧水产业稳中有升，全年肉类总产量1.22万吨，其中猪肉产量608.5吨，牛肉产量125吨，禽肉产量5808吨。牛奶总产量2913吨，水产品总产量7344吨，禽蛋2233吨，蜂蜜121吨，蚕茧总产量187吨。年内，完成农业总产值9.29亿元，农业增加值5.57亿元，分别比上年增长6.66%和6.66%，农业总产值和增长速度均居柳州市四城区首位。其中：农业产值5.06亿元，林业产值0.71亿元，按可比价计算分别比上年增长6.66%和28.6%；畜牧业产值2.75亿元，渔业产值0.65亿元和服务业产值0.12亿元，分别比上年增长7.95%、12.46%和6.03%。农民人均纯收入6618.47元，比上年增长15.9%。

12月9日，农民对玉米进行选晒　　　　李　萍　摄

2010年柳北区农业生产呈现政策保障，技术支持，粮食生产稳步增长的特点。通过扎实做好水稻、玉米等良种补贴工作，持续强化粮食直补、良种补贴、农资综合补贴、农机补贴等政策的执行力度，争取国债等项目资金扶持，完善农村基础设施建设等一系列惠农强农政策，为粮食稳产打下坚实基础；依托品牌，大力发展农业十大精品项目，重点实施葡萄基地、滑皮金桔果带建设、超级稻推广、生姜芋头套种、食用菌等特色农业产业，引进黄沙鳖、南非黑豚鼠等一批特色养殖项目，产品销往广西区外市场，处于供不应求阶段，市场前景非常看好。培育特色养殖种类，为促进农民增收，提高产品档次、发展庭院经济提供实践参考经验。

【农业产业化龙头企业建设】 2010年柳北区坚持以资源优势为基础，以市场为导向，围绕优势产业和特色产品，引导各村镇发展农业产业化龙头

1月7日，柳州市洪威种植专业合作社金桔交易场所落成　　赖德勇　摄

企业和农民专业合作社，把分散的农户联合起来，共同参与大生产、大市场、大流通、实现农业增效，农民增收。年内，柳北区获市级农业产业化龙头企业7家，登记注册的农民专业合作社发展到33家，社员总数579户，注册资金5155万元。其中种植业9家，社员户数175户，注册资金1370万元；养殖业16家，社员户数125户，注册资金3116万元；种养结合6家，社员户数244户，注册资金587万元；农机服务业2家，社员户数35户，注册资金82万元。这些合作社主要分布在辖区的石碑坪镇、沙塘镇、长塘镇的养殖、水果、蔬菜、香米和花卉等农业生产行业和农机服务业，并形成"一乡一业"、"一村一品"的特色农业龙头：即洪威种植专业合作社的"滑皮金桔"、瑞意种养专业合作社的优质"幸福阳光葡萄"、梳庄香鸡合作社的"梳庄香鸡"、金鑫养殖合作社的"金鑫猪"、盛鑫隆合作社的"兰花"、洛宝合作社的"洛宝食用菌等，市场销售前景良好。

【农业执法检查】 2010年柳北区在开展减轻农民负担的执法检查中，没有发现违规现象。组织实施黄村村集体资产产权制度改革和鹧鸪江村农村财务管理规范化建设2个自治区试点项目建设，结合村"两委"年度实绩考评要求，检查考评35个行政村的年度财务管理工作，为减轻农民负担，加强农村集体经济发展提供服务保障。

【农村改革进程加快】 2010年柳北区继续做好土地承包和土地流转规范管理工作，完成10户农民土地承包收尾上证工作，农民家庭承包土地面积4400公顷，发放《柳北区农村土地承包证》达98.8%，没有发生因土地承包纠纷而上访的情况。年内，有1151户321.33公顷的土地进行流转，占家庭承包经营土地的7.3%，占农户数的7.7%。落实中央和自治区各项支农惠农政策，粮食综合直补的221.86万元，全部通过农村信用社"一折通"直接转帐到农户个人账户，没有发生截留、挪用和克扣现象。

【农产品质量安全检测】 2010年柳北区建成农产品质量安全流动检测点3个，抽检农产品农药残留快速检测阴性99%以上。年内，柳北区农业标准化推广应用面积667公顷。沙塘镇生产的上垌大米获自治区无公害食品认证，石碑坪镇生产的葡萄、滑皮金桔、温州蜜柑获农业部绿色食品认证。

【农民技能培训】 2010年柳北区结合产业结构调整，通过农业广播电视学校、农家课堂、农民田间学校、现场指导等形式，建立农民培训机制，开展大规模"绿证"培训、农民实用技术培训、"千万农民大培训"和"农村党员大培训"等科技培训活动，培训农民1.56万人次。农民掌握先进适用技术后，思想观念得到更新，劳动生产技能得到提高，农业耕种技术和管理水平得到加强。

【柳州市现代农业科技示范园选址沙塘"农都"】 2010年柳州市"十大农业工程"子项目柳州市现代农业科技示范园，选址位于号称中国"农都"的柳北区沙塘镇柳州市农业科学研究所内。该园占地面积120公顷，规划分两期建设，近期为2010年至2012年，远期为2013年至2020年，以"再现中国农都、打造农科硅谷"的理念，突出国家区域实验、栽培试验示范、能源作物种子资源、桑蚕资源综合利用、农产品加工试验五大发展重点，建设农业科技产业孵化、农产品加工研发中试验、现代农业试验示范、农业科普、休闲观光旅游和综合配套服务六大功能区。10月，柳州市现代农业科技示范园通过市级评审。

粮食种植业

【粮食生产概况】 2010年柳北区粮食播种面积3251公顷，总产量1.73万吨。按作物类别分，谷物播种面积2523公顷，总产量1.38万吨，分别比上年减少7.11%和9.5%；玉米播种面积492公顷，总产量2274吨，分别比上年增长2.71%和减少2.94%。豆类作物播种面积88公顷，总产量171吨，分别比上年增长57.14%和39.02%；薯类作物播种面积148公顷，总产量306吨，分别比上年增长37.04%和减少27.14%。

【稻谷生产】 2010年柳北区稻谷播

沙塘镇上垌村种植的稻谷　　李　萍　摄

种面积 2523 公顷，总产量 1.32 万吨，完成年度计划的 100%。其中早稻播种面积 1355 公顷，产量 6631 吨，分别比上年减少 11.03% 和 18.59%。晚稻播种面积 1168 公顷，产量 6545 吨，分别比上年减少 2.1% 和 7.99%。完成推广超级稻播种面积 367 公顷，其中石碑坪镇完成播种面积 43.33 公顷，沙塘镇完成播种面积 46.67 公顷，长塘镇完成播种面积 33.33 公顷，白露办事处完成播种面积 6.67 公顷，洛埠镇完成播种面积 6.67 公顷。主要种植品种为淦鑫 688、新两优 6 号、中浙优 1 号等。经过组织专家测产验收。2010 年早稻最高亩产生谷 644.5 公斤，平均亩产 577.4 公斤，比当家品种每亩增产 52.5 公斤，超级稻增产效益明显。

【玉米生产】 2010 年柳北区以生产一般玉米和糯玉米为主，零星种植甜玉米，主要分布在石碑坪、沙塘、长塘 3 镇。年内，玉米播种面积 492 公顷，总产量 2274 吨，分别比上年增长 2.71% 和减少 2.94%，占粮食播种面积 15.13%。

【豆类生产】 2010 年柳北区豆类作物生产以大豆为主，少量种植绿豆等其他豆类。年内，豆类作物播种面积 88 公顷，总产量 171 吨，分别比上年增长 57.14% 和 39.02%，占粮食播种面积的 2.7%。

【薯类生产】 2010 年柳北区的薯类种植主要是红薯和马铃薯，大部分作为饲料，少部分作为鲜食，以秋种为主。年内，薯类播种面积 148 公顷，总产量 306 吨，分别比上年增长 37.04% 和减少 27.14%，占粮食播种面积的 1.7%。

经济作物种植业

【经济作物生产概况】 2010 年柳北区优化农产品区域布局，大力推广良种和“三避”（避晒、避雨、避寒）栽培、水肥一体化、测土配方、间套种等实用技术，经济作物播种面积 3830 公顷，比上年减少 3.5%。蔬菜和食用菌播种面积稳定增长，秋冬种开发效益显著，农产品竞争力不断提升，农民收入不断增加。

【油料作物生产】 2010 年柳北区油料作物生产仅种植花生。全年花生播种面积 438 公顷，总产量 1261 吨，分别比上年增长 30.75% 和 37.66%。

【水果生产】 2010 年柳北区果园种植面积 1978 公顷，总产量 2.38 万吨，总产值 5549 万元，分别比上年增长 5.32%、13.86% 和 58.5%。柳北区水果生产以种植柑桔品种为主，面积和产量分别占总量的 57.63% 和 59.47%；头造水果每亩产 2530 斤，扣除生产成本每亩纯收入 5890 元；二造水果每亩产 1000 斤，扣除生产成本每亩增收 4000 元以上。柳北区还利用独特的气候资源优势，重点抓好蜜桔、葡萄等品牌水果建设，大力发展葡萄一年两熟栽培技术，推广和扩大双季葡萄种植面积 66.67 公顷，效益非常显著。全年水果新种植面积 113.33 公顷，其中新种葡萄 100 公顷，滑皮金桔 13.33 公顷。年内，柳北区积极发展绿色食品、无公害农产品，石碑坪的葡萄、滑皮金桔、温州蜜柑获农业部绿色食品认证，沙塘镇上垌村种植的大米获自治区无

大力发展葡萄种植　　农业与水利局　提供

公害食品认证。

【甘蔗生产】 2010年柳北区糖料蔗播种面积3312公顷,总产量30.52万吨,分别比上年减少6.47%和0.64%。糖料蔗平均单位面积产量92.11吨/公顷,比上年增加6.64%。

【蔬菜生产】 2010年柳北区建设蔬菜标准大棚13.33公顷,蔬菜播种面积4357公顷,总产量13.45万吨,比上年分别增长5.34%、0.17%。同时大力推广蔬菜套种,在沙塘镇杨柳村发展生姜芋头套种300亩,亩产生姜和芋头8707斤,产值2万元。

【秋冬种生产】 2010年柳北区完成秋冬种生产种植面积1960公顷,完成计划的113.1%。其中完成秋冬菜种植面积1346.67公顷,马铃薯种植面积333.33公顷,玉米种植面积146.67公顷,食用菌种植面积5万平方米,二季葡萄种植面积66.67公顷,花卉种植面积66.67公顷。秋冬种实现总产值6421.5万元,农民人均增收85.5元。

【间套种生产】 2010年柳北区完成间套种生产面积3734公顷,完成年计划任务112%。其中甘蔗间套种推广面积1667公顷,果树间套种推广面积1200公顷,其他间套种867公顷。主要有甘蔗套种辣椒、黄豆套种玉米、水果套种西香瓜、葡萄套种黑鬼薯等,多种间套种生产模式的推广,使城区在当前耕地减少、土地面积有限的制约条件下,扩大农产品产量,拓宽农民增收渠道,促进城区农业种植结构调整,为实现城区农业增产增收任务目标打下基础。

农业机械化

【农业机械化概况】 2010年柳北区农业机械总动力8.5万千瓦,比上年增加30.3%。有各类农用拖拉机1054台,其中大中型拖拉机(20马力以上)198台1.25万千瓦;小型拖拉机856台8510万千瓦。农用排灌动力机械1317台,总动力5682千瓦,其中联合收割机180台,农用载重汽车259台,总动力2.48万千瓦,分别比上年增长26.76%、23.92%和23.92%;农用运输车76台,总动力2003千瓦,分别比上年增长24.59%和24.56%;大中型拖拉机机引农具376台,小型拖拉机机引农具935台,分别比上年增长6.82%和6.13%。全年完成机耕面积1.21万公顷,农业机械电力排灌面积860公顷。

【农业机械购置补贴】 2010年柳北区超额完成242.53万元农业机械购置补贴资金,其中获得中央农机购置补贴资金192.4万元、自治区农机购置补贴资金29.14万元、柳州市农机购置补贴资金20.99万元,补贴购置各种农机具278台(套),机具销售总额559万元,拉动农民投入资金316.47万元。其中手扶步进式水稻插秧机31台,四轮乘坐式水稻插秧机1台,微耕机86台,手扶拖拉机30台,其他根茎作物收获机械10台,25马力(含)至80马力(不含)轮式拖拉机7台,旋耕机19台,铧式犁5台,半喂入联合收割机4台,全喂入联合收割机27台,80马力(含)以上轮式拖拉机5台,履带式拖拉机1台,投饵机5台,培土机2台,粮食烘干机6台,增氧机17台,沼液沼渣抽排设备5台,杀虫灯3台,甘蔗剥叶机14台;受益农户278户。

推广葡萄套种黑鬼薯　　农业与水利局　提供

【农业机械化服务】 2010年柳北区专业从事农业机械服务的石碑坪镇农业机械合作社发展迅速,不断推进农机服务组织化、专业化、产业化,在农业增收和新农村建设中起到积极的作用。拥有农机具29台,农机配件和维修设备30多万元,农机资产原值142万元,合作社成员15人。在耕作季节完成机械专业面积167公顷,维修农业机械6000台次,农业机械耕作服务覆盖全镇和其他周边的部分乡镇。

水利和饮水工程建设

【水利设施概况】 2010年柳北区有农业水利设施419处,其中蓄水工程135处,总库容1200万立方米,有效库容900万立方米,有效灌溉面积1100公顷。有水库29座,其中小(I)型水库2座,小(II)型水库27座,总库容1098万立方米,有效库容775万立方米,有效灌溉面积723.6公顷。山塘坝96处,总库容195万立方米,有效灌溉面积381.9公顷。27座小(II)

型水库主要分布在石碑坪镇7座，沙塘镇12座，长塘镇7座，白露街道办事处1座，这些水利工程，在一定程度上保证柳北区农业生产的需要。

【饮水工程建设】 2010年柳北区坚持“先急后缓、先重后轻”原则，全面推进农村饮水项目实施，下达水利、人饮工程建设14处，其中水利工程3处，项目总投资1779.39万元，其中争取国家资金662.6万元，自治区资金40万元，柳州市资金525万元，城区配套资金281.79万元，社会集资与群众集资270万元。年内冲北水库除险加固工程、莲藕塘在建工程开工建设。大帽河灌区渠系改造项目正在招投标。年内，完成人饮工程5处：北岸村人饮工程、古木山厂屯人饮工程、大滩村大帽屯人饮工程、古城村六千屯人饮工程、洛埠管网改造工程。大仙村小仙屯人饮工程因柳州市国土局实施“增减挂钩”试点项目，计划将村民整体外迁，项目改点实施；另有5处人饮工程：长塘村自来水、古木村潘家屯人饮工程、西流村大井屯人饮工程、西流村龙塘屯人饮工程、古木村钟家屯人饮工程正在招投标，全部工程完成后可解决6435人的饮水困难。

【防汛抗旱】 2010年柳北区组织各防汛成员单位按照《柳北区防洪预案》、《柳北区四套班子领导和机关部门水库联系点的通知》精神，完善各项防汛制度，对各村、社区的防汛抗洪工作分片包干，层层签订水库安全管理责任状，推进1座水库1个抢险预案的落实。6月8日，柳北区农业与水利局举行水库安全管理员培训班，落实防汛资金10万元，用于水库值班、通讯联络等工作。发放《防灾避险应急手册》8万册，给水库巡查值班人员配发帐篷12顶，增补编织袋等防汛物资2万元；为城区武装部配备冲锋舟发动机4台、救生艇10艘，以应抢险急需。汛前对城区29座水库开展安全大检查，没有发生一例水库险情。

干旱灾害 2010年2～4月，由于持续旱灾，柳北区农作物受旱面积4373.33公顷，其中：玉米受旱面积351.33公顷、甘蔗受旱面积2893.33公顷、水果受旱面积466.67公顷，蔬菜受旱面积453.33公顷，造成直接经济损失370万元。柳北区投入抗旱救灾3万人次、抗旱资金55万元，抗旱设备2300台次；在2次抗旱灾害中，柳北区农业部门出动300多人（次），指导农民抗旱救灾，结合秋冬种拨付救灾资金80万元，投入改种作物134公顷，抗旱保苗804公顷，推广旱育秧田技术67公顷，对缓解旱情、抢抓农业生产起到积极作用。

洪涝灾害 2010年6月～7月，受强降雨影响，柳北区石碑坪、长塘2个镇部分地区遭受2次洪涝灾害，受灾农户3户，房屋损坏9间、倒塌房屋1间，安全转移人口14人，无伤亡人员，造成直接经济损失约3万元。

（冯伟文）

6月8日，柳北区农业与水利局举行水库安全管理员培训班　　赖德勇　摄

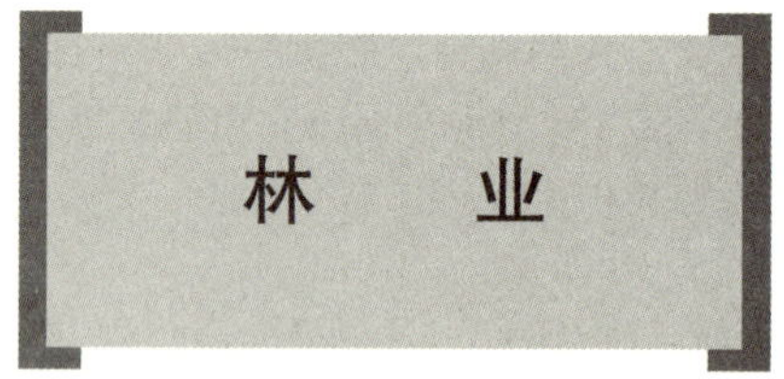

林　业

【林业机构及工作概况】 2002年9月成立柳北区林业局。2010年柳北区林业局有工作人员15人，柳北区林业防火办公室在林业局挂牌。12月17日成立柳州市森林公安局柳北分局，有工作人员6人。辖区有林地的镇3个、街道办事处1个、农林场站8个，分别是柳州绿达公司（原石碑坪农场）、沙塘林场、柳州农科所、柳州柑桔场、广西农垦国有沙塘农场、柳州红星园艺场、柳州市苗圃林场杨柳分场、柳州鹧鸪江园艺场。

2010年柳北区林业局围绕“林业生态建设”，重点抓好集体林权制度改革、造林绿化、千亩优质高产油茶示范基地、花卉基地及木材产业发展等工作。年末，完成林地勘界面积8000公顷，占集体林地总面积的95.79%；发放林权证书面积7926.67公顷，占总任务的94.7%；解决各类山林纠纷31起，涉及面积664.86公顷。开展“百万农户种千万棵树”活动，完成绿化造林310公顷；作为自治区及柳州市高产优质油茶示范点的沙塘镇江湾村千亩优质高产油茶示范基地，完成优质高产油茶种苗繁育中心项目18公顷；启动花卉基地项目资金660万元，花卉基地被列为柳州市十大农业工程项目。

12 月 17 日，广西第一个城区森林公安分局柳北区分局挂牌成立　　赖德勇　摄

【林权制度改革】 2010 年柳北区集体林权制度改革工作涉及 4 个镇（含洛埠镇），1 个街道办事处，31 个村，286 个村民小组，1.2 万农户，有林地面积 8400 公顷，是林地面积最多的城区。年内，柳北区成立城区、镇（街道）、村三级林改工作领导小组，推动集体林权制度改革各项工作开展。年末，柳北区累计勘界林地面积 8333 公顷，占集体林地总面积 99.21%，其中年度勘界林地面积 8133 公顷，占年度任务的 110.9%，累计发放林权证面积 7667 公顷，占总任务的 92%，年度发证 7533 公顷，占年度任务的 95%，完成上级下达任务的 102.7%。

【森林资源】 根据 2009 年柳北区森林资源二类调查，2010 年柳北区有土地总面积 3.17 万公顷（包括农林场站），林业用地面积 1.06 万公顷，森林面积 8399.58 公顷，灌木林面积 511.31 公顷，其他林地面积 1660.61 公顷，活立木蓄积量 57.19 万立方米，森林覆盖率 34.16%，林木绿化率 34.25%。

【森林执法】 2010 年柳北区加大森林执法力度，12 月 17 日成立广西第一个城区森林公安分局——柳州市森林公安局柳北区分局，配备森林公安执法人员 6 人。年内，柳北区森林公安分局办理刑事案件 4 起，受理各类行政案件 31 起，查处案件 31 起，其中，查处非法经营（加工）木材案 17 起，非法运输木材案 11 起，非法收购木材案 3 起，案件综合查处率 100%。处理违法人员 33 人次，没收非法经营的木材 418.13 立方米，折合人民币 25.75 万元。

【森林防火】 2010 年柳北区有森林防火半专业队 7 支：分别是石碑坪镇森林防火半专业队、沙塘镇森林防火半专业队，长塘镇森林防火半专业队、白露街道办事处森林防火半专业队、沙塘林场森林防火半专业队、鹧鸪江森林防火半专业队、市苗圃林场森林防火半专业队，有半专业队人员 180 人，防火运兵车 3 辆，风力灭火机 50 台，二号工具 600 多把。年内，投入防火经费 45 万元，主要用于各防火半专业队人员补助，镇（街道办事处）防火宣传费用，购置防火设备，其中 10 万元用于建设 15 块固定防火宣传牌；加强森林防火宣传力度，全年张贴标语 400 多条，悬挂横幅 15 条，出版墙报 12 期，印发宣传资料 4000 份（特别定制 1500 个印有防火标语的环保宣传袋），出动宣传车 20 台次；加强火源管理，坚持野外生产用火审批制度；加强学习培训工作，组织防火半专业队员、乡村干部学习《森林防火条例》，开展森林防火知识和技能培训 1 次，举行野外扑火技能演练 1 次。全年柳北区没有发生森林火灾事故。

【森林病虫害防治】 2010 年，柳北区通过林业有害生物普查、病虫害预测预报、森林病虫害防治知识宣传，有效保护森林资源安全。预测森林病虫害发生面积 500 公顷，实际发生面积 462 公顷，测报准确率 92.4%；森林病虫害成灾面积 13.3 公顷，成灾率 1.4%；无公害防治面积 600 公顷，无公害防治率 100%；柳北区现有松林面积 2039.1 公顷，虫害发生面积 312 公顷，实际成灾面积和成灾率均为零。

林业产业

【林业产业概况】 2010 年柳北区坚持林业产业发展生态化，生态建设产业化。通过营造良好的招商环境，引进林业深加工企业，对一些小的个体企业进行变更重组，提高企业档次和竞争力；逐步对柳北辖区大型林业个体企业进行改制，变为企业法人，每家年产值达 5000 万元以上。全年实现林业产业总产值 23.5 亿元。其中有木材加工企业 180 家，木材加工业产值 17.8 亿元；人造板产量 75.6 万立方米，造纸业产值 3 亿元；花卉苗木产值 5000 万元，完成固定资产投资 7860 万元，林业生态旅游产值 8500 万元，同时做大做强花卉产业，不断推进造纸业发展，林产经济得到持续发展。

【造林绿化】 2010 年柳北区加快造林绿化步伐，投入绿化造林资金 450 万元，完成绿化造林植树面积 310 公顷，其中荒山荒地造林面积 100 公顷，迹地更新和地产林改造面积 210 公

10月26日，柳州市委副书记苏海棠（左二）率柳州市农业现场经验交流会的代表参观柳北区花卉基地兰花展厅　　赖德勇　摄

顷。完成中幼林抚育面积2639公顷，营造沙塘镇江湾村高产优质油茶林种植面积66.67公顷。辖区各单位完成植树绿化乔木27.58万株，灌木、藤本10.78万株，绿篱61.71万株，草皮、地被9670平方米，重点绿化的地段有沙塘镇杨柳村、古灵村村屯道路、石碑坪镇大仙村连接209国道村道路，白露工业园等。在植树节活动期间，自治区、柳州市等领导亲自带队来到柳北区参加植树造林，掀起城区绿化造林的热潮。

【花卉基地建设】 柳北区花卉基地建设2008年5月启动，项目总体规划面积867公顷。2009年被列为自治区层面统筹推进重大项目、柳州市重点工程，启动项目筹集资金累计2642万元，项目一期完成土地流转面积81公顷，完成园区道路3800米，主排水渠2485米，主供水管2400米等一批基础设施建设。在兰花研发生产及花卉展示区内建成规模4333平方米的兰花生产示范园，配套建设300平方米的办公管理用房以及水电管网、路灯、天网监控等一系列配套设施。2010年花卉基地被列为柳州市十大农业工程项目。新增土地流转面积65公顷，累计获得各项扶持资金660万元，新建花卉生产大棚3000平方米，其中温控大棚2000平方米，花卉展示厅600平方米，三合片区完成平整场地面积36.67公顷。引进台湾天姿园艺、广东咏芳花苑等9家品牌企业进驻，兰花种植超过100万株。同时，在长塘片区投资1000万元建设面积约4000平方米花卉展示交易区，该区域将成为花卉基地产品展示和商贸流通配套场所。年内，柳北区花卉基地实现花卉苗木产值5000万元。

【高产油茶示范基地建设】 2010年柳北区在沙塘镇江湾村实施千亩优质高产油茶示范基地和18公顷的优质高产油茶种苗繁育中心项目。在油茶种植上，采取“政府＋企业＋合作社＋农户”的运作模式，由政府业务主管部门与自治区直管国有三门江林场联合经营，引导农民成立合作社，参与开展林下养鸭，使农民既得到土地租金又有种养收入；在优质高产油茶种苗繁育中心育苗种植上，则从柳州市元丰林业科技有限公司引进种苗，通过政府适当补贴、企业自主经营的形式，有效解决育苗过程中的资金和技术问题。年内，沙塘镇江湾村高产油茶示范基地完成优质油茶更新种植面积63.33公顷、嫁接更新面积3.33公顷，种植高产油茶品种主要为岑软枝系列、湘林系列2个优良无性系各种植50%混交造林；完成优质油茶繁育中心种苗基地繁植圃面积3.33公顷、采穗圃面积3.33公顷。采用机耕梯级带状垦地整地，完成储水池5个及灌溉系统布控工作。

（陆宁平）

农场选介

【柳州市鹧鸪江园艺场】 位于柳北区长塘鹧鸪江路5号，始建于1916年，前身为广西劳动改造系统农场，自治区“五七”干部学校。1972年3月撤校成立柳州市鹧鸪江园艺场至今，隶属柳州市管理。2010年，柳州市鹧鸪江园艺场为柳州市投资控股有限公司所属授权企业，是地方全民所有制三类企业，有员工280人，在职职工88人，土地面积396公顷。主要以生猪养殖、水果生产、观光农业和场地出租为主。全年实现总收入940万元，比上年增长10.4%；水果总产量3.5万公斤，蔬菜上市产量35.9万公斤，生猪出栏4800头，家禽上市9.3万只；接待入园观光游客7100人次。

2010年市鹧鸪江园艺场投入2872.85万元建成PIC祖代种猪场，其中，猪舍建设面积1.53万平方米，场地平整面积2.95万平方米，挖填土方面积5.3万平方米，围墙建设面积1887平方米，赶猪道建设面积130米，挡土墙建设面积1321米。年内，以PIC祖代种猪场项目成立广西正康种猪有限公司，从湖北鄂美种猪公司引进6批1069头种猪，形成规模种猪养殖，公司获柳州市农业产业化重点龙头企业称号。

（李　琳）

【柳州绿达实业有限责任公司】 位于柳北区石碑坪镇西北面，209国道西侧。始建于1951年，前身是石碑坪农场。1999年更名为广西柳州绿达实业有限责任公司。2010年公司有职工430人,土地面积733.33公顷。公司以水果种植为主,主要品种有"绿旺达"牌温州蜜柑、塔罗科血橙新系、脐橙、沙糖桔、南丰蜜桔等。其中,柑桔种植面积448.4公顷,产量9689吨;甘蔗种植面积61.4公顷;速生桉种植面积166.67公顷,生产木材2万立方米。年生产总产值5.04亿元,经营总收入5.03亿元,实现利润37.7万元,固定资产投资1.29亿元。年内,公司获国家农业部"丰收计划"、国家"南亚热带名优水果·温州蜜柑生产基地"和自治区"科技进步奖"等称号。

(吴望财)

水产畜牧业

【水产畜牧业机构及工作概况】 2007年6月15日成立柳北区水产畜牧兽医局,有编制人员4人。2010年柳北区水产畜牧兽医局有编制4人,下设柳北区动物卫生监督所和柳北区动物疫病预防控制中心2个工作机构,有编制人员9人。全年肉类总产量1.22万吨,其中猪肉产量608.5吨,牛肉产量125吨,禽肉产量5808吨。牛奶总产量2913吨,水产品总产量7344吨,禽蛋2233吨,蜂蜜121吨,蚕茧总产量187吨。

2010年柳北区水产畜牧兽医局认真落实促进畜牧业生产和农民增收的支农惠农扶农一系列政策,紧紧围绕"生产发展、农民增收"这个中心,以重大动物疫病防控为保障、以畜牧科技推广为切入,转变畜牧业生产方式,加快推进现代畜牧业进程,在畜牧生产市场原材料价格上涨,畜禽渔产品价格波动大的情况下,畜牧业生产稳中有升,柳北区完成肉类总产量1.22万吨,比上年增长6.84%,其中生猪出栏8.49万头,比上年增长8.75%;家禽出栏348.97万羽,比上年增长9.42%;水产品产量7344吨,比上年增长10.81%;乳产量2913吨,比上年增长5.88%。实现牧渔业年产值3.31亿元,完成固定资产投资1293万元。辖区重大动物疫病防控工作取得良好效果,没有发生重大动物疫情出现;畜禽产品质量安全监管到位,没有发生畜禽产品质量事故。同时,柳北区水产畜牧兽医局还按照中共柳州市委、市政府抓好"十大农业"工程工作,重点配合柳州市水产畜牧兽医局抓好万头生猪良种基地建设项目和千亩特色水产品基地项目建设。广西正康种猪场完成栏舍基建及污水处理、饲料配送设备等配套工程,引进1200头PIC良种种猪进行养殖,按计划完成千亩特色水产品基地项目新改扩建,新建龟鳖养殖池塘面积2.6公顷,引进养殖优质黄沙鳖4万只;新改扩建池塘面积2.6公顷,引进养殖黄颡鱼20万尾,牲畜饲养5000万元,比上年下降0.4%,猪的饲养1亿元,比上年增长4.49%;活畜禽产品3400万元,比上年增长8.72%,渔业产量6530吨,比上年增长4%。

【养殖业惠农政策宣传】 2010年柳北区水产畜牧兽医局发动各镇(街道办事处)水产畜牧干部以及村级动物预防队伍,做好各项养殖业惠农政策宣传工作,组建4个工作组,抽调队员57人,下到村屯指导工作。年内,举办水产畜牧兽医知识培训班12期,培训人员495人次。在沙塘镇新街举办科技、卫生、文化"三下乡"活动,进行动物防疫、食品安全宣传3次,发放科学养殖、动物疫病防治、食品安全知识等宣传资料1500多份,科普光碟20多张。同时,让群众积极申报养殖业贴息贷款,全年协助柳州市水产畜牧兽医局完成900万元财政贴息贷款前期核发工作,解决柳北区养殖业主养殖资金短缺困难。

水产畜牧业养殖

【畜牧业龙头企业】 2010年柳州市人民政府认定广西霖翔农业发展有限公司为柳州市第八批农业产业化重点龙头企业之一。柳北区建有自治区水产畜牧业龙头企业1家:柳州市金臣科技有限公司;柳州市农业龙头企业2家:柳州实隆禽业有限责任公司和广西霖翔农业发展有限公司;广西桂菜原材料生产基地2个:柳州市金臣科技有限公司和柳州市梳庄香鸡农民养殖专业合作社;水产品出口基地1个:广西农垦国有沙塘农场;无公害生产基地5家:广西凤翔集团畜

3月25日,柳北区人大代表视察长塘镇黄土村生猪生态养殖场　　李　萍　摄

沙塘镇上垌村发展优质的朗德鹅养殖　　陆成春　摄

禽食品有限公司柳州分公司、柳州市得利良种猪保育场、广西宏华生物实业股份有限公司、柳州市柳北畜牧有限责任公司、广西农垦国有沙塘农场;农民养殖专业合作社20家、饲料厂6家,大型禽苗孵化基地4家:广西凤翔禽苗公司、桂柳鸭苗公司、广西宏华生物有限责任公司、柳州墟岗黄畜牧有限公司。

【肉鹅养殖】 2010年柳北区引进广西霖翔农业发展有限公司在沙塘镇上垌村投资建设的万羽种鹅基地建成投产，引进1.4万羽优质朗德鹅进行选育,实现年出栏鹅苗及商品鹅30万只的养殖规模,成为广西乃至西南地区最大的种鹅基地。公司在做好种鹅养殖的同时,运用“公司+合作社+农户+基地”的模式发展肉鹅生产,带动21户农民发展肉鹅养殖(其中柳北区4户,其他县、市17户);带动27户农民发展牧草种植,牧草种植面积26.67公顷。基地的建成投产填补柳北区种鹅养殖“零”的突破,促进柳北区畜牧业产业结构优化,增加农民增收新途径。

【肉鸭旱养】 2010年柳州市实隆禽业有限责任公司和金臣科技有限公司引进肉鸭旱养技术，在沙塘镇、长塘镇、白露街道办事处以“公司+农户+基地”的模式带动农户利用农村林地发展肉鸭旱地养殖。其中有69户养鸭专业户利用86公顷林地开展林下肉鸭旱养,年出栏肉鸭120万羽,平均每户获利1.28万元,取得良好的经济效益。6月5日,自治区、柳州市水产畜牧兽医局领导到柳北区石碑坪镇古木村肉鸭养殖场现场调研林下养殖生产情况,认为林下养殖业大有潜力可挖,是畜牧业“上山入林”的样板。7月9日,《经济日报》、《西部时报》和广西电视台3家媒体记者在自治区水产畜牧兽医局副局长粟永华陪同下到柳北区沙塘镇拍摄林下家禽养殖专题宣传片;8月2日,《广西日报》也专题报道柳北区林下养殖的情况。

【PIC祖代种猪养殖】 2010年柳北区引进广西正康种猪有限公司在柳州市鹧鸪江园艺场投资建设占地面积13.33公顷PIC祖代种猪场。该场参照国际标准化种猪场规划布局,采用丹麦、美国养殖设备与水泡粪工艺建设，实现投料、栏舍自动控温等养殖生产全程自动化,是广西起点最高的标准化种猪养殖场和最具现代化的养殖场之一。年内，广西正康种猪场完成栏舍基建及污水处理、饲料配送设备等配套工程,引进1200头PIC良种种猪养殖和先进的配套系概念、先进遗传育种技术、健康控制体系以及科学有效的企业管理模式。全年出栏商品猪1.65万头,可供PIC优质种猪7500头。9月8日,该公司成立丹麦现代化养猪业柳州培训中心,聘请丹麦专家作为公司顾问,开展国际养猪业技术交流与培训。10月26日,参加柳州市现代农业现场会的与会代表参观考察该公司种猪养殖场,对公司的规模化、现代化养猪给予极高赞赏。

【生猪场标准化建设】 2010年柳北区水产畜牧兽医局抓好生猪标准化项目建设，先后5次召开业主项目建设座谈会,与各项目业主一起学习《广西生猪标准化规模养殖场(小区)建设项目管理暂行办法》,让各项目业主明确项目建设目标要求以及项目实施管理规定，自觉配合项目建设，保质按量完成项目。同时要求各项目业主在抓好项目硬件建设的同时完善软件管理，实现软硬件双达标，全面提升标准化猪场的整体水平，达到规模化、标准化生产示范带头作用。年内,有12家规模生猪养殖场实施生猪场标准化建设改造项目,辖区完成生猪场标准化建设的规模生猪养殖场达26家。

【渔牧产品特色养殖】 2010年柳北区引进黄沙鳖、南非黑豚鼠等一批特色养殖项目,着重抓好龟鳖、豚鼠、竹鼠及黄颡鱼等优质产品养殖，提升渔牧业经济的竞争力。年内，沙塘镇江湾村利用花果山生态园、金鼎湾鱼乐山庄、绿缘山庄得天独厚的农业生态观光旅游环境,从全州、横县等地引进南非黑豚,大力发展养殖,以供应周边山庄提供客户食用。江湾村村委自筹资金15万元，新建南非黑豚养殖场2000多平方米,发展养殖户15户,南非黑豚存栏数保持在1.1万只左右。沙塘镇利用千亩“渔海”的优势,养殖鱼类20多种,年产鲜鱼3000多吨。农民利用房前屋后的空地建设水池养

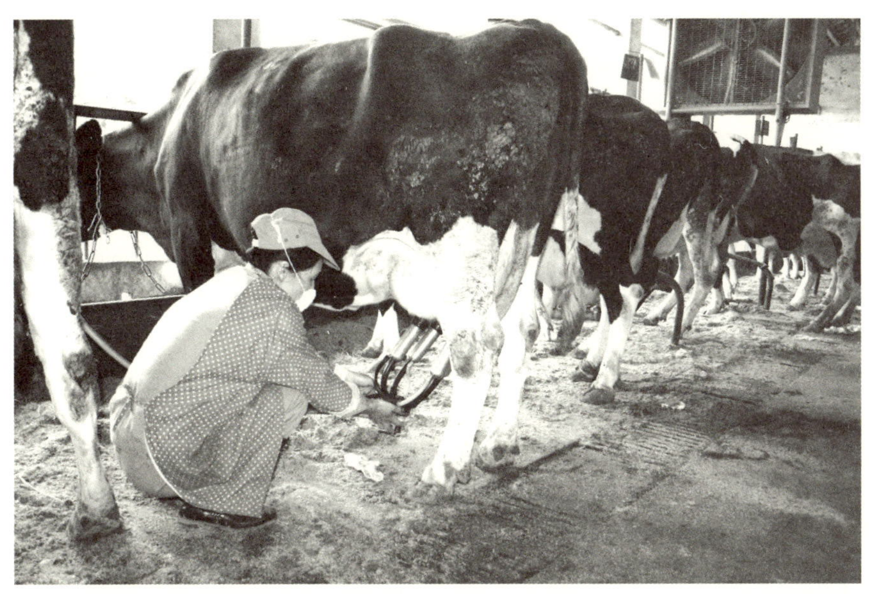

3月25日，养牛场女工用挤奶器挤牛奶　　李　萍　摄

殖黄沙鳖，发展庭院经济，拓宽增收渠道。年内，柳北区新改扩建龟鳖养殖池塘面积2.67公顷，新引进养殖优质黄沙鳖4万只；新改扩建池塘面积2.67公顷，引进养殖黄颡鱼20万尾；新建竹鼠繁育中心场1个，引进500对种竹鼠进行选种繁育。城区建成规模龟鳖养殖场26家，庭院龟鳖养殖户43户，豚鼠养殖16户，规模野猪养殖场1家，竹鼠繁育中心1家。养殖产品市场前景广阔，经济效益十分可观。

动物卫生

【动物疫病防控】

实行病死畜禽补贴　2010年柳北区水产畜牧兽医局加强洪灾期间养殖病死畜禽无害化处置工作，下发《关于洪灾期间加强养殖病死畜禽处置的紧急通知》，对病死或不明死因的畜禽，按照不准宰杀、不准食用、不准出售、不准转运的原则，进行无害化处理。柳北区政府对养殖户自行进行无害化处理的病死畜禽分别给予大猪每头100元、小猪每头50元的补助。此项工作得到自治区水产畜牧兽医厅及市水产畜牧兽医局的充分肯定，市水产畜牧兽医局还以柳北区政府的这种做法为参考，制定全市养殖病死畜禽无害化处理补贴办法(征求意见稿)下发各县区，指导各县区开展病死畜禽无害化处理工作。

开展动物消毒灭源　2010年柳北区水产畜牧兽医局针对春季是重大动物疫病的高发季节，为净化养殖环境，消除防疫隐患，降低防疫压力，从源头上阻断动物疫病的流行、传播，柳北区开展消毒灭源，灭鼠、灭虫、灭蝇活动。一是组织消毒药品，及时发放到各养殖场(户)，要求各养殖场(户)做好消毒灭源工作，二是争取10万元资金，由柳州市北斗星消杀技术服务有限公司提供技术对辖区的规模养殖场进行灭鼠、灭虫、灭蝇活动，彻底消除各种有可能导致疫情发生的隐患。

【动物疫情监测与免疫】　2010年柳北区饲养生猪15.34万头，牛4710头，羊750头，家禽448.94万羽，犬8800只。柳北区水产畜牧兽医局组织人员对辖区8个奶牛养殖场(户)养殖的奶牛开展结核病和布鲁氏菌病检测工作。存栏奶牛611头，奶牛布鲁氏菌病应检测539头，实际检测539头，全部呈阴性；奶牛结核病应检测604头，实际检测604头，其中阳性奶牛1头，可疑奶牛6头，对阳性样品和可疑样品和送自治区动物疫病预防控制中心进行确诊，对经确诊为阳性的1头奶牛仔按规定进行无害化处理。全年采集和监测重大动物疫病血清样品207份，发放高致病性禽流感疫苗153.63万毫升，高致病性禽流感免疫363.95万羽，免疫密度100%；鸡新城疫免疫密度达100%。发放猪口蹄疫疫苗28.31万毫升，猪口蹄疫免疫13.25万头，免疫密度100%；发放猪瘟疫苗16.44万份，猪瘟免疫13.23万头；发放猪高致病性蓝耳病疫苗7.3

7月9日，柳北区水产畜牧兽医局工作人员下村屯指导处理病死畜禽　姜鸿翔　摄

万毫升，猪高致病性蓝耳病免疫4.82万头。发放口蹄疫双价苗2.32万毫升，牛口蹄疫免疫9210头，羊口蹄疫免疫820头；发放A型口蹄疫苗1200毫升，免疫奶牛500头。发放狂犬病疫苗3500头(份)，免疫犬2800头，辖区无重大动物疫情发生，顺利通过国家农业部、自治区和柳州市的重大动物疫病防控工作检查。

【动物产地和屠宰检疫】 2010年柳北区水产畜牧兽医局切实加强产地检疫和屠宰检疫工作，严把检疫关，全年进行生猪屠宰检疫1.11万头，生猪产地检疫18.31万头，生猪出县境检疫3500头；家禽产品检疫2.92万羽，家禽产地检疫45.22万羽，家禽出县境检疫660.87万羽(以禽苗为主)；动物卫生监督执法42起，无害化处置家畜107头，合计7000多公斤；无害化处置家禽1200羽，合计1800多公斤，让辖区人民群众吃上“放心肉”。

【动物产品质量安全监管】 2010年柳北区加强养殖业投入品监管，抓好食品质量安全监测采样抽检，确保动物产品质量安全。全年举办兽(渔)药经营、使用、保管等技术培训班3期，培训养殖和经营者763人次。组织300多人次，调查登记辖区内主要水产畜牧养殖企业(场)、无公害生产企业(场)、奶牛养殖企业、兽药和饲料及饲料添加剂生产与经销企业（店）等重点企业(场)、行业，对检查发现的突出问题认真梳理，提出整改措施，签订畜禽产品质量安全责任状150多份。出动执法人员386人次，检查养殖场193个，其中畜禽养殖场171个，无公害生产基地5个，水产苗种场22个，查扣不合格兽药、饲料添加剂20盒(包)，并对违法违规的养殖场业主进行批评、警告。出动执法人员56人次，监督检查经营环节投入品情况，检查兽药经营户28家，兽药(渔药)品种350多种，对其中12个经营户提出整改意见，未发现非法使用瘦肉精、孔雀石绿、氯霉素、乙烯雌酚等违禁药品。让人民吃上“放心肉”，喝上“放心奶”，维护人民群众身体健康。

（张薇薇）

农业综合开发

【农业综合开发机构及工作概况】 2002年12月，柳北区农业综合开发领导小组成立，下设农业综合开发办公室，在柳北区财政局挂牌。2010年柳北区农业综合开发办公室有工作人员2人，专门负责柳北区农业综合开发项目建设的申报和管理工作。年内，柳北区完成农业综合开发项目3个，其中国家级项目2个，市级项目1个。项目总投资830万元，其中中央财政资金350万元，自治区财政配套资金140万元，柳州市财政配套资金180万元，柳北区财政配套资金55万元，群众自筹资金105万元(其中群众投工投劳折资94.5万元)。

【国家农业综合开发土地治理项目】 2010年柳北区实施国家农业综合开发土地治理项目涉及沙塘镇上垌、杨柳村等2个村委22个村民小组，重点改造中低产田面积266.67公顷，其中建设优质农产品种植面积200公顷。项目总投资450万元，其中中央财政资金250万元，自治区财政配套资金100万元，柳北区财政配套资金25万元，群众自筹资金75万元(其中群众投工投劳折资67.5万元)。

【国家农业综合开发土地治理试点项目】 2010年柳北区实施国家农业综合开发扶持农民专业合作社实施土地治理试点项目，主要是通过扶持“柳州市盛鑫隆花卉种植专业合作社”，以广西重点农业生产项目——柳州青茅花卉基地建设为依托，建设100万株兰花组培苗炼苗培育生产基地，解决柳州青茅花木基地3000平方米大棚花卉种苗繁育培植问题及优质高效农产品（含花卉）示范推广种植面积33.33公顷。项目总投资180万元，其中中央财政资金100万元，自治区财政配套资金40万元，柳北区财政配套资金10万元，群众自筹资金30万元（其中群众投工投劳折资27万元）。

【柳州市农业综合开发土地治理项目】 2010年柳州市农业综合开发土

引进推广水稻良种种植　　李　萍　摄

地治理项目在沙塘镇三合村实施，重点建设沙塘镇“柳州市现代农业创业园”花木基地面积66.67公顷示范区，开展高产油茶育苗和名优花木栽培种植，打造柳州城市后花园，促进柳州市园林城市建设。项目建设改造中低产田面积113.33公顷，重点对沙塘镇三合村66.67公顷面积的花木生产示范基地进行供水、排水及1～4号生产区道路等设施建设，建设优质高效农产品种植面积66.67公顷。项目总投资200万元，其中柳州市财政资金180万元，柳北区财政配套资金20万元。

11月14日，柳北区农业综合开发办公室干部到沙塘镇上垌村验收农业开发项目 刘向军 摄

【科技推广】 2010年柳北区实施国家农业综合开发土地治理项目和扶持农民专业合作社实施土地治理试点项目，开展科技培训46期2600人次。组织种养现场参观学习10次，科技示范推广良种种植面积106.67公顷，其中引进推广水稻良种“柳丰香占”、“金优781”、“中优781号”、“旱优3号”种植面积60公顷，良种玉米“中糯1号”等新品种示范种植面积6.67公顷；打造香芋、生姜高产套种“万元”生产示范样板田种植面积33.33公顷；新品种、新技术引进推广和科技种养示范以及病虫害综合防治示范面积6.67公顷，测土配方施肥面积3.33公顷，病虫害综合防治示范面积3.33公顷。花卉示范推广面积33.33公顷。年内，购买科技书籍和科普光碟充实各镇农业信息室。

【农业综合开发效果】 2010年柳北区完成国家农业综合开发土地治理项目建设，进行机电井修复配套1眼，开挖疏浚渠道5.1公里，衬砌渠道7.5公里；渠系建筑物5座；修建机耕路6公里，有效改善农村农业基础设施建设及生产条件，科技含量和机械化程度均有较大程度提高，农民生产能力和经济效益明显增加。

促进农民增收 2010年柳北区完成项目区中低产田改造后，项目区水稻年平均单产由400公斤提高到550公斤，种植稻田面积133.33公顷，每年新增粮食生产能力30万公斤(新增优质粮20万公斤)，新增产值90万元(按3元/公斤优质稻谷计算)。发展香芋和生姜高产套种示范推广基地面积33.33公顷，打造“万元’样板田，按亩新增3000元的产值计算，新增产值300万元。通过示范区建设，可辐射带动冬菜开发种植面积66.67公顷，按亩新增600元的产值计算，新增产值60万元。甘蔗、蔬菜、优质水果、花卉等经济作物种植面积33.33公顷，新增产100万公斤，增加产值50万元，实现农民人均年增收266元，总增收80万元。

扶持全国最大兰花基地建设 2010年柳北区国家农业综合开发项目扶持“柳州市盛鑫隆花卉种植专业合作社”组织实施土地治理试点建设，完成衬砌渠道1公里，埋设管道0.6公里，修建机耕道路0.7公里，建设兰花温控大棚2000平方米，普通标准大棚1000平方米的兰花种苗培育生产基地，解决组培苗炼苗培育问题，开发项目建成后，项目区的农业生产条件，科技含量、机械化程度均有较大程度提高，生产能力和经济效益明显增加，按有关部门测算，新增100万株兰花组培苗炼苗培育生产基地，年新增种植业总产值200万元，实现农民人均年增收237元，总增收32万元，向广大农户及花卉生产企业提供优质价低的种苗，打造建成全国最大兰花基地面积106.67公顷。

有利中国农都(沙塘)农事博览园建设 2010年柳北区完成柳州市农业综合开发土地治理项目建设，完成衬砌渠道2.5公里，埋设管道2公里，渠系建筑物1座，新建80立方米高16米水塔1座，修建机耕路2.5公里。项目建成后年可新增产值204万元，投入产出比为1∶1.02，实现农民人均年增收270元，总增收34万元。该项目建设将有利于“中国农都(沙塘)农事博览园——暨柳州市现代农业创业园”项目建设，并依托在沙塘镇内的柳州市农业科学研究所、广西生态工程职业技术学院等科研教学单位发展沙塘片区的现代科技农业创业园，带动辖区农业经济发展和农民群众致富，对柳州建设历史名城、文化名城、旅游名城起到推动作用。

(刘向军)

新农村建设

【新农村建设机构及工作概况】 2006年5月，成立柳北区建设社会主义新农村试点工作领导小组，同时下设柳北区新农村建设工作办公室(以下简称"新农办")，指导协调、督促城区新农村建设工作。2010年柳北区新农村建设工作办公室，有工作人员4人，具体负责实施新农村建设试点工作的组织、协调等工作。

2010年柳北区筹措新农村建设专项经费237万元，融合市城郊基础设施经费306万元，国有土地出让收益金33万元，扶贫项目资金10万元，累计达586万元用于农村道路、排水沟和环境整治等工作，修建村屯道路8条，总长7538米：其中开工建设青茅村旧村屯道路、新南屯屯背道路、留休村凉亭屯石碑坪中学道路、黄土村通高速路口道路4条；施工建设留休村凉亭屯风貌改造和环境绿化美化工程；新建石碑坪下陶村公共服务中心楼1座；打造文化小广场和文化宣传长廊各1处；配合青茅村、三合村花卉苗木基地修建砂石路4条，总长2289米，排水渠2813米；配合柳北区区委组织部做好"强基固本"工程，组织村民、村干部参观学习各县区新农村建设经验。

【新农村示范点建设】 2010年11月8日，柳北区在石碑坪镇下陶村召开柳北区新农村建设示范点现场会暨下陶村公共服务中心落成挂牌仪式，以示范先行，以点带面，整体推进，全面发展新农村建设思路，规划辖区的新农村建设。在打造示范村屯的基础上，抓好城区新农村建设。年内，柳北区建有市级试点村屯2个，城区级试点村屯10个，柳州市十大美丽乡村4个。

【新农村建设宣传】 2010年2～5月间，柳北区新农村建设办公室开展新农村建设宣传阶段系列活动，向村民详细介绍新农村建设的意义和柳北区新农村建设的进度。试点村村民保持高昂的建设热情，积极配合开展工作，自愿成为建设新农村的主力军。年内，由新农村建设办公室牵头，组织各部门张贴发放宣传资料、公开新农村建设方案、给农户庭院现状录像；开展义诊咨询、农业实用技能及劳动力培训和拔河比赛、文艺演出、评选"卫生文明户"、成立村屯卫生保洁队以及军民共建社会主义新农村等活动，提高村民建设社会主义新农村的积极性。石碑坪镇留休村、下陶村、大滩村村民参与新农村建设热情高涨，做到有钱出钱、有力出力，自筹资金10多万元修建住户间道路，整治绿化庭院，为美化和建设新农村作出贡献。

11月8日，柳北区在石碑坪下陶村召开新农村建设示范点现场会暨下陶村公共服务中心落成挂牌仪式 赖德勇 摄

【新农村建设"三项会战"】 2010年初，柳北区以柳州市开展新农村建设"三项会战"为契机，按照"居住规范化、环境整洁化"的总体要求，科学规划，综合实施新农村建设的改路、改水、改厕、改圈、改院、改灶、改面貌、改观念的"八改"工程，把环境治理作为新农村建设的重要工作来抓。开展治理"三乱"(即乱堆、乱放、乱占)，清理"三堆"(即土堆、粪堆、柴堆)，美化"三口"(即村口、路口、家门口)活动。推行"四位一体"(沼气池、猪舍、厕所、庭院经济)生态型家庭能源利用模式，建设一个"地绿、天蓝、水清、民佳"的生态环境。年内，修建杨柳村通村道路1120米，古城村白沙屯道路1387米，三合村梁家屯通屯道路842米、屯内道路1463米，大岭屯一队道路752米，留休村凉亭屯通屯道路1000米、屯内道路589米，沙塘镇江湾村"渔海"通千亩大果油茶基地道路385米；修建花卉苗木基地砂石路4条，总长2289米，修建水塔、蓄水池各1座，完成排水渠道2813米；新建新南屯党员培训综合楼和下陶村公共服务中心楼各1座。 (韦新荣)

扶贫开发

【扶贫开发机构及工作概况】 2002年9月，成立柳北区扶贫开发办公室，在柳北区农业与水利局挂牌。2010年柳北区实施扶贫基础设施建设项目18个，投资各方资金237.9万元，完成屯级道路硬化17条10.2公里，其中

白露街道园艺村农民新居　　李 萍 摄

自治区财政资金45万元，市财政资金115万元，柳北区配套资金46万元，整合其他资金31.9万元。17条道路分别为：继续完成2009年自治区第二批扶贫项目屯级道路硬化建设2条1公里，完成投资22万元，其中，自治区财政资金15万元，柳北区配套资金2万元，整合其他资金5万元；2010年自治区第一批扶贫项目屯级道路硬化建设3条2公里，完成投资40万元；自治区财政资金30万元，柳北区配套资金6万元，整合其他资金4万元；完成2010年市财政扶贫项目屯级道路硬化建设12条7.2公里，完成投资175.9万元，其中，市财政资金115万元，柳北区配套资金38万元，整合其他资金22.9万元。全年柳北区完成“十大农业工程”整村推进扶贫攻坚工程2个村屯，屯级道路硬化工程4000米。充分利用冬闲田种植马铃薯，改变现行马铃薯栽培方式，推广使用脱毒种薯，采用免耕栽培方式。落实马铃薯种植面积18.13公顷，发放马铃薯种4.08万公斤，覆盖农户112户，增加农民收入。

【扶贫产业项目】 2010年柳北区实施完成2009年扶贫产业项目2个：(1)滑皮金桔种植项目财政扶持资金13万元，完成滑皮金桔种植面积20.1公顷，覆盖农户106户，优质葡萄种植面积6.7公顷，覆盖农户45户。(2)优质葡萄示范基地建设项目财政扶持资金5.92万元，完成优质葡萄种植面积8.33公顷，覆盖农户78户。实施2010年4个扶贫产业项目：(1)家禽养殖项目，财政扶持资金15.53万元，引进优质鸡苗3.88万羽，覆盖农户386户。(2)蔬菜种植项目，财政扶持资金10万元，落实马铃薯种植面积18.13公顷，发放马铃薯种4.08万公斤，覆盖农户112户。(3)优质水果推广种植项目，财政扶持资金10万元，落实种植面积33.3公顷，开展种苗预定、建园准备等工作。(4)推广种植优质玉米项目，落实种植面积53.3公顷，定种4800斤。

【扶贫项目资金监管】 2010年柳北区组织实施扶贫村屯道路建设工程项目18个，按照柳北区工程项目进行招(议)标办法，确定施工队伍(其中10个项目进行招标，8个项目进行议标)；在扶贫项目资金管理上实行报账制，做到项目资金专款专用。年内，加强对扶贫项目实施的监督检查，规范资金发放方式和行为。根据抽查，扶贫办公室对个别村委改变扶贫项目资金使用用途，将种苗补贴资金用于养殖栏舍建设、扶贫项目工程款转入个人账户的严重违反扶贫资金管理使用制度的行为严肃查处。

【村屯道路建设】 2010年柳北区整合市财政农业项目资金50.5万元(市财政农业资金41万元，柳北区配套资金5万元，群众自筹4.5万元)，完成石碑坪镇古城村白沙屯1.4公里，宽4.5米的道路硬化改建工程。整合城市建设(国有土地出让收益安排)专项资金179.86万元，改建石碑坪镇新南屯至新枫屯水泥硬化道路4.35公里，宽4米。整合交通资金150万元，改建沙塘镇古灵村道路。协助市公路管理处实施杨柳至上垌道路改建工程，完成1.1公里路基工程和路面硬化工程。协助实施沙塘镇至西安道路

石碑坪镇新南屯村容新貌　　李 萍 摄

改建工程(柳北路段5.5公里),全年完成村屯路面硬化工程6.85公里,完成村屯道路改造10公里。

【扶贫科技培训】 2010年柳北区抓好主导品种和主要技术的推广应用,加大科技扶贫培训,采取多种形式对贫困村农民进行实用技术培训,促进项目实施。年内,举办镇、村骨干理论培训班5期培训106人,举办农民实用技术培训班11期,培训636人次,在石碑坪镇石碑坪、留休、大滩等村组织技术培训5期,培训农民300多人次。其中农家课堂5期310人次;劳动力转移培训1期3人,贫困村农民的科技文化素质普遍提高。(苏金章)

沙塘农都

【概　况】 20世纪30年代初,沙塘村是柳城县长塘乡一个小村庄。民国时期,广西省政府为振兴广西的农业经济,寻求一条改造旧农村建设新农村的改革之路,便在柳州沙塘开办广西垦殖水利试办区(后改为广西农村建设试办区、广西农事试验场),作为全省解决“三农”(农村、农业、农民)问题的楷模。担任试办区创始人的是伍廷飏,他曾经当过桂系军队的中将师长、广西省建设厅长、代主席、主席以及浙江省湖北省的建设厅长。他从广西人多地少的容县、北流、芩溪等地移民2500多人到沙塘垦村、石碑坪、无忧等处开垦荒地,植树造林,并设立农业科研教育机构,邀请全国各地农科专家来沙塘考察、试验、指导,引进良种和农业机械。在建设农村方面,修建垦村、无忧、新南、新东、新中、福立、城堡等近10个供垦民居住的城堡和科学实验基地、办公大楼、原始馆、沙塘小学、水电站、公馆等;修建古丹、杨柳、古木、郭村水塘,引水蓄水灌溉万亩农田。伍廷飏在沙塘试办区还致力于农村改革,尝试用各种新规改造旧农村,以此带动广西农村经济发展。1936年,伍廷飏调往浙江省任建设厅厅长。著名的农业科学研究专家陈大宁、马保之、陆大京等在伍廷飏奠定的基础上,继续在沙塘开展农业科研,先后完成科研项目120多项,并在全广西推广。广西农事试验场的农业科研成就确立了沙塘作为当时广西乃至全国农业方面具有举足轻重的地位。1937年广西大学农学院从梧州迁至沙塘,1940年广西省立高级农业学校在沙塘成立,为广西培养大批的农业技术人才。当时已设立广西最完善的农业科学研究中心——广西农事试验场。抗战期间一批中央农业研究机构陆续迁来沙塘,南京中央农业实验所广西工作站、农林部西南推广繁殖站也先后在沙塘成立。这一时期,广西省政府直属的主要科研、教学、生产试验都集中于沙塘。国内许多专家、教授、学者荟萃沙塘。他们在这里开展农业技术研究,从事农业科研知识传播与学习。培养一批又一批高级农业人才和科技骨干。有许多专家学者从这里走向全省乃至国内外。为中国的农业科学研究事业作出巨大贡献。为此,沙塘成为中国战时后方仅存的农业试验中心,被称之为“农都”。后来的农林部西江水土保持试验区、广西机耕队等都曾使沙塘一度成为广西新农业温床。新中国成立后,沙塘农科试验、文化教育日益发展,沙塘成为柳州北郊的一颗农业明星。由于沙塘成为中国战时的“农都”,其在中国近代农业科技史上具有重要影响,是一笔珍贵的历史文化遗产及农业科研遗产。

2007年末,柳州市政协首先面向社会公开征集提案线索,呼吁在沙塘建设“农事博物馆”的建议;2008年市政协组织委员视察广西农事试验场旧址,提出“保护开发沙塘农都”的提案;2009年,市政协委员提出的“保护开发广西农事试验场旧址”被列为柳州市科学发展研究战略重点课题,由市政协覃泽芬副主席牵头组织政协委员和文史专家多次实地考察,形成《关于建立广西农事博物馆的调研报告》,报告中建议整合资源建设一个包括农事博物馆、现代农业示范园、食品加工、农业科普、休闲观光及旅游等综合配套功能区的博览园,在促进柳州市农业科研和农业产业化的同时,推动柳州历史农业文化名城和旅游名城建设。2007年至2010年,沙塘“农都”吸引了众多媒体、专家学者对其进行考察调研,提出不少真知灼见。国家建设部中心城市规划设计院学术顾问,中国城市规划学会副理会

11月19日,自治区政府副主席陈章良(前左二)到广西生态工程职业技术学院视察　　李文才　摄

长，中国工程院院士邹德慈、中山大学规划设计院、风景与旅游研究所所长、教授，自治区人民政府副主席陈章良等都分别到沙塘农都进行考察调研。自治区、柳州市、柳北区等有关部门都对沙塘农都的开发建设做出初步规划。

【"历史农都，现代绿都"专题会议】 2010年7月5日，柳北区政府召开"历史农都，现代绿都"总体规划、研讨专题会议，参加单位及人员有柳州市政府副秘书长、市科技局、市国土局、市旅游局、市农业局、市文化局、市发改委、广东农科院科技情报所有关领导、柳北区区长及沙塘镇镇长、市农科所等领导30多人。参会人员对开发沙塘"农都"总体规划提出意见和建议，为柳州市沙塘"农都"历史文物保护及现代农业科技示范园发展出谋献策。

位于沙塘镇的广西农事试验场旧址　　李　萍　摄

沙塘广西农事试验场旧址需保存的历史遗址

广西农事试验场旧址　位于柳州农业科学研究所内，含广西大学农学院教学楼、广西大学农学院办公楼、广西大学农学院教授宿舍楼、广西农事试验场农艺楼，4间旧址，主体结构完好，但门窗、天面和室内结构已发生改变。

垦村城堡　位于沙塘镇垦村内，该城堡尚保留主体面貌，前排14间民居尚存，但已破旧，4个炮楼、大门、前楼、后楼、办公厅、围墙、牛栏、猪舍等毁损殆尽，再不抢救，整个城堡将彻底殆尽。

柳州市农科所山塘水库　广西农村建设试办区在沙塘修筑了古丹、郭村、古木、杨柳等山塘水库，灌溉上千亩的农田，其中古丹水塘为广西第一个农田水利工程。这批农田水利工程至今保存较好，不但继续造福沙塘农民，同时极具参观旅游价值。

广西省立柳州高级农业职业学校旧址　今称广西柳州畜牧兽医学校。该校于1940年4月10日创建，马保之博士兼任校长。民国时期所建的校舍基本拆除，尚存两处砖木结构的教学楼，两处门庭的圆形拱门、围墙已被拆除。

君武森林公园　位于沙塘镇广西生态工程职业技术学院内，公园林地面积1200公顷，民国时期种植的林木保留面积68.5公顷。园内现有植物园57个科，525个属，1104种，其中有中国最早的人工松樟、松栎混交林。古丹林区内，保留有一大片近百年的试验林，近似原始森林。

董必武题词纪念碑亭　位于沙塘镇政府院内，为纪念原国家副主席董必武偕贺龙、聂荣臻、罗荣桓三位元帅到沙塘参观并题诗而立。1997年，曾对碑亭进行过一次维修，恢复原貌，现今保存尚好。

【广西文物考古专家队考察沙塘"农都"】 2010年9月26日，在柳州市农业科学研究所及柳北区人民政府的邀请下，广西文物考古研究所的5名专家到柳州市农业科学研究所考察沙塘"农都"。广西文物考古研究所是广西唯一具有国家文物局认定的团体考古发掘资格、文物保护工程勘察设计和施工的单位。考古专家队来沙塘"农都"考察的主要任务是对广西农事试验场旧址现有建筑进行全面的勾图、设计，为修缮广西农事试验场旧建筑，恢复其历史原貌，整理收集历史资料和图片，并在此基础上为修建广西农事博物馆做好各项资料收集整理。

【陈章良视察广西农事试验场旧址】 2010年11月26日，自治区副主席陈章良率有关部门领导，在柳州市政府副市长张永刚、原市农业局局长兰登等陪同下视察广西农事试验场旧址。陈章良一行先后观看沙塘"农都"的文物建设、奠基、碑刻、图书古籍，以及珍藏独特的昆虫标本。观看过后，陈副主席深有感触，并指出"广西的农业发展前景广阔，柳州要全力打造柳北现代农都"。（编辑部）

【沙塘"农都"资料收集整理】 柳州农业科学研究所从2009年开始到2010年，先后在柳州市图书馆、市档案馆、市博物馆及广西大学档案馆、中国农业科学院等单位和部门收集沙塘"农都"相关的文字资料及照片，整理成册的文字的资料有20多万字，图片600多张，制作图片挂图300余张。（兰生葵）

责任编辑：陈素琴

商贸·物流·旅游

商　贸

【商贸机构及工作概况】 1994年2月,柳北区成立第三产业办公室。1997年2月,撤销第三产业办公室,组建柳北区流通服务行业办公室,在职人员8人。2001年12月,组建柳北区贸易发展局,下设商业网点市场建设办公室。2008年7月,柳北区政府接管柳北大市场和北站市场。同年11月,成立柳北区市场开发服务中心,是自收自支事业单位,隶属柳北区贸易发展局。2010年6月撤销柳北区贸易发展局,组建柳北区商务局,同时加挂柳北区招商促进局、柳北区现代服务业管理局两块牌子,在职人员10人。

2010年随着一批具有规模的商贸企业落户柳北区,特色商业街区初具规模,农贸市场升级改造后,市场基础设施完善,柳北区商贸业发展较快,辖区拥有钢材、食糖、医药等批发企业581家,亿元市场8家,新建微型超市5家,餐饮服务业100多家,其中星级宾馆和酒店4家。全年实现商贸经济营业收入408.77亿元,社会消费品零售总额90.36亿元。

【商贸经济运行特点】 2010年柳北区实现第三产业营业收入408.77亿元,比上年增长28.32%,增长率比上年提高8.75个百分比,完成三产增加值42.3亿元。实现社会消费品零售总额90.36亿元,比上年增长20.1%,增长率比上年提高0.3个百分点。

批发贸易业发展平稳　2010年柳北区实现批发业营业收入275亿元,比上年增长27.3%,贸易业实现营业收入365亿元,比上年增长28.07%,其中限额以上企业实现营业收入276.9亿元,比上年增长32.7%,占柳北区三产营业收入的67.87%。限额以下企业及个体户实现营业收入31.7亿元,比上年增长38.02%。金属批发、药品、粮油食品类等主要贸易企业的营业额,分别比上年增长30.38%、33.62%、20.1%。

住宿餐饮业保持较强增速　2010年随着城乡居民收入提高,居民外出就餐、亲友团聚、公务商务活动频繁,柳北区住宿餐饮业继续快速发展。全年住宿餐饮业完成营业收入12.46亿元,比上年增长23.45%。餐饮业比上年增长24.8%,住宿业比上年增长16.2%。1月,泽宇美食城建成开业,引入马大爷、卞氏菜根香等一批知名餐饮,潭中高架美食圈规模进一步壮大;6月,市跃进路135号地块开发,柳州风味狗肉城被拆除,部分餐饮店迁入金福园美食城和泽宇美食城,金大陆海鲜酒楼搬迁到雅儒路东四巷6号。8月,金大陆海鲜酒楼(雅儒店)开业。

服务业收入继续增长　2010年柳北区完成服务业营业收入41.37亿元,比上年增长16.73%。其中服务业企业完成营业收入27.8亿元,服务业

8月24日,国腾购物广场·大润发柳北店开业　　赖德勇　摄

个体完成营业收入5.5亿元。

【社会消费品零售总额稳步提高】 2010年随着中央推出的家电、汽车、摩托车下乡等一系列惠农政策的贯彻落实，柳北区居民购买力旺盛。以辖区大润发商业广场、三中路数码广场为代表的大型消费市场不断成熟，柳北区实现社会消费品零售总额90.36亿元，比上年增长20.1%，限额以上企业销售拉动明显，实现零售额36.9亿元，占社会消费品零售总额的40.8%，比上年增长34.73%，占全部增长的60%。8月24日建成新开业的柳州市商贸重点项目国腾购物广场·大润发柳北店4个月就取得5183万元的营业额。据对柳北区限额以上贸易企业的分类商品零售额统计，其中的粮油食品烟酒类、中西药品和数码家电产品成为柳北区主要消费品，分别比上年增长72%、32.2%和32.2%。

【商贸重点项目建设】 2010年柳北区对商贸重点项目工程建设实行专人联系、定期走访、定期进展分析和项目困难攻坚解决四项制度。年内，广西地王财富中心项目一期商业中心、国腾购物广场·大润发柳北店项目，保利大江郡等重大项目先后开工；金惠、金大陆、汇丰等一批知名餐饮完成改造升级；桂中海迅柳北物流基地项目一期开工建设，鹧鸪江构建市级物流中心快速推进，209国道沿线专业市场规划布局工作全面铺开。广西首家花都快客便利店率先在柳北区挂牌开业，特色商业街区和北雀、雅儒民生夜市街初显规模。农贸市场升级改造步伐加快，柳北大市场改造项目完成过渡市场建设和市场建筑拆除工作，雅儒农贸市场改造项目主体工程封顶，北站市场局部改造升级项目完工，随着市场基础设施建设快速推进，柳北区商贸业规模总量大幅攀升。辖区拥有钢材、食糖、医药等批发企业581家，亿元市场8家，新建微型超市5家，贸易业年销售总额365亿元。

11月22日，柳北区人大代表视察柳州地王财富中心重点项目建设情况

李萍 摄

柳州地王财富中心项目　广西地王房地产开发有限公司于2008年3月在柳州市八一路地块摘牌，正式启动柳州地王财富中心项目。2009年3月，柳州地王财富中心项目一期商业中心动工建设，该项目总建筑面积65万平方米，其中建设303米超高层建筑，建成后将成为柳州地标性建筑。2010年12月，项目一期6层10.6万平方米大型商业中心MALL建至6层。

胜利大超市项目　2008年12月8日，柳州市胜利路中段开工建设。2010年8月24日，柳州市商贸重点项目国腾购物广场·大润发柳北店在柳北区胜利路12-6号开业。当年实现营业额1.1亿元。

保利大江郡项目　2009年11月5日，保利集团以14.14亿元高价竞得原柳州市锌品厂地块，该地块成为柳州“新地王”；2010年9月7日，保利集团计划投资约82亿元，建成总建筑面积约90万平方米，集住宅、商业、酒店、办公、休闲娱乐为一体的新型多元化亲水城市综合体的保利大江郡项目动工建设。

【农贸市场改造工程】 2010年柳北区加强农贸市场基础设施建设，整合市场资源，分别对柳北大市场、北站市场、雅儒农贸等10个市场进行升级改造。年内，柳北大市场改造项目完成过渡市场建设和市场建筑拆除工作；雅儒农贸市场改造项目主体工程封顶；北站市场局部改造升级项目完工。年内，柳北区有农贸市场22个。

【家电下乡工程】 2010年是柳北区实施“家电下乡工程”第二年。年内，新增家电下乡销售网点8家，实现销售家电下乡产品1.71万多台，销售金额4201万元，比上年分别增长242.09%、302.23%。

【微型超市进社区】 2010年柳北区实施“微型超市进社区”工程，分别向企业宣传“微型超市进社区”有关政策和通报“微型超市”宜适网点的相关信息。组织各街道办事处开展社区建微型超市网点资源调查，掌握建设微型超市的第一手资料，主动联系花都快客连锁店、广西联华、中百超市、老邻居等一批规模超市进驻。5月4日，柳州市首家，广西第一家“快客连锁

4月10日,柳北区区长孙黎明(右一)视察辖区盛君家电超市开设海尔冰箱等“家电下乡”销售专柜情况　　李萍 摄

店——快客花都便利店在柳北区锦绣社区开业。全年柳北区分别在市锦绣路、市红碑路、市北雀路、市白沙路、市桃源路建立快客花都店、快客金茂店、广西联华林机店、广西金嗓子奔腾超市、市誉福百货超市等微型超市快客便利店5家。

【服务企业】 2010年柳北区抓好服务企业三大方向,开展“三个知道一个跟上活动”(即了解企业在发展过程中,在想什么,在做什么,需要什么,服务要跟上),促进企业服务水平的全面提升。依靠各镇、街道和社区,做好柳北辖区内限额以上商贸企业基本情况调查,建立限额以上企业数据库,为加强企业联系提供便利;指导各镇、街道经济工作人员做好辖区内土地资源、项目资源情况的调查,摸清辖区土地等资源,为企业提供发展空间当好参谋;对在建、拟建的一批重大项目,加强联系,形成合力,推动项目建设的实施。

【市场环境营造】 2010年柳北区及时、有效、快速地应对和处理各类突发事件,营造三产经济发展安定环境。8月下旬,群众举报新锦绣市场管理方私自提高摊位租金200%～300%,柳北区商务局联合综治、信访、物价、工商、公安、安全监督管理等部门,成立调解工作领导小组,召开市场方和业主方协调会议,经调解,市场方取消私自提高摊位租金的行为,有效维护市场业主的合法权益。年内调解啤酒经营事件,胜利商贸城管理方与胜利商贸城内的杂货店和烧烤摊业主签订啤酒专门供应协议,并规定胜利商贸城内只能销售由市场方提供的漓泉冰爽和漓泉纯生啤酒,业主认为此举损害他们自主经营权利,提高经营成本。9月下旬,业主上访到柳北区政府,柳北区商务局即对啤酒经营事件进行调查处理,双方通过协商就啤酒专门供应达成一致,啤酒经营上访事件得到妥善解决。

【外贸出口统计】 2010年8月,柳州市商务委下派城区进行外贸出口统计任务。9月,经与市商务委对外贸易科对接,掌握柳北区出口企业的名单和企业基本情况。年内,柳北区有外贸出口企业20家,累计实现出口商品额3451.88万美元。

【商务信息宣传】 2010年柳北区商务局以商务之窗网站、三产简报、三产板报等平台,及时公开柳北区三产经济发展的新信息、新做法、新成效。年内,通过柳北区地方商务之窗网站发布各类商务信息129条,出版三产简报20期,三产宣传板报5版,专题汇报6次,对了解柳北区三产发展提供有益帮助。

(汤晓然)

5月4日,广西第一家快客花都便利店在柳北区锦绣社区开业　　樊华 摄

柳北区农贸市场分布情况(2010年)

市场名称	基本情况
石碑坪市场	位于石碑坪镇,1990年建成,占地面积5155平方米,有门面19个,摊位132个,由柳州市市场开发服务中心管理。
沙塘市场	位于沙塘镇新街,由柳州市市场开发服务中心管理。
鹧鸪江蔬菜批发市场	位于市鹧鸪江19号,1994年由柳州市鹧鸪江农贸市场有限公司兴建,占地面积2000平方米,有门面6个,摊位120个。
泽宝市场	位于市鹧鸪江十字路口,2003年3月,由柳州泽宝市场有限责任公司投资建成,占地面积3500平方米,有门面22个,摊位81个。
长塘永兴农贸市场	位于市柳长路二化公司对面,2003年,由柳州市长塘永兴农贸市场有限责任公司兴建,有门面30个,摊位110个。
欧阳岭市场	位于市柳长路欧阳岭右侧,由柳州市欧阳岭农贸市场有限责任公司兴建,占地面积6666平方米,有门面58个,摊位250个。
北站市场	位于市北站路东二巷34号,1989年6月由柳州市市场开发服务中心投资160万元建成,2008年交由柳北区市场开发服务中心管理。市场占地面积约2268平方米,摊位197个。
雅儒农贸市场	位于市雅儒路362号,2009年10月由于市场升级改造,原市场搬迁至雅儒过渡农贸市场经营。
广雅新街市	位于市广雅路,2006年由于原广雅菜市场升级改造,原广雅市场搬迁至广雅过渡市场进行经营。2009年9月,广雅新街市改造完成后投入使用,过渡市场关闭。市场由柳州市市场开发服务中心管理。
黄村新街市	位于市北雀路25号,前身为黄村市场,2005年3月进行升级改造,命名为"黄村新街市",营业面积6322平方米,摊位133个,门面23个,由柳州市市场开发服务中心管理。
柳锌菜市场	位于市白沙路5号,2001年5月,由柳锌有限责任公司建成,占地面积700平方米,摊位90个,门面16个。
新锦绣市场	位于市锦绣路6号,前身为锦绣市场。2005年原锦绣市场拆除后,于同年9月由柳江道砖厂投资约60万元利用自有厂房改建新锦绣市场。占地面积5000平方米,门面19个,摊位156个。
白沙市场	位于市白沙路193号,2004年由黄村乡白沙村委投资400万元建成。占地面积2.4万平方米,有门面24个。
福兴市场	位于市雀儿山路5号,2001年7月福兴市场有限公司租用雀山公园部分场地建成,占地面积约10000平方米,有摊位50个,是柳州钢铁(集团)公司生活区主要农贸市场。
雀儿山农贸市场	位于市北雀路西三巷26号,1995年,由雀儿山市场有限责任公司建成,占地面积2000平方米,有门面32个,摊位100个,由柳州市市场开发服务中心管理。
二棉市场	位于市胜利路4号,2007年7月建成,占地面积540平方米,有门面15个,摊位106个。
胜利商贸城	位于市北雀路98-8号,2007年8月建成,占地面积10824平方米,有门面188个,摊位739个。
北雀农贸市场	位于市北雀路25号农村信用社旁,1996年6月市郊区政府黄村村委利用村集体土地投资90万元建成,占地面积4000平方米,有门面25个,摊位400个。
南鹊市场	位于市北雀路68号木材厂内,有门面20个,摊位108个。
胜利市场	位于市胜利小区内,有门面46个,摊位160个,由柳州市市场开发服务中心管理。
柳北大市场 临时过渡市场	位于市北雀路鑫雀美食城旁,2010年6月,因对原柳北大市场进行升级改造,为解决原市场内经营业主安置问题,2010年4月,柳北大市场临时过渡市场在北雀路鑫雀美食城旁开业,有门面160个,摊位224个。
银鹤市场	位于市白露街道马厂村内,1997年由柳州市市场开发服务中心兴建,占地面积2024平方米,有门面61个,摊位150个,由柳州市市场开发服务中心管理。

柳北区生产资料、建材市场分布情况(2010年)

市场名称	基本情况
柳北钢材大市场	位于市胜利中路南侧,2004年3月由广西旺宏房地产开发有限公司投资500万元建成,是柳北区重要钢材交易市场。占地面积3.5万平方米,有铺面30个。
柳州市生产资料市场	位于市红碑路6号,2003年9月由广西柳州物资储运贸易总公司投资建成,汇集柳钢、攀钢、武钢、鞍钢、湘钢、宝钢、涟钢、新钢等10多家全国大中型钢厂产品,是目前柳州功能较完善,软硬件设施较为先进,品种规格较齐备的综合性生产资料集散地。
广西红卫仓建材市场	位于市红碑路6号,2003年9月由广西柳州物资储运贸易总公司投资建成,经营品种有瓷砖、木地板、灯具、玻璃、五金、水暖器材、浴具等及石材加工等,是目前柳州功能较完善,软硬件设施较为先进,品种规格较齐备的综合性建材市场。

柳北区主要商业街分布情况(2010年)

商业街名称	基本情况
北雀路民生夜市一条街	位于市第四十中学至柳北大市场南侧的人行道,全长约380米,2010年11月29日开业,是以“便民、利民、为民”为出发点,严格落实市政府的“八统一”标准的服装商品百货一条街,夜市一条街共分三个区域,设置摊位200个。

柳北区批发零售市场分布情况(2010年)

市场名称	基本情况
广西糖网食糖批发市场	位于市北站路14号,是我国第一家提出以现货交易和物流配送为发展方向的食糖批发市场,首创了“周合同”交易模式,采用国内最先进的电子商务平台来开展食糖销售、物流及信息服务。2010年主营收入1.91亿元,现货实物贸易额316亿元,实现利润总额8150万元。
国腾购物广场·大润发柳北店	位于市胜利路12-6号,2010年8月24日开业,由世界500强企业“大润发”公司投资兴建,占地2.66万平方米,建筑面积3.5万平方米,倡导“新鲜、便宜、舒适、便利”的购物理念。2010年国腾购物广场·大润发柳北店开业4个月,营业额突破1.1亿元。
海川家具批发市场	位于市柳长路南段,柳钢东门附近,是一个集生产、销售、运输、开发为一体的家具批发市场,主要经营范围是家具、针纺织品的销售、市场开发服务等。2006年8月建成,一期占地150亩。
柳州市柳北兴林竹木市场	位于市柳长路14号,2005年由柳北兴林竹木加工基地有限责任公司投资700万元建成,占地面积10万平方米,规范了原有零散的竹木市场,主要经营竹木制品的批发、零售和大型竹木加工制造,以及生产各类建筑材料、建筑模板。
盛君家电超市	位于市北站路8号,营业面积5000平方米,该公司拥有松下、海尔、格力等品牌的代理权,是辖区内规模最大的家电销售公司。
广西联华超市	位于市解放北路26号,前身为广西佳用商贸股份有限公司,2005年,佳用公司与联华公司重组,并更名为广西联华超市股份有限公司。目前,广西联华超市在柳北区有直营店20家,面积1.50万平方米,加盟店14家,面积2481平方米。
广雅综合市场	位于市广雅路1号,2003年9月建成,占地1.3万平方米,主营服装、鞋帽、布匹、床上用品等。

柳北区餐饮服务业分布情况(2010年)

餐饮服务业名称	基本情况
柳州饭店	位于市友谊路1号,1952年12月26日创办,五星级饭店,占地面积7万多平方米,建筑面积3万平方米,多次荣获柳州市“明星企业”、“广西十佳星级饭店”称号,是柳州市委、市政府接待的主要场所。
京都宾馆	位于市跃进路40号,1997年6月28日创办,占地面积6万平方米,建筑面积2.2万平方米,是一家集客房、餐饮、康娱、商务于一体的四星级旅游饭店。
柳州民族宾馆	位于市北站路9号,1969年7月创办,前身是柳州地区招待所,1995年更名为柳州民族宾馆,占地面积7255.2平方米,建筑面积10743平方米,2010年隶属来宾市国资委。
天龙大酒店	位于市八一路117号,1993年10月创办,柳州市首批旅游涉外饭店之一,设有客房210余间,能承办各类宴会及会议用餐。
钢都酒楼	位于市北雀路93号,1976年创办,前身为柳州市饮食公司国营柳北饭店,后转为民营经营,有大厅1个,包厢13个。
金福园美食城	位于市三中路壶东大桥旁,2000年12月由宝松房开公司投资700万元建成,占地面积2万多平方米,拥有400多个停车泊位,以餐饮为主,配套建设部分娱乐设施。
金大陆海鲜餐饮店	位于市雅儒路东四巷6号,2010年8月从跃进路搬迁重新建设开业,主营海鲜、粤菜。
金惠大酒楼	位于市三中路89号,是一家老牌餐饮企业,拥有“莲塘路金惠”和“三中路金惠”两家分店。
柳州风味狗肉城	位于市跃进路42号,2001年由和基置业有限公司建成,2010年按照旧城改造工程要求被拆除。
柳州迎宾馆	位于市广场路6号,是柳州市政府主要会议接待处,2009年3月,由于地王国际财富中心项目动工,宾馆被拆除。
柳州柳钢宾馆	位于市北雀路119号,由广西柳州钢铁(集团)公司投资建设,四星级饭店,建筑面积2.5万平方米,是一家高档商务型酒店。宾馆设施齐全,装修豪华典雅,拥有超大宽敞、明亮舒适的各类行政客房、豪华客房、标准客房及景观房210间。

招商引资

【招商引资机构及工作概况】 2004年8月成立柳北区招商促进局,在柳北区发展经济局挂牌。2005年3月独立设立柳北区招商促进局,在职人员4人。2010年6月,柳北区招商局在柳北区商务局挂牌,在职人员5人。

2010年柳北区实施招商引资项目91个,其中区外项目66个,新签项目58个,到位资金91.62亿元,比上年增长52.95%,完成全年任务45亿元的203.6%。资金实施项目总投资259.84亿元,比上年增17.47%。外资到位资金4830.6万美元,完成全年外资任务4700万美元的102.7%。柳北区完善中小企业网网站结构、信息发布,制作招商宣传册2000册。柳北区获2010年自治区招商引资项目大兑现工作示范县、柳州市招商引资工作特别贡献奖、柳州市招商引资工作利用外资奖等称号。

【经贸洽谈活动】

柳州·深圳投资说明会　2010年5月19日在广东省深圳市举行,由柳州市人民政府主办,市招商促进局承办,柳北区区长孙黎明率队参加,签约合作项目4个,总投资额8.12亿元人民币。

柳州投资洽谈会　2010年10月16日在柳州市举行,由柳州市人民政府主办,市委统战部、市招商促进局承办,柳北区区长孙黎明率队参加,邀请嘉宾14人,签约合作项目4个,总投资额10.3亿元人民币。

第七届中国—东盟博览会　2010年10月19日~24日在南宁举行,柳北区区长孙黎明等作为柳州市代表团团员及签约嘉宾参加此次盛会。会上,柳北区成功签约项目2个,总投资额2.04亿元人民币。在柳州市投资推介暨项目签约仪式上,柳北区成功签约项

10 月 19 日，柳北区在第七届东盟博览会投资推介会上，成功签约 3 个项目
赖德勇　摄

目 3 个，总投资额 7.1 亿元人民币。

【工业园区招商引资】 2010 年柳北区加大工业园区招商引资力度，围绕园区和镇街闲置土地招商，积极对接市内存量汽车零部件企业和“退城进园”转移企业，宣传推介柳北资源，加大项目引进，确保“园区开发到哪里，项目就落户到哪里”。年内，引进年产值超亿元的项目有河北凌云辊压件和冲压件、宁波金牛锻造、嘉兴四通钢圈等，一批区内外强优企业进驻，使柳北区经济总量得到进一步扩大。

（李　艳）

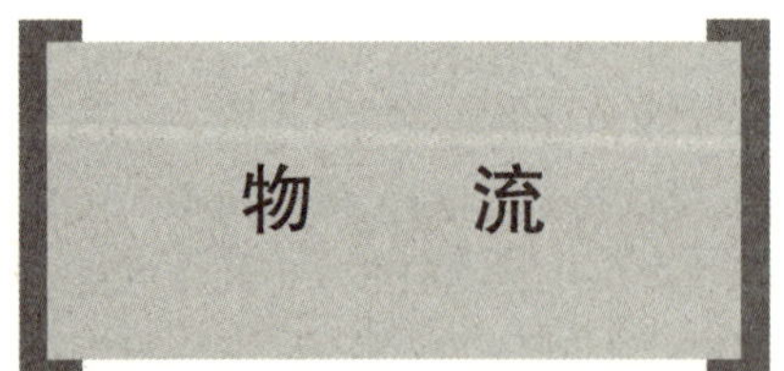

物　流

【物流概况】 2010 年柳北区有水路、公路、铁路运输优势。这些交通优势加快柳北辖区物流速度。物流企业主要有广西糖网食糖批发市场有限责任公司、广西红卫生产资料批发大市场、柳州市柳北兴林竹木市场等，辖区内有中国外运广西柳州公司物流基地，在建有桂中海迅柳北物流基地项目。物流货源丰富，柳北辖区有众多大中型工业企业，柳州钢铁（集团）公司、柳州化工股份有限公司等，规模以上的工业企业 154 家。这些大中型工业企业的原材料进厂、产品出厂等吞吐量大，企业的内部生产需要，直接带动柳北物流经济的发展。

【桂中海迅柳北物流基地项目建设】 2010 年 11 月 26 日，自治区统筹推进重大项目—桂中海迅柳北物流基地项目在柳州市鸪鸪江路 11 号（柳北区鸪鸪江物流园内）开工建设。该项目是柳州市桂中海迅物流有限公司以 7895 万元购得的柳州市第一个综合型物流基地，占地面积 32.4 公顷，总建筑面积 41 万平方米。计划总投资 7.27 亿元，首期投资 4.15 亿元，建设内容包括三个中心一个平台，即货运配载交易中心、综合仓储物流展示交易中心、保税物流中心和电子商务信息平台，项目建成后预计每年形成物流服务交易总价值 100 亿元以上，税收 1 亿元以上，增加就业机会 1 万多人，成为柳州市乃至广西物流基地建设的标志性项目。中国物流与采购联合会、自治区商务厅和柳州市领导前来祝贺。

【仓储业】 2010 年柳北辖区物流通道便利、货源充足，仓储资源丰富。其中有位于柳州市鸪鸪江路 3 号的广西柳州外运公司仓库，占地面积 2 万平方米，仓储面积 1.5 万平方米，有 2500 吨容量的冷库，主要库存水果、化肥、白糖等；位于市鸪鸪江路的广西农业物资公司冷冻仓库，占地面积 4002 平方米，仓储面积 3 万平方米，主要冷藏时令水果；位于市红碑路 2 号的沙子岭仓库，仓储面积 1.8 万平方米，主要库存家电、日用消费品；位于市北雀路 45-2 号的广西凤糖公司专用储糖仓库，仓储面积 3500 平方米，主要储存白糖。此外，辖区各企业都建有自己

11 月 26 日，桂中海迅柳北物流基地（鸪鸪江物流园区）开工奠基　　赖德勇　摄

的储存仓库,为柳北区的物流经济发展提供有利条件。

【物流企业简介】

广西糖网食糖批发市场有限责任公司　位于柳州市北站路14号中百大厦4楼。2003年6月,由国内农产品流通领域最具实力的深圳农产品股份有限公司下属深圳市农产品交易中心股份有限公司和柳州市产业投资有限公司共同投资组建而成,是国内第一家提出以现货交易和物流配送为发展方向的食糖批发市场。采用国内最先进的电子商务平台开展食糖销售、物流及信息服务。通过建设全国范围内的食糖物流配送体系,整合社会仓储、运输、金融、质检等各种服务资源,为食糖生、销、流通、消费提供信息化配套服务的生产性服务平台。首创独具特色的“周合同”的交易模式和“电子商务+现代物流配送”的食糖流通模式,实现“网上交易,就近提货”。这种模式每年承载着全国近三分之一食糖购销和配送重任,为一个产业近30%的商品提供信息化的配套服务,被业界称为“柳糖模式”。

2010年广西90%的制糖企业集团、全国80%以上的食糖工商企业通过广西糖网完成300万吨的食糖购销和配送,占广西食糖总产量的42%、全国食糖总产量的28%。在全国同类市场的现货购销总量占有率达88%,主营收入1.91亿元,现货实物贸易额316亿元,实现利润总额8150万元。

广西红卫生产资料批发大市场　位于柳州市红碑路3号,具有仓储、物流、生产资料交易功能。2000年以前为仓库区,后逐渐自发形成以钢材交易为主的钢材批发市场,即红卫钢材市场。2003年9月,由广西柳州物资储运贸易总公司投资改建并管理,新增建材交易区,改名为广西红卫生产资料批发大市场。该市场交易区占地面积13万平方米,货场面积8万平方米,汇集柳钢、攀钢、武钢、鞍钢、湘钢、宝钢等10多家全国各地大中型钢厂产品。市场内有建有2条铁路专用线贯穿库区(有效使用长度1300米,可同时停放100个车皮),各种专业机械设备35台次,专线及机械设备年吞吐能力200多万吨。设商铺340间,入驻经营业主220户。

2010年该市场钢材交易量270万吨,交易额250亿元,缴税5000多万元。红卫建材交易区占地面积12万平方米,设商铺260间,入驻经营业主200户。主要经营瓷砖、木地板、灯具、玻璃、五金、水暖器材、浴具及石材加工等,是柳州市功能较完善、软硬件设施较为先进、品种规格较齐备的综合性建材市场。2010年营销额110亿元,缴税3000多万元。市场先后被评为广西卫生市场、广西文明市场、国家AAA级物流企业。

位于柳州市北站路14号的广西糖网食糖批发市场

广西糖网食糖批发市场　提供

柳州市柳北兴林竹木市场　位于柳州市柳长路14号,具有交易、加工、物流等功能。2003年12月,柳北兴林竹木加工基地有限责任公司投资建设并管理。一期工程投资800万元,建有占地面积10万平方米的加工基地,内设交易区、加工区、物流等功能区。2004年租用长塘镇长塘村土地进行二期工程建设,2005年建成投入使用,占地面积13万平方米,主要经营竹木制品的批发、零售和大型竹木加工制造及生产各类建筑材料、建筑模板等。2010年市场成交额4.5亿元,缴税4000万元。　(编辑部)

旅　游

【概　况】2010年柳北区旅游名胜景点主要有古八景之一柳北区长塘镇鹧鸪江村的“龙壁回澜”、新老八景之一的市雀儿山公园“雀山霞蔚”,有柳州市文物保护单位龙船山摩崖石刻、董必武题词碑亭、伍廷飏墓等,还有江湾休闲观光旅游区、花果山生态园、沙塘鱼海、君武森林公园等。

2010年柳北区开展创建旅游品牌工程,市雀儿山公园、君武森林公园在原有基础上进一步建设完善,君武森林公园被评定为国家AAA级景区和自治区农业旅游示范点,并被列为柳州市“十大旅游工程”建设项目之一;沙塘镇江湾村花果山生态园占地面积33.35公顷,有餐饮住宿游玩乐等各种项目,是国家级AAA风景区和国家农业旅游示范点;继沙塘镇江湾村评为柳州市十大美丽乡村称号后,石碑坪镇大滩村车田屯获柳州十大美丽乡村称号。

【旅游资源】 2010年柳北区有国家AAA级景区2家：柳北区花果山景区、柳州沙塘君武森林公园景区。全国工业旅游示范点1家：柳州钢铁(集团)公司。全国农业旅游示范点1家：柳北区花果山生态园。广西农业旅游示范点2家：柳州沙塘君武森林公园、柳州金鼎湾鱼乐中心。有广西级森林公园1处：柳州沙塘君武森林公园。柳州市“十大美丽乡村”2个：沙塘镇江湾村、石碑坪镇大滩村车田屯。宗教寺堂有位于北雀路的柳州基督教堂。近现代重要史迹及代表性建筑有位于沙塘镇的董必武题词碑亭、广西农事实验场旧址和广西畜牧兽医学校旧地址。自然景观资源12处：新南屯、老圩歪屯、古木村凉泉、江湾村花果山生态园、君武森林公园、雀儿山公园、长林公园、景和苗圃、青茅花廊、孔雀山庄、龙壁回澜、“美女泉”山庄。人文景观资源4处：龙船山景观、泗角村碉楼、梳妆岭杨八姐传说等3处。

12月30日，君武森林公园荣升国家AAA级旅游景区挂牌　　赖德勇　摄

【君武森林公园旅游项目建设】 2010年柳北区“君武森林公园片区旅游开发”项目列入柳州市十大重点旅游项目，项目分三年实施(2010年~2012年)。柳北区制订《柳州君武森林公园旅游景点项目实施方案》，成立工作领导小组，明确项目开发相关部门和涉及项目联系人。在君武森林公园的开发建设中，由项目业主自主投资，自行对外招商，柳北区政府给予协调指导。年内，协助公园办理教育培训基地报建手续，协助公园举办森林旅游节，配合柳州市旅游局指导建设工作。全年君武森林公园投入资金1619.6万元，分别完成公园内雍雅度假山庄设计方案，装修山竹林美食园大厅；完成君武森林公园球场建设，平整君武民族风情酒吧街场地和君武古丹山泉度假山庄前期土地、制作公园内引导牌、路径牌、导览图、景观介绍牌、安全警示牌；投入200万元，修建完成君武森林公园道路，开通苗、侗、瑶风情景点的道路建设，改善公园周边环境。　（李　萍）

3月27日，柳州市乡村旅游文化节在君武森林公园启动　　赖德勇　摄

【旅游服务】 2010年据不完全统计在柳北辖区有宾馆酒店30多家，其中有柳州饭店、京都宾馆、柳钢宾馆、天龙大酒店等星级宾馆和酒店4家，旅行社12家，旅游服务项目齐全。国内旅客主要是柳州市内游客，部分来自广西区外的香港、澳门、台湾游客，国外游客主要来自美国和英国、乌克兰等国家。

【柳州市乡村旅游文化节启动】 2010年3月27日，以“新柳州、新农村、新体验”为主题的柳州市2010年乡村旅游文化节在柳北区君武森林公园启动。文化节的目标是充分利用农村丰富的旅游资源，拓宽乡村旅游产品内容，推出乡村旅游精品线路，让广大游客充分感受柳州乡村旅游的独特魅力，使从事乡村旅游的农民经营者人均收入提高1000元，开展乡村旅游的村屯人均收入提高100元。

（冯文健）

责任编辑：陈素琴

柳北区主要星级饭店宾馆(2010年)

名　称	星　级	地　址
柳州饭店	★★★★	市友谊路1号
京都宾馆	★★★★	市跃进路40号
柳钢宾馆	★★★★	市北雀路119号
天龙大酒店	★　★	市八一路

柳北区主要旅游旅行社(2010年)

名　称	地　址
柳州市壶城职工国际旅行社	市北雀路119号
柳州市田园旅行社	市广雅路9号
柳州市景万通商务旅行社	市广场路6号
柳州市金海湾国际旅行社	市北站路民族宾馆内
柳州市青年旅行社	市八一路1号
柳州市东方国际旅行社	市八一路96号来宾商务局大院2-2号
柳州新康辉旅行社	市广场路4号
柳州市野人旅行社有限责任公司	市雅儒路1号儒堤商楼14-3-2号门面
柳州市君武国际旅行社有限公司	市跃进路19号天元金都705
南湖国旅柳州分公司	市第三中学对面
桂林战友国际旅行社柳州分公司	市八一路96号新大楼606号
桂林盛景国际旅游有限公司柳州分公司	市锦绣路3号锦绣香江1栋22-1室

柳北区人文景观

龙船山景观　古城村山尾屯龙船山东南崖壁,碑高3米,宽2.3米。石刻内容记载明万历年(1573年)至二年(1574年)讨伐怀远猺民,攻克板江,汇剿雒容等民众起义的内容,字体为楷书。石刻对研究柳州市历史具有较大的价值。

泗角村碉楼　泗角村碉楼3座,2座建于清光绪初年,1座建于1919年。1号楼碉高10米,正方形平面,边长4.4米,墙厚0.4米。2号碉楼位于1号北面约32米。3号碉楼已经塌毁。碉楼上仍留下许多弹眼,对研究柳州市历史,进行爱国主义教育具有重要价值。

梳庄岭杨八姐传说　相传在宋朝,广西壮王侬智高起兵反宋。宋朝派狄青为大将,杨文广兄妹为先锋南下平反。宋军一路所向披靡,从桂林一路杀到柳州,却在柳州城外遇到劲敌,久攻不下,且伤亡惨重,无奈只得向东北方退兵五十里安营扎寨(今梳庄岭),整顿军队。

柳北区自然景观

新南屯　柳州十大美丽乡村。是石碑坪新农村建设亮点,主要特产有葡萄、黑鬼淮山。竹林成片,环境优美,可以打造生态休闲场所、烧烤场等项目。

老圩歪屯　柳州十大美丽乡村。老圩歪屯村边有一河流经过,河水清澈,拦水坝景色美丽,河两边荷叶青青,榕树成林,风景优美。本村还有一片竹林可以作为休闲娱乐场所,效果较好。

古木村凉泉　古木村有个泉水眼,可开发成一个凉泉,可以和象州县凉泉媲美。还有二型水库风景优美,具有开发价值。

江湾村花果山生态园　占地面积近33.35公顷,有餐饮住宿游玩乐等各种项目,是国家级AAA风景区和国家农业旅游示范点,是国内连片栽种三角梅面积最大的风景区,园内植物种类繁多,四季花开,青山绿水,风景优美。

君武森林公园　园内气候湿润,风景优美,林地面积有200多平方公里,多年来一直是柳州市民郊游的好去处。园内森林覆盖率达85.5%,拥有29个森林景观型,特别是1943年营造的马尾松林景观,为广西最古老和罕见的人工林景观。君武森林公园是国家AAA级旅游景区。

雀山公园　是一座山水园林游乐园,占地面积100多公顷,园内有气势轩昂、俊秀挺拔的雀山,从山脚沿石阶登上山顶远眺,可见柳北工业区烟囱林立、厂房密布的壮观景象。公园内湖光山青,曲桥流水,亭台楼阁,林木如荫,令人陶醉,流连忘返。

景和苗圃　位于柳北区沙塘镇古木坳209国道东侧,占地面积约13.34公顷。以培育园林苗木为主,园内建有庭院、小亭、廊架、游步道、休闲场地等,设置有特色餐馆、休闲茶吧。由于绿化树木层次生态性强,大树浓郁,花灌翠艳,很有韵味。

青茅花廊　占地面积867.1公顷,分有阴生植物、绿化苗木、鲜切花(切叶)、盆花、草坪等五个生产区,还有产品研发、展示与贸易区和花卉科研示范区。106.72公顷兰花基地,是广西最大的兰花基地。

孔雀山庄　有蓝孔雀群,逛庄园,观百年古树、赏莲池、与孔雀共乐、乘竹排游鹭鸶岛、古断桥景区。岛四面环水、翠竹环岛、空气清新、环境优美、鸟语花香、与大自然相伴,真乃世外桃源、人间仙境。

龙壁回澜　位于河东大桥北1000米处柳北区长塘镇鹧鸪江村,海拔218米,长约1500米。又因西南部有凸岩似虎头雄踞于山岩之巅,别名虎头山,因其怪石突兀有致,呈龙形纹路,恰似龙的鳞甲而得名。其东南悬崖直插江底,柳江在此与绝壁相撞发出沉重的雷鸣,折身往东流去,这一折一挫,风云为之变色,碧水为之漾澜,故得名“龙壁回澜”。柳宗元曾在此采石为砚,送给友人刘禹锡,后又亲自到龙壁山采石制成琴赠给好友卫次公。《柳宗元山水记》说:“龙壁其下多秀石,可砚。”并亲往采料石制成砚送革新难友刘禹锡,这就是著名柳砚的由来。

“美女泉”山庄　位于白露街道小村的西部,在该村屋脊冲(地名)有一座美女山,半山上有一泉水眼,并有一清泉涌出。冷泉,水质清醇甘甜,适于泡茶,供人们休闲和游玩。

(冯文健)

资源·建设·环保

资　源

国土资源管理

【国土资源机构及工作概况】 柳州市国土资源局柳北分局2003年2月设立，隶属柳州市国土资源局管理的全额拨款正科级行政单位。2005年12月，市国土资源局柳北分局内设办公室、监察股、地矿股、地籍股、综合用地股5个部门和石碑坪、沙塘、长塘、洛埠4个国土资源所，在职人员21人。2010年市国土资源局柳北分局为柳州市国土资源局的派出机构，级别为正科级，核定行政编制22人，经费财政全额拨款。柳北辖区范围内有石碑坪、沙塘、长塘3个镇国土资源管理所(2009年洛埠所随洛埠镇整体托管给柳东新区)，为全额拨款副科级事业单位，有事业编制14人，其中石碑所3人，沙塘所4人，长塘所4人，各设所长1人。

柳北区地处广西柳州市区北部，介于东经109°16′19″~109°22′30″，北纬24°19′18″~24°34′57″之间。东面与城中区隔江相望与鹿寨县接壤，南面与城中区毗邻，西面与柳南区、柳江县隔江相望，北面与柳城县接壤。2010年根据土地利用变更调查，柳北区有土地总面积3.17万公顷，其中耕地面积8976.97公顷，占土地面积的28.30%；林地面积10571.5公顷，占土地总面积33.33%；园地面积1269.12公顷，占土地总面积4%；城镇村及工矿用地面积6580.51公顷，占土地总面积20.75%；水域及水利设施用地面积2933.51公顷，占土地总面积9.25%；草地面积222.89公顷，占土地总面积0.7%；交通运输用地面积965.53公顷，占土地总面积3.04%；其他土地面积191.38公顷，占土地总面积0.6%。未利用土地总面积1795.9公顷(大部分是石山)，占土地面积的5.67%。探明资源储量矿产9种，产地25处，开发利用前景广阔。地域南北最长35公里，东西最宽26公里。柳江河流经柳北区域75公里，直线距离约29公里。最高的山峰是海拔342米的梳庄岭。在长塘镇梳庄岭溢冲屯发现"金钉子"(全球年代地层单位界线层型剖面)1处。

【耕地和基本农田保护】 2010年柳北区政府成立耕地、基本农田保护领导小组，下设办公室负责日常工作，各镇及涉农办事处同时成立基本农田保护检查工作领导小组，严守基本农田"红线"，层层签订《耕地保护责任状》，建立基本农田保护机制，设立举报电话和举报箱，接受群众监督。年内，柳北区有耕地总面积8976.97公顷，其中基本农田面积7664.29公顷，基本农田保护率达85.38%，完成上级下达辖区基本农田保护面积7664.29公顷的指标和耕地保有量目标任务。

【土地利用调研】 2010年市国土资源局柳北分局配合各部门做好柳北辖区土地调研工作，联系各乡镇主管部门，并陪同市国土资源局局耕保科及华中农业大学专家小组到实地调研，为新一轮土地利用总体规划和乡镇规划提供第一手准确资料。

【土地权属地类调查】 2010年市国土资源局柳北分局完成柳北辖区重点工程项目征地前期土地权属、地类调查99宗，面积1419.17公顷，及时报送柳州市国土资源局和柳州市征地拆迁办公室；配合政府各部门做好白沙村、马厂村城中村改造工作；联系白沙村、雅莲村对位于柳州市雀儿山公园内未确权的集体土地进行走界，实地测量界址点坐标；开展土地整治潜力调查，查清辖区内社会经济情况、自然灾害和生态问题、农村居民点、农用地整理潜力、土地复垦潜力等情况，为土地整治规划工作提供基础数据支持；配合柳北区政府开展城乡建设用地增减挂钩工作，第一批试点的大仙村的大仙屯、小仙屯、新南屯、山背屯4个村屯建设用地增减挂钩立项获得自治区批准。另选定古木村山厂屯、留休村二练屯、龙卜的石山屯、泗角村龙湾屯、大滩村大帽屯作为柳北区第二批城乡建设用地增减挂钩村屯。

【地籍管理】 2010年市国土资源局柳北分局按照国土资源部《关于进一步规范土地登记工作的通知》要求，严格规范土地登记程序，办理集体土地所有权登记发证工作，纠正地籍管理中存在的不规范行为。年内，受理柳北辖区集体土地使用权登记材料336宗，面积2.90万平方米，发证263宗，面积2.43万平方米；完成农村集体土地所有权发证11宗，面积384.003公顷；完成沙塘园艺场国有土地使用权发证13宗，面积71.71万平方米；完成沙塘新区国有土地使用权发证101宗，面积9919.4平方米；完成广西绿达公司农林场国有土地登记6宗，面积276.36万平方米；解决广西绿达公司农林场、沙塘农场长达10多年土地发证问题；年内，解决沙塘镇新区、石碑坪集镇个人住宅多年未能办理土地证等问题。沙塘新区的个人住宅土地证办理过半，石碑坪集镇个人住宅的土地出让金核算工作正在办理中。全年办理失地农民登记发证申请228户，审核发证84本，另有144户正在审核阶段。受理“三房（商品房、经济适用房、房改房）登记2504户2879本，其中个人667户845本，单位1837户2034本。缮证2275户3281本，面积48.65万平方米。发证2350户3284本；完成录入国有土地使用权出让合同60宗。

【土地两金收缴】 2010年市国土资源局柳北分局完成柳北辖区地租金和土地收益金收缴32.71万元，其中地租金9.30万元，土地收益金23.41万元，完成全年土地两金收缴任务20万元的163.54%。收缴土地保证金13.25万元。

【土地批后监管】 2010年市国土资源局柳北分局办理柳北辖区土地批后监管564宗，面积923.51公顷；出让土地307宗，面积580.52公顷；划拨土地257宗，面积342.99公顷。其中竣工535宗、未竣工12宗、未动工17宗，在未动工的17宗中有2宗，面积0.39公顷报柳州市国土资源局处置，拟收取土地闲置费14.26万元。

【农业结构土地调整】 2010年市国土资源局柳北分局完成柳北辖区农业结构土地调整5宗68.56公顷，其中柳州市青茅花卉有限公司1宗63.69公顷、沙塘镇上垌村1宗0.2公顷、长塘镇长塘村委1宗1.67公顷、长塘镇香兰村下村屯曾广虎1宗0.06公顷、柳州市农业科学研究所1宗0.2735公顷，完善农业结构土地整调的电子台账和档案整理。

【农民宅基地重建初审】 2010年市国土资源局柳北分局初审完成柳北辖区农民宅基地原地重建初审材料送规划部门98宗，面积7915.14平方米，其中长塘镇65宗5133.99平方米、沙塘镇23宗1912.6平方米、石碑坪镇10宗868.6平方米；完成水毁重建经规划验收后补发用地批准书8宗，面积712.54平方米，其中长塘镇4宗340平方米、沙塘镇3宗273.28平方米、石碑坪镇1宗99.26平方米。

2010年柳北区国土资源局加强土地权属地类调查　　李　萍　摄

【国土资源信息化建设】 2010年市国土资源局柳北分局逐步建立国土所→分局→市局集体土地使用权登记网上审批机制，实现柳北区国土资源信息化管理全覆盖。做好各种图件的保密和管理，整理图件485幅，建立图件管理基本台账。完成国土资源信息报送9条，市级媒体报道4条，接待群众来访66人，来电和来信12件；受理答复12336线索处理转办单5件。进行矿山企业地质环境保护与恢复方案的编辑工作。

【国土资源法规宣传】 2010年市国土资源局柳北分局利用“4.22”世界地球日、“6.25”全国土地日及“12.4”全国法制宣传日等主题宣传日，运用各种新闻媒体、舆论工具，宣传国土资源法律和法规，利用不同形式和场合开展土地、矿产资源管理法律和法规宣传培训工作，增强各级行政负责人、企业经营者和一般群众保护耕地，依法用地，节约国土资源的意识。

【国土资源行政监察】 2010年市国土资源局柳北分局开展国土资源行政监察276次，发现国土资源违法行为67宗，涉及土地面积28.69公顷，其中发现个人违法行为42宗，移交市国土资源执法局41宗，不符合立案条件暂不查处1宗，涉及土地面积3.19公顷；发现项目违法行为21宗，成功制止3宗，平整土地尚未立案5宗，立案查处12宗，不符合立案条件1宗，涉及土地面积25.50公顷（含耕地面积0.61公顷），下达处罚决定书8宗，处罚面积19.47公顷，下达处罚金额44.43万元，收缴处罚金额27.23万元；对违法当事人下发《责令停止土地违法行为通知书》63份、《违法用地告诫书》7份，发现率100%，制止率100%。发现矿产资源违法行为4宗，下达《勘查开采矿产资源法律告诫书》1份，《责令停止矿产资源违法行为通知书》3份。移交市工商行政管理局处理2宗，查扣违法采矿设备勾机2台，捣毁采矿设备1批，查封防爆器材和炸药1批。年内，通过国家2009～2010年度国土资源卫星遥感执法检查，全年违法占地占用耕地与新增建设用地占用耕地的比例降为5.11%。处理历史遗留和隐漏违法占地项目案件9宗，下达处罚决定书，涉及土地面积10.47公顷，其中耕地面积1.54公顷。年末，结案9宗，涉及土地面积18.94公顷，其中耕地3.95公顷。

【国土资源档案整理】 2010年市国土资源局柳北分局完成各项国土资源档案整理3658宗，其中完成“三房”(即：房改房、商品房、经济适用房)登记档案3140宗，居民城镇国有土地使用权登记档案168宗（含沙塘新区国有土地144宗)，集体土地使用权登记档案321宗，集体土地所有权登记档案11宗，农民集体建设用地报批档案14宗，监察档案4宗，完成全年任务的92.8%；做好各种图件档案的管理和保密工作，整理图件档案485幅，建立图件档案管理基本台账；完成柳北辖区2009年度土地利用变更调查统计工作及剩余村屯农村地籍台账工作；完成柳北区城市管理行政执法局业务联系单位查档21宗1585.8平方米；完成市城市规划局柳北分局、柳北区住房和城乡建设局单位查档29宗2907.2平方米。

【矿产储量开发和储量管理】 2010年柳北区开展矿产资源开发的监督检验，实地巡查24次，监测面达100%。完成辖区内20家矿山企业的矿山储量登记统计及矿产资源开发利用情况统计上报工作，实检矿山数20个，年检率100%，抽检率100%。办理采矿权许可证延续手续上报地矿科14宗；征收采矿权价款73.2万元，完成率146.4%；完成矿产资源补偿费8.4万元，完成率140%；征收采矿权使用费1.05万元；清理历史欠缴价款工作；2003～2005年的欠缴价款79.25万元；2006～2009年的欠缴价款331.07万元，已补缴316.77万元，尚欠14.3万元，其中7.2万元由于3家砖厂已停产或注销无法追回，余下7.1万元正在追缴中。

【地质灾害防治】 2010年柳北区政府批准实施《柳北区2010年度地质灾害防治方案》、《柳北区2010年度地质灾害应急预案》。建立健全辖区内地质灾害群测群防体系，落实汛期24小时值班和零报告等防灾制度，向各村镇宣传汛期防灾事项，督促各村镇完成灾害(隐患)点警示牌设立工作，发放《汛期防灾避险告知书》500余份，举办地质灾害业务培训班1期；完成柳北区3个镇（35个村)，7个街道办(34个社区)的地质灾害普查，发放普查表格5700份，地质灾害防灾避灾明白卡1200份；查明新老地灾易发区和隐患点26处，已根治5处。辖区实有地质灾害易发区和隐患点21处，潜在受威胁住房55栋，居民815户4306人；农户200户2347人，住房767间。做好矿山地质环境恢复治理工作，与辖区19家矿山企业签订矿山地质环境恢复治理责任书。年内，各矿山有序编制《地质环境保护与恢复治理方案》，收缴地质环境恢复治理保证金13.25万元，年末，未发生因灾造成的人员伤亡事故。（蒋海民）

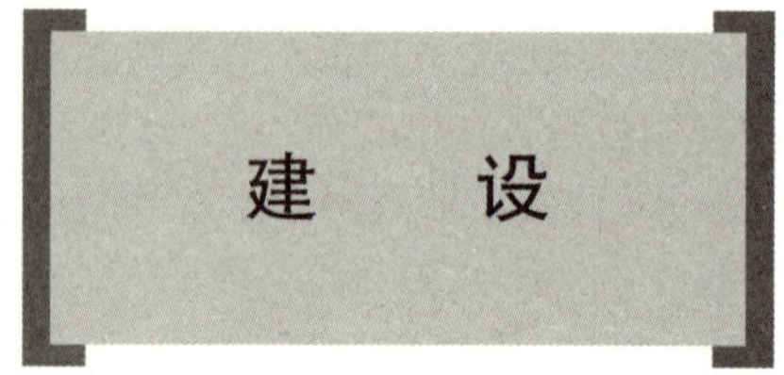

建　设

城市规划

【城市规划机构及工作概况】 柳州市城市规划局河北分局2004年9月3日成立。2007年9月3日变更为柳州市城市规划局柳北分局。2010年3月17日更名为柳州市规划局柳北分局，由市规划局垂直管理，有行政编制7人，分局科级领导2人。市规划局柳北分局负责审批柳北辖区工业园区内工业厂房建设工程规划；审查私有住宅规划设计；核发建设用地规划许可证和建设工程规划许可证；核实建设工程规划条件；进行规划咨询、政策法规宣传。协助市规划局编制控制性详细规划；协助城区人民政府组织编制村庄规划，对柳北区住房和城乡建设局的私房建设规划管理工作进行督

柳北区城区新貌　　李　萍　摄

查指导。

【城市建设规划编制】 2010年市城市规划局柳北分局根据国务院批准的《柳州市城市总体规划(2010～2020年)》，在市城市总体规划的指导下，重点完成柳北辖区城乡建设各项专项规划、详细规划的编制工作，分别完成《雅儒片控制性详细规划》、《八一路北站路街坊控制性详细规划》、《三中路—北站路街坊控制性详细规划》、《北雀路西片控制性详细规划》、《跃进路南段西片控制性详细规划》、《白沙片控制性详细规划》、《北外环西片控制性详细规划》、《白露片控制性详细规划》、《香兰南片区控制性详细规划》、《香兰片控制性详细规划》等10个片区编制工作。实现柳北区控制性详细规划覆盖面100%。组织开展柳州市三中路东片控制性详细规划局部调整规划、北外环西片控制性详细规划、白露片控制性详细规划等24项规划的编制、公示、评审和报批工作，总用地面积103.85平方公里。同时将编制完成的柳北辖区各类规划业务报批资料698卷(份)送市规划局档案馆保存，进一步完善城乡规划编制基础信息系统。

【新农村规划编制】 2010年市规划局柳北分局督促指导柳北区完成新农村规划编制，其中经市规划委员会专家评审通过的村庄规划有石碑坪镇石碑坪村、古木村、大滩村、留休村、石碑村、古城村、泗角村、新维村、大仙村；沙塘镇杨柳村、三合村、垦村、沙塘村、上垌村、郭村、洛沙村、龙卜村、古灵村；长塘镇青茅村、长塘村、香兰村、鹧鸪江村、北岸村、黄土村、梳庄村、西流村；白露街道白露村、小村村、马厂村等29个行政村的规划编制工作，完成辖区新农村规划覆盖面100%。

【工业园区规划建设】 2010年市规划局柳北分局为柳州市工业加快发展提供规划服务，引导柳北区完成工业园区规划建设，提供白露工业园、沙塘工业园等25块工业用地的规划设计条件，涉及工业项目用地面积87.85公顷。为工程机械加工配套项目、菱宝消声器及焊管项目、汽车空调系统工程项目落户白露工业区，为卓洋纺织、“双胞胎’饲料等项目落户沙塘工业园区提供服务，支持柳北区工业园区的建设。

2010年8月，改制企业职工危旧房改造项目之一和兴园小区交付使用

李 萍 摄

【重大项目规划建设】 2010年市规划局柳北分局规划提前介入柳北区推进的重大项目建设。开辟审批绿色通道，加快审批速度。其中地王国际财富中心、白露大桥、广雅大桥、鹧鸪江跨江大桥、湘桂线扩能改造、桂中海迅物流园、潭西大桥东端交通改造、壶东大桥匝道改造、八一路广雅路口下穿通道、北外环路城市快速环道工程等项目按计划建设。

【民生改善工程规划审批】 2010年市规划局柳北分局提前介入和引导柳北区实施“民生改善工程”保障性安居工程建设项目，办理北祥新居廉租房项目的选址、用地手续，完成总建筑面积约7.3万平方米的建筑设计方案审批；完成总建筑面积约26.5万平方米经济适用房项目的建筑设计方案审批。为胜利小区危旧房集中区改造项目提供规划服务和具体规划指导。完成市长风中学第一期建设项目选址意见书。

【建设规划审核公示】 2010年市规划局柳北分局完成柳北辖区建设规划设计条件134项；核发建设工程规划许可证231项，建筑面积23.65万平方米；核发建设工程竣工意见单288项，建筑面积4.56万平方米。完成工业园区工业厂房总平图审批4宗；工业厂房方案审批7宗；规划核实建筑工程类13宗，建筑面积5.57万平方米；核发工业厂房建筑工程许可证8宗，建筑面积9.48万平方米。并通过《柳州日报》、城乡规划、公告栏公示柳州市城市总体规划、三中路东片控制性详细规划、局部调整规划等重大城乡规划审核项目13项。

【城乡规划执法宣传】 2010年市规划局柳北分局实施规划行政执法工作，向柳州市行政执法局提出行政处罚意见1227项，提请立案调查案件38项，代理应诉行政诉讼案件2宗，行政复议案件3宗。向辖区各单位、镇街村屯社区及居民和村民群众发放城乡规划法宣传手册资料1000多份，组织培训执法人员活动2次。处理违法建筑案件14宗，建筑面积1976.92平方米；协助市国土部门协查土地违法案件94宗。同时深入开展《中华人民共和国城乡规划法》的宣传教育和贯彻实施工作，接受各大新闻媒体采访7次，加强媒体宣传和信息上报工作，报送信息139条，被采用67条。 （谢 平 叶胜国）

城乡建设

【城乡建设机构及工作概况】 柳北区住房和城乡建设局1982年2月成立，原称柳北区城市建设管理科，1984年改称柳北区城市建设管理局。1997年2月更名柳北区建设环保局，柳北区城市综合管理办公室和柳北区人民防空办公室在建设环保局挂牌。1999年4月改称柳北区建设局，2010年更名柳北区住房和城乡建设局，在职人员14人，其中在编7人，借聘用6人。年末，柳北区住房和城乡建设局获柳州市全民义务植树先进单位。办公地址在跃进路100号柳北区司法大楼5楼。

2010年柳北区土地总面积320.89平方公里。辖石碑坪、沙塘、长塘3个镇和解放、雅儒、胜利、雀儿山、锦绣、白露、钢城7个街道，35个行政村、55个社区。城区有主干道路3条，次干道2条，其他干道20条，总长63.96公里，乡村道路44条，总长96.2公里，基本实现村村通公路，道路硬化目标。坐落在柳北辖区的桥梁有河东大桥、壶东大桥、壶西大桥、双冲桥、文昌大桥和2010年在建的广雅大桥、白露大桥、鹧鸪江大桥等跨江大桥8座。固定公厕27座；移动公厕8座；垃圾中转站11座。

【编制"十二五"城乡建设规划】 2010年柳北区住房和城乡建设局围绕柳州市委、市政府提出的"工业强市，富民兴柳"和柳北区委、区政府提出的创建"五个柳北"（工业柳北、商贸柳北、生态柳北、宜居柳北、特色柳北）的总体战略部署，结合实际开展调研工作，召开专题会议讨论，提出以"统筹城乡发展，打造宜居柳北"为主题的"十二五"城乡建设规划。

【工业园区建筑审批报建】 2010年11月柳州市将辖区工业园区建筑工程审批报建及质量监督、安全监督工作下放城区管理，柳北区住房和城乡建设局于12月开展工业园区建筑工程审批报建及质量监督、安全监督工作。年内，核发施工许可证1件。

【建筑工程安全检查】 2010年柳北区住房和城乡建设局配合城区安全监督管理部门多次检查辖区内建筑工地、桥梁、涵洞安全情况，指导施工单位严格按《建设工程施工规范》施工，对施工中不按要求施工以及存在安全隐患，及时督促施工单位整改。年内，所管辖的建筑工程没有发生安全事故。

【街巷维修改造】 2010年柳北区投资750万元，完成景观路延长线、北雀路基督教堂对面小巷、君武路人行道、土桥路4条小街巷维修改造建设，其中景观路延长线投资430万元，北雀路基督教堂对面小巷维修工程投资50万元；君武路人行道维修工程投资200万元；土桥路维修工程投资70万元，完成改造面积2.29万平方米，安装路灯30基，改造排水沟1800米。景观路改造成为全市小街巷改造示范样板。同时加强辖区内各街巷易内涝路段巡查，及时抢修堵塞的排水沟，雨季期间辖区内没有出现内涝现象。全年办理小街巷破路挖掘手续14件，临时占道2件，填平补齐道路3000多平方米，疏通水沟1500米。

【城乡风貌改造】 2010年柳北区投资922万元实施城乡风貌改造工程，对北环高速公路柳北区段沿线500米可视范围内的村屯房屋实施立面改造，完成改造总面积20.4万平方米，其中立面改造20万平方米，坡屋顶面积0.4万平方米，绿化面积1.6万平方米，776户村屯房屋面貌焕然一新。4月与8月，柳北区政府领导分别带队到南宁市与结对帮建单位广西投资集团有限公司对接，广西投资集团有限公司委托柳州发电有限责任公司给予90万元专项改造资金的支持。

【农村危房改造】 2010年柳北区成

5月10日，柳北区区长孙黎明（前左一）深入农户家中了解城乡风貌改造意见
赖德勇 摄

立农村危房改造指挥部，出台柳北区农村危房改造方案，组织各镇、村委对农村危房户进行调查统计，公布危房改造人员名单，开通绿色通道，特事特办，按照相关政策办理农村危房重建手续，解决村民因灾损毁房屋重建问题。全年投入资金126.4万元，完成农村危房改造79户，五保户危房改造4户。年内，为村民办理私房报建方案78件，规划正本证108件，规划副本证102件，规划审批面2.16万平方米。

【城中村改造】 2010年柳北区列入城中村改造的有白露街道白沙村和马厂村。柳北区城中村改造工作办公室确定白沙村为“城区政府主导、市场运作、区域规划、发展三产”的综合改造模式，基本完成试点村白露街道白沙村人口、土地、房屋统计测量工作，建立村民“一户一档”管理制度，开展失地农民登记证统计填报工作和片区详细规划设计，并编制上报《白沙村城中村综合改造方案》和《白沙村“城中村”改造集体土地征收、房屋拆迁补偿安置方案》，其中房屋拆迁补偿安置方案获柳州市政府批准。对马厂村试点村则采取“政府指导、集体实施、股份制改革、发展三产”的改造模式，制定《柳北区马厂村城中村改造项目方案》，完成整村改造策划及农民安置回建地规划定点工作。

【村镇基础设施建设】 2010年柳北区修建村屯道路22条9827米，其中杨柳村通村道路1120米，古城村白沙屯道路1387米，三合村梁家屯道路842米、屯内道路1463米，大岭屯一队道路752米，留休村凉亭屯道路1000米、屯内道路589米，江湾村“渔海”通千亩大果油茶基地道路385米；修建花卉苗木基地砂石路4条，总长2289米；修建水塔、蓄水池各1座，完成排水渠道2813米。29个行政村屯新农村建设规划通过市规划局专家评审，成功打造市级“十大美丽乡村”2个，新增村级公共服务中心试点2个、农事村办一站式平台试点5个。

7月19日，白露街道马厂村村民举手拥护城中村改造工作方案　　李　萍　摄

【物业管理】 2010年柳北区住房和城乡建设局完成金惠小区、军分区六号院、华泰·棕榈湾、雅铁小区等4个小区业主委员会首届选举工作。全年处理小区物业管理问题10件，主要有供电设施、地下停车场车位、违章搭建、占用绿地、改变架空层使用性质等问题。针对物业管理存在问题，指导各物业小区成立业主委员会，通过各种调解方式化解矛盾，开展创建和谐文明小区、文明物业管理等活动。

【城建队伍廉政建设】 2010年柳北区住房和城乡建设局组织全体城建人员开展学习《建立健全教育、制度监督并重的惩治和预防腐败体系实施纲要》、《公务员处分条例》、《中国共产党党员领导干部廉洁从政若干准则》等相关内容知识，组织观看警示教育片《北极雪》。加强监督管理建设资金、确保项目资金专款专用；严格执行办公用品购置、文字材料打印、差旅费、协调费等资金管理。加强单位工作用车使用和管理。在与施工方签订工程承包合同的同时签订《工程廉政责任书》。年内，出版党风廉政板报两版。　（朱华健　李　娟）

征地拆迁

【征地拆迁机构及工作概况】 柳北区征地拆迁办公室2005年6月23日成立，在职人员4人。2010年柳北区征地拆迁办公室在编人员8人，在岗人员13人。年内，柳北区征地拆迁办公室先后完成湘桂线铁路、香兰大道等42个城建项目征地拆迁工作，征地面积225公顷，占应拆迁面积335.16公顷的67.16%。其中集体房屋拆迁面积9.47万平方米，完成湘桂线铁路重点工程项目建设用地拆迁面积4.97万平方米，完成危旧房改造及其他国有土地拆迁面积15万平方米。但部分项目因客观因素无法实施和完成，征地拆迁完成率列柳州市四城区第三名。城区危旧房改造工作取得阶段性突破，胜利小区、和兴园小区等项目签约住户3650户、交房3321套。北站路、八一路“温馨工程”项目拆迁工作以及白沙村、马厂村城中村改造工作稳步推进。

【湘桂线铁路项目征地拆迁】 2010年柳北区加快对自治区重点项目—湘桂线铁路项目拆迁工作，完成拆迁

9月19日，柳北区对湘桂铁路施工环境进行巡查　　赖德勇　摄

面积4.97万平方米；完成北外环B段项目无证建筑（除鹧鸪江村6队需整体安置外）拆迁工作；完成白沙路改造项目主线内拆迁，保障主线全面贯通，非主线房屋的拆迁工作与白沙村城中村改造工程同时实施。9月19日，柳北区组织湘桂线铁路指挥部、项目施工单位负责人，征地拆迁办公室以及各镇（办）负责人一起检查湘桂线铁路（扩能）改造工程建设项目（柳北段）建设用地范围内的沙塘镇、长塘镇、白露街道办事处施工道路情况和施工环境。提出依法拆除铁路规划道路内违规占地建筑，督促施工方根据前期与柳北区政府签订的《使用农村公路协议》，对现有使用的农村道路、桥梁进行维护和维修，建立日常道路巡视监察制度，保障辖区农村道路和桥梁交通安全畅通，农民出行平安。

【园区建设项目征地拆迁】 2010年柳北区征地拆迁工作通过政策法规宣传、征地程序讲解、调解村民小组之间的矛盾纠纷，为村民协调集体产业用地，推进桂中海迅物流项目、鹧鸪江钢铁物流园项目及周边路网建设项目（香兰大道、香兰中路、钢城北路）、新建电子产品研发制造项目（白露工业园三期）、钢材部件加工配送中心项目（白露工业园四期）建设用地征地拆迁，完成园区征地面积46.37公顷。

【“温馨工程”项目拆迁】 2010年1月13日，柳北区启动市北站路“温馨工程”拆迁工作，拆迁户签约率达96.73%。柳北区完成市八一路“温馨工程”产权私房户安置选房工作，组织70户国有直管公房户职工身份审核和选房工作。柳州市土地交易储备中心承建市白沙路5号锌品厂项目实施正常动迁程序。柳州市城市投资建设有限责任公司承建市广雅路和市雅儒路路口改造工程（广雅大桥东段），需拆迁238户，完成签约128户。

（韦芳艳）

安居工程

【改制企业职工危旧房改造概况】 柳北区是2008年4月作为柳州市国有改制企业职工危旧房改造最多、拆迁安置户相对集中的第一批试点城区，涉及职工危旧房改造的企业有柳州压缩机总厂、市搪瓷厂、市商标印刷厂、市针织总厂、市双和袜业、市航运公司、市医疗器械厂、市立宇集团、市郊区粮所、市毛巾厂、市日用化工厂等11家，搬迁户3200多户近万人，搬迁安置面积约20万平方米，项目建设用地约11.3公顷，计划5年内完成项目投资12亿元建设50万平方米的住宅、商业及公共建筑（包含社区医疗中心、幼儿园等）改造任务。

2010年柳北区续建和新增安居工程（改制企业职工危旧房改造及其他国有土地拆迁）项目30个，完成拆迁面积15万平方米。柳州市东通房地产公司承建的“和兴园”（市搪瓷厂地块）、“仁和馨园”（柳州空压机厂地块）、“绿水云间”（市医疗器械厂地块）等改制企业职工危旧房改造项目相继完成。年内，柳北区工会安排干部20多人次，参与柳州市总工会、辖区改制企业工会组成的改制企业职工危旧房改造监督委员会，对涉及改制企业职工和辖区拆迁户安置点抽签选房工作进行全程监督8次，辖区改制企业职工和拆迁户顺利入住建成的和兴园、仁和馨园、金茂园、胜利小区等一批住宅小区。

【安居工程建设】 2010年柳州市东通公司承建“和兴园”、“仁和馨园”等国有改制企业职工危旧房改造项目签约3650户、交房3321套，辖区有2000户改制企业职工和拆迁户顺利住进已建成的和兴园、仁和馨园、金茂园、胜利小区等一批生活小区。

“和兴园“项目　位于市跃进路100号，原柳州市搪瓷厂址。2008年4月30日开工建设，项目占地面积5.7公顷，总投资约6亿元，拟建26.16万平方米的商业、高层住宅及公共建筑，其中高层住宅11栋，计划用三年时间完成。

“仁和馨园”项目　位于市雀儿山路，原柳州压缩机总厂宿舍区内。2008年7月11日开工建设，项目占地面积4.2公顷，总投资约4亿元，拟建14栋高层住宅，住房1511套。计划用三年时间完成。

【居民小区危旧房改造】 2010年柳

2010 年,胜利小区有近 800 套住房交付使用　　柳北区征地拆迁办　提供

州市房地产开有限责任公司承建柳北辖区胜利小区危旧房改造项目,其中先行启动胜利小区(五村)项目建设。根据调查,胜利小区(五村)有产权被拆迁户 331 户,签约 298 户,签约率 90%;未签约 33 户,均送达分户评估报告。直管公房住户 816 户,完成住户身份分类认定并组织签约工作,其中签约选房 814 户(已交付使用 778 套,货币补偿 6 户),未签约 2 户。单位无产权职工住户 112 户,已完成签约选房,交付使用 111 套。完成胜利小区南一区安置房及职工安置;续建胜利小区中一区中心花园;启动胜利小区北二区、北三区组团房屋拆除工程。

【商品房建设概况】 2010 年,经过房地产开发商多年建设,在柳北辖区建有楼盘 67 个:香格里、香森丽园、福江小苑、康城、紫薇园、香江天第园、欧雅城市广场、桂景湾、景秀园、景秀园·东区、怡江园、怡心苑、川海·现代城、川海珑庭、江东水岸、水天一、水天一·龙湾、兴业苑、飞龙富苑、华泰·棕榈湾、柳北文化商业广场、中侨·金水岸、金谷馨苑、水榭花都、恒兴名园、三丰名园、嘉和名庭、金沙苑、美林华轩、雅儒小苑、儒芳苑、长兴东岸、桃源居、鑫雅居、星星港湾、天江一都、天江丽都、天元金都、宏福碧园、北星明园、碧丽星城、鼎富金水港湾、江岸名轩、滨江世纪城、望江景苑、冠亚·蓝湾国际、冠亚·尚城国际、温馨阳光、世博·豪庭、北岸鑫城、维多利亚、信和·美庐维多利亚、北城华府、颐和园、中房·金茂园、凯凌小苑、半岛·中央花园、百草金都、亨氏豪庭、和兴园、锦江庭院、富康雅居、汇金国际、北鹭洲理想家园、恒隆广场、金瑞国际、利华嘉园、月华园等楼盘。商铺和写字楼楼盘 2 个:国腾·购物广场、华泰独立商务写字楼。据不完全统计,楼盘总占地面积 220.79 万平方米,总建筑面积 197.60 万平方米。

城市管理

【城市管理机构及工作概况】 柳北区城市管理行政执法局 2005 年 12 月 19 日成立,加挂柳北区市容管理局牌子。2010 年柳北区城市管理行政执法局(柳北区市容管理局)在编人员 65 人,内设有局办公室、法规科、执法监督科 3 个工作机构,下辖城市管理行政执法大队 1 个,行政执法中队 3 个,是柳北区人民政府在辖区内行使城市管理和市容管理行政执法职能部门,主要职责是对柳北辖区内城市管理和市容管理方面集中行使行政处罚权。年内,柳北区城市管理行政执法局(柳北区市容管理局)继续推进数字化城市管理系统建设,逐步建立规范管理、科学管理和长效管理机制,实现城市管理精细化、人性化、规范化、科技化和现代化建设。

【违法用地违法建设查处】 2010 年柳北区城市管理行政执法局根据《柳州市 2010 年控制和查处违法用地违法建设工作要点》,坚持以预防为主,事前防范,事中监督和事后查处相结合的工作方针,严格落实违法用地和违法建设(简称“两违”)查处制度,查处“两违”案件 314 起,下达《责令停止违法建设行为通知书》510 余份,拆除违法建筑 57 户,面积 9.59 万平方米,全年未发生暴力抗法事件。

【市容市貌专项整治】 2010 年柳北区城市管理行政执法局会同公安、工商、交警集中整治辖区内临时形成的马路市场、夜市摊点 3 次;清理整顿白沙路锌品厂一带,雅儒路、跃进路、潭中高架桥底、跃进路东一巷、北站路东一巷、鹧鸪江路、广雅菜市周边等夜市摊点。全年出动人员 5.32 万人次,车辆 5010 架次,纠正流动摊点、店面跨槛经营等各种违章行为 6.51 万起,对 7.18 万家跨槛经营、占道堆放的行政相对人下发整改通知书,清理“牛皮癣”小广告 9.72 万条,立案调查各类违章案件 2456 起,其中规划类案件 198 起,园林类案件 4 起,市政类案件 21 起,市容类案件 2215 起,工商类案件 18 起。做好市容市貌群众投诉工作,办理柳州市政府转办群众来信 18 起,群众来访 3 起,政府热线投诉 933 起。

【建筑垃圾密闭化运输专项整治】 2010 年 2 月,柳北区成立规范建筑施工运输管理专项整治领导小组,制定《柳北区开展建筑垃圾密闭化运输专项整治工作方案》,抽调城管、公安、交警、清洁办、建设局、运管等 20 人组成集中整治工作队,开展辖区建筑施工工地以及建筑垃圾密闭化运输专项整治工作。从3月起，每月第一个星期，重点整治广场路、八一路、红碑路、胜利小区、锦绣路、黄村市场周边、雅儒路等工地较多的路段运输车辆抛撒、污染路面行为。6月，硬化各施工工地的进出口道路、配置冲洗带泥车轮设施；要求施工工地对进出车辆冲洗干净、建筑垃圾运输车辆按密闭化要求带齐证件，按指定时间、路段、地点运输排放建筑垃圾。年内，开展建筑施工运输管理专项整治13次，发放相关宣传资料500多份，出动专项整治执法人员300多人次，车辆80多台次，投入整治经费16万多元，多次治理冠亚蓝湾、尚城国际、地王国际建筑工程等10多处施工工地，检查建筑施工运输车辆300多台次，教育违章司机30多人次，由公安柳北交通警察开处罚决定书19份。处理工地车辆撒漏、车轮带泥污染路面300多起，辖区工地车辆抛撒漏明显减少，整治取得良好效果。

【中小学周边市容环境整治】 2010年柳北区城市管理行政执法局整治辖区内中小学、幼儿园周边市容环境，及时发现并制止各类市容环境卫生违章行为，暂扣经营工具60件，处罚违章摆卖摊点70多人次。执法队员见义勇为及时制止殴打学生事件1起。

【店面招牌示范街改造】 2010年柳北区政府把白沙路、北站路门头（店面）招牌示范街改造工作列入市政府2010年为民办实事的工作任务加以实施，成立柳北区门头（店面）招牌示范街改造领导小组，制定《柳北区关于门头（店面）招牌示范街改造实施方案》，落实城区配套经费81万元。年末，投入改造经费140多万元，完成白沙路、北站路门头（店面）招牌2207多块，招牌面积5000多平方米，柳北区白沙路、北站路示范街容面貌焕然一新。

【城管执法队伍建设】 2010年柳北区城管执法局组织城管执法人员开展“十大党建工程”和“学习型队伍建设年”活动，根据《柳州市城市管理行政执法队伍及市容环卫系统开展“学习型队伍建设年”活动实施方案》的要求，制定开展柳北区城管执法局“学习型队伍建设年”活动实施方案和学习计划。围绕提升执法队伍素质，提高执法工作效能，改善执法队伍作风，树立执法队伍形象的总体要求，打造一支思想正、业务精、作风硬、业绩优、形象好的城管队伍。11月25日，柳北区召开城管执法人员行政执法廉政听证会。

3月2日，柳北区开展建筑垃圾运输整治　　宣传部　提供

【城市管理执法宣传】 2010年柳北区城管执法局先后出动160多人次，在城区和乡镇发送各种城市管理、城乡规划法宣传资料以及张贴宣传挂图1000余份，接待群众咨询300余人次，在沙塘镇、洛埠镇、北站路三角地开展《中华人民共和国城乡规划法》宣传活动；开展城管执法人员进校园与市胜利第二小学结成城管手拉手活动，让城管知识在小学生中普及。全年与柳州日报、柳州晚报、南国今报、柳州电视台等主要新闻媒体沟通，及时报道柳北区城市管理综合执法过程中出现的各种新闻、新事、新举措新闻稿件62篇。（曲　莹）

环境卫生管理

【环境卫生管理机构及工作概况】 1997年8月，成立柳北区环境卫生管理所，内设政秘股、计财股、有偿服务股、保洁业务股、公厕管理股、监察队、车队、安技股8个股室。2003年撤销政秘股、监察队、安技股，增设办公室、垃圾中转站、工会、女职工委员会部门。2010年柳北区环境卫生管理所有职工1021人，其中在编151人，合同制职工538人，“4050”公益性岗位人员164人，遗属2人，退休人员166人。内设办公室、工会、计划财务股、综合股、车队、安全保障股、业务管理股7个部门、三中、跃进和柳长3个环境卫生管理站。有各种车辆82辆，主要负责辖区道路保洁、垃圾清运、公厕管理工作。年内，柳北区环境卫生管理所获自治区卫生先进单位和柳州市社会主义新农村建设后盾单位等称号。

【城乡清洁工程机构】 2006年11月，柳北区成立“城乡清洁工程”领导小组，下设办公室在柳北区建设局挂牌，由建设局长兼任办公室主任，负责管理实施“城乡清洁工程”工作。2007

年4月,柳北区调整"城乡清洁工程"领导机构,成立柳北区"城乡清洁工程"管理委员会,下设办公室,分设综合协调组、内勤组、督查组、宣传组、机动组和道路交通秩序综合整治组,处理日常事务。2010年5月,柳北区调整"城乡清洁工程"管理委员会领导成员,下设办公室,从相关部门抽调6名专职人员到办公室负责"城乡清洁工程"日常事务。

【城乡清洁工程实施】 2010年,柳北区投入专项经费300万元实施"城乡清洁工程",结合市容综合整治"南珠杯"、城市管理"金壶杯"竞赛活动,以"创城夺杯"活动为契机,做好柳州市第七届市容"南珠杯"竞赛活动迎检工作,全年有5万多人次参与"城乡清洁工程"。投入经费9万多元,选定宏力社区、青茅村等20个社区、村屯和北雀路、柳长路等主要街道,设置城乡清洁工程宣传栏26块,发放各种宣传资料3000多份,制作横幅100多幅。与沿街门面业主签订《柳北区城乡清洁工程"门前三包"责任书》2000多份。开展市容、夜市、街道门头店面招牌整治、规范施工工地整治、拆除"两违"整治、"五车"整治以及生活小区、村屯环境卫生整治等专项活动30多次,纠正违法占道经营、乱摆乱卖行为4万多起;整治不规范街道门店招牌和灯箱300多个,清除小广告6万多份;查处违法建筑300多处,拆违面积8万多平方米;处理工地车辆撒漏、车轮带泥污染路面300多起;查处违法营运车辆168辆,纠正乱停乱放车辆1.15万起;清理卫生死角200多处,清运垃圾1000多吨。年内,柳北区政府荣获柳州市"城乡清洁工程"优秀奖。

2月13日,柳州市副市长焦耀光(左前一)看望和慰问柳北环卫工人

宣传部　提供

【市容环境卫生管理】 2010年柳北区环境卫生管理所负责城市主次街道、小街小巷,城中村道路的市容卫生保洁工作,保洁范围为东西两侧以柳江河岸为界,南起广场—广雅路—雅儒路铁桥头,北至沙塘收费站——洛埠镇龙屯道班。其中有A类道路11条,B类道路19条,C类道路14条,D类道路228条。为保持城市市容环境卫生,道路干净整洁,柳北区环境卫生管理所严格按照作业标准安排保洁班次、街道清洗和洒水,道路保洁主要以人工清扫为主、机械清扫为辅,对乡镇主要道路保洁,则采取包干或轮流清扫等形式。每逢节日和重大活动期间,柳北区环卫所增加街道清洗和洒水次数,增加扫地车机械清扫作业,增加保洁班次。主要道路实行24小时清扫保洁,每日完成清扫道路面积441.9万平方米,完成道路冲洗面积480万平方米。管理固定公厕27座,移动公厕8座,垃圾中转站11座。年道路清扫机清扫里程6万公里,年清运各种垃圾11万吨,清运粪便1.1万吨。上门收集垃圾有偿服务户数5.7万户。开展争创全国卫生城、文明城活动,每周不定期组织环境卫生管理人员清洗三中、八一、跃进、广场路等主干道和高架桥,确保"地干净"。公厕管理、垃圾清运达到自治区城乡容貌标准。

【城乡生活垃圾统一清运】 2010年柳北区继续推行将辖区较偏远村屯生活垃圾纳入城乡生活垃圾统一清运处理工作,由各镇村屯环卫站负责村屯生活垃圾收集,将村屯垃圾运到城区垃圾中转站,然后由城区环卫所统一清运到市立冲沟垃圾填埋场处理。年内,柳北区投入经费100万元,分别在沙塘镇上垌村、长塘镇鹧鸪江村、白露街道等部分偏远村屯增建生活垃圾池26个,维修破损垃圾池、乡镇垃圾中转站10个,逐步完善镇街和村屯环境卫生基础设施,实现农村生活垃圾统一收集清运和处置85%以上,城乡生活垃圾日均清运量300吨。

(叶长海　玉济训)

园林绿化

【园林绿化机构及工作概况】 2000年3月,柳州市园林局将柳北区绿化所划归柳北区管理,为柳北区建设局下属事业单位。2010年柳北区绿化所有在编人员12人,其中工程技术人员3人。年内,柳北区绿化所种植乔木27.53万株、灌木10.78万株,绿篱61.71万株,草皮9670平方米,收取以资代劳费6.57万元,完成春季义务植树任务率316.71%,新增绿地面积1.73万平方米。

5 月 26 日，柳北公安民警与环卫工人一起清扫卫生死角　　叶长海　提供

【绿化管理】 2010 年柳北区绿化所抓好辖区绿化绿地的正常养护工作，加强精细管理。辖区公共绿地花木、草坪生长正常，基本无病虫害、无杂草、无成片死缺株。年内，对各种乔木喷施农药 25 次，灌木喷施农药 21 次，全面修剪灌木 34 次，修剪人行道树木 57 次，种植摆放花草 1.5 万盆。全年协同柳州市园林局办理临时占用绿地及砍伐移植树木申请 98 件，完成绿化验收工作 7 件。

【植树造林】 2010 年柳北区对管辖路段补植灌木树苗 6.13 万株。其中在北站路段补植黄素梅 1 万株，八一路补植红花继木 5000 株、福建茶树 6000 株；在广雅路、锦绣路、北雀路补植苗木 8000 株，补植乔木 1700 株，灌木 3 万多株。同时在白露工业园种植小叶榕 400 株；沙塘工业园种植四季桂 200 株。

【美化环境】 2010 年柳北区加强街道美化环境和绿化治理工作，投资 10 万元整治北雀路市北雀小学门口被毁绿化带，在 100 多米长的绿化带内种植红花继木、黄素梅等灌木 8000 株，种植大树 3 株，安装景观石 6 块，提升绿化景观效果。6 月，在北站路绿化带内及街头空地摆放木制花池 70 多个，种植牵牛花、鸡冠花、红穗、菊花、一串红等鲜花 10 批次 2 万盆，美化、绿化老城区街道绿化景观。按照柳州市政府“家园绿美”工程要求，选择滨江东路北段、江岸名轩小区旁 1600 平方米空地建设小游园，把“一巷三分绿”工作落到实处。年内，在改造的景观路北段人行道两侧，北面种植木棉等大树 26 株，南面修建绿化带，种植红花继木、福建茶、千年矮等灌木 1.1 万株。在桂景湾路小街巷 150 米绿化带、柳北区武装部大门外 50 米、黄村派出所门前小巷 100 米等地段，种植鸭脚木、海桐、红花继木等灌木球 136 株。新增辖区垂直绿化面积 4350 平方米，其中市图书馆 400 平方米、市工艺美术厂 600 平方米、市外贸大楼 350 平方米、柳北交警大队庭院 200 平方米、柳北区政府 2800 平方米。全年处理危树、枯树 207 棵，无绿化责任事故发生。　（实　鹰）

环境保护

【环境保护机构及工作概况】 柳北区环境保护办公室成立 2008 年 12 月 1 日，办公地点在柳州市胜利路 12-8 号柳北区政府 5 楼，并在柳北区政务管理中心办证大厅设立环境保护办证窗口，受理辖区环境保护业务。2010 年，柳北区环境保护办公室有工作人员 7 人。年内，审批环境保护项目 293 个，验收环境保护项目 39 个，否决不符合环境保护要求项目 38 个，实现建设项目环境影响报告书（表）编报率 100%，建设项目“三同时”（同时设计、同时施工、同时投产使用）执行率和合格率均达 100%。获柳州市人民政府环境保护目标管理责任制考核一等奖、柳州市创建绿色学校、绿色幼儿园优秀组织单位等称号。

【环境质量】

空气环境质量　2010 年柳北辖区空气环境质量通过市第九中学监测点检测，二氧化氮年均值降至自 2006 年来最低值 0.024 毫克 / 立方米，可吸入颗粒物年均值为 0.064 毫克 / 立方米，二氧化氮、可吸入颗粒物年均值达到 GB3095-1996《环境空气质量标准》二级标准，二氧化硫年均值为 0.082 毫克 / 立方米，高于柳州市年均值 0.06 毫克 / 立方米，未达到 GB3095-1996《环境空气质量标准》二级标准。酸雨频率 34.6%，降水 pH 均值 5.35，水化学组分监测结果：主要阳离子为钙，主要阴离子为硫酸根和硝酸根，酸雨频率与 2006 年相比减少 32.1 个百分点。辖区二氧化硫排放量为 40327.91 吨，工业废气排放量为 14763589 万标立方米，烟尘排放量为 2032.56 吨。

水环境质量　2010 年柳江河饮用水保护河段保持 GB3838-2002《地表水环境质量标准》Ⅲ类水质标准，部分河段达到Ⅱ类水质标准，主要污染物为氨氮、溶解氧和总磷，化学需氧量（COD）提前达到“十一五”期间主要污染物减排目标，饮用水源地水质达标率 100%。

声环境质量　2010 年柳州市市区域环境噪声平均等效声级 55.8 分贝，声源构成主要以生活和交通噪声为主。其中道路交通噪声平均等效声级67.0分贝，与2009年相比均无明显变化。辖区各声环境功能区绝大部分时段达到适用标准的要求，但也偶有超标现象。

【污染源普查】 2010年柳北区在完成第一次全国污染源普查工作的基础上，制定《2010年度柳北区污染源普查动态更新调查工作方案》，全面启动污染源普查动态更新调查工作，组织开展动态更新调查前期准备工作，包括普查对象的筛选及摸底、人员及经费、参加业务培训等。为实现第一次全国污染源普查结果与环境统计工作的顺利衔接，奠定"十二五"环境统计和污染减排工作基础。

【环境污染治理】

大气污染治理 2010年柳北区环境保护局组织完成《柳北区空气污染事故应急预案》编制工作。将辖区木材加工企业作为大气污染治理重点整治对象，先后对骏马、长林、福兴等3家木材加工企业下达限期整改通知，挂牌督办市长林木业制品厂完成大气污染治理，并给予市长林木业制品厂2万元的处罚。同时，加强辖区31家砖厂烟尘、粉尘污染治理。严格控制产生油烟污染的餐饮业环境保护项目审批，通过环境保护项目审批的餐饮业项目必须安装油烟净化处理装置，不得以煤为燃料，确保辖区内清洁能源普及率达85%以上。

水污染治理 2010年柳北区环境保护局组织完成《柳北区饮用水水源污染事故应急预案》编制工作。加强柳江河饮用水水源一、二级保护区的水体保护，规范饮用水二级保护区内的水产养殖。成立以主管环境保护副区长为组长，城区环境保护局、水产畜牧兽医局、农业与水利局、卫生局、城市管理与行政执法局等负责人为组员的加强网箱养鱼整治领导小组，制定行动方案，调查及整治壶西大桥上游、云头冲入河口及鹧鸪江抽水码头，有11家养殖户撤离饮用水保护区域。

柳北区白沙污水处理站　　杨世海 · 摄

废水污染治理 2010年，柳北区木材加工、家具生产、汽车美容修理等中小企业发展迅猛，给柳北区废水污染治理带来压力。柳北区环境保护局加大整治辖区木材加工企业的力度，要求企业锅炉除尘废水必须循环使用，禁止外排，生活废水经化粪池等设施处理后符合GB8978-1996《污水综合排放标准》三级标准后方可排入市政管网。要求家具生产企业有喷漆工序的必须设置专业喷漆房，产生的含漆渣废水须交由有危险废物处理资质的单位处置。要求汽车美容企业，有洗车工序企业必须配套建设专用废水处理设施，有修理工序的企业必须将废机油、含油手套及抹布交由有危险废物处理资质的单位处置。饮食业企业在产生油烟污染的同时会产生含油污水，柳北区环保局在项目审批的同时，要求企业安装油水分离设施，避免含油污水进入市政管网。年末，除石碑坪镇、沙塘镇、长塘镇部分区域未铺设市政污水管网，柳北区其他区域均纳入白沙污水处理厂配套管网。辖区三级甲等、二级甲等医院排放的废水全部经过自有污水处理设施处理，达标外排。全年柳北区废水排放总量为1.024亿吨，比上年减少6.8%，化学需氧量排放浓度为1103毫克/升，比上年增加9.6%，氨氮排放浓度为321毫克/升，石油类排放浓度为12.1毫克/升，氨氮、石油类排放浓度基本与上年持平。

噪声污染治理 2010年随着城市建设的大力推进，柳北区环保局着重加大对建筑施工、娱乐场所噪声扰民的整治力度。4~5月，柳北区环保局通过午夜暗访取证、组织召开协调会等形式，先后解决欧雅广场娱乐场所、锦绣路冠亚蓝湾娱乐场所噪声扰民问题。在中考、高考期间，柳北区政府组织环境监察执法人员突击检查跃进路以及北雀路12家娱乐场所，给考生良好的复习和休息环境。为解决群众反映强烈的跃进路东三巷铝合金门窗加工门面噪声污染问题，柳北区政府组织工商、环保、公安、执法等部门，在城区人大、政协、新闻媒体的监督下，对跃进路东三巷进行整顿，取缔拒不合作的门面。召开胜利小区旧房改造施工单位负责人协调会，要求建筑施工单位必须办理午夜间建筑施工证明，并严格按午夜间建筑施工规定施工。

油烟污染治理 2010年4月1日，《中华人民共和国饮食业环境保护技术规范》(以下简称《规范》)正式实施，柳北区环保局组织干部职工认真学习《规范》，并严格按《规范》中对

饮食业单位提出的选址及总平面布置等具体要求，在项目审批、验收工作中规范饮食业的管理，防治和避免餐饮项目造成的油烟污染的进一步扩大。年内，辖区大中型餐馆均安装油烟净化设备，辖区油烟污染得到减少。

固体废物污染治理　年内，柳北区政府加强废漆渣、废胶渣等危险固体废物的监管，要求危险固体废物产生单位严格按照GB18597-2001《危险废物贮存污染控制标准》的要求收集、贮存，并委托有资质的危险废物处置单位进行处置。辖区内工业固体废物管理日益规范，医疗废物处理率达到100%。

白色污染治理　2010年柳北区环保局根据辖区面积大、城乡交错的特点，集中开展“白色污染”专项整治，对使用单位尚未登记的生产厂家、销售单位购买一次性塑料饭盒未按规定回收并乱扔的违章行为以及对尚未办理环保手续的违法企业，限期整改，白色污染整治率达到80%以上。

【环境保护监察】　2010年4月至11月，柳北区出动环境保护执法人员370人次，对辖区企业开展环境保护专项检查监督行动，重点整治涉水、涉烟尘企业的环境污染行为、未批先建的环境保护违法行为、查处城区噪声污染和生态破坏以及各类投诉信访案件。在受检查的397家企业中，有环境违法行为的企业71家，其中立案企业4家，结案企业4家；行政处罚企业4家，处罚金5.2万元；下达限期补办环境评估手续通知书，停止环境违法建设项目企业45家；下达企业限期整改通知书39家；移送市工商柳北分局处理企业10家；挂牌督办企业1家；关闭梳庄岭土法造纸厂。在春节前夕，柳北区加强节前企业环境保护设施检查和环境保护安全隐患排查，检查辖区内木材厂、饲料厂等企业30余家，大部分企业环境保护设施运转正常，未发现大的环境安全隐患。全年受理环境保护投诉案件358件，承办政协提案2件，信访转办案件8件，群众来信2件，接待群众来访7批15人次，办结率100%，满意率100%。组织环境保护干部下访企业单位处理环境保护问题15批次。年内，治理冒黑烟的木材企业13家，并要求企业安装水膜除尘设施后方可进行生产。责成被列为挂牌督办的柳州市长江木业制品厂，投资近10多万元按督办要求完成项目环境评估、锅炉除尘系统、厂房通风系统的改造任务。

非煤矿山环境安全监察　2010年柳北区政府重视非煤矿山环境安全工作，组织安监、国土、工商等部门对辖区3座采石场进行专项检查，取缔石碑坪镇泗角村上唐岭非法石英砂盗采，规范矿山的开采秩序，保护矿产资源。

危险化学品生产经营企业监察　2010年，柳北区环保局重点检查辖区危险化学品生产经营企业，督促企业落实安全生产和环境保护工作责任制，下达责令整改柳州市宗富民松香厂生产废水防治设施不完善的问题通知书，要求该企业按时完成整改。加强对辖区企业使用放射性同位素与辐射装置的专项检查，未发现有辐射源存在。

【创建国家环境保护模范城市】　2010年柳北区制定《柳北区2010年创建国家环境保护模范城市实施方案》，通过严把项目审批关、排放关，开展环保专项行动，综合整治城区环境，关注农村环境污染问题，加大创建国家环境保护模范城市宣传力度，促进群众积极参与等系列具体措施，巩固和深化柳北区创建国家环境保护模范城市成果。年内，柳北区环境保护局按照26项考核指标的要求，开展创建国家环境保护模范城市重点企业环境保护档案建档工作。

【环境保护宣传教育】　2010年柳北区环境保护局围绕国家环境保护模范城市创建、实现“十一五”节能减排目标，先后在“六·五”世界环境日，开展“低碳家庭·时尚生活”环保科普知识展示，“低碳减排·绿色生活，共创环保模范城”为主题的社区大篷车宣传活动、内容有环境保护保文艺表演、“变废为宝”工艺品展示、绘图比赛、环保知识抢答等。累计发放宣传资料2万多份，印制精美环保宣传画册1000多册。举办区机关各部门、镇（街道）和企业负责人环保法律知识培训班3期，学习《中华人民共和国环境影响评价法》、《中华人民共和国大气污染防治法》等环保法律。　（卢晓君）

责任编辑：陈素琴

10月14日，柳北区人大代表视察木材加工企业环境治理情况　卢晓君　摄

交通·邮政业

交　通

【交通运输概况】 2010年柳北区辖3个镇7个街道办事处，城区有道路主干道3条，次干道2条，其他干道20条，总长63.96公里；乡村道路44条，总长96.2公里，基本实现村村通公路，道路基本实现硬化目标。境内水陆交通发达，主要铁路干线有贯穿东南的湘桂铁路线，从东面洛埠镇向南经鹧鸪江入境，沿途设有洛埠站、鹧鸪江站、柳州火车北站3个站点，在广雅立交桥西出境，铁路线段长23公里。辖区的柳州钢铁(集团)公司、柳州发电有限公司等6家大型企业设有铁路专线。公路主要有纵贯辖区南北的国家一级公路209国道，柳长公路，连接柳州北面四县直达贵州、湖南。有横贯辖区东西的北环高速路，连接国道主干线衡阳至昆明，重庆到湛江的公路过境通道。公路运输主要有柳州汽车运输公司白沙公路客运站，客运班车线路往返广州、南宁、三江等数个市县。公共汽车公司一柳州恒达巴士股份公司的公共汽车线路由境内开出和途径辖区的线路有39条，交通十分便利。水路运输有车渡码头、港口码头。鹧鸪江港口开通柳州至香港货运，货运固定航线香港和澳门，非固定航线有梧州、深圳、广州、中山、东莞、前山等。辖区内的跨江大桥有河东大桥、壶东大桥、壶西大桥、双冲桥、文昌大桥和在建的广雅大桥、白露大桥、鹧鸪江大桥等，将柳北区域与河东、河西市区连接。高架桥有潭中高架桥、胜利立交桥和红碑立交桥等。

【交通基础设施建设】 柳州市与中铁西南投资公司于2008年8月15日签订柳州市“三桥一路”建设项目，即：广雅大桥、白露大桥、鹧鸪江大桥和北外环路。2009年开工建设，2010年在建。“三桥一路”项目的建设，对形成柳州市快速外环路的总体框架，改善城市交通状况具有十分重要的意义。鹧鸪江大桥、白露大桥、广雅大桥以及北外环路快速通道项目，总投资约35亿元，采取BT方式合作建设，BT合同额约为27亿元。其中鹧鸪江大桥是联系河东高新区和柳北片区的主要通道；白露大桥是柳州市北外环跨越柳江的通道；广雅大桥将柳西片与市中心联系起来；北外环快速路起于西鹅乡与潭中西路相交路口，跨江后终于柳北片的东部，与鹧鸪江大桥相接。“三桥一路”项目预计2012年上半年全线贯通，届时三座气势磅礴、壮丽雄伟的现代化标志性桥梁将屹立于美丽的柳江河上，同时北外环路将使柳州交通更为便捷。

(编辑部)

【道路桥梁设施维护】 2010年柳州市市政设施维护处对辖区潭中高架桥、胜利立交桥、跃进北跨线桥等7座市内桥梁设施进行日常维修养护，清理伸缩缝8.4公里，油漆栏杆3000平

位于柳州市柳北区友谊路东的文昌大桥　　李　萍　摄

桥梁简介

2010年,柳北辖区内跨江大桥有河东大桥、壶东大桥、壶西大桥、双冲桥、文昌大桥和在建的广雅大桥、白露大桥、鹧鸪江大桥等,将柳北区域与河东、河西市区连接。高架桥有潭中高架桥、胜利立交桥和红碑立交桥、广雅立交桥等12座。

河东大桥 位于柳州市胜利路东。1980年2月10日开工,1984年5月1日建成通车。大桥总长746.43米,主体长540米,引桥长206.43米。引道长523.4米。桥面宽20米,行车道宽16米,沥青混凝土路面,预应钢筋混凝土箱形连续梁桥,桥顶高95.723米。

壶东大桥 位于柳州市潭中高架桥东。1988年6月13日开工,1989年10月1日建成通车。大桥总长833.59米,主体长544.8米,引桥长149.85米,引道长138.94米。桥面宽22米,行车道宽18米,人行道各宽2米,沥青混凝土路面,桥顶高97.25米。人群荷载350公斤/平方米。

壶西大桥 位于柳州市潭中高架桥西。1991年9月15日开工,1994年11月28日建成通车。该桥为独塔双索面斜拉桥,大桥总长790米,主桥长517.4米,引道长282.6米,桥宽24米,车道宽18米,人行道宽4米。洪水频率1/100,最高洪水位91.34米,通航水位86.48米。

文昌大桥 位于柳州市友谊路东。2003年12月26日开工,2005年9月16日建成通车。大桥总长247.25米,主体长208米,引道长951.5米,桥面宽29.5米,行车道23.5米,人行道各宽2米、3米。工程总投资4亿多元,其中建安工程费约1.8亿元。

双冲桥 位于柳州市胜利路西。2002年3月28日开工,2004年8月6日建成通车。大桥总长3013.1米,主桥632.1米,引桥东南长1011米,西北长1370米,桥面总宽32.9米,行车道宽28米。为双向六车道;主桥及南北引桥均为预应力钢筋混凝土梁结构。工程建设技术标准为城市主干路一级道路,设计行车速度50公里/小时。

潭中高架桥 位于柳州市壶东、壶西大桥之间。2000年2月29日开工,2001年12月28日建成通车。

跃进立交桥桥总长228.5米,桥面宽24米,行车道24米。潭中高架桥桥长357米,桥面宽18米。匝道长2355米,宽8米,行车道宽8米。

胜利立交桥 位于柳州市胜利路与跃进路交叉口。2004年2月25日开工建设,2004年12月28日建成通车。大桥立体长462米,宽22.5米,行车道宽22.5米,匝道长2911米,宽8米,行车道宽8米。

红碑立交桥 位于柳州市红碑路与湘桂铁路交汇处,实为红碑路下沉通道。2001年11月29日开工建设,2002年9月26日建成通车。铁路桥南北走向,桥下通道东西走向,东接跃进路,西连红碑路。桥长231米,钢架桥宽2米,行车道宽8米,人行道各宽2米,桥高4.5米。

广雅立交桥 位于柳州市柳北区广雅路与湘桂铁路相交处。实为广雅路下沉通道。1987年3月1日开工,同年6月30日建成通车。桥长27.4米,机动车道宽12米,净高5米,非机动车道各宽6.5米,净高3.5米,横穿一股铁道,桥上设双侧人行道。

方米,桥底排水系统清理4公里,疏通泄水孔4500个,桥面维修1500平方米。定期检查所管养的桥梁5次。完成胜利立交桥、河东大桥、潭中高架桥、跃进北跨线桥、浪江桥等5座桥梁结构的定期检测工作,建立桥梁“一桥一档”档案制度,逐步完善桥梁档案。6月汛期,先后启动两次防洪护桥预案,出动值班人员25人次、车辆10台次,对7座桥梁及道路内涝点实行24小时轮流值班制度,随时监控桥梁设施的运行状况及内涝状况。洪水过后迅速组织技术人员专项检查所管养的桥梁设施。

年内,柳州市市政设施维护管理处对柳北区北雀路、跃进路、柳长路、潭中中路、三中路、雅儒路等27条道路进行维修养护,完成铣刨沥青路面1.1万平方米,铺筑粗粒式沥青砼层3.2万平方米,铺筑细粒式沥青砼面层4.1万平方米,维修水泥路面4000平方米,维修人行道板3.3万平方米;6月,由柳州市市政设施维护管理处承建的北站路人行道大中修项目开工,9月竣工,工程造价123万元,工程量4628平方米。实施潭西大桥东端交通改造、壶东大桥匝道改造、八一路广雅路口下穿通道、北外环路城市快速环道工程等项目建设。

(林秋洁)

公路运输

【公路运输概况】 2010年柳北区境内负责公路运输的主要有柳州白沙客运站、柳州市第二运输有限责任公司、柳州市建兴汽车运输有限责任公司、柳州市城中汽车运输公司等单位。据不完全统计,全年公路运送乘客79.25万人,运送货物54.15万吨。

(编辑部)

【公路运输企业】

柳州白沙客运站 位于柳州市跃进路114号(胜利路与跃进路交叉口东北面),始建于1999年,是交通部批准建设的国家一级汽车客运站,是柳州市交通主枢纽重要组成部分之一。2000年5月,柳州市第二运输客运公司搬到白沙客运站大楼办公。2010年白沙客运站设有发车位24个,停车位116个,日发送旅客1万到1.2万人次。进站营运线路32条,营运客车285台,有客车153台,其中大型客车32台,中型客车121台。公路运输线路辐射广东、浙江、福建及广西区内各地市,全年客运人数79.25万人。

(吴凤媛)

柳州市第二运输有限责任公司 位

于柳州市北站路156号。前身是1950年5月13日建立的柳州市搬运公司。1974年更名为柳州市第二运输公司。2000年4月13日改制为柳州市第二运输有限责任公司，为民营企业。2005年，公司拥有职工2562人，固定资产1.10亿元，净值7904.74万元，下设有物资运输部、客运站、汽车修配厂、机具、机动车检测中心等单位。2005年以后，柳州市第二运输有限责任公司只负责货运。2010年，柳州市第二运输有限责任公司全年货运量54.15吨，货运周转量2.48亿吨公里。

（陈　琪）

城市公共交通

【城市公共交通概况】 2010年位于柳州市柳北区三中路的柳州恒达巴士股份有限公司有公交车辆1052辆，公交线路91条，新开线路2条，暂时停开线路7条。延伸、调整、恢复线路走向114条（次），其中延伸线路1条（次）；因道路施工临时调整公交线路走向66条（次），恢复线路走向33条（次），优化公交线网调整10条（次），调整线路首末班时间4条。通过柳北区的线路39条。4月15日，柳州市住房和城乡建设委员会与市交通运输局顺利完成城市客运管理职能的移交，改变柳州市城市公共交通与农村客运二元分割的管理机制，标志城市公共交通正式纳入交通运输的综合管理体系，形成城乡一体化的综合交通运输体系。年内，柳州恒达巴士股份有限公司完成运营收入1.96亿元，比上年增长2.45%；客运量2.27亿人次，比上年增长5.99%；行驶里程7329.35万公里，比上年增长0.9%；安全行车间隔里程134.91万公里/次，比上年上升16.94%；全员劳动生产率63574元/人，实现利税1814.73万元。

【运营服务】 2010年柳州恒达巴士股份有限公司配合柳州市民政局、老龄工作委员会做好老年人免费乘坐公交车工作。从7月1日起，在广西率先实行68岁老年人凭IC卡免费乘坐公交车，老年人免费乘坐公交车年龄由70岁降至68岁。并首次将柳州市六县老年人纳入免费乘车优惠范围。年内，新办老年残疾人卡1.96万张，年末累积办理老年人残疾卡9.46万张，总刷卡次数2463.3万人次。

【公交公司简介】

柳州恒达巴士股份有限公司　位于柳州市柳北区三中路140号，前身是1960年3月28日成立的柳州市公共汽车公司；1996年12月更名为柳州市公共交通总公司；1998年12月改制为柳州市公共交通有限责任公司。2005年10月29日经自治区人民政府批准，二次改制为柳州恒达巴士股份有限公司，并于2006年4月28日正式挂牌运作。2010年公司拥有职工3500多人，固定资产原值3.17亿元，有公交车辆1052辆，公交线路91条，出租车150辆，行驶里程7329.35万公里，客运量2.53亿人次。公司机关设办公室（董事会办公室）、投资发展部、人力资源部、财务审计部、运营服务部、交通安全部、技术物资部、党委工作部、武装保卫部、职工培训中心等11个工作机构；基层经营单位设4个运营分公司及1个车辆维修分公司；设有柳州恒达出租汽车有限公司、柳州恒达广告有限公司、柳州恒达信息科技有限公司、柳州恒达机动车维修有限公司、柳州恒达汽车修理有限公司、柳州恒达物业服务有限公司、柳州恒达机动车驾驶员培训有限公司、柳州市恒达旅游汽车有限公司等7个全资子公司。

（罗　辉　黎天碧）

位于柳州市柳北区三中路140号的柳州恒达巴士股份有限公司大楼

李　萍　摄

【出租车】 2010年在柳北辖区设有出租车业务的公司有柳州恒达巴士股份有限公司、柳州市润达出租车有限责任公司、柳州市精诚小汽车出租有限责任公司3家。柳州恒达巴士股份有限公司出租车150台。市精诚小汽车出租有限责任公司车辆大部分属于挂靠和承包经营性质。柳州润达出租车有限责任公司，位于柳州市柳北区白沙路13号。建于2003年，总投资67.2万元，占地面积360平方米，有出租车580辆。2010年末，柳州润达出租车有限责任公司有出租车580辆，日营运客车580台，全年完成客运量1270万人次，营业收入991万元，上缴税金102万元，实现利润169万元。

（李德海）

水路运输

【航　道】

柳　江　位于柳北区东西两侧，区界河。上承融江、龙江，下接黔江、红水河，全长192公里。辖区段长55公里，水面宽600米，水深5米。其中西侧柳江从沙塘镇金洲村蚂蜓洲西侧经鹞鹰洲西侧至柳江铁桥北侧，长30公里。东面柳江从文昌大桥至洛埠镇下窑，长25公里。可通行120吨级拖驳船队及200客位客船。

融　江　位于柳北区石碑坪镇古城至新维西侧，区界河。上承榕江、寻江，下接柳江、龙江。自榕江与寻江于三江县老堡口汇合始称融江，自北向南流经三江县、融安县、融水县至石碑坪古城流经新维出辖区进入柳江县凤山镇与龙江汇合，全长178.5公里，辖区段长5公里。因航道条件等原因，只能通行小型船舶。

【码　头】

鹧鸪江码头　位于柳北区鹧鸪江路东侧柳江河畔，距河东大桥下游约3公里，始建1992年2月14日，1994年6月建成使用。2000年10月17日，鹧鸪江码头开始柳州至香港货运。是经国务院批准开放的一类口岸。2005年4月15日，柳州钢铁（集团）公司鹧鸪江港务分公司与柳州市交通局签订协议有偿租用鹧鸪江码头5年（至2010年4月15日）。

柳州港码头　位于柳北区鹧鸪江码头内，泊位岸线长111.2米，宽31米，2号和3号两个泊位靠泊吨级分别为500吨和1000吨，年吞吐量可达50万吨，工程投资2800万元，是柳州市最大的货运港码头。

洛埠渡口码头　位于柳北区洛埠镇柳东乡环江村驻地北100米处，始建于1920年，因在洛埠街故名，横渡柳江。洪水期江宽约670米，深30米，流速2.59米/秒，流量5720立方米/秒；枯水期江宽约480米，深9米，流速0.85米/秒，流量192立方米/秒。有木船1艘，日平均客流量165人次。

黄村码头　位于黄村。始建于清乾隆十六年（1751年）。因在黄村故名，横渡柳江。1960年建成斜坡式码头泊位3个（煤炭、矿石、件贷装卸线）。1988年10月31日建成悬臂桥吊，起吊能力10吨。1993年柳州市建壶西大桥时，第2、第3个泊位废弃。2005年仅有悬臂桥吊，码头进出道路与北雀路衔接，隶属柳州泰升航运有限责任公司管理。2010年黄村码头已经废弃不用。

位于柳州市柳北区鹧鸪江路的柳州鹧鸪江港口　　李　萍　摄

油脂码头　位于柳州市北雀路西一巷西端，柳江东岸。1955年4月前是自然形成的码头。1955年5月柳州市油脂厂建厂后用此码头装卸油料，称为油脂码头。2005年，主要用于卸河砂，有卸砂斗7个，其中1个为传送带卸砂斗，又称沙码头。隶属柳北区锦绣街道办事处黄村社区管理。

白沙码头　位于河东大桥上游处，有泊位2个，为货运码头，年吞吐能力15万吨。

【渡　口】

露塘车渡　位于柳北区沙塘镇西面9公里，始建于1966年，为露塘糖厂专用，有1艘4车位双机组190马力的钢板机动船，一般往返一次30分钟，日均渡车70辆左右。

洛维车渡　位于柳州市洛维园艺场北面0.5公里。1976年扩建，有机动船2艘，日平均渡车100辆。

【航运企业】

柳州泰升航运有限责任公司　位于柳州市长风路1号。前身是1951年11月成立柳州航运总公司，是柳州市唯一一家以水路客运运输为主，船舶修造、港口装卸为辅的国有航运企业，广西航运骨干企业之一。2005年4月，市航运总公司改制为柳州泰升航运有限责任公司，为民营企业。2010年柳州泰升航运有限责任公司下辖柳航港埠有限公司、柳州市船厂、柳州港澳轮船队、柳航国际旅行社、柳航游船有限公司、柳航物业部、柳航职工医院等。2010年公司完成货运量15万吨，实现运营收入24.9万元。有职工人数218人，船舶数35艘，其中货船7艘、游船20艘、辅船8艘。

柳州市内河货运公司　位于柳州市北雀路21号。前身为1960年7月成立的柳州航运局上、下河船舶大队。1993年10月改称柳州市内河货运公司，主要经营柳江、黔江、西江、红水河

位于柳州市河东大桥上游处白沙码头　　李　萍　摄

等沿线及珠江三角洲各埠货运业务。成立运输贸易分公司，主要开展对外运贸业务，开办有水陆中转联运，代提、代购、代销、代办运输等服务项目。1998年从柳州航运总公司分出，成立柳州市内河货运公司。2010年有货船4艘，总运力2209吨，货运量1.9万吨，周转量1649万吨公里。

广西柳州钢铁(集团)公司鹧鸪江港务分公司　位于柳州市鹧鸪江码头内。2005年4月15日，柳州钢铁(集团)公司鹧鸪江港务分公司与柳州市交通局签订协议有偿租用鹧鸪江码头5年（至2010年4月15日），利用鹧鸪江码头经营范围有货物装卸、仓储、港机租赁等业务。

柳州市双龙码头货运服务站　位于柳州市鹧鸪江凤凰嘴。2010年码头经营货物装卸，主要设施有流槽1个，运输货种水渣，泊位2个，岸线长40米，航运通过能力10万吨。

柳州市永兴金港货运服务站　位于柳北区锦绣街道办事处白沙村7队。2010年码头经营货物装卸，主要设施有25吨汽吊1台，流槽1个，运输货种有水渣、水泥、钢材、白泥、河沙，有堆场4000平方米，泊位3个，岸线长101.5米，通过航运能力30万吨，靠泊能力500万吨。

（编辑部）

【港口水运工程建设】 2010年6月，自治区发展改革委员会同意将柳州港鹧鸪江作业区1~4号泊位建设规模从500吨级调整为1000吨级（水工按2000吨级预留），设计年吞吐能力为240万吨，项目总投资2.2亿元。以适应柳州水运事业发展需要，打造西江亿吨级黄金水道。

【柳州鹧鸪江港口建设】 位于柳州市鹧鸪江路东侧柳江河畔。2010年8月10日，柳州市重大项目竣工庆典仪式在柳北辖区柳州港鹧鸪江作业区举行。开工建设的柳州港鹧鸪江作业区改扩建工程，第一期规划建设1000吨级和远期2000吨级的泊位4个，其中1、4号泊位为新建，2、3号泊位为改建，项目总投资2.2亿元，设计年吞吐能力240万吨。柳州市瑞中运钢材储运有限公司采用BOT方式进行建设，预计工期2年。作为白沙货运码头的迁建项目，鹧鸪江作业区6~9号泊位建设工程开展项目前期工作。

【柳州台泥新型建材有限公司专用码头建设】 位于柳州市鹧鸪江路102号，始建于2006年，建设规模为1000吨作业泊位1个，设计矿渣粉年吞吐能力35万吨，远期目标50万吨，工程总投资1252.9万元，由企业自筹资金建设。2010年8月，柳州市交通运输局对柳州台泥新型建材有限公司专用码头进行竣工验收。该码头经过4年多的试运行，各项情况良好，符合设计要求。

【防汛救灾】 2010年6月，柳州市连续遭受中强暴雨袭击，柳州市交通运输部门开展对处于83米水位高程的白沙货运码头的防汛抢险工作，抢运出货场2万吨钢材，拆卸搬运港区内总价值约800万元的7台吊机，确保

8月10日，自治区、柳州市领导为柳州港鹧鸪江作业区1~4号泊位改扩建工程开工剪彩　（姜　立　摄）

下游几座大桥的安全。

【水路运输价格】 2010年柳州钢铁集团公司7次下调水陆联运包干运价，柳州至广东佛山各码头水陆联合运价由年初的每吨133元，调整到每吨78元。由于钢材是柳州市水路运输的主要货物，年运输量400万吨，运价的频繁下调，加上油价的上涨，柳州市大部分水运企业和营运船舶经营困难。 （周浪峰）

铁路运输

【铁路运输线概况】 2010年柳北区境内有湘桂铁路线、屯秋铁路支线、企业铁路专用线3个类别。年末，据不完全统计，铁路运输年货运量359.27万吨。

湘桂铁路线　始建于1938年8月16日，1939年12月16日建成通车。穿越柳北区境内，东南走向，从鹿寨县雒容镇进入辖区洛埠镇，经长塘镇鹧鸪江站进入市区跃进路至柳州北站，然后由市广雅路立交桥西出辖区。该铁路线在辖区段距60～80米，段长23公里，沿线设有洛埠站、鹧鸪江站、柳州北站3个站点。

屯秋铁路支线　始建于1959年12月14日，1960年1月1日建成通车。位于柳北区境内，南北走向，从柳城县东泉镇入境、经龙婆屯至屯秋矿区的拉洞车站，全长42.3公里，主要为开发屯秋铁矿资源而建。2005年因业务量严重不足，沿线各站部分站线无车进入，长年闲置，其设备保持20世纪60年代旧貌。

铁路专用线　1956～1992年，柳北辖区建有企事业单位铁路专用线23条，全长26.90公里。1993～2005年，柳北辖区有企事业单位铁路专用线9条。2010年，柳北辖区保留有柳州钢铁(集团)公司、柳州化学工业集团有限公司、柳州发电有限公司、柳州威奇化工有限责任公司、广西红卫生产资料市场等6家大型企业设有的铁路专线6条。 （编辑部）

位于柳州市柳北区跃进路1号的柳州火车北站　　李　萍　摄

【火车站点】

柳州火车北站　位于柳州市跃进路1号。1939年12月16日建成投入使用，原称柳江北站，是以办理货运为主兼办少量客运业务的2等客货东站。1950年后改称柳州火车北站。占地总面积9.34万平方米，有候车室3个941平方米，候车人数630人。售票厅1个112平方米，行包房1个219平方米，货场总面积33.34万平方米，有整车货位73个，零担货位31个，集装箱货位5个，整车仓库2个共1679平方米，零担仓库3座总面积2070平方米，年办理货运能力200万吨。柳州北站有到发线4股、货物线4股、调车库车线5股、牵出线1条，专用线12条，配调机车1台，是柳北辖区厂矿企业物资运输的主要车站，企业专用线的货运量占车站货运量的60%。1990年起，特快、直快列车不在火车北站停车，旅客发送减少。2003年6月停止客运。2009年9月柳州北站站内货场撤销，用于建设职工住宅，企业专用线也从过去的12条减至6条。2010年，柳州北站货运发送总量86.37万吨。 （戴　轶）

鹧鸪江站　位于柳北区长塘镇鹧鸪江路，隶属柳州铁路局桂林车务段。1939年12月16日建成投入使用，经铁路到达柳州或柳州发往外地的运输物资，可在鹧鸪江站到发，车站货运业务也可以通过专用线完成，为3等客货车站，并负责办理柳州钢铁（集团）公司和各专用线的取送车业务。1992年，车站有7股道，站房建筑面积240平方米，其中候车室面积78平方米，行包房面积17平方米。旅客站台2座共3656平方米，有货运仓库1座45平方米，零担仓库1座280平方米，高站台1座546平方米。2003年6月停止客运，同年9月改半自动闭塞人工板动道岔为自动闭塞。2005年9月，鹧鸪江站站场扩建增加股道。2010年鹧鸪江站货运发送总量272.9万吨。

洛埠站　位于柳北区洛埠镇，1939年12月16日建成投入使用。车站中心里程为湘桂铁路510公里+500米，主要办理列车会让和客货运业务，为4等客货车站。1992年，车站共有7股道，站房总面积119平方米，其中旅客候车室100平方米。旅客站台2座，其中第一站台面积2450平方米，第二站台3045平方米。货运设备有货运仓库2座，总建筑面积405.4平方米，货物高站台1座112平方米。

2006年后至2010年改为中转站，不负责货物发送。 （编辑部）

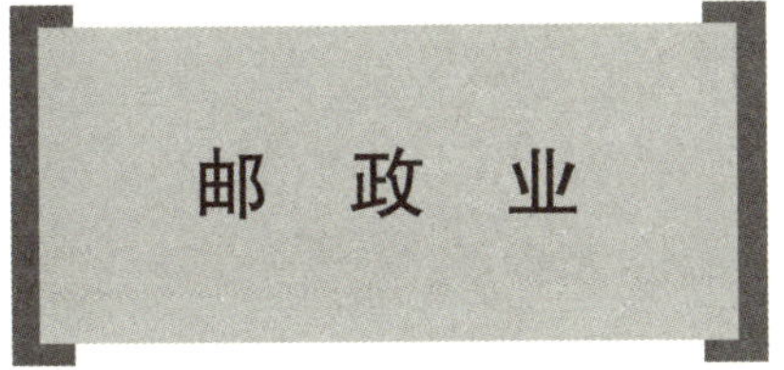

邮 政 业

【邮政机构及工作概况】 柳州市邮政局位于柳州市柳北区广场路2号。1998年柳州市邮政和电信分营。柳州市邮政局大楼2001年7月开工建设，2006年1月建成使用。柳州邮政指挥调度中心1999年2月8日开工建设，2006年1月23日建成使用。柳州邮政调度指挥中心建设面积3.42万平方米，为住宅、办公、营业性综合大楼。2010年柳州市邮政局设机关部室8个，二级生产机构（分局）7个，邮政支局所148个（其中电子化支局98个），邮政储蓄网点35个（不含邮政储蓄银行），有在职员工1570人，其中市区在岗员工907人，各县在岗员工663人。

【营业网点】 2010年柳州市邮政局在柳北辖区设有市邮政局柳北营业处、市邮政局广场营业处和市邮政局沙塘支局3个邮政营业处（局），辖7个邮所和代办所。市邮政局柳北营业处位于柳州市北雀路87号，有营业人员6人，下辖跃进路邮所、北站路邮电所、胜利路邮所3个；市邮政局广场营业处位于柳州市广场路2号，有营业人员9人。市邮政局沙塘支局位于沙塘镇沙塘街74号，有营业人员5人（含投递员2人），下辖院校邮所（柳州师范高等专科学校）、洛埠邮所、长虹邮所、大滩代办邮所4个。

【邮政投递】 2010年柳州市邮政柳北营业处设有投递班，沙塘支局、长虹邮所、洛埠邮所均设有投递员。市邮政局在柳北辖区设有报刊发行投递局柳北、跃进两个投递部，市邮政柳北投递部位于市北雀路87号，有投递员21人。市邮政跃进投递部位于市跃进路50号，有投递员24人。投递段道28个，投递员48人；自行车投递段24个，摩托车投递段2个，汽车投递段2个。其中：城市段25个，郊区乡邮段3个。城市段每日投送2次，郊区乡邮段每日投送1次。2010年，市邮政局投递方式更快捷、投递服务更个性化。投递交通工具主要有小型汽车、两轮摩托车、电动自行车、自行车。年末，柳北辖区通过小型汽车、两轮摩托车、电动自行车、自行车投递邮路为728.45公里，设有城乡信箱20个、信筒14个、书报亭54个。

柳州市邮政城市投递方式主要有3种：按址投递。即对平房用户的邮件，按邮件上书写的地址投递；对楼房用户的邮件，投放在每单元一层楼设置的信箱内或其他办法代投；机关单位的公私邮件投交单位总收发室。窗口投交：主要是包裹、高额汇票、特挂信函、保价邮件、大宗印刷品等，由邮政局投递通知单，通知收件人到邮政局或支局、所领取。专用信箱：即邮政局将邮件投入用户设在邮政局投递场地的专用信箱内，由收件人自行开箱领取。

【邮政业务】 2010年柳州市邮政柳北营业处开展的业务种类有函件、国际挂号、包件、国际包、国际小包、电汇、邮政快件、邮政储蓄、报刊、集邮等。年内，市邮政柳北营业处收寄国内函件34.59万件、国际及港澳台函件3900件，国内包裹3.51万件，国际包裹800件，国内速递8.31万件，国际及港澳台速递1000件，各类集邮品收入183万余元。

【邮政设施】 2010年柳州市邮政局开设邮政金融柜员身份指纹认证系统上线。邮政综合网到区公司的主干线从2M成功扩容升级到4M。改造柳北邮政营业网点、储蓄网点及沙塘邮政储蓄网点门店，提升门店形象，为用户提供更好的邮政服务环境。

（蔡柳丽）

责任编辑：陈素琴

位于柳州市柳北区跃进路78号的中国邮政储蓄银行 李 萍 摄

信　息　业

信息化建设

【信息化管理机构及工作概况】 2007年3月，柳北区成立信息化管理办公室，为柳北区政府办公室内设机构。2010年柳北区信息化管理办公室有在职人员4人，全年完成信息发布系统，实现信息发布多部门并行发布和管理。完成柳北区政务公开电子触摸屏系统的开发，参与制定柳北区数字化城市管理二级指挥中心方案工作。协助自治区安装调试监控、审批系统安装及调试和广西政务外网的组建工作。

【电子政务建设】

软件项目二期建设　2010年8月，柳北区信息化管理办公室完成电子政务信息系统通信通道第二版安装调试、修正第一版存在问题，并增加通信数据加密。完成工作流引擎修正、优化单步、多步流程运算，增加常用语管理及流程参数传递等相关功能。9月，完成网页编辑发布模块开发，实现网页发布、编辑、预览、网页发布审批管理等相关功能。完成短信发送模块开发，实现与电信端口远程接入短信发送、定时发送、批量发送功能。10月，完成柳北区电子政务信息系统前端平台初版开发，实现公文处理、计划安排、文档发布、文档检索、工作笔记等相关功能。

触摸屏信息发布系统　2010年9月，柳北区信息化管理办公室完成电子政务信息触摸屏信息发布系统开发，通过信息化系统加密通信数据平台进行信息传递发布，设置多级信息发布权限，使用工作流的运行模式对信息发布进行管理，可多部门并行管理发布信息，由多部门并行审批所需发布信息。

政府网站建设　2010年5月，柳北区信息化管理办公室完成柳北区政府网页改版，实现网站信息发布流程化，对网站信息发布进行多级管理。8月，向国家工信委提交网站备案。12月，重新设计网页服务器架构，采用N层式架构设计，中间信息数据通道将采用ICE（企业级数据通信通道）作为信息交换层。使展示层与数据层实现松耦合设计。并能让服务器实现多种前端语言的开发。

部门专用系统建设　2010年7月，柳北区信息化管理办公室参与制定数字城市管理二级指挥中心的方案工作，为城区实施对城市管理提供信息平台。8月，协助广西政务外网的组建工作。11月，协助自治区安装调试监控、审批系统的安装及调试工作。

运用电子绩效评估系统　2010年1月12日，柳北区信息化管理办公室协助柳州市“二次创业”绩效考评组运用电子绩效评估系统首次集中公众评议和察访核验柳北区2009年度完成市委、市政府重点工作情况。1月23日，柳北区首次采用电子绩效评估系统考评2009年社区绩效工作，钢城街道元宝社区、胜利街道胜利西社区、东社区获前三名。

【办公计算机普查】 2010年3月，柳

10月19日，柳北区信息化管理办公室人员检查网站运转情况　　李　萍　摄

北区信息化管理办公室完成政府计算机部分固定资产统计工作，柳北区行政中心有计算机403台，其中办公用计算机349台，非办公用计算机54台。柳北区司法大楼有办公用计算机60台、柳北区税源征收中心有办公用计算机15台。4月，柳北区信息化管理办公室完成办公用计算机正版软件自查工作，计算机正版软件使用率为25%。6月，进行正版软件整改，整改后柳北区办公用计算机正版软件使用率达98%。

【信息化培训】 2010年5～6月，柳北区信息化管理办公室组织开展电子政务系统应用知识培训，柳北区45个政府部门341人次参加培训。通过培训，提高政府工作人员应用计算机水平，提高政务办事效率。（蔡　文）

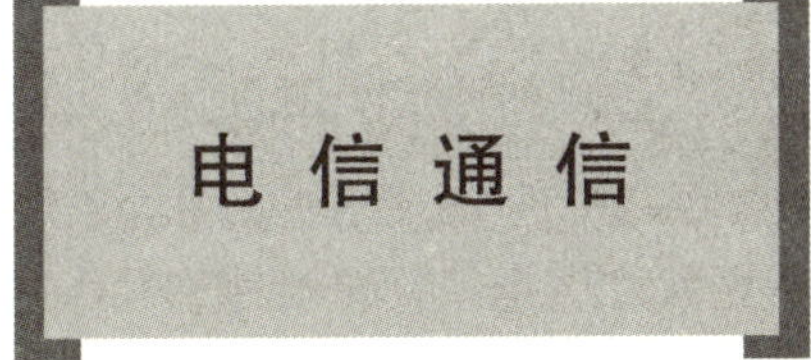

电信通信

【电信概况】 2010年在柳北辖区有中国电信股份有限公司柳州柳北区分公司、中国移动通信集团广西有限公司柳州市柳北区域营销中心、中国联通柳州分公司3家电信公司。据不完全统计，3家电信通信公司设有营业厅12家，营业网点29个，代办网点106家，电信、网络建设为柳北区客户提供多样化和个性化服务。网络建设，基本实现城区和境内高速、国道的C网信号全覆盖。

【中国电信股份有限公司柳州柳北区分公司】 位于柳州市高新二路10号，成立于2010年1月5日。2010年，中国电信柳州柳北区分公司经营范围主要是在本市行政区域内经营CDMA移动通信业务，固定网电话业务、互联网数据业务等。

营业网点　中国电信柳州柳北区分公司设有营业网点29个，其中自有营业厅8个，分别为龙城路营业厅、三中路营业厅、北雀路柳北营业厅、跃进路营业厅、文昌路营业厅、高新二路营业厅、石碑坪镇营业厅、洛埠镇营业厅。代办营业网点21个，各营业网点主要负责电信业务的咨询服务、投诉接待、综合受理等工作。

业务发展　2010年中国电信柳州柳北区分公司以“天翼”品牌统领业务发展，拓展第三代移动通信技术（3G）规模，通过品牌统领，融合创新，业务结构趋于良性和可持续发展、稳中有升。同时利用柳州经济高速发展有利时机，加快行业应用创新开发和规模推广，把握机遇实施信息化，一批具有较大影响力的项目相继中标签约。

网络建设　2010年中国电信柳州柳北区分公司加速城市光纤接入网建设，城域网出口中继带宽实现翻番；协同推进C+W（CDMA+WiFi）网络建设，基本实现城区和境内高速、国道的C网信号全覆盖，3G网络覆盖质量保持业内领先优势。

（李　娟）

【中国移动通信集团广西有限公司柳州市柳北区域营销中心】 位于柳州市友谊路5号，成立于2006年7月。2009年，成立柳北区域营销中心，在柳北辖区设立柳北服务厅、北雀服务厅、沙塘服务厅3个营业厅，拥有106家代办点及社会渠道网厅，负责经营柳州市柳北区、城中区所有中国移

位于柳州市柳北区跃进路50号的中国电信营业厅　　李萍　摄

中国电信柳州柳北区分公司营业网点(2010年)

地　址	名　称	地　址	名　称
柳州市白沙路5号	柳锌代办营业厅	柳州市沙塘街59号	沙塘代办营业厅
柳州市白沙路4-1号	锦绣代办营业厅	柳州市雅儒路273号	雅儒代办营业厅
柳州市北雀路58号	北雀代办营业厅	柳州市北雀路87号	柳北代办营业厅
柳州市三中路32号	大松通信合作营业厅	柳州市胜利小区1村	胜利代办营业厅
柳州市柳长路	海川通讯合作营业厅	柳州市北雀路28号	北雀路合作营业厅
柳州市北雀路21号	黄村代办营业厅	广西生态职业工程技术学院内	代办营业厅
柳州市沙塘新街	柳北区贸园通讯器材经营部	柳州市北站路东一巷116-2号	北站路合作营业厅

动通信业务。2010年中国移动通信柳州分公司办公地址搬迁至柳州市地委大院18栋,柳北区域营销中心有在职员工46人。

电信业务　2010年5月中国移动通信柳州分公司开展“高价值客户”属地化精细管理工程。应对存量市场竞争局势,细化存量经营、为高价值客户提供差异性服务,提高高价值客户感知度及在网粘性、深度挖掘客户潜在价值。工程以服务高价值为宗旨,以客户需求为导向,以最大保有高价值客户为目的,通过绩效考核管理机制、客户经理人力提升培训、劳动竞赛等管理工具促进工程开展。

网络建设　2010年中国移动通信柳州分公司发展网厅建设,解决外沿区域渠道网点分布不足,无终端网点管控不到位的问题。在社会渠道布局和网点效能提升方面有较大的提高。

客户服务　2010年中国移动通信柳州分公司针对区域特定集团单位、中高端及卡类客户,结合节假日营销开展集团存送、贵宾用户预存购机等活动,以服务带动营销,强化集团单位及重要客户的服务感知。联动政企中心,在柳钢、柳化等集团大单位、区域集团C类单位开展客户营销活动,获得客户好评。　(陈　茜)

【中国联通柳州市分公司】　位于柳州市潭中东路5号。2008年10月15日,柳州联通与柳州网通融合,成立中国联合网络通信有限公司柳州市分公司(以下简称中国联通柳州分公司)。2010年,柳州联通以发展为第一要务,加快企业融合、统一运营,全面整合无线及固网业务,推进全业务经营。

网络建设　2010年,中国联通柳州分公司推进网络建设进程,加大室内深度覆盖投入,WCDMA网市区覆盖率97.25%,GSM网乡镇覆盖率100%,柳州业务区内高速公路覆盖率98.47%,国道覆盖99.55%,铁路沿线良好覆盖。宽带4M及以上接入能力的端口占比为100%。全市及辖区完成1500多个小区及周边的宽带覆盖,IP城域网出口带宽计划扩容至60G。

3G业务　2010年中国联通柳州分公司为3G用户推出可视电话、手机上网、手机音乐、手机电视、手机报、无线上网卡6大类业务。面向3G用户创新推出长话、市话、漫游统一价格的资费体系,让3G用户享受到3G通信发展的成果。

客户服务　2010年中国联通柳州分公司“以客户为中心,用服务促发展”的服务理念,建立和完善营业渠道。全年合计签约商家336户,包含娱乐、健身、休闲、住宿、餐饮等。

(杜　华　唐艳萍)

责任编辑:陈素琴

位于柳州市柳北区北站路116-2号的中国移动电信北站合作营业厅

李　萍　摄

财 政·税 收

财 政

【财政机构及工作概况】 1979 年 9 月，设立柳北区财政科。1988 年 10 月，改称柳北区财政局。2002 年 9 月，柳北区接收郊区 6 个乡镇后，增设农业综合开发办公室。2003 年 3 月 24 日，成立柳北区会计核算中心，为财政局下属全额拨款事业单位。2005 年，柳北区财政局在编人员 10 人(含农发办、核算中心)。2009 年 4 月成立柳北区税源代征服务中心。2010 年，柳北区财政局内设会计核算中心、农业综合开发办公室、税源代征服务中心 3 个机构，在编人员 27 人。

2010 年柳北区财政局增强公共财政意识，发挥公共财政职能，创新理财思路，做好财政税收征管工作，优化支出结构，推进各项财政改革，促进柳北区经济社会事业全面、协调、可持续发展。全年完成财政总收入 19.53 亿元，比上年增加 4.75 亿元，增长 32.14%，支出 19.51 亿元。其中一般财政收入 17.12 亿元，比上年增长 35.25%，年均增长 26.24%。

【财政收入】 2010 年柳北区实现财政总收入 19.53 亿元，完成年度调整预算（简称预算）115.26%，增收 4.75 亿元，增长 32.14%。

城区财政收入　实现 17.12 亿元，完成预算 114.11%，增收 4.46 亿元，增长 35.34%；其中上划中央“两税”(增值税、消费税)收入 5.08 亿元，完成预算 114.72%，增收 1 亿元，增长 24.57%；上划中央所得税 2.76 亿元，完成预算 115.23%，增收 0.9 亿元，增长 48.53%；上划自治区“四税”(增值税、营业税、企业所得税、个人所得税）分享收入 2.72 亿元，完成预算 114.09%，增收 7932 万元，增长 41.15%；上划市财政分享收入 3.01 亿元，完成预算 114.44%，增收 8586 万元，增长 39.87%。

城区可用财力　实现 5.84 亿元，增收 1.08 亿元，增长 22.69%。其中本级一般预算税收收入 3.24 亿元，完成预算 111.94%，增收 8200 万元，增长 33.77%；本级一般预算非税收入 3054 万元，完成预算 114.42%，增收 880 万元，增长 40.48%；上级补助收入 2.28 万元，完成预算 118.07%，增收 1687 万元，增长 8%；上年结余 132 万元。

【财政支出】 2010 年柳北区实现财政总支出 19.51 亿元，完成年度调整预算（简称预算)115.26%，增支 4.75 亿元，增长 32.14%。

城区财政支出　实现 17.12 亿元，完成全年预算 114.11%，增支 4.46 亿元，增长 35.25%；其中上划中央“两税”(增值税、消费税)支出 5.08 亿元，完成预算 114.72%，增支 1 亿元，增长 24.57%；上划中央所得税支出 2.76 亿元，完成预算 115.23%，增支 0.9 亿元，增长 48.53%；上划自治区“四税”(增值税、营业税、企业所得税、个人所得税）分享支出 2.72 亿元，完成预算 114.09%，增支 7932 万元，增长 41.15%；上划市财政分享支出 3.01 亿元，完成预算 114.44%，增支 8586 万元，增长 39.87%。基金支出 1420 万元；上解支出 1751 万元。

10 月 18 日，柳北区人大财经工委组织委员审查财政预算调整报告　李　萍　摄

城区可用财力支出　实现5.52亿元，完成全年预算111.99%，增长20.53%；其中一般公共服务支出9022万元，完成预算107.55%，减少1.15%；国防支出144万元，完成预算197.26%，增加19.01%；公共安全3071万元，完成预算106.89%，增加4.88%；教育支出1.78亿元，完成预算117.05%，增加28.85%；科学技术支出668万元，完成预算135.22%，增加24.86%；文化体育与传媒支出162万元，完成预算103.85%，减少4.14%；社会保障和就业支出9241万元，完成预算108.44%，增加25.44%；医疗卫生支出4226万元，完成预算110.72%，增加16.77%；环境保护111万元，完成预算116.84%，增加2.78%；城乡社区事务支出5802万元，完成预算113.72%，增加28.65%；农林水事务支出2757万元，完成预算111.48%，增加14.30%；采掘电力信息等事务支出489万元，完成预算96.07%，增加629.85%；商业服务业等事务支出663万元，完成预算409.26%，增加24.38%；住房保障支出187万元，完成预算100.54%，增加274%；其他支出850万元，完成预算69.22%，增加96.76%。

【税收征管】　2010年柳北区进一步贯彻“加强征管、堵塞漏洞、清缴欠税、惩治腐败”的方针，做好辖区纳税大户的服务工作，强化税收征管力度，对重点行业、重点企业、重点项目和重点税源进行监控，财政收入稳步快速增长，全年实现财政收入17.12亿元，同比增长35.25%，超额完成2010年预算任务和柳州市下达的财政收入任务。

【农民补贴】　2010年柳北区财政局支持经济发展和城区中心工作，争取到土地净收益分成资金6505万元。重点支持社会主义新农村建设，落实强农惠农政策，促进城乡协调发展。加大对农民的补贴力度，其中发放家电下乡补贴1.69万台505万元，汽车下乡618辆182万元。整合财政支农资金，扶持青茅花卉公司等龙头企业，带动农业发展，提高农民收入。

【粮食综合直接补贴】　2010年柳北区贯彻执行国家各项支农惠农政策，转移支付粮食综合直接补贴金额

表一　**柳北区一般预算收支决算情况（2010年）**

收入预算科目	调整预算数（万元）	决算数（万元）	支出预算科目	调整预算数（万元）	决算数（万元）
一、税收收入	32438	32438	一、一般公共服务	8120	8120
增值税	4604	4604	二、外交		
营业税	12463	12463	三、国防	144	144
企业所得税	4115	4115	四、公共安全	2946	2946
企业所得税退税			五、教育	18917	18917
个人所得税	1163	1163	六、科学技术	668	668
资源税	19	19	七、文化体育与传媒	162	162
固定资产投资方向调节税			八、社会保障和就业	9274	9274
城市维护建设税	4609	4609	九、医疗卫生	4243	4243
房产税	1967	1967	十、环境保护	112	112
印花税	2084	2084	十一、城乡社区事务	5464	5464
城镇土地使用税			十二、农林水事务	2756	2756
土地增值税			十三、交通运输		
车船税	1414	1414	十四、资源勘探电力信息等事务	203	203
耕地占用税			十五、商业服务业等事务	663	663
契税			十六、金融监管支出		
烟叶税			十七、地震灾后恢复重建支出		
其他税收收入			十八、住房保障支出	991	991
二、非税收入	2940	2940	十九、其他支出	968	852
专项收入	2005	2005			
行政事业性收费收入	506	506			
罚没收入	422	422			
国有资本经营收入					
国有资源(资产)有偿使用收入	7	7			
其他收入					
本年收入合计	35378	35378	本年支出合计	55631	55515

表二　　柳北区一般预算收支总决算情况(2010 年)

收入预算科目	决算数(万元)	收入预算科目	决算数(万元)
本年收入合计	35378	本年支出合计	55515
上级补助收入	23349	上解上级支出	2536
返还性收入	3393	一般性转移支付	
增值税和消费税税收返还收入		体制上解支出	
所得税基数返还收入		出口退税专项上解支出	
成品油价格和税费改革税收返还收入		成品油价格和税费改革专项上解支出	
其他税收返还收入	3393	专项转移支付	2536
一般性转移支付收入	14119	专项上解支出	2536
均衡性转移支付补助收入			
民族地区转移支付补助收入			
调整工资转移支付补助收入	1538		
农村税费改革补助收入	425		
县级基本财力保障机制奖补资金收入			
结算补助收入	231		
村级公益事业“一事一议”奖励资金收入			
公共安全转移支付收入	425		
教育转移支付收入	2509		
其他一般性转移支付收入	8991		
专项转移支付收入	5837		
专项补助收入			
增发国债补助收入			
转贷财政部代理发行地方政府债券收入		转贷财政部代理发行地方政府债券支出	
上年结余	132		
调入资金		调出资金	692
1.政府性基金调入		年终结余	116
2.国有资本经营预算调入		其中:本级	116
3.预算外调入		减:结转下年的支出	116
4.其他调入		其中:本级	116
地震灾后恢复重建调入资金		净结余	
预算稳定调节基金调入		其中:本级	
收入总计	58859	支出总计	58859

221.86 万元，补贴种粮面积 5343.83 公顷,受益农户 1 万多户。其中:石碑坪镇粮食综合直接补贴金额 106.59 万元,补贴种粮面积 2579.27 公顷,受益农户 3930 户;沙塘镇粮食综合直接补贴金额 61.53 万元，补贴种粮面积 1489.52 公顷,受益农户 3173 户;长塘镇粮食综合直接补贴金额 45.54 万元,补贴种粮面积 1076.69 公顷,受益农户 2484 户;白露街道办事处粮食综合直接补贴金额 8.2 万元，补贴种粮面积 198.37 公顷,受益农户 464 户。

【财政监督及依法理财】 2010 年柳北区开展财政监督和审计检查,落实农村中小学免收学杂费财政补助工作，协助配合柳州市财政局、柳州市教育局、柳州市计划生育委员会、柳州市民政局、柳州市劳动局及柳北区审计局等单位,专项审计柳北区 2005 年度财政收支的情况以及有关财政专项资金收支情况,完成教育督导评估、计划生育、三项整治及三项会战项目情况检查。按照公平、公开、公正的原则委托中介机构审核城区建设工程项目的招标、验收,工程决算等。柳北区依法行政，依法理财，规范财政工作秩序,执行《预算法》和《广西壮族自治区预算监督条例》,接受柳北区人大及其常委会的监督、柳北区审计局的各项审计。

（宋子骁　黄柳静）

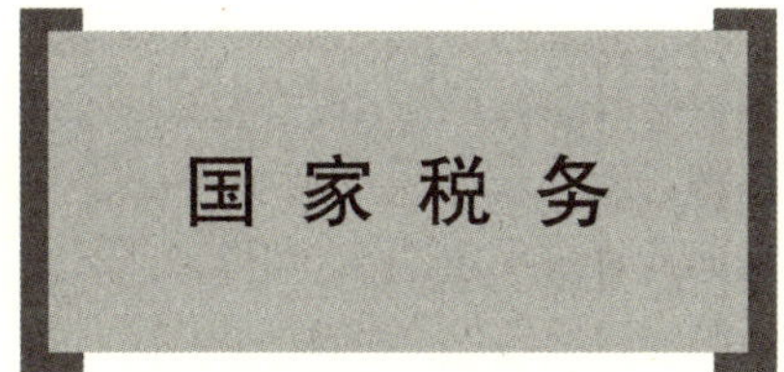

国家税务

【国家税务机构及工作概况】 1987 年设立柳州市税务局雀儿山分局,下设北站、黄村、胜利、雀儿山 4 个税务

6月21日,柳北区人大代表视察柳北区国税局　　李萍 摄

所。1994年9月,柳州市税务局雀儿山分局分别组建柳州市国家税务局雀儿山分局和柳州市地税局柳北分局。1997年4月,原柳州市国税局郊区分局的石碑坪、沙塘、长塘、洛埠4个税务所划归柳州市国家税务局雀儿山分局管理。2005年6月18日,柳州市国家税务局雀儿山分局更名为柳州市柳北区国家税务局,在编人员67人,设有办公室、综合业务股、税源管理一股、税源管理二股、税源管理三股、计划征收股(对外称办税服务厅)和北雀税务分局、沙塘税务所8个部门。办公地址在柳州市雅儒路424号。2010年1月,柳北区国家税务局内设机构10个、派出机构1个、事业单位1个,税务人员58人,设有对外的办税服务厅和办税服务窗口。年内管辖纳税登记户3156户,涉及行业42个,其中单位纳税人924户,个体纳税人2232户。按增值税纳税人统计,一般纳税人508户、非个体小规模纳税人416户,个体工商户2232户(其中不达起征点的1363户)。全年组织入库税款15.41亿元,同比增收3.51亿元,增长29.47%。

【依法治税】 2010年柳北区国税部门层层分解落实税收执法监督保障机制任务和税收执法岗位责任,形成“分工协作、齐抓共管”的执法控管机制。开展重案审理、行政审批、行政复议和税收执法检查,严格执行税收执法管理信息系统内控制度,发挥税收执法信息系统作用,规范税收执法行为、提高税收执法质量;做好各项税收新政策的衔接实施,维护纳税人合法权益,实现涉税大要案件“零发生”、稳定社会秩序,营造公平税收环境。公平税负,依率计征,依法严肃查处各种偷、逃、抗税等不法行为,为企业营造公平、公正、有序的税收环境,全年征管六率均达到自治区优秀标准。

【税收征管】 2010年柳北区国税局进一步夯实征管基础,严格户籍管理,利用征管系统,加强非正常户监管。深化外部信息应用,加强社会综合治税网络建设。贯彻落实发票管理条例,按照上级部署推进普通发票改革。强化行政监管,推动行业自律管理,提高涉税单证业务质量。在上年管理增收工作的基础上,完善管理增收工作长效机制。

【税收宣传培训】 2010年柳北区国税局开展“税收宣传月”、“工业园税收服务日”、“中小企业服务月”等一系列宣传税收政策活动。结合税制改革和税收政策调整,抓好新税收政策实施培训,全年开展专题辅导培训班5期,培训400人(次),进行企业辅导41户次,召开座谈会9次、解决涉税问题32个。

【纳税服务】 2010年柳北区国税局统筹纳税服务规划,统一标识、设施、色彩、资料,整合办税流程,建立全职能综合办税窗口,推进办税服务厅规范化建设,改善办税环境。做好税收“一窗式”、“同城通办”管理服务,重点抓好“大企业服务窗”、个体工商户办税专窗和“工业园税收服务日”的工作。强化首问责任、限时、告知、预约和延时服务制,为纳税人提供个性化、专业化、优质化服务。推进政府信息公开和办税公开,纳税人有知情权、参与权、表达权和监督权。通过强化纳税信用等级的评定和分类管理,将纳税人信用等级向社会公开,创造诚信纳税的社会氛围,税收征管工作出现新局面。全年贯彻落实国家各项税收优惠政策,为企业办理减(免、退)税2.93亿元。

【信息化建设】 2010年柳北区国税局以信息技术为支撑,创新纳税服务方式,加大企业“网上申报、短信申报、网上认证、网上抄报税、财税库行联网”的推行力度,开发短信、邮件群发平台,启动QQ在线税收咨询、视频在线辅导等服务内容,提升信息化服务水平。开展发票关联分析,探索建立企业、行业通用纳税评估分析模型、收入预测评估分析模型。加强信息采集和信息共享,推进税务机关内部之间、与政府有关部门和相关社会组织之间信息共享;加强信息综合分析利用、信息比对。　(罗方龙)

地方税务

【地方税务机构及工作概况】 1994

年10月，成立柳州市地税局柳北分局。1997年8月变更为柳州市地税局柳北征收分局。1999年1月，更名为柳州市地税局柳北分局。2002年9月，原柳州市地方税务局郊区分局的北郊、沙塘、石碑坪、洛埠4个税务所，划归柳州市地税局柳北分局管理。2004年4月改称柳州市柳北区地方税务局。2010年，柳北区地方税务局内设机构8个，在编人员85人。

2010年柳北区地税局累计完成柳州市局口径各项收入（不含地方其他水利建设基金、文化事业建设费和地方教育附加）入库5.99亿元，增收9811万元，增长20%。累计完成柳北区政府口径各项收入（不含地方其他水利建设基金、文化事业建设费和地方教育附加）5.40亿元，增收9586万元，增长22%。其中：地方各税收入5.79亿元，增收9249万元，增长19%；教育费附加2004万元，增收561万元，增长39%；税务罚没收入7万元，增收2万元，增长31%。完成代征文化事业建设费101万元，增收22万元，增长28%；残疾人就业保障基金272万元，减收18万元，减幅6%；地方教育附加905万元，增收222万元，增长33%；地方其他水利建设基金852万元，增收273万元，增长47%；工会经费346万元，减收2万元，减幅1%。年末，柳北区地税局荣获柳州市地税系统集体三等功和税收工作项目创新奖。

【重点税源监控】 2010年柳北区地税局严格按照重点税源管理工作要求，实行专人管理，建立台账，按期报送数据，完善重点税源动态分析制度，及时掌握税源变化情况，税款及时入库。全年208户重点税源入库税款3.21亿元，占总体税额61%。

【新增税源管理】 2010年在柳北辖区新建的鸪鸪江大桥、白露大桥、广雅大桥和北外环路工程是新增税源，柳北区地税局为工程提供税务事项方面的辅导，委托施工单位中铁三桥一路工程指挥部对全部施工单位统一税务事项联络，统一税款代征和开具发票。年内，“三桥一路”入库税款3684万元，比上年增收3208万元。

【税收管理】 2010年柳北区地税局从源头上进行社会综合控管治税，柳北区政府支持整合国税、地税、财政等部门资源，在柳州市率先设立柳北区税款代征中心。组织召开公安、检察院、法院、工商、发改局、经贸局、国税局、地税局、财政局等部门联席会议，建立全方位的协税护税网络体系，全年柳北区税款代征中心组织零散税收突破5000万元。

【税收分析】 2010年柳北区地税局开展税收分析工作，实行分行业、分税种税收分析和预测，提高横向和纵向的预测税收增长和把握税源变化能力。在行业方面，加强房地产业、建筑业、运输业行业的税收分析；在税种方面，开展营业税、个人所得税、企业所得税税种税收预测分析，着重加强对影响税收增长的正负两方面的因素分析，总体效果良好，为健全税收分析体系提供宝贵经验。

【税收征管】 2010年柳北区地税局税收征管方式由“管理型”逐步向“服务型”转变、由“粗放型”向“集约型”转变，实现税收征管“科学化、精细化、信息化”，组织收入进度与时间进度同步，税款及时足额入库。签订目标责任制，科学合理确定各征管单位的收入任务。以税收风险管理为导向，以纳税人规模和行业为主，对税源实施科学分类。积极探索按纳税人类型、行业分类，按税源管理环节实行专业化分工的管理模式。9月初，确定3户纳税人作为推广应用税控收款机试点后，在柳北区范围内全面推广税控收款机。年内，柳北区税控收款机用户达45户。

【税务执法】 2010年柳北区地税局成立税收执法督察、执法监察和效能监察领导小组，开展税收执法督察、执法监察和效能监察工作。5月，开展税收执法检查、执法监察、行政效能监察自查活动。7月，分别开展税收票证与税款解缴情况自查；开展“小金库”专项治理“回头看”自查工作和100%重点检查工作；开展税控收款机专项检查。年内，严格按照个体工商户税

位于柳州市三中路跃进村162号之一的柳北区地税局办税服务大厅

李 萍 摄

收定期和定额征收管理办法，按规定公示；审批停歇业符合规定，系统信息与审批材料相符。规范发票的领、用、存管理，发票用户领票与核准购票量相符。按规定程序办理注销税务登记，按程序办理非正常户的认定，按期公示。规范纳税申报的受理、审核、延期申报、纳税评估程序。对减免税、财产损失税前扣除要先行自查，规范审批手续；依法征收通过出让方式获得的房地产开发项目用地城镇土地使用税、印花税。加强清理欠税工作力度，建立欠税档案、欠税报告制度，开展实行欠税约谈，严格执行欠税公告制度，严肃清欠工作纪律。通过采取税收保全措施。年内，柳北区地税局清理历年欠税 638 万元。

3 月 26 日，柳北地税局成立全市第一家城区局党风廉政文化活动室

柳北区地税局　提供

【纳税服务】 2010 年柳北区地税局以完善服务方式为载体，完善纳税服务制度，优化纳税服务方式。规范办税服务厅的软件建设，不断优化多元化申报纳税方式，健全以网上办税为主体，上门办税、电话办税等方式为补充的办税体系，运用自助办税终端系统，拓展自助纳税服务的手段。践行“一窗式”、“一站式”服务，实行“一人通办”、绿色通道、导税员制度、岗位问责制。年内，深入辖区企业调研，详细了解企业税源变化情况以及存在的困难，帮助企业用足用全相应的税收优惠政策，培植税源，促进企业的发展。全年办理各类减免税 103 户，减免税款 778.5 万元；办理企业资产损失税前扣除 3 户，扣除金额 12.33 万元；技术改造国产设备投资抵免企业所得税 1 户，抵免企业所得税 9.4 万元。

【建筑房地产业税收管理】 2010 年柳北区地税局运用营业税管理系统管理建筑业、房地产业。全年完成建筑业项目登记 336 个，登记总投资 15.50 亿元，实现税收 5206 万元；完成房地产业项目登记 18 个，登记总投资 38.69 亿元，实现税收 1.17 亿元。

【税款入库管理】 2010 年柳北区地税局强化对商务 POS 机划转税款的管理，在执行商务 POS 机相关操作规程的基础上，增加商务 POS 机划转税款的跟踪台账，对税款进行监控，尽可能预防税款的流失及违法违纪案件的发生。严格执行《柳州市地方税务局关于建立内控机制加强税款征收管理的通知》及《商务 POS 机刷卡征收税款操作规程（适用城区局）》、《商务 POS 机刷卡征收税款操作规程（适用县局）》、《征收现金税款操作规程》、《商务 POS 机操作说明》等 14 个制度。

【税法宣传】 2010 年柳北区地税局在第 19 个税收宣传月中，在柳北区各街道、社区、农村各村委会公告栏张贴海报 100 余幅、悬挂以“税收·发展·民生”为宣传主题的横幅 14 幅；在办税服务厅的电子显示屏、触摸屏滚动播放各种税法宣传提示；在办税大厅派发个人所得税、企业所得税咨询材料 1000 份。4 月，“百千万”服务纳税人活动全面铺开，税收服务小分队深入辖区企业，宣传全员网上申报个人所得税代扣代缴工作，发布最新税收政策、法规政策，营造良好的依法治税环境。

【党风廉政建设】 2010 年柳北区地税局抓好“两权”监督，制约和防范执法岗位风险，没有出现违法违纪行为。在柳州地税系统率先成立第一家城区局党风廉政文化活动室。年内，贯彻落实自治区人民检察院《检察建议书》、《自治区地方税务局关于进一步加强岗位风险防范建立部门内控机制的通知》，对照《广西地税系统重大事项、重点环节、重点岗位监控管理职责分解表》所确定的重要监控事项，认真查找本部门、本单位在税收“两权”监督管理方面存在的缺陷和不足，着重查找涉税事项审批、税收征管（特别是税款征收及报解）等方面的存在问题，认真梳理各岗位权力运行中存在的或潜在的廉政风险点 48 个，并确定风险等级，制定具体的防控措施。（陆　葵）

责任编辑：陈素琴

银行·保险·证券

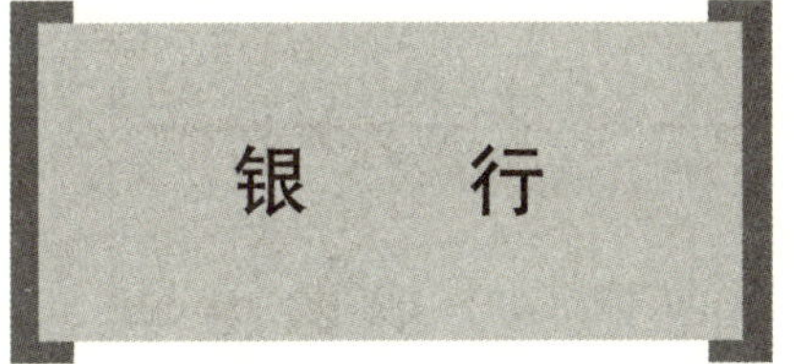

银　　行

【银行业概况】 2010年在柳北辖区的银行有政策性银行、国有大型银行、股份制商业银行、城市商业银行、邮政储蓄银行、农村信用合作联社6类8家，机构网点73个，从业人员2214人。年内，银行机构各项业务快速发展，服务质量持续改善，为柳北区经济发展，企业和民生服务做出贡献。

【中国人民银行柳州市中心支行】 位于柳州市解放北路47号，成立于1949年12月20日。2010年设工作机构16个、直属机构1个和6个县支行。年内，柳州市中心支行贯彻落实适度宽松的货币政策，加强信贷政策和金融市场监督管理，稳步推进地方金融改革，改善辖区金融生态环境，维护辖区金融稳定，提高履行基层央行职责能力，强化风险防范的针对性，金融服务水平进一步提升，辖区经济金融稳健运行。

货币政策执行　年内，加强货币政策工具管理，发放支农再贷款1.9亿元。办理再贴现22.23亿元。履行好小企业风险补偿金的审核职责。

金融稳定　年内，建立柳州金融风险监测工作制度，完成2009年柳州市金融稳定报告。建立柳州金融风险点档案。加强对农村信用社改革试点专项票据兑付后续监测工作。

金融市场监管　年内，严格监测城市商业银行和农村信用社进入同业拆借市场。建立定期的分析报告制度，按季完成《柳州金融市场运行情况报告》。

外汇管理　年内，完成出口收汇核销5.80亿美元，同比增长29.01%；进口付汇核销19.29亿美元，同比增长61%。跨境人民币结算业务13笔金额7.56亿元。银行结售汇总额24.73亿美元，同比增长47.13%。

金融统计　年内，贯彻执行各项金融统计制度，按时按质做好金融统计基础工作。实现辖区开业的7家小额贷款公司金融统计数据监测。

信用体系建设　年内，不断完善企业和个人征信系统建设。在广西首创“柳州市推荐诚信中小企业融资季报统计制度”，督促银行业金融机构加大对诚信企业的信贷投入和政策扶持。信用评级工作实现零的突破，辖区5家中小企业取得外部评级结果，6家担保公司与专业评级机构达成外部评级意向。

经理国库　年内，组织实现财政收入201.18亿元，同比增长28%，办理各级预算支出265亿元，同比增长23%，办理各级预算收入退库8亿元。实现家电下乡、教师工资、百岁老人补助资金从国库直接拨付收款人账户。

反洗钱监管　年内，加大反洗钱现场检查力度，对兴业银行、工商银行、瑞达期货和华安保险等4家金融机构开展现场检查工作；建立良好的反洗钱合作机制，强化与市公安局和市金融监管部门沟通、协作。

清算系统建设　年内，通过“银行卡刷卡无障碍示范街区”活动，加强银行卡受理市场建设，整治银行卡违法犯罪专项行动。完成广西首笔跨境贸易人民币结算工作。顺利推进电子商业汇票业务推广工作，改善农村地区支付结算环境。做好同城票据清算系统和ABS管理工作。

货币金银规范化管理　年内，加强发行基金管理，从总量和结构上满足辖区人民币正常流通需要。全年反假货币宣传活动60余次，直接受众4万人。收缴假人民币267.12万元。3月29日，柳州钞票处理中心整体划转至中国人民银行柳州市中心支行，承担对广西辖区回笼券清分、复点、销毁任务。全年实现销毁人民币8.69亿张，金额303.46亿元，清分回笼完整券8.52亿张。（韦　敏）

【柳州银行柳北支行】 位于柳州市北雀路35号，成立于1987年9月，前身是柳北城市信用合作社。1997年3月28日组建柳州市城市合作柳北支行，1998年9月更名为柳州市商业银行柳北支行。2010年9月1日，改称柳州银行柳北支行，有在职员工72人，内设职能部门7个，下辖营业部1个和营业网点4家，负责柳州银行柳北片区客户群的营销工作。年内，柳州银行柳北支行加大存贷款业务的营销力度，加强与柳北区政府各职能部门联系与沟通；以柳北区区域经济为依托，明确目标，加大对白露工业园、

位于柳州市三中路47号的农行柳州分行大楼　李　萍　摄

沙塘工业园、长塘工业园等工业园区内企业的营销工作；抓好柳钢下游产业链企业、柳钢非钢所属企业、柳化下属企业的营销及资金回笼工作；做好广西红卫仓钢材市场内钢材经销商的存贷款营销工作，推广联保贷款和签发银行汇票等业务。调整信贷结构，优化信贷投向，重点支持贷款定价高、贷款回行率高，还款来源有保障的中小企业。

业务经营　2010年柳州银行柳北支行以“服务市民，服务地方经济、服务中小企业”为主要市场定位，致力于成为“市民的银行，社区的银行，中小企业的伙伴银行”，主要产品有“微贷通”、“商贸通”、“商农通”、“建材通”和“创业通”等小额贷款产品，以及龙城理财、短信银行、同业及资金市场、龙城卡、大学生卡、VIP卡、校园卡等金融产品。年末，各项存款余额8.7亿元，各项贷款总额6亿元。

营业网点　2010年柳州银行在柳北辖区设立营业部1个，二级支行营业网点4家。柳州银行营业部位于市北雀路35-1号；柳州银行北雀路支行位于市北雀路89号；柳州银行钢都支行位于市北雀路129号；柳州银行胜利支行位于市胜利路12-8号；柳州银行锦绣支行位于市锦绣路2号景秀园13栋。　（杨　婧）

【中国农业银行股份有限公司柳州分行】 位于柳州市三中路47号，成立于1987年3月。2010年中国农业银行股份有限公司柳州分行（以下简称农行柳州分行）有在职员工1665人，内设职能部门16个，下辖12个一级支行，其中城区支行6个，县域支行6个，对外营业网点105个。

业务经营　2010年农行柳州分行贯彻落实柳州市“三年四千亿、工业再翻番”发展战略，积极内部挖潜，扩宽融资渠道，加大实体贷款的投放力度。本外币各项存款余额266.13亿元，同比增加39.79亿元，增幅17.58%；各项贷款余额175.77亿元，同比增加20.3亿元，增幅13.06%；全年累计投放贷款287.34亿元，贴现98.8亿元，签发银行承兑汇票57亿元，转出贴现42.96亿元，再贴现7.53亿元，新增实体贷款27.52亿元。

网点建设　2010年农行柳州分行投入大量资金推进网点标准化建设，大力投放电子机具及自助设备，完善营业网点功能分区，提高电子渠道业务分流，提升整体服务功能。农行柳州分行在柳北辖区设有一级支行2个，在柳北区胜利路、跃进路、白沙路、北雀路等主要路段设立对外营业网点17个，从业人员1092人，存款余额48亿元，其中对公存款22.2亿元，储蓄存款25.8亿元。（杨启文）

【中国银行股份有限公司柳州分行】 位于柳州市屏山大道178号，成立于1980年4月。2010年中国银行股份有限公司柳州分行（以下简称中国银行柳州分行），有在职员工480人，内设职能部门10个，下辖营业部1个和二级营业网点25家。

业务经营　2010年中国银行柳州分行通过开展专项理财、贸易融资等营销服务手段，加大产品拉动作用，为柳北区企业提供全方位的金融服务。在跨境贸易人民币结算业务方面实现业务新突破。推出“中银信贷工厂”业务，发展中小企业贷款，优化客户结构，开辟新的增长点，带动个人业务和贸易融资业务的发展。年内，中国银行柳州分行在个人金融业务方面加大储蓄业务发展力度，拓展客户群体和个人理财、代发工资、银行卡和第三方存管业务。继续推行零售贷款直客式服务模式，开展业务竞赛和

中国银行柳州分行在柳北辖区营业网点情况（2010年）

机构名称	机构地址
中国银行股份有限公司柳州市柳北支行	柳州市北雀路125号
中国银行股份有限公司柳州市八一支行	柳州市八一路96号
中国银行股份有限公司柳州市跃进路支行	柳州市跃进路58号对面
中国银行股份有限公司柳州市雅儒路支行	柳州市雅儒路250号对面
中国银行股份有限公司柳州市三中路支行	柳州市三中路64号柳州市电影公司一楼
中国银行股份有限公司柳州市北雀路支行	柳州市北雀路118号

产品推广，推动个人业务的快速发展。

营业网点　2010年中国银行柳州分行在柳北辖区设有营业网点6个，从业人员79人。先后完成柳北区雅儒路分理处、三中路分理处、北雀路分理处升格支行和业务功能转型工作，推进网点标准化改造进程，使柳北辖区各中行网点能够办理公司贷款、个人贷款、理财业务等各项业务。全年完成各项存款余额11.12亿元，各项贷款余额6.13亿元。

（毕闻世　刘精锐）

7月9日，工行柳州分行领导下到柳北区企业进行调研　　工行柳州分行　提供

【中国工商银行股份有限公司柳州分行】　位于柳州市广雅路9号，成立于1985年1月。2010年，中国工商银行股份有限公司柳州分行(以下简称工行柳州分行)有在职员工1494人，内设职能部门16个，管辖一级支行9个、二级营业网点63个。主要完成机构扁平化管理、守押社会化、远程授权等管理机制改革。

业务经营　2010年工行柳州分行拥有自动柜员机136台、商务POS机1500台，电子银行业务替代率达57.75%；获得金融理财师(AFP)和国际金融理财师(CFP)人数分别达到6人和49人，形成分区域、立体化、多渠道的现代商业银行服务新格局。全年完成各项贷款余额185.2亿元，同比增长27.61%。本外币各项存款余额209.17亿元。年内，晋升为自治区工行系统首家总行级小企业信贷业务一类行，为支持柳州中小企业发展奠定基础。

网点建设　2010年工行柳州分行在柳北辖区设立网点13个，从业人员137人。全年实现利润4.79亿元，中间业务收入1.69亿元。　（贾可莹）

【中国建设银行股份有限公司柳州分行】　简称建行柳州分行。位于柳州市北站路2号，成立于1954年10月1日。2010年有员工935人，营业机构53个，其中营业部1个、网点型城区支行47个、城区分理处1个、综合型县支行2个（县支行下辖2个分理处）。其中，在柳北辖区有营业网点11个，员工467人。全年全行实现账面利润3.8亿元，增幅为3.5%，人均创利40.64万元。年末全口径存款200.14亿元，人均存款2045.13万元，网均存款3.78亿元。全年各项贷款余额140.75亿元，贷款不良率0.1%。

业务经营　2010年，建行柳州分行在优化信贷结构的同时，打好民生

中国工商银行柳州分行在柳北辖区营业网点情况(2010年)

机构名称	机构地址
中国工商银行股份有限公司柳州市跃进路支行	柳州市跃进路106号
中国工商银行股份有限公司柳州市柳长路支行	柳州市柳长路103号
中国工商银行股份有限公司柳州市工人村支行	柳州市雀儿山路3号
中国工商银行股份有限公司柳州市木材厂分理处	柳州市北雀路68号
中国工商银行股份有限公司柳州市锦绣路支行	柳州市跃进路80号门面
中国工商银行股份有限公司柳州市北雀路支行	柳州市北雀路67号
中国工商银行股份有限公司柳州市广雅支行	柳州市广雅路19号
中国工商银行股份有限公司柳州市鹧鸪江支行	柳州市北雀路149号
中国工商银行股份有限公司柳州市胜利支行	柳州市胜利小区综合商店西楼一单元
中国工商银行股份有限公司柳州市北站支行	柳州市柳州市北站路114号
中国工商银行股份有限公司柳州市北雀路第二支行	柳州市北雀路129号
中国工商银行股份有限公司柳州市黄村支行	柳州市北雀路21号
中国工商银行股份有限公司柳州市雀儿山支行营业厅	柳州市雀儿山路1号

牌，对广西工学院校园扩建、市人民医院、市工人医院、市中医院基本建设项目提供贷款，同时大力发展小企业资产业务，解决小企业资金难题，到年末小企业贷款9.60亿元，比年初新增8.40亿元。全年投放各类住房及个人贷款20.46亿元，贷款余额53.44亿元，贷款新增11.4亿元。在队伍建设方面，组建一支由专职个人客服经理和个人业务顾问组成的客户经理队伍，同时深化网点转型，促进网点服务水平上台阶，至年末个人存款余额99.35亿元，比年初新增13.22亿元。全行办理国际结算5.35亿元，实现外汇中间业务收入1022万元，外汇存款余额760万美元。个人网上银行新增4.11万户。手机银行新增2.49万户，电子渠道分流率33.3%。

（陈大为　姚宏峰）

【中国交通银行股份有限公司柳州分行】 位于柳州市跃进路2号，成立于1988年8月。2010年，交通银行股份有限公司柳州分行（以下简称交行柳州分行）在柳北辖区内设立营业机构6个，其中分行营业部1个、城区支行5个：交行柳州分行三中支行、交行柳州分行柳北支行、交行柳州分行红碑支行、交行柳州分行黄村支行、交行柳州分行白沙支行，有在职员工263人。年末，交行柳州分行人民币各项存款余额43.99亿元，增长16.87%，其中储蓄存款余额9.60亿元；外汇存款余额593万美元。人民币贷款余额51.70亿元，增长43.61%；不良贷款率0.14%；办理银行承兑汇票23.6亿元，办理贴现12.3亿元。办理国际结算4.80亿美元，实现利润2.05亿元。年内，交行柳州分行新建立为零售高端客户提供专业化理财服务的沃德网点1家，新建离行式自助银行4个、离行服务点9个。（仇海建）

【中国邮政储蓄银行有限责任公司柳州市分行】 位于柳州市广场路2号，成立于2008年2月。2010年，中国邮政储蓄银行有限责任公司柳州市分行（简称中国邮储银行柳州市分行），内设职能部门8个，下辖一级县支行3个，二级支行50个，其中一类支行15个，二类支行28个，邮政金融代理网点7个，从业人员317人。年末，邮储银行柳州市分行全辖居民储蓄存款余额36.04亿元，全年净增4.36亿元，增幅13.94%。全辖累计发放绿卡13.35万张，发放绿卡通2.72万张；投资理财产品（包含日日升）销售2.4亿元。

营业网点　2010年在柳北辖区设有邮政储蓄银行3家：中国邮政储蓄银行柳州市八一路支行位于八一路109号；柳州市北雀路支行位于北雀路87号；柳州市沙塘支行位于沙塘镇沙塘街74号。从业人员22人。主要业务：开办代理保险、理财（基金）、国债、代发工资、网上银行、跨行转账业务。

邮储网上银行　2010年6月，邮储银行个人网上银行全面对外开放，为客户提供上网免费查询、转账、购买理财产品等业务；全辖有ATM75台，存取款机4台。电子渠道和传统渠道不断完善，为补充网点不足缓解前台压力起到技术支撑作用。

（黄　烜）

【柳州市区农村信用合作联社】 位于柳州市河东路7号，成立于1988年3月，前身是柳州市城区农村信用合作联社。2007年4月，经中国银行业监督管理委员会广西银监局批准，柳州市城区农村信用合作联社在所辖的12家农村信用社的基础上改制为柳州市区农村信用合作联社，实行统一法人、统一核算、分级管理、授权经营的管理体制。2010年，柳州市区农村信用合作联社在柳北区设营业网点12个，从业人员82人。

业务经营　2010年柳州市区农村信用合作联社各项存款保持持续增长。全辖完成存款84.51亿元，比上年末增加28.61亿元，增幅50.97%。其中，对公存款余额为47.08亿元，比上年末增加19.70亿元，增幅71.90%；储蓄存款余额37.67亿元，比上年末增加89.184亿元，增幅23.67%。贷款投放稳步增长。各项贷款余额56.49亿元，比上年末增加17.02亿元，增幅43.12%；其中中小企业贷款42.35亿元，占全部贷款余额的74.96%。

网点建设　2010年柳州市区农村信用合作联社继续加大营业网点整合和优化力度。年内，完成柳州市区农村信用社潭中总社营业厅、柳州市区农村信用社静兰分社和营业部景行分社的形象升级以及柳州市区农村信用社胜利分社的新网点开业。创建文明规范服务，为基层营业网点配备大堂经理，树立服务品牌新形象。（文　勇）

保　险

【保险业概况】 2010年在柳北辖区进行保险营销的保险机构有6家，分别是中国人民财产保险股份有限公司柳州市分公司、中国人寿保险股份有限公司柳州分公司、中国太平洋财产保险股份有限公司柳州中心支公司、中国太平洋人寿保险股份有限公司柳州中心支公司、中国平安财产保险股份有限公司柳州中心支公司、中国平安人寿保险股份有限公司柳州中心支公司。

【财产保险】

中国人民财产保险股份有限公司柳州市分公司　位于柳州市中山中路37号。2010年，中国人民财产保险股份有限公司柳州市分公司有从业人员500人。在柳北区设有支公司1家，位于柳州市广雅路5号，从业人员20人。全年公司累计实现保费收入5.17亿元，比上年增长20.5%，支付赔款2.07亿元，综合赔付率57.44%，占柳州非寿险市场份额53.73%。年内，公司注重拓展车险、企财险、工程险、货运险等业务领域，加强与人保寿险公司、信用联社等合作力度，启动运营电销渠道，提高业务留存率和竞争力；在经营上，注重增强责任促规范，制定出台依法合规经营考核评价办法。逐级签订实施党风廉政建设责任状、依法合规经营承诺书、财经纪律责任状、理赔人员承诺书，强化各级管理者和关键岗位人员的责任。配合监管部门、行业协会做好行业自律工作，加强对中介市场的规范工作；在社会履责上，服务经济社会助发展，稳步推动甘蔗种植火灾保险、林木火灾保险等农业保险，发展承运人责任险、医疗责任险、校园方责任险等责任保险，实现非煤矿山安全生产责任险零的突破，探索城镇居民基本医疗保险（未成年人）社保补充项目试点；在客户服务上，提升理赔效率优流程，继承和推进全区理赔标杆经验的基础上，完善理赔线的改革和创新，案件处理率104%，比上年上升4个百分点。公司分别荣获中国人民财产保险股份有限公司总公司“学习先锋团队”、自治区财产保险系统二级先进单位，柳州市社会综合治税工作先进单位等称号。（廖　艳）

【人寿保险】

中国人寿保险股份有限公司柳州分公司　位于柳州市三中路77号。2010年，中国人寿保险柳州分公司有在职员工215人，销售人员近1000人。全年实现保费收入7.8亿元，同比增长12.6%，占柳州寿险市场份额45%。其中，实现寿险保费收入7.3亿元，意外险保费收入1658万元，健康险保费收入2929万元，分别同比增长12.2%、17%、19.5%。年内，推出首款递增型养老年金分红保险——福禄满堂，实现保费收入1889.7万元；推广农村小额保险业务，全年实现农村小额保险保费收入93万元，赔付件数117件，赔款73.8万元，赔付率79%；联合柳州市政府启动农村计划生育家庭爱心保险业务，为4万户独生子女家庭及双女结扎户家庭办理“广西农村计划生育家庭爱心保险”，人身风险保额近25亿元。（陆　艳）

中国太平洋人寿保险股份有限公司柳州中心支公司　位于柳州市八一路23号。在柳北区设有白沙大道营销服务部。2010年，公司有从业人员537人，其中营销员434人。公司开办险种160余个，覆盖人寿保险、年金保险、健康保险、意外伤害保险等多个领域。年内，公司主打产品有鸿福人生、金泰人生以及团体意外伤害保险、附加意外伤害团体医疗保险、附加意外伤害住院补贴保险、红福宝（分红型趸缴、期缴）。全年实现保费收入1.36亿元，比上年增长21.10%。标准保费收入1.24亿元，比上年增长20.94%。（王　勤）

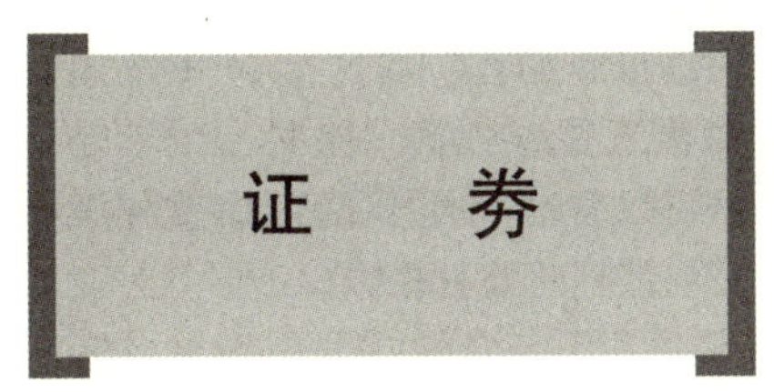

证　券

【证券经营】　2010年柳北区有证券营业部1家：国海证券有限责任公司柳州北站路证券营业部。

国海证券有限责任公司柳州北站路证券营业部　位于柳州市北站路14号中百大厦二楼，成立于1993年7月，前身是广西建设信托投资公司柳州证券交易营业部。1996年12月由广西国际信托投资公司收购。2002年6月，广西证券收购广西国际信托投资公司和广西信托投资公司的证券营业部，并增资扩股更名为国海证券有限责任公司柳州北站路证券营业部。该营业部有营业面积2545平方米，设有散户交易大厅、大户室、中户室、次中户室和VIP贵宾室，为客户的操作提供良好的环境。营业部业务范围包括沪深A股、B股、基金、国债现券、国债回购、企业债券、ETF、LOF、权证及金融衍生产品等业务。交易方式有现场委托、电话委托、网上交易、手机炒股等。全年营业部交易总额253.39亿元。年内，新增开户数9518户，年末，开户数4.51万户，创业板交易开户数1.04万户，客户托管资产总额21.05亿元。（赵程艳）

【上市公司】　2010年柳北辖区有上市公司2家，分别是柳州化工股份有限公司、柳州钢铁股份有限公司。

柳州化工股份有限公司　成立于2001年3月6日，设立时股本为8678.6万元。2003年7月2日，向社会公开发行人民币普通股（A股）6000万股，每股面值1元。2003年7月17日，股票在上海证券交易所上市交易，总股本达14678.6万元。2010年5月，柳化股份实施2009年度利润分配和资本公积金转增股本方案，即10送2转3派1元（含税），使公司总股本由原来的26623.16万股增至39934.75万股。年末，公司总资产44.09亿元，净资产14.34亿元，营业收入20.88亿元，净利润5669万元，每股收益0.14元，加权平均净资产收益率4.00%，总市值达39.06亿元。

（柳州化工股份有限公司　提供）

柳州钢铁股份有限公司　成立于2000年4月14日，前身为广西柳州金程股份有限公司，柳州钢铁集团持股比例占公司股份总数的84%。2001年9月，公司变更为柳州钢铁股份有限公司。2007年2月5～6日采用网下配售和网上发行相结合方式向社会公开发行人民币普通股（A股）10700万股，每股面值1元，2007年2月27日在上海证券交易所正式上市交易，发行价10.06元。2010年柳钢股份总股本为256279.32万股，年末公司总资产185.22亿元，净资产52.89亿元，营业收入371.15亿元，比上年增长39.71%；净利润6.31亿元，比上年增长133.57%，每股收益0.25元，比上年增长133.57%；加权平均净资产收益率12.26%，比上年增加6.73个百分点，总市值达126.60亿元，比上年减少41.12%。

（柳州钢铁股份有限公司　提供）

责任编辑：陈素琴

经济管理与监督

工商行政管理

【工商行政管理机构及工作概况】 柳州市工商行政管理局柳北分局(简称柳北工商分局)1986年6月成立,前身为柳北工商所。1988年4月组建柳州市工商局柳北分局,在编人员30人,内设职能部门5个,下设北站、雀儿山、黄村3个市场管理所,管辖农贸市场9个。2005年12月,柳北工商分局在编人员60人,内设政秘、注册登记、监管执法业务科3个职能部门,下设北站、雀儿山、长塘、沙塘4个基层工商所。2010年柳北工商分局设政秘科、注册登记科、监管与执法科3个职能部门,下设北站、雀儿山、长塘、沙塘4个基层工商所,在职干部职工60人。管辖区域东起壶东大桥西端,西至洛埠镇,南起雅儒路与八一路交接处,北至石碑坪市场,监管范围320多平方公里,管辖纯农贸市场24个,各类市场33个。办公地点设在柳州市跃进路80号。

【信息化建设】 2010年柳北工商分局落实新"三定"(定岗、定员、定责任)和停征"两费"(个体工商户管理费和集贸市场管理费),推进传统工商管理向信息化工商管理转型,完善工商系统网络升级改造工作,实现市级系统跨地域同一业务数据信息共享。以"12315"指挥中心为重点,整合市场主体信息和食品安全监测中心信息、广告监测中心信息、电子地图信息、案件查处信息等,实现各项业务信息数据无缝链接。通过开展岗位练兵,各工商所注册登记人员熟练掌握计算机网络信息操作应用技术,熟练掌握工商执照受理、审核、办照、发照、归档、年检、验照等具体工作,由单纯收费转向信息化监管执法。

【市场经济秩序监管】

食品安全监管　2010年柳北工商分局专门成立食品流通监督管理科,将食品市场巡查与经济户口管理、食品抽样检查,食品分类监管等结合起来,完善食品市场监管档案,提高市场巡查针对性和有效性。同时在"一会两站"(消费者协会、消费者投诉站和12315申诉举报联络站)中聘请食品安全义务监督员23人,发挥社会监督职能,延伸监督广角,拓宽监督管理渠道,做到群防群治。全年办理《食品流通许可证》417份。

五项惠农工程　2010年柳北工商分局实施"五项惠农工程"(放心农资、经济活农、服务助农、权益保农、扶优助强),围绕重点季节、重点地区、重点市场、重点品种和重大案件,整顿和规范农资市场秩序,建立市场监管长效机制。年内,查处商品交易市场违法违章案件8件,罚没金额26.5万元。

行政执法　2010年柳北工商分局强化市场监管信息共享,运用信息化成果,严厉打击各种非法传销活动。配合柳北区政府和有关部门开展防控禽流感、整治矿山非法生产、整治

11月19日,柳北工商分局人员检查北站路食品经营户进货台账情况

吕　玉　提供

位于柳州市跃进路80号的柳北工商分局办证大厅　　李　萍　摄

在柳钢周边回收废旧金属等违法行为以及打击地下“六合彩”等各项执法专项整治行动。

【消费者权益保护】 2010年柳北工商分局根据《柳州市工商局全面推进“12315”信息化网络建设工作方案》，完善《“12315”行政执法网络构成及各部门工作职责》、《“12315”消费者申诉举报网络工作流程》、《“12315”消费者申诉举报网络岗位职责》、《“12315”消费者申诉举报案件分流、处理时间规定》等15项工作制度，完善“12315”消费维权信息化网络建设，基本完成“12315”平台与企业登记、广告监测、市场监管、商标监管、行政执法、纪检监察等业务工作的互通整合，实现对消费者申诉举报的网上受理、网上分流转办、网上调度指挥和网上反馈。组织人员进农村、进社区、进学校、进商场、进市场，开展点多面广的消费维权大服务周活动，构建工商部门畅通民意平台，建立消费者投诉站36个，“12315”接待站36个，形成“覆盖城乡、反应敏捷、行动迅速、处置得当”的维权网络体系，全年受理消费者投诉和举报1253件，为消费者挽回直接经济损失125.07万元。

【企业登记管理】 2010年柳北工商分局依法进行企业登记，简化登记程序，降低准入门槛，改革审批制度；编制企业登记管理相关审批事项操作规范和审批流程图，对现有企业登记管理事项分门别类，明确依据、程序、提交材料及示范文本，落实受理方式、登记审查方式、登记格式文本“三个规范”，实现登记标准、登记程序和登记要求的“三统一”。实行政务公开和首问责任制、限时办结制；做到程序公开化、表格标准化、用语规范化，提供申请、受理、审批一站式服务。年内，在柳北工商分局登记的企业1929户，从业人员1.53万人，注册资本11.81亿元。

【企业服务管理】 2010年柳北工商分局按照“一横一纵四片区”的发展思路，坚持“产业引领、项目支撑、特色打造、集群发展”的原则，支持柳北区白露、沙塘、鹧鸪江、石碑坪四个工业园区建设。加强企业服务意识，优化工商政务环境，制定招商引资服务跟踪责任制、预约服务制等措施，拓宽引资渠道。对于引进的项目和企业，固定服务人员，亲自走访企业，了解企业存在的问题和困难，为企业提供政策法律咨询和工商管理指导。

【企业商标培育】 2010年柳北工商分局结合柳北辖区企业实际，筛选出一批规模大、经营效益好、社会信誉高、经济实力强的企业作为争创驰(著)名商标的重点培育和发展对象，主动引导帮扶企业参与争创著名、驰名商标活动，帮助企业提高商标知名度和市场竞争力，通过打响一个品牌，活跃一片经济、富裕一方百姓，促进地方经济健康发展。年末，柳州诸葛亮家具有限公司的商标“诸葛亮”被认定为广西著名商标。

（吕　玉）

个体私营经济

【个体经济发展概况】 2010年柳北区有个体工商户8263户，从业人员1.31万人，注册资金6.59亿元。年内，新增个体工商户1138户、从业人员2545人、注册资金1.43亿元。

2010年柳北区有私营企业1929户，从业人员1.53万人，注册资金11.81亿元。年内，新开业303户，从业人员2424人，注册资金1.78亿元。有农民专业合作社56户，会员409人，出资额9274万元。内资企业总数117户，注册资金5362万元。其中，集体企业户数63户，注册资金总额2012万元；股份合作制企业户数16户，注册资金总额1012万元；内资企业户数31户，注册资金总额1000万元。

【个体经济管理】 2010年柳北工商分局改革个体工商户登记制度，推进“一审一核”制，实行个体工商户分层分类登记注册。柳北工商分局委托下属4个工商所办理个体工商户登记注册和年检验照工作。

【个体工商户行业分布】 2010年柳北区登记注册的个体工商户主要分布在11个行业。从产业结构看，仍以批发零售业为主。批发零售业个体工商户6065户，占总户数的73.40%；其次是居民服务和其他服务业805户，占总户数的9.74%；住宿和餐饮业619户，占总户数的7.49%；制造业291户，占总户数的3.52%；租赁和商务服务业282户，占总户数的3.41%；农林牧渔业66户，占总户数的0.8%；文化、体育和娱乐业64户，占总户数的0.77%；信息传输、计算机服务和软件业38户，占总户数的0.46%；科学研究、技术服务和地质勘查业12户，占总户数的0.15%；教育业1户，占总户数的0.012%；交通运输业、仓储和邮政业6户，占总户数的0.073%，建筑业3户，占总户数0.03%，其他服务业11户，占总户数0.13%。

【私营企业行业分布】 2010年柳北区登记注册的私营企业主要分布在16个行业。从产业结构看，仍以批发零售业为主。批发和零售业895户，占总户数46.39%；其次是租赁和商务服务业256户，占总户数13.27%；制造业240户，占总户数的12.44%；信息传输、计算机服务和软件业174户，占总户数9.02%；科学研究、技术服务和地质勘查业96户，占总户数4.98%；建筑业70户，占总户数3.63%；房地产业63户（物业公司），占总户数3.27%；居民服务和其他服务业51户，占总户数2.64%；农林牧渔业24户，占总户数1.24%；住宿和餐饮业19户，占总户数0.98%；交通运输业、仓储和邮政业13户，占总户数0.67%；水利环境和公共设施管理业11户，占总户数0.57%；文化、体育和娱乐业10户，占总户数0.52%；采矿业3户，占总户数0.16%；教育业2户，占总户数0.10%；电力、燃气及水的生产和供应业2户，占总户数0.10%。

【个体私营经济发展特点】 2010年柳北区个体私营经济呈现旺盛发展态势，个体私营企业三次产业发展均衡，第三产业仍占主导地位。从8263户个体工商户的产业分布看，从事第一产业66户，占总户数0.80%；第二产业行业291户，占总户数3.52%；第三产业7889户，占总户数95.47%；从个体工商经济发展特点看，分类比较集中在批发零售业和居民服务以及其他服务业，分别占总户数73.40%和9.74%。区域明显主要集中在重要的集贸市场和居民居住地。由于资金本小，涉及的制造业比较少，主要是一些简单的初步加工。

从1929户私营企业的产业分布看，第一产业24户，占总户数1.24%；第二产业行业245户，占总户12.70%；第三产业1579户，占总户数81.86%。从私营企业经济发展特点看：主要集中在批发零售业和租赁以及商务服务业，批发和零售业895户，占总户数46.39%；其次是租赁和商务服务业256户，占总户数13.27%；私营企业行业主要是依托辖区的大型企业——柳州钢铁（集团）公司发展钢材销售行业，集中在商业和居民服务业，重点发展第三产业。制造业比较集中在柳北区的几个工业园中。柳北区的养殖企业和高新企业都比较少，这些都是需要支持和扶持的行业。

（钟　娟）

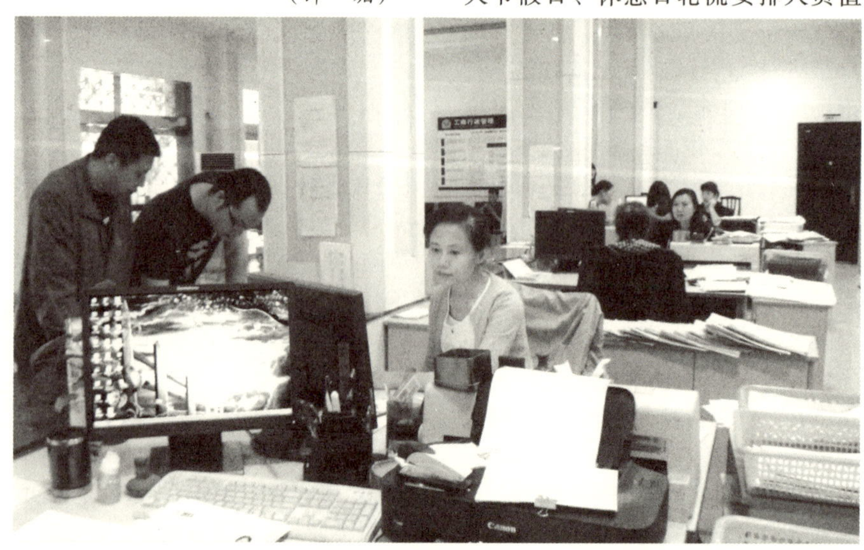

5月23日，柳北工商分局人员为个体户办证　　李　萍　摄

物 价 管 理

【物价管理机构及工作概况】 1988年4月成立柳北区物价检查所，业务由柳州市物价局指导，行政属柳北区人民政府事业单位，在编人员3人。2005年柳北区物价检查所在编人员5人。2009年12月更名为柳北区物价局，撤销事业编制，有行政编制5人。2010年5月柳北区物价局在柳北区发展改革和经济局挂牌。

2010年柳北区物价局围绕“促生产、畅流通、建机制、保民生”的主题，全面加强市场价格调控监管工作，加强对市场价格的引导和规范。全年开展各项物价检查184次，出动人员460人次，检查单位、商店摊点553家，责令清退多收价款7.93万元，实行经济制裁3万元。年内，柳北区物价局荣获自治区价格监督检查案卷评查优秀奖和广西价格举报工作先进集体等称号。

【价格监督检查】

价格检查　2010年柳北区物价局成立市场价格应急检查小组，在重大节假日、休息日轮流安排人员值班,快速处理价格举报案件和处置突发事件。组织人员到市场和商店加强对粮食、油、肉、禽、蛋、蔬菜等居民生活必需品和塑料管(桶)、帐篷、钢材、水泥等部分重要救灾物资价格变动情况的监督检查,仅春节前后出动人员48人,重点检查辖区的农贸市场、商业网点、超市、奶制品厂、客运车站,旅游景点等120家单位价格变化情况,加强对市场价格监测。年内,柳北区还出动市场价格应急检查小组调查核实市民反映的食盐价格上涨情况,监测食盐市场价格及供需情况,保证辖区食盐市场稳定有序。针对市民群众反映强烈的辖区住宅小区停车保管收费情况,柳北区物价局出动人员,查处有违章行为、违规超标收费单位3起,责令物业管理公司严格按照《柳州市住宅小区车辆停放服务收费指导标准》进行规范收费。

2月8日,柳北区物价局人员开展日用品价格检查　　许　凤　摄

米粉涨价检查　2010年1月,柳州市15家米粉生产厂家相互串通,将米粉出厂价由原来每500克0.68～0.75元不等幅度,统一上调至每500克0.98元,实行价格垄断。案情发生后,为配合柳州市物价局对米粉涨价检查,柳北区组成联合执法检查小组,发挥57个乡镇、社区价格监督站作用,重点检查辖区的北雀路、跃进路等11条主要街道333家米粉店,发放价格政策提醒函328份,检查覆盖率90%。通过检查,发现有13家米粉店涨价,受理消费者投诉7起,对米粉涨价的违规者责令改正,整改率100%。

药品和医疗服务价格检查　从2010年2月28日起,柳北区作为广西医药卫生体制改革首批试点单位,在辖区14家公立基层医疗机构正式启动国家基本药物制度。为配合柳北区医药卫生体制改革,柳北区物价局抽查辖区柳北区医院、欣发社区服务中心和解放社区服务中心3个卫生院(服务中心),贯彻实行国家基本药物零差率销售和价格公示情况。通过检查,这些医院和卫生服务中心都能认真执行国家基本药物零差率销售和价格标准。同时还对辖区部分医院、卫生院、医疗服务中心和药店进行医院药品和医疗服务收费价格检查,重点检查医院的外科、妇科、理疗检查收费价格情况,发现有多收费、超标准收费行为的单位及时查处,责令退还多收款1.10万元,经济制裁1万元。同时在4个镇和7个街道实行和推进新型农村合作医疗保险制度和城市社区卫生服务体系建设,规范医院价格收费秩序,减轻群众不合理的医疗费用负担。

教育收费检查　2010年柳北区物价局结合教育体制改革,落实义务教育免费政策,重点查处辖区改制学校、公办初中、幼儿教育是否有违规收费情况,规范辖区中小学校学生食堂收费情况。全年出动人员167人次,检查辖区幼儿园23所65次,查处幼儿园自立收费项目及不执行政府指导价等违法价格行为,责令违规单位清退多收价款金额4.49万元,没收违法所得资金2.01万元。年内,与城区教育局联合组织开展学前教育收费政策培训,指导幼儿园完善财务制度、规范食堂管理及合理开设兴趣特色班等,辖区公办、企办及民办私立幼儿园负责人参加培训。

涉农价格检查　2010年柳北区物价局结合实施“惠农政策进千万农户”活动,在辖区开展涉农价格与收费政策落实情况检查。邀请村民120人和养殖户40人参加各镇召开的涉农价格和收费专项检查工作座谈会,围绕农民关心的教育、医疗(国家基本药物零差率销售情况)、农村水电价格、养殖用电价格、农业生产性费用等问题向农民了解相关情况,印发《柳北区涉农(价格)收费明白册》1.5万册。当了解到市供电部门未按规定给予农村用电优惠价格后,柳北区物价局主动与市供电部门协调,退还多收农村电价3000元。落实村民种植蔬菜和养殖用电优惠政策,使种植养殖村民每年可以减少用电费用1000元。开展农贸化肥质量和重量检查4次,查处化肥农资店销售化肥捆绑价格行为后,责令石碑坪化肥批发零售店整改1家。

涉企收费检查　2010年柳北区物价局为企业提供维权和政策服务,8次走访筹建落户柳北区工业园企业9家,收集企业对行政事业性收费、经营服务性收费、社会团体收费等收费项目治理和整顿工作意见,了解企业在生产经营和发展过程中需要政府帮扶的问题，编写《柳北区涉企收费调研报告》，提交政府作为支持中小企业发展的依据。

【价格宣传教育】 2010年柳北区物价局把价格法宣传送进学校、社区、商场、医院。在社区和市场悬挂收费公示宣传条幅5条，发放价格政策宣传资料、收费公示册2000多份，并设立咨询台现场办公，解决和解答群众提出的各种价格收费问题和举报投诉问题。4月23日，柳北区物价局在沙塘镇召开基层物价监督员价格检查业务知识培训班，主要学习新出台的涉农收费和惠农新政策，提升价格收费监督力度，提高涉农价格收费透明度，有105人参加培训。年内，组织推荐盛君、海纳公司等11个单位参加柳州市第三届“价格诚信单位”评选和“百城万店无假货”活动，柳北区有“价格诚信单位”4个，分别是：柳州市穗柳饼家实业有限责任公司、柳州市盛君空调电气设备有限公司、柳州市中百华联超市有限公司、柳州市柳北区沙塘中心卫生院。北站路为全国“百城万店无假货”示范路。

11月3日，柳北区物价局人员到北站路示范街商店进行明码标价检查

许 凤 摄

【明码标价管理】 2010年柳北区物价局给辖区18个房开公司发放规范新建商品房销售价格文件通知，指导辖区房开公司制作销售公示牌，提高新建商品房交易信息公开透明度，保障交易双方当事人的合法权益。年内，柳北区物价局对辖区北站路示范街沿街的150家商店、商铺明码标价工作进行宣传和检查，实行专人负责常抓不懈，并根据工作特点自制《柳北区商品和服务实行明码标价检查情况备案表》，组织人力分时段按照《柳北区关于商品和服务实行明码标价的规定》要求，重点检查北站路“百城万店无假货”示范街沿街商户的商品和服务价格明码标价情况，标价率由65%上升至95%，规范率达90%。

（许 凤）

柳北区市场油类、肉类、蔬菜类、水果类等价格对比情况（2006～2010年）

商品名称职	规格	计量单位	2006年	2007年	2008年	2009年	2010年
菜籽油	散装	元/500克	4.5	6	5.8	5.5	5.5
大豆油	散装	元/500克	4.3	6.5	5.7	5.5	5.5
花生油	一级桶装	元/5升	65.5	105	102	78	96
大豆调和油	一级桶装	元/5升	58	61	55	51.8	64
鲜猪肉	精瘦肉	元/500克	8.5	14	15	8.5	12
鲜猪肉	肋条肉	元/500克	8.5	14	14	13	16
鲜牛肉	新鲜去骨	元/500克	12	13	14	20	18
鲜羊肉	新鲜带骨	元/500克	12	15	11	18	19
活鸡	活肉鸡1～1.5公斤	元/500克	12	9	11	7	8
鸡肉	白条鸡 开膛 上等	元/500克	10	9	15	8	10
鸡蛋	新鲜完整 鸡场蛋	元/500克	3.8	3.8	4	5.5	7
带鱼	冻 250克左右	元/500克	7	7	7	10	12
草鱼	活1000克左右一条	元/500克	4.5	5	6	6.5	6
鲤鱼	活500克以上一条	元/500克	5	6	5	5	5
芹菜	新鲜一级	元/500克	1	1.3	1.2	3	2
大白菜	新鲜一级	元/500克	0.6	0.5	0.3	0.8	0.5
油菜	新鲜一级	元/500克	1.5	1	1.2	1.5	2

续表

商品名称职	规格	计量单位	2006 年	2007 年	2008 年	2009 年	2010 年
黄瓜	新鲜一级	元 /500 克	1.5	1.2	1.2	2	1.2
萝卜	新鲜一级	元 /500 克	0.6	0.8	0.5	1	0.8
茄子	新鲜一级	元 /500 克	1.5	1.5	1.5	2	1
西红柿	新鲜一级	元 /500 克	1	1.5	1	1.8	1.5
土豆	新鲜一级	元 /500 克	0.8	1.2	1	1.3	2
胡萝卜	新鲜一级	元 /500 克	0.8	1.2	1.2	1.5	1.5
青椒	新鲜一级	元 /500 克	1.5	1.3	1.3	2	1.5
尖椒	新鲜一级	元 /500 克	1	1.5	1.7	2	1.5
圆白菜	新鲜一级	元 /500 克	0.7	0.7	0.7	1	0.8
豆角	新鲜一级	元 /500 克	2	2	2	3	3.5
蒜苔	新鲜一级	元 /500 克	3	3	2.5	3	5
韭菜	新鲜一级	元 /500 克	1.5	1.5	1.8	2.8	2
芦柑	一级	元 /500 克	1.3	1	1.3	1.2	2
苹果	红富士一级	元 /500 克	3	2.8	2.5	2.5	5
香蕉	国产一级	元 /500 克	1	1.2	1.5	1.5	1.8
西瓜	当地主销一级	元 /500 克	1.5	1.5	2	2	2
豆腐	无包装	元 /500 克	5.5	5.5	4	5	5.5
食用盐	精制无碘盐	元 /500 克	1.3	1.3	1.3	1.3	1.3
鲜牛奶	当地主销(袋装)	元 /500 克	3	3	1.5	2.7	3
白砂糖	当地主销(袋装)	元 /500 克	2	2	2.5	3	4
红糖	当地主销(袋装)	元 /500 克	2.8	2.5	2.5	3.5	4
酱油	当地主销(瓶装)	元 /500 毫升	3	3	4.5	4.5	4.5
醋	当地主销(瓶装)	元 /500 毫升	1.8	2.5	3.5	2.5	2.5
液化石油气	钢瓶装	元 /15 公斤	90	117	117	104	115

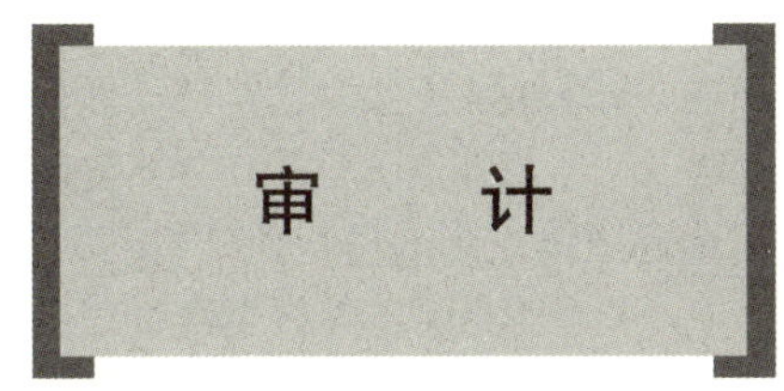

审　计

【审计机构及工作概况】 1987 年 10 月成立柳北区审计科，1989 年 5 月更名为柳北区审计局，在职人员 2 人。2010 年柳北区审计局在职人员 5 人，其中具有中级职称 2 人，初级职称 3 人。年内，柳北区审计局认真贯彻“依法审计，服务大局，围绕中心，突出重点，求真务实”工作方针，树立“科学审计”理念，发挥审计“免疫系统”功能，注重从机制、体制、制度层面揭示和反映问题，规范经济运行秩序，促进经济发展。全年完成审计项目 158 个，查出违规金额 58 万元，管理不规范金额 809 万元，应上缴财政金额 49 万元，应归还原渠道资金 3 万元，已调账资金 39 万元。核减工程造价 703.77 万元。柳北区审计局被评为柳州市县区审计创新先进单位、市投资审计工作先进单位、市审计科研及信息工作先进单位等称号。

【财政审计】 2010 年柳北区审计局贯彻实施本级预算执行审计监督制度，重点审计财政部门组织本级预算执行情况、财政预算外资金收支管理及部门预算执行等情况，较好反映财政资金筹集、分配、使用和运行的基本情况和存在的突出问题。查出管理不规范金额 39 万元，违规金额 3 万元。根据审计结果向柳北区人大、柳北区政府提出审计建议被采纳5 条，被审计单位执行审计率达 100%。

【投资审计】 2010 年柳北区审计局完成政府投资项目审计 153 个，送审金额 4826.20 万元，核减资金 703.77 万元，核减率 14.58%。协助建设单位完善投资项目合同条款，为控制和监督投资项目施工过程中的造价，严格结算审核，节约建设资金等方面发挥重要作用。

【专项资金审计】 2010 年柳北区审计局严格执行专项资金管理有关规定，认真开展农业综合开发治理项目专项审计，全年完成专项资金审计金额 450 万元，查出管理不规范金额 74 万元，挽回经济损失 74 万元，保证政府实施强农惠农和改善民生各项政

5月4日,柳州市审计局领导到柳北区检查审计工作　　赖德勇　摄

策以及资金使用得到有力监督。

【行政事业审计】 2010年柳北区审计局以规范街道办事处财务管理、提高财政资金使用效益为审计目标,以财税政策执行、各类资金收入和专项资金使用以及内控制度执行情况为审计重点,从真实性审计逐步转向效益性审计。全年查处管理不规范金额423万元,违规金额55万元,出具审计决定1份,提出审计建议2条,被审计单位制定整改措施2项,促进街道办事处财政规范和财务管理水平的提高。

【经济责任审计】 2010年柳北区审计局首次试行任中审计和镇领导"捆绑式"审计模式,从事后监督逐步转变为事前、事中监控。年内,受中共柳北区委组织部委托,完成经济责任审计3人,其中任中经济责任审计2人,任期经济责任审计1人。查出管理不规范金额273万元,为强化党风廉政建设,实施领导干部考核任用和加强领导干部监督管理提供依据。

【审计基础建设】 2010年柳北区审计局加强审计基础建设、完善审计法制建设管理机制,推进审计工作信息化和现场审计实施系统(AO)全面应用,逐步实现审计工作手段和技术方法现代化,自主研发并成功运用无模板采集财务数据和投资项目审计管理软件,并应用于各项审计工作中,保证审计工作规范有序开展。年内,柳北区审计局推荐2名业务骨干参加南京审计学院审计函授本科班学习。　(梅　筠)

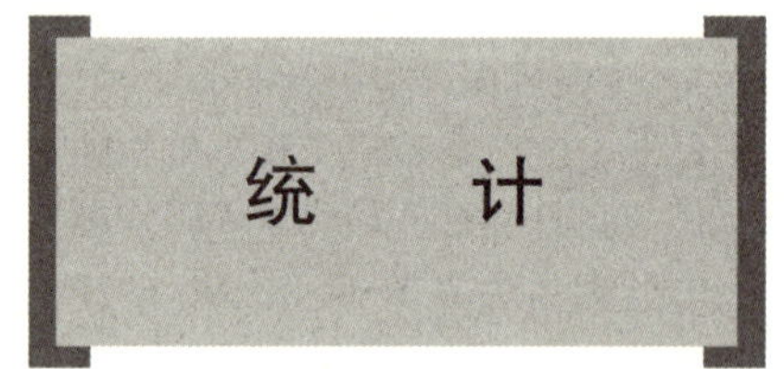

统　计

【统计机构及工作概况】 1997年2月设立柳北区统计局,在职人员3人。2001年12月柳北区统计局与计划经济局合并。2002年9月,柳北区接收郊区6个乡镇统计站。2003年8月组建柳北区统计局,专门履行辖区统计职能。2010年柳北区统计局有在职人员11人,其中行政人员3人,事业人员2人,合同制人员6人(4人做专业统计,2人做城镇住户调查工作),有镇(街道)、村屯(社区)兼职统计员100人。2010年柳北区统计局主要负责辖区农业、工业、能源、服务业、批发零售业、住宿餐饮业、固定资产投资、城镇住户家庭情况调查、农村居民家庭情况调查等专业统计以及基本单位更新维护、服务业调查、劳动工资调查等统计工作,统计单位550家,抽样调查涉及个人800户、个体户200户。编制柳北区各项经济指标完成情况报表、整理柳北区"十一五"期间数据资料,记载柳北区"十一五"期间经济社会发展所取得的优良成果、编制《数据柳北》、开展第六次全国人口普查工作、统计执法、组织统计人员参加从业资格考试和统计后续教育,开展企业、镇、街道统计员业务培训10次,培训人员500多人。年内,柳北区统计局荣获广西农村住户调查一等奖、广西工业企业联网直报先进组织单位、广西城镇住户调查统计工作综合评比三等级等荣誉称号。

【第六次全国人口普查】 2010年柳北区成立第六次全国人口普查领导小组,在所辖的3个镇、7个街道办事处、90个社区(村委)和柳州钢铁(集团)公司等22家企业组建人口普查机构,抽调19人组建人口普查办公室,配备人口普查指导员和普查员2500多人,落实经费240万元,全面启动全国第六次人口普查登记工作。

人口普查宣传　柳北区在柳州市六县四城区中首家开通人口普查宣传网站。召开人口普查工作动员大会2次,制作宣传横幅600条,宣传画3400张,《至调查户一封信》11.6万封,人口普查宣传手册600册,国务院人口普查通告500张,普查员培训资料光碟30盒,人口普查宣传片13盒,下发给各中小学堂课人口普查小册子2000份,卡通宣传彩色折页3.7万份,发送人口普查公益短信10余次,开展文艺演出3场。

人口普查培训　9月8~10日,柳北区在行政中心会议室举办第一期人口普查指导员业务培训班，各镇、街道参加培训普查指导员250人。培训工作一个月分10期进行，分批培训普查指导员、普查员2200多人。

人口入户登记　第六次全国人口普查的标准时间为2010年11月1日零时。7～8月，柳北区组织4个镇、7个街道办事处的1000名村委、社区干部配合柳北公安部门，进行户口整顿工作，整理人口户籍52.6万人。9～10月，柳北区制作完成普查小区图1648份和普查区图106份，编制完成《户主姓名底册》。组织普查员开展10天的入户基本情况摸底工作。11月1日～10日，普查员再次入户进行人口普查正式登记并对登记资料进行核对复查。本次人口普查的主要内容是人口和住户基本情况。人口普查正式登记表分短表和长表两种，百分之十的住户填报长表，其余住户填报短表。普查短表有18个项目，主要反映人口基本状况、受教育程度。普查长表有45个项目，增加人口的迁移流动、身体健康状况、就业状况、妇女生育状况和住房情况等。通过初步普查统计，辖区有常住人口42万人，户籍人口33万人。

【统计服务】 2010年柳北区统计局按月编制城区各项经济指标完成情况报表；向柳州市统计局提供经济统计年鉴资料；整理柳北区“十一五”期间数据资料，全面记载柳北区“十一五”期间经济社会发展所取得的优良成果，为规划“十二五”提供数据支撑。做好三个产业主管部门的统计、统计分析，对城区三个产业经济发展提出对策与建议；配合城区妇联完成“十一五”妇女儿童情况调查，执笔撰写相关调查报告；配合城区科技局做好科技进步考核工作。同时向柳北区地志办提供相关的统计数据资料。

编制《数据柳北》　2010年柳北区统计局每季度制作1期《数据柳北》，采集主要行业、重点企业关键指标数据、汇总和趋势分析，为分析城区经济形势提供翔实资料。全年完成统计分析17篇，信息速递20余篇，出版《数据柳北》3期，做到每月有综合信息，每季度有统计进度分析和专题分析。

参与课题研究　2010年柳北区统计局牵头开展《打造西江经济带综合实力最强城区》的课题研究，并在柳州市委政策研究室的指导下，将柳北区的“十二五规划”、具体产业发展规划、重大项目等内容融入课题研究。

10月27日，柳北区在大润发超市广场举行第六次全国人口普查入户登记动员大会　　柳北区统计局　提供

【统计监测】 2010年柳北区统计局负责农业、工业、能源、服务业、批发零售业、住宿餐饮业、固定资产投资、城镇住户家庭情况调查、农村居民家庭情况调查等9个项目专业统计。各专业统计通过月度和季度定期统计报表、年报表和统计抽样调查形式，完成地区生产总值、全社会固定资产投资、工业总产值、三产营业收入、农业总产值、城镇居民人均可支配收入、农民人均纯收入等主要经济指标统计、预测和监督。

【统计改革】 2010年柳北区加强统计网络建设，通过虚拟专用网络与统计专网联通，安装开通接连国家、自治区、柳州市统计网络IP电话。加强和完善常规重点统计，农村住户抽样调查样本轮换、农业统计报表新增目录、规模以上工业能源统计报表新增目录；注重与部门统计工作沟通协调，发挥统计的整体功能，实现资源共享。

【统计调查】 2010年柳北区统计局按照上级业务部门统一部署，开展以下9个专项统计调查：

工业成本费用调查　工业增加值是工业统计重要的总量指标，也是GDP的重要组成部分，工业增加值率是计算工业发展速度的重要数据之一。2010年柳北区统计局完成126家规模以上工业企业调查，为工业增加值的计算提供基础数据。

规模以下工业摸底调查　2010年柳北区统计局完成辖区319家规模以下工业企业和1569家个体工业企业摸底调查。年销售收入超过350万元的规模以下工业企业30家、个体工业企业12户。通过调查真实反映柳北区规模以下工业企业（单位）生产经营活动的基本总量，将有可能发展成为规模以上企业的调查对象，及时纳入

3月11日，柳北区统计局人员深入企业开展工业成本费用调查　　韦愉金　摄

规模以上企业统计范围

限额以下批发零售贸易业、餐饮业抽样调查　2010年柳北区统计局坚持开展每月一次限额以下批发贸易企业、餐饮业的抽样调查，每月调查样本52家，全年调查624家次。成为了解柳北区消费品市场总规模、构成变化和发展趋势，反映柳北区第三产业发展的可靠资料。

基本单位名录库维护与更新　2010年柳北区统计局开展企业法人和产业活动单位资料的维护更新，完成661家新增单位资料录入和1000多家企业变更和注销单位资料维护更新，建立完善柳北区基本单位名录资料库，保证抽样推算总体的准确性。

主要畜禽监测调查　2010年柳北区统计局开展畜禽监测调查样本39家，其中生产单位10家、规模养殖户29家。畜禽监测调查工作是监测辖区范围内畜禽养殖场、规模以上养殖户养殖情况，为国家制定相关政策提供依据，夯实柳北区农业统计基层基础数据。

私营企业工资调查　2010年柳北区统计局开展私营企业工资专项调查，对未纳入劳动统计报表制度内的城镇私营单位和乡镇企业开展抽样统计。年内，柳北区统计局完成200余家各类私营企业工资情况调查。

城乡划分清查　2010年柳北区组织人员在2009年统计用区划代码和城乡划分代码发布库的基础上，依据2010年行政区划和城乡属性变更情况，做好辖区城乡划分清查工作，编制更新区划代码和城乡属性代码。

退耕还林（草）监测调查　2010年柳北区成为广西84个退耕还林（草）监测调查抽中县（市、区）之一，实施退耕还林（草）工程333.33公顷，退耕总户数1003户，其中生态林面积274.56公顷，占82.37%；经济林面积58.773公顷，占17.63%。

科技项目清查　2010年柳北区开展科技项目资源清查，清查的对象是国民经济中科技项目活动相对密集行业的法人单位，涉及范围包括农、林、牧、渔业，采矿业、制造业、电力、燃气及水的生产和供应业、建筑业、交通运输、仓储和邮政业、信息传输、计算机服务和软件业、金融业、租赁和商务服务业、科学研究、技术服务和地质勘查业、水利、环境和公共设施管理业，教育、卫生、社会保障和社会福利业、文化、体育和娱乐业等行业。全年完成辖区150余家单位科技项目清查工作。

【统计执法】 2010年柳北区结合统计执法深入辖区工业企业，检查企业统计台账、数据质量、持证上岗等基层统计工作。特别是投资项目、农村住户和城镇住户等涉及面比较广的行业，及时纠正不符合统计要求的报表。全年执法检查单位20家，查处有统计违法行为单位6家，完成与柳州市统计局签订的目标责任状任务。

（吕　萍）

7月5日，统计局工作人员在收集整理各项统计数据　　李　萍　摄

柳北区各项经济指标完成情况(2010年)

指　标	计量单位	完成数	同比±%	预期目标	完成%
地区生产总值	亿元	119.67	42.06%	100亿	119.67%
其中:一产	亿元	5.57	6.66%		
工业	亿元	71.18	52.67%		
三产	亿元	42.92	32.47%		
农业总产值	亿元	9.29	6.66%		
工业总产值	亿元	209.4	57.20%	200亿	104.70%
三产营业收入	亿元	408.77	28.32%	400亿	102.19%
社会消费品零售总额	亿元	90.36	20.10%		
农民人均纯收入	元	6618.47	15.87%	10%	
城镇居民人均可支配收入	元	18505.04	10.64%	10%	
规模以上工业总产值	亿元	179.3	61.32%	175亿	102.46%
三大工业园工业总产值	亿元	117.36	35.86%	100亿	117.36%
城区固定资产投资	亿元	57.11	95.05%	51亿	111.98%
其中:更新改造	亿元	38.95	85.83%	34亿	114.56%
财政收入	亿元	17.12	35.34%		

安全生产监督

【安全生产监督管理机构及工作概况】 1987年2月成立柳北区安全委员会。2001年11月成立柳北区安全生产监督管理局,与经济计划局合署办公。2004年7月,独立设立柳北区安全生产监督管理局,加挂柳北区安全生产委员会办公室牌子。2010年安全生产监督管理局有在职人员8人(其中协办员3人)。设镇(街道)安全生产监督机构10个、配备专(兼)职安全管理人员22人,配备村(社区)安全员110人。

2010年柳北区投入70多万元用于建设安全生产应急救援指挥系统信息平台项目、事故应急救援体系及村寨防火装备添置和事故隐患治理。推进企业安全生产标准化创建,开展安全生产宣传教育和安全业务培训,对辖区的矿山、危险化学品、和烟花爆竹等重点安全场所进行消防安全检查560次,全年柳北区发生各类安全事故75起,死亡34人,占柳州市政府下达安全生产控制指标(36人)的95%。与上年相比,事故数增加1起,上升1.35%,事故死亡人数减少2人,下降5.55%。

【安全生产管理】 2010年柳北区继续实行安全生产目标管理,3月25日,召开安全生产工作会议,总结2009年安全生产工作,表彰安全生产职责履行优秀单位9个,开展"安康杯"竞赛优胜单位11个。同时部署2010年安全生产工作目标,分别与10个镇(街道),29个部门及12个辖区重点企业签订安全生产责任书。

【安全生产标准化创建】 2010年柳北区在推进企业安全生产标准化工作基础上,认真组织企业开展安全生产绩效评估和中小企业安全生产信用程度评估创建活动,确定柳州市白露砂石开采公司等9家企业开展安全标准化创建,广西冶金建设公司等12家企业开展安全生产绩效评估创建,柳州市正虹金星锻造厂等198家企业开展安全生产信用程度创建。年内,组织专家复评190家,通过专家集中评议定级188家,其中评定A级31家、B级125家、C级32家,超额完成柳州市政府下达150家的创建任务。

【重大危险源监控】 2010年柳北区继续加强对辖区重大危险源的监控,辖区有经国家级专家确认的重大危险源23处,其中储罐类9处,锅炉类7处,压力管道类2处,库区类4处,生产场所类1处。经检查,23处重大危险源责任单位建立相应的应急预案并全部落实分级监控措施。全年列入自治区、柳州市、城区、镇(街道)、村(社区)五级重点挂牌监督整改的事故隐患项308处,其中列入自治区人民政府挂牌督办整改的事故隐患2处,整改完成2处;由柳州市人民政府挂牌督办整改的事故隐患3处,整改完成3处;由城区人民政府挂牌督办整改的事故隐患10处,整改完成10处;由镇(街道)监督治理的事故隐患50处，完成整改50处；由村（社区）监督治理的事故隐患243处，完成整改243处。

【安全生产执法检查】 2010年由柳北区政府主持召开防范重大安全生产事故工作会议4次（每季度1次），由城区主要分管安全生产监督管理的领导率队进行安全生产检查4次，组织开展各项安全生产和消防安全专项检查560次，下达责令整改通知书31份，整改复查意见书31份，强制措施决定书30份，解除强制措施决定书30份，立案19起，结案19起，行政处罚专款72.8万元。

烟花爆竹安全检查 2010年春节烟花爆竹“禁改限”期间，柳北区安全生产监督管理局核准烟花爆竹零售点50处，核发零售许可证51本，换证12本，组织安监、公安、工商、行政执法等部门联合进行安全隐患执法5次，检查零售点（店）80个，批发企业2家，打击无证经营点（店）28个，收缴私炮40件，烟花600余发，及时移交市公安部门处置。

非煤矿山安全检查 2010年柳北区安全生产监督管理局召开非煤矿山工作会议2次，联合国土、工商等部门专项检查辖区采石场3处，整治石碑坪泗角石英砂场存在的用电不规范、民工住房靠近易滑坡山体隐患。跟踪巡查曾出现过非法盗采行为的柑桔场、老虎岭2次，取缔石碑坪镇泗角村上唐岭非法盗采石英砂行为。

危险化学品安全检查 2010年柳北区安全生产监督管理局检查辖区危险化学品生产经营企业50次，督促企业落实安全生产责任制，做好易燃易爆化学品、设施设备维护保养、防雷防静电设施检测工作，排查治理安全隐患，落实各项防范措施。对柳州市宗富民松香厂下达责令整改通知书，完成整改隐患3处，取缔非法经营危险化学品1处，初审危险化学品经营许可13家，备案9家。

9月27日，柳北区组织人员检查辖区危险化学品生产经营企业 黎玲 摄

建筑施工安全检查 2010年柳北区安全生产监督管理局从自治区属大型建筑企业抽调专家，组织柳北区住房和城乡建设局、柳北交警大队和各镇（街道）单位负责人组成的检查组，对辖区湘桂线、北外环、地王财富中心等14个重点施工项目和有施工工程的中小学校进行专项检查，其中检查施工企业30多家，排查隐患82处，下达现场检查记录20份，发出责令整改通知书6份，停工指令2份。

消防安全检查 2010年柳北区安全生产监督管理局组成检查小组22个，分别对人员密集场所、高层、地下建筑消防设施、商场和市场的消防安全等场所进行消防安全检查458家，下发各类文书138份，督促整改隐患224处，办理行政处罚案件61起，罚款21.55万元，年末顺利通过柳州市消防安全社会“防火墙”工程考核验收。

道路交通安全检查 2010年柳北区安全生产监督管理局围绕辖区危险路段、209国道、城市主干道三个事故防控重点，开展道路交通安全专项整治，严查酒后驾车、超速行驶、货车超载、不按规定行使、超员等违反道路交通安全行为，净化道路交通环境。全年查处道路交通违法行为4849起，其中酒后驾车199起（含醉酒48起）、超速驾驶8660起，无证驾驶172起；拘留59人；扣留驾驶证240本；暂扣机动车1741辆、暂扣非机动车1473辆。

【安全生产宣传培训】 2010年柳北区继续开展“安全生产年”、“安全生产执法行动”、“安全生产隐患治理行动”和“安全生产宣传教育行动”，组织开展第九个“全国安全生产月”活动。全年编印发放安全生产宣传资料1万多份，制作安全生产宣传横幅40多条，出板报墙报200多期，上街设立专题宣传点13处，出动宣传车360辆（次），举办文艺演出5场，开展应急救援演习12次。年内，指导完成安全生产各类从业人员培训625人，参加安全生产监管职责、行政执法责任追究和安全知识讲座280人（次）。

（李进华）

责任编辑：陈素琴

人力资源与社会保障

人　事

【人事机构及工作概况】 1979年9月，设立柳北区劳动工资科。1984年10月改称劳动人事局。1997年2月，更名为柳北区人事与劳动局。2001年改称柳北区人事劳动和社会保障局，下设柳北区劳动服务公司和柳北区劳动就业管理所事业单位2个。2005年柳北区人事劳动和社会保障局在职人员6人。2010年6月，撤销柳北区人事劳动和社会保障局，改称柳北区人力资源和社会保障局，下设柳北区劳动监察大队、柳北区劳动保障服务中心机构事业单位2个，局机关行政编制6人，事业单位编制24人。年内，柳北区人力资源和社会保障局贯彻落实党和国家人事劳动和社会保障的各项方针政策，以人才队伍建设、人事制度改革、人才资源开发为重点，围绕就业再就业、社会保障、协调劳动关系、维护劳动者合法权益开展各项工作。柳北区人力资源和社会保障局获自治区开展“三支一扶”工作先进单位称号。

【公务员管理】 2010年柳北区有机关事业单位50个，国家公务员616人（含参照公务员管理人员），事业单位工作人员2904人，专业技术人才1045人。年内，开展公务员年度考核工作，考核公务员616人、机关工勤人员14人、事业单位工作人员2904人。依法登记符合条件的公务员616人，入轨登记经过过渡考试纳入公务员管理的事业单位工作人员58人。面向社会公开招考公务员及参照公务员法管理事业单位工作人员6人。

【公务员培训】 2010年柳北区对机关公务员开展前沿知识讲座，举办学习贯彻《国务院关于进一步促进广西经济社会发展的若干意见，努力推动城区经济又好又快发展》讲座。在网上开展学习《国务院关于进一步促进广西经济社会发展的若干意见》、《中国共产党党员领导干部廉洁从政若干准则》辅导讲座，以及《党政领导干部选拔任用工作责任追究办法（试行）等四项监督制度》专题辅导和新闻写作。开展集中辅导培训4次，参加学习培训2300多人次，参加考试585人。举办新进机关人员培训班1期，参加培训68人。举办协办员岗前培训班1期，参加培训146人。

【专业技术人才队伍建设】 2010年柳北区有专业技术人才1045人，其中，具有高级专业技术职称任职资格145人，中级专业技术职称任职资格499人，助理级专业技术职称任职资格326人。年内，柳北区推荐382名专业技术人员申报专业技术职务任职资格，经上级专业技术职务评审委员会评审通过377人，其中获高级职称59人，中级职称187人，初级职称131人。在377人中获中学系列职称197人；小学系列职称165人；党校系列职称3人；农业系列职称3人；水产畜牧

9月26日，柳北区举行2010年部分科级领导职位竞争上岗面试考试

李　萍　摄

系列职称3人；档案系列职称2人；经济系列职称2人；工程系列职称1人；卫生系列职称1人。

【事业单位人事制度改革】 2010年，柳北区根据《广西壮族自治区事业单位岗位设置管理实施意见》及《柳州市事业单位岗位设置管理工作方案》，对柳北区区属事业单位开展岗位设置管理工作。报批8家基层医疗卫生机构岗位设置方案，审核基层医疗卫生机构参加过渡考试考核人员名单及参加首次岗位竞聘人员名单资格，完成首次岗位竞聘和聘用合同签订工作。

【高校毕业生就业】 2010年柳北区根据《柳州市人力资源和社会保障局关于做好2010年高校毕业生就业见习工作的通知》精神，制定高校毕业见习生工作方案，面向社会招聘见习生。年内选用32名高校毕业见习生到辖区各中小学见习工作，安排40名应届毕业生到社区从事协办员工作，安排13名高校应届毕业生到镇、街道从事“三支一扶”工作，并按规定为他们申报补贴及相关保险。免笔试方式招聘大学本科以上应届毕业生52人，公招考试聘用高校毕业生14人充实到城区各事业单位。

【机关事业单位工资福利】 2010年柳北区机关单位工作人员正常晋升工资800人次，其中年度考核调资700人次，职务晋升18人次；审核审批机关事业单位工作人员工资3100人次，其中年度考核薪级调资2850人次，职称晋升（工人技术等级）150人次，办理新进人员工资55人次；办理机关事业单位工作人员正常退休99人，办理提前退休26人。

【企业退休人员管理】 2010年柳北区有370家企业3.61万人列入社会化管理服务对象。年内，接收229家企业1.95万份退休人员档案；办理退休人员困难补助728人，发放补助金34.14万元以及价值400元慰问券728份。 （何 浪）

8月15日，柳北区召开三方协调机制工作暨构建企业和谐劳动关系座谈会

赖德勇 摄

劳动就业管理

【劳动就业管理机构概况】 2010年柳北区城镇新增就业人数1.06万人，完成柳州市任务的108%。其中，下岗失业人员再就业4222人，完成柳州市任务的132%，就业困难对象再就业1257人，完成柳州市任务的31%。城镇登记失业率3.8%，低于任务指标0.7个百分点。年内，柳北区农村劳动力转移就业新增1853人，完成柳北区自定任务的103%。

【就业服务】 2010年柳北区贯彻实施柳州市修改并发布的《社会保险补贴实施办法》和《就业困难人员认定管理办法》等政策，将就业困难人员认定范围扩大至双下岗家庭、失地失业人员、困难家庭应届大学毕业生等9类，可享受社会保险补贴人员增至“零就业家庭”成员、享受城镇居民最低生活保障待遇的失业人员、在2007年12月31日以后享受失业保险待遇的“4050”人员或持有原《再就业优惠证》的“4050”人员等三类。

就业援助月 2010年1月10日至2月10日，柳北区以“就业援助进家入户，帮您解决就业困难”为主题，以“零就业家庭”成员、城镇新登记失业人员以及根据当地规定认定的就业困难人员为主要服务对象，在辖区范围内开展“就业援助月”活动。活动期间发放各类宣传资料1080份，组织专场招聘会1次，有50家用人单位进场招聘，提供就业岗位1300多个，参加招聘会的各类求职人员700多人，其中128名求职者与用人单位初步达成用工意向；走访各类就业困难人员195人次，帮扶42名援助对象实现再就业。

春风行动 2010年2月24日至4月25日，柳北区开展主题为“服务进城务工、帮助就近就业、扶持返乡创业”的春风行动。活动期间发放宣传资料2000份；组织专场招聘会2场，有119家用工单位进场招聘，提供就业岗位3987个，参加招聘会的各类求职人员3000多人，其中737名求职者与用人单位达成用工意向。

民营企业招聘周　2010年5月20～26日，柳北区举办以“为高校毕业生就业搭桥，为民营企业招聘人才服务”为主题的民营企业招聘周活动，招聘对象以高校毕业生为主，兼顾进城农民工、就业困难和失业人员。活动期间发放宣传资料400余份，举办专场招聘会，有55家民营企业进场招聘，提供就业岗位1300多个，其中适合高校毕业生就业的岗位616个，进场参加招聘的各类求职人员2000多人，357名人员与企业达成就业意向，其中高校毕业生41人，农民工140人，下岗失业人员176人。

【优化全民创业环境】 2010年柳北区继续围绕建立完善组织领导、政策支持、创业培训、创业服务和工作考核“五大体系”，优化创业环境，拓展创业空间，健全创业培训体系，提高创业培训质量。年内，印发《柳北区2010年全民创业总结表彰大会方案》的通知，召开总结柳北区2009～2010年全民创业工作大会，表彰创业优秀典型人物和先进单位，给创业示范基地授牌，优秀创业成功人士现场演讲，开展创业成果集中展示，推动全民自主创业，发挥创业带动就业的倍增效应，营造良好创业氛围。同时健全公共就业服务体系，开展小额担保贷款扶持和专家咨询团等创业服务活动，有8人享受小额担保贷款及税费减免政策资金26万元。

【职业技能培训】 2010年柳北区举办各类劳动技能和职业技能培训班69期，培训人员2070人，完成柳州市任务的106%；创业培训人数615人，完成柳州市任务的137%。农村劳动转移就业1853人，完成柳北区自定任务的103%；农村劳动力转移就业职业技能培训227人，完成柳州市任务的227%。为25名失业人员开办创业培训班1期。

【劳动关系管理】 2010年柳北区开展用人单位工资支付和农民工工资支付、清理整顿人力资源市场秩序、农民工劳动合同签订“春暖行动”、用人单位劳动保障书面材料审查、整治非法用工、打击违法犯罪等5个专项活动，各类企业签订劳动合同人数1.53万人。开展用人单位实行特殊工时审批和集体合同审查，涉及劳动者1.94万人。

【劳动保障与监察执法】 2010年柳北区政府投入专项资金6万元建立劳动保障监察网格化和网络化管理建设工作，安排19名劳动监察协查员专职从事网络管理工作。8月15日，与柳州市企业家协会及城区有关部门在柳北区行政中心组织辖区部分企业管理人员30余人召开柳北区三方协调机制工作暨构建企业和谐劳动关系座谈会，会上各企业管理人员对本单位执行《中华人民共和国劳动合同法》等法律法规情况进行交流。同时在胜利街道办事处和雀儿山街道办事处试点进行劳动保障监察网格化和网络化管理。受理劳动保障监察投诉并立案8件，结案8件，为劳动者追发工资和清退押金21.95万元，受益劳动者165人。检查用人单位801家，涉及劳动者2.39万人。

（何　浪）

社会保障

【社会保障概况】 2010年柳北区养老、失业、医疗、工伤和生育保险由市级管理，柳北区执行柳州市有关政策。年内，柳北区居民医疗保险新增参保人数18.65万人，完成柳州市下达任务的101%。失业保险新增参保人数1311人，完成柳北区自定任务的219%。

2010年柳北区社会救济总人数6.02万人3.46万户，其中城市最低生活保障救济4.15万人次2.49万户，发放金额686.4万元；农村最低生活保障救济1.87万人次9679户，发放金额153万元。特困残疾人4900人，发放生活补助金128.13万元；为871户残疾人就业保障金，缴款金额278.59万元；为智力、精神残疾和重度残疾人居家托养户478户发放生活补助金，每户每年500元，计23.9万元；柳北区残联补助50%参保资金，为89名残疾人办理职工重大医疗保险；五保供养55人，救助五保对象资金6.9万元，五保户危房改造4户。

【五保供养】 2010年柳北区有五保老人55人，有沙塘镇和石碑坪镇敬老院2个，入住五保老人30人。全年救助五保对象累计支出资金6.9万元；其中，集中供养每人每月260元，均高于柳州市城镇居民最低生活保障标准，分散供养标准按每人每月185元、30斤大米标准执行。

【城乡居民最低生活标准补贴】 2010年10月1日起，柳北区执行柳州市关于市区农村低保救助标准每人每年由1200元提高到1500元。执行柳州市为应对物价上涨给困难群体的基本生活带来的影响，从10月起给城乡低保对象4个月、五保供养对象5个月的临时物价补贴。其中，补贴城镇低保对象每人每月15元、农村低保对象每人每月10元、五保户每人每月30元。

【最低工资标准调整】 2010年柳北区执行柳州市最低工资标准：在市区工作的最低月工资为820元，在六县工作的最低月工资为565元；小时工资：市区工作每小时6元，六县工作每小时4.5元。

（编辑部）

责任编辑：陈素琴

教 育·科 技

教 育

【教育机构及工作概况】 柳北区教育局2001年12月成立。2003年柳北区面向社会公开招聘教育局局长。2005年柳北区教育局设党工委办公室、局办公室、基础教育办公室3个职能部门，在职人员14人，其中行政编制7人，事业编制7人，下设教研室。2010年柳北区教育局机关在职人员17人。年内，柳北区教育局落实科学发展观，坚持“均衡＋特色”的学校发展理念和“科学谋划、改革创新、自主发展”的发展原则，在巩固“两基”成果基础上，推进教育资源布局调整，完成三组学校合并工作，扩大优质教育规模，推动义务教育向均衡化方向发展，师资培训全面加强，学前教育向普及化方向发展。研究制定“十二五”时期教育发展规划，确定创建“布局合理、发展健康、质量优良、人民满意的柳北教育格局”目标。年末，柳北区列入国家教师教育创新西南实验区，率先进入自治区基础教师素质提升综合改革实验项目第一批实验行列。柳北区教育局分别获柳州市爱国主义教育读书活动组织特等奖、柳州市“庆‘六一’，颂祖国、唱母亲”文艺汇演优秀组织奖、柳州市中小学“讲文明，树新风”主题教育实践活动优秀组织奖等荣誉。

【学前教育】 2010年柳北区有幼儿园51所，在园幼儿1.14万人，每万人口在园幼儿313人。专任教师591人，其中大专以上学历400人，师生比为1:19.3。年内，柳北区教育局根据《中华人民共和国民办教育促进法》的要求，加强学前教育管理，城区幼教中心以“培训年”为主线，先后开展幼儿园收费规范化管理培训、幼儿园安全管理专题培训、“幼儿意外事故应急处理”知识竞赛、“创设与主题相适应的环境”专题培训和公办幼儿园环境创设观摩活动，提高幼儿园教师的业务素质，搭建公办和民办幼儿园之间的交流平台，发挥示范幼儿园的辐射作用，提升民办幼儿园管理水平。

柳州市市直机关第二幼儿园 位于柳州市三中路58号，始建于1956年11月，2010年，在园幼儿800多人，设21个班，其中小班6个，中班6个，大班6个，学前班3个。有教职员工96人，专任教师48人，其中幼儿高级教师34人，专任教师及保育员学历合格率100%，教师大专以上学历达91%。该幼儿园占地面积7977平方米，建筑面积6452平方米。幼儿园先后成为国家自然科学基金项目《幼儿社会化》课题实验幼儿园、国家教育部科学教育《蒙台梭利教育中国化》课题实验园、国际华文蒙台梭利协会(CMI)培训基地；获得全国绿色学校创建活动先进单位、自治区语言文字规范化示范园、自治区幼儿教育先进单位、自治区示范幼儿园、自治区爱国卫生先进单位、自治区卫生保健合格幼儿园等荣誉称号。 （陈碧玲）

柳州市胜利小区幼儿园 位于柳州市胜利路9号，始建于1992年10月。2010年有在园幼儿400多人，设10个班，其中小小班1个，小班2个，中班3个，大班2个，学前班2个，有教职员工48人，专任教师及保育员学历合格率100%；教师大专以上学历达87%。该幼儿园占地面积3100平方米，建筑面积2700平方米。曾荣获自治区首批“绿色幼儿园”、自治区示范幼儿园、自治区爱国卫生先进单位、自治区卫生保健合格幼儿园、自治区幼儿教育先进单位、柳州市文明单位、市优美校园等多项荣誉。

（钟宇梅）

【小学教育】 2010年柳北区有小学50所(含4所附小及村小)，在校小学生2.40万人，每万人口在校生680人；专任教师1297人，教师学历合格率100%，其中大专以上学历1068人，占小学教师总数的85.19%；小学学龄儿童入学率100%，小学生辍学率为零，小学毕业生升学率100%；小学校园占地面积54.81万平方米，生均22.76平方米；校舍面积14.78万平方米，生均6.14平方米。

柳州师范学校附属小学 位于柳州市鹧鸪江路6号。建于1951年，前身为柳城县鹧鸪江小学，1965年改为柳州师范学校附属小学。占地总面积为2.56万平方米，建筑面积为0.39万平方米。有教职工34人，专任教师34人，其中小学高级教师31人，有教学班18个，在校学生846人。累计毕业

学生 3218 人。“十一五”期间承担的国家教育部《诵读经典诗文，提高学生“双文”素养》课题获中国教育学会、国家教育部重点课题成果二等奖、承担中国教育学会校本教研课题“促进教师专业发展的校本教研模式与策略研究”成果被评为一等奖；被全国妇联、联合国儿童基金会确定为“家庭教育与性别平等”项目试点学校。学校先后获得中国传统美德课题研究全国优秀实验学校、小甲 A 红领巾俱乐部、自治区和谐学校、自治区文明庭院、柳北区“书法润校”实验学校。

【初中教育】 2010 年柳北区有普通中学 13 所，在校初中生 1.24 万人，每万人口在校生 392 人；专职教师 891 人，教师学历合格率 100%，其中大学本科以上学历 690 人，占初中教师总数的 77.44%；初中入学率 101.02%，普通初中辍学率 0.03%，初中毕业生升学率 98.58%；初中校园占地面积 30.87 万平方米，生均 24.83 平方米；校舍面积 11.05 万平方米，生均 8.89 平方米。

柳州市第十五中学　创建于 1975 年，原校址位于柳州市八一路 34 号，2009 年 1 月整体搬入位于市雅儒路 156 号的新校区。是自治区和柳州市具有重要影响力的柳州市传统名校、柳州市示范性初中、“柳州市最具影响力的十大品牌”单位之一。有教职工 166 人，其中，研究生学历 7 人，特级教师 1 人，高级教师 69 人，一级教师 57 人；A 类学科带头人 1 人，B 类 5 人，柳北区名师工程培养对象 5 人。有多位教师获得“自治区优秀班主任”、“自治区优秀教师”荣誉称号。连续 16 年获柳州市中考升重点高中人数全市第一，涌现出中考状元 61 人。2010 年中考考取总分 A+242 人，全市第一，是柳州市唯一一所总分 A+人数达到 200 人的学校。

【民办教育】 2010 年柳北区有民办高中 1 所，初中 1 所，小学 8 所，幼儿园 49 所。年内，柳北区教育局加强民办学校在教育教学、招生、收费等方面的协调管理，帮助民办学校柳州市方圆小学、市兰园小学和市启明中学搬迁并做好学生分流安置工作；为市行知小学顺利办学，学校场地续租等问题进行协调。对 3 所新申办幼儿园进行论证和研究，获得筹备许可。民办教育不断得到社会重视和关爱。

【特殊教育】 2010 年柳北区有育才特教学校 1 所，学生 82 人，教职工 15 人。柳州市财政按时足额拨付助学经费 2.37 万元和寄宿生补助 1.2 万元；“六一”儿童节期间，柳北区拨出 4000 元经费慰问特教学生，同时对随班就读的残疾学生全部免费获得教科书。

【家庭教育】 2010 年柳北区家庭教育指导中心逐步建立和完善家庭教育教师库，形成专题专人讲课工作机制，聘请全国家庭教育专家李晓凡给家长作报告，提高家长对家庭教育重要性的认识。

【教育经费收入与支出】 2010 年柳北区教育经费总收入 2.51 亿元，比上年多收入 5934 万元，增长 30.97%。其中财政拨款收入 2.45 亿元，比上年多收入 6290 万元，增长 34.62%；预算外资金收入 634 万元，比上年少收入 356 万元，减少 35.96%。全年教育经费总支出 2.51 亿元，比上年多支出 5880 万元，增长 30.59%。其中财政拨款支出 2.45 亿元，比上年多支出 6290 万元，增长 34.62%，预算外资金支出 637 万元，比上年少支出 410 万元，减少 39.16%。在教育总支出中，人员经费支出 1.92 亿元，公用经费支出 3395 万元，基建支出 2505 万元。

1 月 23 日，参加柳北区中小学校“立德树人”工程成果展示活动人员合影　　赖德勇　摄

【助学贷款】 2010年柳北区教育局开展生源地信用助学贷款宣传工作，按照“应贷尽贷，防范风险，服务群众，诚信管理”的原则，开展生源地信用助学贷款工作。年内，受理学生生源地信用助学贷款303人，新增生源地信用助学贷款学生175人，贷款总额169.42万元。生源地信用助学贷款有效解决贫困学子的学费和生活费问题，成为资助家庭经济困难学生的重要渠道。

【教育“十二五”规划制定】 2010年柳北区组织教育系统各学校开展学习《国家中长期教育发展与改革规划纲要(2010～2020年)》，初步拟定《柳北区教育发展“十二五”规划》。根据自治区教育委员会《教育布局结构调整指导意见》和《学校布局调整综合改革试点实施方案》，初步拟定《柳北区“十二五”中小学及学前教育布局结构调整方案》。

【德育工作】 2010年柳北区开展“立德树人”工程，以核心师资班为主体，公益大讲堂为载体，深入5个社区开设“学习传统文化，亲师以身作则”、“明家庭伦理道德，创和谐文明社区”等专题讲座。编发《礼仪规》手册，启动“3+1”主题式德育序列化项目、“书法润校”项目、“青蓝班”培训项目，举办第二届全国学生规范汉字书写大赛柳北区选拔赛和柳北区首届“翰墨·神韵”杯中小学书法比赛。全年编辑出版《柳北德育》刊物4期，使《柳北德育》刊物成为学校德育工作的交流平台，成为柳北区中小学德育工作对外展示的窗口。

【教师队伍建设】 2010年柳北区教育局启动“立师德·树形象·展风采”主题教育实践活动、师德师风专题系列讲座、师德教育大讨论、阅读推荐书目、组织观看“中国教师教育视频网”的课题视频等系列活动。按照《干部选拔任用工作条例》程序和要求，调整校级中层干部54人，其中提拔中层干部20人，并邀请专家对新提拔的中层干部和“青干班”学员进行系统培训，促进青年干部的业务水平和管理水平提高。年内，逐步完善教师继续教育体系，以“名师工程”高级研修班培训为龙头，邀请多位区内外教育专家为在职教师开设专题讲座；组织教师赴桂林等地参加研修活动；组织“名师工程”高级研修班教师到辖区学校开展“送课周”活动；启动“雏鹰展翅”主题跨校师徒结对活动。并按照有关教师资格认定文件精神，做好教师资格教学技能考试及教师资格认定工作，全年有25人通过教师资格认定。

9月9日，柳北区召开庆祝第26个教师节暨教育工作表彰大会　　赖德勇　摄

【教育科研成果】 2010年柳北区开展“有效课堂”活动，组织学校抓好《有效教学论》学习活动，以“中心辐射、联片教研”课题推动学校教育科研工作的深入开展，组织教师参加区内外各种系列研修活动。年内，辖区13所中学的3900多名学生参加中考，分别取得中考总分A+401人，占全市A+1038人的38.72%。中考全科A+6人，占全市20人的30.33%的好成绩。年内，市第二十九中学教师李佳桦参加全国青年教师说课比赛获特等奖。市第二十八中学教师潘爱清代表广西参加全国中学历史教学竞赛说课比赛获全国一等奖。市第十五中学教师覃海英参加广西物理优质课比赛获一等奖。市第三十五中学教师李大泳参加广西初中历史优质课比赛获一等奖。市雀儿山路第二小学教师周春柳参加第七届广西“课堂论语”联片教研专题学术活动获一等奖。市雀儿山路第二小学教师谭新夷、覃秋霞参加广西小学数学学科运用多种媒体进行现场教学展示评比活动获一等奖。在柳州市第九届教育科研成果评奖活动中，柳北区的市雅儒路小学、市潭中路第二小学、市白露中心校获柳州市教育科研先进集体奖。在全市第四届教科版《品德与生活》《品德与社会》优秀教学论文、教学设计、教学课件、优质课评选活动中，柳北区的教师获教学论文和案例一等奖10篇、二等奖7篇、三等奖8篇，分别占全市同等奖次的55.56%，35%，34.78%。市第三十四中学教师戴权参加柳州市第十三届中学青年教师汇报课比赛获一等奖；市雀儿山路第二小学教师黄艳参加柳州市小学语文阅读教学选拔课比赛获一等奖；市雅儒路小学教师陈华尔参加柳州市中小学体育教学赛教

7月5日，华东政法大学到柳北区小学开展“法律知识进校园”实践活动

赖德勇　摄

课比赛获一等奖。

【校园安全工作】 2010年柳北区加强维护校园安全稳定工作、校园环境综合治理，先后召开“强化校园周边环境治理，营造良好校园安全氛围——福建平南事件反思研讨会”、“柳北区校园安全工作会议”、“柳北区中小学、幼儿园校园安全工作布置会”、“学校安全工作紧急视频会”等会议，对学校治安、防火、防盗等工作提出明确要求，严格执行安全月报制度、集体外出审批制度、节假日领导干部值班制度和维稳工作责任追究制度，柳北区政府下拨500万元为学校幼儿园配备保安、购置单警装备和校园监控系统、农村小学的警务室建设。年内，柳北区教育局与辖区各学校（园）党政负责人签订安全稳定工作责任书签状率达100%；先后召开校园安全稳定工作会议20次，系统内培训300余人次，组织安全常规工作评估1次，组织安全工作检查10次，组织开展“法律知识进校园”实践活动、寒暑假安全教育、安全教育月、防震防汛教育、禁毒教育、交通安全教育活动6次，开展安全教育课1480课时，出版安全宣传板报1589版，开展安全技能演练58次，组织安全观摩活动2次。各校园报送安全月报407份，对103所学校安全隐患进行排查，查出安全隐患355个。全年学校未发生重大安全责任事故。（霍　军）

基础教育

【义务教育学校常规管理】 2010年柳北区教育局贯彻落实自治区《义务教育学校常规管理规定》（42条）的各项要求，将2010年确定为“义务教育学校常规管理创建年”，突出“四抓”（即抓好常规，抓严细节，抓实过程，抓出亮点），以规范化管理的良好面貌迎接自治区“义务教育学校常规管理达标县（区）”评估。柳北区政府下拨350万元专项经费，用于中小学校维修、设备购置及迎检工作。辖区各学校特别是农村学校、薄弱学校的常规管理有了质的飞跃，顺利通过自治区“义务教育学校常规管理达标县（区）”评估。

【义务教育经费保障机制】 2010年柳北区教育局根据农村义务教育经费保障机制改革政策和免除城市义务教育阶段学生学杂费政策的有关规定，柳北区政府给每个中小学生补助，小学每人36元，中学每人51元，全年拨给农村学校40.48万元，城市学校105.59万元。会同政府财政部门做好学校办公经费的按时下拨工作。全年拨付农村学校公用经费补助资金380.1万元，其中，中央资金310.50万元，自治区级资金69.6万元。拨付城市学校公用经费补助资金795.39万元，其中，中央资金341.47万元，自治区级资金210.49万元，市级配套资金68.92万元，城区配套资金68.92万元。转拨贫困寄宿生生活费补助资金46.8万元，其中，中央补助资金22.78

5月24日，柳北区召开创建义务教育学校常规管理达标县（区）自治区级评估汇报会

赖德勇　摄

万元，自治区级补助资金19.34万元，城区配套资金4.68万元。由市级财政承担，核发农村学校学生免费教科书20143套，其中春季学期9909套、秋季学期10234套，由市级财政和城区财政共同承担。核发市区学校学生免费教科书425套2.93万元，其中公办学校学生263套，育才特教学校学生162套。

【中小学校布局调整】 2010年柳北区教育局根据《柳北区2009～2012年中小学布局调整方案》，优化学校教育资源，提升办学水平，将辖区第三十三中学附小从三十三中学剥离，三十三中附小承担石碑坪中心校职责；市雀儿山路第二小学与市北雀路小学联合办学，市北站路小学和市三中路小学联合办学。

【义务教育基础设施建设】 2010年柳北区投资1822.5万元，对33所义务教育学校进行基建维修和教育硬件设备购置，主要包括教学楼、实验楼及综合楼维修、安装直饮水系统、运动场建设、校园绿化、硬化、美化及文化等；完成中央转移支付资金132万元，用于建设和维修农村学校校舍、文化墙、厕所、新建舞台、升旗台等。政府投入500万元资金，完成农村学校门卫室、警务室、校园围墙、食堂等建设。 （霍 军）

位于柳州市君武路168号的广西生态工程职业技术学院校园 李 萍 摄

大专院校

【概况】 2010年柳北辖区有广西生态工程职业技术学院、柳州师范高等专科学校、柳州城市职业学校3所大专院校，有教职工1253人，在校学生2万多人。广西生态工程职业技术学院是首批国家高技能人才培养示范基地，自治区示范性高等职业院校，学院拥有38个专业和10个专业方向，设有国家级示范性高等职业教育实训基地1个，自治区示范性高等职业教育实训基地4个，省部级职业技能鉴定站1个，省部级授权职业培训考试考核站3个。柳州师范高等专科学校被誉为桂中基础教育师资的摇篮。学校设有教学系（部、中心）12个，其中教师教育专业10个，高职专业32个，开设专科专业42个，涉及文学、理学、教育学、工学、管理学、法学、经济学等7大学科门类。拥有自治区级优质专业1个、自治区级精品课程3个、自治区示范性建设实训基地建设项目2个。柳州城市职业学院借助柳州市作为广西工业重镇及物流中心的区位优势，以全日制高等职业技术教育为主导，集学历教育、成人教育、远程教育、国际教育和技能培训于一体，是一所独具特色的培养城市化进程中的现代服务业高技能人才为主的职业学院。 （编辑部）

【广西生态工程职业技术学院】 位于柳州市君武路168号，是自治区全日制公办高等职业院校。创建于1956年2月，前身是广西林业学校。2002年8月经自治区人民政府批准，升格为广西生态工程职业技术学院。2005年12月自治区编制委员会核定为副厅级事业单位。是首批国家高技能人才培养示范基地，自治区示范性高等职业院校。

2010年该学院占地面积1196.3公顷，其中校园面积60.3公顷，教学行政用房面积6.51万平方米，学生宿舍4.4万平方米，校舍建筑面积16.25万平方米，有教学科研仪器设备总值3067.18万元，教学用计算机2407台，多媒体教室和语音实验座位3900个，图书44万册。在教职工363人，其中专任教师247人，具有博士1人，硕士67人，教授5人，副教授68人。各类在校学生6733人，其中全日制高职大专在校生5773人，成人教育在校生960人。学院设有生态工程系、园林系、经济贸易系、旅游系、艺术设计系、信息工程系、公共教学部等7个教学系（部），教学实验林场、生物技术研发中心、木材加工研究所、园林工程研究所、林业勘查规划设计院等5个科研院（所），内设有党政办公室、组织人事处、教务处、学生工作处、后勤管理处、招生就业处、财务处、科研处、保卫处等9个行政事务管理机构和继续教育处、产业管理中心、图书馆、教学质量管理中心、国际交流中心、职业技能鉴定中心、现代教育技术中心等7个教辅机构。学院拥有34个专业,设有国家级示范性高等职业教育实训基地1个,自治区示范性高等职业教育实训基地4个,省部级职业技能鉴定站1个,省部级授权职业培训考试考核站3个。 (谭玉禄)

【柳州师范高等专科学校】 位于柳北区沙塘镇209国道旁,创建于1958年,形成“构筑‘德、艺、魂’育人平台,服务桂中民族地区基础教育发展”的办学特色,被誉为桂中基础教育师资的摇篮。学校有柳州、来宾两个校区,总占地面积86.58公顷,其中柳州校区占地面积40.47公顷,校舍建筑面积21.10万平方米,教学科研行政用房面积12.79万平方米,教学仪器设备总值3673.08万元;图书馆馆藏纸质图书62.7万册,电子图书21万册,期刊2698种,报纸192种,教学资源共享平台内容涵盖各专业。

2010年学院有全日制在校生5828人,专任教师339人,其中教授16人,副教授104人,高级职称教师占专任教师总数的35.4%,具有硕士以上学位的教师121人(其中硕士116人,博士5人),占专任教师总数的35.69%。学校设有教学系(部、中心)12个,其中教师教育专业10个,高职专业32个,开设专科专业42个,涉及文学、理学、教育学、工学、管理学、法学、经济学等7大学科门类。拥有自治区级优质专业1个、自治区级精品课程3个、自治区示范性建设实训基地建设项目2个。年内,学校新生人数2013人,毕业生人数2065人,就业率95.79%。学校被评为全国贯彻《体育工作条例》优秀高等学校、全国“三下乡”先进集体、自治区文明单位、自治区党建和思想政治工作先进高等学校、自治区高校毕业生就业工作先进集体、自治区绿色大学等称号。

(陆文清)

【柳州城市职业学院】 位于柳州市鹧鸪江路8号,创建于2007年,由原柳州市电视大学、柳州市经济干部学校2所成人高校和柳州师范学校1所中等师范专科学校合并改制而成,是由柳州市人民政府举办,经广西壮族自治区人民政府批准设立,国家教育部备案,独立设置、公办的综合性全日制普通高校。学院借助柳州市作为广西工业重镇及物流中心的区位优势,以全日制高等职业技术教育为主导,集学历教育、成人教育、远程教育、国际教育和技能培训于一体,是一所独具特色的培养城市化进程中的现代服务业高技能人才为主的职业学院。

2010年学院有全日制在校生6450人,其中高职生4450人,中职生2000人,函授、远程教育在校生4000多人,在职教职工551人,其中专任教师276人,高级职称教师93人,“双师型”教师的比例超过专任教师的30%。学院现设有6个系1个分院7个教学单位,分散在4个校区办学。主校区(原柳州师范学校),主要分布信息工程系、艺术传媒系和文理系;新校区(官塘职教园),主要分布外语与旅游系,该系于2009年11月搬迁入驻;东校区(原柳州市工业贸易学校),主要分布经济贸易系和成教分院(原电大);南校区(原市第三职业学校),主要分布机电工程系。作为柳州市唯一一所以现代服务业为主要办学方向的高职院校,学院紧紧抓住现代服务行业高人力资本含量、高技术含量和高附加价值的“三高”特征,开设有计算机网络技术、连锁经营与管理、建筑装饰工程技术、物流管理、动漫设计与制作、报关与国际货运、涉外旅游、制冷与冷藏技术等44个专业(含方向)。各专业与校外107个单位建立合作关系,其中与海尔集团、广西联通柳州分公司、广西风驰公司、北京首旅集团、北京净心莲餐饮有限公司、天津鹏天阁集团、广西亿川装饰设计公司等开展冠名班、共建实训基地、师资互派、开发课程、设立企业奖学金等合作。 (编辑部)

中专、职业、技工学校

【概况】 2010年柳北辖区有中专、职业、技工学校6所,其中中等专业学校2所:广西柳州畜牧兽医学校、柳州机电工程学校,在校学生5606人;职业学校1所:柳州信息工程职业学校,在校学生200人;技工学校3所:广西第二建筑安装技工学校、柳州化工技工学校、柳州钢铁集团公司高级技工学校,在校学生4362人。

位于柳州市沙塘镇三合路45号的广西柳州畜牧兽医学校办公楼 李 萍 摄

【广西柳州畜牧兽医学校】 位于柳州市柳北区沙塘镇三合路45号。创建于1940年，隶属广西自治区农业厅，是自治区示范性中等职业学校和国家级重点中等职业学校。学校占地面积22.07万平方米，总建筑面积7.11万平方米。拥有配套齐全的教学、图书、体育及生活设施，有集广场、喷泉、假山、人工湖、雕塑于一体的中心花园，校园绿树成荫，环境幽雅。学校师资力量雄厚，专任教师138人。其中中高级职称36人，“双师型”教师74人。年毕业生一次就业率98%以上，专业对口96%以上。

2010年学校设有畜牧兽医、畜禽生产与疾病防治、养殖、宠物养殖与经营等8个专业；开办畜牧兽医实用技术、宠物诊疗与美容技术、养猪与猪病防治等9种短期培训班。学校坚持“校企合作，工学结合”的人才培养模式，建有完善的校内、校外实训基地体系，校内实训设备总值2058万元。是首批自治区示范性中等职业学校校内实训基地。学校办学模式灵活多样，形式不一，有全日制普通中专、短期培训、成人在职及函授大专，分别与广西大学、西北农林科技大学、华中农大等多所大学联合办学。是广西工会职工就业培训基地、柳州市就业再就业定点培训基地、广西库区移民培训基地。2010年学校荣获全国农业院校职业技能大赛广西选拔赛动物外科手术中职组第一名、全国农业院校职业技能大赛动物外科手术中职组二等奖。同年9月被认定为自治区中等职业学校专业技能比赛训练基地。 （编辑部）

普通高级中学

【概　况】 2010年柳北辖区有普通高级中学校4所，在校学生7266人。分别是柳州市外国语高级中学、柳州市第三中学、柳州市第四十中学；其中民办高中1所：柳州市向华高中。

【柳州市外国语高级中学】 位于柳州市胜利路14号，创建于1964年，前身为柳州市第九中学，只招收初中生。1971年开始招收高中学生，成为高完中学。2007年5月，经柳州市人民政府批准，更名为柳州市外国语高级中学，停招初中新生。2009年，成为纯高中学校。2010年，学校是广西唯一一所公办的具有外语特色的全日制高级中学，成为自治区示范性普通高中立项学校。2010年，学校占地面积4.4公顷，绿化面积达43%，是柳北区花园式学校。学校设有“民族希望班”、“外国语特色办学”、“全员育人导师制”、“四证认定”等教育品牌。有教学班36个，学生2000人，教职工142人，其中专职教师115人，中级以上教师90人，研究生21人，21世纪园丁工程培养对象3人，市级学科带头人1人，市级骨干教师16人。学校先后荣获全国中华民族传统美德百佳示范学校、自治区文明单位、自治区中小学德育工作先进集体、自治区卫生优秀学校、自治区学生军训先进单位、广西中小学心理健康教育和学科教学及德育渗透心理健康教育实验研究与辅导活动、广西第十次优秀科研成果评比先进单位等荣誉称号。

（张诗雅）

位于柳州市胜利路14号的柳州市外国语高级中学校园　　李　萍　摄

科学技术

【科学技术机构及工作概况】 1992年10月，成立柳北区科学技术委员会。1997年2月，组建柳北区教育局与科学技术局。2001年11月，设立柳北区科学技术局。2010年，柳北区科技局在编人员3人，聘用人员2人。辖区拥有高级技术职称166人，中级技术职称2267人，初级技术职称3471人。

2010年柳北区科学技术局围绕城区经济建设和社会发展的基本思路和重点难点问题，发挥组织、管理和协调的综合职能作用，完成柳北区科学事业“十二五”规划编制工作。组织实施科学研究与技术开发计划和科技创新计划，组织申报上级项目11项，争取上级科技项目经费385万元。本级科学技术支出668万元，占当年本级财政一般预算支出1.2%。安排实施葡萄生态景观示范园等本级科技计划项目6项，落实科技补助经费

5月7日，柳北区在胜利小区启动“低碳家庭·时尚生活”科普活动　　赖德勇　摄

239万元。柳北区规模企业市航盛电子科技公司获国家级高新技术企业认定，长塘镇得利良种猪养殖发展协会被评为全国科普惠农兴村计划先进集体。7月20日，经自治区科技厅评审，柳北区罗非鱼产业获自治区第一批农业产业科技重点示范县(区)称号。

【高新技术企业培育】 2010年，柳北区培育扶持高新技术企业及其产业发展。新增国家级高新技术企业柳州航盛科技有限公司1家。年末，柳北辖区有国家级高新企业10家：柳州市金百汇激光技术有限责任公司、柳州市永益机械制造有限公司、柳州市清宇环保产业开发有限责任公司、柳州化工股份有限公司、柳州市网中网络策划中心、柳州银纺有限责任公司、柳州航盛科技有限公司、广西金嗓子有限责任公司、柳州盛强化工有限公司、广西华锐钢铁工程设计咨询有限责任公司。

【科技型中小企业创新基金申报】 2010年柳北区组织辖区10余家中小企业申报创新基金，柳州市恒力传动轴有限责任公司、永益机械制造有限公司、中铨环保科技有限公司、丰洲新型建材股份有限公司等4家企业申报成功，获得上级科技经费扶持资金185万元。

【科技项目实施与管理】 2010年柳北区加强科技项目实施管理，加强检查与监督，着重提高项目实施的显效度和结题率。年内，立项实施科技项目6个，科技经费补助资金239万元，完成历年本级科技项目的结题验收。

【科普宣传和科技培训】 2010年柳北区投人科普经费77万元，用于科学普及和科技培训。城区科普联席会议成员单位和部门积极开展公众科学素养提高行动，组织科技人员通过科普进社区、科技下乡、科技讲座和科技培训等形式，以先进适用技术和科学管理知识为重点，面向三农，开展形式多样、内容丰富、贴近群众，贴近生活的科普和科技培训活动。先后组织科技下乡活动3次，专家参与100多人次，群众5000多人。发放各种科技宣传资料4000多份，开展科普进社区大型科普活动3次，组织科普讲座、报告会5场，参加人数500多人次。举办各类实用技术培训班250多期，培训人数3.5万人次。

【科技活动及交流】 2010年柳北区跟随团或组团参加北京国际科技产业博览会、中国杨凌农业高新科技成果博览会、中国国际高新技术成果交易会（深圳）等国家级大型科技活动以及广西科技活动周、柳州十月科普大行动等重大科技活动。组织科技干部参加清华大学科技创新管理高级研修班、科技管理与创新能力提升高级研修班学习培训；参加上级科技部门组织到天津滨海新区、上海浦东新区等高新技术产业开发区进行学习交流活动。　　（编辑部）

责任编辑：陈素琴

2006～2010年柳北区科普经费

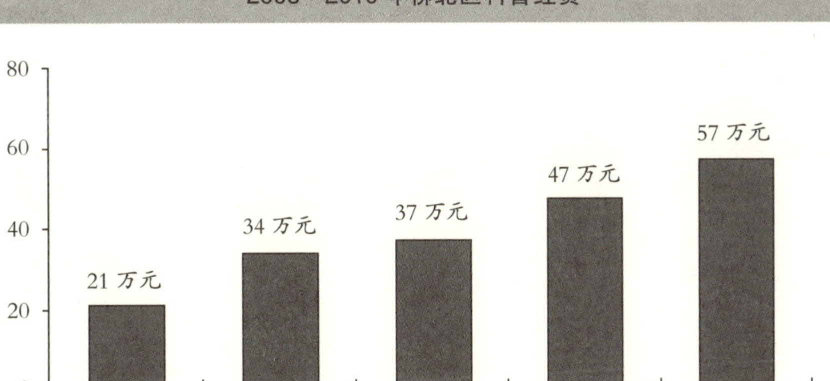

文化·卫生·体育

文　化

【文化机构及工作概况】 1979年9月，成立柳北区文化教育科，管理辖区的文化、教育、体育业务。1997年2月改称柳北区文化体育局。2001年11月，更名为柳北区文化和体育局。2010年，柳北区文化和体育局有行政编制3人，事业编制15人，下设文化馆、图书馆及3个镇广播电视站（文化站）等5个职能部门。

2010年柳北区实施文化进社区、进农村、进企业、进军营、进学校、进机关文化“六进”工程，组织开展文化体育活动500多场，放映公益数字电影616场，放映场次居柳州市四城区第一；沙塘镇上垌村等7个行政村的体育设施不断完善，石碑坪镇下陶村、古木村2个行政村的村级公共服务中心项目竣工，长塘镇综合文化站建设项目投入使用，柳北区文化信息资源共享工程县级支中心挂牌成立。柳北区有柳州市文物保护单位8处，新发现不可移动文物点21处。广西第一家私人博物馆——柳州票证博物馆注册成立。年内做好工业遗产文物征集工作，收集工业文物信息1054条、已捐实物320多件。柳北区档案馆晋升国家二级馆。年内，获柳州市文化系统2010年重点工作目标管理考评一等奖、柳州市农村和社区电影公益放映工作先进城区一等奖等称号。

1月27日，柳北区开展文化安全大检查　　　　赖德勇　摄

【基层文化设施建设】

柳北区文化资源共享工程支中心挂牌　2010年4月，柳北区政府与柳州钢铁（集团）公司图书馆合作挂牌成立。该中心位于市北雀路119号，建筑面积1000平方米，有工作人员5人，藏书11.80万册，年购书经费15万元。年末，投资54.4万元安装幕布、音箱、投影机、DVD、电脑等设备，完成图书馆机房、防雷、网络等配套设施建设，使辖区群众有了一个共享文化资源的环境。

长塘镇综合文化站建设　柳北区长塘镇综合文化站建设项目是“十一五”期国家实施的重大文化建设工程，总投资约50万元。原址设在长塘镇政府大门的西面空地，2009年12月施工，2010年4月10日由于城市规划调整停止施工。5月12日在香兰村矮岭屯重新动工，11月9日竣工投入使用。该综合文化站建筑面积350平方米，设有图书室、电视室、娱乐室、教室等文体设施，结束长塘镇文化站无独立文化、娱乐用房的历史。

【文化市场管理】 2010年2月，柳北区文化和体育局联合区安全监督管理局、消防、公安等部门，对辖区内文化娱乐场所消防安全设施、营业执照等进行清查。3月至4月，联合城区行政执法局、工商等部门针对辖区校园及周边地区的出版物市场、印刷企业进行清查整顿行动2次，对乱摆乱卖非法出版物等现象进行清理。同时还配合柳州市综合整治检查组，先后2次对柳北辖区的10多个网吧进行检查，清理设在市北站小学附近的黑网吧1家。11月12日，柳北区组织开展迎亚运“扫黄打非”集中行动，收缴盗版碟180张，“六合彩”资料3500份，柳州电视台《新播报》栏目、《柳州日报》记者，跟随整治行动小组做了追踪报道。 （编辑部）

社会文化

【社会文化概况】 1981年1月，成立柳北区文化馆。1984年4月，因人员变动文化馆暂停活动。1986年11月，在雀儿山街道成立柳北区第一个街道文化站。1990年6月，恢复柳北区文化馆工作，属事业编制，下设街道文化站4个。2002年9月，柳北区接收石埠坪镇、沙塘镇、长塘镇、洛埠镇、黄村乡、白露乡6个乡镇文化站。2010年，柳北区文化馆有事业编制3人，下设镇文化站3个，农家书屋37家，村文化室35个，社区文化活动中心18个，业余文艺团队52个，队员1500多人。

【群众文化活动】

元宵花灯展　2010年2月，柳州市“和谐柳州”花灯展在柳北区胜利路举办，柳北区组织辖区35所学校、40多家企事业单位参展，展出大型花灯61盏，小型花灯2500多盏，观灯群众5万多人次。柳北区获柳州市优秀组织奖，钢城街道、沙塘镇等10个单位获单位组织奖。

和谐文化服务行　2010年柳北区组织文艺队参加柳州市启动的“和谐文化服务行”活动，以刘三姐大舞台为主阵地的“周周演”活动文艺演出6场；组织协和社区、祥和社区艺术团和柳州师范专科学校等艺术团队在市人民广场艺术中心大门口舞台进行文艺演出5场，演出节目63个，观看群众近4千余人；组织辖区文艺队伍参加“柳江之夏”群众文艺展演活动，推荐9个优秀节目参加柳州市第七届“龙城金秋”文艺会演，其中声乐类节目3个，舞蹈类节目4个，曲艺小品类节目2个，在决赛中柳北区获组织奖1个，表演一等奖1个，二等奖3个，三等奖1个，创作奖2个。

9月27日，柳北区开展文艺演出节目《团圆》　　李　萍　摄

【文化“六进”工程】 2010年柳北区实施文化进社区、进农村、进企业、进军营、进学校、进机关“六进”工程，打造柳北文化特色。在8个社区举行文艺演出、“庆重阳”联谊活动、亲子时装秀、百家宴等活动，为协和社区和胜利东社区赠送价值1万元的乐器、书架等文体设施；在长塘镇举办“欢乐长塘”文化艺术节，石碑坪镇举办“花果飘香”文化艺术节，提升乡镇文化水平，指导各镇打造自己的文化品牌；在机关举办柳北区迎春团拜会、柳北区政法系统迎春文艺演出、柳北区机关2010年“迎国庆、唱红歌”大型合唱比赛、“我的2010”机关干部主题摄影展。组织辖区文艺队青年和区机关团员青年到驻地部队开展军地青年联欢活动并向驻地部队赠送乐器一批；在白露工业园区举办迎春文艺晚会、柳北区第四届象棋棋手排位赛、企业职工卡拉OK大赛等活动。结合庆祝抗日战争胜利65周年主题电影周活动，组织公益电影队到广西建安汽校、长塘中学等7所学校放映优秀国产影片15部，在沙塘镇三合小学举办“六一”文艺晚会，邀请书法名家到市二十九中附小开设书法公开课，并向学生赠送价值3000多元书法用品一批。

【文艺宣传】 2010年柳北区文化和体育局配合城区司法局、卫生局、科技局等部门先后组织柳北区政策法规服务三下乡宣传活动、柳北区创建国家卫生城市文艺演出、柳北区“低碳家庭·时尚生活”科普宣传行动、柳北区2010年度冬季征兵文艺演出等文艺宣传演出20余场。（编辑部）

文物博物

【文物博物概况】 据《马平县志》记载，柳北雀儿山东面原为柳州惰代故城所在地，“（柳州）地属冲要非他邑所比。况柳江绕其前，鹊山护其后，文惠之流风，贤良之遗墓犹存”。2004年柳州市开展全国第二次文物普查，确定柳北辖区有不可移动的柳州市文物保护单位8个，分别是徐养正及家族墓、佘立墓、曾胜墓、龙船山石刻、龙家桥及石刻，广西农事试验场旧址、泗角村碉楼、董必武题词碑。从2007年至

2010年柳州市开展全国第三次文物普查，在柳北辖区复查不可移动文物8处，新发现不可移动文物点21处，主要包括重要的“金钉子”地质遗迹、古城遗迹、古代民居、古代寺、近现代建筑等多个门类。2010年，柳北区有柳州市文物保护单位8处，新发现不可移动文物点21处。注册成立广西第一家私人博物馆——柳州票证博物馆。

【工业文物征集和捐赠】 2010年5月，柳北区成立工业文物征集领导小组，召开动员培训大会和柳北区工业文物征集工作会议。发动各单位开展工业文物征集宣传工作，悬挂横幅标语100多条，发放宣传单2万多份、展出墙报20多期。沙塘镇江湾村、石碑坪镇石碑坪社区组织文艺演出2场，向观众发放宣传资料3000多份，截止至10月31日止，石碑坪、沙塘、长塘3个镇深入村屯28个、社区6个，走访农户5277家，收集工业文物信息582条，收到捐赠实物20多件，解放、胜利等7个街道办事处深入村屯7个、社区55个，走访调查住户1.72万家，收集工业文物信息972条，收到捐赠实物300多件。

【柳州市票证博物馆】 坐落在柳州市柳北区前锋路4-1号，占地面积135平方米。2003年12月19日，由柳北区市民、原柳北区第五届政协文史委员李三台先生个人独资创办。该馆是柳州市第一家民间票证收藏馆。2007年6月21日，被柳州市社会科学界联合会命名为柳州市青少年社科普及教育基地。同年8月，被柳北区精神文明建设委员会命名为柳北区青少年爱国主义教育基地。2010年8月17日，被自治区文化厅命名为广西第一家民办博物馆。2010年9月14日，完成民办非企业单位注册登记。

该馆收藏李三台先生耗时40多年，投资250多万元，从全国各地收集的各种票、证、券、卡700多种4万多枚，其中有中华苏维埃借谷票、米票；晋察冀边区行军小米票、各解放区票、野战军票；在新中国成立前后所发行的大米票、小米票、小麦票、公粮票、行军粮票、秋粮票等。大到汽车、缝纫机、自行车、手表，小到一包针、一盒火柴、一钱粮票、一分油票、两钱肉票，一一细数方寸之间，见证历史，记载历史沧桑。该馆自2003年12月开馆以来至今，已免费接待来自国内国外参观者达8万多人。 （编辑部）

全国第三次文物普查柳北区不可移动文物情况（2010年）

复查或新发现	名　称	时　代	地址及位置
复查	董必武题词碑	中华人民共和国1960年	柳北区沙塘镇政府院内
复查	龙船山石刻	明代	柳北区石碑坪镇古城村山尾屯龙船山东南崖壁
复查	曾胜墓	清代	柳北区白露街道蟠龙村北白坟岭上
复查	佘立墓	明代	柳北区长塘镇鹧鸪江村木莽屯后山
复查	徐养正及家族墓	明代	柳北区白露街道盘龙村西北
复查	龙家桥及石刻	清代	柳北区白露街道白露村云头屯
复查	广西农事试验场旧址	中华民国	柳北区沙塘镇柳州农科所内
复查	泗角村碉楼	中华民国	柳北区石碑坪镇泗角村泗角屯
新发现	广西林校旧建筑群	中华人民共和国1953-159年	柳北区沙塘镇广西生态职业技术学院内
新发现	志诚公司旧址	中华民国	柳北区长塘镇香兰村志诚屯
新发现	柳州畜牧兽医学校老校舍	近现代	柳北区沙塘镇柳州畜牧兽医学校内
新发现	沙塘镇垦村农场旧址	中华民国	柳北区沙塘镇垦村农场内
新发现	周恩来总理下榻处	中华人民共和国1950年	柳州饭店红楼
新发现	沙塘农场场部旧址	中华人民共和国1961年	柳北区沙塘镇农场场部内
新发现	沙塘镇古灵水渠	中华人民共和国1951年	柳北区沙塘镇古灵村

续表

复查或新发现	名　称	时　代	地址及位置
新发现	沙塘鱼海	中华人民共和国	柳北区沙塘镇
新发现	洛埠镇振鹤街古建筑群	中华民国	柳北区洛埠镇振鹤街
新发现	沈鸿英旧居	清代	柳北区洛埠镇鸣凤街二巷
新发现	洛埠镇鸣凤街古建筑群	中华民国	柳北区洛埠镇鸣凤街
新发现	洛埠镇老码头	中华民国	柳北区洛埠镇
新发现	洛埠镇“洋楼”	中华民国	柳北区洛埠镇入口谢家
新发现	石埤坪镇新南屯囤垦旧居	中华民国	柳北区石碑坪镇石碑坪村新南屯
新发现	涎冲屯“金钉子”地质标准剖面	石炭纪	柳北区长塘镇梳庄村涎冲屯涎冲沟
新发现	新生农场旧址	中华人民共和国 1951 年	柳北区石碑坪镇石碑坪村农场旧场部
新发现	张凤墓	清代	柳北区凤凰陵园将军岭
新发现	何凤仪墓	清代	柳北区长塘镇西流村大井屯大岭顶
新发现	谭氏墓	清代	柳北区沙塘镇三台村老鸦槽
新发现	伍廷飏墓	中华民国	柳北区沙塘镇垦村 5 队老钟塘尾
新发现	曾氏老宅	清代	柳北区长塘镇长塘村老村 6 组
新发现	关帝庙	清代	柳北区长塘镇长塘村 8 组
新发现	梁氏老宅	清代	柳北区洛埠镇鸣凤街 74 号
新发现	罗氏老宅	清代	柳北区沙塘镇沙塘村木茂屯
新发现	杨柳“花婆庙”	清代	柳北区沙塘镇杨柳村杨柳小学内
新发现	大帽河水碾遗址	清代 – 近现代	柳北区石碑坪镇大滩村大滩屯大帽河
新发现	黄花桥	不详	柳北区石碑坪镇新维村棠杜屯黄花沟
新发现	白虎山尾桥	清代	柳北区石碑坪镇新维村门口沟上
新发现	石碑坪古城遗址	不详	柳北区石碑坪镇古城村
新发现	柳州市木材厂旧车间	中华人民共和国 1951 年	柳北区北雀路 68 号
新发现	柳州市空气压缩机厂旧设施	中华人民共和国 1958 年	柳北区北雀路 129 号
新发现	柳州两面针厂旧工业设施	中华人民共和国 1980 年	柳北区长风路 2 号
新发现	柳州立宇集团旧工业设施	中华人民共和国 1970 年	柳北区跃进路 10 号
新发现	柳州钢铁(集团)公司旧工业设施	中华人民共和国 1958 年	柳北区北雀路 117 号
新发现	柳州市化肥厂旧工业设施	中华人民共和国 1958 年	柳北区北雀路 67 号

公共图书馆

【公共图书馆概况】 1982年8月，柳北区在机关设立图书室，有图书700多册，订阅书报刊物10多种，指定1名干部兼管。1995年4月，柳北区与中国太平洋保险柳州分公司投资建立胜利小区图书馆，有藏书1万多册。2002年9月，柳北区接受石埠坪镇、沙塘镇、长塘镇、洛埠镇、黄村乡、白露乡6个乡镇文化站，有乡镇图书室4个。2005年9月，柳北区成立图书馆，在柳北区文化和体育局挂牌，核定事业编制3人。2010年，柳北区有市级图书馆1个，城区图书馆1个，社区图书室10个，农家书屋36个。

【柳北区图书馆】 位于柳北区北雀路119号(2004年与柳州钢铁(集团)公司图书馆共建挂牌)。2010年，馆舍面积1000平方米，书库面积500平方米，阅览室面积400平方米，阅览座位200个，馆藏书量11.80万册，其中电子图书8000册，期刊280种，接待读者9万多人次，外借书刊2万多册。

2010年4月20日，柳北区组织开展“我的书屋·我的家”农家书屋阅读讲演比赛主题活动，来自各镇、街道办事处及村(社区)图书管理员、党支部书记、教师、村民群众参加比赛。沙塘镇的谭群凤获阅读讲演比赛一等奖、长塘镇的梁琼获二等奖。谭群凤还代表柳州市参加全国和自治区“我的书屋·我的家”农家书屋阅读讲演比赛主题活动讲演比赛，获全国比赛“最佳风采”奖。4月21日，柳州市“书香龙城，文化柳州”全民读书活动在柳北区雀儿山公园启动。年内，柳北区图书馆组织各类知识讲座3次。

柳州市图书馆

【概 况】 柳州市图书馆其前身是1928年建成的柳江图书馆。1992年11月建成新馆，位于柳州市柳北区三中路77号，建筑面积11367平方米，裙楼3层，主楼8层。2010年，图书馆设有办公室、流通部、报刊部、历史文献部、数字资源部、信息网络部、读者活动部、读者培训部、业务辅导部、采编部、物业管理部等11个职能部门。馆藏图书88万余册，有干部职工86人，具有大专及大专以上学历70人，占全馆职工人数的87%，具有高级职称4人，中级职称44人。年内，市图书馆获文化部第三批“全国古籍重点保护单位”、自治区文化厅“公共图书馆先进集体”。

年内，柳州市图书馆接待读者56.23万人(次)，图书流通52.87万册(次)，外借书刊2.33万册(次)，办验借阅证1.61万本，办理自修证422本，解答一般咨询1531条。购入中文纸质图书1.7万册，电子图书4.03万册。其中分编加工入库纸质图书8707种1.66万册；分编加工随书光盘430种753碟；征订报刊1013种、1188份；征集地方文献276种450册，光盘38种40碟。对史料扫描、识别，采集数据857条。柳州市图书馆被指定为政府信息公开查阅的场所之一，12月完成场地布置、设备采购等工作，并通过柳州市政务公开工作办公室的验收。有56个政府部门及社会团体的政务信息公开文件到位。

【读者活动】 2010年柳州市图书馆开展“读者活动180多次，参与活动人数约1.7万人(次)。举办“文惠讲坛”公益讲座16场，听众3120人(次)；举办“书韵·图书文化展”，展出精品图书517册(件)，接待参观者600多人；开展“图书爱心车”基层服务活动，带去图书3000多册，服务群众6000余人(次)；举办柳宗元诗文诵读比赛，参赛儿童500多人，观众2000多人；开展世博会精彩展播、免费“爱心上网”冲浪等系列服务宣传周活动，参加人数985人。通过图书馆网页、柳州书友QQ群公告栏、中小学校邮箱等各种渠道发布图书馆信息和活动通告90余次，制作各类宣传海报75幅，悬挂宣传横额7幅。

【基层服务培训】 2010年柳州市图书馆新设立馆外服务点：鱼峰区图书馆、柳州市图书馆（柳州明德英文图书馆）机关幼儿园阅览分室、市直机关工委和沙塘镇杨柳村图书室4个。年内，市图书馆下基层开展文化服务活动37次，送书下基层88次，送书2.09万册，展示报纸100种、期刊1900册

4月21日，柳州市“书香龙城，文化柳州”全民读书活动在柳北区雀儿山公园启动

柳北区宣传部 提供

合订本,赠送过刊1771册合订本。举办“柳州市2010年共享工程培训班”等业务培训班3期,培训170人,到26个社区图书馆开展图书馆建设调研,下到基层56个点进行业务辅导,接待基层来访62人。 (覃方舟)

地方史志编纂

【史志编纂概况】 2004年3月,成立柳北区政府地方志编纂办公室,为政府临时机构,主要负责整理编纂城区史志工作。2006年6月,编辑整理14万字《柳北文史》第十六辑。2009年9月23日,编纂出版发行90万字《柳州市柳北区志(1991~2005)》。2010年12月,编辑整理15万字《柳北文史》第十七辑。2010年柳北区地方志编纂办公室设主任1人,工作人员1人。主要整理完成《柳州市柳北区志(1991~2005)》第一稿至第九稿的初稿文字汇编归档工作。年内,柳北区获柳州市2009~2010年度年鉴编纂工作先进单位称号;柳北区地方志编纂办公室获2009~2010年度柳州市地方志系统先进集体称号。柳北区地方志编纂办公室主任李萍分别获2010年全国方志系统先进工作者和2009~2010年度柳州市地方志系统先进工作者称号。

【志书资料立卷归档】 2010年柳北区地方志编纂办公室将2004年3月至2010年12月,5年收集编纂的志书资料进行全面整理归档。主要整理完成《柳州市柳北区志(1991~2005)》第一稿至第九稿的志稿文字汇编归档工作,装订原始资料3本120多万字;整理完成志书初审、复审、终审文稿汇编归档工作,装订12本90多万字;整理完成志书随文插图331张图片归档工作;对城区志相关资料电子版进行整理归档。至年末,分别向自治区、柳州市地志办、省市图书馆、档案馆及兄弟县区地方志编纂办公室以及相关单位赠送志书800多本;向各省市史志单位赠送《柳州市柳北区志(1991~2005)》志书700多本,收回其他县区志书30多册,起到宣传柳北区、交流修志工作、推进志书的开发利用、发挥地方志书资治、存史、教化功能。

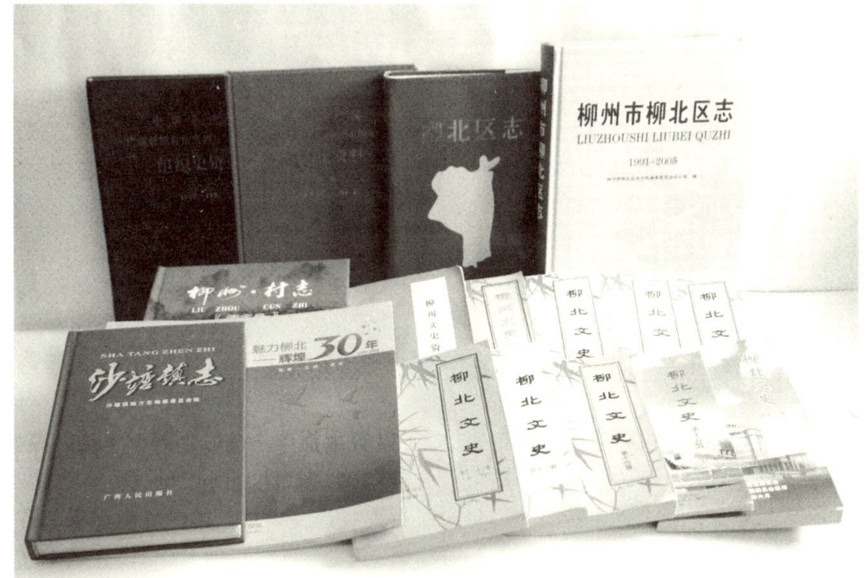

收集整理柳北区志书文史汇集 李 萍 摄

【年鉴资料整理】 2010年柳北区地方志办公室在完成志书资料归档的同时,利用收集的编纂资料,分别向柳州市地方志编纂办公室提供10万字的编纂资料,其中有《柳北区1991~2005年)概况》部分2万字、《柳北区(1991~2005年)大事记》部分1.3万字、《柳北区(1991~2005年)建置区划》部分3万字、《柳北区工业》部分1万字、《柳北区文化、地方史志编修》部分1.7万字、《柳北区人物》部分5000字;分别向《2010年广西年鉴》、《2010年柳州年鉴》提供柳北区人民政府概况约2万字;向自治区地方志编纂办公室提供关于《广西通志·照片志》柳北区1979年至2004年重大政治事件及各类重大活动照片21张。

【文史编辑】 2010年,柳北区地方志编纂办公室协助柳北区政协完成14万字《柳北文史》第十七辑文稿整理编辑工作。先后进行二次审核,三次文稿修改,于12月底排版编印800册。

【史料收集】 2010年柳北区地方志编纂办公室根据柳州市文物考古办公室提供的全国第三次文物普查资料,分别对在全国第三次文物普查中发现的柳北区29处不可移动文物点地址进行图片资料拍摄收集,拍摄图片100多张。同时收集整理沙塘农都博览园的历史、人文部分资料2万多文字、图片500张。 (李 萍)

档 案

【档案机构及工作概况】 1982~1996年,柳北区在政府办公室设综合档案室1个,负责管理城区机关文书档案收集整理工作。1997年7月,设柳北区档案室。2005年7月,成立柳北区档案馆,核定事业编制3人。2010年,柳北区档案局(馆)合署办公,有专职人员4人,下设3个镇、7个街道办事处、36个村和57个社区档案室,有兼职档案员103人。档案馆建筑面积1630平方米,其中档案库房面积1070平方米。馆藏档案3万多卷8.25万件,资料2572册。全年接收档案1.14

万卷2.79万件，照片档案3500张，实物档案298件；接待档案、资料利用者834人次，提供档案利用627卷949件，复制档案资料1112页。负责管理3个乡镇、7个街道办事处、36个村委会、57个社区档案业务指导工作。年内，召开2006～2009年度柳北区档案工作表彰会议，表彰档案工作先进单位8个，档案工作先进个人67人。柳北区档案馆晋升国家二级档案馆。

【晋升国家二级档案馆】 2010年柳北区档案局（馆）按照国家二级档案馆升级标准，全面整合档案资源，对2000～2009年婚姻档案进行分类编号；装修信息公开查阅服务场所和布置柳北区档案陈列室。12月27日，柳北区档案局（馆）以88.5分通过国家二级馆测评（2011年3月1日，国家档案局批准柳北区档案馆晋升为国家二级档案馆）。

【档案资源建设】 2010年柳北区档案馆接收辖区重大项目建设档案、乡镇档案、婚姻档案、计划生育档案、知识青年档案、企业人事档案1.17万卷1.09万件。其中接收白露工业园区第一期、第二期工程档案289件，水利工程档案1241件；接收沙塘镇保存10年以上永久档案223卷；接收城区民政局婚姻档案5861卷（件）、计划生育档案4273件、人事工资档案204件、知识青年档案4卷；接收辖区柳州钢铁（集团）公司、广西凤糖生化股份有限公司凤山糖厂、柳州锌品有限责任公司等87个单位的退休人员人事档案1.07万卷进馆。全年提供民生档案利用399人次，调阅档案资料1113卷（件），企业人事档案资料298卷，接待档案、资料利用者298人次。

【档案业务指导】 2010年柳北区加强对镇、街道档案工作业务指导，在石碑坪、沙塘、长塘3个镇设立档案室。沙塘镇江湾村和长塘镇香兰村列为柳北区行政村示范档案室。配合林权制度改革，制定柳北区集体林权制度改革文件材料分类大纲、归档范围及保管期限表，发到3个镇和7个街道办事处，指导林业改革档案规范化管理。

【档案信息化建设】 2010年柳北区档案局（馆）在GD2000档案管理系统中录入档案目录4.87万条，扫描录入照片档案360张，频繁利用珍贵档案118件，建立馆藏档案全文目录数据库。开辟50多平方米的柳北区政府公开信息档案文书资料查阅服务中心，完成场地布置及设备采购等工作，方便机关干部及居民群众查阅档案资料文件。

12月27日，自治区档案局局长黄明初（右三）率领检查组检察柳北区档案保存情况　李　萍　摄

【档案宣传教育】 2010年2月，柳北区档案局（馆）联合城区绩效办公室对3个镇、7个街道档案工作进行绩效检查。7月，联合城区法制办对基层单位开展档案行政执法检查。年内，编写《柳北区档案工作手册》100册，发到机关各部门、镇和街道办事处。加强档案业务宣传教育，撰写档案工作宣传稿件7篇，发表在《广西档案》刊物、柳州档案局信息网。（王杰蓉）

柳州市档案馆

【概　况】 柳州市档案局（馆）位于柳州市柳北区三中路66号，成立于1959年3月，同年12月成立市档案馆，局馆合署办公，一个机构两块牌子。2010年有编制26人，实有26人。内设业务指导科、档案管理科、法规科教科、文献编纂研究科、档案保护技术科、办公室。档案馆大楼于2001年6月建成。建筑面积6287平方米，馆库面积1740平方米。至2010年6月，馆藏档案178个全宗11.27万卷11.35万件，照片档案1.68万张，按历史时期可划分为清代档案、民国时期档案、革命历史档案和新中国建立后档案。有图书资料3.18万册，政府信息公开纸质文件5397万份。

2001年柳州市档案馆被命名为柳州市爱国主义教育基地，2003年被评为“全国档案工作先进集体”。2010年10月20日柳州市档案馆通过国家一级馆测评组的考评，晋升为国家一级档案馆，是广西首个国家一级馆。年内，柳州市档案馆入选全国古籍重点保护单位。

【档案接收利用】 2010年，柳州市、县区档案馆接收各类档案2.25万卷6.14万件，市档案馆接收27家单位文书档案1909卷1.29万件，会计档案

2970卷9705件。接收各单位送交的《政府信息公开年度报告》40份。整理接收档案目录152册，开放档案目录93册，照片档案1568张、各种资料图书291册，采集录像1771分钟。依法鉴定到期纸质档案99个全宗1316卷1494件，全年接待档案查阅778人次，调用案卷1939卷586件，有效利用档案736卷104件，复印档案4094页。年内，完成2008～2009年《柳州市档案工作大事记》、《市委工作报告和全会公报》、《市政府工作报告》汇编。开展档案目录数据采集报送工作，向自治区档案局报送目录数据295.37万条，获自治区"十一五"期档案目录数据采集报送工作先进单位评比一等奖。举办"美丽的柳州"城市记忆档案图片陈列、服务大厅和大楼楼廊馆藏历史图片展示、"柳州画家画柳州"第一回（系列）展、王培堃捐画作品绘画作品展等3次9期。其中展出王培堃画作、画稿300余幅。

【档案征集】 2010年柳州市档案馆向社会征集各种档案资料1600余件（张），参与拍摄全市重大活动20多次，录制影像294分钟，征集资料42份。征集国家一级美术师柳州画家王培堃绘画作品原稿及画稿578幅、原创漫画出版书籍21册。征集到柳州籍著名平面设计师陈名杰捐赠的由他参与设计制作的《中华人民共和国成立六十周年纪念》邮册及柳州市政协主席胡锦朝领衔创作的作品《中国侗族在三江》、《柳州非物质文化遗产拾萃》等资料书籍100余册。

【政府信息公开工作】 2010年，柳州市档案馆继续做好政府信息公开工作，接收各单位送交的纸质文件5317份，并整理装盒上架，迎接自治区督查调研组的调研和检查。年内6县4城区组织人员到馆参观学习政府信息公开相关规范流程及环境设计。公众查阅政府公开信息人数增多。

（吴爱玲）

位于柳州市柳北区三中路66号的柳州市档案馆大楼　　李　萍　摄

医疗卫生

【医疗卫生机构及工作概况】 1979年9月，成立柳北区卫生科。1997年2月，改称柳北区卫生局。2002年9月，柳北区接受石埠坪镇、沙塘镇、长塘镇、洛埠镇、黄村乡、白露乡等6个乡镇医疗卫生机构。2005年，柳北区辖城区医院1个，乡镇卫生院6个，社区卫生服务中心（站）34个，村级卫生所36个。2010年柳北区卫生局有在职人员3人。有医疗卫生机构（含医院、诊所、卫生机构）183个，其中市级医院4个，镇卫生院5个，社区卫生服务中心18个，村级卫生所35个，诊所和其他卫生机构121个。医院病床717张。医疗卫生人员1406人，其中卫生技术人员1184人；执业医师370人；执业助理医师79人；有注册护士（助产士）463人；药（师）士80人，检验技师（士）39人，影像技师（士）28人，其他卫技人员125人，村卫生所（室）35个，注册乡村医生35人，村保健员70人。农村每1000人口拥有卫生人员0.7人。辖区医疗卫生单位（不含市级综合医院）完成诊疗任务115.53万人（次），其中门诊62.73万人（次），急诊13.12万人（次），住院1.37万人（次），治愈率88.5%，病死率1.2‰，床位使用率62.53%，病床周转次60.76次。

【医药卫生体制改革】 2010年柳北区有实施国家基本药物制度试点的基层医疗卫生机构14家，实行基本药物零差率销售，试点基层医疗卫生机构占辖区基层医疗卫生机构的53.8%。覆盖辖区人口72.69%。柳北区卫生局组织辖区各卫生院、社区卫生服务机构宣传国家基本药物制度政策，全年各试点单位进行义诊咨询18次，发放国家基本药物制度改革宣传资料5000多份，制作并张贴国家基本药物药价公示宣传栏14块。组织人员到14个基层医疗卫生机构了解实施基本药品零差率前后各试点机构人员、财务、服务等情况，并对各试点机构的人员结构、财务收支、负债、门诊量、住院量等情况进行调查摸底。14个基层医疗卫生试点机构有在岗人数593人，其中编内人员228人，编外人员365人。分两次核拨国家基本药物制度试点机构财政补助资金265.35万元。全年药品销售额826.4万元，比上年同期683.2万元增长17.3%，门诊量18.17万人次，比上年同期17.11万

11月20日，柳北区解放社区卫生服务中心开展全员竞聘述职测评大会

柳北区宣传部　提供

人次增加5.8%。

【卫生人员竞聘上岗】 2010年柳北区核定8家卫生院和社区卫生服务中心人员编制岗位324个，开展卫生人员竞聘上岗工作。通过制定实施方案、试点机构定编、岗位设置审批、在岗编外人员资格审核过渡考试、编制岗位说明书、聘任单位领导、全员竞聘、确定上岗人员等程序，截至11月25日，8家试点单位全部完成人员竞聘上岗工作。此次竞聘上岗，设置岗位324个，岗位类别分为公卫人员、医师、护士、药剂医技财务、工勤5大类，辖区参加过渡考试考核合格64人，参加竞聘上岗述职347人（不包括试点单位16名领导），经过竞聘上岗，确定8家试点单位上岗人员308人，其中专业技术人员279人，占90.58%；工勤人员29人，占9.42%。

【卫生基础设施建设】 2010年，柳北区获中央扩大内需专项资金480万元，新建雅儒社区卫生服务中心、柳钢社区卫生服务中心和沙塘镇中心卫生院污水处理3个项目。年末，雅儒社区卫生服务中心建设项目封顶进行室内装修；柳钢社区卫生服务中心由三层建至六层；沙塘镇中心卫生院污水处理项目工程完工。

【基本公共卫生服务】 2010年柳北区卫生局成立基本公共卫生服务工作领导小组，组织辖区卫生院、社区卫生服务机构人员对自治区卫生厅、财政厅和人口与计划生育委员会联合下发的《关于促进基本公共卫生服务逐步均等化实施意见》和《自治区2010年基本公共卫生服务项目实施方案》进行专题学习。选送92名医师、61名护士分期参加自治区卫生厅举办的全科医师、社区护士、全科医师骨干和中医类别全科医师岗位等培训班。组织辖区医务人员188人次参加市卫生局、市疾控中心、市妇幼保健院举办的中医适宜技术、手足口病防治、新生儿听力筛查、地中海贫血防治、重性精神病患者管理等培训班20余期，为培养以全科医师为骨干的公共卫生服务队伍打下基础。

【农村卫生】 2010年柳北区政府继续把新型农村合作医疗工作纳入为民办实事项目内容和绩效考核主要项目内容抓实抓好，全年参加新型农村合作医疗农民4.92万人，参合率93.44%。对5个卫生院2009年基本公共卫生服务工作完成情况进行现场考核，考核单位效果良好。2009年辖区农村全年建档2.17万份，建档率26.27%；发放、播放健康教育材料122种、22871份；制作展出健康教育宣传栏60块，举办健康教育专题讲座21次，参加人数412人次；累计开展49周岁以内妇女体检4823例，发放避孕药具11种，发放数量1530份，提供计划生育咨询835人次，产前检查率、住院分娩率、产后访视率均达100%；开展7岁以下儿童体检1.19万例，新生儿访视率、儿童保健覆盖率、3岁以下儿童系统管理率均达100%；开展65岁及以上老年人健康体检1135例，建立60岁及以上老年人健康档案858份，入户随访老年人435人；建立残疾人健康档案190份。

【社区卫生】 2010年柳北区卫生局依据辖区各社区卫生服务机构服务人口数及2009年社区公共卫生服务项目考核结果和体检率完成情况，核拨中央、自治区、柳州市和城区级2009年社区公共卫生服务补助经费305.37万元。对辖区24家社区卫生服务机构65岁以上老年人和49岁以内已婚育龄妇女免费体检2个服务项目进行考核验收。以卫生院、村卫生室，社区卫生服务中心和社区卫生服务站一体化管理为原则，实行城区卫生局考核卫生院和社区卫生服务中心，中心以及卫生院考核所辖社区卫生服务站的方式，考核结果显示，除1个中心（雀儿山）、3个站（雅莲、白沙、前锋西）体检率未达30%外，其他20个社区卫生服务机构均按要求完成2009年的体检任务。年末，柳北区各卫生院、社区卫生服务机构建立居民健康档案25.26万份，建档率达59.9%；出版健康知识板报344版，开展公众健康咨询活动218场，举办健康知识讲座466期，开展健康知识竞赛1场；0～6岁儿童建接种卡1.49万人，免疫规划接种7.46万人次，免疫规划接种率≥95%；传染病例报告

774 例，报告及时率 100%，无漏报迟报现象；建立 0～36 个月儿童保健手册 8969 册，新生儿访视 4475 人，系统管理数 6100 人；建立孕产妇保健手册 1380 册，产前管理孕妇 1812 人，产后访视产妇 3127 人次；为 65 岁以上老人进行免费体检 8652 次；高血压病人专案规范管理数 1.01 万人，管理率 91.7%；糖尿病人专案规范管理数 2691 人，管理率 86.3%；登记管理重性精神病患者 438 人，纳入规范 394 人，管理率 89%。

【妇幼保健】 2010 年柳北区有 510 名农村产妇领取“降消”(降低孕产妇死亡率，消除新生儿破伤风)补助，其中正常生产产妇 504 人，补助 400 元/人；危重症生产产妇 6 人，补助 1000 元/人。启动柳州市增补叶酸预防神经管缺陷项目，至 2010 年末，辖区有 1545 名待孕妇女领取叶酸片，并在所辖社区卫生服务中心医务人员的随访指导下坚持服用。落实市政府启动免费婚前医学检查工作，年末，有 1126 对新婚夫妇进行免费婚检，婚检率 42.55%。

【疾病预防控制】 2010 年柳北区加强疾病预防控制工作，对经柳州市疾控中心确定辖区有手足口病 694 例的情况，及时召开柳北区手足口病防控工作紧急会议。要求辖区医疗单位加强对手足口病的监测与报告，督促指导辖区重点单位如托幼机构、小学落实晨午检、勤洗手和场所消毒等防控措施，做好患儿随访及防治宣传工作，使疫情得到有效控制。组织医务人员下基层为辖区 4.61 万名适龄儿童注射麻疹疫苗。年内，辖区无一传染病和无麻疹病例发生。

艾滋病防治　2010 年柳北区成立防治艾滋病攻坚工程领导小组，落实防治艾滋病攻坚工程专项经费 33 万元。在“12.1”世界艾滋病日，配合市卫生局、市疾控中心开展艾滋病防治宣传活动。全年辖区各医疗卫生机构发放预防艾滋病知识宣传资料 3 万余份，制作展出艾滋病宣传栏 26 块，开展预防艾滋病知识专题讲座 35 次。

【卫生监督检查】

食品安全检查　4 月 1 日，柳北区召开食品安全工作会议，制定下发《柳北区 2010 年食品安全工作要点》，分别与各镇政府、街道办事处，机关有关部门签订《柳北区 2010 年食品安全目标管理责任书》，确保食品安全工作得到落实。年内，以元旦、春节等各重大节日为重点，联合柳北工商分局和城区贸发局、水产畜牧局、农水局及各镇、街道办事处等单位人员组成检查小组开展节日期间食品安全专项整治 6 次，出动人员 565 人次，检查食品经营户 2781 户次，对违法、违规现象下发整改通知书并责令限期整改。柳北区还印发《柳北区食用油专项整治工作方案》，组成检查小组，在辖区范围开展食用油专项整治活动，抽查超市、饭店、食用油生产厂家各 1 家，对饭店用油无生产厂家、食用油进货查验记录率不完善、生产厂家混装食用油等现象给予警告，并下发整改通知书限期整改，柳州电视台《新播报》、《社会档案》栏目对柳北区专项整顿行动进行追踪报道。

校园周边食品安全检查　2010 年，柳北区卫生局联合柳北工商分局，分成 5 个检查小组，对辖区 30 所中小学校周边超市、食杂店进行检查，重点检查乳制品、饮料、糕点、膨化食品等，检查内容包括营业执照、食品质量、产品外包装、卫生许可证、进销货台账等。此次整治行动检查食品经营户 185 家，对 30 户涉嫌无照经营店铺(摊点)，依法发文责令停止经营，接受执法部门调查；1 户超范围经营店铺(摊点)，下发责令整改通知书督促整改到位。

加强乳粉和乳制品安全清查　2010 年 1 月 12 日，自治区质量技术监督局局长邓于仁在副市长文和群的陪同下，到柳北辖区广西金嗓子有限责任公司、市穗柳饼家实业有限公司，对两家企业的乳粉、乳制品、含乳饮料以及涉乳生产项目进行专项检查，邓于仁对两家企业的乳制品质量安全情况表示满意。年内，柳北区联合柳北工商分局，对辖区所有销售乳粉及乳制品的商场、超市、食杂店等市场主体经营户资格进行全面清查，重点清查含三聚氰胺问题乳粉及国家有关部门禁止销售的问题制品，出动工作人员 142 人次，检查食品经营户 671 户次，检查各类集贸市场 75 个次，未发现有问题的乳制品和含乳食品，检查中对 20 户食品台账登记不规

12 月 8 日，柳州市食品安全知识竞赛在柳北区举行　　李　萍　摄

范的经营户给予责令改正。

【医疗卫生行风建设】 2010年柳北区卫生局继续开展"医院管理年暨医疗质量万里行"活动和落实医疗卫生行风建设，与辖区医疗单位签订行风建设责任状。定期组织病人家属和行风监督员开展行风评议，满意率98%。辖区医疗机构全部按要求参加药品招标采购，覆盖率100%。

【创建国家卫生城市】 2010年柳北区继续开展创建国家卫生城市活动，加大对城区集贸市场整治，制定《柳北区集贸市场整治工作方案》，明确各单位责任。投入35多万元对北站市场路面、排水设施进行改造。柳北区爱国卫生运动办公室多次联合柳北工商分局及机关相关职能部门加强对辖区农贸市场环境卫生、市场市容市貌等方面重点检查，对存在脏、乱、差现象的农贸市场，下发整改通知书，督查各街道办事处、社区按要求限时整改。加大对市容市貌环境卫生管理和整治力度，加大对马路市场、夜市违章占道经营现象进行专项整治；对建筑工地较多路段加强监管。全年出动执法人员7056人次、车辆690辆次，纠正各种违章行为6730余起，查处破坏市容市貌环境卫生违章案件258起。组织开展大扫除、创建国家卫生城市知识竞赛等多项活动，全年累计参加卫生清扫人员1万多人次，清理卫生死角300余处，清理生活及建筑垃圾800多吨。开展全辖区范围的除"四害"活动，举办除"四害"技术培训班，各镇政府、街道办事处分管领导及具体负责除四害工作人员126人参加培训班。开展灭"四害"药品投放工作，在47个社区安装灭鼠毒饵盒1万多个、毒饵站9844个；投放灭鼠药5270公斤、杀蟑烟剂1.66万盒、溴氯氰菊酯悬浮剂408瓶、球形芽孢杆菌悬浮剂360桶、10%高效氯氟氰菊酯620瓶，幸福阳关(生态酶制剂)440桶，捕蝇灵2.20万个。 (编辑部)

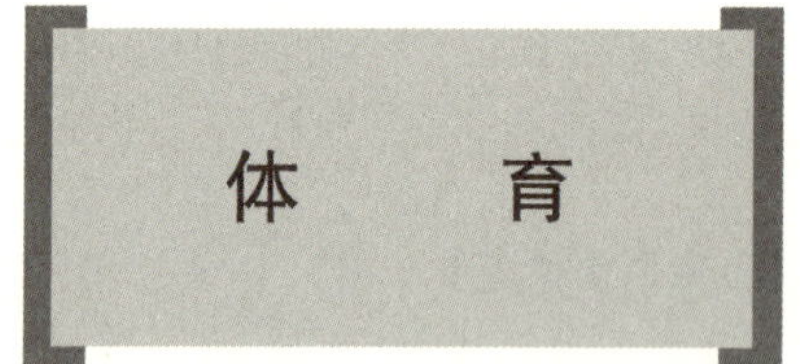

体育

【体育设施建设】 2010年柳北区投入100万元，新建石碑坪镇下陶村、古木村2个村级公共服务中心，为2个村级公共服务中心完善文体设施，新建室处展廊、篮球场、戏台、乒乓球台、宣传橱窗等。11月8日，柳州市首家村级公共服务中心暨新农村建设示范点现场会在柳北区石碑坪镇下陶村公共服务中心落成揭牌。该中心也是自治区级村级公共服务中心试点。柳北区投入12万元新建石碑坪镇下陶村和沙塘镇杨柳村灯光球场2个。为沙塘镇上垌村、沙塘村、三合村等5个行政村配备篮球架7副，为白露街道园艺村配备健身器材9件，为设在市第二十九中学的柳北区训练基地配备移动式羽毛球、气排球柱6套，乒乓球桌8副，移动式篮球架1副，篮球和足球各10个。

【体育竞赛】 2010年10月31日至11月13日，柳北区组织545名运动员参加柳州市第十二届运动会24个大项目比赛，获金牌39块、银牌47块、铜牌59.5块；组织100多名运动员参加柳州市第二届少数民族传统体育运动会7个大项目比赛，获金牌4块，银牌4块，铜牌5块。在2次赛事中，柳北区均获优秀组织奖和体育道德风尚奖。组队参加柳州市2010年全民健身日桥牌、钓鱼、乒乓球、气排球、羽毛球、健身气功、五禽戏等5个大项目比赛，获一等奖1个，二等奖1个，三等奖2个。

【群众体育】 2010年柳北区开展全民健身日活动，设气排球、乒乓球、趣味竞技、拔河、跳绳、游泳等项目比赛9项，参加人数7000多人，观众近6万人。组织开展柳北区迎春游园活动拔河比赛，机关27个队400人参赛；组织开展柳北区庆"七·一"干部职工气排球比赛，23个队250名干部职工参赛；组织开展柳北区"真龙杯"城乡万人气排球比赛，辖区有90个队3000名运动员参赛；组织开展柳北区第三届社区气排球比赛，30个社区330名运动员参赛。在市老体协门球场举办柳北辖区门球友谊赛，辖区有48支队伍500多名运动员参赛，市老体协代表队获第一名，柳钢二队获第二名，柳钢六队获第三名。 (编辑部)

责任编辑：李 萍

2月10日，柳北区举行迎春活动拔河比赛 赖德勇 摄

社 会 生 活

婚姻·家庭

【婚姻登记】 2010年柳北区民政局设有婚姻登记机构1个。全年办理居民婚姻登记475对，其中办理结婚登记3589对（初婚2824对，再婚765对，再婚中恢复结婚67对），离婚登记1162对。婚姻登记中，内地居民结婚登记3589对，离婚登记1162对。另外补办结婚证件494对。辖区实行新婚登记免费婚检，有1126对新婚夫妇进行婚检，婚检率42.55%。

【教育进家庭】 2010年柳北区重视家庭教育，教育部门成立家庭教育指导中心，并逐步建立和完善中心的师资库，请全国家庭教育专家李晓凡给家长作报告，提高家长对家庭教育重要性的认识。

【健康宣传救助进家庭】 2010年柳北区开展艾滋病防治宣传进家庭，落实专项经费33万元，在“12.1”世界艾滋病日，发放预防艾滋病知识各类宣传资料3万余份，制作展出艾滋病宣传栏26块，开展艾滋病知识专题讲座35次。年内，柳北区计划生育工作投入100多万元在城区、街道两级建立9个家庭健康指导中心，在村级建立计划生育服务室，走“计卫联合、资源共享”的路子。建立家庭居民健康档案25.26万份，建档率达59.9%；出版健康知识板报344版，确认符合自治区农村部分计划生育家庭奖励扶助对象243人，发放奖励扶助金29.76万元；辖区122人获国家计划生育家庭救助，其中，伤残救助家庭42户，死亡家庭救助80户，发放救助金13.63万元。（编辑部）

妇女·儿童

【妇女工作概况】 2010年柳北区有女性20.93万人，占总人口的48.9%。年内，柳北区妇联以建设学习型家庭，提高家庭成员素质为目标，以和谐家庭创建促进社会和谐为重点，在城区开展“孝老爱亲”、“恒爱行动”、“低碳家庭·时尚生活”、“百万妇女”文明交通宣传员行动、“美德在农家”、“五进家庭”等主题活动，举办百家宴、邻里节、读书节，推动文明和谐新风进家庭。7月30日，柳州市“美德在农家”现场会在柳北区石碑坪镇新南屯召开。年内，柳北区获自治区“五好文明家庭”创建先进协调组织、自治区“五好文明家庭”2个，自治区“防艾滋病，健康进家庭”先进个人1人，柳州市“平安家庭”5户。

【妇女参与科普宣传活动】 2010年5月7日，柳北区妇女联合会联合科协、环保局等部门在胜利小区开展“低碳家庭·时尚生活”科普宣传活动，组织妇女代表家庭在横幅上签名承诺、进行科普知识抢答、发放环保袋和书籍等形式，向群众宣传和普及节能环保、

5月7日，柳北区在胜利小区向市民群众发放环保袋　　赖德勇　摄

低碳生活的知识和方法。

【妇女参与禁毒知识宣传】 2010年柳北区妇联与城区禁毒办、司法局联合在辖区开展“不让毒品进我家”宣传活动，通过开展禁毒知识有奖答题、禁毒知识讲座、禁毒图片展览、入户宣传、志愿者帮教等各种宣传活动，让社会公众了解毒品基本知识及其危害，杜绝毒品进家庭。

【妇女参加职业技能培训】 2010年柳北区妇联依托各村“妇女学校”和现代化远程教育基地，配合有关部门开展农业实用技术培训，举办与岗位需求相结合的职业技能和创业培训班12期，培训妇女132人。4月7日，柳北区在行政中心会议室举办女性保健知识讲座，特邀受聘于“全国三八健康使者万里行”组委会讲师高彦女士为广大女职工上课，有100名妇女参加听课。

【妇女儿童健康】 2010年柳北区启动柳州市增补叶酸预防神经管缺陷项目，辖区有1545名待孕妇女领取叶酸片，并在所辖社区卫生服务中心医务人员的随访指导下坚持服用。年内，柳北区有510名农村产妇领取“降消”（降低孕产妇死亡率，消除新生儿破伤风）补助，其中正常生产产妇504人，补助400元/人；危重症生产产妇6人，补助1000元/人。建立孕产妇保健手册1380册，产前管理孕妇1812人，产后访视产妇3127人次。

在儿童保健方面，柳北区建立0～6岁儿童接种卡1.49万人，免疫规划接种7.46万人次，免疫规划接种率小于或等于95%；传染病例报告774例，报告及时率100%，无漏报迟报现象；建立0～36个月儿童保健手册8969册，新生儿访视4475人，纳入系统管理6100人。（编辑部）

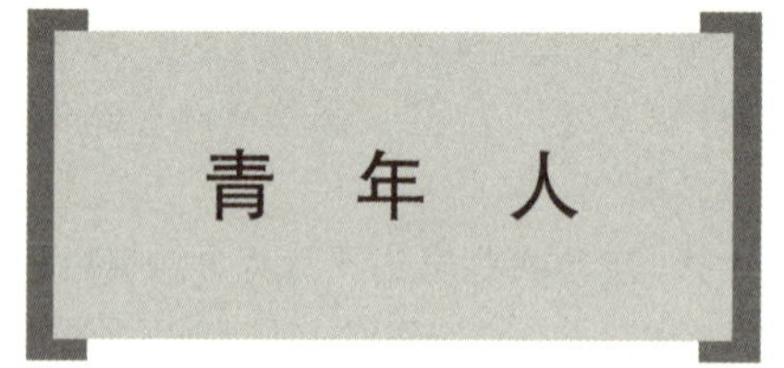

【青年人概况】 2010年柳北区有14～28周岁青年10.04万人。青年中有共青团员2.45万人，占城区14～28周岁青年总数的24.4%。

【青年就业创业】 2010年柳北区重点组织进城务工青年和农村青年开展以就业为导向的职业技能培训。全年开展培训班2期，参训人员180人。9月17日，共青团柳州市委、柳州银行首期“金融服务进社区”——青年创业培训班在柳北区锦绣街道办事处开班，来自锦绣街道有创业意向的45名青年接受培训。

3月31日，共青团柳北区委员会正式启动“情系旱灾·一元送水”爱心捐款活动

樊 华 摄

【乡村青年文化节】 2010年12月23日，柳州第十三届乡村青年文化节启动仪式在柳北区石碑坪镇新南屯举行，柳州市各县区有关部门、广西生态工程职业技术学院、广西柳州畜牧兽医学校、市中医院、柳州银行、柳州医专一附院等20个单位的150名团员青年以及石碑坪镇群众300多人参加启动仪式。文化节开展以“青年农民心系党，创先争优奔小康”为主题内容的知识问答、农村趣味游戏和文艺演出等活动。

【青年志愿者行动】 2010年2月8日，柳北区团委组织近100名大学生志愿者开展千村远行教育寒假活动。3月5日，柳北区组织辖区39个文明单位、学校及部队400多名干部群众及志愿者，开展学雷锋便民服务活动。3月13日，柳北区团委组织机关青年志愿者10人，参加柳北区社会治安综合治理和平安柳北建设宣传月活动，发放宣传资料1200份。3月15日，柳北区团委组织辖区青年志愿者30多人到古亭山森林公园参加柳州市青少年绿化造林活动启动仪式，种植树苗300多棵。3月31日，柳北区团委组织启动“情系旱灾 一元送水”爱心捐款活动，辖区各界爱心人士、共青团员和少先队员68人捐款937.5元。11月1日，柳北区团委开通柳北区志愿者服务网站，网站设专题活动、青春掠影、志愿者风采等栏目，传播柳北区志愿者动态，表彰先进树立典型，号召更多的团员青年加入青年志愿者队伍。12月10日，共青团市委在柳北区举行柳州市青年大讲堂启动仪式，自治区党校教授陶建平、团市委全体机关干部，各县区团委书记、各直管基地单位团组织负责人以及团委委员近300人出席启动仪式。

（编辑部）

柳州市和柳北区老龄委办公室领导看望辖区百岁老人　　赖德勇　摄

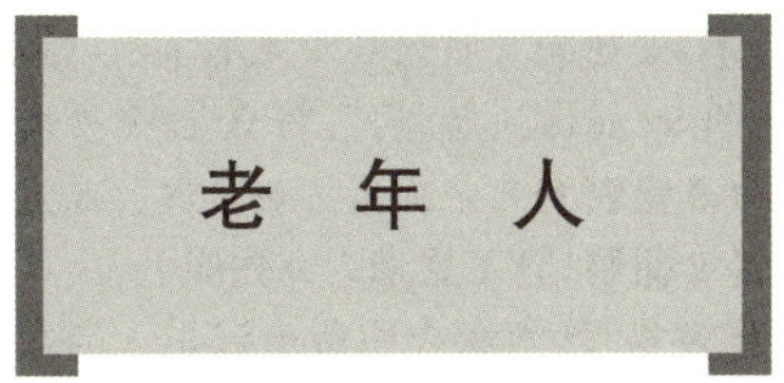

老　年　人

【老年人概况】 2010年柳北区有总人口42.08万人（按常住人口统计），其中60岁以上老年人4.78万人，占总人口11.36%；70岁以上老年人1.99万人，占总人口4.72%。90～99岁老人528人；百岁老人28人，其中女性百岁老人21人，男性百岁老人7人；城市孤寡老人44人，农村五保户老人63人，纯老人家庭人口数4425人。辖区建立老年人工作机构65个，其中城区老龄人委员会办公室（简称柳北区老龄委）1个，镇（街道）老年人工作机构10个，村委（社区）老年人工作机构90个。有老年人协会87个，老年文体队184支，老年体育辅导站25个，老年活动室99个，老年大学2所，敬老院（含民办）7个，社区居家养老服务站55个。

【老年人优待办法实施】 2010年柳北区老龄委按照柳州市实施"十大民生改善工程"总体工作方案，调查统计辖区60岁以上、70岁以上老年人人口数。其中60岁以上老年人4.78万人，70岁以上老年人1.99万人。柳北区贯彻实施柳州市11月出台的《柳州市老年人优待办法》和《柳州市老年人优待办法实施细则》，"优待办法"包括18条款，范围涵盖文体、法律、医疗、交通和其他服务等方面。其中包括在广西率先实行68岁老年人凭IC卡免费乘坐公交车，老年人免费乘坐公交车年龄由70岁降至68岁，将享受长寿补贴的老年人年龄限制降到90岁，90～99岁老年人每人每月长寿补贴标准50元，百岁老人长寿补助标准由原来每人每月100元提高到每人每月200元等条款。年内，柳北区分别给4.78万名60岁以上老年人发放绿色"老年人优待证"、给1.99万名70岁以上老年人发放红色"老年人优待证"。给28名百岁老人（含100岁）发放长寿补助每人每月200元；给90～99岁528名老人新增发放长寿补贴每人每月50元。

【老年人维权】 2010年柳北区老龄委加强宣传《中华人民共和国老年人权益保障法》和新出台《广西壮族自治区老年人优待规定》、《柳州市老年人优待办法》等涉老法律及老年人优待政策，扩大老年人维权知晓率，让更多的群众了解涉老法律及老年人优待政策，维护老年人的合法权益。年内，接待老年人来信来访来电40多人次。

【老有所养工程】 2010年柳北区举办《老有所养工程》业务培训班1期，培训辖区3个镇、7个街道办事处、35个村委、55个社区分管老龄工作的负责人100余人。配合柳州市老龄委开展"老年人活动场所"的建设工作，把完善建设柳州威奇股份有限公司社区老年活动场所作为柳北区实施"老有所养"工程的一个重点进行建设，完成装修、设备采购、物品配备和制定管理制度工作，并挂牌免费向老年人开放，为辖区老年人提供服务。

【居家养老试点】 2010年1月20日柳州市百万空巢老人志愿者服务活动启动仪式在柳北区钢城街道元宝社区举行，柳北区组织协调各方力量关爱空巢老人，解决日益突出的计划生育家庭养老难的社会问题。柳北区在31个社区开展居家养老试点工作，在确定试点社区的基础上，采取招标形式开展居家养老试点项目建设，对社区居家养老服务站进行装修改造，在添置完善硬件设备的同时制定居家养老服务站职责、工作制度张贴公布，接受居民群众的监督。年内，柳北区宏力社区建立居家养老日托服务中心和"家庭病床"，创新居家养老活动方式。12月3日，柳北区在胜利老年公寓举行首批居家养老消费券发放仪式。12月18日，柳北区在胜利小区举行居家养老工程、百名医师下社区服务周暨青年志愿者千人服务团成立仪式，辖区27个基层医疗卫生机构优秀医护人员为老人提供各项医疗保健服务。

【老年人文体娱乐活动】 2010年柳北区老龄委加强老年工作管理与服务工作，引导老年人参加科学、文明、健康的文娱体育活动，发挥辖区老年协会（团体）的作用，配合市老体协、市文体局、市妇联等单位举办读书、唱

4月3日，柳北区组织医务人员对企业离退休干部进行医疗保健活动

赖德勇　摄

歌、跳舞、器乐、棋牌、书法、绘画、摄影、游泳、门球、乒乓球、气排球、羽毛球等比赛活动，多次荣获市级比赛第一名、第二名、第三名荣誉。开展文体活动20场，有716人次参加比赛。

（林惠群）

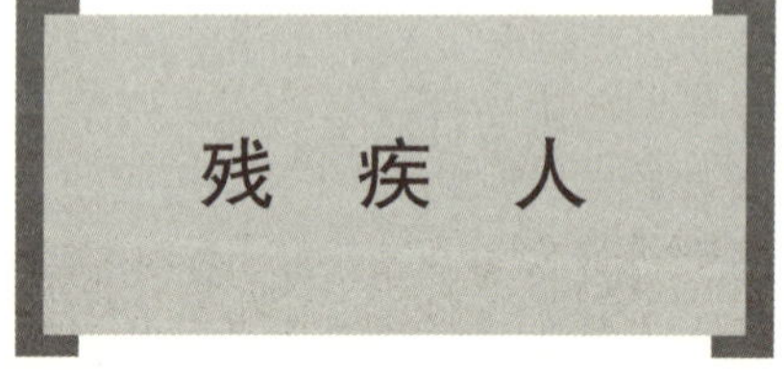

残疾人

【残疾人概况】 2010年柳北区有残疾人2.28万人，占总人口42.08万人的5.42%；其中城镇残疾人1.87万人，农村残疾人4179人。在2.28万名残疾人中，视力残疾3366人，听力残疾5541人，言语残疾265人，肢体残疾5279人，智力残疾2166人，精神残疾1191人，多重残疾5309人。柳北区重视改善残疾人生活、工作状况，优化残疾人平等参与的社会环境，解决残疾人生活问题，推进残疾人事业与经济社会协调发展。

【残疾人康复】 2010年柳州市继续实施关爱残疾人的“阳光计划”，免费为柳北区脑瘫患者装配矫形器35具；投入资金16万元，为32名贫困肢残青少年免费实施矫治手术；投入资金20.5万元，为41名贫困白内障患者免费实施复明手术。由市财政投资50万元，在柳北区建立残疾人日间托养服务试点机构“颐康苑”，使用面积120平方米，可安置10名残疾人，配备6名专业服务人员，为家庭白天无人照料的智力、精神残疾和重度残疾人提供康复训练、技能培训、文化娱乐、生活训练、生产劳动等公益性的日间照料服务。由市财政投资140万元，在柳北区14个社区卫生服务中心（站）建立社区残疾人康复训练室并配备康复器材，为残疾人开展就近、便利的康复服务。年内，柳北区还开展盲人定向行走训练，举办残疾人康复协调员培训班，培训康复协调员54名；柳州钢铁（集团）公司医院精神科继续为89名精神病患者免费上门服务，对精神病患者残疾人监护率达95%以上，显好率达65%。

【残疾人教育】 2010年柳北区设有私立特殊教育学校2所：聋儿语训班、育才特教学校，有在校残疾学生139人。年内，开展扶残助学活动，资助高中阶段残疾学生5人，每人补助1500元；资助大专以上残疾学生5人，每人补助1800元；资助职业教育阶段残疾学生9人，每人补助3000元。利用彩票公益金资助九年义务教育阶段残疾学生38人，每人补助625元；资助贫困残疾人子女上大专院校4人，每人补助1000元。全年累计发放扶残助学资助款7.13万元。

【残疾人劳动就业】 2010年柳北区组织30多名残疾人参加柳州市举办的残疾人职业技能培训班。为48名残疾人进行求职登记，为29名残疾人提供推荐就业服务，帮助22名残疾人实现就业和再就业。全年审核871户残疾人就业保障金，缴款金额278.59万元。

【残疾人社会保障】 2010年柳北区政府将无劳动能力，无法定抚养人，无生活来源的残疾人列入城市最低生活保障对象，凡是领取低保的残疾人，由柳北区残联向柳州市申请给予每人每月100元（农村为50元）的残疾人特困生活补助，经审核符合条件的特困残疾人4900人，发放生活补助金128.13万元。为智力、精神残疾和重度残疾人居家托养户发放生活补助金478户，每户每年500元，发放生活补助金23.9万元。以团体会员形式，由柳北区残联补助50%参保资金，为89名残疾人办理职工重大医疗保险。

【残疾人法律维权】 2010年柳北区开设“扶残维权”服务热线电话，建立残疾人法律维权工作站90个。年内处理残疾人信件3件，接待来访295人次。其中办理事项处结案3人次，给予政策和服务咨询解答295人次；为残疾人提供法律援助案件结案2件，为残疾人挽回经济损失5.97万元。

【残疾人体育】 2010年7月，柳北区残联组队参加广西第七届残疾人运动会，为柳州市代表团获金牌10枚。其中：残疾人杨剑获男子乒乓球金牌

3枚；残废人张汝红获女子举重金牌1枚；残疾人薛定岗、陆玉象各获男子田径金牌3枚。（编辑部）

农民工

【组建农民工工会组织】 2010年随着外来投资企业和社会新经济组织逐渐增多，柳北辖区的外来务工创业农民不断聚集增多，柳北区工会重视组建农民工工会组织。年内，组建农民工工会组织360家，会员3万多人。其中柳北区沙塘镇组建农民工工会组织16家。9月27日，分别组建沙塘村工会、沙塘新区社区工会、柳州市钢都钢管有限公司3家工会组织，新增会员2200人。

【农民工维权】 2010年3月30日，柳州市"人民调解加强年"活动启动仪式在柳北区沙塘镇举行，活动重点是解决土地征用、房屋拆迁、拖欠农民工工资，群众反映强烈的矛盾纠纷。随着沙塘镇工业园的发展，需要的劳动力日益增多，而农村又有大量剩余劳动力，对于农民工群体，沙塘镇联合工会本着对农民工办实事、解难事，做好事的宗旨，按照"群众利益无小事"的要求，尽力完善劳动力市场，规范农民工就业介绍，为农民工提供安全、便利服务，给予农民工与城镇居民同等待遇。

【农民工培训】 2010年6月25日，柳北区工会联合柳北区安全监督管理局、市工商局柳北分局、公安柳北消防大队和市畜牧兽医学校在柳北区职工创业就业技能培训基地举办首场"农民工技能、安全、食品教育培训班"，培训内容有食品管理、养殖技术（生猪的防病治病）、安全生产教育、安全消防演习等4项内容，参加培训农民工130多人，发放培训材料300份。农民工、下岗就业人员、种养专业户技能得到提高。（编辑部）

宗教·侨务

【宗教事务】 2010年柳北辖区有宗教组织主要是基督教，设有柳州市基督教堂1个，注册登记的基督教信徒聚会宗教活动点，分别设在市北雀路65号的柳州市基督教堂、石碑坪镇、龙船山、长虹机器制造公司、沙塘镇、长塘镇、长塘镇北岸村、长塘镇香兰村、洛埠镇等8个，有信教群众1845人。其中担任政协委员2人。年内，柳北区开展宗教教职人员认定备案工作，建立"柳北区认定备案宗教教职人员花名册"，认定教职牧师2人，传道员2人。

柳州市基督教堂　设在柳州市柳北区北雀路65号，始建于1985年12月，1991年在北雀路续建附属办公楼。教堂占地总面积1431平方米，建筑面积551平方米，能容纳2000人聚会，信教徒每逢星期二、三、四晚聚会，星期日上午举行"崇拜场会"，有近千人做礼拜。聚会内容有牧师讲经、传教、教诵赞美诗、信徒默读祷告会等。

【侨务事务】 2010年柳北区有归侨771户1037人；侨眷户数900户3512人，主要集中在柳北区胜利东社区。胜利东社区专门成立柳州市第一个社区侨联之家。春节期间，柳北区委统战部组织召开"三胞三属"（台胞、香港同胞、港澳同胞和台属、侨属、归国华侨家属）代表迎春座谈会，开展对辖区"三胞三属"、黄埔军校同学会成员走访慰问活动，走访慰问台胞台属及黄埔学员17人，为他们送去年货、油、米和慰问金等折合人民币6450元。组织胜利东社区侨民开展《中华人民共和国侨法》知识竞赛活动1次，乒乓球比赛2场。6月8日，柳州市县区外事侨务工作会议在柳北区行政中心101会议室召开，来自全市10个县区的30多名代表参加会议，柳州市委副书记苏海棠到会并讲话。（编辑部）

城镇居民生活

【家庭人口构成】 2010年柳北区统计局对100户城镇居民家庭抽样调查，平均每户2.74人。其中，有收入者

8月3日，柳北区委统战部组织胜利小区侨联参加捐资助学活动　刘继芳　摄

2.09人，占平均家庭人口数76.28%；无收入者人数0.65人，占平均家庭人口数23.72%。有收入者人数中就业人数占平均家庭人口数45.26%，离退休人数占29.93%，有其他收入来源的人数占1.09%。人口就业情况，按月平均100户城镇居民家庭算，有就业人口124人，比上年减少8人；其中国有经济单位职工84人，比上年减少24人。城镇集体经济单位职工13人，与上年持平；个体经营者10人，比上年减少1人；个体被雇者15人，比上年减少1人；离退休再就业者2人，比上年减少1人；其他就业者比上年减少1人。就业者负担系数（每一就业者所负担的人口数）2.21人，比上年增加0.1人。

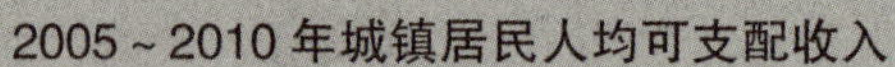

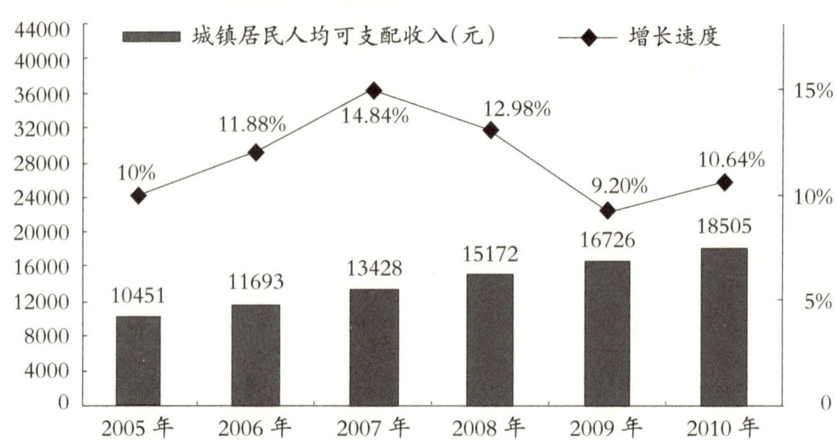

【城镇居民收入】 2010年柳北区城镇居民家庭总收入21611.58元，比上年增长9.95%；城镇居民人均可支配收入18505.04元，比上年增长10.64%；其中工资性收入13483.71，增长14.05%；经营性收入889.63元，增长9.47%；财产性收入454.91元，下降39.92%；转移性收入6783.32元，增长8.29%。"十一五"期间，城镇居民人均可支配收入由2005年的10451元增加到2010年的18505元，增加8054元，年均增长12.11%。政策性增资是居民收入较快增长的主要原因。从2009年6月起陆续提高城区公务员及参公人员的津贴标准；2010年6月前，陆续发放辖区教师绩效工资。年内，自治区人民政府决定把最低工资标准在原来基础上提高22.4%。工资性收入增加对居民可支配收入贡献率提升5.6个百分点。此外，辖区部分效益好企业在春节、国庆、中秋等节日给职工发放奖金。

【城镇居民社会保障水平稳步提高】 2010年初自治区人民政府印发关于调整企业退休人员基本养老金有关问题的通知，决定城镇居民基本养老金每人每月增加50元，于春节前落实到位；在此基础上还扩大居民统筹养老覆盖面，这些措施使城镇居民的社会保障水平稳步提高。全年，柳北区城镇居民人均转移性收入6783.32元，比上年增加562.33元，增长8.29%。

【城镇居民消费支出】 2010年柳北区城镇居民人均消费性支出12229.2元，比上年增长2.04%；消费增长幅度比收入减少8.6个百分点。平均消费倾向（消费性支出占可支配收入的比重）为66.08%，比上年降低5.57个百分点。在八大消费中，人均食品消费支出4674.5元，比上年增长3.24%；衣着类消费支出783.39元，比上年增长0.89%；居住类支出1009.31元，比上年增长5.82%；家庭设备用品及服务类支出772.49元，比上年增长40.36%；医疗保健支出800.73元，比上年增长9.4%；交通和通信支出2838.43元，比上年下降3.77%；教育文化娱乐服务支出1072.38元，比上年下降10.28%；其他商品和服务支出277.98元，比上年下降7.18%。从消费结构来看，八大类消费支出呈现四增三降的态势。"十一五"期间，城镇居民人均消费性支出由2005年的6933元增加到2010年的12229元，增加5296元。

食品消费支出增加但消费量减少 全年柳北区城镇居民人均食品消费支出4674.5元，比上年增长3.24%。占人均消费性支出（恩格尔系数）的38.22%。主要原因是受自然灾害等因素影响，食品价格上涨较快，特别是第四季度，菜价一路上扬，致使居民消费量减少。

柳北区城镇居民住宅楼　　　李　萍　摄

柳北区城镇居民耐用消费品拥有量情况(2010年) (每百户)

品名	单位	2009年	2010年	2010年比2009年增减(%)
摩托车	辆	31	31	0
助力车	辆	43	44	1
家用汽车	辆	14	19	5
洗衣机	台	93	93	0
电冰箱	台	93	93	0
彩色电视机	台	135	138	3
家用电脑	台	71	81	10
组合音响	套	44	43	−1
摄像机	架	12	13	1
照相机	架	36	36	0
钢琴	架	1	1	0
微波炉	台	65	67	2
空调器	台	147	154	7
淋浴热水器	台	99	101	2
消毒碗柜	台	47	47	0
固定电话	部	69	68	−1
移动电话	部	191	194	3
其他中高档乐器	件	6	6	0
洗碗机	台	1	1	0
健身器材	套	9	9	0

住房投资增速减缓　全年城镇居民人均购买和建造住房支出1009元，比上年增长5.82%，增速比上年大幅减缓。主要原因是国务院出台新规定，对居民购房实行更为严格的住房信贷政策，对部分住房投资有一定的制约。

家庭用品更新快　随着人民群众生活水平的提高，国家扩大内需，促进消费政策的实施，“家电以旧换新，商品下乡贴现”等惠民措施不断出台，刺激城镇居民对家用电器的需求。全年城镇居民人均购买家庭设备用品及服务支出772.49元，比上年增长40.36%，是八大消费支出中增长最大的一项。

【城镇居民生活质量】 2010年柳北区城镇居民用水、燃料、卫生设备等生活条件日益良好。在100户居民家庭中所有城镇居民家庭使用上自来水，有厕所浴室家庭占99%；使用燃料为液化石油气或管道煤气、管道天然气家庭占91%。每百户家庭拥有移动电话、家用电脑、空调器和家用汽车等中高档耐用消费品的数量达194部、81台、154台和19辆，分别比上年增加3部、10台、7台和5辆，分别比上年增长1.57%、14.08%、4.76%和35.71%。

【城镇居民家庭住宅】 2010年据柳北区统计局对100户城镇居民家庭住房情况抽样调查，人均住房建筑面积29.75平方米，比上年减少0.25平方米。100户居民家庭除现有住房外，还有11套住房用于出租或偶尔居住等。住宅建筑式样中，单栋住宅占1%、四居室占5%、三居室占35%、一居室占8%，普通楼房占1%，分别比上年增长1%，而二居室占50%，与上年相比，减少1%。 (吕　萍)

农村居民生活

【农村家庭人口构成】 2010年根据柳北区统计局对100户农村居民家庭抽样调查，平均每户3.86人。100户抽样户中有整半劳动力268人，就业劳动力258人，其中，一产就业劳动力153人，非农产业就业劳动力105人。

【农村居民收入】 2010年柳北区农村居民家庭总收入9800.08元，比上年增长9.11%。农村居民人均纯收入6618.47元，比上年增长15.87%；其中工资性收入802.19元，比上年增长2.24%；家庭经营现金收入7791.94元，比上年增长5.79%，第一产业经营收入5593.71元，比上年增长8.49%；第二产业经营收入259.53元，比上年增长15.46%；第三产业经营收入1938.7元，比上年下降2.30%。财政性收入671.73，比上年增长84.80%；转移性收入534.22元，比上年增长14.04%。“十一五”期间，农村居民人均可支配收入由2005年的3317元增加到2010年的6618元，增加3301元。

【农村居民消费】 2010年柳北区农村居民人均生活消费支出4897.05元，比上年增长44.50%。人均家庭经营费用支出3016.93元，比上年增长1.17%。在八大消费中，人均食品消费类支出2091.24元，比上年增长7.30%；占人均生活消费支出(恩格尔系数）为42.70%。衣着类消费支出160.91元，比上年增长29.35%；居住消费支出785.82元，比上年增长150.03%；家庭设备、用品消费支出218.88元，比上年增长14.64%；交通和通讯消费支出671.56元，比上年增长239.36%；文化教育、娱乐消费支出346.95元，比上年下降14.52%；医疗保健消费支出549.32元，比上年增长245.55%；其他商品和服务消费支出72.37元，比上年增长51.34%。从农民支出方面来看，2010年家庭经营现金支出为7609.47元，比上年增长20.64%。

生产费用方面　第一产业生产费用支出1810.6元，比上年增长5.51%；第二产业生产费用支出1.96元，比上年下降14.24%；第三产业生产费用支出1104.1元，比上年下降11.19%。化

柳北区主要农产品销售情况(2010年)

项目	2009年		2010年		2010年比2009年增长(%)
	出售量(公斤)	人均销售额(元)	出售量(公斤)	人均销售额(元)	
粮食	45540	222.08	43449.4	259.71	16.9
糖蔗	2966276	2028.88	2355615.00	1932.97	-4.7
蔬菜	279209.7	1056.91	267143.6	1281.9	21.3
水果	10302.5	71.58	10231.00	78.98	10.3
猪	15168.8	564.05	18647.4	725.24	28.6
鸡	1163.4	69.69	1120.6	69.08	-0.9
蛋	66.95	2.26	57.4	2.15	-4.9
蚕茧	2023	111.28	2285.8	186.53	67.6

肥、农药、饲料、种苗等农业生产资料价格以及各类农业生产服务收费居高不下使全年生产费用增长较快;虽然以批零贸易业生产资料为主的第三产业生产资料价格与去年同期相比没有多大变化,但由于前期受金融风暴的影响,批零业的销售量有所降低而直接影响进货量,最终导致第三产业生产费用同比下降,但降幅趋于放缓。

生活费用方面　随着经济形势逐渐回暖,农村居民的消费信心重新点燃,加上下半年以来各类消费品价格大涨,使农村居民生活消费支出增幅较大。八大消费支出呈一降七涨,除教育类支出下降外,其他开支均有较大程度的增长。特别是交通、医疗类的支出增幅最大,均比上年同期增长2倍多。

【农民收支平稳增长特点】 2010年,柳北区农村住户抽样调查显示,柳北区农民人均纯收入为6618.47元,同比增长15.87%。

农民收入的主要特点　从农民收入方面来看,财产性收入增势强劲,比上年增长84.80%。转移性收入增长明显,比上年增长14.04%;工资性收入平稳增长,比上年增长2.24%;家庭经营现金收入持续较快增长,比上年增长4.87%,占最大比重。其中第一产业收入主要靠农业和牧业收入来拉动。城区农业主要以甘蔗、蔬菜为主,牧业主要以肉猪、蚕茧为主,因此农民第一产业收入主要集中在第一、第四季度,第二、三季度相对较少。

农民支出特点　2010年农民家庭经营现金支出7609.47元,比上年增长20.64%。生产费用方面,第一产业生产费用支出1810.6元,比上年增长5.51%;第二产业生产费用支出1.96元,比上年下降14.24%;第三产业生产费用支出1104.1元,比上年下降11.19%。化肥、农药、饲料、种苗等农业生产资料价格以及各类农业生产服务收费居高不下,使全年生产费用增长较快;虽然以批零贸易生产资料为主的第三产业生产资料价格与上年同期相比没有多大变化,但由于前期受金融风暴的影响,批零业的销售量有所降低而直接影响进货量,最终导致第三产业生产费用同比下降,但降幅趋于放缓。生活费用方面,随着经济形势逐渐回暖,农村居民的消费信心重新点燃,加上下半年以来各类消费品价格大涨,使得居民生活消费支出增幅较大,八大消费支出呈一降七涨,除教育类支出下降外,其他开支均有较大程度的增长。特别是交通、医疗类的支出增幅最大,均比上年同期增长2倍多。其中,食品消费支出1577元,比上年增长9.49%;衣着类支出161元,比上年增长29.4%;居住类

白露街道园艺村农民住宅　　　　李　萍　摄

柳北区农村居民人均主要食品消费情况(2010年)　　单位:元

项目名称	2009年	2010年	2010年比2009年增减(%)
粮食	349.22	376.54	-7.8
食用油	60.78	49.09	23.8
蔬菜及制品	214.7	174.85	22.8
肉蛋奶、水产品	916.64	844.17	8.6
其它	236.58	211.88	11.7

柳北区农村居民拥有耐用消费品量情况(2010 年)　　(每百户)

项目名称	2009 年(台、辆)	2010 年(台、辆)	2010 年比 2009 年增减(%)
洗衣机	47	50	6.4
电冰箱	63	69	9.5
空调	24	30	25.0
摩托车	57	53	−7.0
汽车	2	3	50.0
彩电	109	101	−7.3
计算机	25	26	4.0

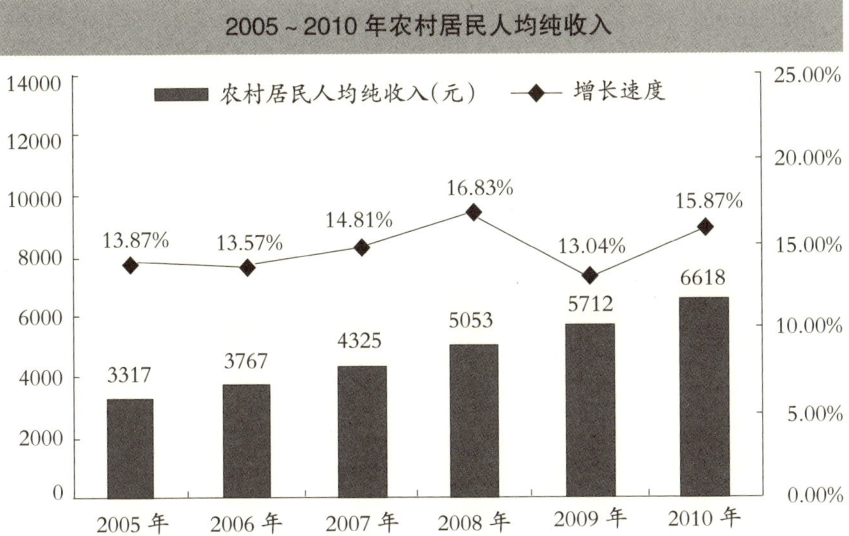

支出 786 元，比上年增长 150%；家庭设备用品及服务支出 219 元，比上年增长 14.6%；交通和通讯支出 672 元，比上年增长 239.4%；文化教育、娱乐用品及服务支出 347 元，比上年下降 14.5%；医疗保健支出 549 元，比上年增长 246%；其他商品和服务支出 72 元，比上年增长 51.4%。（韦莹俏）

人口和计划生育

【人口和计划生育机构及工作概况】 1984 年 9 月成立柳北区计划生育办公室，与柳北区卫生科合署办公。1986 年 1 月独立设置，成为政府职能部门。1990 年 2 月更名为柳北区计划生育委员会。1997 年 2 月改称柳北区计划生育局。2004 年 7 月更名为柳北区人口和计划生育局。2005 年柳北区人口与计划生育局（内设计生指导站）在编人员 10 人，有各乡镇、街道办事处计划生育专职人员 148 人，计划生育工作人员 243 人（不含辖区企事业单位）。2010 年柳北区人口和计生局在编人员 9 人，有各乡镇、街道办事处计划生育专职人员 66 人，计划生育工作人员 182 人(不含辖区企事业单位)。

2010 年柳北区总人口 42.80 万人（常住人口），全年新出生人口 3218 人，人口出生率 8.5‰；人口自然增长率 4.96‰；其中政策内出生人口 3140 人，出生政策符合率 97.58%，比考核指标 95%高 2.58 个百分点；政策外多出生人口 6 人，政策外多孩率0.186%，比考核指标 0.2%低 0.014 个百分点；出生人口性别比为 106.68∶100，控制在正常值范围。年内，柳北区坚持以党政领导“一把手”亲自抓、负总责的人口和计划生育目标管理责任制和计划生育“一票否决”制，在城区范围内签订人口计划生育责任状，将计划生育目标管理纳入城区绩效考评体系，形成计划生育三级动态分包管理机制。3 月 26 日，柳北区召开人口和计划生育工作会议，部署 2010 年工作并签订人口计生工作目标责任状，表彰奖励 2009 年完成人口计生工作目标责任先进单位 43 个、集体 26 个和个人 120 人。柳北区计生局 2009、2010 年连续两年获广西人口和计划生育工作先进奖和广西计划生育优质服务先进单位等称号。

【国家计划生育优质服务创建】 2010 年柳北区出台《柳北区开展创建计划生育优质服务先进单位活动方案》，明确创建国家计划生育优质服务先进单位目标。成立创国优工作领导小组，设立保障组、技术服务组、督查组、宣传组、后勤组、材料组 6 个职能小组，制定相关部门、镇(街道)和村(社区）三个不同的创建“国家计划生育优质服务先进单位”具体任务分解表，将创建国家计划生育优质服务先进单位目标落实到人到位。5 月 8 日，柳北区召开计划生育“创国优”工作座谈会，检查和落实创建国家计划生育优质服务先进单位的情况。

【开展“诚信计生”】 2010 年柳北区把人口计划生育工作纳入经济社会发展的全局，严格执行“一票否决”制度和目标管理责任制考核办法，完善目标管理责任考核评估体系，重点推进“诚信计生”创建活动，制定《柳北区开展“诚信计生”工作项目实施方案》，建立起政府诚信、群众守信、村(居)民互信的“双向承诺，充分自愿，依法自治”的工作模式，以完善“五大机制”(富民机制、惠民机制、务民机制、信民机制、化民机制)，助推“诚信计生”工作的深入开展。把计划生育家庭生殖保健、致富培训、政策倾斜等优惠政策融入“诚信计生”创建活动，升华为“和谐计生”环境。

【"计生卫生联合"提高服务水平】 2010年柳北区投入100多万元计划生育工作经费，在城区、街道两级建立9个家庭健康指导中心，在村级建立计划生育服务室。走"计生卫生联合、资源共享"的路子，广泛开展计划生育手术、妇检、康检、孕情跟踪、产、术后随访等服务和实施育龄妇女、男性生殖健康工程；创新开展居家养老和日托服务，建立宏力居家养老日托服务中心、"家庭病床"等。年内，对辖区妇女进行健康检查人数3.72万人，康检率45.9%以上；举办各类生殖健康培训班20余次，参与5820人次。全年已婚育龄妇女8.09万人，其中采取各种避孕节育措施7.18万人，综合节育率88.78%。区间落实放环2495例，结扎222例，补救措施130例，区间长效率85.04%。避孕方法知情选择率90%以上，避孕节育措施及时率99%以上，使用药具避孕有效率100%。

【计划生育奖励扶助】 2010年柳北区实施农村计划生育家庭就业、创业援助行动，重点扶持困难计划生育家庭。逐步完善利益导向，让遵守计划生育政策的群众获得实惠和荣誉。年内，确认符合国家农村部分计划生育家庭奖励扶助对象55人，发放奖励扶助金3.96万元；确认符合自治区农村部分计划生育家庭奖励扶助对象243人，发放奖励扶助金29.76万元；辖区获国家计划生育家庭救助122人，其中获伤残救助家庭42户，获死亡家庭救助80户，发放救助金13.63万元。

【计划生育分类管理】 2010年柳北区根据辖区既有城市又有农村的情况，制定《关于对镇、街道，村、社区人口和计划生育工作实行分类管理的实施方案》，制定分类指导方案。对10个镇(街道)、89个村(社区)，根据基础工作情况，分为一、二、三类，其中一类镇(街道)6个，村(社区)2个；二类镇(街道)2个，村(社区)33个；三类镇(街道)2个，村(社区)14个。按照抓两头带中间的原则，城区人口与计划生育局负责镇(街道)级；镇(街道)负责村(社区)级，以此促进城区人口计划生育工作的整体提升。年内，柳北区把稳定低生育水平作为现阶段工作的首要任务，保持现行人口计生政策的稳定性和连续性，制定《柳北区2010年开展创建计划生育"两无一提高"活动工作方案》，和"人口和计划生育基层群众自治村(居)示范活动"方案，使计划生育工作纳入常规管理行列。

【人口文化建设】 2010年4月20日，柳北区制定《柳北区2010年人口文化建设暨计生宣传教育工作计划》、《柳北区人口和计划生育外部宣传设施建设规范》等一系列文件和方案，召开人口文化建设暨计划生育宣传教育工作会议，提出建设人口文化，促进计划生育工作目标。年内，在辖区打造人口文化村、生育文化街道(社区)、人口文化庭院、人口文化园，在柳北区沙塘镇209国道打造人口文化宣传长廊，在部分社区建设"居民亲情之家"。推行人口文化进企业、进校园、进街区。在抓好试点的同时，采取"以奖代投"的方式，鼓励发动各镇、街道和村、社区参与到人口文化建设活动中去。

【流动人口计生服务管理】 2010年柳北区人口和计划生育局与公安柳北分局联合制定《关于加强综合治理配合开展人口计生工作方案》，具体规定新生儿入户、市内市外人口户口迁移以及房屋出租管理办法，同时与湖南新化县、福建仙游县签订流动人口"双向"管理协议，实施《全国流动人口计划生育信息交换平台工作制度》等相关工作制度。年内，柳北区流动人口享受各种优先优惠帮扶政策得到落实。年区间为流动人口已婚育龄妇女免费妇检2.67万人次，妇检率97%；免费提供技术服务423人次，服务率93.58%。

【计生工作信息化建设】 2010年柳北区实施计划生育工作信息化、智能化办公，正式启用《智能办公系统》，各种文件和资料及时上传下达。利用PADIS、帐卡2003、育龄妇女健康管理系统等信息化软件，减轻计划生育干部工作负担，提高工作效率，逐步突破报表多、任务重的计划生育工作难点，以信息化建设推动计划生育工作全面发展。加强人口出生监测系统信息录入工作，不定期检查各镇、街道人口执行情况，对各镇、街道计划生育各项责任指标完成情况进行分析通报。

(柳北区人口和计划生育局)

责任编辑：陈素琴

5月7日，自治区领导到柳北区钢城街道运输社区视察计划生育工作

赖德勇 摄

镇 街 概 况

石 碑 坪 镇

【概　况】 位于柳北区最北部，距市中心约28公里。镇区范围东南面与柳城县的东泉镇和柳北区沙塘镇接壤，西北面与柳城县社冲乡、凤山镇、沙埔镇接壤。镇区面积89平方公里。有耕地面积1911公顷，其中水田面积537公顷，旱地面积1374公顷，林地面积2494公顷。森林面积1542公顷。1983年从柳城县划出部分村屯组建石碑坪人民公社，属柳州市郊区管辖。1984年改乡，1996年撤乡建镇，2002年9月划归柳北区管辖。2010年石碑坪镇有总户数6900户，常住人口2.01万人，其中农业人口1.6万人。设石碑坪、长虹2个社区和下陶、古木、留休、大仙、石碑坪、大滩、泗角、石碑、新维、古城等10个行政村52个自然屯。镇区境内有209国道、058县道穿过。石碑坪镇地处亚热带，土地以丘陵缓坡地为主，山岭以石灰岩和沉积岩为主；颇富水利资源，大帽河、古木河分别于镇南北部东西纵贯，西临柳江河。大帽河引水工程灌溉尤为重要，山塘水库36处，加以引灌、机灌、电灌，有效灌溉面积1371.53公顷。以农业为主，农作物主要有水果、水稻、甘蔗、玉米、淮山、黑鬼薯等，是柳北区最大的水果种植区。名优特产有生态特色葡萄、滑皮金桔、南丰蜜桔、砂糖桔、山背屯香米等。全镇有工业企业18家，规模以上工业企业6家。主要企业有柳州长虹机器制造公司、柳州市绿达实业有限公司、柳州市正虹金星锻造厂、广西景和园林景观工程有限责任公司、柳州市洪林木业有限责任公司、柳州市宇腾机械设备有限公司。镇区景点有车田孔雀山庄休闲观光区、大帽河沿岸千亩滑皮金桔观光区、石碑坪镇万亩生态葡萄园旅游观光区、下陶村和新南屯新农村建设乡村旅游示范点等。石碑坪镇镇政府办公地址在柳州市石虹路146号，有在职人员47人，其中公务员26人，事业编制41人，编外人员13人。下设党政办公室、民政办公室、招商办公室、建设办公室、安全管理办公室、妇联、团委、文化广播电视站、计生服务站、经济管理站、农业服务中心、林业站、水利站、水产畜牧兽医站、劳动保障事务所、统计站、国土所、司法所、财政所、财务室等机构20个。

5月14日，柳北区政协主席潘加波（右一）到石碑坪镇视察葡萄种植工作

胡容华　摄

【经济发展】

工　业　2010年石碑坪镇完成规模以上工业总产值3.27亿元，城镇固定资产投资6900万元，其中基本建设1466万元，技术更新改造9883万元；完成招商引资5200万元，实现税收380万元。新引进企业5家，其中规模以上企业4家。全镇有机械、酿酒、矿业加工、家具加工制造等各类企业18家，实现创收3.5亿元，农民人均纯收入5167元。年内，石碑坪镇落实安

全生产责任制，与村(社区)签订安全生产责任书12份，签订安全承诺书250多份，召开安全生产例会11次，开展安全生产例行检查90次，出动检查人员300人次，出动车辆98辆次。集中开展“安全生产月”宣传活动1次，安全生产事故消防演练2次，利用电视等形式播放安全教育片2场次，发放安全生产知识宣传资料2000份。在柳北区年度安全生产考核中排名第一，保持柳州市安全生产乡镇荣誉称号。

农　业　2010年石碑坪镇实现农林牧渔总产值6.29亿元，其中粮食种植面积638.8公顷，良种糯玉米种植面积266.7公顷；蔬菜种植面积230.2公顷；葡萄、柑桔种植面积1346.7公顷，西瓜、甜瓜种植面积166.67公顷；黑鬼薯、淮山种植面积253.33公顷；冬闲田马铃薯种植面积233.33公顷。全年举办科技培训班48期，培训人员2483人次。新成立农民专业合作社5家，全年累计有合作社16家。

养殖业　2010年石碑坪镇做好畜牧水产产业开发、养殖技术培训、牛品种改良等工作，投入4.8万元经费做好动物防疫工作，动物免疫密度100%。全镇养殖业健康有序发展，水产养殖面积191.62公顷。全年成鱼产量750吨，肉类产量2048.5吨，禽蛋产量16.8吨。

林地改革　2010年石碑坪镇有集体林地面积2460.2公顷，已完成外业勘界面积2404.87公顷，占集体林地面积97.8%，发证2266.2公顷，占集体林地面积92.1%。

9月20日，柳州市第五届“风情柳州·美丽乡村”授匾仪式在石碑坪大滩屯孔雀山庄举行　赖德勇　摄

【农业基础设施建设】 2010年石碑坪镇争取上级配套资金517万元进行基础设施建设，修建新枫至新南水泥路4.8公里；古城村白沙屯水泥路1.6公里；棠杜、老泗角等8个屯水泥路和沙石路15公里。投入资金90.8万元完成龙湾、竹围等9个屯的人畜饮水工程。投入农田水利工程建设275万元，完成大帽河渠道三面光硬化5公里；六会水库三面光渠道硬化0.65公里；长畲三面光渠道硬化0.5公里。投入抗旱机具及维修经费8万元，完成白沙抽水站建设，维修机电泵站、水轮泵等16站/台次。组织全镇机关干部、部队官兵及大仙村群众320人，对大帽河渠道进行维修，清淤土方1000立方米，清理渠道2000米。

【城镇建设】 2010年石碑坪镇完成2010～2030年集镇总体规划初稿。为集镇居民办理宅基地使用证和房产证；争取市财政小城镇建设资金20万元，改善集镇的道路、排污等设施；加强镇区环境卫生、道路及市场环境治理等，建立和完善全镇环境卫生监督管理体系，改善镇容镇貌，为居民和投资商营造良好的环境。

【社会主义新农村建设】 2010年石碑坪镇投入79万元实施下陶村新农村的示范点建设，硬化村内主干道400米，新建3个村文化场所、办公楼；加大推进大仙村的土地整理、整村推进项目。实施完成留休村凉亭屯万亩葡萄园的产业规划。争取上级配套资金160万元改善屯内道路、排水、人饮、卫生等基础设施。年内，大滩村车田屯获柳州市第五届“十大美丽乡村”称号。

【社会事业】

劳动就业　2010年石碑坪镇城镇新增就业207人，下岗失业人员再就业62人，城镇登记失业率控制在3.98%，农村劳动力转移就业575人，用人单位签订劳动合同数868人。

社会保障　2010年石碑坪镇做好各类扶贫、救济、保障及物资发放等工作，做到应保尽保。全年发放最低保障金46.31万元，低保户物价补贴2.72万元。投入55.53万元实施危房改造35户，改善困难群众的居住和生活问题。

医疗卫生　2010年石碑坪镇加强新型农村合作医疗工作，农民参合率90%；推进公共卫生和食品安全工作，未出现食品安全事故。全年完成农村卫生改厕104座，补贴农户2.81万元。

文教事业　2010年石碑坪镇有中学1所，小学11所，卫生院2所。年内，石碑坪镇推进农村精神文明建设，开展文化进社区文艺演出3场，观看群众2380人次。成功举办“花果飘香”第四届文化艺术节、石碑坪村乡村文化艺术节、柳北区新农村建设示范点现场会暨下陶村公共服务中心落成文艺演出等活动，丰富和活跃全镇居民、村民的文化娱乐生活，观看群众3800人次。

【人口和计划生育】 2010年石碑坪镇新出生人口212人，人口自然增长率4.80‰，计划生育率92.9%，落实长效措施196例；征收社会抚养费7.98万元。出色完成全国第六次人口普查入户登记工作。

【社会治安综合治理】 2010年石碑坪镇坚持法制宣传和举办法制培训相结合，举办培训班6期，培训650人次。出墙报、板报7期，开展法律咨询9次，发放宣传资料1750份，不断提高广大群众知法、守法和用法的意识。全年排查调解处理各类矛盾纠纷137起，调解成功133起，成功率97%以上。（编辑部）

沙塘镇

【概　况】 位于柳州市北郊，系广西城镇建设重点镇，距市内8公里。镇区面积88平方公里，耕地面积1222公顷，其中水田面积400公顷，菜地面积133.33公顷，畲地面积666.67公顷，森林面积6128公顷，森林覆盖率69%，城镇建设规模6平方公里。2010年末沙塘镇有总户数8527户，常住人口3.07万人，其中农业人口1.57万人。辖沙塘街、新区2个社区和龙卜、洛沙、江湾、沙塘、垦村、郭村、上垌、三合、杨柳、古灵等10个行政村43个自然屯。农作物主要有水稻、玉米、甘蔗、水果、蔬菜等。209国道贯穿全镇，柳州北环绕城高速公路横穿镇区，是柳州市文化、科技卫星城。广西生态工程职业技术学院、广西柳州畜牧兽医学校、柳州高等师范专科学校、柳州财经学校等5所大中专院校和10家园林场站及科研单位位于境内。镇区有规模以上企业27家，其中有广西柳州钢都钢管有限公司、柳州市天鹏汽车零部件制造有限公司、柳州市五顺汽车模具部件有限责任公司、柳州顺菱汽车配件有限责任公司、柳州市标得木业有限责任公司等亿元企业5家。主要文物有董必武题词碑亭、广西柳州畜牧兽医学校的马保之爱书亭、国民革命军将军伍廷飏墓、垦村城堡遗迹、杨柳村花婆、沙塘村木茂屯罗家祠堂等。旅游景点有2009年获广西农业旅游示范点的金鼎湾鱼乐中心、绿缘休闲山庄、江湾村千亩鱼海和2010年获国家AAA级风景区、全国农业旅游示范点、广西农业旅游示范点的花果山生态园和获国家AAA级风景区的君武森林公园等。沙塘镇镇政府办公地址在柳州市沙塘街50号，在职人员62人，其中公务员26人，事业编制36人。下设党政办公室、组织办公室、宣传办公室、妇联、团委、财政所、民政办公室、计生办公室、小城镇建设办公室、安全生产管理办公室、企业管理办公室、经济管理站、统计站、文化广播电视站、农业服务中心、林业站、水利保护站、畜牧兽医站、劳动保障服务站、土地管理所、司法所等机构21个。

【经济发展】 2010年沙塘镇完成规模以上工业总产值18.63亿元，城镇固定资产投资7.30亿元，其中基本建设3.34亿元，技术更新改造5.08亿元；完成招商引资2.1亿元，实现财政收入2700万元，农民人均纯收入5456元。全年实现农业总产值1.8亿元；完成粮食总产量7613吨，糖蔗总产量4.69万吨，蔬菜产量4.12万吨，水果产量3950吨。肉类产量3603.69吨，牛奶产量135吨，水产品产量1981吨。生猪出栏14950头，家禽出栏159.61万羽，肉牛出栏407头，羊出栏550只。年内，沙塘镇狠抓安全生产管理工作，加大隐患排查和安全生产宣传教育，加强道路交通安全社会化管理，确保人民群众生命财产安全。加强村屯森林防火宣传，强化防火防灾意识，全年无重大森林火灾发生。

【精神文明建设】 2010年沙塘镇扎实开展精神文明建设，关注留守儿童教育工作。5月28日，柳北区首个村级未成年人校外活动场所在杨柳村挂牌，为未成年人营造健康成长的“绿色”空间。年内，沙塘镇获自治区“精神文明乡镇”、“军警民共建先进单位”等荣誉称号。

【社会事业】

科　技　2010年沙塘镇大力实

12月17日，柳北区召开沙塘镇党委书记公推直选选举大会　赖德勇　摄

施“一村一品”项目，江湾村河豚鼠养殖、洛沙村食用菌种植、上垌村优质米生产、杨柳村生姜芋头套种、上垌村朗德鹅种鹅养殖、三合村花卉种植、古灵村甜竹笋种植等9个项目迈上新台阶。大力推广科技培训，举办培训班86期，培训农民4300人次，发放资料6000多份，完成全镇约600公顷土地的测土配方工作。

文化教育　2010年沙塘镇组队参加由柳北区政府组织的“我的书屋，我的家”主题演讲比赛，分别获一等奖、二等奖和鼓励奖。杨柳村65岁的村民谭群凤在国家新闻出版总署举办的“我的书屋，我的家”全国演讲活动中，以题为《书香醉农家，创业有办法》获全国演讲比赛最佳风采奖。

2010年沙塘镇有公办中学1所，中心学校1所，村小9所，在校初中生907人，小学生870人。建立健全校园安保机制，校园安保工作有效落实。沙塘小学获“全国中小学棋类课题研究成果一等奖”、柳州市象棋“达司”杯团体冠军、柳州市第十二届运动会象棋少年团体二等奖、柳北区“安康杯”优胜奖、柳北区“平安校园”等荣誉称号。沙塘中学获自治区“英特尔网络教育培训先进集体”、柳州市元宵花灯设计创意一等奖、柳北区家长特色学校等荣誉称号。

医疗卫生　2010年沙塘镇有中心卫生院1个，医务人员140人，村级合作医疗诊所10所，村级医生10人。沙塘中心院服务范围覆盖4个乡镇，辐射人口8万多人。新型农村合作医疗农民参合率100%，全年为群众办理住院补偿281万元。

社会保障　2010年沙塘镇开办创业培训班培训人员54人次，发放城乡低保生活救济金62.16万元，发放残疾人救济金11.01万元，发放三参人员生活困难补助费26.5万元，发放自然灾害救济口粮910公斤，发放村委和社区退岗人员生活补贴14.11万元。为7654位居民办理城镇居民医疗保险。年内，自治区、柳州市、柳北区民政部门投入资金80万元，在沙塘镇四塘敬老院重建1座占地面积600平方米的新型老人公寓。年末，沙塘镇四塘敬老院获评为全国民政交流行风建设示范单位。

5月28日，柳北区第一所未成年人校外活动场所在沙塘杨柳村挂牌　罗小龙　摄

【人口和计划生育】　2010年沙塘镇实施人口与计划生育工作目标责任制，深入开展计生服务活动，努力稳定生育水平。全年新出生人口305人，其中计划内出生287人，计划生育率95.67%，人口自然增长率7.21‰；已婚育龄妇女4667人，采取各种节育措施4285人，综合节育率91.81%，长效避孕率59.68%。

【社会主义新农村建设】　2010年沙塘镇利用扶贫资金80万元硬化龙卜村、沙塘村、郭村、垦村等屯级道路12公里；投入15万元修复古灵新田抽水站，解决好龙卜村下漏屯150人的人畜饮水困难问题，郭村、垦村的自来水整村推进工程入户率90%。投入68万元解决古灵村6个屯的人畜饮水问题，入户率90%。投资310万元完成103栋危旧房房屋的外立面改造工作，涉及农户30户，补助金额48万元。全年完成农村卫生改厕150座，完成任务的300%。完成总投资40万元的沙塘村垃圾中转站主体工程。顺利实施总造价150万元的君武路2100米人行道建设及路灯改造工程。

【社会治安综合治理】　2010年沙塘镇以“人民调解加强年”活动为契机，深入开展“大排查、大接访、大调解、大防控”活动，加大矛盾纠纷排查调处力度，巩固提升“三处预警五级调处”工作机制。加强基层依法治理工作，加大“民主示范村”、“法制示范学校”的创建力度，把杨柳村、三合村、江湾村、沙塘中学、沙塘小学作为创建试点，全面推动文明建设和法制建设。完善镇、村综治维稳工作中心（室）联动运行机制，全年接待群众来访230人次，群众来信64件，调处矛盾纠纷118件，重特大纠纷5件，调解成功112件，调解成功率95%。抓好社区矫正和刑释解教人员安置帮教工作，严厉打击赌码、邪教等各种违法犯罪活动，畅通信访渠道，健全突发事件应急管理体制。全面推行社会稳定风险评估，从源头上抓好维稳工作。

【观光旅游】　2010年沙塘镇加强生态观光旅游工作，花果山生态园、绿缘山庄、金鼎湾渔乐中心的建设逐步完善。君武森林公园片区旅游开发项目列入柳州市“2010～2012年十大重点旅游项目”统筹推进。年内，君武森林公园获国家AAA级风景区、广西区农业旅游示范点称号，并成功举办柳州市首届乡村生态文化旅游节启动仪式。　　（熊　艳　腾　亮）

长　塘　镇

长塘镇镇政府大门　　李　萍　摄

【概　况】位于柳州市北面，距市中心约4公里。镇区面积76平方公里，耕地面积916.31公顷，其中水田面积430公顷，森林面积2500公顷，森林覆盖率30%。1951年属柳城县沙塘区，1958年6月设长塘乡归柳州市郊区管辖。1961年6月改称长塘人民公社。1984年10月撤公社设乡，2000年5月撤乡建镇，2002年9月划归柳北区管辖。2010年末有总户数1.27万户，常住人口3.98万人，其中农业人口1.4万人。设威奇、鹧鸪2个社区和香兰、鹧鸪江、长塘、青茅、黄土、北岸、西流、梳庄8个行政村，51个自然屯，84个村民小组。该镇属丘陵地貌，岭多田少，森林资源丰富，山地以植树松、杉、尾叶桉、竹为主。雷达山、欧阳岭、梳庄岭上一片林海。主要河流有全长9.5千米鹧鸪江，小二型水库7处。209国道、柳（州）长（安）公路、柳洛公路、北环高速公路、湘桂铁路纵贯境内南北。国家五级航道柳江贯穿其中，镇区建有鹧鸪江火车站、鹧鸪江码头，区位优势明显，水陆交通便利。农作物主要有水稻、玉米、大豆、甘蔗、红薯、马铃薯、花生、蔬菜、茶油等。盛产百香果、糖蔗、玉米、花生、茶油等。名优特产有广西正康PIC祖代种猪，梳庄香鸡、香兰腐竹等。特色养殖为生猪和土鸡，并成立有得利良种猪养殖协会、梳庄香鸡养殖协会、香兰科技种养协会及其巾帼分会等农村专业协会组织。工业及仓储物流业发达，有矿产品深加工、建材、食品、化工、冶炼、汽车配件、针织、仓储等规模以上企业20家，规模以下企业34家。主要有广西柳州威奇化工有限责任公司、柳州中色锌品有限责任公司、柳州台泥新型建材有限公司、柳州鑫隆矿产加工有限责任公司、柳州市振贤化工有限责任公司、柳州市鹧鸪江园艺场、广西壮族自治区干休所等企事业单位。商贸、流通、服务业发展迅速，有农贸市场5家、专业市场2家、酒店2家。长塘镇被柳州市规划确定为市物流中心，大型市场项目有海川家具批发市场、柳北农资批发市场、鹧鸪江农贸批发市场、柳北兴林竹木市场、融达装饰材料市场等。沿柳洛路至鹧鸪江码头一带正在建设的有桂中海迅现代物流基地，配合柳州市生产资料重点批发大市场的北移和生产资料加工配送中心的建设，以及广西外运公司柳州物流仓储基地的整合改造，将逐步形成贯穿柳长路和柳洛路，以现有物流加工配送为主的柳州市生产资料物流配送市场集群和鹧鸪江物流圈。文物景点有梳庄村的“金钉子”地质遗迹、梳庄花婆庙、杨八姐梳庄台等。长塘镇政府办公地址在柳州市鹧鸪江村，有在职人员57人，其中公务员22人，事业编制35人，编外人员3人。下设党政办公室、组织办公室、宣传教育办公室、妇联、团委、财政所、民政办公室、计生办公室、乡镇建设办公室、安全监督办公室、经济管理站、统计站、文化站、农业推广站、林业站、水利站、畜牧兽医站、劳动保障服务站、土地管理所、司法所等机构20个。

【经济发展】

工　业　2010年长塘镇完成规模以上工业总产值40.08亿元，城镇固定资产投资7.70亿元，其中基本建设2.75亿元，技术更新改造4.05亿元；完成招商引资8300万元。年内，开展“创造杯”、“安康杯”劳动竞赛活动，荣获城区“创造杯”、“安康杯”劳动竞赛优秀组织单位荣誉。加强对镇区铁路沿线防护栏安全检查，消除安全隐患16处，下整改通知书12份，确认参加安全生产标准化建设企业27家。

农　业　2010年长塘镇大力发展花卉苗木、马蹄笋特色产业的种植，调整养殖业结构和养殖模式，大力发展得利种猪、梳庄香鸡、香兰黄竹草肉猪的等禽畜养殖。全年实现农林牧渔总产值1.2亿元，其中完成农业总产值8657万元，农业增加值5200万元;完成粮食总产量3469.75吨,蔬菜总量3.06万吨,糖蔗总量3.47万吨,水果总量1977.5吨。新引进"黑龙江"马铃薯种植面积12公顷,甘蔗优良品质"台糖22号"种植面积88公顷,"淦鑫688"超级杂交水稻优良新品种种植面积8公顷,黄瓜优良品种"津优1号"种植面积12公顷。各种新产品示范推广面积125公顷,补贴给农户资金10.5万元,发放种粮农民补贴45.54万元,发放镇摩托车、汽车下乡补贴25.26万元,实现农民人均纯收入5541元。

畜牧业　2010年长塘镇加强对镇区畜牧疫情动态控制,发挥村级动物防疫网络员的作用,对镇区的疫情动态做到早预测、快反应、严处置,配合上级业务部门进行动物抗体监测2次,其中抽查禽血清10份,猪血清25份,牛血清25份,免疫抗体水平80%以上,无一例大疫情的发生和流行。全年生猪饲养量3.8万头,各种免疫密度99%。肉牛饲养量1000头,免疫密度100%。家禽饲养量73万羽,免疫密度99%。犬饲养量1650条,免疫密度85%。

林　业　2010年长塘镇以林改工作为中心,全镇有84个村民小组,全部通过林改方案,林改总面积3116公顷。加强护林工作,维护永久警示牌14个,张贴防火标语800张,鼓励村民造林163公顷。

【农业基础设施建设】　2010年长塘镇投资382.4万元资金做好人饮工程和水利基础建设。其中投入10万元资金修建西流大井黄花坝1座及三面光渠道;投入34万元资金新建西流八卦人饮抽水站1处,修建高位蓄水池1座50立方米,安装管道3000米,抽水电缆线300米,抽水设备1套;投资8000元资金帮助北岸村更换老抽水站7.5千瓦潜水泵1台;投资1万元帮助西流村购进抗旱1吨柴油用于抗旱抽水;投资6000元帮助香兰村百支塘、牛栏塘等水库涵管漏水衬砌不漏。完成实施农业发展项目后期工程,修建三面光渠道3800米,水渠道300米,抽水管道3300米,村级机耕路5400米;投资100万元资金,完成北岸村抽水站管网改造工程;投资8000元资金,维修碰冲村抽水站管道;投资5万元资金,建设水库值班房6处;投资2000元资金,维修北岸村夏家水库,使农民生产、生活环境得到改善。

【专业技术培训】　2010年长塘镇扎实做好各项党员教育培训,全镇8个村、2个社区、1个机关远程接收站点全部启用。整合农业、劳动保障、林业、畜牧水产、司法等涉农部门的培训资源,形成培训合力,全年举办各项专业技术培训81期,培训人员1012人次,其中举办花卉种植技术、水稻生产技术、马铃薯高产栽培技术等培训班24期,培训农民527户;进行法律法规培训3期,培训群众155人次;进行业务知识培训3期,培训人员36人次。

【精神文明建设】　2010年长塘镇加强精神文明建设,做好科学发展观、林业改革、爱国卫生等学习宣传,制作各类宣传栏24版,张贴各类宣传标语1300多张,宣传横幅80多条,发放宣传资料5000多份。组织镇机关干部群众参加柳北区各项学习培训及比赛活动;组织人员参加柳北区远程教育操作培训、团员理论知识培训。参加柳北区第六届"北雀放飞"学习节读书演讲比赛,获组织奖;参加柳北区"我的书屋、我的家"演讲比赛,获二等奖。参加柳北区机关开展的"2010年迎国庆、唱红歌"比赛,获三等奖。

【慰问困难职工】　2010年长塘镇在元旦、春节期间,组织基层工会慰问困难职工16人,慰问金额折价4500元;慰问贫困和单亲妇女11人,慰问金额3050元;为2名困难职工争取获得柳北区工会困难救助金4800元;机关工会到医院看望因病住院职工5人,送去价值1000元营养品;做好职工家属病故安抚工作,送去慰问金800元。

【社会事业】

社会保障　2010年长塘镇发放救济粮305户、643人、9465公斤,折合人民币2.97万元。发放各类救济金107.2万元,其中发放农村最低生活保障金4541人次36.48万元,城镇最低生活保障金516人次14.65万元,老复退军人定补200人次8.08万元,精减退职1户2458元,孤儿定补1户1100元,城镇低收入家庭认定10户

7月23日,长塘镇举办第一届"欢乐长塘"文艺晚会　赖德勇　摄

29人，享受廉租补贴待遇204户338人，发放廉租补贴4.26万元。全年医疗救助17户17人，发放医疗救助金6.82万元。拨出8775元资金，为干部、职工办理各种医疗互助保险315份，其中重大疾病保险201份(农民工97份)，女职工安康保险109份。做好双拥工作，为“三参人员”(即：参战退役军人，参与核试验军队退役人员，参与对越自卫还击战参战民兵)发放定补金460人次8.50万元。发放义务兵优待金23人9.88万元，老复退军人优待金19人6000元。长塘镇“留守儿童之家”授牌仪式在长塘镇中心校举行，长塘镇党委政府捐赠1000元作为留守儿童活动资金。

劳动就业　2010年长塘镇围绕“实现就业、稳定就业，我们真情相助”的主体，大力宣传《中华人民共和国劳动合同法》《中华人民共和国就业促进法》和国家就业和再就业政策，向农民工朋友免费发放各种宣传资料600多份，开办花卉培训班和养殖培训班工期，培训人员88人。在劳动监察方面，签订劳动合同853人，未签订劳动合同53人。劳动力外出就业442人，城镇新增就业882人，失业率控制在4.5%以内。就业困难人员再就业14人，办理失业证162本，优惠证12本。启动城镇居民基本医疗保险，办理参保人员3100人次。

文化教育　2010年长塘镇有中学1所，小学7所，卫生院1所。年内，组织机关各部门到北岸村开展三下乡活动，义务为群众理发、开展健康体检、法律咨询、发放计生用品、汽车家电下乡宣传、科技种养技术宣传、图书宣传等。向北岸村、西流村、长塘村农家书屋赠书2700册，发放各类资料1000多份，把健康文明的娱乐活动带到农民中去。全年组织新春联欢活动、元宵花灯展、舞狮表演等群众性娱乐活动3次，组织村屯文艺演出9场次，观看群众3000多人次。邀请柳北区电影队下村放映数字电影12场。

【村级档案建立】　2010年长塘镇按规定对历年的部分文书档案进行整理和立卷归档，其中，整理文件材料400多件，装订文书档案80多卷，整理和装订婚姻登记材料60多卷，完善村级档案建档工作。

【城乡清洁工程】　2010年长塘镇深入实施城乡清洁工程，把整顿农贸市场秩序和清理卫生死角作为主要工作，对全镇4个市场进行卫生秩序规范，加大保洁力度，严禁乱摆、乱卖、乱倒、乱堆等行为，查处占道经营，流动摊点800次，清理不规范户外广告、条幅100条，小广告、牛皮癣1610条，拆除所有乱搭乱盖的遮阳篷、广告牌。深入开展社会主义新农村建设，新建垃圾池20个，维修垃圾池6个，购买机动车2辆，用于清理运输垃圾，逐步改变农村环境卫生。

【人口和计划生育】　2010年长塘镇将人口和计划生育工作纳入年度重大工作范围，同规划、同部署、同检查，定期研究分析和解决人口和计划生育工作中存在的问题和困难。年内，全镇新出生人口271人，符合政策生育259人，计划生育率95%，人口自然增长率5.33‰，婴儿性别比为105：100。全镇施行计划生育手术243例，农村长效率82.61%。征收社会抚养费5.08万元，征收率20.5%。流动人口总数9363人，育龄妇女2894人，已婚2414人；流出人口153人，育龄妇女67人，已婚24人。流出人口办证率95.83%，流入人口验证率100%。

【社会治安综合治理】　2010年长塘镇围绕创建“平安乡镇”为目标，认真落实社会治安综合治理的各项措施，严厉打击各类刑事犯罪，扫除社会丑恶现象，完善“防、控、疏”体系，夯实基层治保、调解队伍。加大矛盾纠纷排查调处工作力度，完成8个村2个社区调解员能力素质的培训，培训人员100多人次；调处各类民间纠纷184件，其中自行或配合村级调解委员会及时解决调处因土地、宅基、债务、等疑难纠纷15起，调解成功16起，调解成功率94.5%；在各村巡回宣讲法制课12课时，直接受教育人员2500人次；为镇区重点项目建设施工场所进行法律法规宣传，制作板报、墙报6期，发放宣传资料4000多份。为群众提供法律咨询服务，发放宣传资料1000余份，接受群众咨询55人次。

（编辑部）

洛埠镇

【概　况】　位于柳州市东北面，距离市中心19公里，因驻地得名。辖区东南与鹿寨县雒容镇交界，南面隔柳江与城中区柳东乡相望，西面与长塘镇相接，北面与柳城县东泉镇西安乡相邻。镇区面积15平方公里，有耕地面积399公顷，水田面积57公顷，旱地面积144.2公顷，林地面积251.7公顷。1984年7月前为鹿寨县雒容公社，1984年7月后划归柳州市郊区长塘乡辖。1989年6月始建洛埠镇。2002年9月划属柳北区。2009年7月，划拨柳州市柳东开发区托管。2010年末有总户数2279户，常住人口6188人。设洛埠、下窑2个行政村和洛埠街、银鸥2个社区，7个自然屯，11个村民小组。该镇水陆交通方便，有柳江河、浪江河，莫道江河，柳江河岸线长9公里，建有洛埠渡口，沿柳江上能到融水、融安、三江县，下可达梧州、广州，水运上下方便。湘桂铁路东西横贯，与南下屯秋铁矿铁路交会于此，有洛埠火车站，沿铁路旁有公路东至雒容镇，西抵柳州城区。有柳洛公路、北环高速公路(有高速出口)，另有规划中的东外环（柳东段）快速公路、官塘到洛埠公路等，广西造纸工业基地之一的中竹柳江造纸厂位于镇内。镇属企业有塑料、五金、造纸、雅维乳品厂等，形成塑料配件、冲压件、纸浆、纸制品等主导产品。建有南蛇

2011年7月6日，柳北区四家班子到洛埠镇检查指导工作　　韦柳云　摄

桥力山塘水库1座，蓄水量1万立方，灌溉面积约53公顷。该镇以提高优质农产品和特色经济作物比重为重点，实施优势农产品区域布局规划，根据丘陵地貌山岭多、耕地少的地势特点，引导农民压缩调整木薯等低效作物的种植面积，推广发展水稻、豆菌类蔬菜及糖料蔗、大果枇杷、葡萄等高产、高效新品种，增强农民抵抗市场风险能力。同时，坚持走“企业带基地，基地连农户”的农业产业化发展路子，依托境内龙头企业中竹柳江造纸厂，实施“一根竹子”种植基地建设，成立专门的竹木收购公司，规范和健全企业与农民之间的利益联结机制，先后建立杂交竹种苗基地80苗，累计发展竹子种植1200多苗。扶持和培育雅维乳品公司发展奶牛养殖业，鼓励农民养殖奶牛。全年奶牛存栏116头，产奶量355吨。通过示范基地带动，形成“生产规模化、管理标准化、销售一体化、产品品牌化”的新模式，辐射和带动其他产业和镇各项事业的发展。主种水稻，发展甘蔗、蔬菜、花生、木薯、红瓜子、水果等种植并营造经济林。有小学2所，中学1所，学生824人，老师80人。设有镇卫生院和中竹柳江造纸厂职工医院。洛埠镇镇政府办公地址在洛埠镇振鹤街194号，有在职人员40人，其中公务员15人，事业编制16人。下设党政办公室、人大办公室、组织办公室、宣传办公室、武装办公室、妇联、团委、工会、财政所、民政办公室、计生办公室、小城镇建设办公室、教育办公室、综治办公室、安全监督办公室、企业管理办公室、经济管理站、统计站、文化体育和广播电视站、农业服务中心、林业站、水利站、水产畜牧兽医站、社会保障服务中心、国土所、司法所等机构26个。

【经济发展】

工　业　2010年洛埠镇完成工业总产值6180万元，其中规模以上工业总产值4600万元，城镇固定资产投资4010万元，利税462万元。加强对镇区铁路沿线及企业生产安全检查，抓好铁路护路联防队伍建设。年内，洛埠镇开展安全生产隐患排查治理专项行动13次，累计检查各类场所63处，下发隐患整改通知书23份，消除安全隐患13处。

第三产业　2010年洛埠镇积极推进三产发展，实现三产营业收入1897万元，利税121万元。由政府牵头，引进开发商与下窑村成立合资公司，按照“村民得实惠、政府得民心、新区得稳定”的原则，共同负责建设、运营下窑村回建安置的三产项目。

农　业　2010年洛埠镇大力开展农业技术推广工作，指导群众对农作物进行病虫防治，加强农药管理，引进和推广高产优质的粮食作物新品种，农作物优良品种率98%以上。全年发放粮食直补补贴3.61万元，水库后期扶持资金210户3.38万元，水稻良种补贴1.55万元。实现农业总产值2756万元，农业增加值1791万元，农民人均纯收入6000元。

畜牧业　2010年洛埠镇加强对镇区畜牧疫情动态控制，发挥村级动物防疫网络员的作用，重大动物疫病防控工作取得明显成效，口蹄疫、禽流感、蓝耳病、猪瘟等重大动物疫病免疫密度均100%；214头存栏奶牛结核病及布鲁氏菌病检测结果全部合格。

林　业　2010年洛埠镇完成造林43.33公顷，对全镇60公顷申报续期的退耕还林地进行实地验收和审核，对新申报的6.67公顷林地进行地块、地类、原作物等审查，完成生态公益林调整为商品林近600公顷；抓紧森林病虫害防治和森林防火工作，及时发布森林病虫害灾害预告，不断完善防火器材添置与维修，加强林业半专业队伍的培训，落实防火值班制度，全年无森林火灾发生。

【农业基础设施建设】 2010年洛埠镇争取国债项目，加强农业基础设施建设，投入资金72万元改造集镇水管网，埋设总管路5556米，安装入户新水表268户；投入资金3.6万元改善林区道路，完成林区进山道路铺设1.5公里；投资3000元资金购买PE水管帮助新金楼路段30户群众解决生活、生产用水困难问题；组织实施总投资400万元“十大农业工程”项目——雅维水奶牛养殖基地项目建设。

【专业技术培训】 2010年洛埠镇扎实做好各项党员教育培训工作，全镇2个村、2个社区、2个学校远程接收站点全部启用。镇政府领导班子定期参加中心组学习和参加上级组织的各项业务知识培训。机关各部门，根据工作实际，采取集中学习与自学相结合的形式，组织开展农业、劳动保障、林业、水产畜牧、司法等各项专业技术培训。全年举行各项培训10期，培训人员300多人次。

【精神文明建设】 2010年洛埠镇加强精神文明建设，做好创先争优、林业改革、爱国卫生等学习宣传。通过制作宣传栏，张贴宣传标语，悬挂宣传横幅，发放宣传资料等多种形式，营造良好的舆论环境。组织全镇机关干部群众参加柳东新区各项学习培训及比赛，参加柳东新区举办的庆新春文艺汇演获三等奖。

【社会事业】

社会保障 2010年洛埠镇发放各类救灾救济、最低生活保障金57.16万元；春冻期间为20多户五保户、困难户送上木炭250公斤、棉被34床、御寒衣物97件，其他救灾物资92件；发放各种定补、抚恤金、优待金6.14万元；开展残疾人康复工程，帮助2名残疾人进行免费白内障手术，发放盲杖4支；发放特困残疾人生活补助174人次4.05万元；落实残疾车燃油补助1600元；开展党员扶残工程10户，落实补贴资金1万元；办理老人优待证306本，发放老年人高龄补助金146人次7300元；重点为三类人员（重残、低保、低收入家庭60岁以上的老人）办理医疗保险，城镇居民医疗保险新参保人员67人，续保人员242人；重点关注行走困难和重病老人，利用春节、重阳节前夕通过座谈会、走访，对辖区退休人员进行慰问，发放慰问金和慰问品1.33万元。

劳动就业 2010年洛埠镇办理《就业失业证》138册，免费发放各种宣传资料1000多份，开办电焊工、汽车维修、电工等技术培训班，培训人员93人次。为官塘、老下屯农民办理201宗《被征地农民登记证》和养老保险；新型农村合作医疗工作全面铺开，发放宣传资料400余份，全镇农民参合人数2622人，参合率91.27%。

文化教育 2010年洛埠镇组织机关各部门到洛埠村、下窑村开展三下乡活动，义务为群众开展法律咨询、发放计生用品、科技种养技术和图书资料，把健康文明的娱乐活动带到农民中去。春节期间开展气排球、篮球、舞狮等一系列活动，举办庆元宵、庆“三八”、庆“六一”等文艺晚会；全年在各村屯、辖区中（小）学放映电影27场次；成立洛埠村图书室，有藏书2000多册，丰富辖区群众文化生活。申请9.5万元经费对洛埠中心校的围墙、大门进行修缮；投入17.5万元为市第三十二中学新建厕所、硬化操场、购置教育配套设施。

7月15日，柳东新区整建制托管柳北区洛埠镇签字仪式在柳北区行政中心举行 赖德勇 摄

公共卫生 2010年洛埠镇强化公共卫生服务，加强对H1N1流感、手足口病等疾病预防和应对能力，抓好防疫、妇保、初保各项工作，全年举办健康讲座9次，参加听课645人次，受益人数6852人。争取资金18万元，建设2所各80平方米的村级卫生室，为农民群众解决看病难问题。

【完善政务服务】 2010年洛埠镇在洛埠村委一楼设立面积约155平方米的镇政务服务中心，内设计生、民政、劳保、农业、国土（村建）、综合6个窗口，每个窗口抽调1名专职工作人员在现场办公。全年办理群众服务事项300件，办结296件。

【城乡清洁工程】 2010年洛埠镇投入经费2.65万元，用于开展“城乡清洁工程”和“创城创卫”工作，将整顿农贸市场秩序和清理卫生死角作为主要工作，重点整治镇区农贸市场的乱摆乱买，占道跨坎经营、环境卫生等，清理卫生死角、建筑和生活垃圾80余吨。开展除四害工作，发放溴鼠灵等药物，消杀面积约2万平方米。积极申建“集镇垃圾中转站”项目，在市场旁修建公厕，逐步改变农村环境卫生。

【人口和计划生育】 2010年洛埠镇将人口和计划生育工作纳入年度重大工作范围，同规划、同部署、同检查，定期研究分析和解决人口和计划生育工作中存在的问题和困难，与村（社区）签订计生目标责任状明确职责，狠抓流动人口综合治理，开展诚信计生和育龄妇女康检工作，依法落实计划生育奖励优惠政策。年内，为418名妇女进行康检，全镇新出生人口48人，符合政策生育43人，计划生育率89.58%；人口自然增长率104.49：100。区间长效避孕率为81.58%；兑现各种奖励24人4.43万元，征收社会抚养费1.16万元。

【社会治安综合治理】 2010年洛埠镇围绕创建“平安乡镇”为目标，落实社会治安综合治理的各项措施，严厉打击各类刑事犯罪，扫除社会丑恶现象，完善镇、村(社区)两级人民调解网络，全年调解纠纷26起，调结25起，调结率96%。以“法律六进”为主题，大力宣传构建“法制洛埠”理念，通过黑板报、宣传单、标语等形式，认真宣传《禁毒法》、《反邪教》、《道路交通安全法》、《林业法》、《人口与计划生育法》、《安全生产法》、《劳动法》等法律法规，发放法制宣传资料8000余份，接受群众咨询80余人次，在各村(社区)悬挂横幅10条，张贴标语60条，展板8幅，营造良好法治氛围，引导广大群众自觉学法、用法、守法。

（石艳艳）

解放街道

【概　况】 位于柳北区南部。辖区范围东临柳江河岸，西至湘桂铁路，南起友谊路、解放北路、广场路、广雅路东段，北接跃进路，街区面积3.2平方公里。1985年3月成立解放街道办事处，以始建时辖区所属解放人民公社为名。1991年设居委会12个。2002年7月，将12个居委会调整为欣发、祥和、河北新村、宏柳、东麟、柳星、紫薇园、虹桥8个社区。2003年9月，城中区将明珠、友谊社区划拨柳北区解放街道。2010年设有欣发、明珠、友谊、河北新村、宏柳、祥和、东麟、虹桥、瑞泰9个社区。有总户数1.51万户，常住人口4.47万人。有友谊路、解放北路、广场路、三中路、北站路、八一路、跃进路等主干道7条。其中三中路为柳州市电脑科技一条街，北站路为全国百城万店无假货示范街。街区内有人民银行柳州中心支行、建设银行柳州分行、农业银行柳州分行等银行，市第三中学、市图书馆等文教单位，柳州饭店、京都宾馆等四星级宾馆，有广西金嗓子股份有限公司、柳州恒达巴士股份有限公司、中百股份公司、华联超市等大型企事业单位，还有飞龙、龙都、纺织等房地产开发公司。有各类工商企业155家，主要工业产品有药品、彩色印刷、医疗器械、糕点、饮料等。街道办事处办公地址在柳州市八一路65号欣发社区内，有在职人员32人，其中公务员11人，事业人员4人，编外人员17人。内设有综合办公室、民政办、劳动和社会保障事务所、武装部、综治委、计生办、城管执法队等机构7个。年内，解放街道获自治区卫生先进单位、柳州市规范化建设合格乡镇(街道)工会、柳州市先进妇联组织等称号。

5月23日，解放街道办事处领导班子成员以规范、周到、热情态度做好居民服务

韦　勇　摄

【经济发展】 2010年解放街道完成规模以上工业总产值3.16亿元，全社会固定资产投资1.62亿元，其中基本建设6100万元，技术更新改造1.34亿元；完成招商引资6100万元。实现税收35万元。年内，解放街道与辖区单位层层签订安全生产责任状，加强安全生产事故的应急救援体系建设，完善各单位的应急救援预案，增强应急救援队伍建设；加强安全生产检查和隐患排查工作，坚持每季度开展一次安全生产大检查，节日期间开展辖区重点场所拉网式安全大检查，对排查的隐患及时下令并监督其整改，全年无一起重特大安全生产事故发生。

【精神文明建设】 2010年解放街道广泛开展群众性精神文明创建活动，组织辖区干部、志愿者开展“学雷锋月”活动，为广大居民送去便民服务。组织各单位参加城区“元宵花灯展”，举办气排球、拔河比赛；各社区组织文艺队、艺术团开展群众喜闻乐见的文艺演出，全年举行各类文艺演出12场次。在街道、市场、居民区等地方悬挂开展创建国家卫生城市工作横幅贴标语，利用各社区黑板报、橱窗进行宣传，向居民群众宣传“创城”的目的、意义和要求。

【便民服务】 2010年解放街道多方筹集资金，在友谊社区设立一站式多功能服务厅，为社区居民提供便捷有效的服务。在东麟社区率先创建和开通“社区党建网”，网站开设有社区党建、群众普遍关心的居家养老、民政救助、社区服务等板块和栏目，全面服务社区各项工作。在河北新村社区、虹桥社区完善“居家养老”服务，以社区党员志愿者(义工)为主体，以青年志愿者为骨干的服务队伍，帮扶照顾辖区孤寡老人，体弱病残党员，实施以

11月3日，柳北区人大主任樊华(左二)深入解放街道了解基层工作　李　萍　摄

定期上门走访、精神慰藉、家政服务等养老服务。宏柳社区印制便民服务联络卡，将社区电子邮箱、办公电话、个人手机打印在卡上，发放到居民群众手上。全年通过以上方式接到群众咨询、求助、反映意见和建议达60多人次，为民解决问题50余件。

【社会事业】 2010年解放街道实现新增就业1700人，其中下岗失业人员再就业600人，就业困难人员再就业170人，完成目标任务100%，城镇登记失业率控制在4.2%以内；新增养老保险参保人数260人，完成目标任务100%；签订企业劳动合同人数1600人，完成劳动合同签订率100%；完成技能培训61人；新增居民医疗保险参保人数8255人，完成目标任务的46%。年内，解放街道按城区政府的统一部署与拆迁公司要求做好北站路“温馨工程”、原三中路小学周边居民的拆迁入户调查工作。除北站路“温馨工程”有18户未签约外，其余住户已完成拆迁签约。

【人口和计划生育】 2010年解放街道新出生人口238人，人口自然增长率1.18‰，全年投入5.7万元经费在祥和社区制作诚信计生、阳光计生等制度和宣传，完善计划生育办公设施；在友谊社区建立技术先进的计划生育一站式服务大厅，构建计划生育人口文化大院，制作计划生育漫画宣传长廊，举办人口文化书画展等。年内，发放计划生育家庭低保奖扶金1.10万元，独生子女一次性奖励金9800元，独生子女保健费13.43万元，征收社会抚养费8.8万元，立案率100%。在社区建立计划生育诚信小组68个，签订计划生育诚信协议381人。

【城乡清洁工程】 2010年解放街道以开展“创城”活动为契机，深入开展“城乡清洁工程”活动，针对辖区在城市卫生、城市环境中存在的薄弱环节，加强整治，重点对居民区，街道、市场的环境卫生，跨槛经营进行纠查。加大对北站菜市场及周边环境的整治力度，加强对三中路、广场路示范一条街的管理，加强对重点区域如广雅路、跃进路东一巷、三中路八卦岭脏乱现象的监管和值班。发动社区，动员居民开展爱国卫生活动，统一投放各类毒饵、鼠药。

【社会治安综合治理】 2010年解放街道建立健全街道综合治理委员会和办公室工作制度，加强对流动人口和出租房屋的有效管理，落实出租人(单位)、承租人(单位)管理机构的责任，使1020人暂住人口管理做到底数清、情况明。认真做好群众来信来访登记处理工作，争创信访工作“三无”街道办事处。坚持每月排查不稳定因素，对重大矛盾纠纷实行领导包案、落实责任、限期解决。全年接待群众来访2起，结案率100%，未发生重大集体上访，越级上访案件，维护社会稳定。年内，辖区派出所受理治安案件707起、查处707起，破案502起，查处违法人员211人，拘留159人。刑事立案372起、破获423起。出动警力853人(次)，出动车辆358台(次)。

(编辑部)

雅儒街道

【概　况】 位于柳北区西南部。辖区范围东临湘桂铁路西侧，西至柳江河东，南起广雅立交桥至柳州铁路大桥北侧东段，北接柳州市木材厂铁路专线。街区面积3.3平方公里。1985年3月成立黄村街道办事处。1991年设居委会8个。2000年4月更名雅儒街道。2002年7月，将8个居委会调整为广雅、雅莲、雅儒、富康、金葫、桂景湾、怡江、协和8个社区。2005年8月，将桂景湾和协和2个社区划拨胜利街道。2010年设广雅、雅莲、雅儒、金葫、富康、怡江、广跃、盛庭苑8个社区。有总户数1.92万户，常住人口5.33万人。有广雅路、雅儒路、北雀路等主干道3条。街区交通便利、道路四通八达。壶西大桥、潭中高架桥横穿东西，与壶东大桥相接，将东环、西环连成一片。驻辖区单位有广西电大柳州分校、市第十五中学、市潭中路第二小学、市第四人民医院、工商银行柳州分行、柳州中燃股份有限公司和柳州市委老干部局等68家，各类工商企业130家，主要产品有木材、铸造、电缆、服装、针织加工等。街道办事处办公地址在柳州市广雅路12号，有在职

7月22日，柳州市市领导苏爱群（前排右二）到柳北区富康社区调研

李春仁　摄

人员28人，其中公务员11人，事业人员3人，编外人员14人。内设有民政办公室、计划生育办公室、司法所、武装部、工会等机构5个。年内，雅儒街道获柳州市文明单位、柳州市计划生育"两无一提高"先进单位等称号。

【经济发展】 2010年雅儒街道完成规模以上工业总产值1.39亿元，全社会固定资产投资1.38亿元，其中基本建设1209万元，技术更新改造1.49亿元；完成招商引资6200万元。年内，召开安全生产防范重特大事件会议7次，安全监管例会6次。开展安全检查8次；检查安全隐患29处，督促整改完毕29处。

【社会事业】

劳动保障　2010年雅儒街道完成技能培训30人，创业培训43人；新增就业人员1474人，下岗失业再就业人员777人，困难人员就业143人；养老保险新增扩大面参保人数134人，失业保险新增参保人员126人，失业率4.02%以下；敦促用人单位签订劳动合同1610份，完成用人单位劳动保障书面审查100份；办理城镇居民基本医疗保险6866人，为77名军转干部办理困难补助金46万元。

扶贫救困　2010年雅儒街道办理城镇低收入家庭认定手续77户225人。发放城市居民最低生活保障金3645户6660人次104万元；发放残疾人家庭慰问金6户1800元；发放残疾人生活补贴金443人1.32万元；为残疾人申请援助资金6人6000元；为13名盲人发放盲杖，3名残疾儿童配发低视力视器。换发《第二代残疾人证》671份。

文化体育　2010年，雅儒街道有小学2所，中学1所，卫生院3所。文艺宣传队9个，社区图书馆2个。年内，雅儒街道开展文体活动181次。

【人口和计划生育】 2010年7月22日，柳州市委常委、市委统战部部长苏爱群到柳北区富康社区调研计划生育工作。年内，雅儒街道选送237名普查员和普查指导员到柳北区进行培训。自身培训普查员5次，参训人员890人。对2.16万户5.46万人进行人口普查调查摸底，对2.21万户5.43万人进行人口普查。全年新出生人口365人，人口出生率7.11‰，人口自然增长率4.17‰，符合政策生育率98.9%，人口出生和主要指标统计合格率均在96.0%以上。辖区育龄妇女免费享受基本计生技术服务达100%。以富康社区为试点，开展"诚信计生"服务；以广跃社区为试点，开展"亲情服务之家"活动。

【城乡清洁工程】 2010年雅儒街道投放鼠药200多桶，毒饵盒4431个，灭蟑灭蝇葱绿2.98万（支）。清理垃圾30车120多吨。

【社会治安综合治理】 2010年3月31日，柳州市政协党组成员韦开翔到富康社区检查指导禁毒工作。11月4日，广西禁毒办公厅副主任陈彦彪到富康社区考察禁毒工作。全年，雅儒街道开展矛盾排查164起，调解处理矛盾纠纷164起，调处率和调处成功率均达100%。处理群众来信来访2起。辖区公安派出所刑事立案375起，已破获179起。处理违法犯罪嫌疑人501起，受理治安案件1965起、查处1302起，破案302起，查处违法人员179人，拘留70人。出动警力1816人（次），对辖区重点部位和学校周边治安进行整治。年内，有46个单位被评为柳北区无毒单位。　（李春仁）

胜利街道

【概　况】 位于柳北区中部。辖区范围东临柳江河畔，西至北雀路中段，南起跃进路，胜利路，北接柳长路与湘桂铁路交叉。街区面积5.25平方公里。1985年3月成立胜利街道办事处，1991年设居委会14个。2001年6月28日，在柳州市率先启动社区建设，成立胜利东社区和胜利西社区。2002年7月，将12个居委会调整为锦绣、跃进、胜利东、胜利西、白沙、建园、长林、宏力8个社区。2005年8月设胜利东、胜利西、协和、桂景湾、建园和宏力6个社区。2010年设胜利东、胜利西、协和、桂景湾、宏力、建园、星望、金茂园8个社区。有总户数2.24万户,常住人口6.37万人。有胜利立交桥、胜利路、红碑路、庆丰路、北雀路等主干道4条。驻辖区单位有广西建工集团第三建筑工程有限责任公司、广西柳州物资储运贸易总公司、广西凤糖生化有限公司、柳州化学工业集团公司、柳州木材厂等15家,各类工商企业420家,主要产品有化肥、钢铁、木材、食糖等。居民住宅小区有胜利小区、协和康城、三丰名园、嘉和名庭、北星明园、桂景湾、月华园等。街道办事处办公地址设在柳北区胜利小区三村车库二楼,有在职人员16人,其中公务员13人,事业人员3人,编外人员23人,内设民政办、计生办、综治委、武装部、司法所、工会等机构6个。2010年胜利街道获自治区文明单位、自治区卫生先进单位、柳州市十佳乡镇(街道)、柳州市规范建设示范工会等称号。

【经济发展】 2010年胜利街道完成规模以上工业总产值33.3亿元,城镇固定资产投资4.92亿元,其中基本建设6512万元,更新改造4.27亿元;完成招商引资1.36亿元,实现零散税收22万元。年内,胜利街道召开安全生产防范重特大事件会议4次,安全监管例会8次。开展安全检查7次;检查安全隐患30处,督促整改完毕29处。

【精神文明建设】 2010年胜利街道各社区开展党课学习103期;创业培训10期。年内,胜利街道开展“春风送岗”、“工人先锋号”和“我为节能减排作贡献”、“创造杯”劳动竞赛、“双爱双评”、“职工之家”、“一对一”“一对多”帮扶,拥军优属等活动,弘扬“人人为我,我为人人”的社区互助风尚,营造家庭和睦、邻里团结、尊老爱幼的良好氛围。

【社会事业】 2010年胜利街道完成技能和创业培训285人,新增就业人员1724人,下岗失业再就业人员657人,就业困难人员就业203人。养老保险新增扩大面参保人数272人,失业保险新增参保人员145人;敦促用人单位签订劳动合同2691份,完成用人单位劳动保障书面审查80份。办理城镇居民基本医疗保险1.03万人;办理城市居民最低生活保障金1478户2489人次,金额31.24万元。办理城镇低收入家庭认定手续72户210人;发放残疾人家庭慰问金20户8000元;发放残疾人生活补贴720人21.6万元;为6名残疾人申请援助资金6000元。全年慰问残疾人家庭38户次,发放慰问金4000元和价值7600元的慰问品。发放“三参人员”生活性补助金52人7.75万元;发放参战民兵生活性补助金1.09万元;为军转干部办理困难补助金额27.92万多元,伤残金20万元。发放春节慰问金1.14万元,临时救助金额1.27万元,医疗保险金1.69万元,医疗救助1万元。

2010年胜利街道有协和艺术团、“夕阳红”中老年艺术团等文艺队伍8支,先后举办“迎春晚会”、“归侨联谊会”、“红歌赛”、“邻里节”、“美好家园”、“小手牵大手、共建文明社区”、“消防进社区”等大型文艺联欢会。不定期与其他街道办事处或社区、辖区单位、企业开展气排球、羽毛球、乒乓球等比赛。

【人口和计划生育】 2010年5月7日,广西计划生育委员会考核处到宏力养老日托服务中心考察和调研。年内,胜利街道选送250名普查员和普查指导员到柳北区进行培训。自身培训普查员15次,参训人员250人。对2.61万户6.59万人做了人口普查调查摸底,全年新出生人口617人,出生率6.68‰,人口自然增长率7.47‰,符合政策生育率98.87%,人口出生统计合格率99%,出生人口性别比89.85%。全年征收社会抚养费22.9万元,发放独生子女保健费27.77万元,发放《独生子女父母光荣证》一次性奖励2.13万元,兑现计生新机制奖励8.20万元。辖区育龄妇女100%免费享受基本计生技术服务。以星望社区、胜利西社区为试点,开展“诚信计生”服务;以宏力社区“宏力养老日托服务中心”为特色开展计划生育优质服务。

【城乡清洁工程】 2010年8月20日,柳州市委常委、市委组织部部长杜伟在柳北区委书记黄涛陪同下到胜利小区视察创建文明城工作。全年胜利街道投放鼠药177桶,毒饵站1500

8月20日,柳州市委常委、组织部部长杜伟(前右二)到胜利小区视察创建文明城工作

柳北区宣传部 提供

个，捕蝇灵3000个，灭蟑烟炮4960枚，杀虫粉剂2732瓶，杀蟑胶饵476支。清理垃圾33车130多吨。

【社会治安综合治理】 2010年胜利街道排查解决矛盾纠纷122起，指导社区化解矛盾纠纷122起。接待群众来信来访7起，处理信访3件。辖区派出所受理治安案件975起、查处953起，破案289起，查处违法人员222人，拘留222人。刑事立案735起、破获254起。查获吸毒人员123人，强戒26人。出动警力60余人(次)，出动车辆12台(次)。 （编辑部）

雀儿山街道

【概　况】 位于柳北区雀山公园脚下。辖区范围东起二桥头沿河一线，西邻白露街道办事处，南以胜利路为界，北接钢城街道办事处。街区面积9.80平方公里。1985年3月始建，因雀儿山在辖区内故名。1991年设居委会9个。2002年7月，将9个居委会调整为前锋东、前锋西、南雀、北雀、凤凰、鹧鸪、环宇7个社区，并代管中竹柳江造纸厂、柳州长虹机器制造公司、广西柳州威奇化工有限责任公司3个企业社区。2005年8月街道调整，设前锋东、前锋西、南雀、北雀、环宇5个社区。2010年设前锋东、前锋西、南雀、北雀、跃进、凤凰、星城7个社区。有总户数1.45万户，常住人口4.25万人。有跃进路、北雀路、前锋路、柳洛路等主干道4条，主要旅游景点有柳州市雀山公园。驻辖区单位有柳北区人民政府、柳北区人民法院、柳州医专一附院、白沙客运站、广西冶金建筑公司、广西火电安装公司、柳州发电股份有限公司、市第二十八中学、市雀儿山公园管理处等50多家，各类工商企业100多家。主要产品有钢材、机械加工件、针织品、塑料包装、化纤产品和化工产品等。有香森丽园等10多个居民生活小区。街道办事处办公地址设在柳州市景观路8号，有在职人员39人，其中公务员12人，事业人员4人，编外人员23人，内设民政办公室、人口与计划生育办公室、综合治理委员会、人民武装部、司法所、工会机构6个。年内，雀儿山街道获全国第二次经济普查先进集体、自治区精神文明先进单位等称号。

9月3日，柳州市安全监督局赠送2台电脑给前锋东社区　　　　李　琦　提供

【经济发展】 2010年雀儿山街道完成规模以上工业总产值9.39亿元，全社会固定资产投资4.25亿元，其中基本建设5092万元，技术更新改造3.74亿元。完成招商引资7400万元。年内，雀儿山街道召开安全生产防范重特大事件会议4次，安全监管例会4次。开展安全检查4次；检查安全隐患21处，督促整改5处。

【精神文明建设】 2010年雀儿山街道广泛开展创建文明家庭、文明驻街单位、文明社区和军民、警民共建等群众性精神文明建设活动。开展搞好街区文化、企业文化、校园文化建设，深入开展“公民道德建设月”活动，切实加强未成年人思想道德建设，弘扬社会正气，积极提倡科学、文明、健康的生活方式。组织辖区单位参加柳北区“元宵花灯展”；组织辖区干部、志愿者开展“学雷锋月”活动。年内，雀儿山街道举办气排球、拔河等比赛活动。成立多支社区文化宣传队，举行各类宣传文艺演出23场。完成街道大型宣传长廊建设，扎实开展自治区级文明单位创建活动，推动街道各项工作稳步发展。

【社会事业】 2010年10月26日，柳北区第一个街道政务服务中心在雀儿山街道办事处成立。全年雀儿山街道举办实用技术培训班17期，组织文化科技演出活动8次，发放科技宣传资料3732份。有公办中学15所、小学54所、幼儿园2所，在校初中生1.24万人，小学生2.4万人。巩固“两基”达标和普实工作，加强学校收费和财务管理，全面做好两免一补工作，适龄儿童入学率达100%。建有社区文化活动室2个，篮球场3个。辖区有医院2个，家庭卫生指导中心1个。全年完成技能和创业培训401人，新增就业人员1599人，下岗失业再就业人员460人，就业困难人员就业153人；养老保险新增扩大面参保人员401人，失业保险新增参保人员349人，失业率控制在4.5%以下；敦促用人单位签

10 月 26 日，柳北区首个街道政务服务中心雀儿山街道办事处挂牌　　李　琦　提供

订劳动合同 1655 份，完成用人单位劳动保障书面审查 1655 份；办理城镇居民基本医疗保险 9417 人，办理军转干部困难补助 38 人 13.40 万元。年内，雀儿山街道办理城市居民最低生活保障金 568 户 1085 人，232.44 万多元。办理城镇低收入家庭认定手续 65 户 228 人。慰问残疾人家庭 21 户，发放慰问金 3100 元；发放残疾人生活补贴 334 人 34.53 万元。换发《第二代残疾人证》400 份。为 48 名残疾人申请援助资金 2.9 万元，为 10 名盲人发放盲杖。

【人口和计划生育】 2010 年雀儿山街道实行人口和计划生育工作目标责任制，深入开展计划生育优质服务活动，努力稳定低生育水平。全年新出生人口 271 人，出生率 7.86‰，人口自然增长率 5.67‰。出生人口性别比为 123：100，人口出生和主要指标统计合格率均在 99.84%以上。全年发放独生子女保健费 100%，征收社会抚养费 10.34 万元。

【城乡清洁工程】 2010 年雀儿山街道投放鼠药 170 多桶，毒饵盒 800 个，灭蟑灭蝇蒽绿 3 万(只)。全年清理垃圾 60 车 40 多吨，整治主要街道 6 条，拆除乱搭、乱盖 9 间，整治乱摆卖摊点 20 个，清洁卫生死角 20 处，清除非法小广告 2800 条，在街道安装垃圾桶 20 个。通过治理，街道脏、乱、差现象得到改善，建立城乡清洁工程长效机制，实行每周五大扫除制度。

【社会治安综合治理】 2010 年雀儿山街道开展排查矛盾纠纷 40 起，调解处理 40 起，调处率 100%，调处成功率 98%。处理群众来信来访案件 3 起。辖区公安派出所刑事立案 282 起，已破获 152 起。处理违法犯罪嫌疑人 136 起，受理治安案件 760 起、查处 367 起，破案 123 起，查处违法人员 317 人，拘留 165 人。出动警力 6814 人(次)，对辖区重点部位和学校周边治安进行整治，年内，有 19 个单位被批准为柳北区无毒单位。　(编辑部)

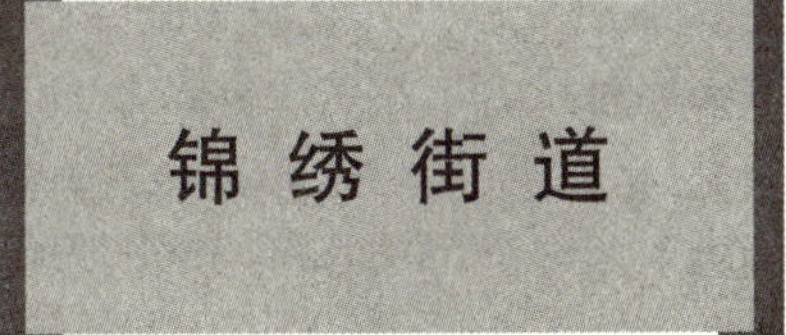

锦绣街道

【概　况】 位于柳州市跃进路中段。辖区范围东至柳州市滨江东路，西邻雅儒街道、胜利街道，南与柳北区解放街道和雅儒街道毗邻，北与柳北区雀儿山街道和钢城街道接壤，街区面积 3 平方公里。1991～2002 年 8 月锦绣街道前身为原柳州市郊区政府管辖黄村乡。2002 年 9 月由市郊区划属柳北区。2005 年 8 月撤销黄村乡改称锦绣街道，设白沙、锦绣、长林、紫薇园、柳星 5 个社区和雅莲、黄村、白沙 3 个行政村(其中雅莲、黄村 2 个村分别插花在雅儒、胜利、雀儿山等几个街道办事处辖区内)。社区与村混合，所属村为典型城中村，仅有耕地(菜地)面积 15 公顷。2010 年锦绣街道辖白沙、锦绣、长林、紫薇园、柳星、宏福、长风、温馨 8 个社区和雅莲、黄村、白沙 3 个行

12 月 14 日，锦绣街道办事处政务服务中心挂牌　　龙丽佳　摄

政村。有总户数2.43万户，常住人口6.44万人。有跃进路、白沙路、锦绣路、长风路、滨江东路等主要道路4条。辖区主要单位有柳州市市计划生育服务中心、市工商局柳北分局、市公安局柳北分局、柳州立宇集团公司第一棉纺厂、市华侨化纤厂、广西第二安装公司、市泰航运有限责任公司、市第三十五中学、市锦绣小学等单位92家，其中规模以上企业8家，主要产品有医药、棉纺、化纤纺织等。有市长林公园、市锦绣市场、白沙农贸市场、柳锌市场。有金水岸、江岸明轩、水榭花都、宏福碧园、景秀园、冠亚蓝湾、尚成国际、紫薇园、信和美庐、四季花都等居民小区20多个。街道办事处办公地址设在柳州市跃进路58号温馨阳光小区2号楼，有在职人员42人，其中公务员12人，事业人员9人，编外人员20人，内设党政办公室、武装部、司法所、综治办、劳动保障事务所、计划生育办公室、民政办公室、经济管理办公室、税源征管办公室、安全生产管理办公室等机构10个。年内，锦绣街道获柳州市第二次全国经济普查“先进集体”、柳州市“五四红旗”团委等称号。

6月26日，柳州市委宣传部与锦绣社区党支部举行“结对共建，先锋同行”党建结对子仪式　　赖德勇　摄

【经济发展】 2010年锦绣街道完成规模以上工业总产值3.84亿元，城镇固定资产投资2.35亿元，其中基本建设7843万元，技术更新改造1.70亿元；完成招商引资7220万元。全年完成肉类总产量50吨，蔬菜总产量5900吨，农民人均纯收入6764元，名列城区前茅。街道重点经济项目建设进展顺利，位于潭中高架桥底总投资1500多万元建筑面积1.26万平方米的壶东泽宇美食城项目已竣工，每年为黄村村增加集体收入30多万元。投资约700万元的壶东泽宇二期休闲娱乐城项目已完成主体工程建设及招商工作；投资约600多万元建设面积6000平方米的白沙商业综合办公大楼项目已封顶，成功引进市白沙第二运输公司骨科医院入驻，预计每年创收80万元；投资200多万元的黄村第二油脂厂综合楼项目已完成主体工程建设，正在进入装修阶段。年内，锦绣街道认真贯彻落实安全生产制度，分别与各村、社区及15家企业层层签订安全生产责任状。开展安全生产专项检查、安全生产宣传及企业安全标准化和信用评估创建工作。重视抓好食品安全、交通安全工作。全年出动检查人员320人次，检查出安全事故隐患39处，整改完毕39处，整改率100%。辖区未发生重大安全事故。

【精神文明建设】 2010年锦绣街道加强精神文明建设，深入开展全国文明城市、全国卫生城市、全国环保模范城市等创建活动；6月26日，柳州市市委宣传部与锦绣社区党支部举行“结对共建，先锋同行”仪式。重视抓好未成年人思想道德建设，坚持“学校—家庭—社区”三位一体的工作网络，在社区开设未成年人活动中心，积极组织开展爱国主义教育、环保等主题活动，并配合城管、文化、工商等部门开展校园周边网吧、乱摆乱卖、无证经营等专项检查打击活动，净化未成年人成长环境。

【社会事业】 2010年锦绣街道完成技能和创业培训429人，签订劳动合同人数1490人。实现城镇新增就业1777人，城镇下岗失业人员再就业841人，就业困难人员再就业262人，城镇登记失业率控制在4.3%以内；新增养老保险参保人员236人，新增失业保险参保人员187人，新增城镇居民医疗保险8762人；发放城市居民低保救济金2964户4977人次72.35万元；农村低保救济金9户13人次9900元；城市居民低保物价补贴256户430人次3.92万元；农村低保物价补贴7户7人次420元；发放冬令救济物资50户73人次90件；发放在乡老复退、烈属、退职人员遗属救济金、参战退役人员生活补助金53户53人次15.92万元；发放优抚对象春节临时救助金32人次7300元；发放在职伤残军人抚恤金26人次19.04万元；孤老补助1户1人200元；特困残疾人生活补助499人14.78万元；解决困难家庭住房问题289户，发放租赁住房补贴35.38万元；审核发放贫困居民医疗救助金29人次7.33万元。重视抓好科普工作，加强以长风社区为试点的科普社区建设，完善社区、村科普长廊、科普活动室建设。结合防震减灾、关爱老年人和未成年人、计生创国优、法制宣传、创卫生城、创文明城、科普宣传活动月等工作。年内，锦绣街道举办各类健康知识讲座16期，出宣传板报48期，开展各类群众性科普主题宣传活动10次。大力实施“文化六进”工程，在白沙村建立农家书屋，有藏书8000余册及文体设备1套；全年举办各类文艺晚会12场、游园活动10场，居民群众参加人数3.5万人次，辖区有公办中学1所，小学2所，适龄儿童入学率100%。设有社区卫生服务站6个，村医务室2个，参加新型农村合作医疗保险3193人。

【人口和计划生育】 2010年锦绣街道有常住人口6.44万人，其中流动人口1.69万人，已婚育龄妇女1.44万人，新出生人口476人，出生率7.81‰，人口自然增长率5.15‰。人口出生政策符合率97.05%，人口出生统计合格率100%，征收社会抚养费3.40万元。年内，锦绣街道对2.74万户6.73万人做了人口普查入户调查摸底工作。6月，投资3万余元在白沙社区建成柳北区首家以产后美体、营养膳食、生殖保健指导等为一体的育龄妇女“健康乐园”，为辖区育龄妇女提供保健、预防、治疗一条龙的优质服务。以创国优活动为重点，建立行政管理、技术服务、群众工作“三位一体”的计划生育工作机制，扎实推进“诚信计生”工作，深入开展育龄妇女健康知识讲座、婚育新风进万家等计划生育优质服务活动，狠抓流动人口综合治理。

【城乡清洁工程】 2010年锦绣街以创建全国文明城市、卫生城市活动为契机，深入开展“城乡清洁工程”活动，加强对“三无”小区（无物业管理、无主管部门、无人防物）和市场“五乱”（垃圾乱扔、摊点乱摆、车辆乱停、广告乱贴、工地乱象）的专项治理工作，深化爱国卫生运动。年内，锦绣街道发放鼠药208桶，安装毒饵盒2000个，毒饵站2000个，发放灭蟑药781盒、捕蝇灵1000个、灭蚊药349瓶，清理垃圾300多车，500多吨。

【社会治安综合治理】 2010年6月，由街道司法所、胜利工商所、胜利派出所及白沙村调解委员会共同创办的联合调解室在白沙村正式挂牌成立。针对白沙村流动人员多、社会治安形势严峻的情况，切实开展联防联治，有效化解各类纠纷29件，消除治安隐患10余件。积极开展“平安校园”、“送法”下乡、“五五”普法检查验收、法律“六进”、“6.26”国际禁毒宣传日等活动，加强世博会期间矛盾纠纷排查及值班工作。年内，排查解决矛盾纠纷237起，成功化解矛盾纠纷229起，调解成功率96.6%。接待群众来信来访69起，处理信访69件。辖区派出所受理治安案件413起、查处413起，破案366起，刑事立案176起、破获143起，强戒18人。

（龙丽佳）

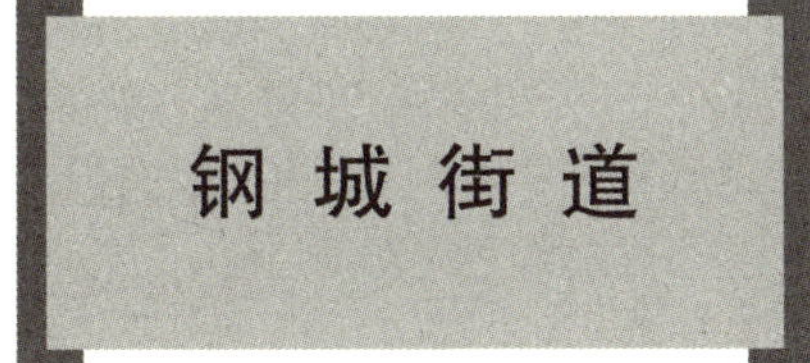

【概　况】 位于柳北区中南部。辖区范围东邻柳长路，西至白露街道，南起雀儿山街道，北接长塘镇。辖欧山、运输、笔架、元宝、雀山、福利、环宇7个社区。街区面积4.19平方公里。2005年8月1日成立，因柳州钢铁（集团）公司在辖区内故名。柳州钢铁（集团）公司将管辖的欧山、运输、笔架、元宝、雀山、福利6个社区，移交柳北区钢城街道办事处管辖。2008年3月28日正式挂牌，与柳长街道办事处合署办公。2010年末钢城街道有总户数1.39万户，常住人口3.98万人，暂住人口1.01万。有北雀路、雀儿山路，柳长路等主要道路3条。辖区有广西第一个年营业收入超百亿的大型企业柳州钢铁（集团）公司、柳州环宇压缩机股份有限公司、广西冶建第四工程公司、柳州钢铁（集团）公司高级技工学校、柳州钢铁（集团）公司医院、柳州环宇压缩机股份有限公司医院、柳州钢铁（集团）公司宾馆、柳州钢铁（集团）公司文化宫和体育馆、欧阳岭建筑钢材交易市场、柳北大市场、市北雀派出所及市第三十九中学、市第四十中学、市雀儿山路第一小学、市雀儿山路第二小学、市北雀路第三小学、柳州钢铁（集团）公司第一幼儿园等。各类工商企业100多家，主要产品有钢材、压缩机等。街道办事处地址在柳州市雀儿山路1区1号。有在职人员28人，其中公务人员12人，事业人员4人，编外人员12人。内设街道纪工委、人民武装部、司法所、人口与

6月22日，柳州市政协主席胡锦朝（前左二）到柳北区钢城街道元宝社区视察居家养老试点工作　　赖德勇　摄

计划生育办公室、劳动与社会事务保障所等机构5个。

【经济发展】 2010年钢城街道完成规模以上工业总产值42.13亿元，城镇固定资产投资8.55亿元，其中基本建设2.44亿元，技术更新改造6.11亿元，完成招商引资1.32亿元。年内，钢城街道完善街道安全生产管理网络和街道—社区—生产经营企业三级安全生产管理网络，开展安全生产大检查7次，排除安全隐患20处，发放宣传资料500余份。

【精神文明建设】 2010年钢城街道加强精神文明建设，打造和谐新钢城。开展形式多样的学雷锋活动，在各社区搭建党员关爱服务、居家服务、文体服务、共建服务、便民服务等服务平台，组织一支支高素质的志愿者服务队伍，向社区居民弘扬爱国主义、集体主义、尊老爱幼的传统美德，培养团结互助、平等友爱的新型人际关系和崇尚科学、破除迷信、抵御邪教的良好氛围。年内，钢城街道举办科普讲座和科普活动2次，

【社会事业】

劳动保障 2010年钢城街道完成技能和创业培训65人，创业成功1人，困难人员就业5人；城镇新增就业人员1442人，办理居民医疗保险业务9512人，养老保险新增扩大面参保人员330人，失业保险新增参保人员329人。看望退休住院病人、慰问企业退休人员和退休困难人员1.08万人，发放慰问金35.18万元。发放城市居民最低生活保障金135户190人34.47万元；发放住房补助金4.41万元；办理医疗救助4人次，医疗救助金6363元。

优抚优属 2010年钢城街道发放“三参人员”生活性补助金6200元，伤残金23.3万元。

文化体育 2010年钢城街道有技校1所、中学2所、小学3所，幼儿园1所，卫生院2所，社区图书馆7个，建有文艺队伍7支。年内，钢城街道开展党员运动会、职工运动会和首届“舞动青春”文化体育活动5场次。在所辖7个社区建设居家养老居所，设立老年活动中心、棋牌室、阅览室等活动场所，并配备较为完善的运动设施供离退休老人活动。

7月20日，柳北区人大代表视察柳钢元宝社区居家养老情况　　李　萍　摄

【人口和计划生育】 2010年钢城街道选调人口普查指导员43人、普查员226人，警民联手，整顿户籍，下户登记1.93万户，登记普查对象4.57万人，基本完成第六次全国人口普查工作。全年新出生359人，死亡223人，出生率7.43‰，人口自然增长率3.86‰。符合政策生育率99%，人口出生统计合格率99%，全员人口区间长效率63.29%，出生人口性别比、人口出生和主要指标统计合格率均在99.84%以上。全年征收社会抚养费12.16万元，发放独生子女保健费8.19万元，发放《独生子女父母光荣证》一次性奖励9500元，兑现计生新机制奖励6.2万元。筹集奖金22万元，对社区计划生育宣传长廊、计划生育办公服务环境进行优化和完善。

【社会治安综合治理】 2010年钢城街道受理各类民间纠纷126起，其中调处成功125起，受理率和调解成功率均达99%。接待群众来信来访13件20余人次，报结率100%。年内，钢城街道举办各类法制宣传活动3次，发放宣传资料1000多份，在校学生参加普法培训1000多人次。

（编辑部）

白露街道

【概　况】 位于柳州市区西北部，距市中心约8公里。辖区范围东邻柳州钢铁(集团)公司、柳州发电股份有限公司、柳州化工股份有限公司，西、南以柳江河为界，北与长塘镇黄土村及沙塘镇古灵村相邻。街区面积27平方公里。耕地面积556.51公顷，其中旱地面积387.26公顷，水田面积116.24公顷，水浇地面积53.01公顷，鱼塘面积109.11公顷，林地面积493.02公顷。1984年始建时为市郊区管辖。2002年9月划属柳北区。2005年8月撤销白露乡，成立白露街道办事处至今。辖新锋、星艺2个社区及白露、马厂、小村、园艺4个行政村，29个村民小组。2010年末白露街道有总户数

2月20日，柳北区委书记黄涛（前右一）等领导慰问白露街道干部职工

宁世林　摄

6757户，常住人口2.14万人，流动人口6900人，人口自然增长率5.67%。辖区内交通便利，209国道、绕城高速公路、北外环路纵横交错。规划中的柳州铁路货运站将在小村村建设，柳江航道自西南面而过，距国家一级口岸鹧鸪江码头仅5公里。双冲大桥、白露大桥横跨柳江与柳南区相接。白露街道原是个以农业为主的涉农街道办事处，主要以种植蔬菜、水稻、甘蔗及养殖家禽为主，是柳州市蔬菜、副食品生产基地之一。河床网箱养鱼、温水养鱼形成规模，成为街道农业经济支柱。2003年10月柳北区白露工业园在境内建设，街道工业化、城镇化进程加快，至2010年，辖区已有重庆啤酒集团柳州分公司等23家规模企业入驻，工业企业56家。街道办事处地址在柳州市马厂路2号，有在职人员22人，其中公务员15人，事业编制7人。内设人民武装部，司法所、人口与计划生育、民政办公室、劳动与社会事务保障所等机构6个。

【经济发展】 2010年白露街道实现规模以上工业总值25.08亿元，城镇固定资产投资9.80亿元，其中基本建设2.42亿元，技术更新改造7.93亿元，完成招商引资1.2亿元，财政收入339万元，农民人均纯收入5907元。全年组织开展安全生产专项大检查5次，安全消防灭火演习1次。通过组织专项活动，整顿消除安全隐患5起，开展安全生产信用评估创建活动13家，全年无重特大安全事故发生。

农　业　2010年白露街道实现农业生产总值9608万元。完成粮食总产量786吨，水稻产量647吨，蔬菜产量2.17万吨，甘蔗产量1.92万吨，果树种植面积17.33公顷。肉类总产量1282吨，其中生猪出栏9300头，家禽出栏27.1万只，鲜活鱼上市219吨。

【精神文明建设】 2010年白露街道以抓好转变干部作风，加强行政机关效能，争创全国文明城市，争做文明市民为契机，加强和改进思想政治工作，做好青少年思想道德教育工作，深入开展群众性精神文明创建活动，有市级文明单位2个，城区级文明单位6个。

【社会事业】

科　技　2010年白露街道引进和推广农业品种8项，推广新技术6项，组织文化科技下乡活动4次，举办种养技术培训3期，培训农民200多人次，发放科技宣传资料650份。

教　育　2010年白露街道有公办中学1所，中心校1所，在校初中生256人；完小小学3所，教学点1个，有小学生1492人，学前班268人，适龄儿童入学率100%。

卫　生　2010年白露街道设有卫生院1个，村医4人。农民参加新型农村合作医疗保险4521人，参合率95%，城市医疗大病救助13人次，发放救助金33.29万元，无重大传染病疫情发生。

7月19日，柳州市人大代表实地查看白露街道马厂村的情况　　李　萍　摄

文化体育　2010年白露街道建有新农村文化活动室4个，篮球场1个。年初，分别在小村村和白露工业园区各举办一场“迎春”文艺晚会。年内，经常不定期组织街道、村、社区、卫生院、学校的干部职工开展气排球、羽毛球、篮球比赛等文体活动。

社会保障　2010年白露街道开展社区技能培训20人，创业培训81人，新增各类就业人员350人，新增失业保险50人，居民参加医疗保险1022人，签订劳动合同1307份，农村劳动力转移230人。发放城市居民最低生活保障金31.24万元，1478户2489人；特困残疾人720人生活补助金21.6万元；慰问残疾人家庭20户，发放慰问金8000元；办理城镇低收入家庭认定手续72户210人；为6名残疾人申请援助金6000元。全年慰问残疾人家庭38户次，发放慰问金4000元及价值7600元的慰问品。

【城乡规划和建设】　2010年白露街道完成农村饮水项目1个，新建沼气池7个，改造卫生厕所83个，硬化村屯道路1.01公里；完成园艺村新农村第一、二期建设和基础设施建设，通过第三期规划。年内，完成马厂村城中村改造项目人口统计、土地存量调查、建构筑物面积测量等工作，召开村民代表大会，通过《马厂村城中村改造项目方案》，并上报柳北区政府初审。12月，完成白露村回建地的土地预征收工作，白露村开展城中村改造动员及征求意见工作。

【人口和计划生育】　2010年白露街道对7703户2.57万人做了人口普查调查摸底工作。全年新出生人口158人，出生率8.96‰，人口自然增长率5.67‰。符合政策生育率97.5%，出生人口性别比为110∶100，避孕节育措施及时率83%。100岁以上老人3人。

【城乡清洁工程】　2010年白露街道投放鼠药900公斤，安装毒饵盒300个，毒饵站300个，发放灭蟑烟泡800颗、确喜10瓶（和烟泡配用）、捕蝇灵1000个、幸福阳光12瓶、10%高效氯氟氰菊酯20瓶、灭蚊药10瓶，清理垃圾200多车500多吨。

【社会治安综合治理】　2010年白露街道与各村屯、社区签订社会治安综合治理责任书，开展法律“六进”活动，出版报12期，悬挂横幅8条，张贴标语200条，发放宣传资料2400份。全年排查各种矛盾纠纷68件，调结率100%，调解成功53起，成功率82%。

（宁世林）

责任编辑：李　萍

柳北区各镇基本情况（2010年）

单位名称	土地面积（平方公里）	村民委员会（个）	社区居民委员会（个）	自然屯（个）	年末常住人口（人）	户数	农林牧渔业总产值（万元）	粮食产量（吨）	农民人均纯收入（元）
石碑坪镇	89	10	2	52	20086	6900	6.29	5564	5167
沙塘镇	88	10	2	43	30691	8527	1.80	7613	5456
长塘镇	76	8	2	51	39826	12665	1.2	3470	5541
洛埠镇	15	2	2	7	6188	2279	2756	269	6000

柳北区各街道基本情况（2010年）

单位名称	土地面积（平方公里）	社区居民委员会（个）	年末常住人口（人）	户数	规模以上工业总产值（亿元）	全社会固定资产投资（亿元）	招商引资（万元）
解放街道办事处	3	9	428043	15124	3.16	1.62	6100
雅儒街道办事处	3	8	44690	19248	1.39	1.38	6200
胜利街道办事处	5	8	53266	22364	33.30	4.92	13600
雀儿山街道办事处	9	7	63695	14499	9.39	4.25	7400
锦绣街道办事处	3	8个社区3个村	42501	24298	3.84	2.35	7220
钢城街道办事处	4	7	39813	13896	42.13	8.55	13200
白露街道办事处	27	2个社区4个村	65852	6757	25.08	9.80	12000

注：表内数据由柳北区统计局提供。

人　物

模范人物

全国五一劳动奖章获得者

闫富文　柳州市一利机械有限责任公司焊装车间右大梁班班长，汉族，1976年10月生，广西贵港人。大专学历，中共党员，高级技工。1994年7月参加工作至今就职于柳州市一利机械有限责任公司。18年来，他先后从事过冷作工、焊工工作，怀着对工作的满腔热情和高度的责任感，他从一个对焊接工作一窍不通，到今天成为熟悉本岗位技能，技术过硬的焊接骨干。他深深懂得"火车跑得快，全靠车头带"的道理，每天早上上班的铃声还未响，他就进入车间焊装生产线为当天的生产做准备工作，然后召开班前会，布置当天的生产任务，别人还在换工作服时，他已拿起20多斤的焊钳投入紧张的工作。下班后他又默默的整理工作场地，检查设备安全，他把勤奋工作当成自已最大的乐趣。他刻苦学习，将过去的工作经验和新的工作情况结合起来，在班组开展建章立制工作，制订完善的工作、考勤、学习管理制度，坚持按制度办事，用制度约束、规范焊接班组工人的行为。他立足岗位，干一行，爱一行，专一行，在平凡的工作岗位上用自己勤劳的双手和聪明才智，书写着一个新时代知识青年不平凡的业绩。他在技术上精益求精，刻苦钻研。2005年，他改进工序流程，使原来班产量30多台，提高到120台，工效提高4倍，他们班月月保质保量完成工厂下达的生产任务，合格率达100%。他还先后提出工艺改进、产品质量提高、生产周期缩短等合理化建议20余条。2006年，公司转型工程机械行业，为广西柳工集团做配套服务。由于他技术过硬，公司领导决定成立由闫富文负责的QC小组来解决工作中的质量问题。在他的带领下QC小组分别解决回转平台系列、油箱系列、导风罩系列等众多难题，产能成倍翻番，质量稳定。其中油箱系列安装装配解决方案荣获广西柳工集团挖机公司一等奖，为公司由大做强打下坚实的基础。在思想上，闫富文从严要求，锐意进取，充分发挥一名共产党员的先锋模范作用。他在家孝敬父母，在工厂尊敬师傅，与工友们团结友爱共同进步，他培养的焊接技术能手就有10多名。他还兼任公司团支部文体委员，经常组织团员、青年参加工厂的义务劳动，开展丰富多彩的文娱活动，增强团员青年的爱国、爱厂、爱集体的热情。在工作和生活中他处处关心同志，他本人穿着俭朴，但工友有困难他却带头捐款。工友因交通事故住院、工伤住院，每次都是他第一时间护送他们到医院诊治，并热心捐款到医院慰问。他还带头参加社会扶贫活动，捐款捐物，他的行动不仅在本班工人中树立很高的威望，而且感化和激励着周围的同志。大家称赞他是保持中华民族优良传统的优秀青年代表。闫富文在平凡的岗位上做出了不平凡的成绩，曾获2002年广西新建企业"双评双爱"优秀职工和2006年柳州市热爱企业的优秀职工。2011年5月被全国总工会授予2010年度全国五一劳动奖章。

全国安全生产监管监察先进个人

黄德清　柳州市柳北区沙塘镇企业管理办公室主任。1966年3月生，梧州藤县人，中共党员，大学学历。2001~2010年，9年时间里，他在担任柳北区沙塘镇企业办公室副主任的同时，又兼任柳北区沙塘镇安全生产管理办公室主任。黄德清凭着对安全生产工作的一腔热情和严谨负责的工作作风，认真履行工作职责，求真务实、扎实做好全镇的安全生产监督管理工作，使全镇各领域、重点行业的安全生产连续多年实现零事故，道路交通安全连续10年没有发生重大事故。他还把辖区中小企业安全质量标准化建设、绩效评估、安全生产信用程度评估工作和创建"安全生产乡镇"列为全

镇安全生产工作重点，坚持每年召开全镇安全生产工作会议、培训会、研讨会。由于工作得力，措施得当，沙塘镇的安全生产工作取得良好成绩，2008～2009年连续2年荣获柳北区安全生产工作履职考核优秀单位；他本人分别在2006年、2008年、2009年柳北区年度工作考核中被确定为优秀等级；连续9年荣获柳州市安全生产工作先进个人称号；2010年1月获全国安全生产监管监察先进个人称号。

全国方志系统先进工作者

李　萍　柳州市柳北区地方志编纂办公室主任。女，1955年8月生，江西萍乡市人。大学学历，中共党员，高级政工师。

1971年9月参加工作，曾在国营西江造船，东风柳州汽车厂从事理论教育，宣传工作。从2004年3月至2009年9月23日，5年时间她负责主编和总纂完成90万字的《柳州市柳北区志》(1991～2005)编纂工作，拍摄照片2000多张，成为柳州市六县四城区率先完成第二轮编纂修志工作的单位。她撰写的《依靠领导，发动群众，积极主动做好城区地方志编修工作》、《浅论提高城区志续修编纂质量》《浅谈编纂城区志资料的收集、整理与利用》等文章分别发表在《广西地方志杂志》2005年第1期、2006第2期、2007年第3期上；她撰写的其他理论文章也分别被《广西人大》、《广西民政》、《广西机关党建》、《柳州党建》、《柳州日报》等报纸杂志采用20多篇，有些理论文章分别获市级、城区级理论文章一等奖、二等奖。期间，她还主编完成14万字的《柳北文史》第十六辑和15万字的《柳北文史》第十七辑编辑工作；参与审稿50万字的《柳北区军事志》和参与编辑审稿20万字的《柳州·村志》〔柳北卷〕工作。主编完成2008年至2011年《柳北人大通讯》16期达18万字。她还分别为《广西年鉴》和《柳州年鉴》撰写柳北区2004～2010年的概况资料达9万多字；为柳北区档案工作晋升广西、国家二级档案馆提供各种文字资料3万多字和图片资料2800多张；为《广西市县概况(1996～2005)》、《广西重点镇——柳北区沙塘镇概况》，《柳州市百科全书》等志书，编纂完成柳北区概况材料6万多字。她还分别为柳北区成立25周年和30周年2次设计制作完成50平方米和100平方米的大型板报展览，共展出图片841张，文字说明3万多字，为城区的经济、政治、社会事业和史志编修工作做出突出贡献。她负责领导的柳北区地方志编纂办公室分别于2003～2005年度、2006～2008年度2次荣获广西地方志编纂系统先进集体；2009～2010年获柳州市地方志编纂系统先进集体和《柳州年鉴》编纂工作先进单位称号。她本人2006～2008年获广西地方志编纂系统先进工作者、2009年获柳北区人民政府优秀公务员、2009～2010年获柳州市地方志编纂系统先进工作者称号、2010年12月获全国方地系统先进工作者称号。

全国法院办案标兵

韦雄文　柳州市柳北区人民法院执行庭执行员，壮族，1955年7月生，广西容县人，在职大专学历，中共党员。

1976年入伍，1991年从部队转业到柳北区人民法院工作，至今已经20多年。20多年来，他先后在刑事庭、经济庭、执行庭、办公室、立案庭等多个部门工作，做到干一行、爱一行、专一行，出色地完成院党组和上级交给的各项工作和任务。韦雄文在办案执法工作中认真学习实践科学发展观，自觉坚定理想信念，具有较强的业务能力和较高的业务水平，具有强烈的事业心和责任感，敬业勤业、埋头苦干、开拓创新、无私奉献，在本职岗位上做出显著成绩。在工作和生活中他严于律己，清正廉洁，遵纪守法，自觉遵守党的纪律，模范遵守国家法律法规。弘扬正气，敢于同不良风气、违纪违法行为作斗争，积极为群众办实事、办好事，受到群众的普遍好评，群众满意率达90%以上，是一位领导放心、人民满意的优秀人民法官。特别是2003年7月份，韦雄文从立案庭调回到执行庭从事执行工作至今共办结执行案件1388件，无一例差错，执行结案率始终排名全院第一。2005年至2011年连续7年，年均结案超过150件，连续7年被评为柳州市柳北区人民法院先进个人和办案能手。他因出色的工作成绩，曾荣获柳州市优秀共产党员、柳州市《社会档案》2010年十大档案人物、柳州市政法系统十佳人民满意政法干警荣誉称号、柳州市劳动模范、自治区政法系统清理执行积案活动先进个人、自治区法院办案标兵、自治区十佳法官、自治区法院优秀共产党员、自治区政法系统优秀党员干警等称号。2010年被最高人民法院授予全国法院办案标兵称号，分别被自治区高级人民法院授予个人二等功一次，柳州市中级人民法院授予个人三等功二次。

全国环境信访工作荣誉工作者

廖海继　柳州市柳北区环境保护局监察员。女，壮族，1968年9月生，广西柳州人，大学本科学历，助理工程师。

1988年从学校毕业后一直工作在环境保护管理第一线。2004年至2010年任柳州市柳北区政务服务中心环境保护窗口负责人。她热爱信访工

作，严格环保执法，她深知自己的一言一行代表着柳北区政府环境保护保局的形象，就树立业务技术过得硬和形象态度服务好两个标杆。她利用点滴时间学习业务知识，细化政务服务中心所涉及的每一道环境保护程序、要求和标准，做到快捷准确为企业和群众办理各项环境保护事项；另一方面，她工作耐心细致，热情周到，服务到位，在柳北区政务服务中心有口皆碑，无论遇到多么急躁的人，她都能热情耐心的为其办事，先后接待来访来电 2000 件，每一件均及时查处和回复，受到柳州市环保局和投诉群众的一致好评。多次获得柳州市环境保护先进工作者称号，2008 年获柳北区人民政府优秀公务员，2010 年荣获中华人民共和国环境保护部授予的全国环境信访工作荣誉工作者称号。　　（编辑部）

先进人物名录

广西劳动模范和先进工作者

梁礼仪　广西柳州钢铁(集团)公司转炉炼钢厂炼钢工，技师

韦　伟　壮族，柳州化学工业股份有限公司第二造气分厂副厂长，助理工程师

林良胜　壮族，柳州长虹机器制造公司工人，高级技师

贾学秀　女，回族，柳州恒达巴士股份有限公司驾驶员

冯海英　女，柳州华侨化纤纺织有限公司挡车工

覃秀荣　女，壮族，柳北区沙塘镇古灵村村委副主任

陈永南　广西柳州钢铁(集团)公司董事长、党委书记

李晓平　广西建工集团第五建筑工程有限责任公司董事长、党委书记

陆正柳　柳州市桂中海迅物流有限公司总经理助理

柳州市劳动模范

韦雄文　柳北区人民法院执行庭执行员

何建军　柳北区环境卫生管理所班长

黄吴楼　广西柳州钢都钢管有限公司董事长

广西法制宣传教育先进个人

孙黎明　女，柳北区委副书记、政府区长

覃友情　壮族，柳北区委副书记

胡海兰　女，柳北区委政法委书记

梁光玉　柳北区政府副区长

牟华军　柳北区洛埠镇党委书记

何刚毅　柳州市公安局柳北分局法规科科长

广西“三大纠纷”调处工作先进个人

朱新发　柳北区调解处理“三大纠纷”办公室副主任

广西第一次全国污染源普查先进个人

吴玉生　柳北区环境保护局局长

广西投资促进工作先进个人

黄立平　壮族，柳北区发展改革和经济局局长

广西新型农村合作医疗工作先进个人

滕　亮　苗族，柳北区沙塘镇宣传委员

广西科技种养能手

陈淑珍　女，广西霖翔农业发展有限公司

广西优秀人民警察

方恩中　柳州市公安局柳北分局解放派出所民警

广西公安机关化解矛盾纠纷能手

周　松　柳州市公安局柳北分局沙塘派出所民警

卢文杰　柳州市公安局柳北分局石碑坪派出所民警

谭成秋　柳州市公安局柳北分局雀儿山派出所民警

施　祺　柳州市公安局柳北分局长塘派出所民警

冯德勇　柳州市公安局柳北分局解放派出所民警

方恩中　柳州市公安局柳北分局解放派出所民警

李庆伟　柳州市公安局柳北分局黄村派出所民警

吴嘉勇　柳州市公安局柳北分局胜利派出所民警

唐　伟　柳州市公安局柳北分局北雀派出所民警

广西检察系统先进个人

童　俊　女，柳北区人民检察院法警大队长

刘　怡　女，柳北区人民检察院法警大队法警

周　昌　柳北区人民检察院反渎职侵权局副局长

广西法院办案标兵

王　欢　女，柳北区人民法院民事一庭副庭长

广西“和谐文化在基层—千团万场”群众文化活动优秀辅导员

叶柳华　女，柳北区洛埠镇

柳州市禁毒人民战争先进个人

叶统江　柳北区洛埠镇人大主席团主席

柳州市第二次全国农业普查先进个人

黄杰勇　柳北区洛埠镇

柳州市地方志系统先进工作者

李　萍　女，柳北区地方志编纂办公室主任

柳州市优秀团员

韦羽茜　女，柳北区沙塘街社区副主任

柳州市优秀志愿者

黄新丽　女，柳北区沙塘街社区书记

柳州市免疫规划先进个人

罗卫红　女，柳北区卫生局副主任

柳州市动物检疫工作先进个人

姜鸿翔　柳北区水产畜牧兽医局科员

杨飞燕　女，柳北区水产牲畜兽医局科员

柳州市创建“无干警违法违纪单位”活动先进个人

陈　兵　柳北区司法局科员

柳州市普法依法治理先进工作者

唐胜芬　女，柳北区司法局科员

柳州市检察系统先进个人

刘　怡　女，柳北区人民检察院法警大队法警

周　昌　柳北区人民检察院反渎职侵权局副局长

覃明纯　柳北区人民检察院反贪污贿赂局局长

梁立中　柳北区人民检察院反渎职侵权局检察员

古炳清　柳北区人民检察院侦查监督科书记员

刘　艳　女，柳北区人民检察院侦查监督科科长

梁晓燕　女，柳北区人民检察院控告申诉检察科副科长

黎　莉　女，柳北区人民检察院办公室助理检察员

柳州市“创先争优”先进个人

王　欢　女，柳北区人民法院民事一庭副庭长

责任编辑：王小月

柳北区获全国、广西“五一”劳动奖章获得者（2006～2009年）

姓名	性别	授予称号	授予单位	获奖时所在单位及职务	授予时间
廖能成	男	全国“五一”劳动奖章	全国总工会	柳州化学工业集团有限公司党委书记、董事长	2006
邓红英	女			柳州恒达巴士股份有限公司驾驶员	2006
李　智	男			柳州钢铁（集团）公司工会主席	2008
周邓宁	男			柳州钢铁（集团）公司焦化厂车间副主任	2009
冯海英	女	广西“五一”劳动奖章	自治区总工会	柳州华侨化纤纺织有限公司挡车工	2006
靳惠明	女			柳州市公安局解放派出所副所长	2006
李永松	男			柳州钢铁（集团）公司热轧带厂厂长	2007 2008
周邓宁	男			柳州钢铁（集团）公司焦化厂热工班班长	2008
莫朝兴	男			柳州钢铁（集团）公司炼铁厂技师	2009
张振昌	男			柳州化学工业集团有限公司建安分厂农民工	2009
陈永南	男			柳州钢铁（集团）公司党委书记、董事长	2009

柳北区获国家有关部门先进个人名录（2006～2009年）

姓名	性别	授予称号	授予单位	获奖时所在单位及职务	授予时间
陈永南	男	国防之星	国防部	柳州钢铁（集团）公司党委书记、董事长	2006
韦　华	男	全国青年中心建设先进个人	共青团团中央	柳州团市委社会和权益部部长	2006
左　阳	男	全国青年中心建设先进个人	共青团团中央	柳州团市委城乡工作部科员	2006
曾　明	男	全国青年岗位能手	共青团团中央	柳州钢铁（集团）公司热轧厂工人	2006
罗　娟	女	全国社区侨务工作先进个人	全国侨联	柳北区胜利东社区党支部书记	2006
孙黎明	女	全国“巾帼建功”标兵	全国妇联	柳州市妇联主席、党组书记	2007
靳惠明	女	全国优秀人民警察	全国公安部	柳州市公安局柳北分局法制科	2007
孙黎明	女	全国“三八”红旗手	全国妇联	柳州市妇联主席、党组书记	2008
江佩珍	女	中国百名优秀母亲	全国妇联	广西金嗓子有限责任公司董事长	2008

续表

姓名	性别	授予称号	授予单位	获奖时所在单位及职务	授予时间
郭　建	男	全国公安机关实施社区和农村警备战略优秀社区民警	全国公安部	柳州市公安柳北分局民警	2008
章佳诗帆	女	全国“百名好少年”	全国少工委	柳州市第十五中学学生	2009
郭改琴	女	全国“三八”红旗手	全国妇联	柳州钢铁集团气体公司生产科科长	2009
贾学秀	女	全国“三八”红旗手	全国妇联	柳州恒达巴士股份有限公司驾驶员	2009
刘茂平	男	第二次全国经济普查工作国家级先进个人	全国经济普查办公室	柳北区统计局局长	2009

柳北区获自治区有关部门先进个人名表(2006～2009年)

姓名	性别	授予称号	授予单位	获奖时所在单位及职务	授予时间
郑艺萍	女	广西优秀党务工作者	自治区党委	柳北区委组织部部长	2006
罗卫红	女	广西第二次全国残疾人抽样调查先进个人	自治区人民政府残疾人工作委员会	柳北区卫生局副局长	2006
艾小林	男	广西工会系统先进个人	自治区总工会	柳北区人大常委会财经工委主任	2006
陈　飚	男	广西公安系统优秀人民警察	自治区公安厅	柳北公安分局黄村派出所民警	2006
刘书成	男	广西公安大练兵先进个人	自治区公安厅	柳北公安分局教导员	2006
何刚毅	男	广西基层公安机关执法能手	自治区公安厅	柳北公安分局法制科科长	2006
何承凯	男	广西公安机关政治工作先进个人	自治区公安厅	柳北公安分局政委	2006
王鸿翔	男	广西公安区厅个人“三等功”	自治区公安厅	柳北公安分局局长	2006
李　宏	男	广西公安区公安刑侦系统“破案能手”	自治区公安厅	柳北公安分局民警	2006
雷立吉	男	广西优秀西部计划志愿者	共青团广西区委	柳北区洛埠镇团支部书记	2007
冯思荣	男	广西无偿献血先进个人	自治区红十字会	柳北区卫生局局长	2007
裴光福	男	自治区学校、幼儿园先进工作者	自治区党委宣传部	柳北区人大常委会法工委主任	2007
郭　建	男	全区优秀人民警察	自治区公安厅	柳北公安分局民警	2007
牟华军	男	广西招商引资工作先进个人	自治区投资促进局	柳北区洛埠镇党委书记	2008
黄立平	男	广西招商引资工作先进个人	自治区投资促进局	柳北区发展改革和经济局局长	2008
张　宏	男	广西红十字会汶川地震抗震救灾先进个人	自治区红十字会	柳北区卫生局科员	2008
艾小林	男	广西总工会先进个人	自治区总工会	柳北区人大常委会财经工委主任	2008
李　萍	女	广西地方志系统先进工作者	自治区地方志编纂委员会	柳北区地方志编纂办公室主任	2008
朱敬东	男	广西公安厅社会治安综合整治专项行动先进	自治区公安厅	柳北公安分局民警	2008
王鸿翔	男	广西公安厅个人三等功	自治区公安厅	柳北公安分局局长	2008
胡仁北	女	广西公安厅个人三等功	自治区公安厅	柳北公安分局政委	2008

续表

姓名	性别	授予称号	授予单位	获奖时所在单位及职务	授予时间
钟鸣江	男	广西征兵工作先进个人	自治区人民政府征兵办公室	柳北公安分局民警	2008
黄　良	男	自治区平安建设先进个人	自治区公安厅	柳北区沙塘镇党委书记	2009
罗　娟	女	广西侨联先进个人	广西侨联	柳北区胜利东社区党支部书记	2009
郭　建	男	广西优秀人民警察	自治区公安厅	柳北公安分局民警	2009
方恩中	男	广西“三基”工程建设先进个人	自治区公安厅	柳北公安分局民警	2009
蒙海啸	男	广西公安刑侦系统“百名破案能手”	自治区公安厅	柳北公安分局民警	2009
覃建恩	男	广西公安系统安全保卫工作先进个人	自治区公安厅	柳北公安分局民警	2009
胡仁北	女	广西公安队伍建设工作先进个人	自治区公安厅	柳北公安分局政委	2009
魏红标	男	广西公安厅安全保护工作先进个人	自治区公安厅	柳北公安分局副局长	2009
覃雪斌	男	广西公安厅换发第二证工作先进个人	自治区公安厅	柳北公安分局户政科科长	2009
潘　进	女			柳北公安分局民警	2009
杨玉英	女			柳北公安分局民警	2009
杨振纲	男			柳北公安分局民警	2009
胡仁北	男	广西公安厅从警30～34年民警奖励	自治区公安厅	柳北公安分局政委	2009
罗镇清	男			柳北公安分局民警	2009
刘建荣	男			柳北公安分局民警	2009
杨玉英	女			柳北公安分局民警	2009
廖美生	男			柳北公安分局民警	2009
黄　文	男			柳北公安分局民警	2009
韦　兆	男			柳北公安分局民警	2009
韦海杰	男			柳北公安分局民警	2009
胡　敏	女			柳北公安分局民警	2009
车小康	男			柳北公安分局民警	2009
谭振芳	女			柳北公安分局民警	2009
莫佩全	男			柳北公安分局民警	2009
兰润宜	男			柳北公安分局民警	2009
李德明	男			柳北公安分局民警	2009
赵海南	男			柳北公安分局民警	2009
罗祖乾	男			柳北公安分局民警	2009
盘仕杰	男			柳北公安分局民警	2009
刘培军	男			柳北公安分局民警	2009
王卫东	男			柳北公安分局民警	2009
汤耀聪	男			柳北公安分局民警	2009

大 事 记

1月

3日 柳北区人民政府召开投资环境推介会，柳州市潮人商会、福建商会、温州商会等8大商会的企业家、各城区及柳东新区招商局局长100多人参加推介会。

6日 柳北区委书记黄涛主持召开集体廉政谈话会，首次与各镇、街道、机关部门党政领导20人进行集体廉政谈话。

8日 柳北区组织城区人大、政协、物价等相关部门组成的联合检查组，对辖区内关系群众生活的重点商品和服务价格的各类场所进行检查，在被检查的15家商家中，有3家未明码标价，其余未发现乱收费、乱加价等现象，市场价格平稳。

9日 柳州市首家以销售名特优新无公害农副产品为主的金臣超市在柳北区北站农贸市场成立。

11日 在北京召开的国家科学技术奖励大会上，柳北区获全国科技进步先进县（区）称号。

12日 自治区侨联主席韦干一行到柳北区胜利东社区看望和慰问部分归侨及侨眷。

△柳州市"二次创业"绩效考评组首次集中公众评议和察访核验柳北区2009年度完成市委、市政府重点工作情况，柳北区人大代表、政协委员、离退休老干部388人参与评议。

13日 柳州市人大代表柳北代表团第三、第四组代表到沙塘镇调研"沙塘农都"创业博览园项目开发建设情况。

14日 柳州市女企业家协会柳北分会成立，来自辖区35个行业的50名女企业家出席大会。会议选举产生柳北区首个女企业家协会第一届理事会、会长、副会长及秘书长。

15日 中共柳北区委员会第八届九次全体（扩大）会议在柳北区行政中心会议室召开。区委书记黄涛作题为《推动科学发展，促进城乡统筹，努力开创率先建成西江经济带综合经济实力最强城区新局面》的工作报告。

18～19日 政协柳北区第七届委员会第五次会议在柳北区行政中心会议室召开。政协主席潘加波代表柳北区政协常务委员会作工作报告。会议表决通过关于柳北区政协常务委员会工作报告的决议、关于柳北区政协第七届委员会第四次会议以来提案工作情况报告的决议、关于柳北区政协第七届委员会第五次会议的政治决议。

19～20日 柳北区第十届人民代表大会第五次会议在柳北区行政中心会议室召开。人大常委会主任樊华代表柳北区人大常委会作工作报告。会议表决通过关于柳北区人民政府工作报告的决议、关于柳北区2009年财政预算执行情况和2010年财政预算的决议、关于柳北区人大常委会工作报告的决议、关于柳北区人民法院工作报告的决议、关于柳北区人民检察院工作报告的决议。

20日 柳州市百万空巢老人志愿者服务活动启动仪式在柳北区钢城街道元宝社区举行。

21日 柳北区春节拥军慰问团慰问在海地执行维和任务的柳州籍警察何义超家人，送去党和政府的殷切关怀及慰问金。27日，广东边防部队湛江市支队也慰问参加维和任务的何义超家人。

23日 柳北区首次采用电子绩效评估系统考评2009年社

区绩效工作，钢城街道元宝社区、胜利街道胜利西社区、东社区获前三名。

24日 在南宁召开的自治区招商引资暨大兑现工作会议上，柳北区获广西招商引资大兑现示范县（区）称号。

25日 柳北区召开“米粉涨价问题”检查工作会议，重点检查辖区北雀路、跃进路等11条主要街道的333家米粉店，对米粉涨价的违规者责令改正，整改率100%。

28日 柳北区人民法院审判综合楼在市回龙路8号落成，该大楼占地面积3600平方米，设大法庭1个、中小审判法庭11个，调解室4个，立案庭1个。

本月 柳北区开展“项目建设突击月”成效显著，完成征地面积149.8公顷，拆迁面积8.75万平方米。

2月

2日 柳北区在行政中心会议室召开2009年度调解处理工作总结会，总结柳北区2009年“三大纠纷”调解处理工作，研究部署2010年工作任务。

5日 上海市杨浦区到柳北区调研“柳北区—杨浦区一线工作法”。

6日 柳北区政法系统首次主办“树政法为民形象，建和谐美好家园”为主题的春节团拜文艺晚会在柳州钢铁（集团）公司文化宫举行。

△柳北区在行政中心会议室召开林业工作会，部署2010年集体林权制度改革推进工作。

11日 柳州市林业局花卉示范基地在柳北区长塘镇青茅花卉基地揭牌。

12日 自治区质量技术监督局局长邓于仁在柳州市副市长文和群的陪同下，到广西金嗓子有限责任公司、市穗柳饼家实业有限公司，对两家公司的乳粉、乳制品、含乳饮料以及涉乳生产项目进行专项检查，邓于仁对两家公司的乳制品质量安全情况表示满意。

24日 柳北区获2009年度广西人口和计划生育工作先进奖和计划生育优质服务先进单位，成为广西10个获奖单位中唯一的一个城区。

25日 柳北区机关干部和沙塘镇干部及三合村村民500多人在三合村参加冬修水利活动，兴修水利1.5公里。

3月

1日 柳北区在行政中心会议室召开宣传思想文化、统战和政法综治维稳工作会议，各镇、街道主要领导向区委、区政府递交签署的2010年综治工作和铁路护路工作目标管理责任状。

△中共柳北区第八届纪律检查委员会第五次全体（扩大）会议在柳北区行政中心会议室召开，纪委书记林敏代表柳北区纪委常委会作题为《扎实推进党风廉政建设必反腐败斗争，为发建设“五个柳北”提供坚强保证》的工作报告和《建立健全惩治和预防腐败体系2008～2012年工作规划》。

2日 柳北区在行政中心会议室召开组织工作会议，传达自治区、柳州市组织工作会议和“党建引领提升年”启动暨“十大党建工程”汇报会精神，部署柳北区2010年组织工作任务。

△柳北区获柳州市2009年度安全生产目标管理职责履行城区级考核评比第一名。

△柳北区召开政府全体（扩大）会议，研究部署2010年政府各部门工作。

4日 柳州市市政府副市长焦耀光率领市整规办、市商务委、市规划局等有关单位负责人到柳北区柳北大市场以及新建成的柳北大市场临时过渡市场进行检查，详细询问业主安置情况。

5日 柳北区组织辖区39个文明单位、学校及部队的400多名干部群众和志愿者，开展学雷锋便民服务活动。

△柳北区2010年民兵整组工作会议在柳北区人民武装部会议室召开。

8日 自治区组织部副部长、老干部局局长陈虹到柳北区视察自治区老干部疗养院前期建设。

9日 柳北区政府获柳州市2009年度城市绿化先进单位。

12日 广西投资集团有限公司党委书记、董事长管跃庆率领公司职工95人，从南宁来到柳北区白露工业园区参加义务植树活动。

△柳州市公安局柳北分局获全国公安机关集中换发第二代居民身份证工作先进集体称号。

17日 柳北区开展“3.15”法律宣传下基层活动，发放各类法律宣传资料5000多份。

△柳北区在北雀路开展“和谐在基层，城乡统筹发展”服务活动，发放各类宣传资料2000余份，接受咨询服务对象500余人次。

19日 由自治区环保厅、卫生厅和精神文明建设委员会联合在南宁召开的绿色环保系列创建命名授匾视频会议上，柳北辖区有5家单位榜上有名，他们分别是柳北区洛埠镇政府获广西首批绿色机关称号，广西生态工程职业技术学院获广西第三批绿色大学称号，柳钢第一、第二、第三幼儿园获广西第五批绿色幼儿园称号。

23日 柳北区在行政中心会议室召开建设“学习型党组织”动员暨“十大党建工程”启动大会。

△柳北区工会六届六次全委（扩大）会议在广西柳州畜牧兽医学校召开。

24日 柳北区在长塘镇青茅花卉基地举行招商签约仪式。

△中共百色市右江区区委副书记谭振宁率领考察团一行18人到柳北区胜利西社区考察社区党建工作。

25日 柳北区在行政中心会议室召开安全生产工作暨第一季度防范安全事故工作“安康杯”竞赛活动表彰大会。

26日 柳北区在行政中心会议室召开2010年人口和计划生育工作会议，部署2010年工作并签订人口和计划生育工作目标责任状，表彰奖励2009年完成人口和计划生育工作目标责任先进单位、先进集体和先进个人。

27日 以“新柳州、新农村、新体验”为主题的柳州市2010年乡村旅游文化节在辖区君武森林林公园举行。文化节的目标为：乡村旅游经营者人均收入提高1000元，开展乡村旅游的村屯人均收入提高100元。

29日 柳北区在行政中心会议室召开百名工作队员深入农村开展强基惠农春季大行动动员会。

30日 柳州市“人民调解加强年”活动启动仪式在柳北区沙塘镇举行，活动重点是解决土地征用、房屋拆迁、拖欠农民工工资群众反映强烈的矛盾纠纷。

△柳北区首次举办“新闻写作及摄影技巧”讲座，特邀请柳州日报社评论部主任马宏威、首席记者姜立授课。

31日 柳州市四城区农业科技计划项目策划构造调研座谈会在柳北区行政中心301会议室召开。

△柳北区团委启动“情系旱灾　一元送水”爱心捐款活动。来自辖区各界爱心人士、共青团员和少先队员68人捐款937.5元。

△柳北区在行政中心会议室召开未成年人思想道德建设联席会。

△柳北区石碑坪镇政府干部和村民及驻地部队官兵300多人到大帽河段水渠兴修水利2公里，有效灌溉农作物面积200公顷。

4月

1日 柳北区在行政中心会议室召开2010年食品安全工作会议，安排部署2010年工作并签订柳北区食品安全目标管理责任书。

2日 柳北区获柳州市2009年度“二次创业”绩效考评优秀单位。

△柳北区在行政中心一楼大厅举行“送温暖、献爱心”抗旱救灾捐款活动，干部群众捐款6.79万元。

7日 柳北区在行政中心会议室举办女性保健知识讲座，特邀受聘于“全国三八健康使者万里行”组委会讲师高彦女士为广大女职工上课。

9日 柳北区在行政中心会议室召开实施“广西公开选拔、选聘干部千人计划”工作动员大会。

13日 柳北区在行政中心会议室举办《中国共产党党员领导干部廉洁从政若干准则》和中央十七届四中全会精神专题辅导讲座。

14日 柳北区联合柳州市国土资源局等单位，对长塘镇香兰村下村屯10号北侧743.75平方米，长塘镇香兰村志城屯三组55号南侧160平方米的违法建筑强制拆除。19日，柳北区召集公安、交警、消防、城区行政执法局和锦绣街道办事处的工作人员近200人，对白沙路2号原锌品厂礼堂南面及北面287.33平方米的无证建筑物强行拆除。

20日　柳北区召开第一季度经济运行分析会，实现“首季开门红”。第一季度实现地区生产总值27.87亿元，工业总产值39.47亿元，同比增长19.59亿元和65.93亿元。其中规模以上工业产值32.67亿元，同比增长78.94亿元，占柳北区全部工业总产值的83%。

△柳州保利置业有限公司在市公园路五星中环大厦挂牌成立。该公司在建的柳州地王国际财富中心项目总投资约42亿元人民币，总建筑面积65万平方米，拟建融5A甲级写字楼、超五星级酒店、超级商务办公建筑集群于一体的西南第一大国际大厦城市综合体，其中，303米68层超高建筑将成为柳州的地标。

△柳北区在行政中心会议室举办文化进农村暨“我的书屋·我的家”主题演讲比赛。

△柳北区在行政中心会议室召开人口文化建设暨计划生育宣传教育工作会议，提出建设人口文化，促进计划生育工作目标。

21日　广西军区工作组对柳北区人民武装部首长机关带民兵应急独立连维稳演练进行考核，180名干部及民兵参加人民武装机关战术作业、民兵应急分队实兵演练两大部分和基本队形、保护重要目标等内容。这是柳州市四个城区唯一接受广西军区工作组考核的城区。

23日　柳北区在钢城街道元宝社区举行2010年文化“六进”工程启动仪式暨柳北区创建国家卫生城文艺演出。

△柳北区政府在行政中心大楼首次举行机关干部消防、防震、防空紧急疏散演练。

27日　柳北区在行政中心会议室召开2009年度新农村建设指导员工作总结表彰暨2010年度选派指导员工作动员大会，表彰一批新农村建设指导员工作先进后盾单位和优秀指导员。

28日　柳北区首个企业离休干部服务中心在环宇社区挂牌成立。

29日　柳北区在行政中心会议室召开2009年度地税诚信纳税户表彰大会，表彰辖区重庆啤酒集团柳州啤酒有限责任公司等诚信纳税户20家。

5月

4日　柳州市首家，中国西部第一家“快客连锁店——快客花都便利店在柳北区锦绣社区开业。

△柳北区在行政中心会议室召开纪念“五四”运动91周年暨表彰大会，表彰一批共青团工作先进集体和先进个人。

5日　柳北区在行政中心会议室召开综合治理校园周边环境安全工作会议，切实做好辖区学校校园安全防范工作。

7日　柳北区在胜利小区开展“低碳家庭·时尚生活”科普宣传活动。

8日　柳北区在行政中心会议室召开创建国家计划生育优质服务先进单位和诚信计生工作情况座谈会。

10日　柳北区城乡风貌改造工程开工仪式在沙塘镇古灵村举行。

△柳北区举行市第二十八中、市第三十九中与西南大学共建国家教师教育创新西南实验区授牌仪式。

12日　柳北区科技协会第四次代表大会在行政中心会议室召开，选举产生新一届科技协会理事长及理事。

13日　柳州市加快推进鹧鸪江钢铁深加工及物流产业园项目工作协调会在柳北区行政中心会议室召开。

△柳北区军民共建209国道文明长廊协议签字仪式在柳北区行政中心会议室举行，驻辖区75140部队、75103部队、95246部队、柳州预备役炮团、来宾市武警支队、柳州市消防支队、柳北消防大队的部队首长分别与柳北区的石碑坪村、下陶村、古木村、大滩村、三合村、杨柳村、江湾村、青茅村等8个行政村签字结为军民共建对子。

14日　自治区农业厅副厅长谢东率队来柳北区视察长塘镇青茅花卉基地花卉种植和运营情况。

△柳北区在行政中心101会议室召开档案工作会，表彰一批档案工作先进集体和先进个人。

18日　柳北区在行政中心会议室举办创建国家卫生城市健康教育知识竞赛。

19日　柳北区在2010年柳州·深圳投资说明会上成功签约项目6个，总投资额达9.12亿元。

20日　柳州市委宣传部、文明办与柳北区委文明办、教育局联合举办广西第六个“未成年人思想道德建设宣传日”暨柳州市“孝敬父母——做一个有道德的人”主题活动。

25日 柳北区召开2010年重点项目建设工作会议，确定重点项目建设10项。

26日 柳北区首个“留守儿童之家”在长塘镇中心小学挂牌。

27日 柳北区女企业家协会一行19人到柳州市儿童福利院看望慰问孤残儿童和教职工，为孩子们送上价值1.2万元的尿裤、奶粉、运动鞋、饼干、糖果等日用品和食品。

28日 柳北区首个村级未成年人校外活动场所在沙塘镇杨柳村挂牌成立，市图书馆与杨柳村书屋举行捐书和进行图书管理签约。

29日 柳北区在驻柳某部举办2010年“玫瑰之约进军营”交友会，来自柳北区机关及部分企业、学校教师18名单身女青年参加交友会。

6月

3日 柳州市十大农业工程之一沙塘片区现代农业科技示范园建设在沙塘农都三合花卉基地开工。三合花卉基位于沙塘镇三合村、古灵村和国有农垦沙塘农场地界，总规划面积413公顷，建成后将形成一个集产品研发、技术推广、规模生产、加工贸易、观光休闲为一体的高效农业园，成为沙塘片区现代农业科技示范园的一个示范区。

8日 柳北区组织辖区各级文明单位参加柳州市“关爱母亲河，我们再行动”活动，集中清理二桥西到市航标站沿线河堤、壶西大桥、黄村桥头河堤脏物。

9日 柳北区在行政中心会议室召开工业文物征集工作动员培训会。

10日 在南宁召开的全区未成年人思想道德建设经验交流会上，柳北区获2008～2010年自治区未成年人思想道德建设工作先进县(区)称号。

12日 柳北区在行政中心会议室召开2010年文明委第一次会议暨柳北区争创柳州市文明城区动员大会。

15日 柳州市首家(张毅锋)个人律师事务所—广西雅儒律师事务所正式挂牌开业。

18日 柳州市县区外事侨务工作会议在柳北区政府召开，市委副书记苏海裳到会并讲话。

19日 柳州市人大常委会副主任周卓新到柳北区检查指导防汛抗洪救灾工作。

25日 柳北区与市工商局柳北分局、柳北消防大队和市畜牧兽医学校在柳北区职工创业就业技能培训基地联合举办首场“农民工技能、安全、食品教育培训班”，参加培训130多人，发放培训材料300份。

△广西“道德模范基层巡讲”活动柳州市报告会在柳北区行政中心会议室举行，市委文明委员各成员单位、四城区机关干部、各街道办事处等500多人聆听了报告。广西“道德模范基层巡讲”活动报告团6名成员是：全国见义勇为模范、广西财经学院学生谢芳秋；全国孝爱亲人模范、钦州市钦北区第三小学教师韩瑜；全国诚信守信模范、广西建工集团第一建筑工程有限责任公司第一分公司副经理牙高峰；全国道德模范提名奖获得者、柳州市汽车配件三厂销售科信息计划员袁茵；全国道德模范提名奖获得者、自治区孝老爱亲模范、柳州机车车辆厂工人李建珍；自治区敬业奉献模范、南宁市人民路段小学教师李祥军。

△柳北区召开创业工作会议，各镇、街道及相关部门负责人参加会议并签订劳动保障责任状。

△柳北区在行政中心会议室召开第六次全国人口普查动员暨第二次经济普查表彰大会。

26日 柳州市委宣传部机关党总支与柳北区锦绣社区党总支在锦绣路小学举行“结对共建、先锋同行”活动启动仪式。市委常委、宣传部部长、副市长张虹到会讲话，并向社区党总支赠送2700元的书籍和看望社区老党员。

28日 柳北区在沙塘镇举办农村水库安全管理员培训班，辖区3个镇29座水库的58名水库安全管理员参加培训。

30日 柳北区在行政中心会议室召开庆祝中国共产党建国89周年暨创先争优表彰大会，表彰一批先进基层党组织、优秀共产党员、优秀党务工作者。

7月

7日 柳北区在行政中心会议室召开生鲜乳制品安全监管工作会议。

8日 全国人大代表、自治区人大常委会副主任吴恒率领10名驻桂十一届全国人大代表组成的专题调研组到柳北区调研工业园区建设情况。

12日 柳北区举行“立德树人”公益大讲堂启动仪式，邀请全国知名家庭教育专家李红旗教授作家庭伦理道德教育专题报告。

15日 柳北区工会六届七次（扩大）会议在胜利街道职工之家召开。

20日 经自治区科技厅评审，柳北区罗非鱼产业获自治区第一批农业产业科技重点示范县称号。

21日 柳州市委常委、统战部部长苏爱群到柳北区胜利东社区，与部分基层党员过了一次别开生面的党组织生活。22日，苏爱群到柳北区调研该区创建国家计划生育优质服务先进单位和诚信计生工作开展情况，希望柳北区加大创新力度，努力推动“国优”创建各项工作，力争今年实现创“国优”目标。

22日 柳北区工会女职工委员会三届六次全委（扩大）会议在柳江县百朋镇下伦屯莲藕基地召开。

26日 柳州市“城乡风貌”改造工程中期工作推进会在柳北区举行，与会人员实地考察柳北区长塘镇西流村大井屯城乡风貌改造情况。

30日 全市“美德在农家”现场会在柳北区石碑坪镇新南屯召开。

8月

2日 柳北区工会启动为企业“送清凉、送健康、关爱活动者”活动。

5日 柳北区开展“扫黄打非”整治专项行动，重点检查网吧和收缴“六合彩”资料。

6日 全国和谐社区建设示范社区授匾仪式在柳北区胜利街道协和社区举行，市委副书记苏海裳为柳北区胜利街道协和社区进行授匾，并对社区干部坚持实事求是地反映社情民意，积极为辖区单位和居民办实事、办好事的精神给予充分肯定。

8日 柳北区召开2010年推行厂务公开工作领导小组（扩大）会议，学习传达柳州市推行厂务公开工作会议精神，部署安排2010年工作任务。

9日 柳北区从各社区抽调80人组成交通劝导员在辖区各主要交通路口和车辆密集处进行交通劝导。

10日 柳州市2010年8月重大项目开竣工庆典仪式在辖区柳州港鹧鸪江作业区举行。开工建设的有柳州港鹧鸪江作业区改扩建工程，鹧鸪江港作业区一期规划建设1000吨级、远期2000吨级的泊位4个，设计年吞吐量达240万吨。竣工的有辖区柳州宝钢公司汽车钢材加工配送中心项目。

△柳北区在行政中心会议室召开创城工作攻坚阶段工作布置会议。

11日 柳北区在行政中心会议室举行争创文明城市知识竞赛决赛，有18支队伍参加决赛。

△柳北区在行政中心会议室举行“学习贯彻四项干部监督制度，提高选人用人公信度”知识竞赛，有5个队25名队员参赛。

12日 柳北区在行政中心会议室举行2010年“希望工程圆梦大学”对口帮扶仪式，来自辖区15名民营企业家向对口帮扶的11名贫困大学生每人发放4000元助学金。

△柳北区开展对位于辖区国有改制企业生活区的危旧房屋（五层及五层以下）调查摸底工作，以此作为扩大改制企业职工危旧房改造工程覆盖面和受益面的依据，切实改善困难职工居住条件。

13日 市政协副主席、民盟市委主委梁栋，市政协副主席、民建市委主委吴华率市政协委员专家（农业）服务团到柳北区石碑坪村新南屯，指导农民利用柳州市冬季比较温暖的气象条件，大力开发秋冬种，实现葡萄一年两收。

16日 柳北区与柳州市企业家协会组织城区有关部门及辖区30多家企业管理人员召开柳北区三方协调机制工作暨构建企业和谐劳动关系座谈会，会上研究分析柳北区小企业劳动关系总体状况，听取小企业贯彻执行《中华人民共和国劳动合同法》等法律法规情况，对小企业实施劳动合同制度中遇到的困难和问题进行探讨。

19~20日 柳州市领导杜伟、张虹、焦耀光、覃泽芬等带领创建全国文明城市责任单位负责人分别到柳北区部分街道、社区、客运站、农贸市场等进行现场督查创建文明城市工作进展情况。

23日 自治区人口与计划生育工作委员会主任黄丹率队到柳北区沙塘镇江湾村调研诚信计划生育工作。

24日 柳州市商贸重点项目国腾购物广场·大润发柳北店在柳北区胜利路12~6号开业。26日,柳州市政协主席胡锦朝视察大润发柳北店。

△柳北区在行政中心会议室召开事业单位岗位设置工作会议,传达贯彻柳州市事业单位岗位设置管理实施工作座谈会精神。

25日 国家二级综合档案馆测评组在自治区档案局局长黄明初率领下到柳北区就国家二级馆创建工作进行督办和初检。检查组对柳北区在丰富馆藏、规范整理、设施建设、档案利用、档案编研等方面做的大量工作给予充分肯定。

26日 金大陆海鲜世界易址重建开业典礼在柳北区雅儒路东四巷6号举行,柳州市政府副市长陈杰出席庆典仪式。金大陆海鲜世界雅儒新店总投资4600万元,营业面积8000平方米,可容纳1500人用餐,解决500多人就业。

△中共柳北区委在行政中心会议室召开柳北区人大工作会议,柳北区人大常委会及有关职能部门向党委汇报人大工作开展情况,安排部署人大工作。

31日 柳北区在行政中心会议室举办三级纠风网络员培训班,邀请柳州市纠风办公室副主任权仁儒讲课。

9月

2日 柳北区在行政中心会议室召开党员创先争优活动座谈暨工作部署会,市直机关工委副调研员、市创先争优活动办公室指导组副组长宁有德参加座谈会并作重要讲话。

△柳北区举办纪检监察业务培训会,各镇、街道纪委、纪工委书记、纪检组长、驻村纪检监察员及机关纪委干部70人参加。

3日 柳北区在行政中心会议室召开关心下一代工作表彰暨学习培训工作会议。会上表彰"五老"先进个人10人和优秀"五老"网吧义务监督员9人。

9日 丹麦现代养猪业柳州培训中心启动仪式在辖区广西正康种猪有限公司举行。丹麦驻中国大使馆农业参赞贾波先生,柳州市副市长张永刚以及柳州市各养猪企业代表出席启动仪式。

△柳北区在行政中心会议室召开庆祝第26个教师节暨教育工作表彰大会,表彰教育工作先进集体99个、教育工作先进个人80人。会上还举行《礼仪规》授书仪式和"雏鹰展翅"师徒结对活动启动仪式。

△柳北区举办政务信息工作暨业务培训班,邀请市委政策研究室主任刘胜友、柳州日报社总编辑助理吴怀辉、柳州市政府信息科科长覃卫红分别就撰写调研报告、新闻稿件及政务信息写作进行授课,有120人参加培训。

8~10日 柳北区在行政中心会议室举办第一期人口普查指导员业务培训班,各镇、街道250名普查指导员参加培训。培训工作分10期进行,分批培训2200多名普查指导员、普查员。

13日 柳北区在行政中心会议室举行公开选拔科级领导岗位竞职演讲,在机关干部中选拔16名副科级干部,这是柳北区历年公开选拔科级干部力度最大的一次。

17日 共青团柳州市委、柳州银行首期"金融服务进社区"——青年创业培训班在柳北区锦绣街道办事处开班,来自锦绣街道有创业意向的45名青年接受培训。

△柳州市咨询委主任董世忠率全体委员来柳北区调研困难群体状况。

20日 柳州市第五届"风情柳州·十大美丽乡村"授匾仪式在柳北区石碑坪镇大滩村孔雀山庄举行,石碑坪大滩村车田屯获柳州市"十大美丽乡村"称号。

11~20日 柳北区中层正职以上领导干部37人赴浙江大学参加为期10天的领导干部能力提升研修班学习。

27日 柳州市委常委、副市长刘健生率工信委、国资委等部门负责人到柳州威奇化工有限责任公司检查安全工作。

28日 柳北区在行政中心会议室举行庆祝祖国61周年"歌颂祖国,畅想明天,爱我柳北"机关2010年迎国庆,唱红歌大型合唱比赛,有17个代表队参加比赛。

29日 柳北区在行政中心会议室召开辖区基层医疗卫生机构综合改革动员大会,第一批14家医改试点单位全体人员参加会议。

10月

1日 柳州晚报深入柳北区社区开展“走进社区阳光行动百家宴”活动。

10日 柳北区白露工业园区中的循环经济区成功申报自治区级工业循环经济试点示范园区。该循环经济产业集中区是白露工业园与柳钢(集团)公司于2008年共同规划开发的,园区规划占地面积5.4平方公里,可供安排产业项目用地面积433万公顷,是目前柳州市唯一的循环经济产业,2009年列入自治区层面统筹推进的新开工重大项目。

11日 柳州市重大项目之一“广雅路八一路口改造工程”在柳北区八一路开工。

13日 柳北区召开医改工作会议,讨论修订《柳北区第一批实施国家基本药物制度试点综合改革工作方案》(草案),明确下一阶段医改工作任务。

14日 柳北区在行政中心会议室召开机关党群系统共建创先争优工作会议,扎实推进“百日攻坚”行动各项工作。

15日 柳北区在行政中心会议室召开乡镇党委书记公推直选试点工作动员大会,标志柳州市乡镇党委书记公推直选试点工作正式启动。

△柳北区在柳州市六县四城区中首家开通人口普查宣传网站。27日,柳北区在胜利路12-6号同腾购物广场·大润发柳州分店广场举行人口普查入户登记动员大会。至28日止,柳北区第六次全国人口普查宣传网逐步挂出辖区2200多名普查指导员和普查员的姓名、工作证编号、单位电话等信息,方便辖区居民甄别。柳北区还印制人口普查宣传手册3.5万份,悬挂宣传横幅500多条、各社区出版人口普查宣传板报100幅。

△柳北区在人民武装部会议室召开2010年度征兵工作会议。

△ 柳州市非公有制企业推行厂务公开民主管理工作交流暨研讨会在柳北区召开,各县(区)推行厂务公开工作领导小组负责人以及部分非公有制企业代表出席会议。

19日 柳北区综合应急救援大队成立暨授牌仪式在公安柳北消防大队举行,这是柳州市10个县区中第一个设综合应急救援队伍的城区。

22日 柳州市“十月科普大行动”启动仪式在柳州钢铁(集团)公司文化广场举行,活动主题为“绿色行动,低碳生活,安全健康”,通过科普文艺演出,科普展览、知识抢答、咨询服务等形式,重点宣传节能环保的基本知识,爱护和重视生态环境的理念以及环保低碳的科学知识。

23日 柳州第十三届乡村青年文化节启动仪式在柳北区石碑坪镇新南屯举行,柳州市各县区、广西生态工程职业技术学院、广西柳州畜牧兽医学校、市中医院、柳州银行、柳州医专一附院等20个单位的150名团员青年及石碑坪镇群众300多人参加启动仪式。开展以“青年农民心系党,创先争优奔小康”为主题内容的知识问答、农村趣味游戏和文艺演出等活动。

25日 柳北区在行政中心会议室召开“大排查、大接访、大调解、大防控”活动动员会,传达贯彻柳州市有关会议精神,部署柳北区开展大接访工作。

26日 柳州市发展特色农业暨秋冬季农业开发现场会在柳北区召开。会上传达全国秋冬种视频会议和自治区秋冬种现场会议精神,总结交流秋冬季农业生产工作经验,部署下一步秋冬农业生产工作,签订秋冬种生产责任状。市领导苏海棠、张永刚等率市有关部委办局及各县区负责人参观柳北区石碑坪镇留休村凉亭屯葡萄基地与秋冬菜间套种基地、沙塘镇上垌朗德鹅基地、长塘镇青茅花卉基地、鹧鸪江园艺场广西西康种猪场。

27日 柳北区在行政中心会议室召开学习贯彻党的十七届五中全会精神辅导讲座,中共柳北区委、区政府提出:要以十七届五中全会精神为指导,认真编制好柳北区“十二五”发展规划,实施“六大发展战略”,建设幸福文明和谐新柳北。

28日 浙江省嘉兴市南湖区考察团一行21人到柳北区参观考察。

29日 以国务院侨务办公室副主任、国务院华侨农场发展和改革工作小组组长马儒沛为团长的国务院侨办考察团,在自治区侨务办公室主任冯祖华陪同下,到柳北区胜利东社区考察社区侨务工作情况。

△柳北区首个街道政务服务中心——雀儿山街道政务服务中心挂牌。该中心整合社区公共服务资源,让辖区居民“小事社区(村)办,大事不难办”,为群众提供“一站式”,“集约化”的便民服务。

11月

1日　柳北区启动全国第六次人口普查入户登记工作。

△柳北区获国家民政部授予的第三批全国养老服务示范活动示范单位。

2日　柳北区企业党组织负责人培训班在市委党校开班，来自辖区46名企业负责人参加培训，其中96%以上来自民营企业。

3日　柳北区召开行政审批事项清理工作会议。

4日　自治区人口普查新闻采访团到柳北区采访。

5日　广西“体操王子”李宁及柳州光明行探访团到柳州火车北站的“健康快车”，看望医务人员以及接受手术的贫困白内障患者。停靠在柳州火车北站的“健康快车”已为柳州市完成白内障手术360例。

7日　由农工党广西区委和农工党柳州市委联合举办的以“绿色、低碳、健康、和谒”为主题的第二十二届“国际科学与和平周”三下乡广西区活动在柳北区沙塘镇举行，自治区政协副主席、农工党广西区委主任彭钊、自治区人大常委会委员、教科文卫委员会副主任、农工党广西区委副主任江红兵参加活动。柳州市各大医院的13位医学专家为当地群众开展多项诊疗服务和健康咨询，免费提供价值4000多元的常用药品。

8日　柳州市首家村级公共服务中心暨新农村建设示范点现场会在柳北区石碑坪镇下陶村公共服务中心落成揭牌。该中心总投资76万多元，同时也是自治区级村级公共服务中心试点。

9日　国家培养计划—农村中小学骨干教师置换脱产研修项目研修基地授牌仪式在市教育局举行，市第十五中学成为柳州市2个研修基地之一。

10日　柳州市军分区参谋长、市征兵工作领导小组办公室主任黄寿硕到首个启动征兵适龄青年体格初检工作的柳北区检查指导工作。

11日　柳北区在行政中心会议室召开柳州市首次公推直选乡镇党委书记推荐会，200多名副科级以上领导干部以无记名投票方式推荐出5名候选人直选沙塘镇党委书记一职。

△柳北区在沙塘镇下陶村举办沿209国道文明长廊建设工作推进会暨柳州市地税局与沙塘镇下陶村共建培训基地揭牌仪式。

12日　柳州市首个居民医保普通门诊统筹定点医疗机构启动仪式在辖区柳钢社区卫生服务中心举行，近4万余名参保居民率先享受同等门诊医疗费用统筹待遇。

△柳北区组织工商、公安、城管执法等部门对辖区雀儿山公园西门、北雀路笔架巷、白沙菜市场、潭中高架桥等地点开展“扫黄打非”迎亚运整治行动，共查扣“六合彩”资料3000多份和盗版影碟100多张。

△经柳州市政府批复同意认定广西正康种猪有限公司和广西霖翔农业发展有限公司为第八批柳州市农业产业化重点龙头企业。

14日　柳州市委办公室与城区党委办公室系统气排球总决赛在柳北区雀儿山路小学举行，来自市委办、四个城区区委办公室9支代表队参加比赛。市委常委、秘书长刘传林参加开幕式。

16日　柳州市农业机械局2010年甘蔗分段式收割培训演示会在柳北区石碑坪镇留休村新东屯农业机械化示范田举行。

17日　柳州市对广雅路口下穿通道工程开始全封闭施工，工期约6个月。

19日　自治区副主席陈章良一行来柳州市对农业产业发展情况进行调研，分别到柳北区青茅花卉基地、柳州农业科学研究所、柳州畜牧兽医学校、广西生态工程职业技术学院等调研后指出：广西的农业产业发展前景广阔，柳州市要全力打造柳北现代“农都”，要做大做强甘蔗蜜桔产业。

23日　自治区党委副书记陈际瓦率创建社会和谐稳定模范区第一督查指导组到柳州督查，期间深入柳北区青茅花卉基地调研，考察兰花生产示范园发展规划，了解兰花生产及销售情况。

20日　柳北区人口文化园在市雀山公园内落成。

25日　浙江商会副会长、上海伦达投资集团公司董事长吴良钢、亿游实业集团公司董事长沈国刚一行组成考察团来柳北区考察房地产及物流项目。

△柳北区在行政中心会议室召开“工作落实年”活动阶段性工作点评暨重点工作任务推进会议，对城区“工作落实年”活动开展以来情况进行全面“回头看”，并制定整改措施和推进计划。

△柳北区召开加强和改进工商联工作会议。

26日 自治区统筹推进重大项目—桂中海迅柳北物流基地项目在柳北区鹧鸪江路开工建设。该项目是柳州市第一个综合型物流基地，占地面积32.4公顷，总建筑面积41万平方米。计划总投资7.27亿元，首期投资4.15亿元，建设内容包括三个中心一个平台，即货运配载交易中心、综合仓储物流展示交易中心、保税物流中心和电子商务信息平台，项目建成后预计每年形成物流服务交易总价值100亿以上，税收1亿元以上，增加就业机会1万多人，成为柳州市至广西物流基地建设的标志性项目。

27日 柳北区开展纪念“12.4”全国法制宣传十周年暨“关爱明天、阳光行动”主题活动，为150多名群众提供法律处咨询，发放各类法律宣传资料3000余份。

29日 柳州市中级人民法院在柳北区人民法院举行量刑规范化庭审现场观摩会。

12月

3日 柳北区在胜利老年公寓举行首批居家养老消费券发放仪式。

7日 柳州市食品安全知识竞赛在柳北区政府行政中心会议室举行，来自全市各县区和市食品安全直接监管部门的18支代表队参加比赛。

△柳北区白沙路、北站路两条示范路的门头(店面)招牌改造完毕，至此，柳州市共有17条示范路安装大小统一、质量上乘、美观大方的门头招牌。

9日 柳北区召开2010年人口和计划生育目标管理目标责任制考核督查汇报会。

10日 共青团市委在柳北区行政中心会议室举行柳州市青年大讲堂启动仪式，自治区党校教授陶建平、团市委全体机关干部，各县区团委书记、各直管基地单位团组织负责人以及团委委员近300人出席启动仪式。

14日 在南宁召开的自治区厂务公开民主管理经验交流暨先进单位表彰电视电话会上，柳北区推进厂务公开工作领导小组获自治区推动厂务公开民主管理工作先进单位称号，辖区企业柳州长虹机器制造公司、柳州威奇化工公司、柳州市腾龙汽车配件制造公司获自治区厂务公开民主管理工作先进单位称号。

16日 柳北区在行政中心会议室召开向“两新”企业派驻党建指导员大会，532名党建指导员派驻到辖区851家新经济组织和新社会组织企业，派驻时间从2010年12至2011年11月。

17日 广西第一个城区森林公安分局——柳州市森林公安局柳北分局在柳北区挂牌成立。

18日 柳北区在胜利小区举行居家养老工程、百名医师下社区服务周暨青年志愿者千人服务团成立仪式，辖区27个基层医疗卫生机构优秀医护人员为老人提供各项服务。

20日 柳北区工业总产值、规模以上工业产值、工业园区产值分别达到209亿元、179亿元和117亿元，与上年相比分别增长57%、61%和36%，在全市四城区中工业总产值率先突破200亿元。

24日 柳北区获全国老龄工作先进单位称号。

27日 柳北区档案馆成功晋升为国家二级档案馆，是广西第四家，也是柳州市第一家荣获此殊荣的城区。

28日 柳北区石碑坪镇泗角村龙湾13.33公顷连片大棚蔬菜基地破土动工，该基地总投资300多万元，建成后全年可向市场提供无公害蔬菜2000吨以上，辐射带动周边村民种植蔬菜66.67公顷以上，年创经济效益500多万元。

30日 柳北区举行“心系职工情、温暖进万家”为主题的送温暖工程启动仪式，柳北区领导向各镇、街道工会联合会、环卫工会、教育工会以及困难职工代表发放慰问金和慰问品。

△柳北辖区君武森林公园举行国家AAA级旅游景区揭牌仪式。 (李 萍 丁 静)

责任编辑:李 萍

调 研 报 告

柳北区"十二五"时期工业发展布局研究

黄 涛

"十二五"时期，是全面建设小康社会的关键时期，是深化改革开放、加快转变经济发展方式的攻坚时期。柳北区是以工业为主导的城区，在"十二五"时期要积极实施北进战略，做大做强做优工业，推动柳北科学发展。

一、实施北进战略，是推动柳北科学发展的必由之路

北进战略的"北"，是指柳北区北部，包括白露街道、长塘镇、沙塘镇和石碑坪镇。实施北进战略，就是把柳北工业布局到"一街三镇"。这是做大做强做优柳北工业、推动柳北科学发展的必然选择。

(一)柳北土地资源丰富，承载发展的空间较大

土地是工业生产的要素之一，也是工业发展的必需载体。柳北区占地面积320.89平方公里，具备工业发展的有利用地条件。在柳州新一轮城市规划和土地大纲修编后，白露、沙塘、鹧鸪江、石碑坪四大片区近70平方公里城市规划范围内无基本农田保护区，对工业园区大面积开发建设十分有利。同时，辖区内聚集沙塘农场、石碑坪农场、鹧鸪江园艺场、市柑桔场等国有农场20平方公里土地，而且均分布在交通主干道周边，土地资源优势明显。"十二五"期间要紧紧抓住"地多"的优势，加快推进园区建设，打造发展平台，提高工业承载能力。

(二)柳北具备一定的产业基础，产业特色明显

经过"十一五"的发展，柳北区工业经济已具备一定规模，一些产业在全市具有一定地位。一是工业总产值达到206.2亿元，比2005年增加180亿元，增长8倍，年均增速50.47%，高于全市平均增速20个百分点；工业增加值完成71.6亿元，比2005年增加64.39亿元，增长近10倍。二是规模以上工业企业数量发展到150户，比2005年增加100户，其中亿元企业40户，是2005年的13倍；产值从2005年的17.05亿元，增至2010年的179.2亿元，增加162.15亿元，增长10.5倍，年均增速达到59.32%，五年来一直保持在全市四城区工业前列。三是工业园区平台逐步成型，承载能力逐步增强，园区工业产值达到118亿元，跻身广西十大百亿园区行列。同时，作为是柳州市的老工业区，辖区内汇集了柳钢、柳化、金嗓子等一批全市支柱产业和优势行业，除了依托全市汽车和工程机械两大支柱产业引进发展汽车和工程机械配件加工等配套产业以外，柳钢等大型企业的产业转型和结构调整，为柳北区培育和发展壮大钢铁深加工、循环经济和非钢产业等特色产业创造了得天独厚的条件。

(三)柳北地理位置优越，交通优势明显

地处全市"一小时经济圈"和"两小时经济带"向北面区域辐射的桥头堡和前沿基地，209国道和北外环、东外环十字交叉于辖区中间，往东可辐射"广西汽车城"，往西可辐射河西片区主机厂，南北纵向发展空间广阔。同时，城郊城镇及结合部呈环形团抱结构，纵深发展基础良好，是市级拓展发展空间、构建特大城市框架不可或缺的重要组成部分。辖区内有柳州最大的铁路货运站、最大的航运码头以及众多铁路专用线，交通资源配置优越。随着北外环、东外环建设，209国道扩建改造，北面现代交通网络逐步形成，为柳北区经济发展、特别是园区经济的快速发展带来难得的发展优势。

"十二五"期间柳北工业发展的思路是：围绕"一纵一横"，加快四大片区开发，以推进工业园区建设为重点，以强化工业招商引资为手段，以推动产业结构调整为主线，以提高工业增长质量和效益为抓手，以企业技术改造和自主创新为动力，以项目建设和企业成长工程为支撑，努力培育壮大四大主导产业，用五年时间，使柳北工业资源配置进一步合理，产业结构进一步优化，竞争优势进一步明显，规模总量进一步壮大，形成具有区域特色的工业发展新格局。

"一纵"，即209国道：以柳州市打造"1小时经济圈"、"两小时经济带"、"柳北城镇带和经济带"为契机，沿209国道加快推进沙塘工业园、石碑坪工业园开发，构筑"沙塘—石碑坪纵向工业走廊"。

"一横"，即北外环：以北外环路建设为契机，加快推进白露工业园(含柳钢循环经济产业园、非钢工业园)、鸪鸪江钢铁深加工及物流产业园开发,构筑"白露—长塘横向工业及生产性物流走廊"。

"四大片区":即着力推进白露工业片区、沙塘工业片区、石碑坪工业片区和鸪鸪江工业物流片区产业发展和城市(镇)化进程,加快建设柳北经济带和城镇带。

"四大主导产业":即以创新发展为动力,以招商引进为手段,着力培育壮大钢铁深加工、汽车和工程机械配件加工、循环经济和非钢产业、轻工产业四大主导产业,形成特色鲜明、集群发展的工业格局。

二、推进四大片区开发,打造工业经济发展平台

重点推进白露工业片区、沙塘工业片区、石碑坪工业片区和鸪鸪江工业物流片区开发建设,不断完善园区产业发展规划,强化功能分区,合理配置产业布局,完善园区配套设施,提升园区接纳能力,推动园区上规模、上档次、上水平,促进企业集中、产业集聚、资源集约、功能集成,打造一个两百亿园区、两个一百亿园区和一个五十亿园区。

(一)白露工业片区

该片区目前的城市规划面积为19.86平方公里,主要包括白露工业园、柳钢循环经济产业园和非钢工业园,是柳北承载汽车和工程机械配件、循环经济产业和非钢产业的主要区域。经过"十一五"期的重点建设,目前园区已初步发展成型,初具产业集聚规模。

"十二五"期间发展规划:以拉大园区框架,扩张园区规模,提升园区档次为重点,在开发完善北外环以南土地的基础上,重点将园区往北外环北面柳钢B区扩展以及黄土、青茅方向扩展,与非钢工业园连接,形成都市万亩工业区。至"十二五"期末,力争园区实现工业总产值突破200亿元。

重点发展产业:汽车和工程机械配件、循环经济和非钢产业。一是大力引进发展汽车和工程机械配件加工项目,形成以航盛电子、腾龙汽配、裕田机械、浙亚制动器、五菱宝马利车用空调、万达方向机、众菱汽配为代表的汽车和工程机械配件企业集群。二是围绕柳钢产业转型和结构调整,通过整合存量和引进增量,形成以强实科技、台泥建材、金鹏实业、新和钢电力、锐立瑞环保为代表的柳钢循环经济和非钢企业集群。三是扩建做大柳州市中小企业创业基地,培育发展中小企业集群。

发展目标:至2015年,园区实现产值200亿元。其中,汽车和工程机械配件产业产值100亿元、柳钢循环经济和非钢产业产值100亿元。2、城市发展。通过建设白露大道及片区路网,开发建设居住和商业项目,进一步完善和提升城市功能,基本建成公共服务设施和市政公用设施配套完善的现代工业区及为柳北工业区配套的生活服务区。

(二)沙塘工业片区

该片区目前的城市规划面积为17平方公里,工业主要安排在镇区南面,重点在市柑桔场和空军沙塘靶场,规划的工业用地面积6平方公里。

"十二五"期间发展规划和重点发展的产业:重点推进市柑桔场土地一期、二期工程,开发建设空军沙塘靶场,协调推进沙塘农场土地开发。重点引进发展轻纺服装加工、农副产品加工、汽车和工程机械配件加工等项目。一是完成市柑桔场一期、二期开发,承接和吸纳市区及东部发达地区轻纺服装加工企业,打造柳州市轻纺服装产业集中区。二是完成空军沙塘靶场置换并启动园区建设,作为白露工业片区的补充平台,重点承载汽车和工程机械配件产业转移和引进,形成以天鹏车业、五顺汽配、顺菱汽配为代表的汽车和工程机械配件企业集群。三是推进沙塘农场土地开发,作为沙塘工业片区扩张的补充区域,定位为沙塘农都项目的生产加工产业平台,重点发展农副产品加工产业。

发展目标:至2015年,园区实现产值100亿元。其中,汽车和工程机械配件产业产值50亿元、轻纺服装加工产值30亿元、农副产品加工产值20亿元。2、镇域发展。依托产业布局和发展,城镇化进程进一步加快,镇区规模不断扩大,基本建成柳州工业重镇和集居住、商贸、文化娱乐、体育休闲于一体,环境优美、富有活力、公共服务设施和市政公用配套设施完善的柳州卫星城。

(三)鸪鸪江工业物流片区

该片区目前的城市规划面积为25.1平方公里,以打造物流新城为目标。

"十二五"期间发展规划和重点发展的产业:未来五年,将依托城市快环、码头、铁路专用线、口岸监管仓建设等交通资源优势,重点引进发展钢材深加工、期货交易、仓储配送、金属贸易等综合钢铁物流和白糖、药品、日用电器、生资等大型商品物流,打造市区北面物流新城。一是引进发展钢材深加工、五金加工项目,形成以柳钢冷热板开平、锐志通钢材加工、华汇钢材加工为代表的钢铁深加工企业集群。二是引进发展钢材贸易商,形成柳州市乃至广西规模最大、档次最高的钢铁交易市场。三是引进发展白糖、药品、日用电器、生资等大型商品物流项目,形成以中外运物流、桂中海迅物流、鹏雅物流、宝珂物流、龙马物流等为主的柳州市规模最大的物流中心。

工业发展将以东外环建设为契机,在"十二五"期间逐步修编完善片区规划,沿东外环布局工业用地。

发展目标:至2015年,实现年钢材交易量突破400万吨,年销售收入突破200亿元;工业总量进一步壮大,工业产值达到100亿元;物流产业发展步伐加快,柳州市水陆联运中心基本形成。2、城市发展。用五年时间,基本建成集仓储物流、文化娱乐、商业服务、医疗卫生、休闲体育于一体,景观独特、环境优美、公共服务设施和市政公用配套设施完善的新的综合型城区。

(四)石碑坪工业片区

该片区已完成10平方公里城市规划用地，工业发展以市绿达公司(石碑坪农场)土地为主。

“十二五”期间发展规划和重点发展的产业：协调市绿达公司推进农场土地开发，启动工业园区建设，布局木材交易市场，依托“前店后厂”，转移近郊木材加工和家具制造企业，引进一批新企业，打造柳州近郊木材加工集中区。加强与长虹公司厂区合作，推动长虹民营工业发展。

发展目标：至2015年，力争实现工业总产值50亿元。

2、镇域发展。用五年时间，基本建成公共服务设施和市政公用配套设施完善的新城镇。

三、培育壮大四大主导产业，强力推进工业化进程

立足全市产业资源和柳北现有工业基础，发挥柳北的区位优势，坚持用高新技术和先进适用技术改造提升传统产业，积极引进和培育新兴产业，着力抓好钢铁深加工、汽车和工程机械配件、循环经济和非钢产业、轻工产业四大主导产业发展，培育具有柳北特色和一定规模的产业集群。

(一)做大做强钢铁深加工产业

发展思路：依托鹧鸪江钢铁深加工及物流产业园平台和柳钢产业升级、结构调整，通过扩大存量产能，引进发展新项目，形成柳州汽车工业、工程机械配套的板材、管材、线材的剪切、拉直、开平、压薄、冲压以及钢结构等的钢铁深加工产业集群。

发展目标：至2015年，钢铁深加工产值力争达到250亿元，行业发展确保全市绝对优势地位。

发展重点：——依托宝钢、武钢，大力发展汽车中高档板材加工。重点抓好宝钢二期激光拼焊生产线、激光切割生产线加工及落料生产线建设，形成年加工剪配30万吨汽车板材的规模，产值达到20亿元；抓好武钢生产扩能，形成年加工剪配15万吨汽车板材的规模，产值达到10亿元，打造全市汽车中高档板材加工基地。

——搬迁整合做大锐志通钢材和华汇钢材，抓好固强钢材二期建设，协调柳钢新上彩涂板、镀锌板、不锈钢板以及冷热板开平等生产线建设，不断延长钢铁产业链，做大做强钢铁精品加工和深加工。

——依托园区平台，策划引进五金加工、线材制品、建筑用钢加工、大型钢结构加工、焊管加工等钢铁深加工项目，形成产业集聚。

(二)发展壮大汽车和工程机械配件产业

发展思路：抓住北外环和东外环建设，往东辐射“广西汽车城”、往西辐射河西主机厂配套距离相对较近的优势，依托白露工业园、沙塘工业园等园区平台，大力发展汽车和工程机械配件产业。一是积极引进国际先进技术、工艺和装备，推动制度创新、管理创新、技术创新，提升现有配套企业的技术水平与生产规模；二是制定合理的投资政策，加大招商引资力度，引入与“嫁接”新的配套企业。通过存量做大、增量做多，形成汽车辊压件、冲压件，汽车电子，汽车空调、内饰件等的汽车和工程机械配件产业集群。

发展目标：至2015年，汽车和工程机械配件产业产值力争达到150亿元。

发展重点：——重点推进以航盛电子为代表的汽车电子行业、以浙亚制动器为代表的汽车制动器行业、以五菱宝马利为代表的车用空调行业、以宁波双林为代表的内饰件行业。行业发展占到主机厂配套额的70%以上。

——重点推进一批项目落地建设，包括航盛电子二期，五菱宝马利车用空调，浙亚制动器，万达方向机，凌云汽车辊压件，宁波双林内饰件，宁波金牛锻造，山东厚丰散热器，裕田二、三期，腾龙二期等。

——策划引进汽车轮胎、橡胶制品加工项目，形成汽车轮胎和橡胶制品加工企业集群。

——策划引入柳空、柳二空资源整合项目，形成空压机装备产业。

——加大技改扶持力度，积极落实项目发展用地，扶持做大裕田机械、腾龙汽配等企业，打造一批汽车和工程机械配件行业“小巨人企业”。

(三)大力发展循环经济及非钢产业

发展思路：依托柳钢、柳化、电厂等重化企业，借助广西循环经济示范园区的有利政策，积极做好企业扶持资金申报工作，加大企业技术改造投入和产能扩张，重点抓好强实科技、台泥建材、金鹏钢渣加工、环源利环保、锐立瑞环保等项目发展壮大，强化柳钢主辅分离工作，整合非钢资源，策划引进一批新项目，形成柳钢、柳化、电厂“三废”加工处理、高端金属提炼和新型建材的循环经济和非钢产业集群，打造广西大型循环经济产业示范园。

发展目标：至2015年，循环经济及非钢产业产值力争达到100亿元。

(四)加快发展轻纺服装加工、木材加工、农副产品加工等轻工产业

发展思路：以沙塘服装产业园为平台，重点推进立宇搬迁扩能、华纺搬迁扩能、佛山卓洋、恒泰家纺等轻纺服装加工项目建设，形成年产50万锭的纺纱能力。依托白露工业园、沙塘工业园的标准厂房，承接市区服装生产加工企业转移和引进东部发达地区服装生产加工企业。启动石碑坪工业园建设，转移近郊木材加工和家具制造企业，引进一批新企业，做大做强木材加工和家具制造产业。重点推进重啤二期、柳新饲料搬迁、港华搬迁、三元天爱奶业二期等项目建设，依托沙塘农场，重点引进发展现代农副产品加工项目，推动农副产品加工业发展壮大。

发展目标：至2015年，全部轻工业产值力争达到80亿元。

综上所述，我们相信，通过实施北进战略，将实现以下发展目标，进一步巩固、提升柳北工业的主导地位，到2015年，加快柳北城乡经济社会一体化进程，在柳州市打造“柳北城镇带和经济带”、“一小时经济圈”和“两小时经济带”中发挥积极作用，为柳州聚集人气、做大城市做出积极贡献：

1.工业经济总量进一步壮大。工业总产值力争突破600亿元，达到650亿元，年均增长25%以上。其中，规模以上工业企业突破250家，产值力争达到600亿元。培育和发展100户产值超亿元企业，10户产值超5亿元企业，5户产值超10亿元企业，2～3户产值超20亿元企业。

2.工业园区进一步发展成型，园区经济主导地位进一步增强。园区产值力争达到450亿元，占全区规模以上工业产值的70%以上。

3.产业集群发展进一步加快，聚集效应进一步形成。四大主导产业产值力争达580亿元，占全区工业总产值的80%以上。

（作者系中共柳北区委书记）

壮大工业园区建设　带动城区经济发展

孙黎明

2002年9月行政区划调整以来，柳北区本着建设“经济强区”、打造“工业柳北”的发展理念，积极响应市委、市政府提出的“二次创业”口号，充分发挥资源优势，主动承接产业转移，积极发展园区经济，壮大工业园区建设，使工业经济总量迅速壮大，带动城区经济迅猛发展。柳北获得提速发展的同时也面临着一些困难与问题，如城区工业发展平台有待加强、政策支持与资金投入缺乏、土地规划修编调整困难、工业园区基础设施落后等，如何壮大工业园区建设，进一步带动城区经济发展，实现西江经济带综合经济实力最强城区的发展目标，是柳北必须思考面对的一个问题。本文通过调查柳北工业园区的发展现状，研究柳北壮大工业园区的主要措施，针对工业园区的发展规划、面临的困难和问题，提出一些思路和解决办法：

一、柳北工业园区发展现状

柳北工业园区由白露工业园、沙塘工业园、鸬鹚江钢铁深加工及物流产业园和石碑坪工业园四大园区组成，总规划面积61.27平方公里，其中产业用地21.04平方公里。2008年成为广西A类产业园区，2010年初列为自治区第一批重点产业园区加以扶持发展，是柳州市重点打造的六大工业园区之一。目前入园企业达61家。

白露工业园　园区规划用地面积19.86平方公里，其中产业用地面积11.02平方公里。园区将依托区位优势，大力引进发展汽车零配件及工程机械加工、循环经济产业项目，打造汽车零配件及工程机械加工集中区和广西最大的循环经济产业园，形成都市万亩工业区。

目前已完成一、二期工程建设，正在启动三期、四期工程建设，园区开发建设规模近1.67平方公里，引进了宝钢汽车板材、武钢汽车板材、深圳航盛电子、广东阳江宝马利车用空调等40多家区内外企业进驻；循环经济产业园内已有年产200万吨水泥及细粉工程项目完成主体厂房建设，正在进行设备安装，与柳钢“三废”处理相关的产业和柳州电厂热电联产项目已动工建设。白露工业园既是柳州四城区中首开先河的工业园区，也是目前四城区中开发规模最大、最成型的工业园区。几年来，园区共投入基础设施建设资金2亿元，吸引企业投资超过20亿元，成为仅次于阳和、新兴工业区的柳州第三大工业园区。2010年白露工业园预计完成工业总产值50亿元。

沙塘工业园　园区规划用地面积16.29平方公里，其中产业用地面积5.11平方公里。园区将大力引进发展轻纺服装加工、农产品加工、木材加工等项目，提升做大柳州轻工产业。

目前已完成一期工程0.68平方公里土地的路网建设和土地整；完成二期约0.6平方公里土地的预征地，二期开发用地报批工作正在开展当中。前期入驻的天鹏车业、五顺汽配、回龙汽配等企业连年技改投入，生产规模不断扩大，在209国道和杨柳路口周边初步形成集聚规模。

鸬鹚江钢铁深加工及物流产业园　园区规划用地面积25.1平方公里，产业用地4.89平方公里。园区将依托片区内码头、铁路专用线等交通资源优势，重点引进发展钢材深加工、期货交易、仓储配送、金属贸易等综合钢铁物流和白糖、药品、日用电器、生资等大型商品物流，打造为柳州汽车工业、工程机械产业配套，具备钢材贸易、仓储、加工、配送、码头装卸、信息发布、仓单质押和电子商务等功能的全广西规模最大的物流信息中心和现代综合性钢铁物流基地。

一期投资近7.5亿元、占地0.47平方公里的钢铁物流园由柳州市瑞中运钢材储运有限公司作为投资主体开发建设。目前正在进行园区一期路网工程建设和平整场地，扩建和改造鸬鹚江码头，启动园区一期近30万平方米钢结构钢板仓建设。投资3亿多元、占地0.09平方公里的大型仓储物流项目——桂中海迅物流项目开工建设。还有近1.33平方公里的医药、白糖和生产性物流基地已完成园区规划，正在启动项目征地工作。

石碑坪工业园　石碑坪工业园规划用地面积约10平方公里，其中产业用地约4平方公里。园区将重点发展木材加工产业，打造柳州近郊木材加工集中区。

园区产业用地主要以石碑坪农场的国有土地为主，分布在209国道边，交通条件便利，地势平坦开阔，易于开发建设。园区将探索与国有农场合作开发模式，借助自治区农垦系统的有利政策和我市改造209国道的有利契机，加快完善基础设施建设，安排引进工业项目，推进石碑坪工业园开发，使之成为拉动城区工业发展的重要一极。

柳北工业园区的壮大，带动了城区经济的发展。2009年，柳北区经济发展克服了金融危机的不利影响，率先实现经济突围，工业总产值突破100亿元，三产营业收入突破300亿元。2010年，柳北区经济实现再次腾飞，实现地区生产总值118亿元，同比增长81%；工业总产值突破200亿元，同比增长77%，其中规模以上工业实现产值170亿元，同比增长90%；园区实现产值突破100亿元，成为广西十大百亿园区。

二、柳北壮大工业园区的主要措施

围绕园区抓规划 坚持“规划先行”原则，注重园区整体规划，逐渐形成特色。2009年，根据柳北区工业经济发展的新形势和新要求，对柳北工业区建设进行了全面的规划，共完善了白露片区、沙塘片区、鹧鸪江片区三大片区城市规划。在规划中，注重两个结合。一是与城市发展相结合。坚持在城市总体规划的指导下编制园区规划，按照“工业园区、城市新区”的要求精心选址，合理安排园区的基础设施和三产服务，着力把工业园区建设成为功能齐全、富有特色的城市新区。二是与产业发展相结合。按照分行业定区域布局、有利于产业发展的原则，在白露片区规划安排汽车零配件及机械加工区、循环经济集中区；在沙塘片区规划安排电子产品、轻纺服装加工、农产品加工等一、二类工业集中区；在鹧鸪江片区规划安排钢铁深加工区及钢铁物流园区。通过与产业发展相结合，推动产业集聚，形成专业突出、特色鲜明、集聚发展的园区经济。

围绕园区抓建设工业园区基础设施建设是工业园区建设的先决条件和基础，可直接决定工业园区建设效果、对外商的吸引力度。因此，柳北区在园区“硬件”建设方面下大力气，以高起点规划、高标准建设为原则，不断夯实工业园区的基础设施。近年来，柳北区坚持“量力而行、尽力而为”的原则，挤出财政资金不断推进园区建设，拉大园区框架，已先后投入2亿多元用于白露工业园的基础设施建设，配套完善园区内的交通、供水、供电、通讯、排污等基础设施，使园区的基础设施建设得以逐步配套和完善。在建设中，柳北区坚持“高起点规划、高标准建设”的原则，按照“七通一平”的要求，分期推进，滚动开发，采取“一个项目、一名领导、一班人马、一套措施、一抓到底”的“五个一”办法扎实推进，确保建设质量。

围绕园区抓招商 柳北区结合城区资源优势，在园区招商上推行“差异招商”，突出以三大园区为平台，大力开展龙头企业和产业链企业双向招商，把规模型、品牌型、产业链型企业作为引进的主攻方向，采取“请进来”、“走出去”、网上招商、项目推介、投资环境介绍等灵活多样的招商方式，实现城区引进企业从简单的追求数量向追求质量转变。同时，在项目推进上狠抓责任制，对每一个重点项目都指定一名项目负责人和一名项目责任人，项目负责人由区领导亲自担当，项目责任人由区经济部门的同志担任，并要求项目责任人每天都要到施工现场征求意见，了解项目进展情况，协调解决项目实施中的各种困难和问题，确保项目建设的进展顺利。

围绕园区抓服务 要推进园区的快速发展，就必须做精做美外部投资环境，吸引客商前来投资。而与之相配套的，就是要做优做好各项服务，塑造良好的“软”环境，留住客商，使客商放心、省心、安心在柳北投资兴业。因此，柳北区成立政务服务中心，从政策、制度、融资、办证、咨询等方面，为企业提供专人全程跟踪服务，努力做到意向项目抓履约、履约项目抓资金到位、到位项目抓建设进度、在建项目抓尽快投产、投产项目抓扩容增量，使每一个经济项目能进驻、能发展。特别是在解决企业突出难点上寻求方法，探寻路子。如2005年，柳北区从城区财政中拿出资金与市中小企业信用担保公司合作搭建了2000万元的柳北区中小企业融资平台，积极为入园企业担保融资，有效解决企业发展资金问题。从上级争取各项技改扶持资金1480万元支持企业技改，扶持企业做大做强。

三、柳北工业园区发展规划

柳北工业园区将坚持以园区为平台，以项目为支撑，以招商为抓手，加快推进白露、沙塘、鹧鸪江和石碑坪四大工业园区的开发建设，重点打造两个“百亿园区”和两个“50亿园区”。到“十二五”期末，柳北区工业总产值达到650亿元，规模以上工业企业突破250家，产值达到630亿元，钢铁深加工、汽车和工程机械配件加工、循环经济和非钢产业、轻工业四大主导产业产值达到600亿元，占城区工业总产值的90%以上，园区产值突破450亿元，占城区工业总产值的70%以上，使工业园区成为拉动城区工业快速发展的“引擎”。

钢铁深加工产业平台建设 以鹧鸪江钢铁深加工及物流产业园为主平台，重点推进宝钢、武钢、锐志通、华汇、钢都钢管、科安机电、五建钢构等项目，策划引进一批新项目，形成柳州汽车工业、工程机械配套的板材、管材、线材的剪切、拉直、开平、压薄、冲压以及钢结构等的钢铁深加工产业集群。

汽车零配件及工程机械加工产业集群建设 以白露工业园为主平台，重点推进航盛电子、腾龙汽配、五顺汽配、天鹏车业、众菱汽配等项目，策划引进一批新项目，形成汽车辊压件、冲压件，汽车电子，汽车空调、内饰件等的汽车零配件及工程机械加工产业集群。

循环经济和非钢产业集群建设 以柳钢循环经济产业园和非钢工业园为主平台，重点推进强实科技、蓝赍科技、台泥建材、金鹏实业、环源利环保等项目，整合非钢资源，策划引进一批新项目，形成柳钢、柳化、电厂“三废”加工处理、高端金属提炼和新型建材的循环经济和非钢产业集群。

纺织服装和板材、家具制造为主的轻工产业集群建设

以沙塘工业园为主平台，重点推进华纺、重啤、柳新饲料、三元天爱奶业、龙湾酒厂、明朝饮料、大富氏粮油、兴发制衣等项目，策划引进一批新项目，形成纺织服装加工、现代农产品加工、木材加工和家具制造等的轻工产业集群。

四、柳北工业园区面临的困难和问题

园区发展中用地指标问题 受国家控制土地供应等宏观调控政策的影响，园区用地形势日趋严峻。柳北工业区三大片区有两大主打片区位于柳州市中心城区规划范围，用地指标须上报国务院审批，审批时限久且每年只有一次报批机会。按照往年经验，柳州市中心城每年的用地指标只有7平方公里左右，这还包括柳州经济社会发展的其他用地指标，用于园区开发建设的土地非常少，柳北工业区发展空间受土地指标的制约非常大。

工业园区基础设施落后 特别是白露工业园区和沙塘工业园区这两个柳北工业园区的主战场，相关的城市基础配套设施还很不完备。白露工业园区目前仅有一条破烂的宽约8米的乡村道路——马厂路与市区外界相联系，规划的城市北外环路还没有开工建设，园区内还没有专门的变电站，园区开发使用的供电线路是从2.5公里外的长塘变电站架设过来的，不仅容量较小而且架设经过的地方为农民耕种用地，下步的扩能改造很难实施。园区的排污管道还是经过协调市污水公司修建的白沙污水处理子系统中的一条支管，园区还没有专门的污水处理厂。供水、排水、路灯、道路等基础设施还有待进一步完善。沙塘工业园区目前还没有排污、排水系统，供电线路也还没有专门针对园区的规划，所有这些都对工业园区的建设发展带来很大困难。

缺乏政策支持与资金投入 城区工业经济增长的主战场是工业园区，而工业园区的发展要靠土地指标和资金投入。目前柳州市相关园区的扶持政策是往阳和工业新区和柳东新区倾斜，每年的土地修编变性指标大部分给了阳和工业新区和柳东新区，六县四城区分到的土地修编变性指标非常少。园区开发建设扶持资金也同样如此。城区工业园区在得不到土地与资金支持的情况下存在发展缓慢，规格不高、竞争力不强等问题。同时城区没有土地出让权、规划审批权、施工许可和环保审批权，所引进的项目都要按照程序由市级相关部门来审批，按照目前柳州市的审批程序，企业从购买土地到取得施工许可证，一般都要经过几个月甚至一年以上的时间，既影响引进企业的建设进度也影响城区工业园区的投资环境。

土地规划修编调整困难 柳北区行政区域面积320.03平方公里，占柳州市的行政区划面积的一半，辖区范围内拥有鹧鸪江园艺场、市柑桔场、沙塘农场、石碑坪农场四大国有农场20平方公里土地资源。虽然拥有相对比较丰富的土地资源，但农用地覆盖面高达98%，可用建设用地很少，面对国家继续实施的土地控紧政策，工业发展空间受土地的影响非常大。同时申报土地修编变性调整的审批过程一年比一年严格，程序也越来越复杂，审批难度增加的同时办理过程所花费的时间也增加了，一个项目土地修编调整一般都要经过一年左右的时间才能获得自治区有关部门的批复同意，如果是上报国务院审批的项目土地修编调整时间花费还要长。目前柳北区不是没有项目引进，而是想引进的项目没地方落地。

五、壮大工业园区建设 带动城区经济发展的对策与思考

针对以上制约柳北工业园区发展的困难与问题，围绕壮大工业园区建设，带动城区经济发展的对策与思考如下：

(一)搭建工业发展平台

搭建管理机构 由市政府协调设置城区专门机构并给予一定的人员编制，专门负责园区开发与建设，即成立真正的管理机构——城区工业园区管理委员会，作为工业园开发管理的最高决策机构，统一负责园区的规划、开发、建设、管理、对外招商、项目申报、协助企业入园建设及生产投产等各项事务。城区政府在管理权限范围内，给予管委会充分授权，并在人、财、物等方面予以保障。实行针对经济人才的激励机制，建立和完善重实绩、重贡献、向优秀经济人才倾斜的分配激励机制和作用激励机制，着力培养一批熟悉经济管理、了解项目动作和经济运行的人才，打造一支“想干事、会干事、干成事、不出事”的高素质队伍。

搭建融资平台 市政府允许城区组建投资开发公司并拥有城区工业园区土地收储与出让权。按照多渠道、多元化的投资原则，投资开发公司充分利用市政府给予的政策，以金融运作、土地资源、招商引资等方式进行融资，负责实施工业园区的投资、土地开发和基础设施建设，负责管理园区内的公共设施和物业，为园区内企业服务。城区政府每年安排财政专项资金投入投资开发公司，用于工业园区的基础设施建设、重大项目的引进和贷款贴息。城区投资开发公司通过市、区两级政府的税收政策、财政资金以及其他形式的融资模式筹集工业园区建设资金，为城区工业园区的建设提供融资平台。

(二)积极争取多渠道政策与资金方面的支持

争取自治区层面的支持 通过整合白露、沙塘、鹧鸪江、石碑坪四大工业区的资源，申报自治区级A类产业园区并得到相关部门确认，以此获得自治区层面在A类产业园区土地变性指标和园区资金扶持等政策方面的支持。同时协调市发改委、规划局、国土局、环保局等相关部门，积极申报每年的自治区统筹推进重大建设项目，为城区工业园区争取得到更多的自治区层面统筹安排的土地变性指标。

争取市级层面的支持 通过A类产业园区和自治区统筹推进的重大建设项目等资源优势平台，吸引更多世界500强企业以及国内强优企业入驻，不断提升柳北工业园区档次，促使市政府不断改善工业园区外围与内部的基础

设施建设，为柳北工业区争取更多市级政策与基础设施建设资金的扶持，减轻城区的财政压力，改善工业园区外围与内部环境，提高工业园区的规格与品质。同时为加快进驻企业落地投产，市政府给予柳北区进驻工业园区单个项目的规划、建设审批权限，城区政府通过工业园区管理委员会这个机构平台，安排专人为新引进工业园区的企业从办理工商执照、税务登记到协调项目用地、环保评估、用电(水)报装、厂房建设等报建、办证提供“保姆式”服务，为加快企业落地建设提供良好的软环境。

(三)破解土地规划修编调整困难

积极利用2009年国家将进行新一轮土地利用总体规划大纲修编调整的有利时机，协调市级相关部门，树立长远发展的观念，把柳北区目前已做好城市规划修编调整的白露、香兰、沙塘、石碑这四大工业园区规划范围划入柳州市申请国家土地修编调整的范围，为柳北区工业园区的发展提供土地修编调整条件。

利用A类产业园区和自治区统筹推进的重大建设项目等资源优势平台。获得A类产业园区资格后入区的工业项目和配套设施用地将获得自治区给予的用地指标支持，不必占用柳州市的用地指标。而获得自治区统筹推进的重大建设项目的用地指标也由自治区层面统筹安排，从而为柳北工业园区多渠道、多途径争取更多的农用地转用指标提供了良好的条件，为确保工业园区项目用地，保证园区开发建设的需要奠定基础。

成立专门负责土地修编调整的内设部门，在工业园区管委会统一领导下，通过跟班学习、挂职锻炼等方式安排专人到市级相关职能部门学习最新的政策法规，熟悉土地修编调整的流程，专职负责城区土地修编调整工作，为加快城区工业园区土地修编调整资料的收集、整理与上报，缩短土地修编调整报批时间创造条件。

(四)加快工业园区基础设施建设

园区基础设施建设是企业招商、建设和发展的首要条件，必须下大力气抓紧抓好。当前，在柳州市举全市之力建设阳和工业新区与柳东新区的形势下，仅仅依靠市财政向柳北工业园区基础设施建设倾斜投入有很大的困难。在这种情形下，可采取“三个一点”的办法：

呼吁市财政投入一点 通过四家班子齐心上，职能部门努力争，人大代表和政协委员共同呼等途径，积极与发改委、城投、建投、污水公司等市各有关部委办局沟通、协调，把园区的基础设施建设融入到柳州市的大建设中，加快推进工程进度，为工业园区构造良好硬环境。

城区财政尽力投入一点 即城区政府节省不必要开支，挤出有限财力，每年财政预算中安排专项资金投入投资开发公司，为工业园区基础设施建设提供财政支持，同时逐年加大对园区内公共路网、园林绿化、公共安全等基础设施建设的投入，为园区进驻企业创造良好的投资环境。

多方融资投一点 大胆解放思想学习外地先进地区“适度举债，适度超前”的建设思路，活用财政、税收等政策，大胆吸纳民间资本投入，引导有条件的新建企业垫资投入，鼓励辖区现有企业转移投入，引进有实力的投资开发公司采用各种模式开发建设工业园区基础设施。

(作者系柳北区人民政府区长)

做大做强柳州钢铁深加工产业的调查与思考

程方晓

柳州市唯一的钢铁企业——广西柳州钢铁(集团)公司始建于1958年，位于水陆交通便利的广西工业重镇——柳州市柳北区，集团公司是以钢铁生产为主，实行多元化经营的大型钢铁联合企业。从1987年起连年位列中国企业500强，2008年列第142位，比2007年上升18位。2007年2月27日，柳钢股份A股股票在上海交易所挂牌上市。作为固定资产总值268亿元、在册职工约1.5万人、年产量突破800万吨、年产值达到300多亿元的企业，其主业及上下游业态的发展对柳州市影响很大，特别是钢铁下游的深加工产业对于延伸产业链有着极其重要的意义，因此做大做强钢铁深加工产业无疑是柳州市研究、思考并进行合理规划的课题。

一、柳州市钢铁深加工业态的现状

目前柳州市有三大钢材交易及加工市场，分别是红卫仓钢材市场、中铁物流园和柳北钢材大市场。

——从交易量上看，三大市场中以红卫仓的交易量最大。年成交钢材接近200万吨，年成交额90亿元左右。年加工量在30万吨左右，约占柳州市加工量的三分之二。中铁物流园和柳北钢材大市场交易量分别在120万吨和40万吨左右。

——从市场经营的现状来看，三大市场均位于市中心地段，对市场的进一步扩张受到局限。

红卫仓市场位于市红碑路，处在市中心区域，该市场占地约26.67公顷，场内商户约300多家。仓储场地分散，且面积小、展场场地狭窄，钢材品种无法全部展示；市场设施较为落后，交易信息不畅，服务设施如停车场等不齐全、空间拥挤，安全隐患较多，无法满足目前钢材交易量剧增对市场场地、配套设施和服务的需要。该市场所处的城市地理位置东面为铁路、跃进路，北面为胜利居民社区，南面为长林公园，西面为其他单位及职工住宅，已无法在原有场地基础上扩建。

中铁物流园位于市西环路，前身为铁道部柳州木材防腐厂，占地约33.33公顷，主营业务是钢材仓储及深加工业务、白糖贸易及仓储业务、集装箱业务、货运配送业务、铁路运输代理业务、仓单质押业务、装卸业务及煤炭、铁矿石等资源物资贸易，园区内工作人员超过1000人。利用园区钢材市场的平台，投资5000多万元，拥有7万平方米的钢材加工基地，引进卷板开平剪切、中厚板异形件加工、建材加工、型钢焊接、冷弯等生产线。年交易额过亿元。

柳北钢材大市场位于市胜利路，占地3.33公顷，进场商户约20家，其中加工部分占的比重较小。该市场也处于柳北片的中心地带，难以扩大市场面积，迟早面临搬迁的问题。

二、培育钢材深加工产业的可行性分析

"十一五"期间，柳州市不仅汽车、机械、冶金三大支柱产业飞速发展，其三大产业中的汽车、机械制造产业的配套产业发展也较快，特别是汽车零部件产业群已初具规模。目前，柳州市已有近200家汽车零部件生产企业，其中有较大规模的汽车零部件企业达52家，特别是随着以发展汽车零部件制造产业为主的阳和开发区的建设，柳州市的汽车零部件制造产业群将不断做大做强。然而，三大支柱产业中以钢铁为主的冶金产业，其可以延伸钢铁工业产业链的钢铁深加工产业却发展缓慢，目前只有几家规模较小、产品单一的以钢结构、钢材开卷和剪切生产为主的钢铁深加工企业，其年产值占的份额较小。

钢铁深加工是将钢铁原始状态的各种板材、管材、线材，通过剪切、拉直、开平、压薄、热轧、冷轧、冲压等生产工序，加工成用户可直接使用的产品，这样减少因用户自行加工原状钢材带来的麻烦和浪费，极大地方便用户。同时，发展钢铁深加工产业，可以拉长钢铁工业的产业链，壮大钢铁产业规模、提高产品附加值和钢铁产业层次。因此，钢铁深加工产业作为钢铁行业的新兴产业近年来发展迅猛，国内很多有钢铁生产企业的地方，都非常重视发展钢铁深加工产业。据有关资料介绍，国内有近10座城市相继兴建钢铁深加工产业基地，如辽宁省本溪市、山东省莱芜市。在武汉市青山区还建立了以武钢为主体的深加工配套体系，该区从事钢铁深加工的企业达110多家，从业人员达到2.6万余人，资产总量达到22.8亿元，年钢铁深加工能力约190万吨。有全国最大的钢铁贸易集散地之称的广东省顺德区乐从镇，在不断做大乐从钢材市场的同时，规划占地400公顷、定位为钢铁深加工和钢铁物流为一体的细海集约工业园，规划将乐从的钢铁深加工能力从目前的每年300万吨提高到每年600多万吨。

按照"十二五"期的发展目标，2015年柳州市工业总产值要达到6000亿元，必须要寻找新的经济增长点。柳州市作为广西目前唯一拥有钢铁生产企业的城市，已具备大力发展钢铁深加工产业的各项条件，因此，"十二五"期间，柳州市已将钢铁深加工产业作为柳州工业产业集群中的新兴产业，予以规划、定位和扶持发展。对该产业只要搭建平台，积极培育，将很快做大做强。首先柳州市有雄厚的钢铁深加工原材料基础。柳钢到2010年已形成年产量800万吨钢综合生产能力，并且"十二五"期间将力争1500万吨级生产规模。柳钢还将不断调整产品结构，在目前以中板和普通线材为主的基础上，热轧卷板线今年将投产，今后逐步将形成以汽车用板、家电用板、镀锌板、彩涂板、大中型型材、冷弯型钢、管材、硬线等市场需要的多品种工业钢材。此外，柳州的钢材市场经营有全国十多家钢铁企业、近20个品种的钢材，年交易量100多万吨；其次柳州市有广阔的钢铁深加工产品延伸领域和市场空间。有三大汽车整车厂和柳工机械企业，汽车零部件、工程机械部件、钢结构均为钢铁下游产品，加之有对钢铁深加工产品需求较大的国内外广阔市场；再次柳州市还有地处桂中腹地，拥有水、陆、空的交通优势。可为钢铁深加工材料的采购和产品的输出提供快捷便利的交通。如果柳州市钢铁深加工产业每年能加工到200多万吨，其产值将增加100亿元以上。

要形成钢铁深加工产业集群，柳州市政府已将该产业列入"十二五"发展规划，整体规划布局，搭建发展平台。建议在具有铁路和水路交通优势的柳钢周边兴建集加工、仓储、配送为一体的钢铁深加工产业基地。在选址和用地上，可利用柳北区鹧鸪江片铁路专线周边地块或柳钢B区用地。基地建设开发方式：可以引进国内外多家钢铁深加工龙头企业自行开发建设或与柳钢联合开发建设，政府协助企业招商，并给予一定政策扶持。

三、柳州市钢铁深加工产业的规划情况

结合柳州市目前的地理环境和交通资源分布情况，柳北区依托中国外运冷库基地现有的土地为中心，向西、东、北外围扩张，规划出100公顷土地实施鹧鸪江钢铁深加工及物流产业园项目的一期。项目利用外运原有的仓储条件、物流网络资源，充分发挥外运冷库内铁路专线和鹧鸪江码头的作用。一期项目结合柳州市红卫仓钢材市场的搬迁，通过招商引资引入投资商，计划项目用地内可容纳近800家钢材加工公司，总投资约25亿。根据广西区内的钢铁、钢材加工行业的布局和产品定位，项目的产业定位于中低端的钢材加工及物流配送，打造集钢材交易、加工、配送、电子交易平台于一体的大型钢材深加工中心和物流产业园区。

四、柳州市钢铁深加工产业所带动的其他业态

(一)现代物流业

随着钢铁深加工行业的快速发展，钢铁物流园区作为现代钢铁物流产业发展的一个新趋势，建设速度加快，并越来越受到中国各级政府和相关企业的重视和支持。华南、华北、西南、西北、华中等区域的钢铁物流节点城市都陆续建设了钢铁物流园区。广东乐从钢铁物流基地、江苏惠龙港国际钢铁物流中心、天津国际金属物流园区等如今已成长为中国规模最大的钢铁交易园区和钢铁贸易集散地。柳北区策划的“鹧鸪江钢铁深加工及物流产业园”项目列入了自治区层面统筹的重大建设项目和柳州市2010-2012年的“十大商贸建设项目”。

钢铁物流园区依据业态大致有三种类型：

1.传统的钢铁交易市场通过设施升级改造以及钢铁贸易商的重新整合，转型为钢铁物流园区；

2.大型钢铁生产企业为实现专业化、现代化管理而投资建设钢铁物流园区；

3.钢铁生产企业与流通企业共同投资建设物流园区，实现生产和流通的有效衔接。

钢铁物流园区域的建设可以解决城市功能紊乱，缓解城市交通拥挤，减轻环境压力，提高钢铁经营的规模效益，满足货物联运发展的需要，特别是对于柳州市打造超大城市的需要整合出了市中心宝贵的土地资源，为改造旧城、建设新区创造了条件。

（二）综合性港口

港口的功能拓展在现代物流发展中越来越显得突出，是现代物流链中的重要组成部分，并且是港口推动现代物流发展作用的重要的一个过程。通常说来，国际物流量的90%以上是由海运完成的，港口作为海运的起点和终点，首先是大量货物的结集点。当需要对货物提供运输、仓储、加工、分拨、包装、信息等一系列增值服务，即物流服务时，选择在港口这一货物集结点进行最能取得规模经济效益。于柳州而言，提高经济的对外开放度，加速我市经济与外界的融合是经济改革的必然方向，内河港口则是进一步扩大改革开放的重要门户。作为柳州市西江经济带“黄金水道”上的重要港口布点，在二十余年发展硕果的基础上已经进入新一轮的发展期。在柳州市的规划中，阳和港口、鹧鸪江港口作为内河一级码头的规模进行建设。其中鹧鸪江码头作业区一期规划建设1000吨级、远期2000吨级的泊位4个，设计年吞吐量达到240万吨。在区位上具有特殊的优势，距离柳钢仅1公里，距离上通五菱、柳工仅7公里，紧邻码头的北外环路贯通河东高新生活区、河西工业区，码头周边有铁路编组站和多条铁路专用线。项目建成后，推动柳州市港口在西江经济带中的竞争力不断健全和完善，实现与全国一级港口的接轨，带动柳州市现代物流业的快速发展，为柳钢、上通五菱、柳工等大型企业集团的第三方物流提供高层次、综合性的水运支持，满足钢铁及其上下游产品、汽车、工程机械、医药、白糖、家电等柳州产品的物流需求。

（三）仓储业

在2009年年初国家出台《物流业调整和振兴规划》的宏观背景下，立足仓储业本身的产业特点与实际情况，进一步明确仓储业发展的具体任务与发展重点。一是要发展以库存控制与增值服务为特征的现代仓储服务。生产流通企业要实施供应链流程再造，整合企业内部与社会仓储资源，优化仓储体系与库存设置结构，通过对仓储的控制实现减少库存与满足市场供应之间的平衡。公共仓储企业要立足生产流通企业的供应链需求，分析和掌握所服务企业供应链的特点，主动融入供应链管理系统中，协助生产流通企业实现库存控制与市场供应之间的平衡。二是要调整与优化仓储业的业态结构，逐步健全仓储产业体系。要促进专业仓储与通用仓储同步发展，公共仓储与企业内部仓储相互衔接。提高快速消费品仓储的社会化程度，提升通用仓储业的服务水平；完善钢材、水泥等原材料的仓储服务功能，提高深加工与配送能力；大力发展低温仓储、危险品仓储、医药仓储等专业性仓储。鼓励社会各界投资专业仓储，鼓励相关生产流通企业实现专业仓储业务外包，或组建独立的专业仓储企业，逐步提高专业仓储的社会化程度；大力发展连锁超市的统一配送，加强公共仓储企业与零售企业的合作，逐步提高超市配送的社会化程度。三是要调整与优化仓储业的组织结构。引导与支持大型流通企业集团，在整合集团内部仓储资源的基础上，组建统一经营的大型仓储企业；引导与鼓励有条件的大中型仓储企业在城市的周边建立若干个配送中心，以利于开展城市共同配送；支持全国性的物流企业整合分散、零星的仓储资源，发展区域性或全国性的配送网络；引导与支持小型或民营仓储企业完善法人治理结构，实施规范管理，提高服务水平。四是要大力推动仓库设施的升级换代与立体化仓库建设。鼓励和支持对城市内的仓库区进行原地改造升级和新型立体化仓库建设；支持有条件的大型物流企业实行主业细分，在开展全国性物流服务的同时，组建专门实体与专业团队，从事仓储设施的开发建设；在仓库的规划建设中，要首先立足物流运作的要求，注重仓库的标准化、立体化，注重节能环保，尽可能建设“绿色仓库”。五是要充分发挥行业协会作用，规范行业市场秩序。仓储业没有明确的主管部门，必须充分发挥行业协会的作用，做好行业基础和自律工作。同时深入开展调查研究，及时掌握本市仓库资源的动态情况，逐步完善“仓储资源的动态数据库”；适时研究建设仓储资源公共交易信息平台，促进仓储资源的优化整合；并且注意专业人才的培养。六是为仓储业发展营造良好的外部环境。

五、柳州市钢铁深加工产业的布局对构筑超大城市框架的影响力

从即将出台的柳州市“十二五”规划来看，柳州市钢铁深加工产业的布局集中在柳州市柳北区鹧鸪江片区一带，柳北区与柳州市规划部门共同编制25平方公里的鹧鸪江片新城规划，结合片区的公路、水路、铁路等交通资源，将新城功能定位为现代化、综合性大型物流中心。同时，柳北区策划并组织实施鹧鸪江钢铁深加工及物流产业园项目，选址在鹧鸪江片区。通过编制城市规划，以项目为龙头带动，从而突破城郊结合部基础设施建设滞后与柳州市拉开城市架构的设想不相适应的“瓶颈”，把建设城市、经营城市的理念作为项目实施的效果，在未来五年内片区人口将会增至

11万人，仅钢铁物流园一个项目将创造5000人的就业岗位，为柳州市构筑超大城市框架、230万常住人口、建成区向北突进打下基础。

六、柳州市钢铁深加工产业对于城市基础设施建设的推动作用

通过钢铁深加工业产业的布局带动，城郊基础设施的改善作用明显。以鹧鸪江钢铁深加工及物流产业园项目为例。为与该项目的实施建设配套，该片区三条城市主干道与物流园同步开工建设，一举改善片区内20年没有大改变的现状。同时，由于项目的实施、道路的建设，大大提升该片区的土地价值，配套的商业、居住设施提高了该片区的城市品位，为群众拥有宜居、舒适的居住环境提供可能。为未来新增的人口考虑，新变电站实施建设，自来水管网、污水处理、路灯、绿化等一系列城市基础设施将逐步完善，学校、医院、购物中心等居民生活的服务设施逐项建设，长久以来城郊结合部“灯下黑”的局面将被打破。

（作者系柳北区人民政府副区长）

柳北区商业布局调研报告

刘子林

近几年来，柳北区商业建设发展很快，对繁荣市场、满足消费需求发挥重要作用，带来巨大的社会效益和经济效益。但是，在这几年的商业发展建设中，也存在着布局不够合理、结构比例失调、业态发展不平衡等现象，制约柳北区第三产业的进一步发展。

本研究正是基于以上的出发点，对柳北区商业布局的现状、不足和影响因素进行细致分析。同时，阐述发达地区商业布局对柳北区商业布局具有借鉴性的一些做法，包括商业中心发展、社区商业发展、新城镇发展等，在此基础上对柳北区未来商业布局模式进行思考。

第一章　柳北区商业布局现状

一、柳北区商业业态布局现状

近几年来，随着城市化进程的加快，柳北区不论在人口规模还是经济规模上，都有大幅增长。2010年以来，柳北区第三产业抓住柳州市“经济升级，城市转型”的有利契机，结合区委区政府“率先建成西江经济带综合经济实力最强城区”的目标，柳北区商业街区的消费服务功能得到比较显著的增强，城区商业网点规划得到比较显著的完善，各类商业资源得到比较合理的应用，各类商业设施得到比较科学合理的分布。2010年上半年，柳北区实现三产营业收入205亿元，同比增长28.18%，在四城区中排名第一，柳北区三产保持快速发展的势头和良好的运行态势。批发业：以金属材料、医药、食品为支撑的批发业发展势头强劲，亿森汽贸园、红卫市场、柳北钢材市场等亿元市场交投活跃，带领柳北区批发业率先走出经济危机的影响，2010年上半年，批发业实现营业收入145.51亿元，同比增长44.3%，在与四城区的比较中处于绝对优势地位。批发业占三产营业收入的71%，成为柳北区第三产业发展中的支柱力量。

餐饮业：以新金惠、泽宇美食城、金大陆海鲜酒楼等建成开业，以及金壶园美食城全面改造升级，进一步带动餐饮业发展等为亮点，2010年上半年餐饮业实现营业收入5.47亿元，同比增长18.21%，继续位居四城区第一名。下一步通过泽宇美食城（二期）项目、滨江美食城项目、跃进路啤酒城项目等新开工项目的建设，将巩固我区在餐饮业方面的优势，继续享有“吃在柳北”的美誉。

零售业：零售业基础在柳北区一直比较薄弱，这里有历史方面的原因。从1979年柳北区建区初期至上世纪90年代，柳州市城市规模较小，市民生活消费的区域以及零售业发达的区域主要在市中心五角星一带，去五角星消费也成为市民的一个思维定势。所以柳北区虽然住宅小区众多，但是具有一定商业号召力、人气聚集效应的商业区比较少。2010年1～10月，柳北区共完成社会消费品零售额74亿元，在四个城区中排名第二。

二、柳北区商业布局的问题

近10年来，柳北区的商业取得巨大发展，零售、批发、贸易等方面均取得不同程度的显著增长，但同时，在构建现代化的商业布局体系方面，柳北区仍存在一定的距离。

这一方面是由于柳北区是一个工业老区，历史环境下“重生产轻流通”的思想观念的影响，使得柳北区对零售流通服务业的重视不足。另一方面，城市化进程的飞速发展也要求商业布局模式的不断创新和变革，而现有的商业布局模式已经难以适应经济发展的客观需要。

从柳北区商业布局现状总体来看，主要存在三个方面问题：

（一）自发性

柳北区的商业布局基本上处于一种自发性的状态，这也是大多数地区商业发展的必经阶段。根据市场经济理论，市场由一切有需求并且愿意以交换来满足此需求的潜在顾客组成，各种不同社会分工的市场形成现代商业。有人的地方就有交易，有需求的地方就有市场，商业布局的自发性也正体现于市场形成的自发性。

自发性的弊端在于，自发形成的商业往往缺乏前期调研和可行性论证，对城市规划、交通规划以及商业和住宅的存量状况及发展计划的关注不足，一方面导致有潜力的商业规模难以扩大，使得区域的发展遇到瓶颈，造成资源的浪费，另一方面会导致商业发展的无序性。同时，政府在介入自发形成的市场时也会遇到困难。

（二）不平衡性

批发业和零售流通服务业发展不平衡：2010年上半年，柳北区批发业占三产营业收入的71%，大部分以金属材料、医药、食品为主。而与市民生活水平相关的餐饮业以及零售业只占到29%，零售商业发展落后，零售网点少、规模小，主要以便利店、专业店和小型连锁超市为主，而大型超市、市区购物中心、城郊购物中心等综合功能比较强的零售业态缺乏。这也是目前柳北区商业布局的突出问题。

生产性服务业和消费性服务业发展不平衡：柳北区在交通运输业、现代物流业、金融服务业、信息服务业和商务服务业，包括保险、银行、金融、广告、市场研究、会计、法律服务、研究与开发、物流、办公清洁和安全服务等生产性服务业发展滞后。

三、影响柳北区商业布局的主要因素

（一）人口分布对商业网点布局的影响

商业离不开人，一定规模和密度的人口是商业网点布局的必要条件，而已形成的商业网点又反过来吸引人口，人口分布与商业网点布局存在明显的相互吸引效应。人口分布与商业网点布局均有向心集聚的趋势，商业网点密度与人口密度均自市中心向外逐渐下降，随着城市化进程的加快和城市向外围的扩展，人口和商业网点同步向城市外围扩展。近年来柳北区有大批住宅投放市场，居民人数迅速增加，对各种商业吸引力显著增加。而在城郊设立大型购物广场也可以显著集聚人气，带动周边人口的增长。

（二）人口素质结构对商业网点布局的影响

消费者由于其所从事的职业、行业的不同，其收入水平、社会阶层、文化、思维、消费习惯都会存在一定的差异，这种差异也就构成消费者对城市商业的多层次、多样化需求。比如随着老龄化社会的到来，老年人用品的消费将呈现快速增长的态势，而高学历高收入人口的增加将会带动高档消费品的消费增长。

（三）交通对商业网点布局的影响

交通对商业布局的影响至为重要。一方面商业发展受交通条件的制约，便利的交通将对商业繁荣起到极大的促进和推动作用。而另一方面，交通又和商业存在着矛盾，商业中心达到一定规模时，人流对交通设施的压力也不断增大，到一定程度后，交通开始变得拥堵，从而限制商业规模的进一步扩大，商业规模也就达到一定程度，二者处于均衡状态。

（四）城市规划对商业网点布局的影响

城市商业网点布局受到城市总体规划的制约。城市总体规划是从宏观上对城市的功能定位、城市区域发展战略及各大产业的发展等进行定性的统筹设计。而商业网点布局规划是要根据区域总体规划和商业发展的内在要求，对区域未来商业网点的商业功能、结构、空间布局和建设规模所做的统筹设计。因此，对于柳北区来说，柳州市的城市总体规划对柳北区商业布局的规划至关重要。根据《柳州市商贸业发展规划（2004-2020）》，柳州要在2020年形成全市大流通、大市场、大商贸格局，使柳州市成为沟通桂南和桂北的商贸中心。

第二章 柳北区商业布局理想模式

柳北区商业布局的理想模式为龙头带动多点商业中心区模式，即市级商业中心带动片区商业中心，片区商业中心带动社区商业的布局模式。通过提升优质行业发展空间，合理配置商业布局，围绕柳北区路网优势，结合城中村改造的有利时期，更加注重民生经济建设，加快柳北区商业布局向“三圈，四团，一带，两街，五批发”的柳北商业新格局理想模式转变。

一、发展三大市级商业商圈

商圈理论证明，一个大型商业中心在规模、能量上的巨大优势，使得其会对周边的商业组团产生集聚和辐射的作用。由此可见，以大型综合性设施为核心，能够聚集规模不等、业态多样、业种完善的商家经营，聚敛商气、汇集人流、配套功能、突出形象。目前，柳北区在建的和计划建设的商圈为三个，项目建成后，辐射范围将覆盖全区，为全区的商业发展起到龙头带动作用。

（一）地王财富中心商务商圈

该商圈规划沿八一路、广场路和北站路合围的区域。以广场路地王财富中心5A甲级写字楼、大型商业中心（MALL）、商务办公群为核心，推动八一路、北站路沿路旧城优化改造，重点抓好盛君家电城、消防支队地块开发等项目的实施，积极发展商务、办公、金融、保险等高效都市经济。2011年上半年，地王财富中心一期8万平方米大型商业中心（MALL）将建成营业，2014年，地王财富中心项目将全部竣工。届时，303米标志性建筑及大型商务写字楼将成为国内外知名企业进驻柳州商务办公的首选场所，伴随着进驻企业的云集，以金融、中介、国际商务等为代表的现代服务业将得以快速发展，从而有力地促进柳州总部经济的形成。

（二）大白沙时尚商圈

该商圈规划南起潭中高架桥，北至胜利立交，东起滨江路，西至跃进路的广大区域。以保利大江郡、冠亚蓝湾、冠亚尚城国际等高端商住地产为龙头，结合白沙城中村改造，企业“退二进三”的弹簧厂地块开发、华纺地块开发、立宇地块开发、工贸地块开发和供销社地块开发，引导开发大白沙片区时尚商务休闲生态居住中心，同时依托保利大东郡19万平方米的大型商业建筑，做好金融、专业服务、展览及会议、酒店和配套公寓、娱乐及高档零售业等业态的引进，加快大白沙中央商务区（CBD）的打造。到十二五期末，随着保利大江郡项目的全线竣工,白沙片城中村改造的完成,以及白沙片企业"退二进三"实施的完成,大白沙时尚商圈将从蓝图变为现实。

(三)胜利特色商业商圈

该商圈以胜利路为中轴,南、北半径约1.5公里的条块状区域。未来五年,将以国腾购物广场(大润发)为核心,推动黄村村城中村改造,启动建设柳北钢材大市场地块商业开发、晨华地块商业地块开发,积极推进胜利小区旧城改造项目、胜利路地下商业街项目、柳北文化广场二期项目实施,大力发展高端超市经济、特色餐饮经济、特色娱乐经济,在不断丰富商业业态的同时,实现商业设施的全面提升,促进胜利片特色商圈的形成。

从空间上看,以柳州地王财富中心为龙头的商务商圈,以保利大江郡、冠亚蓝湾、冠亚尚城国际等高端商住地产为龙头的大白沙时尚商圈,和以国腾购物广场(大润发)为龙头的胜利特色商业商圈,在空间上呈三角形分布,完全覆盖柳北辖区,真正实现在柳北区驾车15分钟内到达市级商业中心的设想。

从商业业态上看,由于交通系统、产业布局、生活习惯以及周边的居住区规模的不同,且各个商业中心所在区域资源条件、区位条件,历史文化和功能规划的独特性,各个市级商圈在功能细节上既有所重叠,又存在着差异。地王国际财富中心坐拥303米西南第一高楼,将成为高端商务群体的理想选择,总部经济的后发优势将得以体现。保利大江郡坐落柳江河畔,以山水柳州为卖点,主打新型多元化亲水城市综合体,将更多呈现出居住、旅游、文化、购物的功能组合。国腾购物广场坐落人口密集,住宅小区集中的区域,以大型超市,餐饮百货为特色的商业形式十分鲜明。市级商圈在功能细节的较大差异化,将使得柳北区在新一轮的商业发展中,从商业布局和城市形态方面更多展现出融汇国际、海纳百川的多元化、多支撑格局,城市精神也将进一步得到丰富和充实。

二、建设四个特色组团

商业组团处于市级商圈的集聚和辐射范围内,受市级商圈的作用和影响,是市级商圈的一个补充和扩展。商业组团不要求大而全,而要求自身具有特色性的功能定位,满足一定区域内的商贸需求,且在规模和能量上能达到一定的标准。商业组团有以下两个特点:第一,商业组团应遵循以特色性的功能和业态结构为主导,其他业态形式为其服务的结构模式;第二,商业组团由于处在市级商圈的集聚和辐射范围内,因此业态上应与市级商圈呈现出错位和补充的关系。针对以上特点,今后,柳北区将计划建设四个商业组团,作为市级商圈的补充和配合,完善区内商贸零售业网点的配置。

(一)三中路IT商务办公组团

三中路片区由潭中中路、跃进路、友谊路以及柳江围合,西南临地王财富商圈,东与柳州市行政办公中心隔江相望,继承旧行政办公中心的历史底蕴,具有办公核心区的心理优势。启动河北新村旧城改造项目,推进文轩大厦项目开发建设,与好机汇、大东国际、凯凌数码城相呼应,积极发展IT商业和IT商务,引进工业设计、建筑设计机构和咨询机构,建设高端商务办公核心区。

(二)北雀路中段宜居商业组团

该组团规划为南起康城小区原铁道口,北至红碑路口,东临北雀路,西止柳江的广大区域。该区域毗邻柳江,风景秀丽,在"十二五"时期,通过企业"退二进三"木材厂地块开发、林业机械厂地块开发等项目的实施,推进现有地块的商业开发,同时依托水天一、星星港湾、望泰北城华府等新建规模居住区,加快快餐业、配餐业、家庭服务、维修服务、接送服务、幼儿服务、养老服务、保健服务等社区服务业的引进和完善,努力打造柳北区宜居商业的品牌。

(三)长林红碑路生态居住组团

跃进路是柳州市城市景观发展主轴,跃进路红碑路围合地块紧邻长林公园,交通便利,景色宜人。"十二五"时期,通过实施红碑路红卫仓建材市场、钢材市场搬迁改造项目,提升原地块建筑品位,加快中房金茂园餐饮、超市、美容、服装等居民服务网点的布局,完善长林公园配套设施,增加绿化、游园建设,进行高规格住宅区规划设计,建设跃进景观中轴生态居住组团。

(四)柳北特色生活商业组团

以柳北柳钢、冶建、电厂、柳空等大型企业员工消费需求为依托,推进北雀路西三巷地块旧城改造项目实施,加快建设柳北大市场、北雀美食城等项目,推进住宿、购物、餐饮、娱乐、休闲、健身、生活服务一体化发展,形成服务柳北大型企业员工生活的特色商业组团。

三、打造北外环经济带

北外环经济带南起鸪鸪江十字路口,北至北外环路,西起白露片,中连209国道长塘片,东至鸪鸪江园艺场片的广大区域。"十二五"时期,依托白露园区建设的带动,209国道经济通道的打造,鸪鸪江新城的规划,按西、中、东三部分别做好第三产业的配套规划,为"十二五"时期以后北外环带第二、第三产业的进一步发展打好基础。

——北外环经济带西部,着重推动白露片名佳大型购物广场项目的实施,同时结合白露村、马厂村、维义村城中村改造,加快新居住区及白露园区配套商业网点的布局建设。

——北外环经济带中部,根据柳州市打造"汽车城"发展定位,结合柳北区交通、区位优势,在沿209国道上加快以汽车4S店、汽车配件市场等与汽车产业相关的业态布局,重点做好柳州市解放汽车4S店、柳州市大众汽车4S店等一批项目的建设,逐步将209国道打造成柳北汽车及配件市场产业集聚区。

——北外环经济带东部,重点做好生产性服务业的布局，大力推进鹧鸪江钢铁物流园、桂中海迅柳北物流基地、柳州市水铁联运集装箱集散基地、广西医药物流配送中心、柳州家用电器物流配送及交易中心、汽车零部件仓储物流中心等重点物流服务企业，为打造区域服务集群奠定重要基础。同时，推进奥特莱斯购物公园、鹧鸪江片大型商业广场等大型商贸项目的实施，不断完善鹧鸪江新城商业配套设施的建设。

四、培育两条特色商业街

“十二五”前期，依托临街商业资源，重点打造跃进路娱乐酒吧街和雅儒路夜市餐饮街，同时结合三大商圈、四大特色组团的建设，加快三中路、八一路、白沙路等路段沿街商业的培育，争取在“十二五”后期及更长段时间内，逐步培育形成3～5条特色商业街。

——跃进路休闲娱乐酒吧街：从潭中高架桥起至胜利立交桥，对跃进路西侧的餐饮资源和土地资源进行整合，重点实施神农阁酒家升级改造项目、柳北啤酒城项目，同时注重量贩KTV、特色酒吧、茶吧、咖啡吧、水吧等现代娱乐业的引进，突出主打，做强特色。

——雅儒路夜市餐饮街：按照统一规划设计、统一管理模式、统一时间地点、统一灯箱广告、统一保洁卫生、统一消防保安、统一制作摊位、统一铺设地胶的“八统一”标准，对雅儒路已有夜市餐饮业进行规范，同时加大风味小吃、特色烧烤等餐饮的引进，逐步把雅儒路打造成柳北的民生街、夜市特色餐饮街。

五、着力建设五大专业批发市场

批发业是柳北区三产经济发展的重要支柱产业。打造以“钢铁、竹木、农资、农产品、医药”五大产业为支撑的专业批发市场，继续巩固柳北区在批发业的优势地位，是柳北区批发业发展的重心。钢铁批发业的发展，着重建设鹧鸪江千亩钢铁物流园，实现钢、铁产品的产、供、销及深加工一体化。同时通过对已有的柳州市生产资料市场的搬迁升级改造，盘活钢铁批发格局。竹木批发业的发展，通过将兴林竹木市场北移，在沙塘镇建设集竹木加工、交易等功能为一体的家具木材市场，进一步强化竹木加工、批发功能的向北辐射作用，使之成为北部柳城、融安、融水、三江等县区的重要竹木市场。依托现有的规模家具城——海川家具批发市场的改造升级，加大家具品牌的招商，注重家具产品的延伸，形成“前店后厂”的发展格局，通过发挥竹木批发市场的集约化优势，逐步将海川家具批发市场打造成辐射西南的特大家具批发市场。农资和农产品两大批发业的发展，通过建设鹧鸪江农业综合大市场、石碑坪大型水果综合交易市场，实现大宗农资和规模农产品对外批发。医药批发业的发展，着重在鹧鸪江片区布局医药仓储、批发、交易市场，做大柳北区的医药批发业。

六、关注民生事业，更加关注社区商业发展

社区商业是以社区为载体，以社区范围内的居民为服务对象，以便民、利民、满足和促进居民综合消费为目标，为社区居民提供日常物质生活、精神生活需要的商品和服务的属地型商业。社区商业的建设和完善在极大方便居民生活之余，也为社区居民带来了社区的归属感，分散了大型商业带来的交通压力，并提供了大量的就业岗位。

今后柳北区将依托胜利小区、天江丽都等成熟和新兴的住宅小区，配合微型超市进社区工程、城中村改造工程、农贸市场改造升级工程等的推进，努力开拓社区服务领域，增强服务能力，提高服务水平，实现社区服务的社会化、产业化。加大提供便民利民服务、面向特殊群体的福利服务、面向属地单位的社会化服务。着重发展快餐业、配餐业、家庭服务、维修服务、接送服务、幼儿服务、养老服务、保健服务、文娱服务等兼有社会福利的社区综合服务中心。鼓励多种所有制经济兴办社区服务业，把社区服务业培育成重要的新兴产业。

（作者系柳北区人民政府常务副区长）

柳北区改制企业职工危旧房集中区改造工程拆迁安置工作回顾与思考

刘子林

实施改制企业职工危旧房集中区改造工程，是柳州市委和市政府以人为本，致力于改善民生，让广大改制企业职工分享柳州市改革开放和社会经济发展成果的实实在在的“民心工程”；既是解决和改善与改制企业广大职工息息相关的住房问题，又是柳州市落实科学发展观，按照市场经济规律，统筹加快改制企业职工集中住宅小区改造的大胆探索和有益尝试。柳北区作为全市第一批改制企业职工危旧房改造工程的试点城区，在推进危旧房改造工程取得一定的成绩，有必要对两年多来的危旧房改造工程进行总结及反思，为进一步扩大危旧房改造工程的覆盖面工作打下坚实的基础。

一、柳北区改制企业职工危旧房改造基本情况

柳北区建区以来，一直是柳州市的轻、重工业布局的重要区域，是全市的老工业区，辖区企业林立，随着工业企业的转产、改制，企业职工住房问题一直是工业升级、城市转型的重大任务。2008年柳州市党委、政府作出改制企业职工危旧房集中区改造工程决策，柳北区政府作为全市企业危改的试点城区，面对惠民工程的复杂性、艰巨性和长期性，积极探索，举全区之力，积极有效地开展了宣传发动、入户意向调查及公示、反映职工住户意见建议、确定改造地块、组织动迁等工作，有力地协同市有关职能部门、建设业主单位推动辖区改制企业危旧房改造工程。

（一）加强政策宣传引导，争取民心支持

作为柳州市委、市政府推出的投资规模最大、为民办实事的民心工程，柳北区政府把改制企业职工危旧房集中区改造如何争取最大多数职工住户的支持作为工作的关键，充分发挥基层党组织、企业工会，特别是社区居委会的组织作用，通过编印分发《十大惠民政策》、召开职工住户代表座谈会、设立咨询热线电话、走家串户等有效形式与拟改造地块住户多方接触，围绕改制企业职工危旧房集中区改造的意义、内容和出台的政策进行广泛宣传、深入发动和政策解答工作，争取最广泛的理解与支持，营造人民城市人民建的氛围，一些企业职工自行组织向柳北区危旧房改造办公室递交危旧房改造申请，广大职工对危旧房改造工程热情高涨、愿望迫切，形成良好的社会氛围。

（二）深入开展入户调查，确定拆迁改造地块

为全面掌握危旧房片区的房屋产权性质、房屋结构、房屋现状、家庭人口结构、婚姻、就业、生活现状、是否持有低保、是否愿意改造等基础资料，为全市改制企业职工危旧房改造工程工作领导小组进行统一认定、确定危旧房集中区改造项目计划提供依据。

柳北区政府组织市总工会、市工业控股公司及机关、街道社区、企业工会等有关部门抽调人员，组成100多人的入户调查工作组，按拟定危旧房集中区改造的改制企业所在社区分成15个组，划分责任区域，深入改制企业危旧房集中区开展摸底调查，逐户登记造册。同时对群众提出的意见、要求，综合汇报市危改办，对调查项目进行全面公示。

经统计，截止2008年7月，第一批调查改制企业共15家〔柳冠（含郊区粮所）、柳空、针织总厂、立宇集团（一棉、二棉）、日化、啤酒厂、纺机、地区印刷厂、金凤毛巾厂（床单厂）、商标印刷厂、双合袜业、跃进化工厂、化纤厂、航运总公司、医疗器械厂〕86栋2450户；实际交表2278户，总体同意率占实际调查户数的90.5%，其中因拆迁政策分歧、回迁和多层建设要求等原因，有啤酒厂、纺机、地区印刷厂等3家企业职工住户同意率没有达到85%以上。按照“成熟一块、改造一块”的原则和职工住户的改造意愿，已确定柳冠（含郊区粮所）、柳空、针织总厂、立宇集团（一棉、二棉）、日化、金凤毛巾厂（床单厂）、商标印刷厂、双合袜业、跃进化工厂、航运总公司、医疗器械厂等11家改制企业纳入危改工程，确定和兴园、柳空（仁和馨园）、医疗器械厂（绿水云间）等三个安置小区，并组织开工建设。

第二批次组织对胜利小区（1～6村、华纺）共计调查5463户的危旧房改造工程拆迁意愿调查，除胜利小区1村同意率稍低外，整村拆迁改造同意率为85.55%；确定并启动南一区、中一区安置房开发建设，分别用于胜利小区五村、一村拆迁安置。

（三）完成楼栋长、住户代表推选工作，为进一步修订拆迁补偿安置方案做好意见征集工作

柳北区政府组织协调市总工会、市工业控股公司、业主单位和街道社区在拟改造地块正式启动建设前，均进行企业职工住户楼栋长、代表的推选工作。为深入改制企业危旧房集中区拟改造地块宣传危旧房改造的实施政策，通报危旧房改造项目建设的最新进展，进一步了解职工、住户的改造意愿，解答职工住户的意见、建议，修订完善搬迁补偿安置方案和确定改造范围做好意见征集工作，城区政府、项目业主单位联合召开改制企业职工危旧房改造工程楼栋长座谈会，并进行了相关意见建议的整理报送工作，为市级制定完善搬迁安置补偿方案提供民意依据。

（四）缜密组织签约选房工作，对改造地块进行有序动迁

在组织动迁工作中，柳北区政府坚持拆迁安置政策到位、程序到位、思想政治工作到位，不断完善签约、选房方案，在全市率先实行大规模的公开阳光选房活动。2009年1月6日～19日及6月26日～29日柳北区政府与市东通公司联合分别组织“和兴园”、“仁和馨园”安置房阳光签约集中选房活动，经柳州市人民政府、市改制企业职工危旧房改造工作领导小组办公室批准文件或已获取《拆迁许可证》明确的拆迁范围，符合产权调换安置条件、选择产权调换的2200多户被搬迁户，通过抽签选房的办法确定入住“和兴园”、“仁和馨园”。整个签约选房过程由柳州市公证处派员进行公证，柳北区监察局派员对抽签定号全过程进行监督，同时由参选企业工会主席、职工住户栋长代表若干人组成监督小组，对“抽签”现场全程见证、监督，以确保整个过程公正、公开、透明。同时，各改造地块回迁签约率均超过85%。截止2010年11月30日，“和兴园”总安置被拆迁户1482户，除选择“和兴园”1栋1单元、11栋157套安置房拟于2011年10月交付使用外，选择其他楼栋共计1330套安置房已于2009年9月28号开始交付使用截至2010年11月30日，已领安置房1308套。仁和馨园（一期）5、6、7栋261套全部交付使用。过渡安置工作进展顺利，大部分已搬空完毕，A、B两个地块正在开展拆除工作，有效确保项目二期用地需求。

胜利小区（五村）危旧房改造工程涉及被拆迁户1259户，已完成签约1232户（含18户选择货币补偿，1户回迁），其中1205户拆迁户（有6户被拆迁户二合一选3套）通过阳光选房方式选定了自己中意的安置房（组织集中选房3次）。截止2010年12月21号，选择安置到“金茂园”小区、“南一区”、“和兴园”小区的1169户，已领安置房1163户；选择安置到“中一区”安置小区的33户待安置房建成后交付；8户非住宅产权置换给市公房科。

二、改制企业职工危旧房改造主要做法、工作成效

改制企业危旧房改造涉及广大改制企业职工的切身利益，柳北区用两年多时间完成3400多户居民的搬迁签约和安置，没有群体性事件发生，获得住户和社会各界好评。总结起来，我们的工作体现“惠”、“情”、“公”、“法”四个字，改变传统拆迁工作拆与被拆的简单关系，体现政府不与民争利的原则，调动了社会力量和广大被拆迁单位参与危改的积极性，实现和谐搬迁。

(一)政策惠民，打造“民心”工程。

“民心”工程就是把群众利益放在首位，使政策充分彰显民意，从而使搬迁改造成为政府主导、群众自愿的行动，变“要我搬”为“我要搬”、“和谐搬”。

1.模拟拆迁、先建后拆，解决传统拆迁需要过渡安置的难题。改制企业职工危旧房改造工程实行“拆迁同意率调查”→“确定改造地地块”→“组织拆迁动迁”→“签约选房”→“安置入住”的拆迁方式，对拆迁改造同意率超过85%的改造地块，首先选择改制企业空置地块进行拆迁安置用房建设，避免因拆迁造成被拆迁改造住户的长时间过渡；在拆迁改造同意率调查的同时，对安置小区规划布局、安置房户型进行全面公示，征询意见，让老百姓知晓项目概况、安置状况，打消被拆迁户的疑虑。

2.“拆一还一”、产权安置，实现“居者有其屋”。改制企业职工危旧房改造工程充分尊重被拆迁职工住户的个人意愿和生活习惯，实施原地回迁或就近地段安置，采取“拆一还一”的方式，被拆迁改造房屋的建筑面积为基础(违章搭建除外)，原则上按1:1.2的比例换取安置房应安置的标准建筑面积，保证改造区内被拆迁的有产权住户原居住的套内建筑面积不减少。如，原产权房面积1:1.2达不到48平方米，实施48平方米最低保障住房安置；置换后超过48平方米的，还可以享受5㎡的惠民面积；对符合安置条件的无产权职工住户(含国有直管公房承租人)，实施特殊房改政策安置，按职工身份、房改状况核定，使无产权职工住户有资格实现产权安置，实现“居者有其屋”。

3.“住得进”、“住得起”，实现人性化安置。改制企业职工危旧房改造工程安置房满足被拆迁改造住户进住使用的基本要求，包括天棚、墙壁刮腻子，地面磨光，厨房、卫生间铺设地板及墙面砖，厨房安装案台、洗菜池、水龙头，预留炉灶、排油烟机的安装位置，卫生间安装洗脸盆、蹲便器，室内安装灯具、室内门，室外安装进户防盗门，实现水、电、气三表出户。充分考虑被拆迁住户的生活负担能力和原有物业管理实际，切实解决被拆迁住户“住得起”的问题。首先，项目业主适当建设经营性公共建筑，所得经营收益专项用于补助安置住宅小区高层建筑电梯费、特困户和低保户的物业管理及其他费用。其次，探索建立新建职工危房集中区改造安置住宅小区居民自我管理、自我服务的管理模式。从实际出发，引导物业管理企业根据业主的消费需求、意向和支付能力，提供管理维护安全和环境卫生，维护房屋及其配套设施设备等最基本的物业管理服务，合理收取服务费用。

(二)有情服务，打造“满意工程”

坚持“以人为本”的指导思想，转变工作作风，让搬迁住户满意。管理人员深入拆迁现场，真实了解拆迁的难点和热点，加强拆迁工地的监察，防范拆迁中的违法违规行为。

1.坚持群众自愿，不强制搬迁。危旧房改造以院落集中区为单位，只有在征得85%以上住户同意时，才实施搬迁改造；若试点区域内住户改造意愿不足85%，则该院落暂不启动。

2.坚持积极稳妥，不推诿扯皮。建立多方协调、相互配合的市、区、街三级联动合作机制，各相关街道、部门以大局为重，齐抓共管，坚持多服务、多支持、多奉献，少制约、少扯皮、少设障，在自己的职权范围内能解决的问题要解决，能化解的矛盾要化解，能克服的困难要克服，积极稳妥地推进危改工作。

3.坚持群众满意，不煽风点火。在整个工程实施过程中，相关工作人员全心全意为搬迁户争取利益，深入细致开展拆迁动员工作，并给予被拆迁人以足够的时间理解拆迁相关政策以及搬家准备。

4.切实解决弱势群体的住房问题，千方百计利用改造增加低收入人群的就业机会。符合申购经济适用房政策的优先安排申购，符合廉租住房保障申请条件的，优先安排廉租住房保障。改造项目完成后，物业管理等新增就业岗位或经营项目，将优

先录用或承包给改造区内被拆迁属于政府认定的低保户。同时，低保户、特困户选择超出应安置标准建筑面积5平方米且无力购买的，经申请和审议，可免除差价。

(三)公正操作，打造“阳光”工程

通过深入分析、制定可行的拆迁计划，做到目标明确、流程简洁、系统周密，并对被拆迁户公布工作流程，保证工作流程的阳光性。

1.广泛宣传拆迁政策，做到拆迁工作的公开、透明。编印《十大惠民政策》《改制企业职工危旧房改造工程宣传手册》、《改制企业职工危旧房改造工程拆迁补偿安置方案》、《改制企业职工危旧房改造工程阳光选房方案》等，让被拆迁人充分了解拆迁政策和自己的合法权利和义务，防止拆迁工作人员截留政策。

2.确定标准、严格拆迁补偿。所有参加危旧房改造工作人员严格贯彻“阳光拆迁”的宗旨，严格执行拆迁安置补偿方案上规定的补偿标准，做到合同签订准确无误、机构运转流畅高效，树立阳光拆迁形象，坚持“一把尺子量到底”，做到“政策上墙公开、安置对象公开、安置点位置户型公开、签约选房流程公开、补偿标准公开”，杜绝“弹性安置”，提升公开、公平、公正的可信度。

3.建立监督机制，强力推行“阳光拆迁”。从组织拆迁调查、评估公司的选定、入户动迁、签约选房等群众较为关注的关键环节都有市公证处的公证监督、有职工代表的自我监督、有工会系统的维权监督、有市级新闻媒体的社会监督、有城区纪检监察部门的行政监督，这一道道屏障，既保

证拆迁工作的公开、公平、公正，更维护被拆迁户的切身利益，为柳北区改制企业职工危旧房改造拆迁工作营造风清气正的环境，同时树立政府阳光公信的形象。

(四)依法坚决，打造“安全”工程

随着柳州市大规模危旧房改造工作的不断推进，拆迁中的矛盾和问题日益突出。实施大规模危旧房改造，必须以法律法规为基础，确保政策执行到位。柳北区根据《柳州市城市房屋拆迁管理条例》、《柳州市人民政府关于改制企业职工危旧房集中区改造工程实施意见》，勇于尝试和摸索，确保政策执行到位。

1.切实履行依法拆迁、综合保障、综合执法、确保稳定和保障被拆迁群众利益等责任，不断强化指挥协调，提高拆迁效率。委托资质级别高、社会信誉度好的拆迁实施单位和评估机构，实施危旧房改造工作的拆迁补偿工作。同时，监督拆迁单位严格执行拆迁政策，严格补偿安置标准，防止侵害群众利益的行为发生，杜绝超《拆迁许可证》范围拆迁和无证拆迁行为发生，进一步提高工作效率和质量。

2.加强信访工作，维护稳定的改造环境。在拆迁纠纷的处理上，及时发现和处理问题。拆迁纠纷的行政裁决受理实行听证会制度，邀请人大代表、政协委员、当地街道办或居委会、被拆迁人等多方人士参加拆迁听证，充分保护拆迁当事人双方的合法权益，通过深入、细致、广泛的宣传与调解工作，化解大量的拆迁矛盾。对如何做好信访工作做了周密部署，落实领导和部门责任，要求各地实行“谁主管、谁负责”、属地化管理的原则，积极建立和完善矛盾纠纷的排查调处机制，对各类信访问题做到早发现、早处理，把问题消灭在萌芽，解决在基层。

改制企业职工危旧房改造工程增强了党与政府为民执政意识，市场意识和求实意识。领导从上到下，层层承包、任务到户、责任到人，全心全意为改制企业职工居民服务；设计建筑面积以48～90平方米之间多种标准户型(最小不小于48平方米)，满足不同被拆迁住户的住房需求，极大的改善改制企业职工住户的居住环境及生活条件。

改制企业职工危旧房改造工程有效地调整城市住房供应结构，社会分配结构，城市基础设施结构和城市产业经济结构。改制企业职工危旧房改造工程按规定配套建设一定比例的50平方米左右小户型保障性廉租住房，同时一安置政策上结合使用了特殊房改政策，一大批未享受房改福利政策的无产权职工住户变成为有产权户，把改革成果更加直接地惠及到改制企业职工居民。住房困难的低保户只花一两万元甚至不花钱就可以拥有十万余元的房产；还使规划未修成的道路和管网一次性得以解决；配套建设多个区域性专业市场，形成服务业、商业物流业集散地，使城区产业布局更趋合理化。

改制企业职工危旧房改造工程明显改善城市居民居住条件，改善城市面貌，促进经济发展、社会和谐和社区建设，提高城市居民文明程度，赢得老百姓的认可及社会各界的认同。国家、国务院及自治区各部委、新闻单位对柳州市柳北区的改制企业职工危旧房改造工程寄予很大的关注和赞许，新华社，工人日报、中央电视台曾进行宣传和报道，自治区、市主要媒体、地方报纸也都大张旗鼓的宣传，可以说改制企业职工危旧房改造惠民工程在柳北区、柳州市乃是全区家喻户晓，深入人心。国务院副总理李克强对柳州保障性安居工程建设十分关心。2009年4月在柳州考察时曾到改制企业危旧房集中区改造工程之一的“和兴园”建设工地，了解企业危改的创新做法，察看群众的居住实情，走到群众中间，仔细了解受益群众对改制企业危旧房集中区改造的看法，满意地对在场的自治区、市领导说：“你们办了一件大好事！要继续把这件惠民利民的事办好办实！”

最可喜的是，改制企业职工改造盘活城市土地资源，为柳北区城市建成的中长期发展提供空间。据统计，目前已改造的改制企业职工危旧房工程通过集中安置，腾空的可利用土地空间较大，因企业破产、改制留下的这部分土地作为城市的稀缺资源，随着城市规划布局的调整和招商引资的需要，在未来4～5年间将发挥潜在的作用，为城区发展拓展新的空间，为建设宜居柳北奠定基础，曾经的破产企业一条街正变成柳北地产一条街。

三、改制企业职工危旧房改造工程一些基本经验

(一)有效的领导体系和工作推进体系是做好危改拆迁工作的基本前提

柳北区成立城区、街道两级改制企业职工危旧房集中区改造工作领导小组，统一指挥、统一调度改制企业职工危旧房集中区改造工作。同时在柳北区征地拆迁办公室设立“危改办”，执行市、区危旧房改造的具体决策，处理危旧房集中区改造的日常工作，具体负责危改工作的指导、协调、推动、检查、督促。同时，为组织协调市、区、企业有关单位共同推进项目建设，针对项目成立专门的驻点协调工作领导小组及办公室，明确责任单位工作职责，及时协调项目建设进展中企业、职工反映的困难和问题，保证项目建设健康有序地开展。市有关职能部门积极配合，街道社区主动参与，坚持组织领导到位、人员责任到位、政策措施到位、督促检查到位、工作落实到位，确保征地拆迁工作的顺利进行，为危旧房改造试点工程创造良好的工作环境。

(二)科学的拆迁方案是做好危改拆迁工作的重要保证

科学的拆迁补偿安置方案的制订，关系到危旧房改造拆迁工作是否能顺利进行，在制订方案上，柳北区在广泛调查摸底、汇总分析的基础上，精心研究制订拆迁补偿安置方案，做到方案能够体现促进全市、全区建设发展为要求；能够严格遵循市场经济下的市场规律，经得起市场的检验；能够体现公开、公平、公正的原则，一把尺子量到底的原则，充分体现拆迁工作的阳光性。

(三)精心的组织实施是做好危改拆迁工作的有效措施

一是通过深入分析、制定可行的拆迁计划，做到目标明确、流程简洁、系统周密，并对被拆迁户公布工作流程，保证工作流程的阳光性。

二是确定标准、严格拆迁补偿。所有参加危旧房改造工作人员严格贯彻阳光拆迁的宗旨，严格执行拆迁安置补偿方案上规定的补偿标准，做到了合同签订准确无误、机构运转流畅高效，树立阳光拆迁形象，提升公开、公平、公正的可信度。

三是及时总结、建章立制。柳北区危旧房改造领导小组及办公室坚持拆迁工作例会、指挥部专题协调会，不同层面、不同形式、不同规模的会议做到经验的总结与交流、问题的发现与汇总、决策的研究与制定，及时有效解决拆迁过程中的问题、优化部门协作间的流程，进一步完善城区拆迁管理机制。

四是改进工作、提升服务。柳北区要求拆迁工作人员要不断改进工作，提升服务，做到想住户所想，有效推进拆迁工作。通过集中宣传、入户搞拆赔评估等服务型的措施的落实，为每一个被拆迁户算好“经济账、面积账、惠民账”，进一步加强项目的透明度，增强阳光性。

（四）全程的公证监督是做好危改拆迁拆迁工作的有力保障

在改制企业职工危旧房改造工程中，柳北区坚持“公平、公正、公开”，规范运作，严格监督，打造让被拆迁户满意的“阳光拆迁”工程，从评估公司的选定、组织拆迁调查、入户动迁、签约选房，法宝的、群众较为关注的关键环节都有市公证处的公证监督、有职工代表的自我监督、有工会系统的维权监督、有市级新闻媒体的社会监督、有城区纪检监察部门的行政监督，这一道道屏障，既保证拆迁工作的公开、公平、公正，更维护了被拆迁户的切身利益，为柳北区改制企业职工危旧房改造拆迁工作营造风清气正的环境，同时树立政府阳光公信的形象。

四、柳北区改制企业危旧房改造存在问题和下一步工作建议

尽管柳北区的改制企业职工危旧房改造工作领导重视，成果明显，但也存在以下不容忽视的问题：

（一）拆迁范围的划定问题

至今为止，除了“和兴园”、“仁和馨园”安置小区涉及的少部分改制企业外，其他暂未列入改造范围，而前期工作又调查的近 20 家企业职工因未能参与改造而来电和来访要求参加危旧房改造。

（二）部分职工守旧观念强，造成搬迁难

改造范围内部分群众习惯目前“低楼层、无电梯、无物业”的居住现状，认为改造时间跨度大，且高层房屋会增加生活成本，不愿意改造；部分被拆迁户为退休职工，年纪较大，要求安置低楼层住房；部分被拆迁企业职工补偿安置要求高，分歧大，协商难。

（三）零星危旧房改造难

由于零星危旧房不能进行成规模的改造开发，且资金投入大，针对零星危旧房改造的操作程序现在还未出台，按目前的政策法规规定很难予以实施。

针对以上存在问题，下一步的改制企业职工危旧房改造工作，要把握以下三点：

1.要进一步明确危改工作总体规划和思路。在市委、市政府的统一领导下，根据柳州市经济社会发展总体规划，统筹考虑城乡总体规划、土地利用总体规划和产业发展规划，把改制企业危旧房改造工作与国家、区市相关政策、产业结构调整、基础设施建设、社会事业发展和生态环境保护结合起来综合考量，统筹规划，制定合理、可行、全面的改造方案。按照“柳州市改制企业职工危旧房集中区改造工作专题会议”精神，对位于本辖区的国有改制企业生活区内的低矮房屋密度大、建设使用年限久（原则上在 1980 年以前）、人均建筑面积小、房屋质量差、基础设施配套不齐全、交通不方便、治安和消防隐患大、环境卫生“脏、乱、差”的危旧房屋（五层及五层以下）开展调查摸底工作，扩大改制企业职工危旧房改造工程的覆盖面和受益面。因此，下一步的全市性危旧房改造工程扩大覆盖面要进一步做好危旧房改造的规划问题，做到试点先行、规划先行、有序推进，全面拓展，在更大层面上使危旧房改造工程更多更好地施惠于民。

2.要进一步拓展市场化运作空间。根据各改制企业社区危旧房的综合特点，充分利用企业现有各种资源，包括公共资源、产业优势、企业自身能力等，做到因地制宜，有计划、有步骤地进行改造。同时，改造工作要充分调动社会各界的积极性，争取多渠道的政策支持，进行市场运作，有条件地让具有一定资质和能力民营地产开发企业承担改制企业职工危旧房改造工程，而不只是由国有代建公司“独揽”，充分激活社会民间资本。

3.要进一步完善危改工作机制。危改工作作为一项社会系统工程，不仅需要市委、市政府强有力的领导，更加需要市危改办各有关部门的密切配合、共同努力，还需要充分调动城区、街道的积极性，发挥各种组织人员在危改工作中的作用，建立健全上下协调、左右联动的危改工作机制。市级确定的危改项目后，各成员单位要配合城区危改部门做好宣传教育和思想政治工作，确保危改项目的顺利推进。此外，各级宣传部门和新闻机构要加大对危改工作的宣传力度，增强全社会对危改的支持和理解，营造人人关心、共同参与危改的良好社会舆论氛围。

4.进一步完善拆迁改造的惠民政策。要充分认识到《城市房屋拆迁管理条例（国务院令第 305 号）》的废止即将和《国有土地上房屋征收与补偿条例（征求意见稿）》的出台对改制企业职工危旧房改造工程拆迁安置工作的影响，进一步修订完善补偿安置政策，更加突出市场化评估、人性化安置，确保拆迁安置稳定、有序、安全运行。

5.建管并重，可持续发展。本着“改造是基础、服务是提升”的原则，对改造安置小区要导入相应的服务与管理，使改造新建社区内的居民可以享受到现代物业服务，同时加快建立改制企业困难职工在物业管理岗位的聘用和培训工作，以确保改造小区能够建管并重，可持续发展，从根本上解决危旧房与居民生计问题。

总之，改制企业职工危旧房改造工程，柳北区政府作为责任主体，承担着拆迁安置的重任，下一步的决心和目标，就是打造一个最为“阳光”的惠民工程，一个政府能够承受、群众乐于接受的“惠民”的阳光工程，让政府满意、职工满意、社会满意。（作者系柳北区人民政府常务副区长）

打造特色产业，推进农业结构调整

梁光玉

近年来，柳北区认真落实科学发展观，坚持走可持续发展之路，不断推进农业产业化经营，大力发展民营经济，全力打造农业特色产业，推进农业产业结构调整，取得良好成效。

一、柳北区农业优势特色产业发展总体情况

自2005年以来，柳北区加快培育农业主导产业和区域性特色产业的步伐，选择葡萄、滑皮金桔、花卉、优质稻米、食用菌等产业为柳北区突出发展的优势产业，不失时机地推动这些主导产业向优势产区集中，促进农业产业结构调整。截至2010年，特色产业发展势头良好，产业区域化生产格局基本形成，特色优势日益凸现，有力的推动县域经济发展，构建柳北区现代农业的基本框架，成为社会主义新农村建设的产业基础。柳北区优势特色产业发展主要有以下几方面特点：

（一）各级党委、政府高度重视，科学制定产业发展规划

柳北区政府结合实际，立足资源优势，制定特色产业发展规划，思路明确，布局科学，工作力度明显加大。柳北区建立农业重大项目推进、协调、服务和督察机制，实行城区四家班子领导、城区机关职能部门包村挂点责任制、重大项目建设风险抵押责任制，配套出台《关于做好当前农业工作的通知》、《关于印发秋冬种开发实施方案的通知》等一系列文件，特别是2009年密切结合区域发展实际，制定《柳北区农业十大精品项目建设实施方案》，城区四家班子分管领导挂帅成立柳北区农业十大精品项目建设领导小组，集聚全区力量扶持特色产业带发展，形成产业发展的规模效应。

（二）产业布局取得新突破，优势特色产业带初步形成

一是葡萄种植产业带，以石碑坪镇新南屯为中心，瑞意种养专业合作社为龙头，引进贵妃、巨锋等优良葡萄品种，推广科学良法，葡萄种植已达到80公顷规模。二是大力发展花卉，花卉产业呈快速发展态势，以青茅花卉基地为龙头带动，已初步形成长塘镇青茅村、长塘村和沙塘镇三合村的三个片区，引进企业8家，建成投产的兰花生产大棚面积达1.8万平方米。三是以石碑坪镇为中心，以洪威种植专业合作社为龙头，重点在大帽河流域的大滩、泗角、大仙等村推广种植滑皮金桔，建设成滑皮金桔果带。滑皮金桔种植面积已达到100公顷。四是以沙塘镇洛沙村为中心区，洛宝食用菌合作社为龙头，建设食用菌生产示范基地。五是以沙塘镇杨柳村为中心区，建成芋头生姜套种示范基地，形成蔬菜标准化种植基地。六是以沙塘镇上垌村为核心，引进、提纯复壮油占8号、亚航泰优、福香优等优质品种，推广科学良法，打造100公顷优质稻米生产基地。

（三）优势特色产业发展良好，有力促进农业产业结构优化调整

葡萄产业发展迅速，产销两旺。2010年柳北区葡萄面积达到610公顷，比上年增加119.51%，总产量达到2376吨，产值达到1330.56万元；花卉产业蓬勃发展，栽培兰花已超过100万株；优质食用菌种植面积2.8万平方米，年产食用菌700吨；生姜芋头套种示范基地发展种植230亩，年产生姜芋头1000吨，产值2000万元；优质稻米基地年产优质稻米600吨，产值300万元。优势特色产业发展，使柳北区的种植业产业结构发生根本性变化，传统的粮食、甘蔗种植业产值比重显著下降，花卉、特色水果、特色蔬菜的种植业产值比重明显上升。

（四）优势特色产业已经成为农民增收的重要渠道

优势特色产业的发展直接和间接促进农民增收。据调查，葡萄主产区亩纯收入一般都在5000元，收益很高；洛沙食用菌主产区每平方米一年可收入90～190元；沙塘镇杨柳村农民从生姜芋头套种种植中受益匪浅，亩均增收上万元。种植优质稻米的增收作用也比较明显，据调查，优质稻米年产值一般在3500元／亩，比普通水稻的增加300～450元。

（五）优势特色产业的发展促进了农业整体素质的提高

优势特色产业的发展，促进特色农产品向优势产业转化，优势产业向强势产业转化，对农业和农村经济发展的带动作用非常明显。通过发展优势特色产业，农业区域化布局、专业化生产、集约化经营的水平得以提高，据统计，柳北区已在工商部门登记注册的合作社33家，社员总数579户，注册资金5155万元。城区农业产业链条中的产、销环节有机地联系起来，促进粗放型农业向集约化农业转变、由传统农业向现代农业转变。农业效益和竞争力明显提高，据调查，柳北区通过发展优势特色产业，农产品的市场竞争力大为提高，如石碑坪镇大滩村的洪威合作社的滑皮金桔、石碑坪村新南屯瑞意合作社的优质葡萄、梳庄香鸡养殖合作社的香鸡、洛沙村洛宝食用菌合作社的各类食用菌等，都已

逐渐在区域内形成知名品牌。目前，石碑坪的葡萄（幸福阳光）、沙塘上垌大米（垌粒香）、洛沙食用菌（洛宝）等已注册商标，上垌大米甚至在柳州市区开设专营店，大大提高柳北区农产品的市场竞争力。

二、存在的问题

（一）特色产业布局分散，规模偏小

柳北区部分特色产业仍以千家万户的小规模、分散式经营为主，规模化程度不高，批量小、集中度低，管理粗放。如葡萄产业，基地建设主要依靠财政扶持部分和农民专业合作社的自发投入，由于合作社资金紧张，对种植基地的投入不足，使得规模化的种植基地始终发育不够，种植比较分散，集中连片少，集约化程度较低。特色农产品批量供应能力低，不能满足市场需求。

（二）市场主体的利益联结机制没有完全稳定建立起来，产供销一条龙尚未形成

基地与农户、基地与市场之间缺乏稳定长效的利益联结机制，农产品销售仍处于各自销售的零散状态，未能实现产、加、销一条龙，贸、工、农一体化。

（三）产业链短，标准化生产不够，最大经济效益得不到实现

柳北区的葡萄、滑皮金桔、食用菌等农产品缺少加工，还停留在出售原始产品阶段，保鲜、冷藏、深加工还基本处于空白，目前产量不高的时候还能销售顺畅，如今后规模扩大，矛盾将较为突出。

（四）品牌培育不够，市场竞争力弱

目前，柳北区涉农产品都属于地方性品牌，在广西市场知名度低，品牌效应没有显现出来，市场竞争力弱，影响产业规模扩张和层次提升。

三、对策和建议

（一）树立大农业思想，优化产业结构，用发展工业的理念来抓优势特色产业发展

通过土地股份合作制等形式，集中土地资源，重点向特色产业发展，扩大特色产业规模生产，发展贸易和外向型农业，提高产业层次。也可以采取“借船出海”的办法，依托区外大型企业的品牌和市场优势壮大自己，争取能够在广西优势特色产业蓬勃发展的新一轮竞争中捷足先登，加快发展。

（二）积极扶持和发展农民专业合作组织

随着柳北区合作社从产中的技术规范建立、技术指导、技术培训等技术服务逐步向产前土流转、土地规模化营运和产后农产品品牌创建、交易市场建设、流通体系建设以及采摘农业、休闲农业等纵深发展，合作社的规范、健康的发展与否，直接影响到实现农业现代化，关系到千家万户农民经济收入和生计。这要求我们必须针对合作社服务职能的增强，产业紧密度的增加，加大对合作社的监督和指导，要求合作社制定、完善专业合作社的各项规章制度，扶持农业专业合作社做大做强。

（三）做大做强带动力强、辐射面广的产业，扩大产业规模和效益

第一，重点发展、集中扶持产业集中度高、带动力强的葡萄、花卉、食用菌、滑皮金桔四大优势特色产业，引导产业集中，规模经营，提高层次，使这四大产业成为现代农业发展和农民增收的带动极产业。第二，积极支持和推动特色明显、有潜力的休闲观光产业发展，对观光产业要重点培育，积极扶持。

（四）加大科技培训的力度，提高劳动者的素质，促进产业结构调整

由于柳北区大多数年轻人都外出务工，从事农业生产的劳动力年龄偏大，劳动者自身素质低，掌握的技能少，接受新技术、发展新产业的能力低，使得特色产业发展滞后，农业结构调整缓慢。因此，要加大科技培训的力度：一是以科技项目的实施，带动农民学科学、用科学的意识，掌握发展特色产业所需要的技术；二是多举办各类技术培训班，对农民进行全方位的培训，提高劳动者的素质，引导其观念的转变；三是注重返乡农民工的培训，使他们真正的留下来，成为当地的生产主力军，发展特色产业，促进农民增收。

（作者系柳北区人民政府副区长）

用统筹城乡发展新理念推进柳州市城镇化建设

苏　庆

柳州作为一个具有较大规模的著名工业城市，面临着新的发展机遇。根据广西壮族自治区（2001～2020）城镇体系规划，柳州市是“自治区的副中心城市，广西铁路交通枢纽和工业中心，山水风貌、独特的历史文化名城”，柳州市工业中心的地位得到了确认。因此，柳州市委、市政府审时度势，制定“工业立柳”的战略决策。在这新的形势下，经济需发展，则规划先行，规划是龙头，规划对一个城市、一个城区、一个乡镇乃至一个村屯的发展，其重要性都是不言而喻的。柳北区经济要快速发展，农村经济在一定程度上占较大比重，而要提高农村经济，则需整合土地资源，大力发展农村经济，进行精心规划，不断提升环境质量，为发展农村经济、提高农民生活质量、构建社会主义新农村、推进城镇化建设奠定基础。

一、基本情况

柳北区地处柳州市北面，是柳州市四个城区中面积最大，人口最多的城区。辖区面积320.89平方公里，常住人口32万多人，其中市区人口27万，农村人口5万多，现管辖3个镇、7个街道，37个行政村，120个自然屯。近年来，柳北区牢固树立全面、协调、可持续的科学发展观，紧紧围绕发展和稳定两大主题，全面加快推进城镇化和新型工业化进程，积极落实工业反哺农业，城市支持农村，柳北区的新农村建设取得一定的成效。目前，所有村庄的新农村规划已基本编制完毕，27个村的规划全部通过专家评审。

二、现状及存在问题

由于历史原因，柳北区目前的村庄建设发展及村屯规划编制存在的主要问题概括起来集中表现为：土地浪费严重、违法违章建设查处难、环境污染难以治理和规划实施难度大等五个方面。

(一)现状

1.由于当时的客观原因及历史条件的限制，柳北区大部分村庄都没有进行精心规划，导致村容村貌混乱，房屋杂乱无章，土地浪费，往往是一户人家占据几百平方米的土地，而一些新增人口、分户急需建房却没有土地。

2.由于建设用地调整困难，农用房建设不能按照规划进行，农民为自身方便随意建设等违法违章建设时有发生，且大部分村民没有办理房屋手续。根据《村庄和集镇规划建设管理条例》和《城乡规划法》规定：村民未经批准或者违反村镇规划修建住宅的，由乡镇级人民政府责令其停止建设或者限期拆除，尚可采取措施的，责令限期整改，但由于行政执法人员少，执法的力度不够，违法建设也就屡禁不止。

3.由于农村居民有着散居的传统习惯，集中居住后存在垃圾、污水乱倒，生活垃圾缺乏管理，闲置空地内和排水明沟垃圾较多，居民家庭多露天或简易厕所，家禽家畜随地放养，卫生条件较差，村中乱拉电线，存在火灾隐患及邻里关系处理不当等行为，易造成纠纷多发。

(二)存在问题

1.新村用地的获取问题。实施新农村规划中最核心的问题就是农民新村用地的取得。按目前广西的情况，土地划分到屯(队)里，新农村规划中的新村用地基本上放置于村里某一个屯(队)中，在规划非保留区的村民新建房屋都要搬迁到新村，这就涉及村内各屯之间的土地置换或村委将新村用地收回。根据调研的情况，各屯之间的土地置换基本上不可行，而柳北区的农村经济还不发达，大部分没有产业支撑，村委拿不出资金将新村用地收回及缴纳土地农转用的费用，无法将新村用地收回，村民也不会出钱购置土地，除非有大的项目带动，新村用地无法获取，农民也就无法新建房屋。这样的后果就是村庄建筑物更加无序，还会造成相当大的社会问题。其中主要有以下几种情况：

(1)涉及城中村改造村庄的规划实施问题。柳北区涉及城中村改造的村庄有7个，分别为雅莲村、黄村村、白沙村、白露村、马厂村、鹧鸪江村、香兰村。其中，除雅莲村、黄村村和白沙村在现有柳州市建成区，其规划按柳州市市区规划外，其余的4个村根据柳州市总体规划的要求编制了新农村规划。在规划上按未来城市的发展需求，基本按整村推进的模式将村民集中安置在1个或2个新村聚居区，在规划时序上，近期村屯内限制建设，只允许改建，禁止扩建，新增建设用地进行新建的村民住宅需搬迁到新村；拆旧重建的村民住宅应搬迁至新村建设；远期整体搬迁至新村的村民住宅土地由政府统一收储，并按照城市规划的要求分期规划与建设。

由于城中村改造是新生事物，政府是以“试点先行，逐步推广”的模式推进该项工作，柳北区目前仅以白沙村作为改造试点，其他城中村推进的时间跨度较长，估计需要8～10年的时间，在这期间，由于新村土地无法获取，加上面临改造，村民长期无法拆旧重建及新建。

建议对于明确近期实施改造的村庄(白沙村)实施严格的规划控制，其余未明确改造时间表的村庄在近期实施面积、层数、房屋间距的控制，尽量减小城中村改造的成本。

(2)涉及沙塘镇总体规划覆盖村庄的规划实施问题。柳北区沙塘镇总体规划已获审批，依据沙塘镇总体规划，沙塘镇周边几个村庄部分或大部分地划入柳州市沙塘镇总体规划的用地范围，为保证村庄规划与柳州市沙塘镇总体规划的相互衔接。被覆盖的部分村屯近期限制建设，只允许改建，禁止扩建，新增建设用地进行新建的村民住宅需搬迁到新村；拆旧重建的村民住宅应搬迁至新村建设；远期搬迁至新村，搬迁后的原有宅基地近期退宅还耕，其集约出来的建设用地面积与新村的农用地进行等量置换。远期城市发展的需要完善土地变更手续后，由政府统一规划与建设。

根据目前沙塘镇的经济发展，无法确切估计何时能按目前镇区总体规划进行征地，新村土地同样面临无法获取，被覆盖的部分村屯的村民无法拆旧重建及新建房屋。

建议近期实施面积、层数、房屋间距的控制或者政府对目前规划搬迁的村民聚居区进行土地预征收，帮助村委将新村用地收回，将这些村民一次性安置到新村，搬迁后的原有宅基地近期退宅还耕，其集约出来的建设用地面积与新村的农用地进行等量置换，今后由政府统一规划与建设。

(3)对于规划非保留区的搬迁问题及规划保留区的建设控制问题。在新农村规划中的非保留区，建设实施意见均为近期限制建设，只允许改建，禁止扩建，新增建设用地进行新建的村民住宅需搬迁到新村；拆旧重建的村民住宅应搬迁至新村建设；远期搬迁至新村，土地复垦。新村土地同样面临无法获取，被覆盖的部分村屯的村民无法拆旧重建及新建房屋。

在新农村规划中的保留区，近期远期村民需改建、扩建以及拆旧重建的村民可在原有的宅基地上进行建设，由于目前村民聚居区中可预留的建设用地的住宅建设指标有限，许多需分户新建的村民无法建房。

建议在保留区,按规划条件,控制土地面积、层数、楼房间距批准新建房屋,有条件的地方尽量满足村民的新建房屋的需求;建议柳州市政府结合国土部门实施的城乡增减挂钩及推进整村土地整理项目,每年财政预算专门列支一笔实施新农村规划的经费,协助相关村委进行新村用地的收回,作为今后农民的新村用地;还可结合一些村庄相关的产业项目或投资项目进行土地整理、整屯推进的试点。

2.新村用地上的基础设施配套问题。根据新编制的新农村规划,新村用地基本上位于村内某个屯(队)周边,今后大量的人口迁入新村,存在土地平整、供电增容、道路建设、等配套公共基础设施建设的问题,不然,需搬迁的村民入住生活不便,甚至不愿搬迁。

建议柳州市政府结合新农村建设及国土部门实施的推进整村土地整理项目每年财政预算专门列支一笔实施新农村规划的经费,协助相关村委进行新村用地的收回,作为今后农民的新村用地上的基础设施配套建设资金。

3.新村与耕作区距离远的问题。由于新农村规划确定的新村规划点基本上位于村内某个屯(队)周边,这样会造成其他屯(队)的村民在搬迁入新村后到原耕作区距离较远,造成生产不便,在一定程度上影响村民搬迁的意愿。

建议柳州市规划局考虑在距离新村点较远的屯(队)上(在原新农村规划上属于需要整体搬迁分散居住的屯(队))设置小型的新村点。

综合调研情况,新农村规划的实施关键在于解决新农村的用地及其基础设施配套问题,鉴于柳北区农村经济发展状况,政府有必要对其规划的实施进行扶持,从而在短时间内解决村民的建房需求,改善村民居住及出行条件,改善村庄住宅建设无序状态,加快柳北区社会主义新农村建设,助推城镇化进程。

三、对策与建议

为加快柳北区村屯规划编制,提高村屯规划编制质量,改善农村居民的生产、生活条件,顺利推进柳北区新农村建设,特提出如下对策与建议:

(一)明确村屯规划的总体目标,加快规划编制进度

村屯规划的基础任务是,在乡镇总体规划所确定的村庄规划建设原则的基础上,进一步确定村庄整治的建设规模、范围和界限,对村庄建设进行综合布局与规划协调,具体安排村庄住宅和供水、供电、道路、绿化、环境、排水等以及其它配套设施建设,为村庄居民提供切合当地特点、与当地经济社会发展水平相适应的人居环境。同时,加强村庄整治建设规划管理,建立健全规划体系,使村屯规划管理逐步走上规范化、法制化的轨道,为我区新农村建设的有序推进提供保障。

(二)加强村屯规划的组织管理,各部门相互配合与协调

1. 村屯规划编制由城区人民政府报柳州市人民政府批准,并由城区政府组织实施,规划编制完成后,要及时组织有关审查和报批工作,并向社会公布。

2.柳州市规划行政主管部门负责指导、督促村屯规划管理工作,城区规划行政主管部门及乡镇人民政府负责组织、落实村屯规划管理工作,按照国家现行相关法律、法规,保证村屯规划依法实施。国土等相关职能部门要配合搞好村屯规划管理工作。

(三)严格村屯规划的编制要求,确保村屯规划的科学性和可操作性

村屯规划编制要坚持合理用地、节约用地的原则,保护耕地,充分利用丘陵、缓坡和其他耕地,合理确定编制内容,突出地方特色,符合当地经济社会发展水平和农村实际需要。要坚持以人为本,尊重农民意愿,考虑农民生活习惯和民风民俗,突出解决道路、住宅规划建设问题,合理配套农村基础设施。要注重保持耕地和生态环境,综合利用和优化配置农村的现有资源,集约、节约用地,保护自然和历史文化遗产,防止大拆大建,坚决制止挖山、砍树、填塘等破坏生态环境的行为。

总之,要按照"生产发展、生活宽裕、乡风文明、村容整洁、管理民主"的要求,结合当地的自然环境、资源条件、发展水平、现状特点,统筹兼顾、综合部署,为确定新农村建设的规模和方向,实现新农村建设的目标,合理利用资源、协调空间布局和各项事业发展所作出的一定期限内的综合部署和具体安排。要切实把握新农村建设规划的原则,规划必须通盘考虑、统筹部署,有机结合,要突出产业,以发展生产力为中心,以促进农民增收为核心,坚持留有余地,规划内容要远而实,为未来发展留足空间,坚持富有特色,充分尊重民意。又快又好地推进新农村建设规划的编制工作,要进一步强化领导,组织编制力量,加大投入,保证规划经费,要善于学习,借鉴经验,严格规范操作,加强协调,搞好部门服务,要保证质量,加快工作速度,早日为新农村建设提供科学的指导蓝图。

(作者系柳北区人民政府副区长)

柳北区基层医疗卫生机构人才队伍建设调查报告

唐 伟

为全面分析柳北区卫生人员队伍建设的现状及存在的问题,并为卫生行政管理部门合理配置卫生人力资源提供参考依据,进一步加强基层医疗卫生人才队伍建设,使基本医疗卫生服务惠及全区群众。近期,柳北区成立以唐伟副区长为组长的人才队伍建设课题调研组。调研组走访了辖区5个卫生院、7个社区卫生服务中心和一些村卫生室、社区卫生服务站,经过一系列周密的调查与分析,结合柳北区基层医疗卫生机构人才队伍现状,在人才引进、人才培养和留住人才三方面提出一些建议。

一、基本情况

柳北区课题调研组下到各基层医疗卫生机构调研,并设计调查表,下发到各卫生院、村卫生室、社区卫生服务中心、社区卫生服务站,主要调查卫生技术人员学历、职称及执业资格、全科医师培训等相关问题。对有缺漏、疑问的数据逐一进行电话回访、校对和补充,保证数据的准确性。

(一)柳北区基层医疗卫生机构卫生技术人员数量配置情况

根据调查组人员的统计与分析,2010年柳北区5家卫生院人员合计319人,其中专业技术人员285人,占卫生院总人员的89.34%;34家村卫生室人员合计46人,其中专业技术人员46人,占卫生室总人员的100%;7家社区卫生服务中心人员合计313人,其中专业技术人员289人,占中心总人数的92.33%;17家社区卫生服务站人员101人,其中专业技术人员96人,占服务站总人数的95.05%。

(二)柳北区基层医疗卫生机构卫生技术人员素质配置情况

1.在学历构成上。调查数据显示,各卫生院卫生技术人员以大专、中专及以下为主,分别占现有专业技术人员的49.12%、34.74%,其他依次是研究生(无硕士学位)占0.7%、本科占15.44%,无硕士(取得硕士学位)、博士研究生学历者;村卫生室卫生技术人员以中专及以下人员为主,占现有专业技术人员的93.48%,其他是大专生占6.52%;社区卫生服务中心卫生技术人员以大专、中专及以下为主,分别占现有专业技术人员的37%、40.9%,其他为硕士生占0.3%、本科占21.8%;社区卫生服务站以大专、中专及以下为主,分别占现有专业技术人员的38.5%、41.7%,其他是本科占19.8%。

2.职称结构上。各卫生院以初级及以下为主,卫生专业占专业技术人员的79.65%、非卫生专业占1.76%,其他是中级,卫生专业占17.19%、非卫生专业占0.7%;村卫生室只有初级职称及以下人员,卫生专业占97.83%,非卫生专业占2.17%;社区卫生服务中心中级职称卫生专业占45.7%、非卫生专业占1.4%,初级职称及以下卫生专业占48.4%、非卫生专业占2.4%,副高职称卫生专业占2.1%;社区卫生服务站中级职称卫生专业占38.6%,初级职称及以下占卫生专业占58.3%、非卫生专业占2.1%,副高职称卫生专业占1%。

(三)柳北区基层医疗卫生机构人员培训情况

2010年,柳北区基层医疗卫生机构全科医师培训共42人次,护士培训共53人次,公卫人员培训130人次,临床医师培训52人次,中医药培训87人次。出于经费和人员等方面的限制,对基层医疗卫生机构人员的培训以短期形式为主。在住院医师规范化培训、全科医师培训等方面,柳北区基层医疗卫生机构和柳州市级医院有明显差距。

二、存在的问题

卫生人力资源配置不合理,特别是基层的卫生人力资源短缺是世界性难题。近年来,柳北区基层医疗卫生机构设施条件得到明显改善,但人才队伍建设相对滞后,数量不足、素质不高、知识老化、队伍不稳定等问题比较突出,已成为制约城区基层医疗卫生机构进一步改善服务和提高水平的"瓶颈"。针对这种局面,柳北区近年来一直把基层医疗卫生机构人才队伍建设作为重点来抓,并坚持学历教育与非学历教育并重,培养和建设一支与基层医疗卫生发展需要相适应的下得去、用得上、留得住的卫生人才队伍。近年来虽取得一定的成效,但仍存在一些问题。

(一)整体素质不高,高素质卫生技术人员严重缺乏

调查资料显示,柳北区高学历、高职称卫生技术人员缺乏及整体素质较低是目前基层医疗卫生机构较普遍现象,已成为影响城区基层医疗卫生服务质量和卫生事业发展的突出问题。柳北区基层医疗卫生机构卫生技术人员学历大多数以大专、中专及以下为主;职称以初级为主,中级比例较小,高级职称严重缺乏。

(二)临床医师较少以及培养模式比较单一

临床医师较少,其中以沙塘镇中心卫生院尤为显著,其中医护比为21:49,不能满足群众的需要。然而卫生人才的成长有其特殊规律,特别是临床医师的成长需要经过长时间的规范化培训。由于城区还没有住院医师规范化培训制度,也没有配套的财政保障和激励机制,在基层医疗卫生机构就业的医学专业毕业生没有机会参加住院医师规范化培训,导致基层医疗机构医生基本功差,城乡卫生人员的业务技术水平差距不断拉大,难以吸引群众就诊。当前医学教育模式在一定程度上还不能满足基层日益增长的卫生人才需求,一专多能的实用型基层卫生人才相对短缺,影响着基层卫生事业的快速发展。

(三)人才流动机制不够健全

柳北区基层医疗卫生机构在制度上尚未形成有效的技术转移和人才流动机制。乡镇卫生院、村卫生室人才资质准入缺乏规范措施。

(四)卫生人力资源年龄结构仍需优化

以柳北区5家乡镇卫生院为例,在319名在职职工中,小于30岁的占44.3%,31~40岁的占33.76%,41~50岁占17.3%,大于51岁的占4.64%。人员主要集中在25~35岁,中高级职称中,大多数人员年龄偏大,50岁以上的五年内

大多退休。医卫人员后续力量不足，青黄不接的现象在基层医疗卫生机构普遍存在。

三、对策及建议

2001～2015 年中国卫生人力发展纲要指出，到 2015 年，医生要全部达到大专以上学历水平，护士中具有大专以上学历者不低于 30%;专业人员职称结构达到合理比例。农村地区乡村医生要全部达到中专以上学历水平。上述标准的确定对城区基层医疗卫生机构人力资源管理与规划既是机遇又是挑战。随着新型农村合作医疗的全面开展，提高基层医疗卫生技术人员素质和服务能力已势在必行，既要努力提高现有人员学历和职称，也应积极引进高学历、高职称医务人员服务基层。

(一)制定优惠政策，吸引留住卫生技术人才

城乡差距是基层优秀卫生技术人才流向城市、高素质卫生技术人员不愿服务基层的根本原因。当前柳北区基层医疗卫生机构技术人才匮乏与城市医务人员富余及大量医学本科生、专科生就业难形成矛盾。政府应采取相应激励措施，鼓励优秀卫生技术人才到基层工作。主要做法一是可以引导全区农村学生报考医学院，毕业后对口服务基层，政府对这部分毕业生在考研、子女就学、工资、福利等方面给予保障和一定优惠；二是可建立激励机制，吸引医学毕业生或有经验的卫生技术人员服务基层，如提高工资待遇、给予安置补助、培训补助、住房补助等。总之，引进优秀卫生技术人才服务基层，相应的激励机制是必需的。

(二)突出全科重点，建立健全人才培养制度

通过规范化培训和转岗培训等多种途径，培养一批全科医生，实施定单定向培养基层医生制度，通过在岗培训，提高知识水平。培训要求一是明确培训目标，实现长远目标和近期目标的结合；二是明确培训对象和培训基地；三是明确培训模式，培训可按照全科和专科培养方向的不同要求，采取相应的培训模式；四是明确保障措施和主要政策，主要包括人事保障、经费保障和权益保障等方面的政策。还要通过政府支持，对开展基层医疗卫生机构参加培训的经费予以保障。

(三)实行上下联动，统筹城乡协调均衡发展

坚持城市支持基层，建立健全城乡对口帮扶制度，是统筹城乡卫生事业协调发展的主要途径。一是柳州市级卫生医疗单位可以与城区基层医疗卫生机构建立对口联系，定期选派技术精湛的专家、学者走向城区，上门服务，免费开展针对基层卫生人员的定期培训、技术指导。二是城市医生在晋升主治医师或副主任医师职称前，可以通过坐诊、教学查房、手术示范、举办培训班等形式，到基层工作服务一段时间。

(四)规范医疗管理，加强临床医师培养工作

进一步做好住院医师规范化培训工作，制定相关政策吸引拟进入临床的本科毕业生参加住院医师培训。对已取得执业资格的本科学历临床医师，应采取直接考核的方式招聘或在公开招考中享有笔试成绩加分的优惠待遇。市级财政应设立住院医师培训专项经费，用于培训基地医院建设和培训对象生活补助等。建立柳北区规范化培训基地。

(五)加强中医药人才队伍建设

继续加强基层中医类别全科医师岗位培训和规范化培训。调整中医药人才的分布格局，使中医药简、便、验、廉的特色在农村、社区得到充分发挥。改进和完善符合中医药特点的执业医师(含执业助理医师)和中医一技之长人员考核认定办法。逐步将农村具有中医药一技之长的人员纳入乡村医生管理。

(六)建立绩效考评机制，逐步增加财政投入

以基层医疗卫生机构综合改革为契机，建立基层医疗卫生人员待遇保障机制，逐步建立科学的基层医疗机构绩效考核体系，充分调动基层医疗卫生人员的工作积极性，提高基层医疗卫生机构的服务质量和效率。绩效考核要坚持社会效益优先，突出基层医疗卫生机构的公益性，实行主管部门对基层医疗卫生机构和医疗卫生机构对其工作人员的两级考核，坚持考核结果与基层医疗卫生机构的财政补助、工作人员收入待遇相结合。我区 8 家基层医疗卫生机构综合改革在明确基层医疗卫生机构的公益性后，人员工资按事业单位的标准由财政全额核拨。组织实施绩效工资制度，建立卫技人员工资补助制度。妥善解决工作人员养老保险和住房问题。对长期在基层工作的卫生技术人员职称晋升给予适当倾斜。基层医疗卫生机构补充工作人员原则上实行公开招聘，对补充全日制医学类大专及以上学历毕业生，可直接采取面试、考核的方式招聘。实施赴基层医疗卫生机构的医学类专业本科毕业生补助政策，实施高等医学院校基层定单定向免费培养项目，实行定向招生、定向培养、定向就业。探索基层与市级医疗机构联合培养和使用卫生人才的模式，县级医疗机构轮派同等数量的医务人员到乡镇卫生院工作。

完善激励机制加强卫生技术人员人力资源管理，对卫生技术人员按照工作岗位引进竞争机制，进行考核制度改革，考核成绩与薪水挂钩，加大浮动工资比例。实行优胜劣汰，对长期累积考核成绩最差者令其转岗，转岗后考核仍不合格者让其下岗。同时注重选拔优秀年轻干部，采取竞聘的方式，鼓励符合条件的年轻人参与竞争，形成透明化的干部选拔机制，稳定基层医疗卫生机构服务队伍，培养中青年业务骨干，营造良好的竞争环境。

(作者系柳北区人民政府副区长)

责任编辑:李　萍

文 件 选 编

中共柳北区委员会 柳北区人民政府 关于柳北区人民政府 机构改革的实施意见

柳北发〔2010〕10号

根据《中共柳州市委办公室、柳州市人民政府办公室关于印发〈柳州市柳北区人民政府机构改革方案〉的通知》(柳办发〔2010〕4号)精神,结合我区实际,现就柳北区人民政府机构改革工作提出如下实施意见。

2010年4月19日

一、指导思想和原则

(一)指导思想

高举中国特色社会主义伟大旗帜,以邓小平理论和“三个代表”重要思想为指导,深入贯彻落实科学发展观,以转变政府职能为核心,按照精简统一效能的原则,理顺职责关系,明确和强化责任,优化政府组织结构,规范机构设置,完善体制机制,推进依法行政,提高行政效能,建设人民满意的政府,为扎实推进“五个柳北”(工业柳北、商贸柳北、物流柳北、生态柳北、宜居柳北)建设、全面实施“二次创业”,大力实施城乡统筹发展新格局战略,加快实现“经济升级,城市转型”,打造柳州科学发展试验区和城乡统筹发展先行区,率先建成西江经济带综合经济实力最强城区,构建富裕文明和谐新柳北提供组织保障。

(二)基本原则

1.统一领导,分工负责。在区委、区人民政府领导下,由各部门领导班子具体负责组织实施。

2.基本对应,体现区情。既与柳州市人民政府机构改革相衔接,又从我区实际出发,因地制宜推进各项改革和调整工作。

3.权责一致,强化责任。在确定部门职能的同时,明确和强化其相应承担的责任,做到有权必有责,权责相一致。

4.精简统一效能。积极探索实行职能有机统一的大部门体制,着力整合优化组织结构,调整和规范政府机构设置,规范行政行为,提高行政效能。

5.合理确定编制,妥善安置人员。依据调整、整合的职能重新确定人员编制和领导职数,人员调整实行人随事走。

6.积极稳妥,整体推进。做到全面推进与重点突破相结合,处理好改革发展稳定的关系。

二、改革、调整机构

改革、调整部门的机构改革工作,由分管的副区长领导、相关部门领导班子组织实施。

1.组建区发展改革和经济局,挂区物价局牌子。将区发展经济局的职责整合划入区发展改革和经济局,主要负责研究拟订经济社会发展政策,调节经济运行,加强对工业的统筹协调,推进信息化和工业化的相互融合,加快走新型工业化道路。不再保留区发展经济局。

2.组建区住房和城乡建设局,挂区人民防空办公室牌子。将区建设局的职责划入区住房和城乡建设局,加强城乡建设统筹,加快建设住房保障体系。不再保留区建设局。

3.组建区商务局,挂区招商促进局、区现代服务业管理局牌子。将区贸易发展局的职责划入区商务局,增加规划、指导、协调、促进第三产业发展等职责。不再保留区贸易发展局。

4.区人事劳动和社会保障局更名为区人力资源和社会保障局。促进人力资源统一管理、合理流动和有效配置,完善就业、劳动权益和社会保障体系。

区机构编制委员会办公室不再与区人事劳动和社会保障局合署办公,列入党委机构,为区机构编制委员会的常设办事机构,既是党委的工作部门,又是人民政府的工作部门。

5. 区人民政府办公室加挂区人民政府宗教事务局牌子,委托区委统战部管理;区民族事务局不再与区人民政府办公室合署办公,改为在区人民政府办公室挂牌。

6.区文化和体育局加挂区新闻出版局牌子。

7. 区法制办公室由挂牌机构调整为区人民政府工作

部门。

8.区监察局与纪委检查委员会机关合署办公，列入政府工作部门序列，不计政府机构个数。

9.对区人民政府现有议事协调机构及办事机构进行清理和规范，能够由部门承担的，不再设置议事协调机构；需设立的，严格按规定程序报批。议事协调机构不设实体性办事机构。

区人民政府机构改革后，设置工作部门22个：办公室，加挂处理山林、水利、土地纠纷办公室及区人民政府宗教事务局、区民族事务局牌子，区政务服务中心管理办公室、区信息化管理办公室、区外事侨务办公室设在区政府办公室；发展改革和经济局，加挂区物价局牌子；教育局；科学技术局；监察局；民政局，挂区老龄工作委员会办公室牌子，区抗灾救灾领导小组办公室、区拥军优属拥政爱民工作领导小组办公室设在区民政局；司法局；财政局，挂区农业综合开发办公室牌子；人力资源和社会保障局；住房和城乡建设局，挂区人民防空办公室牌子；商务局，挂区招商促进局、区现代服务业管理局牌子；农业与水利局，挂区扶贫开发办公室牌子；林业局；文化和体育局，挂区新闻出版局牌子；卫生局，爱国卫生运动委员会办公室设在区卫生局；人口和计划生育局；审计局；环境保护局；统计局；安全生产监督管理局，挂区安全生产监督委员会办公室牌子；城市管理行政执法局，挂区市容管理局牌子；水产畜牧兽医局；法制办公室。

三、切实做好区人民政府各部门的“三定”工作

（一）“三定”工作的范围和时限

区人民政府工作部门均重新进行“三定”。2010年6月底前基本完成。

（二）“三定”的主要内容

1.关于职责调整

（1）根据机构调整，相应调整部门承担的职责。

（2）根据《行政许可法》及市人民政府公布取消和停止的行政审批项目，减少行政审批事项，改进行政审批方式，推进电子政务，逐步建立长效管理机制和服务机制。

（3）根据市人民政府公布取消和停止的行政事业性收费项目，相应减少行政事业性收费项目，改进管理方式，加强公共服务体系建设。

（4）根据《行政许可法》及有关法律法规的规定，将与行政许可有关的鉴定、认证、评估等事务交给事业单位和社会中介组织承担。

（5）将一般信息、一般统计、科研、培训等具体辅助性、技术性、服务性事务交给有关事业单位、行业协会或社会中介组织承担。

（6）根据有关法律、法规和规章的规定，结合我区经济社会发展的新形势，明确需要新增加或加强的职责。

2.关于主要职责

（1）依法履行行政职能。

一是严格按照有关法律、法规和规章的规定，确定部门履行的行政职能。

二是严格按照调整的职责事项，对部门主要职责重新界定。

三是上级交办的临时性事项、阶段性任务以及部门的规范性文件不作为确定部门主要职责的依据。

四是将现由事业单位承担的，未经法律、法规和规章授权或委托的行政职能划入政府部门行使。

（2）理顺职责关系，明确和强化责任。

一是依法行政，严格按照有关法律、法规和规章的规定，明确部门职责分工，合理界定权限。

二是避免交叉，一件事情尽量由一个部门承担。

三是权现一致，对需要协调配合的工作，明确牵头负责部门和相关配合部门的权责，提高行政效率。

3.关于内设机构设置

区人民政府各部门要着力整合优化、综合设置内设机构。

（1）内设机构要按照精简效能的原则设置，不要求上下对口，工作内容相近或相似的要予以归并，工作任务较少的应综合设置或者归并到职责相近的内设机构。

（2）集中处理行政审批事项。部门行政审批事项由一个内设机构办理，做到一个“窗口”对外。

（3）调整变动的部门，有关内设机构随职责调整相应划转，并按照改革的要求进行整合；对以自我服务为主的内设机构要予以归并。

（4）按照有关法律、法规的规定，做好控制内设机构。

（5）纪检监察机构按有关规定设置。

（6）设党工委的部门其党工委办事机构与行政办公室合署办公。

4.关于人员编制

要按照精简效能、总量控制原则，对人员编制实行总量控制，确保行政编制总量不突破。超编人员要通过分流、自然减员等办法，在2011年以前消化解决。

（1）新组建的部门根据所确定的主要职责，结合工作实际，按照精简的原则核定人员编制。

（2）机构撤并调整的部门，根据工作任务需要，重新核定人员编制。

（3）职责调整变动的部门根据职责调整情况，按照“人随事走”的原则，其人员编制作适当增减。

5.关于领导职数

区人民政府工作部门领导职数原则上按2名配备，工作任务重的部门可增加1名领导职数，挂牌机构可增加1名领导职数。

（三）“三定”规定的报批程序

1.各部门参照对应的柳州市部门“三定”规定并根据所承担的职能，研究拟制本部门“三定”规定草案于2010年4

月底前报区编委办公室。

2.对需要协调的问题,相关部门自行协商。协商一致的,相关方签署意见;协商达不成一致意见的,相关方各自陈述理由。

3.区机构编制委员会办公室负责审核各部门“三定”规定,对职能交叉等问题书面征求相关部门的意见,并进行协调后,于2010年5月底前报请区人民政府裁定。

4.区人民政府工作部门的“三定”规定由区人民政府办公室印发。

(四)“三定”工作的组织实施

各部门要严格按照“三定”规定行使职能和申报设置内设机构,同时认真进行职位分类,根据各职位的职责任务和任职资格定编定岗。要搞好机关内部各项制度建设,建立健全运行机制,依据“三定”规定开展工作。

四、加强组织领导,确保机构改革顺利进行

(一)切实加强对改革工作的领导。区人民政府机构改革在区委、区人民政府的统一领导下,由区机构编制委员会组织实施。各部门主要负责同志负总责,分管领导具体抓,精心组织,落实到位。改革中既要坚定不移,全力推进,又要结合实际,积极稳妥,确保改革方案顺利实施。

(二)正确处理改革发展稳定的关系。各部门要做实做细职责调整,有步骤、分阶段推进改革。要妥善处理改革中出现的问题,着力解决群众最关心、最直接、最现实的利益问题,加强宣传和舆论引导,争取各方面对改革的支持,为改革顺利开展营造良好社会环境。

(三)做好指导协调工作。区机构编制委员会办公室要充分发挥职能作用,切实履行职责,当好参谋助手,加强对机构改革工作的具体指导和组织协调,对改革中出现的新情况、新问题研究提出意见,重大问题及时向区委、区人民政府报告。

(四)严格改革纪律,加强监督检查。要切实维护机构编制管理的权威性、严肃性和有效性。严防国有资产流失。区纪检(监察)、组织、机构编制、财政、审计等部门要密切配合,及时研究和处理改革中的相关问题,确保区人民政府机构改革工作顺利推进。

中共柳北区委员会 柳北区人民政府 关于柳北区人民政府 机构设置的通知

柳北发〔2010〕11号

各镇党委、政府,各街道党工委、办事处,各系统党工委(党组),区机关各部门,区属各企事业单位:

根据《中共柳州市委办公室、柳州市人民政府办公室关于印发〈柳州市柳北区人民政府机构改革方案〉的通知》(柳办发〔2010〕4号)精神,现将柳北区人民政府机构设置通知如下:

一、工作部门

人民政府办公室

发展改革和经济局

教育局

科学技术局

监察局

柳北区人民政府机构设置表

办公室	发展改革和经济局	教育局	科学技术局	监察局	民政局	司法局	财政局	人力资源和社会保障局	住房和城乡建设局	商务局	农业与水利局	林业局	文化和体育局	卫生局	人口和计划生育局	审计局	环境保护局	统计局	安全生产监督管理局	城市管理行政执法局	水产畜牧兽医局	法制办公室

说明:柳北区人民政府设置工作部门22个。监察局与纪律检查委员会机关合署办公,列入柳北区人民政府工作部门序列,不计入柳北区人民政府机构个数。柳北区人民政府办公室挂柳北区人民政府宗教事务局、柳北区民族事务局、柳北区调解处理土地山林水利纠纷办公室牌子;柳北区发展改革和经济局挂柳北区物价局牌子;柳北区民政局挂柳北区老龄工作委员会办公室牌子;柳北区财政局挂柳北区农业综合开发办公室牌子;柳北区住房和城乡建设局挂柳北区人民防空办公室牌子;柳北区商务局挂柳北区招商促进局、柳北区现代服务业管理局牌子;柳北区农业与水利局挂柳北区扶贫开发办公室牌子;柳北区文化和体育局挂柳北区新闻出版局牌子;柳北区安全生产监督管理局挂柳北区安全生产委员会办公室牌子;柳北区城市管理行政执法局挂柳北区市容管理局牌子。

民政局
司法局
财政局
人力资源和社会保障局
住房和城乡建设局
商务局
农业与水利局
林业局
文化和体育局
卫生局
人口和计划生育局
审计局
环境保护局
统计局
安全生产监督管理局
城市管理行政执法局
水产畜牧兽医局
法制办公室

二、挂牌机构

监察局与纪律检查委员会机关合署办公，列入区人民政府工作部门序列，不计入区人民政府机构个数。区人民政府办公室挂区人民政府宗教事务局、区民族事务局、区调解处理土地山林水利纠纷办公室牌子；区发展改革和经济局挂区物价局牌子；区民政局挂区老龄工作委员会办公室牌子；区财政局挂区农业综合开发办公室牌子；区住房和城乡建设局挂区人民防空办公室牌子；区商务局挂区招商促进局、区现代服务业管理局牌子；区农业与水利局挂区扶贫开发办公室牌子；区文化和体育局挂区新闻出版局牌子；区安全生产监督管理局挂区安全生产委员会办公室牌子；区城市管理行政执法局挂区市容管理局牌子。

2010 年 4 月 19 日

中共柳北区委员会关于印发《中共柳北区委员会关于进一步加强和改进人大工作的意见》的通知

柳北发〔2010〕19 号

各镇党委、人大主席团、政府，各街道党工委、办事处，各系统党工委(党组)，区机关各部门：

现将区委八届十次全会通过的《中共柳北区委员会关于进一步加强和改进人大工作的意见》印发给你们，请认真贯彻执行。

2010 年 10 月 8 日

中共柳北区委员会关于进一步加强和改进人大工作的意见

（2010 年 9 月 9 日中共柳北区第八届委员会第十次全体会议通过）

为深入贯彻落实党的十七大和十七届四中全会精神，进一步加强和改进党对人大工作的领导，充分发挥我区国家权力机关的作用，开创我区人大工作新局面，推动科学发展，促进建设富裕文明和谐新柳北，根据《自治区党委关于进一步加强和改进人大工作的决定》(桂发〔2008〕16 号)和《中共柳州市委关于进一步加强和改进人大工作的意见》(柳发〔2009〕2 号)精神，结合我区实际，提出如下意见。

一、深刻认识加强和改进人大工作的重要意义

人民代表大会制度是符合我国国情、体现我国社会主义国家本质、保证全国各族人民当家做主的根本政治制度，是党对国家和社会事务实施领导的政权组织形式。坚持和完善人民代表大会制度是坚持中国特色社会主义政治发展道路的必然要求，是发展社会主义民主、健全社会主义法制、建设社会主义政治文明、构建社会主义和谐社会的重要内容，是全党全社会的共同责任。做好人大工作，是我区改革开放和现代化建设不断取得新成绩、经济社会又好又快发展的重要保证。全区各级党组织、各单位、各部门要从全局和战略高度，进一步提高对坚持和完善人民代表大会制度重要性的认识，增强政治责任感和历史使命感，为把人民代表大会制度坚持好、完善好、发展好作出积极贡献。

二、进一步加强和改进党对人大工作的领导

(一)进一步改进党对人大工作的领导方式。区委和各镇党委要按照总揽全局、协调各方的原则，从思想上、政治上、组织上全面加强和改进对人大工作的领导，把人大工作摆上重要议事日程，研究分析新形势下人大工作面临的新情况新问题，有针对性地解决影响人大工作的难题，支持区人大及其常委会和镇人大及其主席团依法履行职责，推动区人大及其常委会和镇人大及其主席团贯彻落实好党的路线方针政策。要进一步强化科学执政、民主执政、依法执政的意识；坚持国家一切权力属于人民，从各个层次、各个领域扩大公民有序政治参与，最广泛地动员和组织人民管理国家事务和社会事务，管理经济和文化事业；善于发挥社会主义政治制度的优越性，充分发挥区人大及其常委会、区人大常委会各工作机构和镇人大及其主席团的作用，通过人大中的党组织和党员贯彻党的路线方针政策，贯彻党委的重大决策和工作部署，推进社会主义民主政治制度化、规范化、程序化，为柳北区政治稳定、经济发展、社会安定、民族团结提供政治和法律保障。各级党组织和全体党员要自觉遵守宪法和法律，带头维护宪法和法律的权威。

（二）认真把握坚持和完善人民代表大会制度的原则。坚持正确政治方向，是做好人大工作的根本。人大工作坚持正确政治方向，最根本的就是坚持党的领导、人民当家做主、依法治国有机统一。在这个重大政治原则问题上，头脑要十分清醒，立场要十分坚定，旗帜要十分鲜明，决不能有丝毫动摇。区人大及其常委会和镇人大及其主席团要自觉接受党的领导，把党的领导贯穿于依法履行职责的全过程，落实到工作各个方面。要高举中国特色社会主义伟大旗帜，坚定不移地以中国特色社会主义理论体系为指导，坚持人民代表大会统一行使国家权力，走中国特色社会主义政治发展道路。坚持民主集中制，严格依法、依程序办事，集体决定问题，集体行使职权。坚持走群众路线，以人为本，把实现好、维护好、发展好最广大人民的根本利益作为人大一切工作的出发点和落脚点。全面落实依法治区基本方略，树立社会主义法治理念，实现我区各项工作法治化。

（三）健全和完善党委领导人大工作的各项制度。区委和各镇党委要把人大工作摆到党委全局工作的重要地位，纳入总体工作部署；在每届人大任期内至少召开一次人大工作会议，总结工作经验，提出新的目标和任务；区委每年听取一次区人大常委会党组工作汇报，镇党委每年听取一次镇人大主席团工作汇报，讨论、研究和解决人大工作中的重要问题，根据党委的中心工作和按照人大的职权范围、工作方式，向区人大常委会党组和镇人大主席团提出任务和要求。区委在作出涉及柳北区经济社会发展全局和广大人民群众切身利益的重要决策前，要听取区人大常委会的意见；作出重要决策和重要部署，要及时向区人大常委会党组通报。实行党委书记联系人大工作制度。对区人大常委会党组的请示，要及时研究答复。区人大常委会主任列席区委常委会；区人大常委会党组成员、区人大常委会工作机构党员正职领导列席区委全委会。区委、区政府召开全局性会议或组织重大活动以及区委组织部门开展领导干部民主推荐和测评时，应安排区人大常委会领导成员及区人大常委会工作机构有关领导成员参加。区委要加强对区人大会议和区人大常委会会议的领导，镇党委要加强对镇人大会议和镇人大主席团会议的领导，支持和保证人大代表、区人大常委会组成人员和镇人大主席团成员依法行使职权，不断提高会议质量。

（四）充分发挥区人大常委会党组的领导核心作用。区人大及其常委会党组织和党员要牢固树立党的观念、政治观念、大局观念、群众观念、法治观念，认真贯彻党的路线方针政策。区人大常委会党组受区委领导，对区委负责。区委要善于通过区人大常委会党组实施对人大工作的领导，通过发挥区人大常委会党组的领导核心作用，保证党的路线方针政策以及重大决策和部署在人大工作的贯彻落实。区人大常委会党组和区人大会议临时党组织要注意听取党员人大代表、党员人大常委会委员以及人大机关党员的意见，及时掌握人大工作和民主政治建设的最新情况，主动向区委反映人大工作中的新情况新问题。对于人大工作中的重要事项，包括人大会议召开、人大常委会会议议程、人大常委会年度工作要点、拟通过的规范性文件草案、开展监督、决定重大事项、人事任免等工作中的重大问题，区人大常委会党组要及时向区委请示报告，在取得区委同意后按照法定程序办理。区人大常委会党组要通过党组织的活动和党员的中坚骨干作用，保证党的意图和主张在地方国家权力机关工作中得以贯彻落实。

（五）加强对人民代表大会制度的学习、研究和宣传。

1.加强对人民代表大会制度的学习。各级党组织要抓好广大干部特别是党员领导干部对宪法、法律、人民代表大会制度和民主政治建设理论的学习培训，将上述内容作为各级党委（党工委）中心组的重要学习内容，作为区委党校、党政干部以及公务员培训的必修课程。要切实加强对区、镇两级人大代表和区人大常委会组成人员的培训，提高他们依法履行职责的能力。

2.加强对人民代表大会制度理论和实践的研究。区委、各镇党委要将人大工作理论与实践的研究纳入重大课题调研计划。区人大常委会和镇人大主席团要积极开展人大工作理论研讨活动，用理论研究的新成果来指导人大工作的新实践，为人大工作提供理论指导和智力支持。

3.加强对人民代表大会制度的宣传。区委宣传部门要把人民代表大会制度和人大工作的宣传，纳入宣传计划；突出以宪法为核心的法制宣传教育，增强全民的人大意识和民主法制观念；依托新闻媒体大力宣传人民代表大会制度和人大工作，提高宣传效果；在区委内部刊物开设专栏，加强人大工作宣传报道。区人大常委会和镇人大主席团要把人大宣传工作纳入日常重要工作议程，拓宽宣传渠道，密切与新闻媒体的工作联系和配合，及时通报人大工作信息，提高宣传报道的时效性；努力提高自办宣传载体的质量和水平；积极探索完善人大会、常委会期间的宣传方式、方法。

三、支持和保证人大及其常委会依法行使职权

（一）支持和保证人大及其常委会按照法定程序开好会议。人大工作是党和国家工作的重要组成部分，必须放在党委工作全局来谋划、来推动。区委要加强对区人大会议和人大常委会会议的领导，镇党委要加强对镇人大会议和镇人大主席团会议的领导，充分发扬民主，严格依法办事，支持和保证人大代表、人大常委会组成人员和人大主席团成员依法行使民主权利，不断提高人大工作质量。区人大及其常委会、镇人大及其主席团要牢牢把握第一要务，紧紧围绕推动科学发展、促进社会和谐，紧紧围绕改革发展稳定的重大问题，紧紧围绕群众普遍关心的热点难点问题开展工作。

(二)支持和保证人大及其常委会依法行使监督权。区委和各镇党委要协调解决监督过程中遇到的重大问题；对涉及区人大及其常委会和镇人大及其主席团表决通过或实施监督的重大事项，应尽量避免党政联合发文，便于区人大及其常委会、镇人大及其主席团依法开展工作；支持人大做好对规范性文件的备案审查工作和适时依法启动质询、特定问题调查、撤职、罢免等监督程序。区人大常委会和镇人大主席团要全面贯彻监督法，遵循坚持党的领导、集体行使职权的原则，按照围绕中心、服务大局、突出重点、讲求实效的要求，加强和改进监督工作；监督工作要服从和服务于全区工作大局，突出监督重点，完善监督形式，进一步规范审议报告、执法检查、述职评议等工作方式和程序，积极开展对垂直管理的行政执法部门执法情况的监督，加大跟踪监督力度，增强监督实效。区“一府两院”及其组成部门、各镇政府要认真贯彻落实监督法，强化人大意识和法制观念，建立完善主动接受监督的具体工作制度；区“一府两院”及有关部门的负责同志、镇政府及有关部门的负责同志要按规定和区人大常委会、镇人大主席团的要求认真参加人大有关会议，听取人大代表、区人大常委会组成人员和镇人大主席团成员的审议意见，回答询问，并认真负责地予以落实。建立和完善区人大常委会与“一府两院”间的联席会议制度，加强工作沟通和协调。

(三)支持和保证人大及其常委会依法行使重大事项决定权。对重大事务的决策和主张，属于人大及其常委会职权范围内、在本行政区域范围内具有普遍约束力的，区委、各镇党委应作为建议向区人大常委会、镇人大主席团提出，使之经过法定程序成为人民群众的共同意愿。区“一府两院”、各镇政府对应由区人大及其常委会、镇人大及其主席团讨论决定的重大事项，要依法及时提请审议。区人大常委会要在区委的领导下、各镇人大主席团要在镇党委的领导下，根据宪法和法律的规定，制定、规范和完善符合我区、本镇实际的讨论决定重大事项的程序和工作制度，科学界定重大事项范围，适时、依法、科学地作出决议、决定。区人大及其常委会、镇人大及其主席团依法作出的决议、决定在本行政区域内具有法定效力，本行政区域内一切国家机关必须认真贯彻执行。

(四)支持和保证人大及其常委会依法行使人事任免权。区委和各镇党委要认真执行《党政领导干部选拔任用工作条例》和《中华人民共和国公务员法》，正确处理坚持党管干部原则与人大依法行使选举任免权的关系，实现党内工作程序与人大及其常委会法定程序的有机结合。区委应将区人大及其常委会对区“一府两院”专项工作的审议意见、镇党委应将镇人大及其主席团对镇政府专项工作的审议意见作为考核“一府两院”领导班子和干部的重要依据。区委推荐需要由区人民代表大会选举或者由区人大常委会任命的领导干部人选，应事先向人大会临时党组织或者区人大常委会党组介绍推荐意见；镇党委推荐需要由镇人大选举的领导干部人选时，应事先向镇人大会临时党组织和镇人大主席团介绍推荐意见。人大会临时党组织、区人大常委会党组和人大代表中的党员，应当贯彻区委、镇党委的推荐意见，带头依法办事，正确履行职责。在人民代表大会选举或者区人大常委会任命、决定任命前，如果人大代表或者区人大常委会组成人员对所推荐的人选提出不同意见，区委、镇党委应认真研究，并作出必要的解释或者说明；如果发现有事实依据、足以影响选举或者任命的问题，区委可以建议区人大及其常委会按照规定的程序暂缓选举、任命、决定任命，也可以重新推荐人选；镇党委可以建议镇人民代表大会暂缓选举，也可以重新推荐人选。凡是依法应由人大及其常委会选举或者任免的干部，必须在选举或者作出任免决定之后方可对外公布。要按照地方组织法的规定，切实尊重人大代表联名推荐候选人的民主权利，尊重和维护人大及其常委会选举和表决的结果。由人大及其常委会选举或者任命的干部，在法定任期内原则上保持相对稳定，确需调整的，要严格按照法定程序办理。区人大常委会要坚持和完善任前法律知识考试、供职表态、人大常委会组成人员提问、颁发任命书等制度。

(五)区人民政府、区人民法院、区人民检察院及其工作人员要依法接受区人大及其常委会的监督，镇人民政府及其工作人员要依法接受镇人大及其主席团的监督。行政机关、审判机关、检察机关要忠实履行宪法和法律赋予的职责，依法接受人大及其常委会的监督。要不断增强法律意识和公仆意识，对人大及其常委会的审议意见，要认真研究、整改，依法按时报告落实情况。凡属人大及其常委会法定职权范围内的重大事项，“一府两院”都要提请人大及其常委会讨论决定，并认真贯彻执行。区“一府两院”要认真接受区人大常委会的专项工作审议，镇政府要认真接受镇人大主席团的专项工作审议，并按照审议意见改进工作。区“一府两院”负责人要依法列席区人大常委会会议，镇政府负责人要依法列席镇人大主席团会议。“一府两院”组成人员要按照人大常委会的要求，认真参加有关的会议和执法检查、视察等活动，听取意见，回答询问。“一府两院”召开的重要会议，应请人大常委会及其工作机构的负责人参加。

四、进一步发挥人大代表的作用

(一)不断提高人大代表的素质和履职能力。区委、各镇党委要高度重视人大代表候选人的提名推荐工作，防止和克服把人大代表职务当做荣誉职务或照顾性安排的倾向，严把代表素质关，适当提高来自基层人大代表的比例，坚持广泛性、代表性和先进性的统一，不断优化代表的年龄、知识和专业结构。区委、各镇党委提名代表候选人人选时，要充分听取区人大常委会党组、镇人大主席团的意见。区人大常委会、各镇人大主席团要建立健全代表培训制度，积极开展形式多样、针对性强的培训活动，在每一届任期内，要对代表进行至少一次的专题培训；不断完善和规范代表活动的方式方法，建立和完善人大会议期间、闭会期间的人大代表活动机制；建立和完善专业代表小组制度；积极探索建立代表履职的激励机制。人大代表要加强提高履职能力的自身学习，模范遵守宪法和法律，正确执行代表职务，认真履行代表义务。

(二)切实为人大代表履行职责提供必要条件。各级党组织要大力支持人大代表依法履行职责和开展代表活动。区政府要把区、镇两级人大代表活动经费列入本级财政预算，其中镇人大代表活动经费由区人大常委会统一管理，监督使用，确保人大代表活动经费及时足额到位。区人大常委会和区"一府两院"、镇人大及其主席团和镇政府要建立健全保障代表知情权的具体制度，通过发送公报、召开情况通报会等多种形式，及时主动地为代表提供有关资料和信息，拓宽代表的知情知政渠道。人大代表依法参加代表活动，其所在单位和部门必须给予时间、工资、奖金和其他福利待遇等各项保障。适当提高农民、工人(即国家公职人员和国有或国有控股企业职工以外人员）中人大代表参加人大会议和代表活动的误工补贴。对妨碍执行代表职务或侵犯代表合法权益的行为，要依法严肃查处。

(三)提高人大代表议案、建议、批评和意见提出及办理的质量。区人大及其常委会和镇人大及其主席团要明确代表提出议案、建议、批评和意见的基本要求、范围和程序，加强组织引导、协调工作，为代表提出议案、建议、批评和意见提供服务，不断提高代表议案、建议、批评和意见提出的质量；要对代表的议案、建议、批评和意见及时进行整理和研究，会同区政府、镇政府做好交办工作；要建立完善督办工作制度，加强对办理工作的督办力度，强化跟踪问效，推动群众反映强烈的民生等问题的解决。区"一府两院"和各镇政府要建立运转顺畅、高效的办理工作机制，制定办理工作具体制度办法，落实责任制，将办理情况列入目标管理考核体系内容；在认真调研的基础上提出办理意见，答复代表，对应解决但一时难以解决的，应先向代表说明情况，抓紧解决，对确实不能解决的问题，应充分说明原因。承办单位要及时向区人大及其常委会、镇人大及其主席团报告办理代表议案、建议、批评和意见的情况。

(四)密切党委和行政机关与代表、代表与选民的联系。要建立健全区委、镇党委和区政府、镇政府工作人员密切联系代表制度，重大决策和部署出台前应听取代表意见，充分发挥代表的桥梁和纽带作用。通过代表凝聚民力，广泛发动人民群众投身到我区经济社会各项建设的实践中去；通过代表集中民智，促进我区全面建设小康社会、建设富裕文明和谐新柳北目标的实现。区人大常委会和镇人大主席团要建立和完善走访代表、邀请代表列席区人大常委会会议和镇人大主席团会议，参加执法检查、工作评议、调研等工作制度。区人大常委会可以建立区人大代表通过"绿色通道"向区委、区人大常委会、区"一府两院"领导寄送信件的制度。各级人大代表应通过多种渠道保持与人民群众的密切联系，自觉接受人民群众监督，积极探索、逐步建立代表联系选民、代表向选民述职、选民评议代表等制度。

五、加强人大及其常委会和人大机关的自身建设

(一)加强思想和作风建设。区人大及其常委会、镇人大及其主席团要深入贯彻党的十七大和十七届四中全会精神，深刻领会邓小平理论和"三个代表"重要思想，准确把握科学发展观的科学内涵、精神实质和根本要求，牢固树立党的观念、政治观念、大局观念、群众观念和法治观念，不断增强坚持和完善人民代表大会制度的自觉性和坚定性，坚定不移地走中国特色社会主义道路。加强宪法和法律知识的学习，以适应人大工作的特点和要求。坚持以人为本，密切同群众的联系，深入了解民情，充分反映民意，广泛集中民智，自觉接受群众监督。加强调查研究，改进工作作风，努力提高审议质量和工作水平。加强制度建设，进一步制定和完善议事制度、工作制度等人大工作制度，不断健全和完善适合国家权力机关特点、充满活力的组织制度和运行机制，促进人大及其常委会工作的制度化、法制化、规范化。加强党风廉政建设。与时俱进，开拓创新，努力在继续解放思想上迈出新步伐，在坚持改革开放上取得新突破，在推动科学发展上取得新进展，在促进社会和谐上取得新成效。

(二)加强区人大及其常委会机关的机构和干部队伍建设。争取上级支持，力争实现上级关于健全、完善和充实区人大及其常委会工作机构和编制的目标，即：建立区人大信访工作机构，配备专职人员，享受与党政信访部门同级干部同等的政治、工作、生活待遇；区人大常委会的内设机构，原则上设"一室四工委"，除原有的"一室三工委"外，增设教育科学文化卫生工作委员会，科学设置、统一规范区人大常委会的内设机构和名称，并合理确定人员编制，确保工作正常开展。要优化人大常委会领导班子的配备结构。要优化人大常委会组成人员、人大常委会工作机构人员的年龄、知识、专业结构，提高人大工作质量和水平。区委、镇党委要把人大机关干部的配备、培养、交流、选拔和使用纳入党的干部队伍建设总体规划，加大人大机关与党委、政府之间的干部交流力度，并形成制度，长期坚持；重视和支持人大干部的培训工作，注意选派人大机关的年轻干部到上级机关、同级机关、下级机关、企事业单位挂职锻炼。在人大机关任职的同志的政治、工作、生活待遇与党政机关同级干部相一致。

（三）加强镇人大工作。各镇党委要把镇人大工作放在重要位置，纳入总体工作安排。不断完善镇人大工作制度，实现镇人大工作的规范化、制度化。镇人大主席团要配备至少一名专职工作人员，并集中精力和时间从事人大工作。镇人大会议经费、代表活动经费以及执法检查、视察、调研等活动经费列入区财政预算，由区人大常委会统一管理，监督使用。上级部门在镇的派出机构的执法行为应接受镇人大的监督。乡镇人大主席、副主席的政治、工作、生活待遇，与同级党政领导干部同等对待。注重解决好镇人大办公设施、工作用车问题。

（四）支持改善区、镇两级人大机关的工作条件。区政府对区人大及其常委会、镇人大及其主席团的会议经费、执法检查、工作评议、调研、视察、培训、宣传等履行职责所需的工作经费，要列入本级财政预算，切实予以保障，并根据工作需要和财政收入增长情况逐步提高。加强区、镇两级人大机关的基础设施建设，切实解决好在办公条件和办公经费方面存在的困难和问题。人大及其常委会的议事场所建设要达到相应的标准和技术规范，调研和视察手段要提升现代化水平。加强人大机关工作信息化建设，提高议事效率和工作效率。

（五）支持区人大常委会与外地人大常委会、镇人大主席团与外地乡镇人大主席团开展多种形式的交流活动。互相学习借鉴先进工作经验，共同研究探讨做好人大工作的方法和途径，提高人大工作水平，推动我区改革开放和现代化建设。

区人大常委会、区人民政府、区人民法院、区人民检察院和各镇党委、各镇人大主席团、各镇人民政府要根据本意见，研究制定配套文件，并认真贯彻执行。各镇党委要加强对本意见执行情况的督促检查，每年将督促检查的情况向区委作专题报告并通报区人大常委会党组。

中共柳北区委员会关于印发《柳北区2010年乡镇党委书记公推直选试点工作方案》的通知

柳北发〔2010〕20号

各镇党委、各街道党工委、各系统党工委（党组）、区机关各部门、区属各事业单位党组织，区人民法院、区人民检察院：

《柳北区2010年乡镇党委书记公推直选试点工作方案》已经区委同意，现印发给你们，请结合实际，认真贯彻执行。

2010年10月14日

柳北区2010年乡镇党委书记公推直选试点工作方案

为进一步深化干部人事制度改革，积极稳妥地推进我区基层党内选举制度改革，探索基层干部选拔任用新机制，加强党的基层组织建设，按照《中国共产党章程》、《中国共产党基层组织选举工作暂行条例》、《党政领导干部选拔任用工作条例》和自治区党委组织部《关于做好乡镇党委领导班子成员公推直选试点工作的通知》（桂组通字〔2010〕107号）文件精神，结合我区实际，制定本方案。

一、指导思想

坚持以邓小平理论和“三个代表”重要思想为指导，深入贯彻落实科学发展观，全面落实党的十七大、十七届四中全会精神，积极推进党内民主建设，尊重党员主体地位，保障党员民主权利，拓宽党的基层干部选拔任用渠道，真正把那些政治上靠得住、工作上有本事、作风上过得硬的干部选拔到乡镇党委书记的岗位上来，提高基层领导班子的群众公信度，树立正确的用人导向，形成富有生机与活力、有利于优秀人才脱颖而出的选人用人机制，为实施“打造柳州科学发展试验区、城乡统筹发展先行区和率先建成西江经济带综合经济实力最强城区”战略，加快经济发展方式转变，促进经济社会又好又快发展提供坚强的组织保证。

二、基本原则

（一）党管干部原则；

（二）德才兼备、以德为先原则；

（三）群众公认、注重实绩原则；

（四）公开、平等、竞争、择优原则；

（五）民主集中制原则；

（六）依法办事原则；

（七）充分发扬党内民主，尊重和保障党员民主权利原则。

三、公推直选职位

本次公推直选职位（1个）：柳北区沙塘镇党委书记。

四、公推直选范围

柳北区中国共产党机关、人大机关、政府机关、政协机关、审判机关、检察机关、工商联、各人民团体在职在编人员，以及通过自治区公务员公招考试被录用的参公管理单位在职在编人员。

五、资格条件

参照《中国共产党章程》、《公务员法》、《党政领导干部选拔任用工作条例》的有关规定，参加公推直选柳北区沙塘镇党委书记的人员，应当具有下列资格条件：

(一)具有大学本科以上学历;

(二)年龄40周岁以下,身体健康;

(三)具有五年以上工龄和两年以上基层工作经历;

(四)中共正式党员,三年以上党龄,并具有一定的党内生活经验和党务工作经验;

(五)现任正科级职务(含相当于正科级)一年以上,或担任副科级领导职务(含相当于副科级领导职务)三年以上且具有两个以上副科级领导职位任职经历;

(六)近三年年度考核均为称职及以上等次;

(七)本人籍贯或成长地不在柳北区沙塘镇。

现任柳北区镇党委、人大、政府班子正职领导和街道党工委、办事处正职领导符合(三)、(四)、(五)、(六)、(七)资格条件的,均可列为推荐人选。

上述资格条件中,年龄、党龄及任职年限均含本数,计算截止时间为2010年9月30日。

有下列情形之一的不得报名或不能作为推荐对象:

1.正在受司法机关立案侦查、纪检监察部门立案审查的;

2.受党纪政纪处分规定的提任使用限制期内的;

3.有《党政领导干部选拔任用工作条例》及有关政策规定的需任职回避情况的;

4.其他不适宜提任领导干部职务的情况。

六、时间安排和程序步骤

公推直选试点工作从2010年10月中旬开始,12月下旬结束。按照发布公告、公开报名、资格审查、召开柳北区干部推荐大会确定候选人初步人选、实地调研、召开沙塘镇公开推荐大会、组织考察、召开区委全会和区委常委会确定候选人预备人选、公示、召开沙塘镇党代表大会直接选举、审批备案等程序进行。

(一)发布公告(10月15日~22日)。通过会议、新闻媒体等发布公告,公布公推直选的职位、任职条件、程序方法和报名(推荐)办法等。

(二)公开报名和推荐(10月25日~29日)。采取个人自荐、组织推荐、处级领导(含非领导职务处级干部)推荐、“两代表一委员”(5名以上)举荐、党员联荐(10名正式党员)等五种形式进行报名和推荐。报名和推荐地点:区行政中心801室,截止日期为10月29日下午5:30,逾期不再受理。

(1)个人自荐:由本人填写《公推直选乡镇党委书记报名(推荐)登记表》后,在“报名(推荐)方式”栏内签名,向柳北区公推直选试点办公室自荐。

(2)组织推荐:由柳北区各单位党组织根据公开推荐职位任职资格条件和要求,集体研究确定推荐人选,单位在《公推直选乡镇党委书记报名(推荐)登记表》中的“报名(推荐)方式”栏内盖章,向柳北区公推直选试点办公室推荐。

(3)处级领导(含非领导职务处级干部)推荐:由柳北区处级领导干部(含非领导职务处级干部)在《公推直选乡镇党委书记报名(推荐)登记表》中的“报名(推荐)方式”栏内署实名,向柳北区公推直选试点办公室推荐。

(4)“两代表一委员”(5名以上)举荐:由5名以上“两代表一委员”在《公推直选乡镇党委书记报名(推荐)登记表》中的“报名(推荐)方式”栏内联合署实名,向柳北区公推直选试点办公室推荐。

(5)党员联荐:由组织关系在柳北区的10名以上中共正式党员在《公推直选乡镇党委书记报名(推荐)登记表》中的“报名(推荐)方式”栏内联合署实名,向柳北区公推直选试点办公室推荐。

(三)资格审查(11月1日~5日)。按照任职条件,柳北区公推直选试点办公室对报名人员和推荐对象进行资格审查,并通过相关媒体公示通过资格审查人员名单,公示期3天。

(四)确定候选人初步人选(11月8日~12日)。召开柳北区领导干部推荐大会,以无记名投票方式,对通过资格审查的竞选者,按得票多少取前5名作为候选人初步人选。如出现第5名人选得票相等的,则对得票相等的竞选者进行二次推荐,得票多者作为第5名人选。推荐结果在柳北区有关媒体上公告。参加柳北区领导干部推荐大会人员为:柳北区副科级以上领导干部。

(五)实地调研(11月15日~19日)。柳北区公推直选试点办公室组织5名候选人初步人选到沙塘镇进行调研,撰写竞职报告。调研时间为3~5天。

(六)召开沙塘镇公开推荐大会(11月22日~26日)。首先由5名候选人初步人选进行演讲,然后以无记名投票方式推荐出前4名,如出现第4名人选得票相等的,则对得票相等的竞选者进行二次推荐,得票多者作为第4名人选。参加沙塘镇公开推荐大会人员为:柳北区沙塘镇机关和所属站所全体干部职工、垂直管理站所负责人、村(社区)党组织书记、村委会(居委会)主任、沙塘镇本届党代会50%以上代表、驻镇的区级及以上党代表、人大代表、政协委员和10名以上沙塘镇籍其他领域的群众代表。参加公开推荐大会总人数不低于80人。公开推荐结果在沙塘镇有关媒体上公告。

(七)组织考察(11月29日~12月3日)。按照有关规定,根据公开推荐结果,对沙塘镇公开推荐大会推荐出的4名候选人初步人选进行全面考察,注重考察工作实绩和群众公认度。考察采取民主测评和民意调查等形式,在候选人初步人选所在单位干部职工、离退休人员、服务对象及其工作联系点干部群众中进行。如有考察不合格者,按公开推荐得票高低依次递补考察人选。

(八)确定候选人预备人选(12月6日~10日)。召开柳北区委常委会议对4名候选人初步人选进行差额票决，确定3名候选人预备人选并报市委组织部审核批复。市委组织部批复后，召开柳北区委全会，对3名候选人预备人选进行差额票决，按得票多少确定2名正式候选人预备人选。如出现第2名得票相等的，则将得票相等的2名候选人预备人选进行二次票决，得票多者作为第2名人选。选举前，应将正式候选人预备人选的党组织关系转到柳北区沙塘镇机关党支部。选举结束后，未当选的，则将其党组织关系转回原单位。

（九）公示（12月10日～16日）。在柳北区党建网、相关媒体及沙塘镇、候选人所在单位对2名正式候选人预备人选进行为期7天的公示。如发现有影响任职问题的，取消候选人资格，按柳北区委全会得票数依次递补候选人预备人选。

（十）直接选举（12月16日～22日）。召开沙塘镇党员代表大会（党代会的代表为2006年沙塘镇换届选举时的党代会代表，因工作调动、死亡、受党纪处分等原因出现代表缺额的，由代表所在的选举单位党组织按党内选举有关规定进行补选）进行直接选举。大会分五个步骤进行：第一，柳北区公推直选试点办公室负责人宣读柳北区委文件，公布正式候选人预备人选名单，介绍正式候选人预备人选产生情况（按姓氏笔画为序），并提供正式候选人预备人选《干部任免审批表》和《候选人工作实绩》材料给与会党代表；第二，正式候选人预备人选进行15分钟的自我介绍和竞职演讲（抽签决定顺序）；第三，进行10分钟的现场答辩（由党代表现场提问，允许对每个正式候选人预备人选提2～3个问题）；第四，与会党代表以举手表决方式，确定2名正式候选人预备人选为正式候选人；第五，与会党代表采取无记名投票方式差额选举沙塘镇党委书记。

进行直接选举时，实到会党代表不得少于应到会党代表的五分之四。获赞成票超过实到会人数一半的始得当选。如出现得票相等的情况，则进行二次投票。

（十一）审批备案（12月23日～24日）。由柳北区公推直选试点办公室向柳北区委报告选举结果，柳北区委根据选举结果，按照有关规定对选举结果进行批复，办理任职手续。同时，做好试点工作总结及文件资料整理归档工作。

七、组织领导

（一）加强组织领导

为加强对本次乡镇党委书记公推直选试点工作的领导，确保公推直选工作的顺利进行，经研究决定，成立柳北区乡镇党委书记公推直选试点工作领导小组，负责本次公推直选工作的组织、指导和协调。领导小组组成人员如下：

组　长：黄　涛　　区委书记
　　　　孙黎明　　区委副书记、政府区长
副组长：林　敏　　区委常委、纪委书记
　　　　刘子林　　区委常委、政府常务副区长
　　　　莫江涛　　区委常委、宣传部部长、
副区长：郑艺萍　　区委常委、组织部部长
　　　　杨建伟　　区委常委、区委办公室主任
　　　　陈自贵　　区委常委、政府副区长、新农村指导员作队队长
成　员：黄宗德　　区委办公室副主任、区委督查室主任
　　　　倪曲波　　区纪委副书记、监察局局长、绩效办主任
　　　　高　宇　　区委组织部副部长、组织员办主任
　　　　王定超　　区委组织部副部长、基层办主任
　　　　吴德忠　　区委组织部副部长、人力资源和社会保障局长
　　　　王祥智　　区委宣传部副部长、文明办主任
　　　　邓凯红　　区编委办主任
　　　　陆智文　　区审计局局长

领导小组下设办公室（简称“公推直选试点办公室”），办公室主任由高宇同志兼任，副主任由王定超、范雄辉两位同志兼任，成员：黄定万、蒙玉园、朱黎立、兰文峰、吕明莉、钟茂玲、任芸、谭海平。办公室设在区委组织部，具体负责本次公推直选试点工作的组织实施。

联系电话：0772—2837760。

由试点工作领导小组派出监督组，对试点工作进行全程监督，同时向试点镇派驻指导组，对公推直选各个环节进行指导和协调。

（二）严格依法办事。公推直选乡镇党委书记是一项政策性、法律性、程序性很强的工作，每一个阶段都要严格遵循有关法律法规，严格按章办事，做到方案公开、程序公开、结果公开，全程阳光操作，接受社会监督。严禁任何非组织活动，对公推直选过程中的违纪违规行为，一经查实，依照有关规定严肃处理，追究相关人员责任。纪检监察部门要全程参与，加强监督，确保公推直选工作公平、公正，切实提高选人用人公信度。

（三）加大宣传力度。要通过会议、公告、新闻媒体等，广泛宣传公推直选试点工作的重要意义，向社会公布公推直选的实施方案和工作程序等，努力营造有利于推进干部人事制度改革的浓厚氛围。新闻媒体要全程参与，对每个环节的结果及时公开报道，使公推直选工作更加公开透明。沙塘镇要通过不同形式进行宣传动员，统一乡村干部和党员群众的思想，引导大家提高认识，积极参与，正确行使自己的民主权利，为公推直选试点工作的顺利进行奠定良好的思想基础和群众基础。

本方案未尽事宜，由柳北区公推直选试点办公室负责解释。

中共柳北区委　柳北区人民政府关于印发《柳北区2010～2015年法治柳北建设规划》的通知

柳北发〔2010〕21号

各镇党委、政府，各街道党工委、办事处，各系统党工委（党组），区机关各部门，各人民团体，各企事业单位：

现将《柳北区2010～2015年法治柳北建设规划》印发给你们，请结合实际情况，认真贯彻执行。

2010年11月30日

柳北区2010～2015年法治柳北建设规划

为做好2010～2015年法治柳北创建活动各项工作，进一步推进柳北区法治建设与经济社会协调发展，根据《全国普法办关于印发〈关于开展法治城市法治县（市、区）创建活动的意见〉的通知》（普法办〔2008〕7号）、《自治区依法治桂领导小组印发〈关于开展法治城市法治县（市、区）创建活动方案〉的通知》（桂法治通〔2009〕1号）和《柳州市依法治市领导小组关于2010～2015年法治柳州建设规划》（柳发〔2010〕14号）精神，结合我区实际，制定本规划。

一、指导思想

法治柳北建设的指导思想是：高举中国特色社会主义伟大旗帜，以邓小平理论和“三个代表”重要思想为指导，深入贯彻落实科学发展观，以开展法治县区创建活动为载体，紧紧围绕我区国民经济和社会发展第十二个五年规划的目标任务和全区工作大局，强化法制宣传教育、深化依法行政、推进司法公正、健全法律监督、拓展法律服务，全面推进我区政治、经济、文化和社会领域的法治化，切实尊重和保障人民群众的权益，维护社会公平正义，为把我区建设成为柳州科学发展实验区和城乡统筹发展先行区，率先建成西江经济带综合经济实力最强城区创造良好的法治环境和提供强有力的法治保障。

二、基本目标

从2010年到2015年，公民的法律素质、学法守法用法自觉性显著提高，崇尚法治的社会氛围进一步形成；各级党委、政府的宪法意识和法治观念、推进科学执政、民主执政、依法执政能力进一步增强，善于运用法律手段管理经济、文化和社会事务，能够依法妥善处理各种社会矛盾；地方性规范性文件逐步完备；行为规范、运转协调、公正透明、廉洁高效的行政管理体制基本形成；权责明确、行为规范、监督有效、保障有力的行政执法体制基本建立；决策机制、监督机制进一步规范，法治政府基本建立；司法体制改革进展明显，维护公平正义的职能作用充分发挥；基层民主政治建设和社会法治化管理水平进一步提高；社会诚信度和法律服务水平进一步提升，法治环境进一步改善，努力实现法治城区的目标，进而推动全区经济、政治、文化、社会建设全面协调可持续发展。

三、工作原则

坚持党委统揽全局、协调各方的原则。发挥党在推进法治柳北建设工作中的领导核心作用，动员全区各方力量共同推进法治柳北建设工作。

坚持以宪法和法律为依据的原则。树立和维护宪法和法律权威，确保法律法规在全区经济、政治、文化、社会生活的各个方面得到普遍遵守和执行。

坚持围绕中心、服务大局的原则。充分发挥法治的规范、引导和保障作用，为全面实现我区经济社会发展目标营造良好的法治环境。

坚持以人为本、保障合法权益的原则。党和政府的决策符合最广大人民群众的根本利益，执法为民，依法保障人民群众享有的权利。

坚持从实际出发、突出柳北特色的原则。根据不同时期的不同特点，因地制宜，研究确定法治工作的具体内容和方法，提高工作的针对性，努力实现建设“法治柳北”的阶段性目标。

四、主要任务

在贯彻落实《全国普法办关于印发〈关于开展法治城市法治县（市、区）创建活动的意见〉的通知》（普法办〔2008〕7号）和《自治区依法治桂领导小组印发〈关于开展法治城市法治县（市、区）创建活动方案〉的通知》（桂法治通〔2009〕1号）及《柳州市依法治市领导小组关于2010～2015年法治柳州建设规划》（柳发〔2010〕14号）部署的任务基础上，结合我区实际，着重完成以下九项主要任务：

（一）继续加强党委依法执政能力建设

1.坚持党委统揽全局、协调各方的领导核心作用。规范党委与人大、政府、政协和其他国家机关的关系，充分发挥人大在依法治理中的主导作用、“一府两院”的执法主体作用和政协的民主监督作用，发挥工会、共青团、妇联等人民团体的监督作用以及群众监督、舆论监督的作用。推进决策科学化、民主化，增强决策透明度，从各个层次、各个领域扩大公民有序政治参与。

2.领导干部带头学法用法，模范遵守宪法和法律法规，坚持在宪法和法律范围内活动；进一步增强依法决策、依法行政、依法管理能力和水平，善于运用法律手段解决各种问题和矛盾，营造学法、守法、依法办事的良好环境。

（二）加强法制宣传教育，提高公民法律素质

1.深化以宪法为核心的法制宣传教育，牢固树立宪法意识。大力开展《宪法》、行政法律法规和社会主义市场经济法律法规以及与人民群众生产生活密切相关的法律法规学习宣传活动，加强公民意识教育，培育公民社会主义法治理念，推进社会主义法治文化建设，在全社会树立和形成学法、知法、守法、信法意识和习惯，努力形成崇尚法治、依法办事的社会氛围。

2.扎实开展法制宣传教育。以促进法治文化建设、培育法治理念为立足点，推进“法律六进”工作。进一步完善领导干部和公职人员的学法制度，落实法律知识任职资格和上岗培训制度，强化领导干部和公职人员的法治理念。完善学校法制教育阵地，充分发挥学校教育的主渠道作用，把青少年法制教育纳入学校教育的主体计划，形成以学校法制教育为主，家庭、社会教育为辅的新格局，保证青少年法制教育落到实处。落实企业经营管理人员学法的各项措施，进一步提高企业经营管理者的法律素质。按照谁用工谁负责的原则，进一步强化外来经商务工人员的法制宣传教育，增强其知法守法意识。

3.加强社会面法制宣传。充分发挥各级党校、村（居）民法制学校、法制宣传栏（窗）等法制宣传主阵地和民间群众文艺团体、电影队的作用，通过定期不定期开展法制讲座、出版法制黑板报、组织法制文艺、电影下乡村活动，努力丰富法制宣传形式，使法制宣传贴近实际、贴近生活、贴近群众，增强宣传的社会效果，进一步扩大法制宣传的覆盖面，创造全社会共同参与的法制宣传环境。

（三）规范政府行为，建设法治政府

1.切实转变政府职能。加快政府职能转变，全面履行经济调节、市场监管、社会管理和公共服务职能。建立健全各种预警和应急机制，提高政府应对突发事件和风险的能力，妥善处理各种突发事件，维护正常的社会秩序，保护国家利益和集体、个人合法权益不受侵犯。完善劳动、就业、社会保障制度。依法确定行政机关的职权，进一步依法规范部门职能，科学合理设置政府机构，实现政府编制和机构职责的法定化。积极推进政府信息公开、政务公开，做到信息互通和资源共享，以提高政府办事效率和降低管理成本，创新管理方式，方便人民群众。

2.建立健全科学民主决策机制。建立健全公众参与、专家论证和政府决定相结合的行政决策机制。实行依法决策、科学决策、民主决策。建立和完善重大问题集体决策、专家咨询、社会公示和公开听证制度。健全决策跟踪反馈和责任追究制度，定期对决策的执行情况以及对社会经济造成的影响进行跟踪和反馈，加强对决策活动的监督，完善行政决策的监督制度和机制。对不依照法定权限、违反法定程序造成损失的决策，必须严肃追究责任，实现决策权和决策责任相统一。

3.提高制度建设质量。制定有关依法行政的规章制度，要根据《宪法》和法律的规定，严格按照法定权限和法定程序进行，严格执行《柳州市人民政府工作规则》，提高制度建设质量。

4.强化行政执法责任制。积极探索建立行政执法绩效评估和奖惩制度，激励和约束行政执法人员严格执法、公正执法、文明执法。严格依法定程序执法，完善和拓宽行政执法中的公开、事先告知、听证、调查取证、告诫等执法程序制度，依法保障行政管理相对人的权利。实施行政机关负责人出庭应诉制度，实行行政问责制，严格执行《党政领导干部辞职暂行规定》，建立行政首长罢免、引咎辞职、责令辞职制度。进一步深化首问负责制、服务承诺制和限时办结制，不断提高行政效率。

5.健全行政执法体制。继续深化和完善相对集中行政处罚权，推进综合执法，不断完善科学、合理、高效的城管执法网络。健全行政执法主体资格公告和行政执法人员资格制度，根据法律实施情况和适应社会主义市场经济体制的需要，适时清理、确认并向社会公告行政执法主体。建立行政执法案卷评查制度，定期对本级行政执法案卷进行评查，并通过建立相应的考核奖励办法，促进行政执法水平的提高。

（四）积极稳妥推进司法体制改革，全面促进司法公正

1.加强党对司法工作的领导。研究和改进加强党对司法工作领导的新方法、新途径，依法支持和保障审判机关和检察机关独立行使审判权和检察权，坚决排除地方和部门保护主义对司法活动的干扰，不断健全抵制行政干预司法活动的有效机制，为司法机关履行职能、公正司法提供必要的物质保障。

2.推进审判工作改革。全面落实和完善司法为民宗旨，进一步健全审判公开等各项亲民、便民、利民诉讼举措。健全和完善有利于司法公正的审判方式、诉讼制度和管理制度，推进法官职业化建设，进一步提高审判工作质量和效率，增强司法公信力。加大对生效裁判的执行力度，切实解决“执行难”问题，维护法律尊严和司法权威。

3.深化检察工作改革。进一步完善法律监督机制，规范监督程序，加大对立案、侦查、审判、刑罚执行各个环节以及民事审判和行政诉讼监督力度。加大查办职务犯罪力度，坚决依法查处职务犯罪大案要案。加强职务犯罪侦查工作机制、审查逮捕、公诉方式的改革。建立健全外部监督制约机制，完善检务公开制度，深入实行检察机关与人民代表联系制度，积极推行人民监督员制度。

4.推动社区矫正改革。积极探索社区矫正工作，建立和健全社区矫正的组织机构和各项规章制度，建立和完善社区矫正工作运行机制，规范运作程序，落实经费保障，加强社区矫正工作基础建设和队伍建设，切实抓好社区矫正对象的管理，确保社区矫正对象的教育和改造质量。

5.加强政法队伍建设。牢固树立依法治国、执法为民、公平正义、服务大局、党的领导的社会主义法治理念，坚持党的事业至上、人民利益至上、宪法法律至上。进一步健全和完善政法队伍管理制度，落实队伍建设长效管理机制，推进队伍管理的制度化、规范化、法治化。完善政法保障机制，加强派出所、司法所、人民法庭等基层基础建设，改革和加强社区警务工作，打造服务群众、维护稳定的第一线平台。严肃查处政法干警滥用职权、徇私舞弊等违法违纪案件，确保政法队伍严格、公正、文明执法。

（五）加强基层民主法治建设

健全党组织领导的充满活力的基层群众自治机制，扩大基层群众自治范围，完善民主管理制度，把城乡社区建设成为管理有序、服务完善、文明祥和的社会共同体；完善以职工代表大会为基本形式的企事业单位民主管理制度，推进厂务公开，支持职工参与管理，维护职工合法权益；加强基层政权建设，完善政务公开、村务公开等制度，实现政府行政管理与基层群众自治有效衔接和良性互动；发挥社会组织在扩大群众参与、反映群众诉求方面的积极作用，增强社会自治功能。深入推进“民主法治村”、“民主法治社区”创建活动，全区100%的村（社区）开展创建“民主法治村”、“民主法治社区”活动，完善村（居）务公开制度，提高基层法治化管理水平。

（六）深入推进“平安柳北”建设，全力维护社会稳定

1.依法严厉打击刑事犯罪。建立健全严打经常性工作机制，提高打击的针对性、主动性和时效性。深入开展打黑除恶专项斗争，依法严厉打击各类严重刑事犯罪以及盗窃、抢夺、抢劫等多发性侵财型犯罪。深入开展突出治安问题和治安混乱地区的整治活动，巩固整治成效，增强人民群众的安全感，全力维护良好的投资环境，提升城区综合竞争力。

2.扎实推进防控体系建设。不断完善群防群治防控网络，加强各镇（街道）、行政村、重点地区和主要交通要道、重点路段以及居民住宅小区的社会治安技防建设，全面提高科技防范整体水平。发挥专职巡防队伍作用，加强街道路面治安防控。落实对重点要害单位、部位的安全防范措施，落实预防青少年违法犯罪、刑释解教人员安置帮教、学校及周边治安综治工作措施。全面推行流动人员信息社会化采集，大力推进流动人员集宿管理，不断提高对流动人员服务管理水平。

3.积极预防和妥善处理社会矛盾。建立健全社会矛盾纠纷“多元解决纠纷”机制，拓宽社情民意表达渠道。认真排查和妥善处理涉及人民群众切身利益的各类社会矛盾，积极预防和妥善处置群体性事件，切实维护人民群众的合法权益。完善矛盾纠纷排查调处工作制度，实现人民调解、行政调解、司法调解、仲裁调解的有机结合，综合运用法律、政策、经济、行政等手段和教育、协商、疏导等方法，把矛盾纠纷化解在基层，解决在萌芽状态。

4.完善社会应急管理机制。建立健全分类管理、分级负责、条块结合、属地为主的应急管理体制，形成统一指挥、反应灵敏、协调有序、运转高效的应急管理机制，有效应对自然灾害、事故灾难、公共卫生事件、社会安全事件，提高危机管理和抗风险能力。建立统一高效的应急信息平台，建设精干实用的专业应急救援队伍，健全应急预案体系，提高公众参与和自救能力，实现社会预警、社会动员、快速反应、应急处置的整体联动。完善安全生产体制机制、法规和政策措施，加大投入，落实责任，严格管理，强化监督，坚决遏制重特大安全生产事故。

（七）规范市场经济秩序，全力打造“诚信柳北”

1.建立完善社会诚信体系。利用电子政务网络，从金融、工商、税务、质监、建设、劳动保障、公安、文化、商务、工信、食品药品监督等部门的联合征信入手，建立以信用征集、评估、担保和管理咨询为主要内容的社会信用服务系统，促进信用服务行业发展。开展企业信用等级评估、综合信用报告及专项信用报告服务。深入开展各类社会诚信活动，健全各行业诚信标准，营造规范、良好的社会信用环境。采取多种手段，对企业的失信行为给予必要的惩戒，形成一处失信、处处制约的氛围。

2.整顿和规范市场经济秩序。完善市场监管体系，提高市场监管水平。深入整顿和规范市场秩序，严厉打击生产销售假冒伪劣产品、扰乱金融和市场秩序、妨害公司企业管理秩序、侵犯知识产权、走私、金融诈骗等严重经济犯罪活动，严肃查处价格欺诈、行业垄断、地方保护等不正当竞争和限制竞争违法行为，加强产品质量的监督管理。深入开展以食品安全为主的专项整治活动，把我区建成全国消费放心城区。

（八）加强法律服务管理，提高法律服务质量

1.拓展法律服务领域。积极引导律师事务所规模化、专业化发展。在更大范围、更广领域、更高层次，积极引导和支持法律服务人员为我区经济建设和社会发展提供优质高效的法律服务。

2.规范法律服务管理。严格按照《基层法律服务所管理办法》和《基层法律服务工作者管理办法》，加强对基层法律服务的管理。充分发挥律师协会作用，加强对律师和律师事务所的资质管理和自律性管理。以加快律师队伍诚信体系建设为重点，加强对法律服务市场的日常监督和检查，规范法律服务行为。积极推进法律服务规范化建设，不断提高法律服务质量和水平。

3.加强法律援助工作。深入贯彻《法律援助条例》,推进法律援助规范化建设,保障法律援助的发展。逐步建立一支具有较高素质的法律援助公职律师队伍。积极组织和引导全区法律援助人员面向低收入家庭、下岗失业人员、困难群众等弱势群体提供法律援助,保障和维护社会公平和正义。

(九)强化监督体系建设,增强监督实效

1.健全监督机制。构建和完善以权力机关监督为重点的权力监督体系,依法制约权力运作,研究和探索新形势下权力监督的主要方式。充分运用法律监督、行政监督、群众监督、舆论监督、民主监督和党内监督等综合监督手段,确保各项权力的行使得到全方位、全过程的严密监督,努力做到监督体系严密,监督举措到位,监督实效明显。

2.加大监督力度。加强人大监督,适时开展执法检查。加强行政监督,建立健全经常性的监督制度,探索层级监督的新方式,加大对公共财政资金、政府公共工程、领导干部任期经济责任、国有资产经营管理部门的审计力度,加强对政府重大决策部署落实情况的监察,健全效能投诉制度,加大对行政不作为和乱作为的查处力度。加强司法监督,积极查办司法人员和行政执法人员贪赃枉法、徇私舞弊、滥用职权、玩忽职守等犯罪案件,积极探索和创新职务犯罪防范机制、预警机制和控制机制。

3.完善社会监督。加强民主监督,积极支持民主党派、无党派人士的民主监督工作,拓宽和畅通各种渠道,全力支持政协参与对政府有关部门和司法机关工作进行民主评议、视察、检查。加强信访监督,建立健全信访举报奖励制度、信访预警机制,拓宽信访渠道,切实保障群众的批评建议权、检举控告权、质疑申诉权。加强群众团体监督,充分发挥工会、共青团、妇联等社会团体桥梁作用,畅通群众监督的渠道,认真吸纳群众的意见和建议。加强舆论监督,充分发挥各新闻媒体作用,热情接受市民对社会热点、难点、重点问题的意见、建议和投诉。

五、工作步骤和安排

从2010年到2015年,利用6年时间开展法治柳北建设。共分三个步骤。

(一)动员和筹备阶段:2010年6月至12月。区依法治区领导小组组织召开法治柳北建设动员大会,制定《柳北区2010~2015年法治柳北建设规划》。各镇(街道)要根据本规划研究制定本镇(街道)法治建设规划和实施方案,各部门、各单位要研究制定本部门、本单位法治建设实施方案,做好宣传、发动工作,营造浓厚的法治建设氛围。

(二)组织实施阶段:2011年至2015年。2011年,根据柳州市依法治市领导小组组织专家组制定的《柳州市法治县区创建评估指数》等相关文件所确定的目标、任务和要求,结合城区各部门、各单位和各行业实际,每年制定工作计划,突出年度工作重点,做到部署及时、措施有效、指导有力、督促到位,确保第一个法治柳北建设规划全面贯彻落实。

(三)评估和验收阶段:2013年和2015年。根据柳州市依法治市领导小组安排,进行两次法治单位(机关、学校、企业)创建工作申报评估和命名,以后每个五年规划期间进行2次评估、复核和命名。2015年,对第一个法治柳北建设规划贯彻落实情况的检查验收,与“六五”普法检查验收一并进行。

六、组织保障

(一)加强组织领导。各镇(街道)、各部门、各单位要把法治建设放在全局工作的重要位置,把握方向,统筹规划,突出重点,整体推进,切实担负起领导责任。

(二)强化检查指导。区依法治区领导小组办公室负责我区法治城区建设的协调、指导、推进工作,全面开展法治柳北创建工作。

(三)健全工作机制。实行党委领导下的全社会整体协调、合力推进法治柳北建设的工作机制。充分发挥区人大、政府、政协和法院、检察院及民主党派、社会团体、群众组织的职能和作用,完善党委统一领导、人大监督、政府组织实施、各部门齐抓共管、全社会广泛参与的法治柳北建设推进格局。各机关、部门、团体、行业切实增强职能意识和社会责任感,积极承担相应的法治建设工座职责,在全区形成科学合理、有机协调的法治建设组织网络。切实抓好区域、行业和基层法治建设工作,坚持条块结合、以块为主,实行分区域、分行业法治建设责任制。逐步完善法治柳北建设工作经费保障机制,法治柳北建设工作经费列入区政府年度财政预算,并足额划拨。

(四)加强舆论宣传。充分发挥新闻媒体的舆论导向作用,加大宣传力度,宣传法治柳北建设中出现的好经验好典型,努力扩大法治柳北建设的群众基础,为法治柳北建设营造良好的社会和舆论氛围。

中共柳北区委办公室
柳北区人民政府办公室
关于印发柳北区“村级接访”
五项制度的通知

柳北办发〔2010〕59号

各镇党委、政府,各街道党工委、办事处,区机关有关部门:

经中共柳北区委、柳北区人民政府同意,现将《柳北区“村级接访”首问负责制度》、《柳北区“村级接访”限时办结制度》、《柳北区“村级接访”信访信息收集报送制度》、《柳北区“村级接访”督查督办制度》、《柳北区“村级接访”奖惩制度》五项相关制度印发给你们，请认真贯彻执行。

2010年7月8日

柳北区“村级接访”首问负责制度

为规范“村级接访”活动，增强接访干部及工作人员的责任心，确保信访渠道畅通，方便群众正常信访，根据效能建设有关规定，制定本制度。

一、各村(社区)指定一名干部为信访接待员，群众日常来访反映问题，信访接待员为首问负责人；采取集中联合接访的，村(社区)党支部书记或村(居)委会主任即为首问负责人。

二、首问负责人对来访的群众，应以热情的态度认真接待，做到一张笑脸、一张板凳、一杯水。耐心听取群众的要求，弄清事情的前因后果，给予解决。

三、设立接访登记簿，首问负责人对群众反映的信访事项要做到认真记录，及时予以办理，处理责任一包到底，直至案结事了。

(一)对群众信访反映的问题，情况清楚，政策明了的，应当场向信访人解答，耐心细致做好解释工作，使来访人满意；

(二)对群众信访反映的问题，情况不清，政策不明的或首问负责人不清楚承办单位的，首问负责人要请信访人留下单位、姓名、联系电话，告知择日答复，并及时请示上一级领导审批落实承办单位并负责交办，协助有关单位一同解决；

(三)不属于本职岗位的事项，要热情主动，引导信访群众到有关职能部门反映问题；

(四)对依法依规确实不能办理的，要耐心做好解释说服工作，同时做好备案工作。

四、接待过程中不得以任何理由或借口搪塞、推诿。首问负责人要引导群众逐级信访，重大、紧急情况应及时向上级报告。

五、接待集体上访时，首问负责人必须妥善处理，耐心劝说，平息事态，化解矛盾，及时报告，并引导上访人依法有序信访，其他工作人员要主动配合，形成合力，全力做好稳定工作。

六、因首问负责人处理不当，造成越级上访或不良社会影响的，将按《信访条例》相关规定追究首问负责人的责任。

柳北区“村级接访”限时办结制度

为规范“村级接访”活动，畅通信访渠道，确保群众反映的信访事项及时得到处理和解决，根据效能建设有关规定，制定本制度。

一、对法律、法规和政策有明确规定，应该而且能够当场解决的信访问题，应立即给予解决。

二、对法律、法规和政策有明确规定，本级能够协调解决但不能当场解决的信访问题，简单的应在一周内办结；一般的应在60日内办结并答复信访人；重大复杂的，经本单位负责人批准，可以适当延长办理时限，但延长期限不得超过30日，并告知信访人延期理由。

三、对法律、法规和政策有明确规定，但超出本级协调解决范围；或要求合理但法律、法规及政策没有明确规定或规定不够完善，需要上报上级机关的信访问题，应当在3日内将调查情况及处理意见，连同相关材料上报上级机关。

四、对无法律、法规和政策依据，以及无理的信访要求，应坚决表明不能办理的态度，同时多做说服、教育及引导工作，帮助他们消除不切实际的想法。

五、以下信访事项不予受理：

(一)属于人大、公安、检察院、法院职权范围内的；

(二)诉讼、仲裁、行政复议正在处理或已经作出裁判的；

(三)已作出信访答复，无新情况、新证据，就同一事项再次信访的；

(四)其他依法、依规应当不予受理的信访事项。

对不予受理的信访事项，应当明确告知信访人不予受理；需要出具书面答复的，应在15日内出具不予受理书面告知书。

柳北区“村级接访”信访信息收集报送制度

为规范“村级接访”活动，确保活动情况和其他信访信息得到及时收集和掌握，根据效能建设有关规定，制定本制度。

一、各村(社区)明确一名熟悉信访业务、工作认真负责、具有一定政策水平和综合分析能力的工作人员担任日常信访接待员，日常信访接待员同时兼任信访信息员。

二、信访信息收集报送的主要内容：

(一)村级接访的原始材料，各种统计表以及台账；

(二)在开展“村级接访”活动中掌握的社会热点难点问题以及其他综治维稳情报信息；

(三)贯彻上级决策部署以及领导指示的情况；

(四)贯彻执行《信访条例》等有关信访工作的法律、法规、规章和制度等的宣传、培训情况；

(五)其他应当上报的信访信息。

三、信访信息的收集应当通过群众来信来访、督查督办、领导批示、专题调研、重大活动、重大事件等多种渠道，充分发挥村（居）民积极分子的作用，全面了解掌握最基层的信访信息动态。

四、信访信息收集后，信息员应当及时进行分类登记、核实和编辑整理。坚持准确、全面、客观地报送信访信息，事实要真实准确，语言要简明扼要，掌握全面情况并突出重点。

五、对于重要的信访信息不得迟报、漏报、瞒报。

重大、紧急信访信息报送内容主要包括：

（一）事件发生的时间、地点、人数及原因；

（二）事件当事人的身份、单位及所属地区或部门；

（三）事件的影响与危害程度；

（四）事件的有关情况（有无过激行为、串联、到市赴邕进京等），主管部门是否到达现场做工作，采取了哪些处置措施，事态发展情况（处理中、离开现场、结案等）；

（五）其他需要报告的事项。

六、信访信息要逐级、及时报送。村（社区）将编辑整理的信息及时报送到所属的镇（街道），由镇（街道）对其报送的信息进行核实后及时向上一级单位报送，以确保信息的实效性。同时未处理完结、急事、要事和异常突出事件等重大信访事项，应当追踪掌握事态发展情况随时续报信息，直到事件处理完毕。

七、信访信息报送以书面、传真（加盖公章）形式报送为主，以电话、电子邮件等其他形式报送的，应当及时补报书面信息。

柳北区“村级接访”督查督办制度

为规范“村级接访”活动，提高接访成效，确保群众的信访事项得到依法、及时、妥善处理，根据《信访条例》和有关规定，结合本区实际，制定本制度。

一、督查督办的主体。各镇（街道）综治信访维稳中心负责定期对村（社区）干部办理群众信访事项的情况进行督查督办，镇（街道）要经常与辖区内各村（社区）保持紧密联系，及时掌握每期接访案件的办理进度等有关情况，对村（社区）是否按照村级接访制度开展工作进行监督。

二、督查督办的主要内容：（一）村级接访受理的群众信访事项，不能当场解决的，是否落实责任人和办理时限，办结后是否将处理结果回复信访人；

（二）跟踪督查每月各村（社区）村级接访案件的办理情况和进度。如在规定时限内未办结的，要求承办机关书面说明原因、报告进展情况，并继续跟踪督办；

（三）村级接访档案的建立和完善情况；

（四）上级党政机关关于村级接访活动决策部署的落实情况，以及上级领导对村级接访活动的指示、批示的执行情况；

（五）其他需要督查的情形。

三、督查督办的程序。

（一）责任分解。镇、街道根据确定的督办事项，按职责范围分解督查任务，督查各项工作的落实；

（二）督查督办。对确定的督查事项，镇、街道要抓紧查办，及时掌握办理的进展情况；

（三）及时催办。根据村级接访方案的办理时限要求，对办理进展缓慢的案件要及时催办，在催办中如遇重要情况，要及时向有关领导报告。催办两次以上仍进展缓慢并不能说明原因的要予以通报批评；

（四）上报情况。督查部门对督查事项办理情况必须及时如实上报到区信访办；

（五）通报情况。镇、街道对各村、社区督查事项的督查结果，每季度要以文字形式汇总并定期通报。

柳北区“村级接访”奖惩制度

为规范“村级接访”活动，提高活动质量，激发村级接访干部的工作积极性和创造性，充分发挥基层干部在维护社会稳定的“第一道防线”作用，提高矛盾纠纷受理率和调处成功率，根据效能建设有关规定，制定本制度。

一、设立村级接访工作专项经费。区委、区政府每年设立20万元村级接访工作专项经费，列入区财政预算。主要用于村级接访的组织和奖励工作。

二、设立信访案件处置奖励。按“村级接访”工作要求，对村（社区）在信访处理中发挥积极或主要作用，做到案结事了的按件给予奖励。每季度上报一次，各村（社区）将有关材料上报到镇（街道）综治信访维稳中心，镇（街道）综治信访维稳中心审核后统计上报区信访办，由区信访办审核相关案卷，报区村级接访领导小组审批。各类案件奖励标准如下：

（一）对于普通案件，按要求登记在案，认真组织处理，做到案结事了的，每件给予50元的奖励。

（二）对于历史积案和疑难复杂纠纷按文书要求制作案卷，做到案结事了的，每件给予100元的奖励。

三、开展“村级接访”年度总结表彰。为促进村级接访活动规范化发展，区委区政府将“村级接访” 作为平安建设的重要组成部分，在平安建设总结表彰会上，专项通报表彰一批成效突出的单位和个人，并给予一定奖励：

（一）先进单位要求：积极组织村级接访活动，采取有效措施，妥善解决群众反映的热点、难点问题，有效控制越级上访、集体上访、重复上访，工作高效，活动成效好的单位；

（二）先进个人要求：熟悉掌握村级接访活动的各项工作制度和流程，创造性地开展化解工作，工作成效显著的工作人员。

四、实行“村级接访”与绩效考评工作相挂钩，对不按照要求开展“村级接访”活动，造成严重信访事件的村（社区），严格按照绩效考评相关细则予以扣分。

中共柳北区委办公室 柳北区人民政府办公室 关于印发《柳北区义务教育学校绩效考核工作实施办法（试行）》的通知

柳北办发〔2010〕71号

区机关有关部门、区属各中小学：

现将《柳北区义务教育学校绩效考核工作实施办法（试行）》印发给你们，请认真贯彻执行。

2010年8月10日

柳北区义务教育学校绩效考核工作实施办法（试行）

为推进我区义务教育学校绩效工资制度顺利实施，加强教师队伍建设，根据《柳州市人民政府办公室关于印发〈柳州市义务教育学校绩效工资实施办法〉的通知》（柳政办〔2009〕222号）和《柳州市教育局关于印发〈柳州市义务教育学校教职工绩效考核工作实施意见（试行）〉的通知》（柳教人字〔2010〕1号）精神，结合我区实际，制定本实施办法。

一、指导思想

以邓小平理论和“三个代表”重要思想为指导，深入贯彻落实科学发展观，全面贯彻党的教育方针，以服务和促进义务教育的科学发展为目标，以提高教师队伍素质为核心，以增强教师绩效为导向，着力构建符合我区教育教学和教师成长规律、导向明确、标准科学、体系完善的教师绩效考核评价制度，促进广大教师为全面实施素质教育、办好人民满意的教育贡献智慧和力量，努力推进柳北教育事业持续健康快速发展。

二、工作原则

（一）尊重规律、以人为本。尊重教育规律，尊重教师的主体地位，充分体现教师教书育人工作的专业性、实践性、长期性特点。

（二）以德为先、注重实绩。完善绩效考核内容，把师德放在首位，注重教师履行岗位职责的实际表现和贡献。

（三）激励先进、促进发展。鼓励教师全身心投入教书育人工作，引导教师不断提高自身素质和教育教学能力。

（四）客观公正、简便易行。坚持实事求是、民主公开，科学合理、程序规范，讲求实效、力戒繁琐。

三、考核对象

按照国家规定执行事业单位岗位绩效工资制度的义务教育学校正式工作人员，包括管理岗位、专业技术岗位、工勤技能岗位工作人员。

四、考核内容

（一）学校领导班子成员的考核

学校领导班子成员的绩效考核结合学校常规管理工作及发展性评价进行。

重点考核学校领导班子成员贯彻落实《义务教育法》、《教师法》、《教育法》、《未成年人保护法》、《广西壮族自治区义务教育学校常规管理规定》、《中小学教师职业道德规范》等法律法规政策执行情况，以及履行岗位职责和完成工作任务的实绩，主要包括学校领导班子成员的政策理论水平、组织管理能力、工作态度、工作成效及廉洁自律等方面。

政策水平主要考核学校领导班子成员贯彻执行党的教育方针、国家政策法规和履行职责、依法治校、规范办学等方面的情况。

理论水平主要考核学校领导班子成员学习掌握政策理论和现代教育理论，准确把握素质教育内在规律和科学有效管理特色的情况。

组织管理能力主要考核学校领导班子成员内部协调性和教职工工作积极性，以及在办学方向、工作思路、管理目标和常规管理等方面的情况。加强学校党组织的思想、组织、作风建设，充分发挥党组织政治核心作用、战斗堡垒作用和党员的先锋模范作用，参与学校重大问题的决策，监督、支持、配合校长履行职责，促进学校教育质量的提高，注重加强学校精神文明建设，围绕学校的根本任务和中心工作，采取多种形式做好师生员工的思想政治工作和德育工作。加强对学校工会、共青团、少先队等群团组织的领导，积极支持他们开展工作。

工作态度主要考核学校领导班子成员事业心、开拓创新、奉献精神和工作作风等方面的情况。工作成效主要考核学校领导班子成员在实现或控制“三风”（领导班子作风、教师教风、学生学风）、“五育”（学校德育、智育、体育、美育、劳动教育）、“五率”（学生健康达标率、操行优良率、辍学率、违法犯罪率、教学质量达标率）、“四化”（校园环境净化、绿化、美化、文化）及“三创”（文明校园、和谐校园、平安校园创建活动）的情况。

廉洁自律主要考核实行校务公开和本人廉洁自律等方面的情况。

(二)教师的考核

主要考核教师履行《义务教育法》、《教师法》、《教育法》、《未成年人保护法》、《中小学教师职业道德规范》等法律法规规定的教师法定职责，以及完成学校规定的岗位职责和工作任务的实绩，包括师德和教育教学、从事班主任工作等方面的实绩。

1.师德主要考核教师遵守《中小学教师职业道德规范》的情况，特别是为人师表、爱岗敬业、关爱学生的情况。在考核中，要明确规定，教师不得以任何理由、任何方式有碍完成教育教学任务，不得以非法方式表达诉求、干扰正常教育教学秩序、损害学生利益，并将此作为教师绩效考核合格必备的基本条件。在上级和学校每年的重点工作中，完不成任务或表现较差，在师德考核时酌情扣减奖励性绩效工资。

2.教育教学主要考核教师从事德育、教学、教育教学研究、教师专业发展的情况。德育工作重点考核教师结合所教学科特点，在课堂教学中实施德育教育的情况；教学工作重点考核教师教学工作量、教学准备、教学实施、教学效果，以及组织课外实践活动和参与教学管理的情况；教学效果重点考核教师完成国家规定的教学目标、学生达到基本教育质量要求的情况，不得把升学率作为考核指标，要引导教师关爱每个学生，特别是学习上有困难或品行上有偏差的学生；教育教学研究工作重点考核教师参与教学研究活动及效果的情况；教师专业发展重点考核教师拓展专业知识、提高教育教学能力的情况。

3. 班主任是义务教育学校教育教学工作中的重要岗位，班主任的工作任务应作为教师教学工作量的重要组成部分。对班主任工作的考核，重点考核班主任对学生的教育引导、班级管理、组织班集体和团队活动、关注每个学生全面发展的情况。包括加强学生人生观、价值观的正确引导，培养学生良好的学习、行为习惯，注重学生心理健康，营造良好班风学风，关注落实困难学生帮困措施等方面情况。

学校要从实际出发，围绕考核内容，建立健全科学完善的教师绩效考核评价指标体系。评价指标体系的建立要符合实施素质教育的要求，体现课程改革的方向，正确发挥对教师的激励导向作用，实现激励性和约束性的有机统一。

(三)挂职人员的考核

由区教育局负责考核。

(四)其他岗位工作人员的考核

非教师、非学校领导班子成员岗位人员的考核，主要考核其政治表现、工作服务态度、履行岗位职责和完成工作任务的情况，具体考核内容由学校根据岗位目标在区教育局指导下确定。

五、考核方法

(一)学校正职领导(含主持全面工作的副职领导)、挂职锻炼人员的考核由区教育局组织实施。村小负责人的考核由所在乡镇中心校组织实施。教师及其他人员的考核应在区教育局指导下，由学校具体组织实施。因公执行支教、轮教或其他特殊任务的教职工，由受援单位提供考核依据，参加原单位绩效考核。工作调动、中途退休人员按实际工作时间考核。

(二) 绩效考核工作可采取定性和定量评价相结合，自评和他评相结合，形成性评价和阶段性评价相结合等方法。教师的考核要采取教师自评与学科组评议、年级组评议、考核组评议相结合，学校领导班子成员的考核要采取学校领导班子成员自评与教职工代表评议、考核组评议相结合等办法。教师和学校领导班子成员的考核应适当听取学生、家长及社区(村)的意见。可以根据考核内容，分类设立单项绩效考核实施办法。要不断完善教职工绩效评价体系和评价办法，力求既能全面反映教职工业绩和贡献，又简便易行，努力提高绩效考核的公信力。

(三)考核分为平时考核和年度考核。平时考核由区教育局和各学校根据实际情况定期或不定期进行。年度考核一般每年末或翌年年初进行。年度考核以平时考核为基础。

六、考核程序

(一) 平时考核由考核单位根据实际情况自行开展，将考核结果记入个人考核档案。

(二)学校领导班子成员、教师和其他教职工年度考核按照以下基本程序进行：

1.个人自评。被考核人进行自评，同时将自评情况形成个人年度工作总结报告，在学校一定范围内进行述职。

2.民主测评。学校教职工考核由学校基层组织单位根据平时考核和个人述职情况进行初评，写出考核评语，提出考核分数和等次的初步意见。其中教师由所在年级组或学科组进行初评，其他管理岗位和工勤技能岗位工作人员由所在科、室、组进行初评，考核过程中应认真听取专任教师和班主任的意见。学校领导班子成员的考核在区教育局考核小组主持下，召开全体教职工大会或教职工代表大会，校级领导全体班子成员对一年来的工作进行公开述职，与会教职工采取无记名方式，进行民主测评。民主测评分优秀、合格、基本合格、不合格四个档次。民主测评结果作为学校领导班子成员绩效考核的考核依据。

3.组织考核。考核委员会或考核小组在充分听取意见的基础上确定综合分数，评定考核等次。

4.结果告知。考核结果在一定范围内进行公示(公示时间不少于5天)。

5.档案记录。考核委员会或考核小组负责人签署年度考核意见,考核结果通知本人并存入个人档案,同时报区教育局备案。

（三）考核申诉

被考核人对考核结果有异议的，可以在接到考核结果通知15日内以书面形式向考核委员会或考核小组申请复核。考核委员会或考核小组在接到复核申请15日内提出复核意见,被考核人如有不服,可在15日内向教育行政部门申诉。

七、考核的组织机构

（一）学校应设立非常设性的考核委员会或考核小组，在单位负责人的领导下,负责平时考核和年度考核工作。

柳北区教育局成立义务教育绩效考核领导小组，领导小组成员名单如下：

组　长:苏　敏　　区教育局局长、党工委副书记
　　　　孔繁广　　区教育局党工委书记、副局长
副组长:陈　莉　　区教育局纪工委书记、副局长
　　　　刘　歆　　区教育局党工委副书记、副局长
　　　　李恩平　　区教育局副局长
　　　　黄　迪　　区教育局副局长
成　员:张丽军　　区教育局科员
　　　　李继元　　区教育局教研室副主任
　　　　向超雄　　区教育局办公室副主任
　　　　梁　清　　区教育局教研室教研员

领导小组下设办公室,办公室主任:刘歆(兼)。

（二)学校考核小组由本校领导班子成员、工会组织、中层干部和教职工代表组成。考核小组成员应具有广泛的代表性，其中教职工代表人选应由教代会或教职工大会民主选举产生，且人数不少于考核小组成员总数的三分之一。学校工会要发挥对本校绩效考核工作的监督作用。

八、考核的等次

（一)学校领导班子成员的考核结果分为优秀、合格、基本合格和不合格等次。优秀等次比例一般控制在20%左右。有下列情形之一者不能确定为合格及以上等次。

1.有违法违纪行为的；

2.违背党和国家的教育方针、政策办学,受上级教育行政部门书面要求处理的；

3.学校出现重大责任事故的；

4.履行岗位职责不力,学校管理混乱的；

5.其他因本人过失给学校工作造成重大负面影响的。

（二）教师和其他岗位工作人员的考核结果分优秀、合格、基本合格、不合格四个等次。各个等次的具体标准由区教育局根据实际情况制定。年度考核被确定为优秀等次的人数最多不超过本单位工作人员的15%，并适当向一线教师倾斜。有下列情形之一者,考核结果应确定为不合格。

1.严重违反教师职业道德规范,损害学生利益；

2.触犯国家法律,以非法方式表达诉求、擅自脱离教育教学岗位、延误教育教学工作、干扰正常教学秩序的；

3.体罚或变相体罚学生,影响恶劣的；

4.经常迟到、早退、旷课或者请假超过国家规定的天数的；

5.违规从事有偿家教；

6.因玩忽职守造成校园重大安全事故等其他严重损坏教育形象和声誉行为的；

7.受党内严重警告或行政记过以上处分的。

九、考核结果的使用

（一)绩效考核结果应作为绩效工资分配的主要依据,也要作为教师资格定期注册、岗位聘任、职务晋升、培养培训、表彰奖励等工作的重要依据。

（二)绩效考核结果合格以上的,全额发放基础性绩效工资，并根据实际表现发放奖励性绩效工资。学校领导班子成员、教师、其他教职工出现没有履行岗位职责、没有完成规定的教育教学任务、在师德师风方面存在问题或发生教学事故及其他违反学校教育教学等情况，考核结果为基本合格的,基础性绩效工资按《柳州市义务教育学校绩效工资实施办法》规定计发，可视情况适当减发奖励性绩效工资。绩效考核结果为不合格或未定等次的，基础性绩效工资按《柳州市义务教育学校绩效工资实施办法》规定计发,不计发奖励性绩效工资。

十、考核工作要求

绩效考核是一项复杂的系统工程，政策性强，涉及面广,关系到广大教职工的切身利益。学校要高度重视,精心部署,认真组织实施。

（一)要切实履行工作职责。区教育局负责本区义务教育学校绩效考核组织实施工作，根据上级有关规定并结合本区实际,制订具体实施办法,指导学校制订绩效考核实施方案和开展绩效考核工作,具体负责所属学校正职领导(含主持全面工作的副职领导)、挂职人员的考核。学校的考核实施方案必须经过“教职工代表大会”审议,并报区教育局批准、备案。

（二）区教育局要切实加强绩效考核工作的监督和指导。区教育局要认真分析和解决绩效考核工作中存在的问题,不断总结和推广绩效考核的典型经验,努力提高绩效考核工作的水平。学校在推进绩效考核工作的过程中，要切实做好深入细致的思想工作。要严肃考核工作纪律，对工作不负责任,考核失真、失实的,实行责任追究。要不断探索和完善绩效考核方法,加强相关人员的培训,努力提高绩效考核的科学性,保证绩效考核机制的有效运行,充分发挥绩效考核在加强教师队伍建设，促进学校全面实施素质教育的重要作用。

十一、本实施办法从2010年1月起执行。

中共柳北区委办公室
柳北区人民政府办公室
关于印发《柳北区社区居民委员会绩效考评、社区工作人员实绩奖励补贴实施办法(暂行)》的通知

柳北办发〔2010〕98号

各镇党委、政府,各街道党工委、办事处,各系统党工委(党组),区机关各部门、区属各事业单位:

《柳北区社区居民委员会绩效考评、社区工作人员实绩奖励补贴实施办法(暂行)》已经区委、区政府同意,现印发给你们,请认真贯彻执行。

2010年12月14日

柳北区社区居民委员会绩效考评、社区工作人员实绩奖励补贴实施办法(暂行)

为进一步完善社区居民委员会绩效考评制度,全面规范社区居民委员会的管理和建设,激励社区居民委员会、社区工作人员争先创优,有效提升我区社区建设水平,为推动和谐社区建设做出积极贡献,区委、区政府决定在全区范围内继续开展社区居民委员会(以下简称社区)绩效考评工作,并实行社区工作人员实绩奖励补贴制度,具体实施办法如下:

一、指导思想

深入贯彻落实科学发展观,围绕中心、服务大局、树立典型、规范管理,提升水平,为和谐社会建设奠定坚实的基础,有力地促进我区经济和社会的全面协调发展。

二、考评范围和奖励名额

(一)社区绩效考评范围为辖区社区,考评设一、二、三等奖及不定等次,按柳北辖区社区总数计算,一等奖占20%,二等奖占50%,其余为三等奖和不定等次。

(二)社区工作人员考评对象是指按有关规定配备的社区党组织和社区居委会职数范围内的在职工作人员。考评设优秀、合格、基本合格和不合格等次,名额分配比例为优秀占30%,其余为合格、基本合格和不合格。

三、考评内容和考核办法

(一)考评内容

1.社区工作绩效考评内容。

(1)对社区工作实绩实行量化指标考核,主要内容包括社区党建、社区自治、社区管理、社区服务、社区文化、社区治安和社区环境等方面进行百分比量化。

(2)社区党建(15分)。社区党组织是否健全、活动阵地是否完善、工作管理是否规范、班子建设、队伍建设、制度建设等情况。

(3)社区自治(10分)。区民主选举、民主决策、民主管理、民主监督等情况。

(4)社区管理(15分)。主要包括社区组织机构是否健全、社区管理制度是否完善、完成上级交办的工作任务等情况。

(5)社区服务(15分)。主要包括社区救助、就业、医疗、低保、计生、助残,为老年人、未成年人服务和便民服务、志愿者服务等工作完成情况。

(6)社区文化(10分)。活动场所建设、文体队伍建设、群众性文体活动开展情况。

(7)社区治安(10分)。治安调解组织、治安防范措施、流动人口管理、社会秩序等情况。

(8)社区环境(10分)。绿化美化、居民环保意识、邻里关系、群众性精神文明创建活动等情况。

(9)对城区、镇、街道中心工作完成情况(15分)。

各镇、街道参照以上各项考评内容,结合实际制定相应量化考评指标细则。

2. 社区工作人员个人考评包括平时考评和年终考核。年终考核主要内容包括政治思想素质、工作能力、工作作风、工作业绩、勤政廉政。考核程序包括工作述职、民主测评、工作实绩考核。具体方案由镇、街道结合实际制定,报区基层办、区民政局备案。

3.在年度工作中有下列情形之一者,当年社区、个人不予以定等次,社区工作人员不得享受实绩奖励补贴:

(1)计划生育工作被一票否决的;

(2)社会治安综合治理工作被一票否决的;

(3)安全生产工作被一票否决的;

(4)社区考核评分在80分以下的(不含80分)。

(二)考评办法

1.社区考评办法。

(1)各镇、街道组织本辖区社区进行考评,考评结果报区基层办和民政局备案。

(2)有下列情况之一者,镇、街道可增加一个一等奖名额,但一、二等奖比例不得超过70%:

①镇、街道获柳北区绩效考核一等奖的;

②获国家级、自治区级社区建设工作先进的社区可直接推荐为一等奖。

2.社区工作人员的考评工作由镇、街道自行组织,考评结果报区基层办、区民政局备案。

四、绩效考评结果的运用

社区工作绩效考评结果与社区居委会工作人员的实绩

奖励补贴挂钩，每年实行动态管理。按社区考评结果人均基数一、二、三等奖分别为500元/月、450元/月、400元/月作为社区工作人员实绩奖励补贴。社区工作人员实绩奖励补贴发放从当年1日1日开始执行，优秀、合格、基本合格等次的补贴发放系数分别为1.1：1：0.9，具体分配方案由镇、街道制定，报区基层办、区民政局备案。

对社区工作人员考核实行末位淘汰制，淘汰比例为该镇、街道社区工作人员总数的2%，此类人员不得享受实绩奖励补贴，并由镇、街道进行诫勉谈话，连续两年考核在末位淘汰的人员建议社区居民委员会启动罢免程序予以罢免。

五、工作要求

各镇、街道要予以高度重视，落实专人负责，做好政策的宣传工作和社区工作人员的思想工作，在考核工作中不准弄虚作假、不准泄露考核机密，做到公正、公正、公开，确保考核工作顺利进行。考核结果于2010年12月31日前报区民政局。

六、本办法自下发之日起实行由区基层办、区民政局负责解释。同时废除《柳北区社区居民委员会绩效考评、社区工作人员实绩奖励补贴实施方案〈试行〉》（柳北办发〔2009〕113号）。

文件目录选登

中共柳北区委员会文件

柳北委会〔2010〕23号　关于重新明确柳北区教育系统义务教育学校管理权限的通知

柳北委会〔2010〕41号　关于印发《柳州市森林公安局柳北区分局职能配置及人员编制方案》的通知

柳北委会〔2010〕49号　关于调整柳北区机构编制委员会和柳北区人事调配工作领导小组成员的通知

中共柳北区委员会、柳北区人民政府文件

柳北发〔2010〕10号　关于柳北区人民政府机构改革的实施意见

柳北发〔2010〕11号　关于柳北区人民政府机构设置的通知

柳北发〔2010〕16号　关于印发《柳北区选拔任用科级领导干部初始提名暂行办法》的通知

柳北发〔2010〕19号　关于印发《中共柳北区委员会关于进一步加强和改进人大工作的意见》的通知

柳北发〔2010〕20号　关于印发《柳北区2010年乡镇党委书记公推直选试点工作方案》的通知

柳北发〔2010〕21号　关于印发《柳北区2010～2015年法治柳北建设规划》的通知

中共柳北区委办公室、柳北区人民政府办公室文件

柳北办发〔2010〕7号　关于柳北区2009年义务教育学校奖励性绩效工资分配的指导意见

柳北办发〔2010〕11号　关于印发《柳北区2010年“文化、卫生、科技”三下乡活动方案》的通知

柳北办发〔2010〕13号　关于印发《柳北区贯彻落实〈2010～2020年深化干部人事制度改革规划纲要〉的实施意见》的通知

柳北办发〔2010〕17号　《柳北区2010年宣传思想工作要点》的通知

柳北办发〔2010〕19号　关于印发《柳北区创建2011～2015年度全国科普示范区工作方案》的通知

柳北办发〔2010〕28号　关于印发《柳北区2010～2012年209国道工业文明辐射长廊建设纲要》的通知

柳北办发〔2010〕31号　关于印发《柳北区2010年文化“六进”工程活动方案》的通知

柳北办发〔2010〕33号　关于印发《柳北区推广“四议两公开”工作法实施方案》的通知

柳北办发〔2010〕34号　关于印发《关于推进柳北区党务公开工作的意见》的通知

柳北办发〔2010〕36号　关于印发《柳北区机关专职驾驶员管理暂行办法》的通知

柳北办发〔2010〕55号　关于加强个人所得税管理的通知

柳北办发〔2010〕59号　关于印发柳北区“村级接访”五项制度的通知

柳北办发〔2010〕71号　关于印发《柳北区义务教育学校绩效工资考核实施意见(试行)》的通知

柳北办发〔2010〕72号　关于印发《柳北区义务教育学校奖励性绩效工资分配实施意见(试行)》的通知

柳北办发〔2010〕77号　关于印发柳北区部分科级领导职位竞争上岗方案的通知

柳北办发〔2010〕78号　印发《关于公费外出学习考察的管理办法》的通知

柳北办发〔2010〕98号　关于印发《柳北区社区居民委员会绩效考评、社区工作人员实绩奖励补贴实施办法(暂行)》的通知

柳北办发〔2010〕102号　关于印发柳北区开展“工作落实年”活动《工作目标任务分解制度等有关工作制度的通知

责任编辑：王小月

统 计 资 料

说明:本资料由柳州市柳北区统计局提供,资料中的价值指标绝对数按当年价格计算,增长百分比按可比口径计算。原统计资料中个别指标的统计口径计算方法有变动,某些指标有所删改,使用时请以本资料为准。

"十一五"时期柳北区人口情况

指 标	单 位	2006年	2007年	2008年	2009年	2010年
年末总人口	万人	36.21	36.61	37.38	38.29	42.80
当年出生人口	人	3620	3406	3114	3182	3218
人口出生率	‰	10.12	9.35	8.42	8.41	8.5
人口自然增长率	‰	6.29	5.81	4.66	4.83	5.00
人口死亡率	‰	3.83	3.54	3.76	3.58	3.5

"十一五"时期柳北区国民经济和社会发展主要指标

指 标	单 位	2006年	2007年	2008年	2009年	2010年
土地面积	平方公里	5687	5687	5687	5687	5687
年末实有耕地	公顷	320.89	320.89	320.89	320.89	317.11
地区生产总值	亿元	24.73	33.98	48.84	65.21	119.67
第一产业增加值	亿元	3.11	3.93	4.22	4.55	5.57
工业增加值	亿元	8.83	13.19	17.67	28.26	71.18
第三产业增加值	亿元	12.79	16.86	26.95	32.40	42.92
农林牧渔业总产值	亿元	5.21	6.56	7.03	7.59	9.29
粮食总产量	万吨	1.96	2	1.74	1.81	1.73
工业总产值	亿元	36.8	11.11	78.62	113.02	209.4
规模以上工业增加值	亿元	5.88	9.87	13.22	22.74	61.86
规模工业企业利税总额	亿元	2.35	6.07	7.01	9.73	11.53
限上企业营业额	亿元	67.09	85.96	12.4	200.66	278.7
服务业营业额	亿元	18.5	26	30.2	35.4	41
城区固定资产投资	亿元	4.6	7.15	10.72	29.28	57.11
三产营业收入	亿元	100.19	156.86	250.73	320.45	408.77
全部财政收入	亿元	7.19	9.1	11.99	14.78	19.53

续表

指　标	单　位	2006 年	2007 年	2008 年	2009 年	2010 年
其中:一般预算收入	亿元	1.19	2.85	3.75	4.76	5.55
一般预算支出	亿元	1.19	2.85	3.75	4.76	5.55
社会消费品零售总额	亿元	36	45	63.84	76.14	90.36
在岗职工年平均工资	万元	2.88	3.36	3.51	3.73	4.13
城镇居民人均可支配收入	元	11693	13428	15172	16726	18505
农民人均纯收入	元	3767	4325	5053	5712	6618
普通中学	所	20	18	18	15	18
普通中学在校生	万人	1.35	1.29	1.27	1.26	1.24
小学学校	所	63	57	57	54	58
小学在校生	万人	2.24	2.27	2.33	2.33	2.41
幼儿园	所	47	44	45	51	51
在园幼儿	万人	1.02	1.03	1.07	1.11	1.14

柳北区与柳州市及其他城区主要经济社会指标比较(2010 年)

指　标	单　位	柳州市	柳北区	柳南区	鱼峰区	城中区
年末总人口	万人	372.69	42.80	33.9	22.69	15.81
当年出生人口	人	78695	3218	4399	2491	1109
人口出生率	‰	21.26	8.50	9.24	8.41	5.24
人口死亡率	‰	8.08	3.5	2.45	2.33	2.02
土地面积	平方公里	18700	320.89	164.19	122.9	77.62
年末实有耕地面积	公顷	355529	5636	2954.56	612	426
地区生产总值	亿元	1315.31	119.67	138.08	97.62	51.09
其中:第一产业增加值	亿元	109.48	5.57	1.72	0.66	0.59
第二产业增加值	亿元	839.96	71.18	71.86	47.23	3.78
第三产业增加值	亿元	365.87	42.92	64.50	49.73	76.58
规模以上工业企业利税总额	亿元	217.35	11.53	5.62	45364.6	3800
粮食总产量	吨	776906	17281	9885	1004	962
全部财政收入	亿元	201.18	19.53	20.48	18.41	12.02
其中:一般预算收入	亿元	74.63	5.55	3.90	2.91	10.81
一般预算支出	亿元	155.01	5.55	6.33	4.12	3.70
城镇居民人均可支配收入	元	17766	18505	18903	18405	18400
农民人均纯收入	元	4935	6618	8168	9160	7533
普通中学	所	176	18	20	9	6
普通中学在校生	人	117700	12400	15194	8960	6593
小学	所	970	58	59	30	19
小学在校生	人	256000	24100	34760	19419	14255

“十一五”时期柳北区规模以上工业总产值情况

指　标	单　位	2006年	2007年	2008年	2009年	2010年
工业总产值	万元	245350	380326	600940	909633	1793016
采矿业	万元	13271	34554	54365	50622	211175
农副食品、食品制造业	万元	23380	25752	26337	27689	50974
饮料制造业	万元	2200	5354	7766	11728	12255
纺织业	万元	28369	27281	23000	22702	39438
木材加工业	万元	2366	1955	802	15555	102488
纸制品业	万元	668	2461	2818	4075	5479
油品加工业	万元	12450	14813	24369	62013	70664
化工制造业	万元	31399	34494	40540	52711	59019
塑料制品业	万元	1309	1367	2368	5142	4438
水泥制品业	万元	9761	24594	39667	36705	49184
钢材深加工业	万元	19395	44331	127162	252822	718048
有色金属冶炼业	万元	31065	49364	38708	46025	53438
气配机加工业	万元	58818	68213	133796	224772	317545
航道运输业	万元	0	2038	0	2954	2157
循环经济加工业	万元	10899	43755	73592	85469	81034
电力生产业	万元	0	0	5650	8649	15680

“十一五”时期柳北区居民生活消费支出情况

指　标	单　位	2006年	2007年	2008年	2009年	2010年
城镇居民人均消费性支出	元	6822	8008	11792	11985	12229
食品	元	3216	3766	4671	4528	4675
衣着	元	419	604	891	776	783
居住	元	686	967	1398	954	1009
家庭设备用品及服务	元	378	424	1081	550	772
医疗保健	元	387	396	621	732	801
交通和通讯	元	715	831	1506	2950	2838
教育文化娱乐服务	元	841	805	1271	1195	1072
其它商品和服务	元	180	214	352	299	278
农村居民人均期内现金支出	元	4672	5576	6421	6308	7609
生产费用支出	元	2356	2747	3096	3000	3064
生活消费支出	元	2221	2725	3182	2881	4383

“十一五”时期柳北区农民八大消费支出情况

消费项目	单位	2006年		2007年		2008年		2009年		2010年	
		同比	数值	同比	数值	同比	数值	同比	数值	同比	数值
生活消费支出	元、%	10.3	2508	25.5	3147	13.6	3574	−5.2	3389	44.5	4897
食品类	元、%	16.8	1296	30.2	1688	15.9	1957	−0.4	1949	7.3	2091
衣着类	元、%	5.8	91	31.9	120	−2.5	117	6	124	29.8	161
居住	元、%	56.3	325	44	468	−15.6	395	−20.5	314	150.3	786
家庭设备、用品	元、%	13.1	112	—	112	64.3	184	3.8	191	14.7	219
交通通讯	元、%	20.5	206	12.6	232	5.2	244	−18.9	198	239.4	672
文化教育、娱乐	元、%	−17.3	340	6.2	361	27.1	459	−11.5	406	−14.5	347
医疗保健	元、%	−32.3	109	11	121	39.7	169	−5.9	159	245.3	549
其他	元、%	15.4	30	50	45	11.1	50	−4	48	50	72

柳北区、镇、街道完成城镇固定资产投资情况(2010年)

单位名称	单位	总额	更新改选	基本建设
柳北区	万元	571115	389481	181634
石碑坪	万元	6900	9883	1466
沙塘	万元	73000	50847	33400
长塘	万元	77000	40510	27540
洛埠	万元	2600	2024	686
解放	万元	16200	13392	6100
雅儒	万元	13800	14904	1209
胜利	万元	39000	42680	6512
雀儿山	万元	30000	37352	5092
锦绣	万元	23500	17004	7843
钢城	万元	70000	58832	24400
白露	万元	98000	79313	24187

柳北区规模以上企业情况(2010年)

序号	单位名称	序号	单位名称
1	柳州市中金矿产有限公司	31	广西柳州科迪斯鞋业有限公司
2	柳州市煜泾矿产品加工有限责任公司	32	柳州市升腾木业有限公司
3	广西柳州市鑫隆矿产加工有限责任公司	33	广西柳州纯和木业有限公司
4	柳州市煜浩矿产品加工有限责任公司	34	柳州市国美木业有限公司
5	柳州市旺进矿产品加工有限公司	35	柳州市福兴木业有限公司
6	柳州钢铁焦化福利厂	36	柳州市顺林木业有限公司
7	柳州华锡有色金属选矿有限责任公司	37	柳州市长富木业有限公司
8	柳州市海联矿产品加工有限公司	38	柳州桂亿木业有限公司
9	柳州市白露砂石开采公司	39	柳州市洪林木业有限公司
10	柳州市大富氏粮油有限责任公司	40	柳州市标得木业有限公司
11	柳州市港华饲料有限公司	41	柳州市千山木业有限公司
12	柳州市振添饲料有限责任公司	42	柳州市金树木业有限公司
13	柳州市柳新饲料有限责任公司	43	柳州永翔木业有限公司
14	柳州市雀丰食品厂	44	柳州市长林木业有限公司
15	柳州市穗柳饼家实业有限责任公司	45	柳州市粤森林业有限公司
16	广西金嗓子保健品有限公司	46	柳州星和平办公家具有限公司
17	柳州市万宇餐饮有限公司	47	柳州市明盛家具有限责任公司
18	柳州市雅维乳品有限责任公司	48	柳州市郊区洛埠造纸厂
19	广西龙湾酒厂	49	柳州三威工贸有限责任公司
20	重庆啤酒集团柳州啤酒有限责任公司	50	柳州市百花印刷厂
21	柳州市明朝饮料有限责任公司	51	柳州市柳乐包装印刷有限责任公司
22	柳州市钢城饮料厂	52	柳州科弘高级润滑油有限公司
23	柳州华晟纺织有限公司	53	柳州市新游化工有限责任公司
24	柳州市卓洋纺织有限公司	54	柳州市粤港平安气体有限公司
25	柳州市凯丰纺织有限公司	55	柳州柳宏气体有限公司
26	柳州市昌海茧丝有限责任公司	56	柳州富斯特工业气体有限责任公司
27	柳州市海燕针织厂	57	柳州佳利化肥厂
28	柳州市多维劳保用品厂	58	柳州市鹏兴化工有限责任公司
29	柳州市明盈针织服装厂	59	柳州市宗富民松香厂
30	柳州市兴发制衣有限责任公司	60	广西柳州威奇化工有限责任公司

续表

序号	单位名称	序号	单位名称
61	广西西科雅香精香料科技有限公司	108	柳州市永益机械制造有限公司
62	柳州市神农中药饮片厂	109	柳州市新峰球磨铁渣加工厂
63	柳州市超洋塑料编织袋厂	110	柳州市郊区东环球铁合金铸造厂
64	广西柳州市天一塑料制品有限责任公司	111	柳州市蓝天铸造有限公司
65	柳州蓝资科技有限公司	112	柳州市正龙机械制造有限公司
66	柳州市桂新商品混凝土有限责任公司	113	柳州华力机器制造有限责任公司
67	柳州市城崴建材有限责任公司	114	柳州泰姆预应力机械有限
68	柳州市丰洲新型建材股份有限公司	115	柳州市砖机制造厂
69	柳州远大耐火材料制造有限公司	116	柳州市腾龙汽车配件制造有限公司
70	柳州市大可碳素制品有限责任公司	117	柳州众菱汽车零部件有限公司
71	柳州台泥新型建材有限公司	118	柳州市志诚汽配制造有限公司
72	柳州市强实科技有限公司	119	柳州市中铨机械制造有限公司
73	柳州市联恒水泥制品有限责任公司	120	柳州市天润汽车配件制造厂
74	柳州武钢钢材加工有限公司	121	柳州市威腾汽车配件厂
75	柳州宝钢汽车钢材部件有限公司	122	广西柳州裕田机械有限责任公司
76	柳州钢铁非钢实业总公司	123	柳州华威合力机械有限责任公司
77	柳州市固强钢材有限公司	124	柳州市顺驰机械有限公司
78	柳州吉翔不锈钢复合板制造有限公司	125	柳州蔚翔汽车部件有限公司
79	广西神钢物资有限公司	126	柳州航盛科技有限公司
80	广西柳州钢都钢管有限公司	127	柳州市富城机械有限责任公司
81	柳州钢铁小轧附属五金加工厂	128	柳州市鲲鹏汽车配件厂
82	柳州钢铁中板附属厂	129	柳州市一利机械有限责任公司
83	柳州凯盈钢材加工有限公司	130	柳州盛鑫科技有限公司
84	柳州新实劳动服务有限责任公司	131	柳州市恒力传动轴有限责任公司
85	广西华汇钢铁有限公司	132	柳州市回龙汽车配件厂
86	柳州华骏卷板加工有限公司	133	柳州市银瑞车业有限公司
87	柳州市升景钢材加工有限公司	134	柳州市天鹏车业有限公司
88	柳州市巨龙钢材加工有限责任公司	135	柳州市宏达锻造有限公司
89	广西锐志通钢铁加工有限公司	136	柳州市五顺汽车模具部件有限责任公司
90	柳州中色锌品有限责任公司	137	广西力达汽车零部件制造有限公司
91	柳州市振贤化工有限责任公司	138	柳州市天鹏汽车部件制造有限公司
92	柳州市铧珠冶金工贸有限公司	139	柳州市顺菱汽车配件有限责任
93	柳州市恒盛有色金属有限公司	140	柳州市宇腾机械设备有限责任公司
94	柳州市新程化工有限责任公司	141	柳州市正虹金星锻造厂
95	柳州市恒源锰粉厂	142	柳州仙河变压器科技有限公司
96	柳州市高德机械制造有限公司	143	柳州市上科电气机械制造有限公司
97	柳州市科安机电工程有限公司	144	柳州市明理线缆厂
98	柳州市南泰塑胶型材有限公司	145	柳州市银星节能科技有限责任公司
99	广西冶金建设公司压力容器制造厂	146	柳州市丰宝奔电器成套设备有限公司
100	柳州市金百汇激光技术有限责任公司	147	广西柳州泰升航运有限责任公司
101	柳州市惠康焊接材料有限公司	148	柳州市中铨环保科技有限公司
102	柳州市双和五金加工厂	149	柳州钢铁金鹏实业总公司
103	柳州市远航焊接材料有限公司	150	柳州市锐立瑞环保科技股份有限公司
104	柳州环宇压缩机有限公司	151	柳州市环源利环境资源技术开发有限公司
105	柳州威力士液压设备有限公司	152	柳州市清宇环保产业开发有限责任公司
106	柳州市华晟机电设备制造有限公司	153	柳州市惕艾惕冶金余热发电有限公司
107	柳州市预应力机械总厂	154	柳州市新和刚电力有限责任公司

柳北辖区国家级文明单位

单位名称	命名年份	变更情况	单位名称	命名年份	变更情况
中国农业银行柳州分行	2005		广西柳州钢铁(集团)公司	2005	
柳州市图书馆	2005		柳州恒达巴士股份有限公司	2005	
全国文明单位名单	2005		柳州市柳北区沙塘镇江湾村	2008	

柳北辖区自治区级文明单位

单位名称	命名年份	变更情况	单位名称	命名年份	变更情况
柳州市天三和经贸有限公司	1987	柳州市中百商业贸易有限公司	柳州市环境卫生管理处	2001	
			柳州市柳北区沙塘镇三合村	2001	
柳州市人民医院	1987		柳州市财经学校	2001	
柳北公安分局沙塘派出所	1987		柳州威奇化工有限责任公司	2002	
柳州钢铁(集团)公司	1989		中国建设银行柳州分行	2002	
柳州化学工业集团有限公司	1989		柳州市沙塘中心卫生院	2002	
柳州长虹机器制造公司	1989		中国农业银行柳州分行	2004	
广西金嗓子有限责任公司	1991		广西盐业公司柳州分公司	2004	
广西生态工程职业技术学校	1991		柳州市穗柳饼家实业有限责任公司	2004	
柳州市中糖股份有限公司	1994				
柳州市图书馆	1994		柳州交通费稽查处征稽所	2007	撤销
柳州市建筑设计科学研究院	1995		柳州市柳北区国家税务局	2007	
广西广播电视柳州二三八台	1997		柳州市市政设施维护管理处	2007	
柳州师范高等专科学校	1998		广西柳州钢铁(集团)公司柳钢宾馆	2007	
柳州饭店	1999				
柳州迎宾馆	1999		柳州市气象局	2002	原柳州地区气象局
柳州两面针股份有限公司	1999		柳州市地方税务局	2009	
柳州立宇集团有限责任公司第一棉纺厂	1999		柳州市外事侨务办	2009	
			柳州市外国语高级中学	2010	
中国工商银行柳州分行	1999		柳州市军队离休退休干部胜利休养所	2010	
柳州恒达巴士股份有限公司	1999	柳州市公共交通有限责任公司			
			柳北区雀儿山街道	2010	
柳州发电有限责任公司	1999		柳北区胜利街道	2010	
柳州医学高等专科学校第一附属医院	1999		柳北区沙塘镇	2010	
国药控股柳州有限公司	2001	原国药集团医药控股柳州有限公司			

柳北辖区柳州市级文明单位

单位名称	命名年份	变更情况	单位名称	命名年份	变更情况
柳州市育红中学	1984		广西汉斯啤酒饮料有限责任公司	1988	
广西冶建公司第四工程公司	1985	原广西冶建公司预制构件厂	柳州市沙塘小学	1988	
			柳州市第三十三中学	1989	原市石碑坪中学
柳州市电影放映发行公司	1985		柳州市雀儿山路小学	1989	
柳北区沙塘镇杨柳村	1986		柳州市雀儿山路第二小学	1989	
广西第五建筑公司建工医院	1986		广西广播电视柳州二三八台	1989	
柳州军分区	1987		柳州城市职业学院	1989	原柳州师范学校
广西冶建公司压力容器制造厂	1987		柳州财经学校	1989	
柳州市北雀路第三小学	1988		柳州医药有限责任公司	1989	

续表

单位名称	命名年份	变更情况
广西冶金建设公司	1990	
柳州市机电设备有限责任公司	1990	
柳州市直机关第二幼儿园	1990	
柳州中燃城市燃气发展有限公司	1991	柳州市煤气公司
柳州市黄村卫生院	1991	柳北区黄村乡卫生院
广西第五建筑公司建筑安装分公司	1991	工业设备安装公司
柳州市第三十九中学	1991	
广西盐业公司柳州分公司	1992	
柳州市储备粮管理公司	1992	
柳州市郊区粮管所	1992	
柳州市胜利小区第一小学	1992	
武警柳州市消防支队	1992	
广西柳州黄村国家粮食储备库	1992	
柳州市第五中学	1993	
柳州华侨化纤纺织有限公司	1994	
柳州市胜利小区第二小学	1994	
柳州市胜利小区幼儿园	1995	
柳州市第四十中学	1996	
柳州师范附属小学	1996	
柳州市雅儒路小学	1997	
柳州中国人寿保险股份有限公司柳州分公司	1997	
柳州市潭中路第二小学	1999	
柳州市第十九中学	1999	
柳州恒达巴士股份有限公司第三分公司	1999	柳州市公共交通有限责任公司第三分公司
柳州市沙塘中心卫生院	1999	
柳北区胜利街道办事处	2000	
柳州市第三中学	2000	
柳州供电局沙塘变电站	2000	
柳州市北站路小学	2000	
广西区建五公司周转材料租赁分公司	2000	
柳州雀山公园管理处	2001	
柳北区雀儿山街道办事处	2001	
柳州市公安局治安警察支队柳北大队	2001	
柳州市第九中学	2001	
柳州市前锋小学	2001	
柳州市白沙小学	2001	
柳州京都宾馆有限责任公司	2003	
柳北环境卫生管理所	2003	
柳州市第二十八中学	2003	
柳州市锦绣路小学	2003	
柳州市马厂小学	2003	
柳州市柳北区人民检察院	2003	
市石碑坪中心小学	2003	
柳北区雅儒街道办事处	2003	
广西柳州机电工程学校	2003	
柳州市白露卫生院	2003	
柳北区金葫社区	2003	
柳北区笔架社区	2003	
柳北区环宇社区	2003	
柳北区协和社区	2003	
柳北区跃进社区	2003	
柳北区建园社区	2003	
柳北区运输社区	2003	
柳北区雀山社区	2003	
柳北区福利社区	2003	
柳北区欧山社区	2003	
柳北区宏柳社区	2005	
柳北区虹桥社区	2005	
柳北区元宝社区	2005	
柳州市农业局	2005	
柳州市烟草专卖局	2005	
柳州市畜牧水产局	2005	
柳州市北雀路小学	2005	
柳州市公安局长塘派出所	2005	
柳州市特种设备监督检验所	2007	
柳州市产品质量监督检验所	2007	
柳北区人民法院	2007	
柳州市军队离退休干部胜利休养所	2007	
柳州市公安局柳北交警大队	2007	
柳州钢铁(集团)公司第一幼儿园	2007	
柳州市妇女联合会	2007	
柳北区宏力社区	2009	
柳北区南雀社区	2009	
柳北区白沙社区	2009	
柳北区胜利东社区	2009	
柳北区友谊社区	2009	
柳北区锦绣社区	2009	
柳北区沙塘镇	2009	
柳州市民政局	2009	
柳州市外事侨务办公室	2009	
柳州市机关事务管理局	2009	
广西柳州畜牧兽医学校	2009	
广西壮族自治区冶金建设公司第六工程公司	2009	
广西壮族自治区冶金建设公司机电安装工程公司	2009	
广西壮族自治区冶金建设公司第七工程公司	2009	
柳州市第二运输有限责任公司白沙客运站	2009	

柳北区区级文明单位

单位名称	命名年份	变更情况
柳州市中糖股份有限公司龙城糕点厂	1987	
柳州市豆制品公司柳北豆制品厂	1987	
柳州市汇康医药连锁有限公司柳北药店	1987	柳州市医药总公司雀儿山药店
国药控股柳州有限公司北站药店	1987	柳州市医药总公司北站药店
柳州市公安局交警支队柳北大队	1989	
柳州市白沙机动车检测有限责任公司	1990	柳州市汽车技术检测中心
广西冶金建设公司第七工程公司	1990	
柳州市星星超市柳北店	1991	
柳北区白露街道办事处马厂村	1991	
柳州市白露小学	1991	
柳州市三合小学	1991	
柳州市石碑坪小学	1991	
柳州市地方税务分局沙塘税务所	1991	
柳北区沙塘镇沙塘村	1991	
柳州市三中路小学	1992	
柳州市长塘中心校	1992	
柳州市香兰小学	1992	
柳州市第二运输有限责任公司白沙客运站	1993	
柳北区沙塘镇郭村砖厂	1993	
柳州市技术交流站	1994	从城中区转入
柳州市一利机械有限责任公司	1995	
柳州商业银行柳北支行营业部	1995	柳州商业银行柳北支行八一营业部
柳州商业银行北站三角地支行	1995	
柳北公安分局胜利派出所	1995	
广西冶金建设公司第六工程公司	1995	
柳州市白露中心校	1995	
柳北区沙塘镇郭村	1995	
广西冶金建设公司机电安装工程公司	1996	
广西冶金建设公司第八工程公司	1996	
柳北区洛埠镇卫生院	1996	
柳北区长塘镇长塘卫生院	1996	
柳州市长塘中学	1996	
柳州市龙船山粮店	1996	
柳州市柳新饲料有限公司	1997	
广西冶金建设公司桂南分公司	1997	
广西冶金建设公司劳动服务公司	1998	
柳北区白露街道办事处白露村	1998	
柳州市北岸小学	1998	
柳州市传动轴厂	1998	
柳州市第二运输有限责任公司交通大饭店	1999	
柳州市第四人民医院	1999	
柳州市第二运输有限责任公司通宝大厦	1999	
柳州供电局古木变电站	1999	
柳州市第十一中学	1999	柳州市沙塘中学
柳州市杨柳小学	1999	
柳州市鹧鸪江小学	1999	
市第二运输有限责任公司大型物资运输分公司	2001	
柳州市小村小学	2001	
广西柳州畜牧兽医学校	2001	
建行柳州市八一支行	2003	
建行柳州市柳北支行	2003	
柳州市大观楼酒家	2003	
柳州市钢都酒楼有限责任公司	2003	
柳州市科山高中	2003	
柳州市公安局解放派出所	2004	
柳北区人民法院沙塘人民法庭	2004	
柳州市雅维乳品有限责任公司	2004	
柳州市保爱小学	2004	
柳北区香兰村	2005	
柳北区白沙村	2005	
柳北区黄村村	2005	
柳北区石碑坪社区	2005	
柳北区宏力社区	2005	
柳北区长林社区	2005	
柳北区雅莲社区	2005	
柳北区怡江社区	2005	
柳北区南雀社区	2005	
柳州市公安局柳北分局	2006	
柳北区人民法院	2006	
柳州市军队离休退休干部胜利休养所	2006	
柳州市第二妇幼保健院	2006	
柳北区友谊社区	2006	
柳北区东麟社区	2006	
柳北区富康社区	2006	
柳北区锦绣社区	2006	
柳北区明珠社区	2006	
柳北区河北新村社区	2006	
柳北区紫薇园社区	2006	
柳北区白沙社区	2006	
柳州钢铁(集团)公司第二幼儿园	2007	
柳州钢铁(集团)公司第三幼儿园	2007	
柳北区广雅社区	2007	
柳北区雅儒社区	2007	
柳北区胜利东社区	2007	
柳北区胜利西社区	2007	
柳北区桂景湾社区	2007	
柳北区柳星社区	2007	
柳北区欣发社区	2007	
柳北区祥和社区	2007	
柳北区前锋东社区	2007	
柳北区前锋西社区	2007	
柳北区北雀社区	2007	

附　　录

柳北区领导机关及直属单位

（单位／地址／电话）

中共柳北区委员会

办公室／柳州市胜利路12-8号/2821347
组织部／柳州市胜利路12-8号/2515512
宣传部／柳州市胜利路12-8号/2824138
统战部／柳州市胜利路12-8号/2521579
政法委／柳州市胜利路12-8号/2527025
直属机关工作委员会／柳州市胜利路12-8号/2823644
信访局／柳州市胜利路12-8号/2830129
企业离休干部管理中心／柳州市胜利路12-8号/2837687
机构编制办公室／柳州市胜利路12-8号/2522751
企业党工委／柳州市胜利路12-8号/2824905
柳北区人民武装部／柳州市北雀路45号/2086615

中共柳北区纪律检查委员会

办公室／柳州市胜利路12-8号/2870167
监察局／柳州市胜利路12-8号/2802640

柳北区人大常委会

办公室／柳州市胜利路12-8号/2804518
人大财经委／柳州市胜利路12-8号/2521260
人大法制委／柳州市胜利路12-8号/2802646
人大教科文卫委／柳州市胜利路12-8号/2831143
人大代表联络委／柳州市胜利路12-8号/2800064

柳北区人民政府

办公室／柳州市胜利路12-8号/2817206
政务服务中心／柳州市胜利路12-8号/2525806
招标办公室／柳州市胜利路12-8号/2515015
法制办公室／柳州市胜利路12-8号/2520159
接待办公室／柳州市胜利路12-8号/2827114
信息办公室／柳州市胜利路12-8号/2815043
档案局／柳州市胜利路12-8号/2829926
地方志编纂办公室／柳州市胜利路12-8号/2810586
机关后勤服务中心／柳州市胜利路12-8号/2824340
发展改革和经济局／柳州市胜利路12-8号/2800308
物价局／柳州市胜利路12-8号/2802643
商务局／柳州市胜利路12-8号/2818706
招商促进局／柳州市胜利路12-8号/2513801
财政局／柳州市胜利路12-8号/2820234
会计核算中心／柳州市胜利路12-8号/2534180
税源办公室／柳州市胜利路12-8号/2512287
农业综合开发办公室／柳州市胜利路12-8号/2817734
教育局／柳州市胜利路12-8号/2315330
科技局／柳州市胜利路12-8号/2802624
民政局／柳州市胜利路12-8号/2512067
老龄委／柳州市胜利路12-8号/2815661
司法局／柳州市胜利路12-8号/2512299
人力资源和社会保障局／柳州市胜利路12-8号/2826037
劳动监察大队／柳州市胜利路12-8号/2825639
劳动保障中心／柳州市胜利路12-8号/2829816
住房和城乡建设局／柳州市胜利路12-8号/2512834
农业与水利局／柳州市胜利路12-8号/2829223
新农村办公室／柳州市胜利路12-8号/2857736
林业局／柳州市胜利路12-8号/2801161
森林公安局／柳州市胜利路12-8号/2730708
花卉办公室／柳州市胜利路12-8号/2725251
水产畜牧兽医局／柳州市胜利路12-8号/2317525
审计局／柳州市胜利路12-8号/2821341
统计局／柳州市胜利路12-8号/2808642
安全生产监督管理局／柳州市胜利路12-8号/2515512
环境保护局／柳州市胜利路12-8号/2802529
人口和计划生育局／柳州市胜利路12-8号/2821192
文化和体育局／柳州市胜利路12-8号/2824092
卫生局／柳州市胜利路12-8号/2802642
城市管理行政执法局／柳州市胜利路12-8号/2533448
城乡清洁办公室／柳州市胜利路12-8号/2529817
征地拆迁办公室／柳州市胜利路12-8号/2521191
环境卫生管理所／柳州市胜利路12-8号/2514566

绿化所 / 柳州市胜利路 12-8 号 /2528003

柳北区政协委员会

办公室 / 柳州市胜利路 12-8 号 /2802604
经济科技联谊委 / 柳州市胜利路 12-8 号 /2802594
提案法制委 / 柳州市胜利路 12-8 号 /2802584

人民团体

柳北区工会 / 柳州市胜利路 12-8 号 /2360743
柳北区团委 / 柳州市胜利路 12-8 号 /2362240
柳北区妇联 / 柳州市胜利路 12-8 号 /2360741
柳北区残联 / 柳州市胜利路 12-8 号 /2818876

柳北区镇、街道办事处

石碑坪镇 / 柳北区石虹路 146 号 /2542304
沙塘镇 / 柳北区沙塘街 50 号 /2712027
长塘镇 / 柳北区柳长路 1 号 /2736823
解放街道办事处 / 柳州市八一路 73 号 /2808790
雅儒街道办事处 / 柳州市广雅路 12 号 /2807615
胜利街道办事处 / 柳州市胜利小区中心村 23-1 号 /2539789
雀儿山街道办事处 / 柳州市北雀路 79 号 /2310387
锦绣街道办事处 / 柳州市跃进路 70 号 /2505175
白露街道办事处 / 柳州市马厂路 2 号 /2316131
钢城街道办事处 / 柳州市雀儿山路 6 号 /2315261

柳北区主要联系单位

柳北区人民法院 / 柳州市回龙路 8 号 /2563579
柳北区人民检察院 / 柳州市北雀路 34 号 /2360710
柳北区国税局 / 柳州市雅儒路 424 号 /2893263
柳北区地税局 / 柳州市雅儒路 424 号 /2836021
柳州市公安局柳北分局 / 柳州市跃进路 63 号 /3892700
柳州市公安局柳北交通警察大队 / 柳州市胜利路 49 号 /2517478
柳州市公安局柳北消防大队 / 柳州市北雀路 85 号 /2319330
柳州市工商局柳北分局 / 柳州市跃进路 80 号 /2528014
柳州市规划局柳北分局 / 柳州市跃进路 69 号 /2530612
柳州市国土局柳北分局 / 柳州市跃进路 100 号 /2512190
柳州市道路运输管理处柳北稽查所 / 柳州市白沙路 2 号 /13977225881

自治区驻柳北辖区单位

（单位 / 地址 / 电话、邮编）

广西职工互助保障协会柳州办事处 / 北站路 /2826154/545001
中国工商银行柳州分行 / 广雅路 /2821812/545001
中国建设银行柳州分行 / 北站路 /2821508/545001
中国农业银行柳州分行 / 三中路 /3900633/545001
中国交通银行柳州分行 / 跃进路 /2827811/545001
中国农业发展银行 / 雅儒路 /2852284/545001
中国太平洋财产保险股份有限公司柳州中心支公司 / 友谊路 /2839760/545001
中国太平洋人寿保险股份有限公司柳州中心支公司 / 八一路 /2839760/545001
中国平安财产保险股份有限公司柳州中心支公司 / 北站路 /2871358/545001
中国平安人寿保险股份有限公司柳州中心支公司 / 北站路 /2855528/545001
柳州市烟草专卖管理局 / 三中路 /2866715/545001
来宾市公安局驻柳州办事处 / 三中路 /2827749/545001

柳州市驻柳北辖区单位

（单位 / 地址 / 电话、邮编）

中国共产党柳州市委员会 / 三中路 /2825412/545001
中国共产党柳州市纪律检查委员会 / 三中路 /2821027/545001
中国共产党柳州市委员会宣传部 / 三中路 /2825563/545001
柳州市精神文明建设委员会办公室 / 三中路 /2811943/545001
中国共产党柳州市委员会老干部局 / 三中路 /2823629/545001
柳州市机关事务管理局 / 三中路 /2825429/545001
柳州市政务服务中心 / 三中路 /2832445/545001
中国共产主义青年团柳州市委员会 / 三中路 /2825225/545001
柳州市青年志愿者协会 / 三中路 /2824394/545001
柳州市妇女联合会 / 三中路 /2835202/545001
柳州市残疾人联合会 / 三中路 /2811354/545001
柳州市关心下一代工作委员会 / 三中路 /2811123/545001
柳州市老龄工作委员会办公室 / 三中路 /2822344/545001
柳州市档案局 / 三中路 /2825592/545001
柳州市经济委员会 / 三中路 /2825259/545001
柳州市安全生产监督管理委员会 / 三中路 /2810914/545001
柳州市商务局 / 三中路 /2630805/545001
柳州市水利局 / 三中路 /2824895/545001
柳州市林业局 / 三中路 /2824703/545001
柳州市粮食局 / 三中路 /2823613/545001
柳州市司法局 / 三中路 /2823528/545001
柳州市旅游局 / 三中路 /2871658/545001
柳州市新闻出版局 / 三中路 /2869718/545001
柳州市水果生产办公室 / 三中路 /2826654/545001
柳州市无线电管理处 / 三中路 /2828623/545001
柳州市基层组织建设协调领导小组办公室 / 三中路 /2835927/545001

柳州市城市居民最低生活保障服务中心 / 三中路 /2832975/545001
柳州市森林防火指挥部办公室 / 三中路 /2834409/545001
柳州市扶贫开发领导小组办公室 / 三中路/2827311/545001
柳州市环境监察支队 / 三中路 /2822684/545001
柳州市社会福利企业协会 / 三中路 /2823513/545001
柳州市老年人体育协会 / 三中路 /2830857/545001
柳州市企业家协会 / 三中路 /2823896/545001
柳州市球协会 / 三中路 /2863687/545001
柳州保险行业协会 / 三中路 /2825232/545001
柳州市整顿和规范市场经济秩序工作领导小组办公室 / 三中路 /2865007/545001
城中区国家税务局 / 三中路 /2819767/545001
柳州市劳动和社会保障局 / 北站路 /2812571/545001
柳州市劳动争议仲裁院 / 北站路 /2873307/545001
柳州市总工会 / 北站路 /2825331/545001
柳州市教育工会 / 北站路 /2812578/545001
柳州市劳动模范协会 / 北站路 /2827587/545001
柳州市劳动保障监察支队 / 北站路 /2823402/545001
柳州市职工帮扶、维权服务中心 / 北站路 /2861887/545001
柳州市民政局 / 八一路 /2824759/545001
柳州市双拥工作领导小组办公室 / 八一路/2801398/545001
柳北区政府三项整治办公室 / 跃进路 /2555060/545001
柳州市世行贷款水环境综合治理工程 / 跃进路 /2827625/545001
柳州市公安局森林公安分局 / 广雅路 /2804069/545001
柳州市计划用水节约用水办公室 / 雅儒路 /2826553
城中区地方税务局 / 雅儒路 /2866768/545001
柳州市企业调查队 / 三中路 /2825790/545001

驻柳北辖区旅游、宾馆、酒店、旅社、餐饮、娱乐单位

旅　游

山水旅行社有限责任公司 / 北站路 /2868644/545001
东方假日旅行社有限责任公司 / 八一路 /2800881/545001
柳州市青年旅行社 / 八一路 /2833385/545001
壶城职工国际旅行社 / 雀儿山路 /2595508/545001
柳州基督教堂 / 北雀路 /2510745/545001

宾　馆

柳州军分区招待所 / 三中路 /2093188/545001
龙晶宾馆 / 三中路 /2070233/545001
旭东宾馆 / 三中路 /2800616/545001
爱尔九九商务酒店 / 三中路 /2892299/545001
民族宾馆 / 北站路 /2871666/545001
老树宾馆 / 北站路 /3987688/545001
广预宾馆 / 八一路 /2309888/545001
艺术宾馆 / 八一路 /2090966/545001
凯悦宾馆 / 八一路 /2812777/545001
天龙大酒店 / 八一路 /2830188/545001
京都宾馆 / 跃进路 /2300118/545001
盛君宾馆 / 跃进路 /2305678/545001
天盛旅社 / 跃进路 /3985849/545001
国安旅社 / 跃进路 /2864222/545001
昌宁旅社 / 跃进路 /2823062/545001
佳弘旅社 / 跃进路 /2868462/545001
富明旅社 / 跃进路 /2860785/545001
雀都宾馆 / 北雀路 /2567808/545001
柳钢宾馆 / 北雀路 /2592213/545001
聚客旅馆 / 北雀路 /2316256/545001
新和招待所 / 北雀路 /2310514/545001
柳州化学工业集团有限公司招待所 / 北雀路 /2516224/545001
汇丰国际大酒店 / 胜利路 /2551888/545001
银瑞酒店 / 广雅路 /2824275/545001
柳州水电技术培训中心招待所 / 广雅路 /2809680/545001
迎江宾馆 / 雅儒路 /2867679/545001

餐　饮

知其味饮食有限责任公司三中餐厅 / 三中路 /2861505/545001
金福园东山羊庄 / 三中路 /2817528/545001
桂新饭店 / 三中路 /2829703/545001
鸿源酒楼 / 三中路 /2818189/545001
锦相源酒楼 / 三中路 /2833988/545001
德盛酒楼 / 三中路 /2827777/545001
潭中园酒楼 / 三中路 /2815898/545001
上岛咖啡餐饮店 / 三中路 /2826607/545001
柳州饭店 / 友谊路 /2824921/545001
天域饮食娱乐有限公司 / 友谊路 /2866700/545001
福昌实业香港烧卤快餐连锁店 / 北站路 /2854187/545001
随便吃餐馆 / 北站路 /2865497/545001
神农阁酒家 / 跃进路 /2552799/545001
光哥饮食店 / 跃进路 /2913166/545001
花园餐馆 / 跃进路 /2819761/545001
巴宁咖啡厅 / 跃进路 /2300220/545001
今夜有约茶吧 / 跃进路 /2932531/545001
半闲人家风味酒楼 / 跃进路 /2526888/545001
东北李家饺子馆 / 北雀路 /2368378/545001
百惠快餐北雀分店 / 北雀路 /2362060/545001
大观楼酒家 / 北雀路 /2595342/545001
川江人美食店 / 北雀路 /2521263/545001
罗桂新快餐店 / 北雀路 /2312227/545001
周记牛杂狗肉馆 / 北雀路 /2839058/545001

左岸咖啡康城店 / 北雀路 /2366887/545001
老友记家常菜馆 / 北雀路 /2316696/545001
钢都酒楼有限责任公司 / 北雀路 /2314246/545001
春宏饮食店 / 胜利路 /2532331/545001
涂记大巴山驴肉大排档 / 胜利路 /2533815/545001
交通大饭店 / 胜利路 /2513010/545001
罗福大酒楼 / 胜利路 /2506210/545001
雅儒公园路快餐店 / 雅儒路 /2815888/545001
金大陆海鲜世界柳州分店 / 雅儒路 /2871318/545001
武夷茶艺馆 / 广雅路 /2869684/545001
周氏茶坊 / 八一路 /2850312/545001
雀园酒家 / 柳北文化商业广场 /8808989/545001

娱 乐

柳州市电影发行放映公司 / 三中路 /2826060/545001
柳州市图书馆 / 三中路 /2824540/545001
柳州文化艺术中心 / 八一路 /2829903/545001
柳州市老干部活动中心 / 八一路 /2823888/545001
非多瑜伽 / 北站路 /2818181/545001
六个梦花店 / 北站路 /2831636/545001
柳州市福利彩票发行中心 / 北站路 /2859218/545001
柳州市社会福利有奖募捐委员会 / 北站路/2827993/545001
广西福利彩票发行中心桂中发行管理处 / 跃进路 /2868544/545001
蓝月亮网吧 / 跃进路 /2533116/545001
花儿朵朵鲜花店 / 跃进路 /2150055/545001
雀儿公园管理处 / 雀儿山路 /2314345/545001
雀儿山高尔夫俱乐部有限公司 / 雀儿山路/2553992/545001
中谛健身服务有限公司 / 雀儿山路 /2529336/545001
鸟巢国际俱乐部 / 潭中中路 /2879038/545001
天顺网吧 / 北雀路 /2318389/545001
花宣言花坊 / 北雀路 /7325049/545001
酷虫网吧 / 北雀路 /2319198/545001
柳钢宾馆保龄球馆 / 北雀路 /2592493/545001
荣桂电子室 / 广雅路 /2821582/545001
桂华网吧 / 胜利路 /2562362/545001
百乐公园警务室 / 马厂路 /2311632/545001

驻柳北辖区日常服务单位

柳州市青少年社会服务中心 / 三中路 /2824654/545001
银海图片有限责任公司 / 三中路 /2839146/545001
友凤呈祥婚姻介绍服务部 / 三中路 /2824262/545001
柳州市残疾人劳动就业服务中心 / 三中路 /2824510
无极线美容养生馆 / 三中路 /2839156/545001
可丽可心减肥俱乐部 / 三中路 /2805012/545001
辰宇复印阁 / 三中路 /2826860
凯维文印部 / 三中路 /2804645
金凤电脑工作室 / 三中路 /2851756
地泰管道疏通队 / 三中路 /2865171
巾帼家政服务中心 / 三中路 /2808843
双马电器维修服务部 / 三中路 /2159696
天域饮食保健服务中心 / 友谊路 /2872311
柳州市供电局 / 八一路 /2811012/545001
好日子搬家服务部 / 八一路 /2830033/545001
小太阳宝宝摄影公司 / 八一路 /2825289/545001
千禧庆典婚礼策划有限公司 / 北站路 /2836266/545001
小家碧玉休闲所 / 北站路 /2872311
源生堂柳北分店 / 北站路 /2828196/545001
金艺相馆 / 跃进路 /2512631/545001
鑫源文印部 / 跃进路 /2556339
柳宾干洗店 / 跃进路 /2873737
柳州市荣创制冷公司 / 跃进路 /2801949
好大嫂家政服务部 / 跃进路 /2512358
瑞清环境保洁有限公司 / 跃进路 /2501638
柳北区保安服务有限公司 / 跃进路 /2552588
广西电表建设工程有限公司柳州分公司 / 跃进路 /2837257/545001
广西电力工程建设公司科安分公司 / 北雀路 /2525237/545001
柳州市 TIT 冶金余热发电有限责任公司 / 北雀路 /2596296/545001
乐民液化气供气站 / 北雀路 /2362458/545001
柳北液化石油气供应服务站 / 北雀站 /2827169/545001
民民搬家有限公司 / 北雀路 /2552222/545001
民众搬家服务中心 / 北雀路 /2366111/545001
众大搬家有限公司 / 北雀路 /2812188/545001
玉姿美容中心 / 北雀路 /2368887/545001
郭慧医学美容中心 / 北雀路 /2369336
孔姐家政服务部 / 北雀路 /2550055
葡萄园美容美发厅 / 北雀路 /2531941
华岳家电维修部 / 北雀路 /2538360
鸣飞家电维修部 / 北雀路 /2314179
诚成家电维修部 / 北雀路 /2503618
舜洁清洁服务有限公司 / 北雀路 /2361158
星馨宇美容院 / 北雀路 /2311818/545001
柳州压缩机总厂劳动服务公司 / 北雀路 /2311074
林溪美容连锁机构(黄村分店)/ 北雀路 /2364983/545001
金海摄影有限责任公司柳北照相馆 / 北雀路 /2320709/545001
柳州铁路局燃气公司慧龙供气站 / 北雀路/2360877/545001
柳州化学工业集团有限公司劳动服务中心 / 北雀路 /2572689
柳州山河水电建设有限责任公司 / 广雅路 /285054/545001
中燃城市燃气发展有限公司 / 广雅路 /2871875/545001
柳州市燃气管理处 / 广雅路 /2852740/545001
康源美容保健会所 / 广雅路 /2800770

罗城县保安服务有限公司 / 广雅路 /2817592
柳州市森林病虫害防治站 / 广雅路 /2862270
新希望家政服务部 / 广雅路 /2293938
盛荣五交化责任有限公司维修分公司 / 广雅路 /2869762
仕龙液化气供应站 / 马厂村 /2316671/545001
良友液化气站 / 马厂村 /2315448/545001
雅东液化气供应站 / 雅儒路 /2869696/545001
华艺复印店 / 雅儒路 /3986683
威洁清洁服务有限公司 / 雅儒路 /2817960
亲清家政服务部 / 雅儒路 /2816112
柳州市自来水有限责任公司城中水厂 / 雅儒路 /2859695/545001
胜利老年公寓 / 胜利路 /2511818
荣华家电电器维修中心 / 胜利路 /2822755
胜利社区租赁服务管理中心 / 胜利路 /2510579/545001
大众搬家服务有限责任公司 / 潭中中路 /2866988/545001
香缇雅美容会所 / 白沙路 /2501616/545001
惠普金牌电脑经销部 / 白沙路 /2839534

驻柳北辖区学校

柳州市第三中学 / 三中路 /2850554
柳州市希望之星围棋学校 / 三中路 /2819591
柳州市新燕艺术培训中心 / 三中路 /2833289
柳州市国学堂教育培训机构 / 三中路 /2820273
柳州市直属机关第二幼儿园 / 三中路 /2860249
中国共产主义青年团柳州市团校 / 三中路 /2835851
柳州信息工程职业学校 / 北站路 /2858844
柳州医学高等专科学校 / 跃进路 /2518652
柳州市第三十八中附属小学 / 跃进路 /2515354
柳州市第十五中学 / 雅儒路 /2829663
柳州市雅儒路小学 / 雅儒路 /2565469
柳州市军队转业干部培训中心 / 广雅路 /2820343
柳州市星火职业培训学校 / 前锋路 /2524961
柳州市潭中路第二小学 / 潭中中路 /2363909
柳州市第十九中学 / 红碑路 /2523837
柳州市行知小学 / 黄村乡 /2529138
柳州市第三十五中学 / 白沙路 /2860344
柳州市白沙培育幼儿园 / 白沙路 /2502797
柳州市白露初级中学 / 马厂路 /2315654
柳州市小村小学 / 白露街道 /2774037
柳州市第二十六中学 / 北雀路 /2364632
柳州化工技工学校 / 北雀路 /2518844
柳州市二十八中学 / 北雀路 /2311380
柳州市第四十中学 / 北雀路 /2318605
柳州市北鹊路小学 / 北雀路 /2514585
柳州市第二十九中学 / 北雀路 /2530048
柳州市雀儿山路第二小学 / 北雀路 /2592517
广西第二建筑安装技工学校 / 北雀路 /2521044
柳州钢铁集团公司高级技工学校 / 雀儿山路 /2596212
柳州市第三十九中学 / 雀儿山路 /3432005
柳州市职业技能培训学校 / 雀儿山路 /2592715
柳州市外国语高级中学 / 胜利路 /2515026
柳州市向华高中 / 胜利路 /2539199
柳州市白沙小学 / 胜利路 /2512124
柳州市胜利小区第二小学 / 胜利路 /2512072
柳州市华侨化纤纺织厂幼儿园 / 胜利路 /2525318
柳州市胜利小区幼儿园 / 胜利路 /2535038
柳州城市技术学院 / 鹧鸪江路 /2752729
柳州城市职业学院 / 鹧鸪江路 /2090001
柳州师范附属小学 / 鹧鸪江路 /2572970
柳州市长塘中心校 / 长塘镇青茅村 /2731659
柳州市下窑小学 / 洛埠镇下窑村石冲路 /2774037
广西生态工程职业技术学院 / 沙塘镇金武路 /2725030
广西柳州畜牧兽医学校 / 沙塘街 45 号 /2713313
柳州机电工程学院 / 沙塘镇公馆路 /2711122
柳州市保爱小学 / 沙塘园艺场 /2720195
柳州市郭村小学 / 沙塘镇郭村 /2710294
柳州市石碑坪第三十三中学 / 石碑坪镇东区 /2542309
柳州市育红中学 / 石碑镇古城村 /2751070
柳州市古木小学 / 石碑坪镇古木委钟家屯 /2543363
柳州市石碑坪中心小学 / 石碑坪镇 /2543557

急用常用电话

急用电话
火警 119
报案、求救报警 110
交通事故报警 122

医疗急救电话
柳州市医疗急救中心 120
柳州市第一人民医院急诊科 2821020
柳州市工人医院急诊科 3815345
柳州市中医院急诊科 2827772
柳州市红会医院急诊科 2820330
柳州医专第一附属医院急诊科 2522222
柳铁中心医院急诊科 3923457
解放军一五八医院急诊科 2682626 3141105
柳州市第四人民医院急诊科 2892395

柳北区医院　2518298

常用电话

柳州市人民政府热线　12345
柳州市物价监督热线　282583
柳州市消费投诉热线　12315
柳州市药品投诉热线　2628782
柳州市食品卫生投诉热线　2824158
柳州市劳动监察投诉热线　2823402
柳州市法律服务热线　12348
柳州市价格举报热线　12358
柳州市工会维权热线　12351
柳州市城市管理监督电话　118
柳州市公交投诉热线　2826166
柳州市市政设施举报热线　2822484　2811205
柳州市环保投诉热线　12369
柳州市煤气抢修热线　2895119
柳州市路灯管理所　3834667　3801994
柳州市供水客服　96332
柳州市供电客服　95598
柳州市气象热线　12121
柳州市有线电视报修热线　2800207
柳州市汽车客运站问讯处　3808400
柳州市民航售票处　3826741　3828993
柳州市火车客运问讯处　3614922
柳州市中级人民检察院举报中心　2822000
柳州市违法违章建设投诉热线　2808110
柳州市救助款物接受站　3826120
柳州市青少年维权·心理咨询热线　12355
柳州市妇女维权与心理咨询热线　2862140
柳州市动物卫生监督所　3135928
中国电信客户服务中心　10000
中国移动综合信息服务平台　12580
中国移动客户服务中心　10086
中国联通客户服务中心　10010
中国邮政客户服务中心　185
泰捷机票销售中心　3623111
屏山航空售票处　3826741
柳州市专业白蚁防治热线　3220904

交通信息

汽车客运班线

一、广西区外汽车客运班线：

柳州市区　东莞（凤岗）　恩平　番禺　广州（沙）　海安　汕头　海口　深圳　顺德　开平　东莞　罗定　信宜　阳江　珠海　太平（东莞）　水头　中山　石狮　吴川1　惠州　温州　宝安3　宝安（荔浦）　道县　福州　广州　洪市　加禾　江门　龙岗龙华　祁东　祁阳　邵东　深圳1台山　东莞（荔浦）　新会　永州　虹桥　莆田　珠海(斗门)　上海　常德　都匀　贵阳　荔波　从江　榕江　黎平　东莞快　广州快　杭州快　苏州快　义乌快　贵阳快　衡阳快　深圳快1　深圳快2　珠海快　安宝（观澜）　宁波　宁波1　宁远　莆田1　株洲　枞阳　潮州　丛江　肇庆快　武汉快　龙岗快　重庆快

二、广西区内各县(市)汽车客运班线：

柳州市区　八一快　八一　大湾　高安　正龙　北流　博北　岑溪　大鹏　容县　贵港　桂平　河马　江口　通挽　梧州　武宣　南泗　平南　玉林　大樟　象州专线　运江2　思旺1　思旺2　北海　红河1　麻洞　贺州　石龙　乌石　武宣专线　百寿　恭城　灌阳　桂林　金秀　荔浦　蒙山　平乐　三皇　太平(荔浦)　藤县　阳朔　永安　昭平　钟山　公会　全州　平南镇隆　恭城栗桂　藤县太平　珊瑚　富灌阳1　乐满地　广福　河池　河池1　龙岸　南丹　屏南　三岔　巴马　凤山　怀远　龙岩　下南　北山　拉烈　宜州　大厂1　天娥1　罗城2　都川　宝坛2　北福　北更　宾阳　大化1　大化　大龙　古利　古蓬　合山　合山电厂　加北　金钗　里兰　南宁　乔贤　上林　塘红　武鸣　忻城　龙门　平阳1　百色1　都安1　屏南3　乐滩电厂　黎塘　上林快　德保快　平乐快　金秀快　都安快　河池快　河池快1　屏南1　百色快　北海快　宾阳快　岑溪快　大厂快　东兴快　贵港快　桂林高　桂平快　合山快　横县快　荔浦快　灵山快　罗城快　南丹快　凭祥快　钦州快　全州快　容县快　天娥快　梧州快　武宣快　忻城快　兴安快　宜州快　永福高　玉林快　昭平快　黎塘快　巴马快　平南快　蒙山快　钟山快　环江快　浦北快　博北快　南宁快　恭城快　贺州快　大化快　大化快1　钦州港

三、柳州市内汽车客运班线：

柳州市区　里雍　龙江(响水)　鹿寨专线　大年　和睦　融安　融水　三江　东华　东泉1　凤山　广磷　拉洞　六塘　平山　四塘　屯秋　柳城快　马山1　融安快　融水快　三江快　东泉2　长槽　旧县　糯米滩　四角　大滩　雨卜　中渡　穿山专线　冲脉　三合　杨梅　同练　东乡　白沙　六塘1　三界　四塘　梁寨　上樟　秀水　潭头　前屯村台　覃村　江湾村　红岭

四、柳州水运航线

客运航线：柳州市区　红花电站

货运固定航线：香港(澳门)

不固定航线：梧州　深圳　广州　佛山　中山　东莞　前山

责任编辑：王小月

索　　引

说　明

一、本索引是《柳北年鉴·2011》的内容分析索引。正文(包括条目、文献、资料、图片和表格)中凡是具有独立检索意义的完整资料,都可以通过本索引进行检索。

二、索引按汉语拼音字母顺序排列。类目、分目、次分目作索引款目用黑体字排印,其余款目用是宋体字排印。表格、图片在其款目后分别注明"表""图"。

三、索引款目后的数字表示内容所在的页码,数字后的拉丁字母(a、b、c)表示栏别。

四、空二字起排的款目为上一主题的"附件",同一主题的"参见",只标页码。内容有交叉的款目,为便于读者检索,在本索引中重复出现。

A

B

C

D

E

F

G

H

J

M

N

T

Z

柳北区教育局

柳北区教育局成立于 2001 年 12 月。2010 年柳北区教育局内设有党工委办公室、局办公室、基础教育办公室、教研室、学生资助中心、校舍安全办公室 6 个工作机构，在编人员 17 人。

2010 年，柳北区教育局以创建“布局合理、发展健康、质量优良、人民满意的柳北教育格局”为目标，坚持“均衡 + 特色”的学校发展理念和“科学谋划、改革创新、自主发展”的发展原则，推动义务教育的均衡发展和学前教育的普及化，铸造一支精诚团结、廉洁自律、开拓创新、科学民主决策的领导班子，培养出一支业务精、思想好、能战斗的管理队伍。年内，柳北区教育局被批准成为教育部、财政部重点资助的教师教育创新平台建设项目——国家教师教育创新西南实验区和北京师范大学与自治区教育厅共建的“基础教育教师素质提升综合改革实验项目”的第一批实验区之一，并荣获广西教育学会小学语文教学专业委员会先进单位、“广西国培计划”远程培训项目优秀组织单位、柳州市教育系统安全生产工作先进单位等荣誉称号。中考成绩连续 9 年名列全市前茅。启动“立师德·树形象·展风采”主题教育实践活动、“青干班”、“名师工程”高级研修班、“雏鹰展翅”主题跨校师徒结对等系列活动，促进教师队伍业务水平和管理水平的提高。

① 柳北区教育局局长衣弘
② 柳北区委书记周思泉（左后四）到北雀路第三小学调研
③ 柳北区区长李梅（前右一）到沙塘镇中心校指导工作
④ 柳北区副区长胡建军（右二）到石碑坪镇中心校了解寄宿学生用餐情况
⑤ 柳北区教育局党工委书记孔繁广为党员教师上党课
⑥ 雅儒路小学学生在市文庙诵读经典

柳北区科学技术局

柳北区科学技术局（以下简称柳北区科技局）成立于1992年10月，前身为柳北区科学技术委员会，2001年11月改称柳北区科技局。2010年柳北区科技局在职人员5人。2010年，柳北区科技局围绕城区经济建设和社会发展的基本思路和重点难点问题，发挥组织、管理和协调的综合职能作用，完成柳北区科学事业“十二五”规划编制工作。组织实施科学研究与技术开发计划和科技创新计划，成功申报上级科技项目11项，争取上级科技项目经费385万元。本级科学技术经费支出668万元，占当年本级财政一般预算支出1.2%。安排实施葡萄生态景观示范园等科技项目6项，落实科技补助经费239万元。辖区企业柳州航盛科技有限公司获得国家级高新技术企业称号，长塘镇得利良种猪养殖发展协会被评为全国科普惠农兴村计划先进单位；柳北区罗非鱼产业获自治区第一批农业产业科技重点示范县（区）称号。年末，辖区有国家级高新技术企业9家。组织辖区10余家中小企业申报创新基金，柳州市恒力、永益、中铨、丰洲等4家企业申报成功，获得上级科技经费扶持资金185万元。

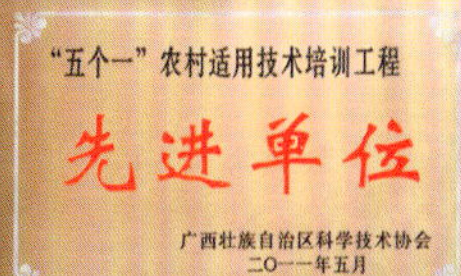

柳北区科学技术协会（以下简称柳北区科协）成立于1984年10月，1991年8月召开柳北区科协第一次代表大会，有科技会员117人。2010年5月召开第四次科技代表大会，出席大会会员112人，选举卓世楼为柳北区科协第四届委员会主席。9月27日召开柳北区老科学技术工作者协会第一次会员大会，出席大会会员34人，选举蓝玉海为第一届老科协会长。2010年柳北区设科协组织19个，有科技会员6528人，农业专业协会33个，会员677户，1188人。

⑥

① 柳北区科技局局长卓世楼
② 柳北区科技局全体工作人员
③ 柳北区将一批科学教具及电脑送到部队幼儿园
④ 柳北区科技局为长塘镇北岸村农村书屋赠送科技书籍
⑤ 12月3日，柳北区科技局人员到企业调研
⑥ 9月27日，柳北区召开老科协第一次会员大会
⑦ 5月12日，在柳北区科协第四次代表大会上，一批科普工作先进个人受到表彰
⑧ 7月23日，柳北区科技局人员教农业合作社农民用电脑
⑨ 6月13日，柳北区科技局为各镇赠送科技书
⑩ 建立青少年科学工作室

⑦

⑧

⑨

⑩

柳北区财政局

①

2010年柳北区财政局内设会计核算中心、农业综合开发办公室、柳北区税款代征中心3个机构，在编人员27人，其中行政编制6人，参公编制8人，事业编制13人。局领导职数一正二副，设局党组书记1人。

柳北区会计核算中心是全额拨款事业单位，业务上受柳北区财政局管理，接受柳北区监察部门监督，并接受上一级财政、监察部门的指导和考核。其主要职责是按"集中管理，统一开户，分户核算"原则，对实行会计集中核算单位的一切财务收支活动进行核算和管理。

农业综合开发办公室是柳北区农业综合开发领导小组下设的工作机构，在柳北区财政局挂牌，有工作人员2人，专门负责柳北区农业综合开发项目建设的申报和

②

③

④

⑤

柳北区税款代征服务中心

管理工作。

柳北区税款代征中心主要职责配合税务机关协调各乡镇、办事处组织代征人员做好零散税收的征收工作以及财政税收入库统计工作。

2010 年柳北区财政局增强公共财政意识，发挥公共财政职能，创新理财思路，做好财政税收征管工作，优化支出结构，推进各项财政改革，促进柳北区经济社会事业全面、协调、可持续发展。全年完成财政总收入 19.53 亿元，支出 19.51 亿元，比上年增加 4.75 亿元，增长 32.14%，其中一般财政收支 17.12 亿元，比上年增长 35.25%，年均增长 26.24%。柳北区财政局先后获得柳州市基本普及九年义务教育工作先进单位、自治区财政系统农村财会人员财政支农政策培训工作先进单位、自治区财政系统财政支农政策培训工作先进单位等称号。

① 柳北区财政局领导班子：局长钟庆林（右二）、副局长杨小桂（左一）、农业综合开发办公室主任蔡建军（右一）、副局长石燕（左二）
② 柳北区人大代表审议财政预算
③ 柳北区财政局专项经费组
④ 柳北区财政局机关组
⑤ 柳北区财政局会计核算组
⑥ 2009 年 4 月，柳北区税款代征服务中心揭牌
⑦ 柳北区党政领导视察税款代征服务中心
⑧ 柳北区税款代征服务中心对工作人员开展文明礼仪培训
⑨ 柳北区税款代征服务中心办证厅

⑥

⑦

⑧

⑨

柳北区国家税务局

2010年柳州市柳北区国家税务局按照精简化、扁平化管理的要求完成机构调整，设有工作机构13个，干部职工60人。管辖纳税登记户3156户，涉及45个行业。全年组织入库税款15.41亿元，同比增收3.51亿元，增长29.47%。柳北区国税局在抓好组织收入的同时，注重围绕“创新发展、文明和谐”的总基调开展各项工作：一是创新税收分析预测管理新模式，建立“城区局—税源管理股—税收管理员”三级互动机制，促进税收分析预测从被动向主动、定性向定量、数量向质量的三个转变，税收收入预测准确率保持在99.8%以上。二是创新税收专业化管理。建立各行业税收管理模式，开展纳税评估与所得税管理工作，全年评估企业42户（次），补征税款及滞纳金405万元，企业所得税累计入库1.45亿元，同比增收1.11亿元。三是深入开展文明创建活动，与融安县桥板乡阳山村党支部建立结对帮扶关系，支援当地农业生产；与公安柳北消防支队开展军（警）民共建，定期对官兵进行慰问，宣传、落实军队干部转业安置的税收政策。四是推行“阳光办税”，聘请廉政监督员，坚持开展政风行风评议活动，健全税收执法监督机制。五是创建特色纳税服务品牌，推进“同城通办”，建立“纳税人之家”，开辟热线电话、网络邮箱、意见箱等，构建畅通的税企交流平台；开设大企业服务窗，为企业落实税收优惠政策，到辖区工业园为纳税人开展上门服务160多次，印制和发放办税指南2000多册。年内，柳北区国税局获柳州市城乡妇女岗位建功先进单位（集体）、柳州市国税局“五星级办税服务厅”等荣誉称号。

① 柳北区国税局领导班子：局长韦国湘（左三）、副局长屈斌（右二）、覃建祥（左二）、栾红（左一）、纪检组长黄广隆（右一）
② 6月21日，柳北区国税局向人大代表汇报税源征收工作
③ 自治区国税局总经济师杨辉（前排左一）、柳州市国税局局长梁选刚（前排右一）一行到柳北区国税局指导“两基”建设
④ 柳北区国税局与融安县桥板乡阳山村开展结对帮扶活动
⑤ 柳北区国税局认真开展税源征收工作
⑥ 柳北区国税局办税服务大厅

柳州银行柳北支行

柳州银行前身为柳州市商业银行，是一家由地方财政、地方优势骨干企业和个人投资入股成立的城市商业银行。2010年6月经中国银行业监督管理委员会批准成立，2010年9月1日更名为柳州银行股份有限公司（简称“柳州银行”）。柳北支行是柳州银行下辖的8家一级支行之一，其所属的4个营业网点均分布在柳北辖区内。截至2011年12月底，柳州银行柳北支行总资产17.83亿元，存款余额17.68亿元，贷款余额9.21亿元，各项指标在柳州银行内部排名靠前；各项监督指标持续保持良好银行水平，取得良好的社会效益和经济效益。

柳州银行柳北支行秉承“立足服务，健康进步”的企业核心理念，坚持“心服务、诚相伴”的服务理念，坚持实行先进、科学、高效的管理，为柳北区企业提供优质的金融服务。主要产品“微贷通”系列贷款产品，以及龙城理财、龙城卡、金融超市、集付通等特色产品已形成一定的品牌效应。

① 柳州银行柳北支行胜利营业处
② 行长李峥嵘（右二）与柳北区企业座谈
③ 员工礼仪风采
④ 柳州银行柳北支行召开工作动员会
⑤ 柳州银行柳北支行全体员工合影
⑥ 柳北支行举行“六·一”慰问活动

柳 北 区 住 房

柳北区住房和城乡建设局成立于 1982 年 2 月，1997 年 2 月，更名为柳北区建设环保局。柳北区城市综合管理办公室、柳北区人民防空办公室和柳北区环境保护监理站在建设环保局挂牌。1999 年 4 月，柳州市政府收归环保职能，柳北区建设环保局更名为柳北区建设局。2010 年更名为柳北区住房和城乡建设局。有办公人员 15 人，其中正局长 1 人，书记 1 人，副局长 5 人。

柳北区住建局主要承担辖区内小街小巷维修改造、城郊基础设施建设、物业管理、民房报建、城乡风貌改造、农村危房改造、村屯规划、园区报建、保障性住房、五车整治、柳州区属工程的建设管理及绿化美化等 10 多项工作。工作涉及面广，与老百姓的切身利益息息相关，城乡工作取得较好成绩。2010 年在柳州市城乡风貌改造工作中柳北区政府获得“自治区城乡风貌改造二期工程先进单位”，连续 7 年获柳州市城市绿化先进单位。

①

②

③

④

和　城　乡　建　设　局

① 2008 年 7 月 11 日，胜利小区改制企业职工危旧房改造开工奠基
② 2009 年 9 月 28 日，自治区党委常委、宣传部部长沈北海（左一）为柳北区改制企业职工危旧房改造工程首批入住户发送金钥匙
③ 2010 年 7 月 26 日，柳州市委副书记苏海棠（右二）、副市长焦耀光（左一）到柳北区长塘镇西流村大井屯了解城乡风貌改造工作
④ 柳北区住房和城乡建设局领导班子在市景观路实地办公
⑤ 柳北区一瞥
⑥ 柳北区胜利路
⑦ 柳北区潭中高架桥及跃进路
⑧ 改造后的景观路一角

⑤

⑥

⑦

⑧

柳 北 区 城 市 管

①

柳北区城市管理行政执法局 2005 年 12 月成立，与柳北区城市管理行政执法大队、柳北区市容管理局合署办公，一套人员，三块牌子。按照《广西壮族自治区人民政府关于同意柳州市开展城市管理相对集中行政处罚权工作的批复》的规定，柳北区城市管理行政执法局相对集中行使市容环境卫生管理、城市规划管理、城市绿化管理、城市市政公用管理、环境保护、工商行政管理、公安交通管理等方面的行政处罚权。2010 年柳北区城市管理行政执法局有行政执法人员 165 人，内设局办公室、法规科、执法监督科、一中队、二中队、三中队 6 个工作部门，同时代管柳北区控制和查处违法建设违法占地大队、柳北区城市管

②

③

④

⑤

理信息中心机构 2 个。

2010 年，柳北区城市管理行政执法局秉承“开拓创新、务实苦干、勇创一流”的城管精神，按照“人性化执法、精细化管理”的工作理念，以宣传教育为基点，以综合整治为手段，始终坚持以人为本，认真做到执法为民，深入开展创先争优，扎实履行工作职责，健全完善工作机制，努力实现“优化社会发展环境、提升辖区城市品位、构建文明和谐城区”的工作目标，全面提升城市管理综合水平。柳北区城市管理行政执法局先后荣获 2008 ~ 2009 年度柳州市城市管理“金壶杯”竞赛城市管理行政执法单项和竞赛优秀奖、2009 年柳北区军转干部选调生迎春文艺演出二等奖、2011 年自治区“南珠杯”竞赛先进集体、2011 年柳州市清理拆除违法建筑专项整治工作先进单位等称号。

① 柳北区领导慰问城管执法队员
② 8 月 15 日，柳北区党政领导慰问执勤的执法队员
③ 柳北区领导听取城市管理行政执法工作汇报
④ 12 月 22 日，柳北区执法局领导检查拆迁现场
⑤ 11 月 25 日，柳北区召开城管执法人员执法廉政听政会
⑥ 5 月 3 日，柳北区执法局领导班子在城市管理信息中心现场指挥工作
⑦ 加强对执法人员队列训练
⑧ 3 月 8 日，柳北区城市执法局女队员参加机关庆“三八”体育比赛后合影

⑥

⑦

⑧

柳州市柳北区

①

柳州市柳北区人民检察院，作为柳州市检察院下辖的10个基层检察院之一，筹建于1980年1月，同年4月正式对外办公。随着检察业务的不断发展，该院于2006年6月在北雀路43-1号建成新的综合办公楼。经过几年的努力，该院已将综合办公楼建设成为拥有先进计算机局域网、审讯监控系统、通讯系统及视频会议系统的现代化办公综合大楼。同时，该院在大楼的周围铺设草坪1000多平方米，绿化面积600多平方米，为干警们提供舒适、整洁、优美的办公环境。

该院内设机构11个，核定编制为51人。多年以来，该院历届领导班子及全体干警始终秉承“为人民服务”的宗旨，兢兢业业，恪尽职守，创造不少喜人的工作成绩，多次获得上级的表彰。1992年被评为自治区检察系统先进集体；1995年被最高人民检察院记一等功一次；1999年被自治区检察院评为“五好检察院”；2004年被授予“柳州市‘严打’整治斗争先进单位”称号；2005年被评为自治区先进检察院并记二等功；2008年被最高人民检察院授予“全国文明接待室”荣誉称号。干警受最高人民检察院表彰2人次，受自治区级表彰11人次，记二

②

③

④

⑤

等功5人次。

该院一直努力践行“三项重点工作”，与公安、法院密切配合，加大对严重刑事犯罪的打击力度。同时大胆尝试各项检察工作机制改革。2011年，该院在柳北区胜利小区柳北交警大队建立全市检察系统第一个“民事行政检察工作站”，实行检察触角向基层的延伸。在办理未成年人犯罪案件中，该院公诉部门进行一系列的创新举措：制定《办理未成年人刑事案件的细则》；与柳州市雅儒街道办事处签订《社区矫正合作协议书》，针对犯罪情节轻微、主观恶性小的未成年犯罪嫌疑人实施社区矫正帮教工作。

在办好普通刑事案件的同时，柳北区人民检察院加强职务犯罪查办工作。通过办案，为国家、集体挽回经济损失203.77万元。近两年反渎职侵权部门将工作重点放在查办涉农涉林渎职犯罪上，查处多起涉林渎职案件。在预防职务犯罪工作中，组织人员先后到税局、银行、柳钢等国家机关、企事业单位上法制课58次，参加教育培训的干部、职工3000多人，对案发单位提出检察建议131份，被建议单位采纳106份。2010年该检察院与中国农业银行柳州分行签订《预防职务犯罪共建协议》，开创职务犯罪预防工作新的局面。

① 柳北区人民检察院大楼
② 柳北区人民检察院检察长吴虹在人大会上做工作报告
③ 柳北区人民检察院领导班子：检察长吴虹（右二），副检察长肖琪（右一）、毛德宁（左二），纪检组长韦裕光（左一）
④ 12月23日，柳北区人民检察院、民事行政检察工作站成立
⑤ 柳北区人民检察院与农行柳州分行签订预防职务犯罪共建协议
⑥ 新当选柳北区第十一届“一府两院”领导班子成员合影
⑦ 柳北区人民检察院检察长吴虹（左二）、副检察长肖琪（左一）为南雀社区检察室揭牌
⑧ 柳北区人民检察院与广西师范大学法学院举行检察工作与社会管理创新合作研究基地签约
⑨ 柳北区人民检察院检察长吴虹（左一）慰问困难党员

⑥

⑦

⑧

⑨

柳州市柳北区人民法院

2010年柳北区人民法院树立“服务大局，司法为民”的司法理念，狠抓队伍建设，发挥司法职能，关注民计民生，努化解社会矛盾，推进社会管理创新，公正廉洁执法，法院建设稳步发展。受理各类案件3525件，结案3327件，结案率94.38%，其中审结2782件，审结率93.54%，执结545件，执结率98.91%，执结标的额7213万元。新闻宣传和执行工作在柳州市法院系统年终单项考评中排名第一，综合绩效考核成绩荣获柳州市法院系统二等奖。

柳北区人民法院加强“立案信访服务窗口”规范化建设，推行柜台式、一站式服务，减少立案流转环节，提高审查立案效率；深入剖析产生信访问题的原因，加强源头治理。完善院长接访、带案下访、巡回接访、判前判后释法答疑等制度；成立妇女儿童维权岗领导小组，强化保障和服务妇女儿童意识；加大对弱势群体的司法救助力度，依法缓、减、免收诉讼费，减轻当事人负担。

柳北区人民法院作为全国90家（广西2家）小额速裁试点法院之一，成功运行小额速裁，取得良好效果，受到上级法院和柳北区委的充分肯定，被列为柳州市迎接自治区绩效考核的6个展示专栏之一。积极开展巡回办案，在多个社区、村屯设立法官联系点，在柳北交警大队设立交通巡回法庭及小额速裁工作室，完善多元化解矛盾纠纷机制。

柳北区人民法院有在职干警93人，聘用人员11人，该院加强队伍建设，注重提升司法能力，有效改进司法作风，确保队伍司法廉洁。全年荣获自治区级先进集体3次，地市级先进集体4次，区县级先进集体4次；荣获国家级先进个人3人次，自治区级先进个人6人次，地市级先进个人奖励16人次等荣誉。

① 柳北区人民法院领导班子：院长覃轲（右二）、副院长程展华（右一）、韦建（左二）、纪检组长覃宝希（左一）

② 9月19日，柳州市中级法院院长梁梅（右一）到柳北区人民法院视察小额速裁工作

③ 韦雄文荣获全国政法系统优秀共产党员称号

④ 柳北区人民法院小额速裁庭法官进柳钢运输社区进行宣传

⑤ 柳北区人民法院参加柳州市法院系统运动会获第二名

柳州市公安局柳北分局

柳州市公安局柳北分局成立于1980年2月28日，当时管辖柳北辖区面积19平方公里，管理常住人口4万多户16万人。2002年9月柳州市行政区划调整后，柳州市郊区公安分局所属的石碑坪、沙塘、长塘、柳洛、柳长5个派出所划归柳北分局管辖。柳北分局管辖面积增至320.88平方公里（占市区总面积的二分之一），管理常住人口9.66万户共33万多人（占市区总人口的三分之一）。2010年柳北分局管辖面积320.88平方公里，管理常住人口42.80万人。有在编民警319人，下辖9个派出所、7个大队、7个机关科室。在上级党委、政府和市公安局的领导下，柳北分局深入贯彻落实科学发展观，紧紧围绕“保增长、保民生、保稳定”总要求和总目标，认真履行第一责任，在维护社会稳定、矛盾纠纷排查化解、重大活动安全保卫、防范打击刑事犯罪、社会治安整治、“三项建设”、队伍建设、警务保障工作等方面取得新成效，有效维护辖区社会治安稳定，“平安柳北”建设不断迈上新台阶，得到上级党委政府和辖区群众的好评。柳北分局先后被自治区公安厅评为“争创2009~2010年度无违法违纪先进公安局”、“两车”整治工作先进单位。连续3年被自治区公安厅评为“全区公安机关深化开展‘一教育三整顿’活动先进单位”。2010~2011连续2年被自治区公安厅评为“全区优秀公安局”；连续10年评为全区县级公安机关执法质量考核评议“优秀执法单位”；连续11年队伍无违法违纪案件发生。辖区群众满意率连续10年保持在90%以上。柳北区社会综治工作是柳州市唯一连续3年获自治区表彰的“平安县区”。分局局长仲军、政委胡仁北2010~2011连续2年被自治区公安厅评为“一对好主官”。刘雅丽、靳惠明、刘培军、郭健、李庆伟等民警先后荣获全国、广西优秀人民警察称号。分局的信访工作、社区调解工作、天网监控工作、网上警务室、网上舆情导控工作等公安信息化建设、和谐警民关系建设等工作得到自治区、柳州市公安系统各级领导的高度肯定，相继在柳州召开现场会，营造一批具有柳北特色的公安品牌工作。

① 公安柳北分局局长仲军
② 3月2日，自治区公安厅副厅长陈一平（前一）到柳北分局情报信息中心检查指导工作
③ 2月4日，柳州市公安局局长胡明朗（左二）率领市局和柳北分局领导慰问困难民警李庆伟（左一）
④ 柳州市公安局副局长王鸿翔（右一）慰问值勤民警
⑤ 4月22日，柳北分局党委书记、局长仲军率队召开柳北分局深化“一教育三整顿”活动胜利小区警民恳谈会

①

②

③

④

⑤

柳北区安全生产监督管理局

柳州市柳北区安全生产监督管理局（以下简称柳北区安监局）为柳北区政府安全生产行政主管部门。主要职责是依照法律和行政法规，对辖区安全生产工作实行统一监督管理，组织起草安全生产有关规范性文件和规章制度，拟订城区安全生产政策和规划，指导协调城区安全生产工作，分析和预测城区安全生产形势，发布城区安全生产信息，协调解决安全生产中的重大问题。负责城区非煤矿山、危险化学品、烟花爆竹生产经营企业安全生产准入条件的审核工作，依法监督实施危险化学品、烟花爆竹生产经营企业的安全生产准入制度；负责非煤矿山、危险化学品和烟花爆竹安全生产监督管理工作。负责组织城区安全生产大检查和专项督查，根据有关规定，依法组织事故报告和处理工作，组织和协调生产安全应急救援工作，综合管理城区生产安全伤亡事故和安全生产行政执法统计分析工作。2010 年，柳北区安监局在职人员 7 人，其中局长 1 人，副局长 2 人。

柳北区安监局紧紧围绕安全生产“三项行动”、“三项建设”和市政府下达的各项安全生产工作任务，以科学发展观为指导，坚持“安全第一、预防为主、综合治理”的方针，按照“标本兼治、重在治本”的原则和“政府统一领导、部门依法监督、企业全面负责、群众参与监督、全社会广泛支持”的工作格局，以遏制较大事故、减少一般事故发生为目标，认真贯彻执行国务院 23 号文件和自治区 12 号文件精神及有关法律法规，认真开展安全生产执法、治理、宣传教育“三项行动”和安全生产法制体制机制建设、保障能力建设、监管队伍建设“三项建设”，主努力提升三级监管职能作用，严格推行履职考评，夯实监管基础，促进城区安全生产形势的稳定好转。柳北区 2009 ~ 2011 年连续 3 年获得柳州市人民政府安全生产目标管理履职考评一等奖，连续 2 年获柳州市安全生产先进单位称号；柳北区安监局连续 3 年获柳州市安监系统履职优秀集体称号。

① 柳北区安全生产监督管理局局长李进华
② 柳北区副区长肖尉阳（左一）率队深入企业检察安全生产工作
③ 柳北区安全生产监督管理局全体人员学习安全法规
④ 召开安全生产监督管理通报会
⑤ 柳北区安全生产监督管理局领导班子在研究安全生产工作
⑥ 深入社区开展安全知识宣传

柳北区卫生局

柳北区卫生局成立于 1997 年 2 月，柳北区爱国卫生运动委员会办公室在卫生局挂牌。2010 年柳北区卫生局有在职人员 6 人，其中局长 1 人，书记 1 人，爱卫办主任 1 人，副局长 2 人。

2010 年柳北区卫生局领导班子团结奋进、锐意创新，带领卫生系统全体人员扎实苦干、努力拼搏、争创一流，新型农村合作医疗参合率达 93.44%；组织完成 6 个卫生院和 2 个社区卫生服务中心及 16 个村级卫生所建设项目；创新开展健康教育及健康促进工作；深入推进 14 个基层医疗机构卫生体制改革；不断规范疾病预防控制工作；稳定提升妇幼保健、爱国卫生和创建卫生城市工作，加强食品安全综合监督管理，连续 3 年获得柳州市食品安全目标管理年终考评优秀奖。年内，柳北区卫生局分别荣获自治区卫生统计先进集体、柳州城区妇幼卫生工作先进单位、柳州市试点社区帮教吸毒人员服用美沙酮维持治疗工作先进集体、柳州市食品安全知识竞赛组织奖等荣誉。

① 柳北区卫生局领导班子
② 国家卫生部书记张茅（左二）到雅儒社区卫生服务中心视察
③ 柳州市卫生局局长黄健辉（右一）到社区卫生服务机构调研
④ 柳北区副区长唐伟（左二）下点检查食品安全工作
⑤ 柳北区开展创建国家卫生城知识竞赛
⑥ 柳北区卫生局在沙塘镇杨柳村开展“新农合”政策宣传

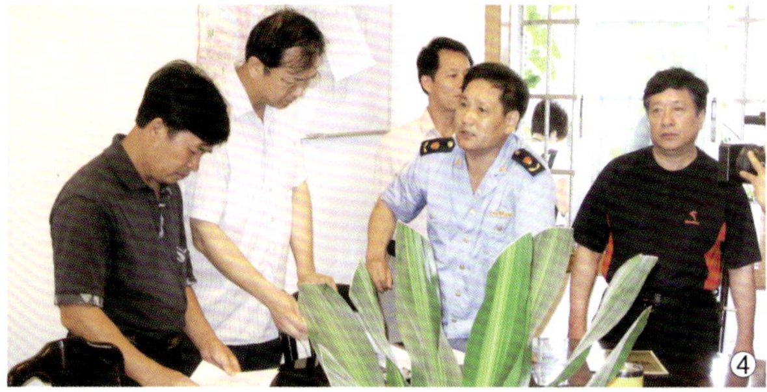

柳北区环境保护局

柳北区环境保护局是柳北区政府环境保护行政主管部门。主要职责是依照法律和行政法规，对辖区环境保护工作实行统一监督管理，组织实施大气、水体、噪声、固体废物等污染防治工作，保护和改善生活环境、生态环境，保证和促进经济及社会的持续、协调、健康地发展。2011年柳北区环保工作人员由6人增至8人，其中局长1人，副局长1人，辖区石碑坪镇、沙塘镇、长塘镇、白露街道分别建立环境保护工作站。

2010年柳北区环保局开展节能减排、改善城区环境质量为目标，更新调查本辖区污染源动态，加强环境执法力度，强化环境专项治理，严格管理建设项目环境评价和竣工验收，建立突发环境事故应急机制，编制突发环境污染事故应急预案。

柳北区环保局连续3年获得柳州市政府县区环境保护目标管理责任制考核一等奖、柳州市创建绿色学校、幼儿园优秀组织单位称号。2011年在柳州市绿色社区（小区）"、"安静小区"创建工作中，柳北区获"绿色单位"命名3家，"安静小区"4家，柳北区环保局获"绿色单位"、"安静小区"优秀组织奖。

① 柳北区环保局局长吴玉生
② 5月7日，自治区环境保护科学研究院副院长到柳北区白露工业园调研
③ 柳州市委常委、副市长董旭辉（左一）到柳州化工股份有限公司检查安全生产工作
④ 柳北区环境保护局全体人员学习环保业务知识
⑤ 局长吴玉生（右）与副局长赵毅（左）研究环保工作
⑥ 6月5日，柳北区环境保护局人员深入小区开展环境保护科普知识宣传

柳北区环境卫生管理所

柳州市柳北区环境卫生管理所是柳北区政府环境卫生专职管理机构，有员工 1113 人（其中研究生 1 人，本科 19 人，大专 48 人，中专 23 人，党员 66 人）。在编职工 130 人（其中干部 23 人）；退休职工 186 人；合同制职工 797 人（其中一保 558 人，上门有偿服务 119 人，“4050”公益性岗位人员 120 人）。内设办公室、计财股、工会、综合管理股、业务管理股、保洁管理站、车队、公厕股、安保股等 9 个工作机构。

柳北区环卫所主要负责柳北辖区道路清扫保洁工作，清扫保洁面积由 2004 年 198 万平方米增至 2010 年的 597 多万平方米，新增 400 万平方米，保洁面最北至沙塘镇收费站。其中：A 类道路 11 条，B 类道路 17 条，C 类道路 9 条，D 类道路及小街小巷 254 条，日均清理垃圾 230 吨。辖区有公厕中转站 51 座，其中垃圾中转站 10 座，移动公厕 8 座。

柳北区环卫所自 1997 年成立以来，分别获得“自治区爱国卫生先进单位”、“自治区文明单位”和“柳州市模范职工之家”等多项荣誉称号。

① 8 月 3 日，柳北区政府领导检查城市管理工作
② 8 月 3 日，柳北区领导慰问环卫工作者
③ 2011 年 12 月，柳北区区长李梅（中）慰问环卫所工人
④ 清扫路面
⑤ 开展技能比拼
⑥ 参加柳北区歌咏比赛

①

②

③

④

⑤

⑥

柳北区地方志编纂办公室

柳州市柳北区地方志编纂办公室2004年3月22日成立。2004年7月26日启动柳北区第二轮地方志编纂工作，先后聘请修志人员11人，历经5年多时间，于2009年9月23日完成第二部90万字《柳州市柳北区志》（1990~2005）编纂出版工作，成为柳州市第一个完成第二届地方志修志任务的城区。2011年4月13日首次启动《柳北年鉴》编辑工作。此外，还先后完成《广西年鉴》、《广西市县概况》(1996~2005)、《广西重点镇志》、《柳州年鉴》、《柳州百科全书》、《柳北文史》第十六辑、第十七辑、《柳州·村志》（柳北卷）、《柳北区军事志》、《柳北人大通讯》、《柳北区第十届人大第一次至第六次会议文件汇编》、《柳北区建区25周年图片展览》、《柳北区建区30周年大型图片展览》等编纂、编辑、供稿、审稿和设计制作工作。同时，致力于学术研究，努力提高修志水平。先后在《广西地方志》等刊物上发表《依靠领导 发动群众 积极主动做好城区地方志编修工作》、《浅谈提高城区志续修编纂质量》、《浅谈编纂城区志资料的收集、整理与利用》等理论文章，得到上级领导和方志界的肯定和好评。办公室先后2次荣获广西地方志编纂系统2003~2005年度、2006~2008年度先进集体称号；分别荣获2009~2010年柳州市地方志编纂系统先进集体和《柳州年鉴》编纂工作先进单位称号。

① 柳北区副区长刘建玲（右二）与地志办编辑人员审阅《柳北年鉴》初稿
② 2008年7月30日，自治区地志办主任李秋洪（左五）到柳北区检查城区地方志编纂工作后与柳北区党政领导及编纂人员合影
③ 2009年9月23日，《柳州市柳北区志1991~2005》正式出版发行
④ 2009年11月6日，柳北区地志办全体编纂人员合影
⑤ 2011年4月13日，柳北区举行启动《柳北年鉴·2011》编纂工作会议暨撰稿人员培训班

柳北区档案局（馆）

柳北区档案局（馆）成立于1997年7月。2008年12月28日，实行柳北区档案局和柳北区档案馆一个机构两块牌子。2010年有在编人员4人。设有档案馆建筑面积1630平方米，其中档案库房面积1070平方米。馆藏档案52452卷、48752件，资料2572册，照片档案8700张。柳北区档案局以馆藏档案资料为依托，先后汇编《柳北区历届四家班子名册及照片》、《柳北区档案馆指南》、《柳北区档案工作手册》、《柳北区档案利用效果汇编》，《柳北区大事记》、《中共柳北区历届代表大会工作报告汇编》、《柳北区人大常务委员会历届工作报告汇编》、《柳北区政府历届工作报告汇编》、《中共柳北区委关于制定国民经济和社会发展第十二个五年规划的建议》、《柳州市柳北区“十二五”期间国民经济和社会发展规划纲要》，为编写《柳州市柳北区志》（1991~2005）、《柳北区30年发展情况介绍》、《魅力柳北——辉煌30年》等提供文字和图片资料。

2005年9月30日，柳北区档案馆被确定为柳北区政府信息公开场所；2005年12月，晋升为自治区二级档案馆；2006年10月13日，被命名为柳北区爱国主义教育基地；2008年11月9日，设立柳北区政府信息查阅场所及电子文件中心；2010年12月27日，晋升国家二级档案馆；年内，柳北区档案局（馆）荣获自治区“十一五”期间档案工作集体二等功、柳州市“十一五”期间档案目录数据采集报送工作先进单位。

① 2010年12月27日，柳北区召开档案馆晋升国家二级档案测评会

② 自治区档案局局长黄明初（右二）率领国家二级档案晋升测评组检查柳北区档案查阅室

③ 2010年12月27日，参加柳北区档案馆晋升国家二级档案测评会全体专家、领导与工作人员合影

④ 柳北区副区长刘健玲（左三）检查档案馆文件查阅情况

⑤ 柳北区副区长刘健玲（右一）检查档案馆库存情况

柳州·海川国际